U0501332

最高人民法院

指导性案例裁判规则理解与适用

侵权赔偿卷一

江必新　何东宁　叶　阳　张　娜　著

中国法制出版社
CHINA LEGAL PUBLISHING HOUSE

作者介绍

江必新 男，1956年9月出生，湖北枝江人。西南政法学院法学学士、中国法制史硕士，北京大学宪法与行政法学博士。现兼任中国法学会副会长，湖南大学教授。1999年被评为“全国十大杰出中青年法学家”、2009年被评为“当代中国法学名家”，2015年获中国行政法学“杰出贡献奖”、2016年获第二届“金平法学成就奖”。在《中国社会科学》《求是》《中国法学》《法学研究》等出版物发表论文400余篇。

何东宁 男，湖南慈利人，法律硕士。合著《民法总则与民法通则条文对照及适用提要》《民商审判疑难问题解析与典型案例指导》《新民事诉讼法配套规则适用指引》《新民事诉讼法再审程序疑难问题解答与裁判指导》等30部著作。在《判解研究》等出版物上发表论文20多篇。

叶　阳 男，江西婺源人，法学硕士。合著《最高人民法院指导性案例裁判规则理解与适用·侵权赔偿卷一》。参与撰写《最高人民法院民事申请再审案件裁判标准》《民事案件申请再审指南》等多部著作。在《人民法院报（理论版）》《立案审判与指导》等出版物上发表学术论文数篇。《效力性规定在司法实践中的辨识》一文获得人民法院报社“合同法分则裁判应用征文大赛”二等奖。

张　娜 女，辽宁本溪人，中国人民大学民商法专业博士。合著《最高人民法院指导性案例裁判规则理解与适用·侵权赔偿卷一》。参与撰写《中华人民共和国民事诉讼法修改条文理解与适用》《侵权责任法案例教程》等多部著作。曾担任《最高人民法院立案工作指导》编辑。在《人民司法》《立案工作指导》《执行工作指导》《京师刑事诉讼法论丛》等出版物上发表学术论文数篇。

出版修订说明

2020年5月28日，第十三届全国人民代表大会第三次会议审议通过了《中华人民共和国民法典》（以下简称民法典），自2021年1月1日起施行。民法典是新中国成立以来第一部以法典命名的法律，开创了我国法典编纂立法的先河，具有里程碑意义。民法典系统整合了新中国成立70多年来长期实践形成的民事法律规范，汲取了中华民族5000多年优秀法律文化，借鉴了人类法治文明建设有益成果，是一部体现我国社会主义性质、符合人民利益和愿望、顺应时代发展要求的民法典，是一部体现对生命健康、财产安全、交易便利、生活幸福、人格尊严等各方面权利平等保护的民法典，是一部具有鲜明中国特色、实践特色、时代特色的民法典，被称为“社会生活的百科全书”“市场经济的基本法”“权利保障的宣言书”。民法典在中国特色社会主义法律体系中具有重要地位，是一部固根本、稳预期、利长远的基础性法律，是新时代我国社会主义法治建设的重大成果，为人类法治文明进步贡献了中国智慧、提供了中国方案，推动“中国之治”进入更高境界。

法律是治国之重器，良法是善治之前提。编纂民法典，就是通过对我国现行的民事法律制度规范进行系统整合、编订纂修，形成一部适应新时代中国特色社会主义发展要求，符合我国国情和实际，体例科学、结构严谨、规范合理、内容完整并协调一致的法典。编纂民法典突出科学“编纂”形式，不是制定全新的民事法律，而是按照系统、协调、统一的原则，对现有民事法律进行全面、系统、有序地科学建构；也不是简单的法律汇编，而是对已经不适应现实情况的规定进行必要的修改完善，对社会经济生活中出现的新情况、新问题作出有针对性的新规定。民法典以我国现行的、制定于不同时期的民法通则、物权法、合同法、担保法、婚姻法、收养法、继承法、侵权责任法和人格权方面的民事法律规范为基础，结合我国经济社会发展对民事法律提出的新需求，进行全面系统的编订纂修，系统全面地规定了自然人、法人、非法人组织在民事活动中享有的各种人身和财产权益，具有系统性、层次性、科学性的特点，集中体现着民法的价值、理念和原则。通过确立民事主体、民事权利、民事法律行为、民事责任等民事总则制度，确立物权、合同、人格权、婚姻家庭、继承、侵权责任等民事分则制度，来调整各类民事关系。形成了包括民法通则为总则编和物权、合同、人格权、婚姻家庭、继承、侵权责任6个分编以及附则在内的民法典，合计7编，共计1260条，超过10万字，是我国法律体系中条文最多、体量最大、编章结构最复杂的一部法律。

（一）总则编。规定民事活动必须遵循的基本原则和一般性规则，统领民法典各分编。共10章、204条，主要内容有：1. 规定了民法典的立法目的和依据。其中，将“弘扬社会主义核心价值观”作为一项重要的立法目的，体现坚持依法治国与以德治国相结合的鲜明中国特色。同时，规定了民事权利及其他合法权益受法律保护，确立了平等、自愿、公平、诚信、守法和公序良俗等民法基本原则。还规定了民事主体从事民事活动，应当有利于节约资源、保护生态环境。2. 规定了三类民事主体。一是自然人。规定了自然人的民事权利能力和民事行为能力制度、监护制度、宣告失踪和宣告死亡制度等。二是法人。规定了法人的定义、成立原则和条件、住所等一般规定，并对营利法人、非营利法人、特别法人三类法人分别作了具体规定。三是非法人组织。对非法人组织的设立、责任承担、解散、清算等作了规定。3. 规定了民事权利制度，包括各种人身权利和财产权利。对知识产权作了概括性规定，以统领各个单行的知识产权法律。同时，对数据、网络虚拟财产的保护作了原则性规定。还规定了民事权利的取得和行使规则等内容。4. 规定了民事法律行为制度、代理制度。一是规定民事法律行为的定义、成立、形式和生效时间等。二是对意思表示的生效、方式、撤回和解释等作了规定。三是规定民事法律行为的效力制度。四是规定了代理的适用范围、效力、类型等代理制度的内容。5. 规定了民事责任、诉讼时效和期间计算制度。一是规定了民事责任的承担方式，并对不可抗力、正当防卫、紧急避险、自愿实施紧急救助等特殊的民事责任承担问题作了规定。二是规定了诉讼时效的期间及其起算、法律效果，诉讼时效的中止、中断等内容。三是规定了期间的计算单位、起算、结束和顺延等。

（二）物权编。规定调整因物的归属和利用而产生的民事关系。共5个分编、20章、258条，主要内容有：1. 第一分编为通则，规定了物权制度基础性规范，包括平等保护等物权基本原则，物权变动的具体规则，以及物权保护制度。2. 第二分编规定了所有权制度，包括所有权人的权利，征收和征用规则，国家、集体和私人的所有权，相邻关系、共有等所有权基本制度。进一步完善了业主的建筑物区分所有权制度：一是明确地方政府有关部门、居民委员会应当对设立业主大会和选举业主委员会给予指导和协助。二是适当降低业主共同决定事项，特别是使用建筑物及其附属设施维修资金的表决门槛，并增加规定紧急情况下使用维修资金的特别程序。三是明确物业服务企业和业主的相关责任和义务，增加规定物业服务企业或者其他管理人应当执行政府依法实施的应急处置措施和其他管理措施，积极配合开展相关工作，业主应当依法予以配合。3. 第三分编规定了用益物权制度，明确了用益物权人的基本权利和义务，以及建设用地使用权、宅基地使用权、地役权等用益物权。进一步完善了以下制度：一是明确住宅建设用地使用权期限届满的，自动续期；续期费用的缴纳或者减免，依照法律、行政法规的规定办理；二是完善农村集体产权相关制度，对土地承包经营权的相关规定作了完善，增加土地经营权的规定，并删除耕地使用权不得抵押的规定，与土地管理法等作了衔接性规定；三是增加规定"居住权"这一新型用益物权，明确居住权原则上无偿设立，居住权人有权按照合同约定或者遗嘱，经登记占有、使用他人的住宅，以满足其稳定的生活居住需要。4. 第四分编对担保物权作了规定，明确了担保物权的含义、适用范围、担保范围等共同规则，以及抵押权、质权和留置权的具体规则。进一步完善了担保物权制度，为优化营商环境提供法治保障：一是扩大担保合同的范围，明确融资租赁、保理、所有权保留等非典型担保合同的担保功能，增加规定担保合同包括抵押合同、质押合同和其他具有担保功能的合同。二是删除有关担保物权具体登记机构的规定。三是简化抵押合同和质押合同的一般条款。四是明确实现担保物权的统一受偿规则。5. 第五分编对占有的调整范围、无权占有情形下的损害赔偿责任、原物及孳息的返还以及占有保护等作了规定。

（三）合同编。规定了维护契约、平等交换、公平竞争，促进商品和要素自由流动，完善合同制度。合同编共 3 个分编、29 章、526 条。主要内容有：1. 第一分编为通则，规定了合同的订立、效力、履行、保全、转让、终止、违约责任等一般性规则，完善了合同总则制度。一是通过规定非合同之债的法律适用规则、多数人之债的履行规则等完善债法的一般性规则。二是完善了电子合同订立规则，增加了预约合同的具体规定，完善了格式条款制度等合同订立制度。三是完善国家订货合同制度，规定国家根据抢险救灾、疫情防控或者其他需要下达国家订货任务、指令性计划的，有关民事主体之间应当依照有关法律、行政法规规定的权利和义务订立合同。四是针对实践中一方当事人违反义务不办理报批手续影响合同生效的问题，明确了当事人违反报批义务的法律后果，健全合同效力制度。五是完善合同履行制度，落实绿色原则，规定当事人在履行合同过程中应当避免浪费资源、污染环境和破坏生态。同时，在总结司法实践经验的基础上增加规定了情势变更制度。六是完善代位权、撤销权等合同保全制度，进一步强化对债权人的保护，细化了债权转让、债务移转制度，增加了债务清偿抵充规则、完善了合同解除等合同终止制度。七是通过吸收原担保法有关定金规则的规定，完善违约责任制度。2. 第二分编为典型合同。在现行买卖合同、赠与合同、借款合同、租赁合同等15种典型合同的基础上增加了4种新的典型合同：一是保证合同。二是保理合同。三是物业服务合同。四是合伙合同。第二分编还在总结实践经验的基础上，完善了其他典型合同。一是通过完善检验期限的规定和所有权保留规则等完善买卖合同。二是为维护正常的金融秩序，明确规定禁止高利放贷，借款的利率不得违反国家有关规定。三是落实党中央提出的建立租购同权住房制度的要求，保护承租人利益，增加规定房屋承租人的优先承租权。四是针对前些年客运合同领域出现的旅客“霸座”、不配合承运人采取安全运输措施等严重干扰运输秩序和危害运输安全的问题，维护正常的运输秩序，细化了客运合同当事人的权利义务。五是根据经济社会发展需要，修改完善了赠与合同、融资租赁合同、建设工程合同、技术合同等典型合同。3. 第三分编“准合同”分别对无因管理和不当得利的一般性规则作了规定。

（四）人格权编。从民事法律规范的角度规定自然人和其他民事主体人格权的内容、边界和保护方式，不涉及公民政治、社会等方面权利。共6章、51条，主要内容有：1. 第一章规定了人格权的一般性规则。一是明确人格权的定义。二是规定民事主体的人格权受法律保护，人格权不得放弃、转让或者继承。三是规定了对死者人格利益的保护。四是明确规定人格权受到侵害后的救济方式。2. 第二章规定了生命权、身体权和健康权的具体内容，并对实践中社会比较关注的有关问题作了有针对性的规定。一是鼓励遗体捐献的善行义举，确立器官捐献的基本规则。二是明确规范从事与人体基因、人体胚胎等有关的医学和科研活动应遵守的规则。三是规定了性骚扰的认定标准，以及机关、企业、学校等单位防止和制止性骚扰的义务。3. 第三章规定了姓名权、名称权的具体内容，并对民事主体尊重保护他人姓名权、名称权的基本义务作了规定。一是对自然人选取姓氏的规则作了规定。二是明确对具有一定社会知名度，被他人使用足以造成公众混淆的笔名、艺名、网名等，参照适用姓名权和名称权保护的有关规定。4. 第四章规定了肖像权的权利内容及许可使用肖像的规则，明确禁止侵害他人的肖像权。一是规定禁止任何组织或者个人利用信息技术手段伪造等方式侵害他人的肖像权，并明确对自然人声音的保护，参照适用肖像权保护的有关规定。二是规定肖像权的合理使用规则。三是对肖像许可使用合同的解释、解除等作了规定。5. 第五章规定了名誉权和荣誉权的内容。一是对行为人实施新闻报道、舆论监督等行为涉及的民事责任承担，以及行为人是否尽到合理核实义务的认定等作了规定。二是规定民事主体有证据证明报刊、网络等媒体报道的内容失实，侵害其名誉权的，有权请求更正或者删除。6. 第六章进一步强化对隐私权和个人信息的保护，并为制定个人信息保护法留下空间。一是规定了隐私的定义，列明禁止侵害他人隐私权的具体行为。二是界定了个人信息的定义，明确了处理个人信息应遵循的原则和条件。三是构建自然人与信息处理者之间的基本权利义务框架，明确处理个人信息不承担责任的特定情形，合理平衡保护个人信息与维护公共利益之间的关系。四是规定国家机关及其工作人员负有保护自然人的隐私和个人信息的义务。

（五）婚姻家庭编。规范夫妻关系和家庭关系的基本准则，并增加了新的规定。共 5 章、79 条，主要内容有：1. 第一章重申了婚姻自由、一夫一妻、男女平等等婚姻家庭领域的基本原则和规则，并对相关内容作了进一步完善。一是规定家庭应当树立优良家风，弘扬家庭美德，重视家庭文明建设。二是规定了最有利于被收养人的原则。三是界定了亲属、近亲属、家庭成员的范围。2. 第二章规定了结婚制度，并对有关规定作了完善。一是将受胁迫一方请求撤销婚姻的期间起算点由“自结婚登记之日起”修改为“自胁迫行为终止之日起”。二是不再将“患有医学上认为不应当结婚的疾病”作为禁止结婚的情形，并增加规定一方隐瞒重大疾病的，另一方可以向人民法院请求撤销婚姻。三是增加规定婚姻无效或者被撤销的，无过错方有权请求损害赔偿。3. 第三章规定了夫妻关系、父母子女关系和其他近亲属关系，并完善了有关内容。一是明确了夫妻共同债务的范围。二是规范亲子关系确认和否认之诉。4. 第四章对离婚制度作出了规定，并对相关内容作了进一步完善。一是增加离婚冷静期制度。规定了提交离婚登记申请后三十日的离婚冷静期，在此期间，任何一方可以向登记机关撤回离婚申请。二是规定经人民法院判决不准离婚后，双方又分居满一年，一方再次提起离婚诉讼的，应当准予离婚。三是关于离婚后子女的抚养，将“哺乳期内的子女，以随哺乳的母亲抚养为原则”修改为“不满两周岁的子女，以由母亲直接抚养为原则”。四是将夫妻采用法定共同财产制的，纳入适用离婚经济补偿的范围，以加强对家庭负担较多义务一方权益的保护。五是将“有其他重大过错”规定为离婚损害赔偿的适用情形。5. 第五章对收养关系的成立、收养的效力、收养关系的解除作了规定，并进一步完善了有关制度。一是删除被收养的未成年人仅限于不满十四周岁的限制，修改为符合条件的未成年人均可被收养。二是将收养人须无子女的要求修改为收养人无子女或者只有一名子女。三是在收养人的条件中增加规定“无不利于被收养人健康成长的违法犯罪记录”，并增加规定民政部门应当依法进行收养评估。

（六）继承编。规定关于自然人死亡后财富传承的基本制度，以满足人民群众处理遗产的现实需要。共 4 章、45 条，主要内容有：1. 第一章重申了国家保护自然人的继承权，规定了继承的基本制度，并对有关内容作了进一步完善：一是增加规定相互有继承关系的数人在同一事件中死亡，且难以确定死亡时间的继承规则。二是增加规定对继承人的宽恕制度，对继承权法定丧失制度予以完善。2. 第二章规定了法定继承人的顺序和范围，以及遗产分配的基本制度，并完善了代位继承制度，增加规定被继承人的兄弟姐妹先于被继承人死亡的，由被继承人的兄弟姐妹的子女代位继承。3. 第三章规定了遗嘱继承和遗赠制度，并进一步完善了遗嘱继承制度。一是增加了打印、录像等新的遗嘱形式。二是修改了遗嘱效力规则，删除了公证遗嘱效力优先的规定，切实尊重遗嘱人的真实意愿。4. 第四章规定了遗产处理的程序和规则，并进一步完善了有关遗产处理的制度。一是增加遗产管理人制度，明确了遗产管理人的产生方式、职责和权利等内容。二是完善遗赠扶养协议制度，适当扩大扶养人的范围，明确继承人以外的组织或者个人均可以成为扶养人，以满足养老形式多样化需求。三是完善无人继承遗产的归属制度，明确归国家所有的无人继承遗产应当用于公益事业。

（七）侵权责任编。规定民事主体侵害他人权益应当承担的法律后果。共10章、95条，主要内容有：1. 第一章规定了侵权责任的归责原则、多数人侵权的责任承担、侵权责任的减轻或者免除等一般规则，并对相关规定作了进一步完善：一是确立"自甘风险"规则，规定自愿参加具有一定风险的文体活动，因其他参加者的行为受到损害的，受害人不得请求没有故意或者重大过失的其他参加者承担侵权责任。二是规定"自助行为"制度，明确合法权益受到侵害，情况紧迫且不能及时获得国家机关保护，不立即采取措施将使其合法权益受到难以弥补的损害的，受害人可以在保护自己合法权益的必要范围内采取扣留侵权人的财物等合理措施，但是应当立即请求有关国家机关处理；受害人采取的措施不当造成他人损害的，应当承担侵权责任。2. 第二章规定了侵害人身权益和财产权益的赔偿规则、精神损害赔偿规则等；并对有关规定作了进一步完善：一是完善精神损害赔偿制度，规定因故意或者重大过失侵害自然人具有人身意义的特定物造成严重精神损害的，被侵权人有权请求精神损害赔偿。二是增加规定故意侵害他人知识产权，情节严重的，被侵权人有权请求相应的惩罚性赔偿。3. 第三章规定了无民事行为能力人、限制民事行为能力人及其监护人的侵权责任，用人单位的侵权责任，网络侵权责任，以及公共场所的安全保障义务等，并对相关规定作了进一步完善：一是增加规定委托监护的侵权责任。二是完善网络侵权责任制度，细化了网络侵权责任的具体规定，完善了权利人通知规则和网络服务提供者的转通知规则。4. 其他各章分别对产品生产销售、机动车交通事故、医疗、环境污染和生态破坏、高度危险、饲养动物、建筑物和物件等领域的侵权责任规则作出了具体规定，并对有关内容作了进一步完善：一是完善生产者、销售者召回缺陷产品的责任，增加规定，依照相关规定采取召回措施的，生产者、销售者应当负担被侵权人因此支出的必要费用。二是明确交通事故损害赔偿的顺序，即先由机动车强制保险理赔，不足部分由机动车商业保险理赔，仍不足的由侵权人赔偿。三是进一步保障患者的知情同意权，明确医务人员的相关说明义务，加强医疗机构及其医务人员对患者隐私和个人信息的保护。四是增加规定生态环境损害的惩罚性赔偿制度，并明确规定了生态环境损害的修复和赔偿规则。五是加强生物安全管理，完善高度危险责任，明确占有或者使用高致病性危险物造成他人损害的，应当承担侵权责任。六是完善高空抛物坠物治理规则。规定禁止从建筑物中抛掷物品，强调有关机关应当依法及时调查，查清责任人，并规定物业服务企业等建筑物管理人应当采取必要的安全保障措施防止此类行为的发生。

（八）附则。明确了民法典与婚姻法、继承法、民法通则、收养法、担保法、合同法、物权法、侵权责任法、民法总则的关系。规定在民法典施行之时，同步废止上述民事单行法律；作为与民法通则、婚姻法相关的法律解释，也同步废止。

“徒法不足以自行”。2021 年 1 月 1 日，新中国成立以来第一部以“法典”命名的法律——民法典已正式实施，这是新时代全面依法治国具有里程碑意义的一件大事。民法典的生命在于实施，民法典的权威也在于实施。为确保统一正确适用民法典，对标民法典立法精神和法律规定，全面清理司法解释及相关规范性文件，最高人民法院对中华人民共和国成立以来至 2020 年 5 月 28 日当时有效的 591 件司法解释及相关规范性文件、139 件指导性案例进行了全面清理。其中，与民法典规定一致，未作修改、继续适用的共计 364 件；对标民法典，对名称和部分条款进行修改的共计 111 件；决定废止的共计 116 件；决定对 2 件指导性案例不再参照适用。

为便于广大读者和法院工作人员准确理解和适用民法典及其司法解释，我们对“最高人民法院指导性案例裁判规则理解与适用系列”丛书进行了修订。本系列丛书修订主要有以下几个特点：一是注重准确对标法律和司法解释的最新规定。围绕民法典的立法精神和实践成果，对民法典及其司法解释相关内容进行阐释，准确把握民法典和相关司法解释条文的具体内涵和适用要点、难点，确保法律和司法解释得以正确贯彻实施。二是有机融入立法、司法的最新成果。自 2020 年以来，最高人民法院还制定了与民法典配套的 7 件新的司法解释，涉及适用民法典的时间效力、担保制度、物权、婚姻家庭、继承、建设工程合同、劳动争议等方面。本系列丛书在修订过程中对所引用的法律和司法解释进行了全面更新，同时也将近年来司法实践中所取得的成果融入其中，以增强本书的精准性、指导性和时效性。三是在更新的同时，注重对原有成果的承继。由于民法典施行之后，婚姻法、继承法、民法通则、收养法、担保法、合同法、物权法、侵权责任法、民法总则等法律以及与民法通则、婚姻法相关的法律解释同步废止。因此，我们在进行修订时，不是简单地将民法典规定的条文和序号进行替换，而是保留民法总则、合同法、物权法、担保法、婚姻法、继承法、民法通则、收养法、侵权责任法等法律和相关司法解释规定的内容，并根据民法典制定的原则、依据以及背景，重点突出民法典对上述法律相关内容修改、补充的比较，重点突出民法典所修改、补充条文涉及内容的理解，重点突出民法典及其相关司法解释修改、补充内容在司法实践中的把握，以便于读者全面地对本丛书所涉及民法典及其司法解释等相关内容的整体理解和把握，增强理论性和实用性。第四，注重引入新的案例。对近年来最高人民法院公布的指导性案例和最高人民法院公报上刊登的案例进行梳理，根据所提炼归纳的裁判规则，组织相关人员撰写，并根据不同分册需求，分别编入系列丛书中，以加强对民法典精神的理解和适用，更加有利于对民法典及其相关司法解释的贯彻执行和落实。

作者

2023 年 12 月

序

随着中国特色社会主义法律体系的形成，人民群众对司法的要求和期待也越来越高，对人民法院司法审判的关注空前强烈，这必然要求人民法院正确履行宪法和法律赋予的审判职责，更加注重依法办案，积极完善司法工作机制，全面发挥司法功能，切实让人民群众在每一个司法案件中感受到公平正义，确保中国特色社会主义法律体系得到全面实施。

“徒善不足以为政，徒法不足以自行。”法律的生命在于实施，而法律实施的核心在于法律的统一适用。同等情况同等对待不仅是我国法制统一的题中之意，也是法治的重要原则。案例指导制度在统一法律适用标准、指导下级法院审判工作等方面具有重要的作用。我国案例指导制度与西方国家判例法存在着重要区别。英美法系国家赋予“判例”以法源的地位，被称之为判例法，具有创制、借鉴以及遵循判例等一整套法律制度或者法律体系，其根本原则是“遵循先例”。绝大多数大陆法系国家，“判例”不是正式的法律渊源，只是被推定具有约束力或具有事实上的约束力。遵循先例或受先例拘束与指导，不是西方国家所特有的法律现象，而是实现法制统一的一般要求和基本路径。我国的“案例指导制度”在两大法系中均不存在，是我国司法实践特定历史阶段的产物。我国案例指导制度的构建，不仅符合我国的基本政治制度，而且适合我国的司法现状。案例指导制度无论在称谓（案例而非判例）、制度定位、法律依据，还是效力设定、机制构建等方面都与我国的政治语境相适应。指导性案例作为“动态法典”，既将抽象的、一般的静态法典的条文规范通过具体案件的法律适用演变成“活法”；又通过总结提炼法官审判经验、思维方法和价值追求，形成蕴涵着丰富的法律精神和法学理念的“裁判规则”，从而发挥规范类似案件裁判的作用，进而实现法律调整机制的静态与动态的相洽、刚性与柔性的协调、法律体系与社会变迁的相互融合。这是我国司法机关在既有的制度框架下和现行的司法体制基础上所进行的一项体现中国特色并顺应世界两大法系相互融合发展大趋势的法律适用上的机制创新。

当下，随着社会主义法治实践不断深入，社会主义法治理念基本树立，人们对司法公正越来越关心和渴望。心理学关于公平的理论早已证实，公正是社会比较的结果，人们关注的不是其所得到结果的绝对值，而是与他人对比的相对值。“同案同判”的要求缘于“同样的事情同样对待，相似的事情相似对待”的自然法思想，它是人们最直观、最朴素的正义观在司法领域的直接反映。如果“同案不同判”，当事人就会觉得自己受到了不公正的待遇，就会怀疑、动摇对司法和法律的信任和信仰。指导性案例既可以为相同或类似案件提供统一的司法标准，约束和规范法官自由裁量权的行使，又可基于案例的公开性、可预测性和可比性，阻断“暗箱操作”“违法断案”。因此，案例指导制度具有实现公平正义等多种功能：

第一，具有对法律规范内涵明确化的宣示功能。成文法典抽象性法言法语容易产生多种理解和解释，指导性案例是人民法院将抽象的法律条文适用于具体案件的产物，是将具体案件融于法律条款的智慧结晶。实行指导性案例制度，有利于人们通过案件理解法律，通过法律评价案件，从而架起法律与案件之间的桥梁，使法律规范更加明确化、具体化，为实现法律条文的可操作性提供范例。

第二，具有对制定法漏洞的补充功能。社会发展已经证明，包罗万象、有求必应、尽善尽美的法律只能是人们纯真而完美的梦想。成文法不可能详尽无遗地囊括社会生活的全部现象，其条文式的表述不可避免地在实现法律的普遍性、稳定性和确定性的同时，又在很大程度上牺牲必要的特殊性、适应性和灵活性，存在模糊性、僵化性、时滞性等缺陷，甚至不少领域存在空白或法律漏洞，难以适应实践中出现的新情况、新问题。指导性案例结合具体案例演绎法律条文，在法律许可的范围内，充分发挥司法的能动性、灵活性而有针对性地及时弥补成文法的漏洞，从而确保法网疏而不漏。

第三，具有对法官自由裁量权运用的约束功能。实行指导性案例制度，引导法官认同并借鉴指导性案例中归纳出的法律原则或裁判规则，为法官办案提供明确、具体的指引，有效克服法官的主观臆断和任意擅断，规范法官的自由裁量权，能使相同或相似案件得到基本相同的裁判，更好地维护司法的公平公正，增强司法裁判的权威性。

第四，具有提升案件裁判质量和效率的促进功能。实行指导性案例制度，有利于充分挖掘法官群体的司法智慧和裁判经验，为法官办案提供裁判理念、思维方式、办案思路、解决问题的法律方法和价值衡量等方面的指引。既可以减少法官不必要的重复劳动，节省时间和精力，缩短审判周期，又可以建立起解决同类或相似问题的思维模式，保证裁判的精准度，统一司法适用，提高司法效率。

第五，具有排除不当干扰的防御功能。由于影响司法公正信赖和司法裁判权威的因素很多，实行指导性案例制度，遵循先例进行裁判，以机会公正、待遇公正、尊严公正、结果公正等体现出法律可预期性的要求，以及“同样情况同样对待”的公平原则，在一定程度上可以弥补法律公正在逼近自然公正中遭遇的困窘和无奈；在一定程度上可以杜绝、避免和减少除法官能力、学识和认识等原因之外的徇私枉法现象，从而限制一些企图通过枉法裁判牟取私利的法官的“玩法空间”；在一定程度上可以发挥上级人民法院对下级人民法院的审判监督作用，抵制和排除法院外部的干扰和法院内部的不规范行为，遏制司法腐败，实现司法公正。

第六，具有对社会主体的教育功能。指导性案例的公布，使得司法裁判效力的影响得以延伸，一个个生动的指导性案例无疑是一个个鲜明的标准，既可以让当事人直观、生动、具体地了解指导性案例的裁判思路，更好地预测诉讼风险，采取更加理性的诉讼行为，从而减少司法资源的浪费，也可以增强社会公众近距离接触法律的机会，通过每个鲜活的案例，感受司法的公正与客观，有效地引导社会主体的行为。

第七，具有促进法学研究和推动立法完善的辅助功能。理论必须源于实践，法学作为一门应用学科更应如此。社会变化的必然性是以特殊性、偶然性为基础的，只注重对抽象的法律规范的研究，就难以把握法律运行的多样性和复杂性。研究法律离不开指导性案例，它既是定性研究的重要对象，又为量化分析提供了丰富的素材。作为联结实践与理论、问题与规则的桥梁，指导性案例本身所蕴含的法治信息，所提出的前沿命题，往往成为法学研究创新和理论发展的重要源泉。同时，司法审判活动作为法律发展的重要原动力之一，法律出台的实证基础往往来源于具体的案件，指导性案例涵盖了社会现实中存在的主要热点和难点问题，案例的积累为立法建议和司法解释的制定提供了有针对性和代表性的素材，增强了说服力和可信度，促使法律发展更能契合社会现实需要。

虽然指导性案例具有宣示、补充、约束、促进、防御、教育、辅助等多种功能，但要充分发挥好这些功能，在适用指导性案例时要采取“类比”“类推”的方法，“有条件地适用”“经过审查后适用”，充分运用归纳推理，使法官依据法律的精神和固有价值进行合理的取舍，使归纳结论符合法律的正义要求并具有可接受性。具体适用指导性案例应当注意以下一些问题：

第一，不能把指导性案例效力绝对化。在我国立法体制下，建立案例指导制度的目的是要建立一个有利于准确适用法律的司法工作机制，为案件的审理提供具体、规范的参照。按照《关于案例指导工作的规定》的要求，最高人民法院发布的指导性案例，各级人民法院在审判类似案件时应当参照，赋予了指导性案例一定的效力，这种参照的效力是一种“事实上的拘束力”，这种拘束力不属于正式的法律渊源，而主要体现为指导性、说服性、参考性。

第二，有必要建立和完善适用指导性案例的识别和引用规则以及保障机制。识别规则就是做好指导性案例裁判规则的总结工作，进一步明确类似案件的判断标准，方便法官尽快寻找到最适合的指导性案例。引用规则与指导性案例的效力有着密切的联系。指导性案例不具有普遍性的约束力，不能被裁判文书直接援引，但并不能排除裁判文书的合理引证。保障机制就是要建立起指导性案例遵循的审级监督和社会监督制度、责任追究制度、培训考核机制以及适用的服务体系。

第三，必须准确把握指导性案例的适用条件。适用条件主要是：现行法律没有明文规定、规定不明确、存在漏洞或冲突，司法实践中主要包括拟裁判的民商事、行政案件没有明确的法律依据，法律存在漏洞或冲突，以及法律虽然有规定，但比较原则，易产生歧义等情形；存在可以比照的指导性案例规则；存在相似的案件事实；等等。

第四，要为正确适用指导性案例确定正当程序。一是案情对比，重点是法定事实要件的比对，选择法定事实案件最相类似的指导性案例；二是情势权衡，主要包括政策权衡、价值权衡、利益权衡和功能权衡，保障案件裁判的形式公正与实质公正、程序公正与实体公正、个案公正与社会公正的统一；三是案例遴选，以主要问题为中心展开，分析案件事实，明确诉争焦点，列出问题要点，搜索最适合的指导性案例；四是规则适用，重点是在法庭审判和法院判决中的适用，既可以作为律师或检察官在法庭辩论时的理由，也可以作为法官阐释裁判的理由，还可以吸收到司法裁判的推理中，以增强裁判的说理性和权威性；五是案例排除适用原则，当指导性案例与拟裁判案件之间存在案件事实差别，以及指导性案例所确定的裁判规则存在与法律原则相冲突，或存在含混、模糊、内在冲突等缺陷时，可以排除指导性案例规则的适用。

指导性案例是法律与实践结合的产物，是司法经验和法律智慧的结晶。它既包含着对立法精神的理解和阐发，又包含着司法经验的探索与积累；既包含了实体性规则，又包含了程序性规范；既包括对法律的文意理解，又包括对法律精神实质的把握；既包括对形式正义的宣示，又包括对实质正义的把握。理论界和实务界对指导性案例应当具有“指导效力”已形成共识。为了更好地提高案例的指导性，增强指导性案例的适用价值，充分发挥其功能，让“纸上的法律”真正变成社会生活中“活的法律”，虽然有赖于诸多因素，但其中行之有效的方法之一就是从法学方法论的立场去阐释蕴涵于个案的裁判规则。这正是我们组织编写出版这套“最高人民法院指导性案例裁判规则理解与适用系列”丛书的目的和出发点。丛书中所选案例是以最高人民法院指导性案例、公报案例为主，同时，还精选了部分最高人民法院直接裁判的具有指导性的案例。《最高人民法院公报》是国家最高审判机关公开介绍我国审判工作和司法制度的重要官方文献，是最高人民法院对外公布司法解释、司法文件、裁判文书、典型案件及其他有关司法信息资料的法定刊物。公报案例的最大的特点就是以《最高人民法院公报》为载体，公开、客观地记录和反映具体案件正确适用具体法律的裁判过程，是唯一以最高人民法院官方名义发布的案例，无论案例是哪一级法院审结的案件，但所涉及的法律适用和理解、司法价值取向等都得到了最高人民法院的正式确认，直接体现最高人民法院的司法观点，具有典型性、权威性和指导性。本丛书分民商事、行政、刑事和综合（年卷）四大类，每大类中按不同案件类型编排成卷，如民商事类可分为担保卷、公司卷、合同卷、婚姻家庭卷、房地产卷等。通过对指导性案例、公报案例等进行梳理，然后编定成卷每年定期出版，奉献给大家。

本丛书突破了传统法律案例类图书的“要点提示、案情、法院审判、裁判要旨、评析”等写作模式，在编写体例上，采取了【裁判规则】【规则理解】【拓展适用】【典型案例】的体例。以裁判规则为主线，在内容和体例上具有一定的独创性，突出强调不仅要关注公报案例等指导性案例本身，而且要关注指导性案例所形成规则的理解与适用，侧重于弥补法律漏洞以及阐释实务中如何正确理解与适用法律，致力于为读者迅速查找指导性案例和把握裁判规则提供最为便捷有效的途径。

所有的【裁判规则】都是通过对案件争议焦点所涉及的法律问题进行评析后形成的并为裁判结论所确立的法律性质规则，属于法律规则或者原则范畴，是案例的核心内容、灵魂所在。指导性案例裁判规则一般是非特定的、非个案的，对法官在同类案件中认定事实、适用法律具有启发、引导、规范和参考作用。从一定意义上讲，指导性案例的指导作用更多地体现在从案件事实认定和法律适用中提炼出来的裁判规则或者裁判要旨。针对部分公报案例裁判摘要中存在法条构成要件重述、内容不明确等问题，我们对该部分案例的裁判规则进行了重新归纳和提炼。其目的正如美国大法官卡多佐在《司法过程的性质》中所言，在接手案件时，“所做的第一件事就是将他眼前的案件同一些先例加以比较，无论这些先例是贮藏在他心中还是贮藏在书本中……先例的背后是一些基本的司法审判概念，他们是司法推理的一些先决条件；而其后面的是生活习惯、社会制度，那些概念正是在它们之中才得以生成。通过一个互动过程，这些概念反过来修改着这些习惯与制度……如果先例清楚明了并且契合案件，那么法官就无需做更多的事了。”

德国法学家拉伦茨在《法学方法论》中说：“制作司法先例的法官首先考虑的是他所裁判的事件，这些要旨不过是裁判理由中蒸馏出来的结晶，与案件事实密切相关，在很大程度上本身也需要解释。”如何将写在纸上的裁判规则，适用于此后千变万化但法定事实要件相同或相似的类案，诠释规则所蕴含的公平与正义精神，是法官的重要任务。然而，由于各级法院、各地法院的法官们，在年龄、知识结构、社会阅历、审判经验等方面存在差异，对于裁判规则的理解、运用等都会有不同的结果。因此，我们认为有必要将指导性案例中所提炼裁判规则的【规则理解】作为本丛书核心内容，突出对所提炼裁判规则解读的指导意义，以超越个案审判的视野，对法律适用进行理性思考，研究案例所体现的法律规则、法律原理、法律精神以及裁判方法、裁判理念等体现的核心价值。虽然指导性案例裁判规则源于个案，但不仅仅局限于个案，而是通过对规则的理解以及法定事实要件的精准把握，达到将裁判规则适用于类案的效果，从而使所提炼的裁判规则中蕴涵的内在价值能够在更广的范围内、更深的层次上得以被发现、被接受、被适用。虽然目前还没有明确规定指导性案例的裁判规则可以在类案的裁判文书中直接援引，但不容置疑的是它的基本精神完全可以渗透于裁判文书的说理部分，可以作为法官裁判的理由、检察官或律师法庭辩论的理由。对于全国各级法院法官及其他法律工作者来说，准确理解和掌握指导性案例裁判规则，有助于统一司法理念、统一法律适用和统一裁判尺度，促进人们对法律的尊重与信仰。

为了防止因裁判规则的抽象性以及成文规范难以避免的缺陷而导致的弊端，我们对指导性案例的裁判规则进行了【拓展适用】，目的是对与裁判规则相关联的理论问题进行系统梳理和深入探讨，以期能够较为全面地阐释裁判规则的精髓，从而推动相关法学研究向纵深发展，拓宽人民法院、法官发现问题、解决问题的渠道，又能够为立法和司法解释提供新的思路和视角，从而形成实践丰富理论、理论指导实践、司法实践与理论研究良性互动的局面，提升司法应对现实的能力。

对《最高人民法院公报》【典型案例】等指导性案例进行分类梳理，一方面是对指导性案例进行连续性和系统性的汇编，方便各地各级法院的法官以及检察官、律师和其他法律界人士检索和援引；另一方面是更全面、更客观、更系统、更立体地展现了指导性案例所依附的案件事实、证据以及裁判说理等的真实风貌，更直观、更清晰、更准确地理解裁判规则的涵义，指导同类案件的法律适用，特别是裁判论证和说理过程，使抽象的审判指导概念更具明确性、更具形象化、更具可操作性。

对指导性案例裁判规则进行全面、系统的解读和阐释，以帮助法律实务界更精准地运用典型案例实现法律的目的、实现公平公正，使从事法学教育和理论研究的同志得以全面把握指导性案例的精神实质，是作者的一次尝试。我们深知，本套丛书所涉及的法学理论博大精深，各种研究文献浩如烟海，有许多未知的领域仍需作深入细致的研究。我们深知法学理论对审判实践有着巨大的指导作用，特别是在法律规定不明确的情况下，具有扎实深厚的理论功底，及时掌握理论界研究的最新成果就显得更为重要。正基于此，我们不敢懈怠，时刻关注理论发展的最新动态，时刻关注理论研究的最新成果，时刻关注审判实践中的典型案例和实践经验，从研究的角度提出一些个人的学术见解，这些见解并不代表任何组织和机构，甚至与我们个人的身份都无关联。当然，这些观点和意见的正确与否，不仅要接受理论界的评判，而且要接受实践的检验。希望借此丛书的修订版，使我们能够与理论界的学者、实务界的同仁进行深入交流探讨，以期共同推动我国案例指导制度的完善和案例研究的深化与细化。

是为序。

江必新

二〇二二年十一月二十日

凡 例

为使行文方便，本书对部分法律、法规和司法解释等规范性法律文件的名称做了缩略。

《民法典》:《中华人民共和国民法典》

《物权法》:《中华人民共和国物权法》

《合同法》:《中华人民共和国合同法》

《民法总则》:《中华人民共和国民法总则》

《民法通则》:《中华人民共和国民法通则》

《侵权责任法》:《中华人民共和国侵权责任法》

《建筑法》:《中华人民共和国建筑法》

《劳动合同法》:《中华人民共和国劳动合同法》

《食品安全法》:《中华人民共和国食品安全法》

《消费者权益保护法》:《中华人民共和国消费者权益保护法》

《公司法》:《中华人民共和国公司法》

《民事诉讼法》:《中华人民共和国民事诉讼法》

《道路交通安全法》:《中华人民共和国道路交通安全法》

《水污染防治法》:《中华人民共和国水污染防治法》

《消防法》:《中华人民共和国消防法》

《残疾人保障法》:《中华人民共和国残疾人保障法》

《刑法》:《中华人民共和国刑法》

《证券法》:《中华人民共和国证券法》

《旅游法》:《中华人民共和国旅游法》

《未成年人保护法》:《中华人民共和国未成年人保护法》

《教师法》:《中华人民共和国教师法》

《义务教育法》:《中华人民共和国义务教育法》

《律师法》:《中华人民共和国律师法》:

《产品质量法》:《中华人民共和国产品质量法》

《民法通则意见》：《最高人民法院关于贯彻执行〈中华人民共和国民法通则〉若干问题的意见（试行）》

《合同法司法解释（一）》：《最高人民法院关于适用〈中华人民共和国合同法〉若干问题的解释（一）》

《民事诉讼法司法解释》：《最高人民法院关于适用〈中华人民共和国民事诉讼法〉的解释》

《人身损害赔偿司法解释》：《最高人民法院关于审理人身损害赔偿案件适用法律若干问题的解释》

《触电人身损害赔偿司法解释》：《最高人民法院关于审理触电人身损害赔偿案件若干问题的解释》

《精神损害赔偿司法解释》：《最高人民法院关于确定民事侵权精神损害赔偿责任若干问题的解释》

《涉外海上人身伤亡案件损害赔偿具体规定（试行）》：《最高人民法院关于审理涉外海上人身伤亡案件损害赔偿的具体规定（试行）》

《道路交通事故损害赔偿司法解释》：《最高人民法院关于审理道路交通事故损害赔偿案件适用法律若干问题的解释》

《交通肇事刑事案件司法解释》：《最高人民法院关于审理交通肇事刑事案件具体应用法律若干问题的解释》

《建筑物区分所有权纠纷司法解释》：《最高人民法院关于审理建筑物区分所有权纠纷案件适用法律若干问题的解释》

《审理旅游纠纷案件若干问题规定》：《最高人民法院关于审理旅游纠纷案件适用法律若干问题的规定》

《审理食品药品纠纷案件若干问题规定》：《最高人民法院关于审理食品药品纠纷案件适用法律若干问题的规定》

《道路交通安全法实施条例》：《中华人民共和国道路交通安全法实施条例》

总　目　录

第一章　归责原则

第二章　侵权责任构成要件

第三章　免责与减轻责任事由

第四章　无意思联络数人侵权责任

第十章 违反安全保障义务责任

第十一章 教育机构的侵权责任

第十二章 专家责任

第十三章 交通事故责任

第十四章 物件损害责任

第十五章 财产保全损害赔偿责任

第十六章 食品安全责任

目　录

Contents

第一章　归责原则

第二章　侵权责任构成要件

第三章　免责与减轻责任事由

第四章　无意思联络数人侵权责任

第五章　共同侵权

第六章　人身损害赔偿

第七章　精神损害赔偿

第九章 商事经营中的侵权责任

第十章　违反安全保障义务责任

第十二章　专家责任

第十三章　交通事故责任

第十五章　财产保全损害赔偿责任

第十六章　食品安全责任

第一章 归责原则

规则 1：交通事故认定书不能作为民事侵权损害赔偿案件责任分配的唯一依据，行为人的过错应根据民事诉讼的归责原则认定

——葛某斐诉某汽运公司、某保险公司周口市分公司、某保险公司沈丘支公司道路交通事故损害赔偿纠纷案[①]；荣某英诉王某、某保险公司机动车交通事故责任纠纷案[②]

【裁判规则】

交通事故认定书是公安机关处理交通事故，作出行政决定所依据的主要证据，虽然可以在民事诉讼中作为证据使用，但由于交通事故认定结论的依据是相应行政法规，运用的归责原则具有特殊性，与民事诉讼中关于侵权行为认定的法律依据、归责原则有所区别。交通事故责任不完全等同于民事法律赔偿责任，因此，交通事故认定书不能作为民事侵权损害赔偿案件责任分配的唯一依据。行为人在侵权行为中的过错程度，应当结合案件实际情况，根据民事诉讼的归责原则进行综合认定。

【规则理解】

一、交通事故认定书的内涵及特征

（一）交通事故认定书的内涵

所谓交通事故认定书，是指公安机关交通管理部门在调查、处理交通事故中制作的文书。《道路交通安全法》第 73 条规定，公安机关交通管理部门应当根据交通事故现场勘验、检查、调查情况和有关的检验、鉴定结论，及时制作交通事故认定书，作为交通事故的证据。根据这一规定，交通事故认定书具有

---

① 《中华人民共和国最高人民法院公报》2010 年第 11 期。

② 最高人民法院指导案例 24 号。

证据的属性，属于证据之一种。[①] 而关于交通事故认定书究竟属于何种证据，目前则存在“书证说”“鉴定结论说”[②] 两种不同的观点。“书证说”认为，书证是指以其所载文字、符号、图案表达出的思想内容来证明案件事实的书面材料或其他材料。而交通事故认定书是由公安机关交通管理部门在其法定权限内行使职权所制作的文书，其以文字记载的内容表达了制作者的意思，用以证明案件事实。因此，交通事故认定书属于公文性书证。但反对者认为，书证往往形成于案件发生之前，而交通事故认定书则形成于事故发生之后，两者之间存在明显的差别，所以，交通事故认定书不属于书证的范畴。“鉴定结论说”从交通事故认定书的科学性、专业性出发，认为公安交通管理部门在制作交通事故认定书的过程中运用了其所具备的专业知识，就交通事故的原因及其责任分担作出分析判断，符合鉴定结论的特征。但是，公安机关交通管理部门是否属于鉴定主体，交通事故认定书的具体制作人是否属于鉴定人仍是“鉴定结论说”难以解决的问题。况且，根据《道路交通安全法实施条例》第 93 条关于“公安机关交通管理部门……制作交通事故认定书。对需要检验、鉴定的……”的规定，交通事故认定书并不等同于鉴定结论。此外，还有观点认为，交通事故认定书属于“特殊的鉴定结论”等。

（二）交通事故认定书的特征

笔者无意对交通事故认定书在证据中的归类进行过多评判。但可以明确的是，不论交通事故认定书应当归于何种证据，其都具备如下特征：

1. 交通事故认定书具有较强的真实客观性。（1）交通事故认定书制作主体的公正性、权威性。公安机关交通管理部门是国家行政机关，处理交通事故是其法定职权。相对于事故双方当事人或一般目击证人而言，显然更加公正、权威。（2）交通事故认定书内容的真实性、科学性。交通事故认定书是在对事故现场进行勘察、检查的基础上，通过专门人员运用专业科学知识或实践经验分析判断作出。其真实性、科学性能在很大程度上得到保证。（3）交通事故认定书内容的完整性、全面性。交通事故认定书包含于对交通事故各个方面情况的记载，相较于其他证据往往仅能反映某一部分事实而言更加完整、全面。

---

① 也有观点从行政行为的角度对交通事故认定书进行阐述分析。因这一问题主要涉及事故认定书是否具有可诉性的问题，与本文无直接关系，故在此不再详述。

② 参见张栋：《“交通事故责任认定书”的证据属性》，载《中国司法鉴定》2009 年第 2 期；薛全忠、董保丽：《小议交通事故认定书》，载《湖北经济学院学报（人文社会科学版）》2008 年第 1 期。

2. 交通事故认定书具有客观记录与主观判断相结合的特征。一般而言，交通事故认定书的内容主要由两部分构成，一是对事故发生地的基本情况、事故发生的经过、事故发生的原因等均有描述和分析，此为客观记录部分。二是对当事人过错及责任的认定，此为主观判断部分。

二、交通事故认定书在民事案件审理中的应用

根据《道路交通安全法》的规定，交通事故认定书的作用是“作为处理交通事故的证据”。众所周知，交通事故可能产生三种责任，即行政责任、刑事责任和民事责任。那么，交通事故认定书是否在以上三类责任认定中都可以作为证据使用？而在不同责任认定中，交通事故认定书的证明力有何区别？

《道路交通事故处理工作规范》第71条规定，公安机关交通管理部门应当在作出道路交通事故认定书之日起五日内，按照《道路交通安全违法行为处理程序规定》，依法对当事人的道路交通安全违法行为作出处罚。这一规定表明，道路交通事故认定书首先应当作为当事人承担行政责任的基础。而根据《交通肇事刑事案件司法解释》的规定，只有当事人在负事故同等责任以上的情况下，才可能构成交通肇事罪。因此，道路交通事故认定书同时也是当事人承担刑事责任的重要依据①。然而在民事诉讼中，尽管交通事故认定书的客观记录部分对查明案件事实仍具有重要作用，但其主观判断部分则不足以成为当事人承担民事责任的依据。其主要理由在于交通事故认定书的依据是相应行政法规，运用的归责原则具有特殊性，与民事诉讼中关于侵权行为认定的法律依据、归责原则有所区别。

（一）侵权责任法与交通事故认定书归责原则的区别

所谓归责，是指行为人对一定损害后果承担责任。而归责原则，则是指行为人应以何种事由承担责任。归责原则是追究责任的基础和依据，是归责应当遵循的一般性准则。由于法律调整的对象、调整的社会关系以及调整方式的差异，归责与归责原则在不同的部门法中往往呈现出截然不同的特征。

侵权责任法中的归责原则，是对于各种具体侵权案件的可归责事由（责任基础）进行的一般性抽象，抽象出同类侵权行为共同的责任基础。② 我国《民

① 当然，行为人除对事故负同等以上责任外，还应当符合交通肇事罪的其他犯罪构成要件才可能构成犯罪并承担刑事责任。

② 张新宝：《侵权责任法原理》，中国人民大学出版社2005年版，第25页。

法典》中的归责原则包括过错责任原则、无过错责任原则。[①] 过错责任原则，是指加害人以过错作为承担民事责任的基础。过错责任原则是侵权责任法最基本的归责原则，应用于一般的侵权行为。无过错责任原则，则是指依据法律的特殊规定，无论行为人是否有过错，都应当对其行为所造成的损害承担民事责任。

关于交通事故民事责任的归责原则，《民法典》在第1208条指明适用《道路交通安全法》的规定。《道路交通安全法》第76条规定："机动车发生交通事故造成人身伤亡、财产损失的，由保险公司在机动车第三者责任强制保险责任限额范围内予以赔偿；不足的部分，按照下列规定承担赔偿责任：（一）机动车之间发生交通事故的，由有过错的一方承担赔偿责任；双方都有过错的，按照各自过错的比例分担责任。（二）机动车与非机动车驾驶人、行人之间发生交通事故，非机动车驾驶人、行人没有过错的，由机动车一方承担赔偿责任；有证据证明非机动车驾驶人、行人有过错的，根据过错程度适当减轻机动车一方的赔偿责任；机动车一方没有过错的，承担不超过百分之十的赔偿责任。交通事故的损失是由非机动车驾驶人、行人故意碰撞机动车造成的，机动车一方不承担赔偿责任。"根据这一规定，除保险公司应当承担的法定赔付责任外，机动车交通事故按照不同情况而分别适用过错责任原则和无过错责任原则：（1）当机动车之间发生交通事故时，适用过错责任原则。（2）当机动车与非机动车、行人发生交通事故时，适用无过错责任原则。其中，当非机动车、行人一方对事故发生具有重大过失[②]时，机动车一方责任得以减轻，但仍应承担至少百分之十的责任。当非机动车、行人一方存在故意碰撞的情形时，机动车一方不承担责任。对于存在机动车第三者责任强制保险（以下简称交强险、第三者责任商业保险（以下简称商业三者险）和侵权责任人的赔偿次序时，可根据《道路交通事故损害赔偿司法解释》第13条规定进行处理，即同时投保交强险和商业三者险的机动车发生交通事故造成损害，当事人同时起诉侵权人和保险公司的，人民法院应当按照下列规则确定赔偿责任：（1）机动车发生交通事故造成损害，属于该机动车一方责任的，先由承保机动车强制保险的保险人在强

---

① 也有观点认为我国侵权责任法还包括过错推定责任原则、严格责任原则、公平责任原则等归责原则。参见王利明：《我国〈侵权责任法〉归责原则体系的特色》，载《法学论坛》2010年第2期。

② 最高人民法院侵权责任法研究小组编著：《〈中华人民共和国侵权责任法〉条文理解与适用》，人民法院出版社2010年版，第349页。

制保险责任限额范围内予以赔偿；（2）不足部分，由承保机动车商业保险的保险人按照保险合同的约定予以赔偿；（3）仍然不足或者没有投保机动车商业保险的，由侵权人赔偿。对于被侵权人或者其近亲属请求承保交强险的保险公司优先赔偿精神损害的，人民法院应予支持。从上述规定不难看出，《道路交通安全法》对交通事故民事责任进行了精巧细致的设计，而不是以单一的归责原则或标准确定当事人的责任。

《道路交通安全法实施条例》第 91 条规定，公安机关交通管理部门应当依据交通事故当事人的行为对发生交通事故所起的作用以及过错的严重程度，确定当事人的责任。第 93 条规定，公安机关交通管理部门对经过勘验、检查现场的交通事故应当在勘查现场之日起 10 日内制作交通事故认定书。根据以上规定，交通事故责任书实际是不区分事故主体而直接依照当事人的过错划分责任。即过错越大则责任越大，过错越小则责任越小，无过错则无责任。这与交通事故民事责任具有重大差别。例如，机动车与行人相撞发生事故，交通事故认定书认为机动车与行人均有一定过错，应当承担同等责任。但在民事责任方面则应当适用无过错责任原则，由机动车一方对损害后果承担主要甚至是全部责任。

（二）民事法律赔偿责任与交通事故责任构成要件的区别

侵权责任的构成要件是指法律上规定的认定某一行为是否属于侵权行为，进而产生侵权责任的要件。[①] 就适用过错原则的一般侵权行为而言，存在两种主要的观点，即三要件说与四要件说。三要件说认为，一般侵权行为的构成要件应当包括损害事实、因果关系和过错。[②] 四要件说则认为，一般侵权责任的构成要件包括损害事实、因果关系、违法行为、过错。[③] 两者之间的区别主要在于对过错性质认识的差别。但无论采用何种观点，行为与损害事实之间的因果关系都是构成侵权行为的必备要件。没有因果关系，就没有侵权行为和侵权责任。

但在交通事故认定书中，因果关系并不是责任构成的必备要件。《道路交通安全法实施条例》第 92 条规定："发生交通事故后当事人逃逸的，逃逸的当事人承担全部责任……当事人故意破坏、伪造现场、毁灭证据的，承担全部责任。"其中，逃逸、毁灭、伪造证据或现场均为事故发生后的违法行为，与事

---

① 程啸：《侵权行为法总论》，中国人民大学出版社 2008 年版，第 163 页。

② 王利明：《侵权行为法研究》（上卷），中国人民大学出版社 2004 年版，第 348 页。

③ 最高人民法院侵权责任法研究小组编著：《〈中华人民共和国侵权责任法〉条文理解与适用》，人民法院出版社 2010 年版，第 48 页。

故的发生没有因果关系，即使情节恶劣，行为人也无须为此承担民事责任，却必须承担交通事故认定书中的责任。两者的区别是显而易见的。

除此之外，交通事故认定书对行为人过错的考察往往仅以是否违反交通法律法规为标准，没有违反法律法规的规定，即视为无过错。而侵权责任法中对过错的认定则是以“诚信善良之人”的注意义务[①]为标准，对行为人的要求往往更加严格。

综合上述分析，笔者认为民事案件审理中对交通事故认定书的运用应当符合如下原则：（1）交通事故认定具有高于一般书证、证人证言的证明力，是民事诉讼中的重要证据。（2）交通事故认定书并非唯一定案依据，可根据案件的实际情况及当事人提供的证据进行综合判断。首先，如当事人提交的证据足以否定交通事故认定书所记载的部分事实，则对该部分事实应不予采信。其次，如当事人提交的证据所证明的事实系交通事故认定书所遗漏且可能影响对事故发生原因及当事人责任的分析认定，则应当在案件审理中结合该部分事实一并予以考量。

【拓展适用】

一、民事侵权责任中过错性质的把握

过错是侵权责任的重要构成要件。在过错责任中，加害人是否有过错决定其是否承担侵权责任，赔偿受害人损失。受害人是否有过错则决定其是否应当依据过错的大小与加害人分担责任。在无过错责任中，加害人是否有过错决定其承担的责任是否有限制，是否可能承担惩罚性赔偿责任。而受害人对损害发生是否具有重大过错则决定加害人的责任是否得以减轻。

关于过错的性质，目前存在两种主要观点，即主观说与客观说。主观说以《德国民法典》为代表。《德国民法典》第 823 条第 1 款规定：“故意或者过失而不法侵害他人生命、身体、健康、自由、财产所有权或其他权利者，对他人因此而产生的损害负赔偿义务。”主观说认为，行为人的过错是指其主观上故意和过失的心理状态，从而将过错与客观违法行为区分开来。客观说以《法国民法典》为代表。《法国民法典》第 1382 条规定，任何人如果其行为引起他人损害，则必须就其过错行为所致的损害承担侵权责任。客观说认为，过错不仅是行为人的主观心理状态，同时还包括其客观行为的违法性。根据原《侵权责

① 张新宝：《侵权责任法原理》，中国人民大学出版社 2005 年版，第 72 页。

任法》[1] 中第6条第1款关于“行为人因过错侵害他人民事权益，应当承担侵权责任”的规定，我国系采用客观说，而未将主观过错与客观违法进行区分。其立法理由在于，首先，违法性与过错在大多数情况下没有不同，去掉违法性要件可以减少受害人获得救济的障碍。其次，随着过错判断标准的客观化，以客观化的义务来搭建过错的内容，促使了过错与违法性的趋同。[2] 除上述理由外，原《侵权责任法》第6条之所以没有正面规定违法性，还因为它确立了“不得侵害他人民事权益”[3] 的一般性禁止，将侵害他人民事权益的行为原则上认定为违法。[4] 在此意义上，只要因故意或过失而侵害他人权益的原则上都视为具有过错，至于是违反了法律的明文规定还是公序良俗，则在所不问。

二、民事侵权中的故意和过失

（一）故意和过失的认定标准

侵权中的故意，是指行为人预见到自己行为的有害后果，仍然希望或放任有害结果的发生。[5] 故意包含认识因素和意志因素。认识因素是指行为人能够了解自己行为的性质，预见到行为将造成危害结果。而意志因素则是指行为人积极追求或是放任危害结果的发生。在刑法中，基于量刑的考虑，积极追求危害结果发生的故意被称为直接故意，而放任危害结果发生的故意则属于间接故意。但在侵权中，这种区分则不影响行为人对民事责任的承担，因而没有太大意义。审判实践中，一般也不进行区分，但在法官自由裁量时，一般也会对当事人的主观恶意进行适当的考量。

侵权中的过失，是指加害人因疏忽或轻信而未达到应有的注意程度的一种不正常或不良的心理状态。[6] 过失之所以具有归责性，是因为行为人能够预见危害结果的发生而由于疏忽大意没有预见，或是已经预见到而自信能够避免。行为人这种疏忽大意和过于自信的有害心态，正是导致其承担侵权责任的基础。一般认为，行为人根据其过失程度的不同可以分为重大过失、一般过失和轻微过失。其中，比较值得注意的是重大过失。关于重大过失，有学者认为，“违

---

① 随着《民法典》的施行，《侵权责任法》《物权法》等同时废止，下文不再提示。

② 最高人民法院侵权责任法研究小组编著：《〈中华人民共和国侵权责任法〉条文理解与适用》，人民法院出版社2010年版，第16页。

③ 《侵权责任法》第2条第1款规定：“侵害民事权益，应当依照本法承担侵权责任。”

④ 参见李承亮：《侵权行为违法性的判断标准》，载《法学评论》2011年第2期。

⑤ 马俊驹、余延满：《民法原论》（第2版），法律出版社2005年版，第1022页。

⑥ 张新宝：《侵权责任法原理》，中国人民大学出版社2005年版，第71页。

反普通人的注意，为重大过失，亦称重过失。如果行为人仅用一般人的注意即可预见之，而竟怠于注意，不为相当之准备，就存在重大过失”。[①] 而所谓一般人的注意标准，是指“一个连身体和精神力量都十分脆弱的人”都能够轻易地预见可能的危险并采取预防措施。由于重大过失在道德上具有较强的可非难性，因此其有时会与故意相联系，共同作为行为人承担责任或免责的依据。

（二）故意和过失的区分在理论和实践中的意义

有观点认为，侵权责任法的最基本功能乃是填补损害，侵权人的主观心理状态究竟是故意还是过失并不重要，“民法上故意与过失原则上同其价值”[②]。这种观点实际是忽视了故意和过失作为两种截然不同的过错形式在侵权责任法中的重大差异。首先，过失虽然是一种疏忽大意或过于自信的主观心理状态，但在理论界对其性质的认识越来越有客观化的倾向。过失被认为是违反注意义务从而导致他人受到损害的行为。过失的行为人之所以在法律上应负责任，不在于行为人主观上没有预见或没有认识，而在于行为人的行为背离了法律和道德对其提出的应对他人尽到适当注意的要求，在于行为人没有尽到对他人注意的义务，以至于其行为造成他人的损害。[③] 而故意则不然，故意是一种积极追求或是放任危害后果发生的心理状态。不论从何种角度解释，故意始终是主观的。故意无法在理论上界定为违反注意义务的行为，实践中也不存在“一般理性人”这一判断标准。其次，由于对过失性质的认识越来越有客观化的倾向，越来越不依赖于对其主观心理的判断，其在道德上的可责性也在相应地消减。行为人违反了注意义务而致害，不论是由于自身性格、所处环境或其他原因，都很难在主观上被评价为道德上的“恶”。[④] 而故意是在主观上违背了“不得损害他人”这一“最低限度的自然法”，违反了最低限度的道德，因而在道德上具有强烈的可非难性。最后，过失侵权虽然是由于行为人的疏忽大意和过于自信而产生，但考虑到人自身固有的弱点及其他外界因素的影响，其危害结果在一定程度上是难以预测或避免的。例如，司机在倒车中未能注意到车后行人发生事故，医生在连续高强度手术过程中出现操作失误等。而故意侵权产生的危害结果则是行为人出于追求或放任的心态而人为制造，危害结果是否发生完全是由行为人控制和决定的，不但可以预测，而且是完全可以避免的。

---

① 杨立新：《侵权法论》，人民法院出版社2004年版，第187页。

② 郑玉波：《民法债编总论》，中国政法大学出版社2004年版，第139页。

③ 王利明：《侵权行为法归责原则研究》，中国政法大学出版社2004年版，第313页。

④ 根据上文所述，重大过失在一定程度上具有道德上的可非难性。

从根本上说，行为人是否构成侵权以及如何承担侵权责任乃是侵权责任法所要解决的两个基本问题。而故意和过失的区分则对此具有重要意义。

第一，某些侵权只有故意才能构成。按照过错责任的要求，只要行为人有过错并造成损失就构成侵权，应当承担相应责任。至于是故意还是过失，则在所不问。但是，对侵犯某类特殊权益的侵权行为而言，基于协调权益保护与维护行为自由的需要，则必须以故意作为其构成要件。例如，债权仅存在于债权人和债务人之间，是一种相对权，难以被外人知道。因此，行为人因过失侵害他人债权的往往不构成侵权，而只有基于故意而侵害他人债权时，才构成侵权。

第二，故意侵权所导致的纯粹经济损失一般应予赔偿。所谓纯粹经济损失，是指那些不依赖于物的损害或者身体及健康损害而发生的损失，非作为权利或受到保护的利益侵害结果存在的损失[①]。例如，企业长时间停电而导致发生停工损失，由于停工损失并非企业财产受到损害，故该种损失即为纯粹经济损失。由于纯粹经济损失不是因为受害人的财产、人身或者权利的受损而发生，因而在大多数情况下不应予以赔偿。但在故意侵权的情况下，由于行为人的故意使其默认了对其行为责任的承担，其主观恶性要求其对加害行为所造成的一切损失予以赔偿。因此，因故意造成的纯粹经济损失，一般应予赔偿。当然，这种赔偿并非毫无限制，还应当受到因果关系制约。

第三，故意侵权可能承担惩罚性赔偿责任。所谓惩罚性损害赔偿，也称示范性赔偿或报复性赔偿，是指由法庭所作出的赔偿数额超出实际的损害数额的赔偿，它具有补偿受害人遭受的损失、惩罚和遏制不法行为等多重功能。[②] 一是惩罚性赔偿具有赔偿损失的功能。惩罚性赔偿是在补偿性赔偿的基础上查漏补缺，对受害人遭受的名誉的丧失，生活享受的减少及信赖利益予以充分的补偿。特别是诉讼有关的费用，只有通过惩罚性赔偿才能补救。二是惩罚性赔偿具有制裁功能。传统民法认为，侵权损害赔偿的功能在于填补受害人的损害，而不是惩罚行为人。但是，侵权行为又是侵害他人财产和人身的行为，具有一定的社会危害性，因此应当受到法律的制裁。而在行为人恶意侵权的情况下，仅仅采用补偿性赔偿并不足以体现出行为人在道德上的应受谴责性，不足以体现法律对行为人的否定性评价。而惩罚性赔偿则通过给侵权人以各种的经济负担来制裁其不法行为，反映法律对其主观恶性的关注与惩罚。三是惩罚性赔偿

① 转引自张新宝：《侵权责任法立法研究》，中国人民大学出版社2009年版，第421页。

② 参见王利明：《惩罚性赔偿研究》，载《中国社会科学》2000年第4期。

还具有预防、阻吓功能。虽然补偿性损害赔偿能够适当填补受害人的损失，但对于加害人而言，这种“据实结算”的赔偿金额有时并不足以起到预防、阻吓的功能，甚至不足以抵销因侵权而产生的收益。比如，罗马法上著名的富人扇耳光案：一个有钱人以扇人耳光为乐，路上行走时，在前面见到人就给一个耳光，然后让其仆人在后面奉上罚金 25 司。[①] 而通过判处高额的惩罚性赔偿，可以阻吓行为人与其他人从事相同或类似的不法行为。

尽管惩罚性赔偿存在上述功能，但其毕竟与民事侵权责任的填补损害的主要功能有所不同，在适用范围上仍被严格限制。在目前立法与实践中，惩罚性赔偿被限定在少数故意侵权的情形中。例如，《民法典》第 1207 条规定：“明知产品存在缺陷仍然生产、销售，或者没有依据前条规定采取有效补救措施，造成他人死亡或者健康严重损害的，被侵权人有权请求相应的惩罚性赔偿。”第 1232 条规定：“侵权人违反法律规定故意污染环境、破坏生态造成严重后果的，被侵权人有权请求相应的惩罚性赔偿。”

第四，受害人对损害的发生具有故意时，侵权人的责任应予免除。受害人对损害的扩大具有故意时，侵权人就扩大部分的责任应予免除。总而言之，不论是适用何种归责原则的侵权行为，只要是因受害人而故意发生的损害，侵权人均应当在相应范围内免除责任。而当受害人对损害的发生仅具有过失时，则只能根据过失相抵原则，减轻侵权人的责任。如果是适用无过错原则的侵权行为，即使受害人对损害的发生具有过失（轻微过失或一般过失），也不能免除侵权人的责任。关于这一点，《民法典》并无相关规定，但在部分单行法中则有所体现。例如，《水污染防治法》第 96 条第 3 款规定：“水污染损害是由受害人故意造成的，排污方不承担赔偿责任。水污染损害是由受害人重大过失造成的，可以减轻排污方的赔偿责任。”由此可见，对于适用无过错责任的环境侵权，只有受害人有重大过失才能适用过错相抵原则。

【典型案例一】[②]

葛某斐诉某汽运公司、某保险公司周口市分公司、某保险公司沈丘支公司道路交通事故损害赔偿纠纷案

原告：葛某斐。

---

① 参见周枏：《罗马法原论》（下册），商务印书馆 2004 年版，第 864 页。

② 本书【典型案例】适用的法律法规等条文均为案件裁判当时有效，下文不再对此进行提示。

被告：某汽运公司。

被告：某保险公司周口市分公司。

被告：某保险公司沈丘支公司。

〔基本案情〕

原告葛某斐因与被告某汽运公司、被告某保险公司周口市分公司、被告某保险公司沈丘支公司发生道路交通事故损害赔偿纠纷，向江苏省南京市江宁区人民法院提起诉讼。

原告葛某斐诉称：2009 年 6 月 17 日 17 时 30 分左右，被告某汽运公司的司机鲍某许驾驶豫 P289××/P62××挂号重型半挂车，沿沪宁高速公路由东向西行驶，至汤山出口匝道附近时，因左前轮爆胎致车辆失控向左撞断中心隔离带两侧护栏冲入逆向车道。葛某国（葛某斐之父）驾驶的苏 DR58××号轿车由西向东正常行驶，被鲍某许驾驶的豫 P289××/P62××挂号重型半挂车撞击，发生严重交通事故。事故导致史某娟（葛某斐之母）当场死亡，葛某国、葛某斐均受伤。经公安机关交通管理部门认定，该事故属于交通意外事故。涉案豫 P289××号牵引车、豫 P62××号半挂车分别在被告某保险公司周口市分公司、某保险公司沈丘支公司投保交强险。故请求法院判令三被告赔偿医疗费 65885.85 元、住院伙食补助费 990 元（每天 18 元，计算 55 天）、营养费 1080 元（每天 12 元，计算 90 天）、护理费 4500 元（每天 50 元，计算 90 天）、残疾赔偿金 41096 元（每年 18680 元，计算 2.2 年）、精神损害抚慰金 7500 元、交通费 500 元、鉴定费 780 元，合计 122331.85 元。

被告某汽运公司辩称：对原告葛某斐陈述的事故经过无异议，涉案的豫 P289××号牵引车、豫 P62××号半挂车在被告某保险公司周口市分公司、某保险公司沈丘支公司处投保，请求法院依法处理。

被告某保险公司周口市分公司、某保险公司沈丘支公司辩称：对事故发生不持异议。由于该事故属于交通意外，双方均无责任，应当在交强险无责赔付限额内赔偿。原告葛某斐主张的医疗费、住院伙食补助费、护理费、残疾赔偿金、交通费、鉴定费合理，而主张的营养费、精神损失费过高，不应当全部支持。

江苏省南京市江宁区法院一审审理查明：

2009 年 6 月 17 日 17 时 30 分左右，被告某汽运公司雇用的驾驶员鲍某许驾驶豫 P289××/P62××挂号重型半挂货车，沿沪宁高速公路由东向西行驶至汤山出口匝道附近，因左前轮爆胎致其车失控向左撞断中心隔离带两侧护栏冲入逆向车道，与由西向东正常行驶至此的由原告葛某斐之父葛某国驾驶的苏 DR58××号轿车相撞后，货车又撞断逆向车道边缘（南侧）防护栏方停住车。该事故导致葛某斐之母史某娟当场死亡，葛某国、葛某斐、鲍某许三人受伤，车辆、路产受损。公安机关交通管理部门认定该起事故属于交通意外事故。

原告葛某斐伤后经甲医院、乙中医院诊断为：1. 脑震荡；2. 头皮挫裂伤；3. 右锁骨粉碎骨折；4. 右侧肋骨多发骨折；5. 血胸；6. 肺挫伤；7. 右上臂烧伤；8. 失血性贫血；9. 低蛋白血症，住院治疗 55 天。2009 年 9 月 14 日，司法鉴定所出具司法鉴定书，鉴定意见为：1. 葛某斐四根肋骨骨折构成十级伤残；2. 葛某斐右上肢功能部分丧失构成十级伤残。

另查明，事发当日鲍某许驾车驶入沪宁高速公路前，对所驾车右边第二桥外面的轮胎进行了补胎修理。事故发生时，涉案车辆码表已损坏，装载情况为空载。豫 P289××号牵引车、豫 P62××号半挂车分别在被告某保险公司周口市分公司、某保险公司沈丘支公司投保了交强险。

案件审理中，涉案事故受害人就交强险赔偿达成一致意见：交强险赔偿限额优先赔偿伤者葛某斐，交强险限额剩余部分赔偿死者史某娟。

上述事实，有双方当事人的陈述、涉案机动车保险单、询问笔录、道路交通事故现场勘查笔录、道路交通事故车辆技术鉴定书、道路交通事故认定书、门诊病历、出院记录、医疗费票据、司法鉴定书等证据证实，足以认定。

本案一审的争议焦点是：公安机关交通管理部门认定涉案事故属于交通意外事故，能否据此认定驾驶员无过错。保险公司主张在交强险无责任赔偿限额内进行赔偿能否予以支持。

〔一审裁判理由与结果〕

南京市江宁区人民法院一审认为：公民的生命健康权及财产权受法律保护。《中华人民共和国道路交通安全法》（以下简称道路交通安全法）第七十六条规定："机动车发生交通事故造成人身伤亡、财产损失的，由保险公司在机动车第三者责任强制保险责任限额范围内予以赔偿；不足的部分，按照下列规定承担赔偿责任：（一）机动车之间发生交通事故的，由有过错的一方承担赔偿责任；双方都有过错的，按照各自过错的比例分担责任……"本案中，虽然公安机关交通管理部门认定涉案事故属于交通意外事故，但是交通意外事故并不等同于民法上的意外事件，交通事故责任并不等同于民事法律赔偿责任。民事侵权赔偿责任的分配不应当单纯以交通事故责任认定书认定的交通事故责任划分来确定，而应当从损害行为、损害后果、行为与后果之间的因果关系及主观方面的过错程度等方面综合考虑。道路交通安全法第二十一条规定："驾驶人驾驶机动车上道路行驶前，应当对机动车的安全技术性能进行认真检查；不得驾驶安全设施不全或者机件不符合技术标准等具有安全隐患的机动车。"本案中，鲍某许在驾驶车辆码表已损坏的情况下，仍将具有安全隐患的车辆驶入高速公路，主观上具有过失。涉案车辆发生爆胎后，鲍某许在车辆制动、路面情况均正常且车辆系空载的情况下，未能采取有效的合理措施，导致车辆撞断隔离带护栏后冲入逆向车道，与正常行驶的葛某国驾驶的车辆发生碰撞，致使葛某斐受伤。鲍某许的不当行为与损害事实的发生存在因果关系，其主观上亦存在一定过失，葛某国驾车系正常行驶，主观上不存在任何过错。鲍某许系某汽运公司雇用的司机，案发时正在履行职务，因此涉案事故的法律后果应当由某汽运公司负担，某汽运公司应对葛某斐受伤后的合理经济损失承担全部赔偿责任。被告某保险公司周口市分公司、某保险公司沈丘支公司认为事故系交通意外事故，鲍某许在事故发生时无过错，主张应当在交强险无责任赔偿限额内赔偿，是对民法上“过错”含义的片面理解，某汽运公司应对损害后果承担全部赔偿责任，某保险公司周口市分公司、某保险公司沈丘支公司应在交强险责任赔偿限额内赔偿葛某斐的经济损失。

对于被告人某汽运公司、某保险公司周口市分公司、某保险公司沈丘支公司认可的原告葛某斐主张的医疗费、住院伙食补助费、护理费、残疾赔偿金、交通费、鉴定费，依法予以确认。对于原告主张的营养费，考虑到其受伤情况，结合其出院医嘱，原告主张的1080元（每天12元，计算90天）并无不当。对于原告主张的精神损害抚慰金，考虑原告在本次事故中遭受的痛苦程度以及伤残等级，酌定为7000元，在交强险限额内优先予以赔付。综上，原告因涉案事故的经济损失为：医疗费65885.85元、住院伙食补助费990元（每天18元，计算55天）、营养费1080元（每天12元，计算90天）、护理费4500元（每天50元，计算90天）、残疾赔偿金41096元（每年18680元，计算2.2年）、精神损害抚慰金7000元、交通费500元、鉴定费780元，合计121831.85元。涉案事故被害人就交强险限额分配比例达成一致意见，不违反法律强制性规定，依法予以准许。某保险公司周口市分公司应在交强险限额内赔偿原告36938元（含精神损害抚慰金7000元），某保险公司沈丘支公司分公司应在交强险限额内赔偿原告36938元。葛某斐超出交强险限额的经济损失47955.85元，由某汽运公司予以赔偿。

据此，南京市江宁区人民法院于2009年12月17日判决：

一、原告葛某斐因交通事故造成的损失121831.85元，由被告某保险公司周口市分公司在交强险限额内赔偿36938元（含精神损害抚慰金7000元），被告某保险公司沈丘支公司在交强险限额内赔偿36938元。

二、原告葛某斐因交通事故造成的损失超出交强险限额部分的47955.85元，由被告某汽运公司予以赔偿。

三、驳回原告葛某斐的其他诉讼请求。

〔当事人上诉及答辩意见〕

某保险公司周口市分公司不服一审判决，向江苏省南京市中级人民法院提起上诉，请求撤销原判，依法改判。主要理由是：1. 公安机关交通管理部门已经认定涉案事故属于交通意外，事故双方均无责任，故保险公司应当在交强险责任范围内按无责赔付，在第三者责任险范围内不承担责任；2. 精神损害抚慰金认定数额过高；3. 涉案鉴定费用不应当由保险公司承担。

被上诉人葛某斐口头答辩称：一审认定事实清楚，适用法律正确，请求驳回上诉，维持原判。

被上诉人葛某斐二审没有提交新的证据。

原审被告某保险公司沈丘支公司、某汽运公司述称：同意上诉人某保险公司周口市分公司的上诉意见。

原审被告某保险公司沈丘支公司、某汽运公司二审没有提交新的证据。

〔二审查明的事实〕

江苏省南京市中级人民法院经审理，确认了一审查明的事实。

〔二审裁判理由与结果〕

本案二审的争议焦点是：交通事故认定书能否直接作为民事侵权损害赔偿责任分配的唯一依据。

江苏省南京市中级人民法院二审认为：道路交通安全法第七十三条规定："公安机关交通管理部门应当根据交通事故现场勘验、检查、调查情况和有关的检验、鉴定结论，及时制作交通事故认定书，作为处理交通事故的证据。交通事故认定书应当载明交通事故的基本事实、成因和当事人的责任，并送达当事人。"根据该规定，交通事故认定书本身并非行政决定，而是公安机关处理交通事故，做出行政决定所依据的主要证据。交通事故认定书中交通事故责任的认定，主要是依据道路交通安全法、《中华人民共和国道路交通安全法实施条例》（以下简称道路交通安全法实施条例）等法律、行政法规，在分析判断交通事故责任认定时，与民事审判中分析判断侵权案件适用全部民事法规进行分析有所区别，而且，认定交通事故责任的归责原则与民事诉讼中侵权案件的归责原则不完全相同。道路交通安全法实施条例第九十一条规定："公安机关交通管理部门应当根据交通事故当事人的行为对发生交通事故所起的作用以及过错的严重程度，确定当事人的责任。"从交通事故认定书划分责任的依据看，公安机关交通管理部门认定交通事故的责任有两个因素，即行为人对交通事故所起的作用和过错的严重程度。前述条款中的"作用"与"过错"并列，与民法中的"过错"不是同一概念，在交通事故中，行为人有同等的过错不一定承担同等的责任，过错大的不一定是交通事故的主要责任人。道路交通安全法实施条例第九十二条规定："发生交通事故后当事人逃逸的、逃逸的当事人承担全部责任。但是，有证据证明对方当事人也有过错的，可以减轻责任。当事人故意破坏、伪造现场、毁灭证据的，承担全部责任。"该规定中，此类交通事故归责的依据不是发生侵权行为时的过错大小，而是侵权行为发生后的其他违法行为。因此，公安机关交通管理部门进行交通事故责任认定时归责方法与民法上的归责原则存在区别。此外，在举证责任负担、责任人的范围等方面，交通事故责任认定也与民事诉讼存在不同之处。综上，交通事故认定书是公安机关处理交通事故，作出行政决定所依据的主要证据，虽然可以在民事诉讼中作为证据使用，但由于交通事故认定与民事诉讼中关于侵权行为认定的法律依据、归责原则有所区别，同时，交通事故责任也不等同于民事法律赔偿责任，因此，交通事故认定书不能作为民事侵权损害赔偿责任分配的唯一依据，行为人在侵权行为中的过错程度，应当结合案情，全面分析全部证据，根据民事诉讼的归责原则进行综合认定。

本案中，鲍某许在驾驶车辆码表已损坏的情况下，违反道路交通安全法第二十一条的规定，将具有安全隐患的车辆驶入高速公路。肇事车辆发生爆胎后，鲍某许在车辆制动、路面情况均正常且车辆系空载的情况下，未能采取有效的合理措施，导致车辆撞断隔离带护栏后冲入逆向车道，与正常行驶葛某国驾驶的车辆发生碰撞，致使车内被上诉人葛某斐受伤。该起事故的发生并非不能预见，事故后果并非不可避免。因此，应当认定鲍某许有过错，其不当行为与损害事实的发生存在因果关系，葛某国驾驶的车辆正常行驶，车内的葛某斐无过错。一审对此认定准确，应予维持。

关于精神损害抚慰金的数额问题。《最高人民法院关于确定民事侵权精神损害赔偿责任若干问题的解释》第十条第一款规定："精神损害的赔偿数额根据以下因素确定：（一）侵权人的过错程度，法律另有规定的除外；（二）侵害的手段、场合、行为方式等具体情节；（三）侵权行为所造成的后果；（四）侵权人的获利情况；（五）侵权人承担责任的经济能力；（六）受诉法院所在地平均生活水平。"根据前述条款第（一）项、第（二）项、第（三）项、第（五）项、第（六）项的规定，一审法院酌定 7000 元精神损害抚慰金的数额并无不当，应予维持。

关于鉴定费用的承担问题。鉴定费用是被上诉人葛某斐因涉案事故而进行的合理支出，一审判决由败诉方承担并无不当，应予维持。

综上，一审判决认定事实清楚，适用法律正确，程序合法。据此，江苏省南京市中级人民法院于 2010 年 4 月 21 日判决：

驳回上诉，维持原判。

本判决为终审判决。

【典型案例二】

荣某英诉王某、某保险公司机动车交通事故责任纠纷案

关键词：民事　交通事故　过错责任

〔裁判要点〕

交通事故的受害人没有过错，其体质状况对损害后果的影响不属于可以减轻侵权人责任的法定情形。

〔相关法条〕

《中华人民共和国侵权责任法》第二十六条

《中华人民共和国道路交通安全法》第七十六条第一款第（二）项

〔基本案情〕

原告荣某英诉称：被告王某驾驶轿车与其发生刮擦，致其受伤。该事故经某交警大队认定：王某负事故的全部责任，荣某英无责。原告要求下述两被告赔偿医疗费用30006元、住院伙食补助费414元、营养费1620元、残疾赔偿金27658.05元、护理费6000元、交通费800元、精神损害抚慰金10500元，并承担本案诉讼费用及鉴定费用。

被告某保险公司辩称：对于事故经过及责任认定没有异议，其愿意在交强险限额范围内予以赔偿；对于医疗费用30006元、住院伙食补助费414元没有异议；因鉴定意见结论中载明“损伤参与度评定为75%，其个人体质的因素占25%”，故确定残疾赔偿金应当乘以损伤参与度系数0.75，认可20743.54元；对于营养费认可1350元，护理费认可3300元，交通费认可400元，鉴定费用不予承担。

被告王某辩称：对于事故经过及责任认定没有异议，原告的损失应当由某保险公司在交强险限额范围内优先予以赔偿；鉴定费用请求法院依法判决，其余各项费用同意保险公司意见；其已向原告赔偿20000元。

法院经审理查明：2012年2月10日14时45分许，王某驾驶号牌为苏MT18××的轿车，沿江苏省无锡市滨湖区蠡湖大道由北往南行驶至蠡湖大道大通路口人行横道线时，碰擦行人荣某英致其受伤。2月11日，某交警大队作出《道路交通事故认定书》，认定王某负事故的全部责任，荣某英无责。事故发生当天，荣某英即被送往医院治疗，发生医疗费用30006元，王某垫付20000元。荣某英治疗恢复期间，以每月2200元聘请一名家政服务人员。号牌苏MT18××轿车在某保险公司投保了机动车交通事故责任强制保险，保险期间为2011年8月17日0时起至2012年8月16日24时止。原、被告一致确认荣某英的医疗费用为30006元、住院伙食补助费为414元、精神损害抚慰金为10500元。

荣某英申请并经司法鉴定所鉴定，结论为：1. 荣某英左桡骨远端骨折的伤残等级评定为十级；左下肢损伤的伤残等级评定为九级。损伤参与度评定为75%，其个人体质的因素占25%。2. 荣某英的误工期评定为150日，护理期评定为60日，营养期评定为90日。一审法院据此确认残疾赔偿金27658.05元扣减25%为20743.54元。

〔**裁判结果**〕

江苏省无锡市滨湖区人民法院于2013年2月8日作出（2012）锡滨民初字第1138号判决：

一、被告某保险公司于本判决生效后十日内赔偿荣某英医疗费用、住院伙食补助费、营养费、残疾赔偿金、护理费、交通费、精神损害抚慰金共计45343.54元。

二、被告王某于本判决生效后十日内赔偿荣某英医疗费用、住院伙食补助费、营养费、鉴定费共计4040元。

三、驳回原告荣某英的其他诉讼请求。

宣判后，荣某英向江苏省无锡市中级人民法院提出上诉。

无锡市中级人民法院经审理于2013年6月21日以原审适用法律错误为由作出（2013）锡民终字第497号民事判决：

一、撤销无锡市滨湖区人民法院（2012）锡滨民初字第 1138 号民事判决。

二、被告某保险公司于本判决生效后十日内赔偿荣某英 52258.05 元。

三、被告王某于本判决生效后十日内赔偿荣某英 4040 元。

四、驳回原告荣某英的其他诉讼请求。

〔裁判理由〕

法院生效裁判认为：《中华人民共和国侵权责任法》第二十六条规定："被侵权人对损害的发生也有过错的，可以减轻侵权人的责任。"《中华人民共和国道路交通安全法》第七十六条第一款第（二）项规定，机动车与非机动车驾驶人、行人之间发生交通事故，非机动车驾驶人、行人没有过错的，由机动车一方承担赔偿责任；有证据证明非机动车驾驶人、行人有过错的，根据过错程度适当减轻机动车一方的赔偿责任。因此，交通事故中在计算残疾赔偿金是否应当扣减时应当根据受害人对损失的发生或扩大是否存在过错进行分析。本案中，虽然原告荣某英的个人体质状况对损害后果的发生具有一定的影响，但这不是侵权责任法等法律规定的过错，荣某英不应因个人体质状况对交通事故导致的伤残存在一定影响而自负相应责任，原审判决以伤残等级鉴定结论中将荣某英个人体质状况"损伤参与度评定为 75%"为由，在计算残疾赔偿金时作相应扣减属适用法律错误，应予纠正。

从交通事故受害人发生损伤及造成损害后果的因果关系看，本起交通事故的引发系肇事者王某驾驶机动车穿越人行横道线时，未尽到安全注意义务碰擦行人荣某英所致；本起交通事故造成的损害后果系受害人荣某英被机动车碰撞、跌倒发生骨折所致，事故责任认定荣某英对本起事故不负责任，其对事故的发生及损害后果的造成均无过错。虽然荣某英年事已高，但其年老骨质疏松仅是事故造成后果的客观因素，并无法律上的因果关系。因此，受害人荣某英对于损害的发生或者扩大没有过错，不存在减轻或者免除加害人赔偿责任的法定情形。同时，机动车应当遵守文明行车、礼让行人的一般交通规则和社会公德。本案所涉事故发生在人行横道线上，正常行走的荣某英对将被机动车碰撞这一事件无法预见，而王某驾驶机动车在路经人行横道线时未依法减速慢行、避让行人，导致事故发生。因此，依法应当由机动车一方承担事故引发的全部赔偿责任。

根据我国道路交通安全法的相关规定，机动车发生交通事故造成人身伤亡、财产损失的，由保险公司在机动车第三者责任强制保险责任限额范围内予以赔偿。而我国交强险立法并未规定在确定交强险责任时应依据受害人体质状况对损害后果的影响作相应扣减，保险公司的免责事由也仅限于受害人故意造成交通事故的情形，即便是投保机动车无责，保险公司也应在交强险无责限额内予以赔偿。因此，对于受害人符合法律规定的赔偿项目和标准的损失，均属交强险的赔偿范围，参照"损伤参与度"确定损害赔偿责任和交强险责任均没有法律依据。

规则2：当事人对消费者死亡既不构成违约也不构成侵权的，适用公平原则予以补偿

——李某、龚某诉某饮食公司人身伤害赔偿纠纷案①

【裁判规则】

当事人既没有违约也没有侵权，不能以违约或者侵权的法律事由判令其承担民事责任。双方当事人在事件中同遭损失，却无法获得全额赔偿的。但一方当事人是在实施有利于另一方当事人获利的行为时使自己的生存权益受损，另一方当事人受损的则主要是自己的经营利益。二者相比，一方当事人受到的损害比另一方当事人更为深重，为平衡双方当事人的受损结果，酌情由另一方当事人给一方当事人补偿一部分经济损失。

【规则理解】

一、公平责任的概念和功能

（一）公平责任的概念

原《民法通则》第132条规定："当事人对造成损害都没有过错的，可以根据实际情况，由当事人分担民事责任。"这一规定被一些学者认为是公平责任在我国民法中的体现。所谓公平责任，是指在双方当事人对造成损害均无过错，但是按照法律的规定又不能适用无过错责任的情况下，由人民法院根据公平的观念，在考虑受害人的损害、双方当事人的财产状况及其他相关情况的基础上，判令加害人对受害人的财产损失予以适当赔偿。②

（二）公平责任的功能

关于公平责任的功能，理论界有多种解说，有学者将其归纳为三项功能③：第一，公平责任是社会主义生产力发展的客观需要。随着现代科学技术的高度发展和广泛运用，越来越多的危险源被制造出来。由于意外危险源发生的侵权致人损害时有发生，这就要求法律在确认意外危险损害的民事责任时，既要充分考虑保护现代科学技术促进生产力发展的积极作用，又要克服由此产生的消

① 《中华人民共和国最高人民法院公报》2002年第2期。

② 王利明：《侵权行为法归责原则研究》，中国政法大学出版社2004年版，第210页。

③ 程啸：《侵权行为法总论》，中国人民大学出版社2008年版，第163页。

极因素。在这种情况下，无论是拘泥于过错责任还是无过错责任，都难以在科学技术发展所造成的积极和消极因素中找到平衡。第二，公平责任是民法公平原则的必然引申。市场经济要求法律上的平等或者经济利益上的平衡受到破坏之时，通过判令当事人承担民事责任的方式加以调整，尽量恢复被破坏了的平等与平衡关系。在双方当事人均无过错却发生损害的情况下，就需要通过公平责任在当事人之间合理地分配损失，以维护当事人之间的经济利益上的平衡。第三，公平责任还是建设社会主义精神文明的需要。在司法实践中倡导公平责任，有助于建设社会主义精神文明，有助于建立和发展社会主义平等、团结、友爱、互助、合作的社会主义新型关系。

二、公平责任的性质

关于公平责任的性质，理论界与实务界一直存在争论，即公平责任到底是一项独立的归责原则，还是仅仅属于民法中的公平原则在侵权责任法中的体现。肯定者认为，公平责任应当作为一项独立的归责原则，其主要原因在于，公平责任既不同于过错责任也有别于严格责任，其具有相当的特殊性与功能，并且该原则具有自身独有的适用范围，所以，公平责任应当作为一项独立的归责原则。①

反对者则认为公平责任并非一项独立的归责原则：（1）民事责任是民事主体违反法定义务或者约定义务而承担的法律后果。这种后果往往都伴随着否定性的评价。在适用公平责任的情形下，行为人对受害人的补偿并非对这种否定性评价的分担，而只是对损失的分担。② 不能将责任与损失混为一谈。（2）公平责任的适用范围极其有限，且只适用于赔偿损失这种侵权责任形式，对于其他大多数侵权责任形式，它是丝毫不起作用的。③（3）从侵权责任法中有关条文的变迁看，立法者无意将本条规定为公平责任原则。《侵权责任法》第一审议稿第20条规定："当事人对造成的损害都没有过错的，可以根据实际情况，由当事人分担损失。"而到第二审议稿第22条则变更为："受害人和行为人对损害的发生都没有过错的，可以根据实际情况，由双方分担赔偿责任。"但最终确定时又将"由双方分担赔偿责任"变回"由双方分担损失"。《民法典》

---

① 王利明：《侵权行为法归责原则研究》，中国政法大学出版社2004年版，第154页。

② 参见李鹏：《论我国侵权责任法的公平责任》，载《法学杂志》2010年第11期。

③ 参见房绍坤、武利中：《公平责任原则质疑》，载《西北政法学院学报》1988年第1期。

第1186条亦沿袭了上述表述。这一表述的变更也间接说明本条并非归责原则的规定，更不能理解为公平责任原则。[①]（4）除适用公平责任外，过错责任与无过错责任中行为人对损害后果承担赔偿责任，同样体现了公平原则。因此，公平原则从表述上亦难以成为一项独立的归责原则。

笔者同意否定说。除上述理由外，笔者还认为，将公平责任理解为独立归责原则容易导致实践中的滥用，从而冲击过错原则作为侵权责任一般归责原则的地位。例如，在一起案件中，机动车所有人将没有质量问题的车辆租给租车公司，再由租车公司对外出租，结果承租人在驾驶时发生交通事故，给他人造成了损失。如果某法院认为，虽然机动车所有人对事故的发生没有任何过错，但因获得了租车利益，故判断其对事故造成的损害承担责任。这一不当判决的作出，脱离了行为人的过错，而纯粹从经济情况、损失大小的角度考虑责任，明显滥用了公平责任。

三、公平责任在侵权责任法中的具体适用

（一）公平责任适用应注意的问题

《民法典》第1186条规定：“受害人和行为人对损害的发生都没有过错的，依照法律的规定由双方分担损失。”该规定属于侵权责任法对公平责任做出的一般性条款。根据这一规定，在适用公平责任时应当注意下列问题：

1. 公平责任适用于当事人对损害的发生没有过错，且不能推定有过错的情形。如果当事人有过错或能够被推定为有过错，就将适用过错责任，而不能适用公平责任。在司法实践中，在把握“无过错”时应当避免将标准过于宽松化，防止将应当适用过错原则的侵权行为错误地以公平责任原则进行处理。

2. 法律明确规定适用无过错责任的情形不能适用于公平责任。所谓无过错责任，是指在法律有特别规定的情况下，不考虑行为人是否存在主观过错，其都要对造成的他人损害承担赔偿责任。[②] 例如，《民法典》第1236条规定：“从事高度危险作业造成他人损害的，应当承担侵权责任。”根据这一规定，即使从事高度危险作业的行为人没有过错，也应当对损害后果承担赔偿责任，而不能由双方按照公平责任分担损失。

---

① 最高人民法院侵权责任法研究小组编著：《〈中华人民共和国侵权责任法〉条文理解与适用》，人民法院出版社2010年版，第184页。

② 最高人民法院侵权责任法研究小组编著：《〈中华人民共和国侵权责任法〉条文理解与适用》，人民法院出版社2010年版，第52页。

3. 公平责任必须由法律所明确规定。原《侵权责任法》第 24 条规定，适用公平责任应当在查明事实的基础上，“可以根据实际情况”，判令由双方分担损失。有观点认为，“可以根据实际情况”主要应考虑当事人的经济条件。这里的经济条件包括当事人的实际经济收入、必要的经济支出和应对家庭和社会承担的经济负担等。在考虑经济条件时，应全面考虑双方当事人的经济条件。如果行为人的经济条件优于受害人的经济条件，则应当由行为人承担更大的损失。[①] 反之亦然。还有观点认为，可以由当事人分担民事责任的实际情况，主要包括：损害后果较为重大；加害人的经济状况优于受害人或与受害人相同；完全由受害人承担全部损失有失公平；一方从损害行为中受益等情况。[②] 总之，当事人是否分担损失以及如何分担损失均应当根据案件事实综合考量，而不能凭借审判人员主观臆断。同时，既然是“可以”分担损失，那也就表明可以根据实际情况判决不分担损失，而由一方当事人独自承担。但《民法典》第 1186 条对此作出了重大修改，将“可以根据实际情况”修改为“依照法律的规定”。这也就是说，人民法院不得在没有法律依据的情况下酌定公平原则的适用。这也体现了立法对公平原则适用的审慎态度。

4. 得以通过公平原则由双方分担的损失原则上仅限于财产损失和直接损失。精神损害赔偿和间接损失因为其数额的不确定性而难以为当事人所分担。同时，精神损害赔偿和间接损失的赔偿一般需要对行为人的过错予以考量，在行为人没有过错的公平责任原则中难以适用。

（二）适用公平责任情形的类型化

《民法典》关于应当适用公平责任主要包括以下几种情形。

1. 因见义勇为而使自己受害的情形。《民法典》第 183 条规定：“因保护他人民事权益而使自己受到损害的，由侵权人承担民事责任，受益人可以给予适当补偿。没有侵权人、侵权人逃逸或无力承担民事责任，受害人请求补偿的，受益人应当给予适当补偿。”在适用本条时，应当注意：（1）被侵权人的行为表现为防止、制止他人民事权益被侵害。第一，这里的“他人”既包括一般意义上的民事主体——自然人、法人和其他组织，也包括特定情形下的国家、集

---

① 最高人民法院侵权责任法研究小组编著：《〈中华人民共和国侵权责任法〉条文理解与适用》，人民法院出版社 2010 年版，第 185 页。

② 王利明：《侵权行为法归责原则研究》，中国政法大学出版社 2004 年版，第 172 页。

体。[1] 第二，此处的“民事权益”既包括人身、财产权利，也包括未被确立为权利的民事利益。第三，本条中的“被侵害”既包括民事权益面临被侵害的紧迫危险，也包括正在被侵害的情形。第四，被侵权人的补偿请求权原则上不以受益人因被侵权人的见义勇为而得以免受侵害为条件。有观点认为，由于此条规定的是受益人的补偿义务，如果行为人采取的见义勇为等行为对避免或减少损害并没有产生实际效果，则客观上不存在受益人，不发生本条的适用。[2] 笔者不赞同这一观点。一是从法条的文字表述上无法推断出被侵权人的防止、制止行为必须达到避免或减少损害的效果。二是这也有利于鼓励社会上形成见义勇为的良好风气。至于补偿的数额如何确定，则可以依据实际情况由审判人员酌定。(2) 被侵权人受到的损害是因侵权行为所导致。如果是因为被侵权人自己的原因或是自然原因等导致的损害，则不适用本条的规定。(3) 不论何种情况，被侵害人都可以请求受益人补偿。但只有在没有侵权人、侵权人逃逸或无力承担赔偿责任时，受益人才应当补偿。这是《民法典》相较原《侵权责任法》所作的重大改变。按照原《侵权责任法》的规定，受益人的补偿应以侵权人逃逸或无力承担赔偿责任为前提，而《民法典》则更加尊重法官的自由裁量和当事人的意愿。(4) 受益人的补偿范围应为“适当”。这里的“适当”，应当由人民法院依据当事人经济状况及损害程度来综合认定。考虑到受益人的补偿义务只是出于公平的需要，故原则上不宜要求受益人对被侵权人的损害全部予以填补，而仅为部分补偿。

2. 紧急避险造成他人损害的情形。《民法典》第182条规定：“因紧急避险造成损害的，由引起险情发生的人承担民事责任。危险由自然原因引起的，紧急避险人不承担民事责任，可以给予适当补偿。紧急避险采取措施不当或者超过必要的限度，造成不应有的损害的，紧急避险人应当承担适当的民事责任。”在根据本条适用公平原则时，应当注意：(1) 危险是由自然原因所引起，如果是他人侵权行为导致的，则一般应当由侵权行为人承担赔偿责任，避险人不承担责任。如无法确定侵权人或侵权人无力赔偿的，可结合实际情况由紧急避险人给予一定的补偿。(2) 损害是由紧急避险所导致。所谓紧急避险，是指为使社会公共利益、本人或者他人的合法权益免遭现实的和紧迫的侵害之危险，不

① 最高人民法院侵权责任法研究小组编著：《〈中华人民共和国侵权责任法〉条文理解与适用》，人民法院出版社2010年版，第175页。

② 参见张新宝、宋志红：《论〈侵权责任法〉中的补偿》，载《暨南学报（哲学社会科学版）》2010年第3期。

得已而采取的致人损害的行为。紧急避险的构成要件有五个[①]：一是须有急迫危险之存在；二是采取紧急避险行为之理由是为了避免自己或他人之急迫危险；三是危险以生命、身体、自由或财产为范围；四是须为避免危险之行为；五是须为避免危险所必要。如果行为人的行为不符合上述条件，则不构成紧急避险，应当由行为人对损害的发生承担过错赔偿责任。（3）紧急避险人是否给予适当补偿应视具体情况而定。根据本条的规定，紧急避险人并非必须对发生的损害予以补偿，而应当依据损失的大小、当事人的经济状况等各方面因素综合认定是否予以补偿以及补偿的数额。（4）当紧急避险人为他人之利益而使自己受到损害时，应由受益人给予一定补偿。关于紧急避险所损害的权益是否包括避险人自身合法权益的问题目前存在一定争议。笔者认为，一方面，紧急避险应当包括避险行为导致本人合法权益损害的情形。这有利于对良好社会道德风尚的倡导，尤其是在因自然原因引发危险时，避险人为了使公共利益、他人合法权益免受危险而实施紧急避险导致自身受到损害的，避险人的这种损害自身较小的权益而保护国家、集体或他人更大的权益的行为有利于全社会顾全大局、互助友爱的良好道德风尚的形成，法律对此应当加以鼓励和支持[②]。另一方面，本条规定的是“紧急避险人不承担责任或者给予适当补偿”，解决的是紧急避险人给他人造成损害是否应予补偿的问题，并不包括紧急避险人自身受到损害的情形。因此，当紧急避险人因保护他人的合法权益导致自己受到自然灾害的损害时，不应当适用本条的规定处理，可以根据实际情况适用见义勇为的相关规定。

3. 暂时失去民事行为能力的行为人造成他人损害的情形。《民法典》第1190条第1款规定：“完全民事行为能力人对自己的行为暂时没有意识或者失去控制造成他人损害有过错的，应当承担侵权责任；没有过错的，根据行为人的经济状况对受害人适当补偿。”根据上述规定，暂时没有意识或失去控制的行为人在造成他人损害时应当分为两种情形，存在过错的，则应当承担过错责任；没有过错的，应当根据行为人的经济状况给予适当补偿。笔者认为，完全民事行为能力人在失去民事行为能力的情形下即等同于无民事行为能力人，而无民事行为能力人的侵害行为不适用过错原则处理。因此，本条中规定的过错，

---

① 黄立：《民法总则》，中国政法大学出版社2002年版，第523页。

② 最高人民法院侵权责任法研究小组编著：《〈中华人民共和国侵权责任法〉条文理解与适用》，人民法院出版社2010年版，第234页。

不是指完全民事行为能力人在失去行为能力的情形下的侵害行为是否存在过错，而是指行为人对于其失去民事行为能力这一事实是否存在过错。如果行为人失去民事行为能力是由其自身过错，如过量饮酒、吸毒等所导致，则对失去民事行为能力后所造成的损害事实应当承担侵权责任。而如果行为人失去民事行为能力并非其自身过错，如被暴力胁迫、突发疾病等导致，则应当适用公平责任根据实际情况给予适当补偿。

4. 高空抛物不能确定具体侵权人的情形。《民法典》第 1254 条第 1 款规定："禁止从建筑物中抛掷物品。从建筑物中抛掷物品或者从建筑物上坠落的物品造成他人损害的，由侵权人依法承担侵权责任；经调查难以确定具体侵权人的，除能够证明自己不是侵权人的外，由可能加害的建筑物使用人给予补偿。可能加害的建筑物使用人补偿后，有权向侵权人追偿。"从建筑物中抛掷物品或者从建筑物上坠落的物品造成他人损害，难以确定具体侵权人的，除能够证明自己不是侵权人的外，由可能加害的建筑物使用人给予补偿，不论是抛掷物品还是坠落物品往往都是由于建筑物的管理人、使用人或占有人的过错所导致，属于典型的过错责任。但由于现代建筑物区分所有的客观情况，所以在现实中常常出现无法确定侵权人的尴尬情形。在以往的判例中，法院有时会以不能确定侵权人为由驳回被害人的起诉，导致损害无法弥补。本条规定，明确了此时应当由可能加害的建筑物使用人，在不能证明自己不是侵权人的情况下给予适当补偿。有学者认为，这一规定可以通过以下三种理论说明。[①] 第一种理论是损失分担的理论。该理论认为，让一个已经遭受不幸的受害人来承担全部损失是不合理的，从损失分担理论来考虑，某些或者全体的业主的负担能力明显强于受害人，由前者来分担比受害人来分担更公平合理，这也体现了公平责任的基本价值理念。第二种理论是损害预防理论。显然，全体业主最接近于损害，虽然不是所有的业主都知道是谁抛下来的东西，但是他们都能接近这个损害，都能够采取措施去预防损害。而如果让受害人去承担责任，受害人与损害发生的来源相隔是遥远的，即使让他承担责任，他也不可能采取措施来预防今后这种损害的发生，那么这种责任的承担是没有效率的。第三种理论是公共安全理论。每一个人从楼前或楼下行走时，都应当享有一种不会被楼上抛下的东西砸伤自己的安全期待。假如不让全体业主共同分担责任，而让不幸的受害人自己承担，就意味着从楼上抛下东西，只要大家谁也不承认是自己抛下的就只能由

① 参见王成、鲁智勇：《高空抛物侵权行为探究》，载《法学评论》2007 年第 2 期。

受害人自己负责。这样不仅无助于使人们采取措施预防损害，甚至会鼓励人们抛出东西把人砸伤，将会对公共安全形成一种极大的威胁。所以为了维护公共安全而适当地牺牲某些人的利益从价值的衡量上是更为合理的。

【拓展适用】

一、违约责任与侵权责任的区别

违约责任，又称违反合同的民事责任，是指合同当事人不履行合同义务或者履行合同义务不符合约定时应当承担的民事法律后果。从广义上说，违约责任与侵权责任均由民事不法行为导致，均表现为当事人之间的损害赔偿之债，但两者之间仍然存在重要差别。有学者认为，私法自治的理念决定了违约责任和侵权责任的如下差别：①

（一）合同关系是否存在不同

私法自治时常体现在对当事人合意效力的尊重，以及对合同关系的维护方面，所以，合同关系的存在是区分违约责任和侵权责任的重要标准。

（二）义务来源不同

侵权行为所违反的义务属于法定义务，即所谓“勿害他人”的义务。而违约责任的义务则来源于当事人在合同中约定的义务，属于约定义务。

（三）责任承担不同

由于合同往往对损害赔偿的计算方法或违约金的数额存在约定，故当发生违约责任时只需依照上述约定确认责任。而侵权责任则应当通过法定的侵权责任方式确定，有关损害赔偿的计算方法，也应当依据法定标准确定。

（四）免责事由不同

由于合同法贯彻了私法自治原则，只要当事人达成合意，其就应当受到合意的约束。因此，合同责任中法定的免责事由非常有限，通常仅限于不可抗力。虽然如此，但由于合同法具有预先分配风险的功能，法律允许当事人通过事先约定免责事由的方式对其预见的风险事先作出安排。而侵权责任法中则存在较多的免责事由，包括《民法典》第7编“侵权责任”中的第1章规定的各项免责事由和针对各种特殊侵权所规定的免责事由。此外，违约责任与侵权责任在影响注意义务的因素、保护的范围、损害赔偿的目的、诉讼时效方面均有所不同。

---

① 参见王利明：《侵权责任法与合同法的分界》，载《中国法学》2011年第3期。

二、违约责任与侵权责任竞合的基本对策

所谓竞合，包括规范竞合与责任竞合。法律规范均为抽象的规定，并从各种不同的角度调整社会关系，因此，时常发生同一事实符合数个法律规范之要件，致使该数个规范皆适用的现象，这种现象在学说上被称为规范竞合。[①] 而责任竞合，则是由于规范竞合的存在，导致行为人的同一行为符合数个不同民事责任的构成要件，从而构成多种责任形式的现象。“责任竞合的规范竞合常常是相似的，它们是从不同角度来研究竞合现象的”。[②] 在民法中，最为常见的责任竞合就是违约责任与侵权责任之间的竞合。

从各国立法例来看，对于侵权责任与违约责任竞合的现象，有三种基本的法律对策，即禁止竞合、允许竞合和限制竞合。禁止竞合以法国法为代表，该观点从尊重意思自治的角度出发，认为当发生竞合时应当适用违约责任。允许竞合以德国法为代表，该观点认为当发生竞合时受害人基于加害人行为的双重违法性质而产生两个请求权，即既可以提出违约之诉也可以提出侵权之诉。而限制竞合以英美法为代表，该观点一方面承认受害人的双重请求权；另一方面又对此作出一些限制性规定。[③]

三、我国立法对违约责任与侵权责任竞合的立场

《合同法》出台前，我国司法实践中的做法并不统一，其中就存在对责任竞合不予承认，尽量对责任竞合加以限制和否定的做法。[④] 这种做法虽然降低了审判工作的难度，提高了审判效率，但不利于充分保护受害人的利益，也不符合合同法意思自治的原则。有鉴于此，原《合同法》第122条规定：“因当事人一方的违约行为，侵害对方人身、财产权益的，受损害方有权依照本法要求其承担违约责任或者依照其他法律要求其承担侵权责任”。《民法典》第186条沿袭了上述规定、本条的规定，一是表明了我国对违约责任与侵权责任竞合的承认；二是确立了违约责任与侵权责任竞合的法律适用规则，即允许受害人自由选择。根据这一规定，侵权责任与违约责任竞合的适用条件为：(1) 行为人的行为必须同时满足侵权行为与违约责任的构成要件。首先，当事人之间存在合同且行为人一方实施了违约行为，应当承担违约责任。其次，行为人的违

---

① 王泽鉴：《民法学说与判例研究》，中国政法大学出版社1998年版，第371页。

② 张新宝：《中国侵权行为法》，中国社会科学出版社1998年版，第198页。

③ 张新宝：《侵权责任法原理》，中国人民大学出版社2005年版，第98页。

④ 参见王利明：《再论违约责任与侵权责任的竞合》，载《探索研究》2001年第2期。

约行为同时侵害了对方的人身、财产权益，符合侵权责任法的归责原则，应当承担侵权责任。这需要注意排除以下两种情形：一是当事人之间虽然存在合同且行为人实施了违约行为，但未对对方当事人造成履行利益之外的损失。例如，甲出售质量不合格的高压锅给乙，乙在使用过程中发现该高压锅存在漏气导致无法使用，但未造成其他损失，则甲仅应承担违约责任，不构成责任竞合。但如果该高压锅爆炸导致乙受伤入院，则构成责任竞合。二是当事人的违约行为和侵权行为无关。例如，甲、乙签订建设工程施工合同后在施工中发生纠纷，甲将乙打成重伤，同时拒付工程款。此时甲的行为虽然同时构成侵权和违约，但并不构成责任竞合，乙得以就其损失要求甲分别承担侵权和违约责任。(2) 当事人只能选择其一要求对方承担责任，而不能同时主张。这一规定表明了我国的责任竞合制度赋予了受害人自由选择请求权的权利。由于受害人作为理性的当事人都能从自身的利益出发选择对其最为有利的方式提出请求和提起诉讼，所以只有允许受害人选择，受害人才能更充分更全面维护其自身的利益。[①] 不仅如此，根据原《合同法司法解释（一）》第 30 条“债权人依照合同法第一百二十二条的规定向人民法院起诉时作出选择后，在一审开庭以前又变更诉讼请求的，人民法院应当准许”的规定，受害人在作出选择后仍可以在一审开庭前予以变更，体现了立法对受害人权利的充分保护。

四、侵权责任与违约责任竞合的具体问题

（一）侵权责任与违约责任竞合的范围

有学者认为，对《民法典》第 186 条应作限制解释，即本条规定的并非整体的违约责任与侵权责任之间的竞合，仅指违约损害赔偿责任与侵权损害赔偿责任的竞合。其理由为，本条的直接理论渊源为我国台湾地区学者的学说。但在我国台湾地区“民法”中的侵权责任仅限于损害赔偿，因此侵权责任与违约责任的竞合就是两者损害赔偿责任的竞合。而我国大陆民法中的侵权责任不仅体现于损害赔偿，还包括消除影响、赔礼道歉等多种责任形式，这些其他的责任形式不属于竞合的内容。如果将《民法典》第 186 条理解为整体的违约责任与侵权责任之间的竞合，则会导致受害人的合法权利不能得到充分保护。[②]

笔者倾向于认为，既然《民法典》第 186 条明确规定了竞合的范围是侵权

---

① 参见王利明：《再论违约责任与侵权责任的竞合》，载《探索研究》2001 年第 2 期。

② 参见李小华：《论违约责任与侵权责任竞合的内涵——从与台湾法比较的角度解释〈合同法〉第 122 条》，载《南昌大学学报（人文社会科学版）》2005 年第 5 期。

责任与违约责任，在司法实践中就不宜将赔礼道歉、消除影响排除在竞合的范围之外。上述观点虽然加强了对受害人权利的保护，但却加重了侵害人的责任。对侵权人而言，无论其过错多大，也只是实施了一个不法行为，要求其承担双重责任未免有失公平。

（二）责任竞合选择后的限制

当事人根据《民法典》第186条的规定选择违约或侵权之一起诉但未获支持，原则上不得另行起诉。有观点认为，如果受害人所选择的请求权因举证不足等原因而未获满足时，他所选择的请求权固然因行使而消灭；但未被选择的请求权，既未曾被行使，其要件亦未消灭，损害的结果仍然存在，因此这个请求权依然存在。既然这个请求权仍然存在，就当然可以行使。[①] 笔者认为，这一观点存在以下几个问题。一是允许当事人另行起诉将使侵害人不得不为一个行为承担两次诉讼，同时还将极大地浪费有限的司法资源。二是规定受害人必须择一起诉能够有效督促其谨慎选择，争取最大限度维护自己的利益，一次性解决纠纷。如果允许另诉则将使受害人没有后顾之忧随意选择，容易导致诉讼效果下降，纠纷久拖不决。三是原《合同法司法解释（一）》第30条的规定一方面允许受害人在一审开庭前变更诉讼请求；另一方面也限制了受害人在一审开庭后再行变更诉讼请求的权利，隐含着要求受害人谨慎行使权利的精神。允许另诉则是与这一精神相悖的。四是上述观点的理论基础在于，只要受害人损失未获填补，请求权仍未消灭，就仍可另诉。但是，假如受害人起诉仅获部分支持，仍有损失未获填补，其是否仍可另诉？例如，甲起诉违约赔偿100万元，但因证据不足，法院仅支持5万元。按照上述观点，由于侵权请求权尚未行使，损害依然存在，故甲仍得以另行起诉侵权，这显然是不适当的。实际上，要求立法在责任竞合制度上既能够充分全面地对受害人的损害进行填补，又要避免受害人获得重复赔偿，还必须兼顾侵权人的合法权利及社会利益，这本身就是难以实现的，必然要有所平衡。笔者认为，发生责任竞合时，受害人应当在一定时间内充分衡量利弊作出选择，此后就不得随意变更或另诉。如果受害人发现其诉讼请求难以成立或证据不足，可以及时申请撤诉，再变更诉讼请求后重新起诉，以维护自己的权利。

（三）侵权责任与违约责任竞合的抗辩

当发生责任竞合时，加害人一方具有择一诉讼的权利，而加害人则只能根

① 参见段厚省：《请求权竞合研究》，载《法学评论》2005年第2期。

据对方的诉讼请求予以抗辩，而没有选择的权利。例如，受害人提起违约之诉时，加害人不得以自己没有过错主张免责。又如，受害人提起侵权之诉时，加害人不得以不安抗辩权进行抗辩。

【典型案例】

李某、龚某诉某饮食公司人身伤害赔偿纠纷案

原告：李某。

原告：龚某。

被告：某饮食公司。

〔基本案情〕

原告李某、龚某因与被告某饮食公司发生人身伤害赔偿纠纷，向广东省珠海市中级人民法院提起诉讼。

原告诉称：二原告带领 8 岁的儿子龚甲前去被告经营的某餐厅就餐，被被告的礼仪小姐安排在一间包房的外边就座。因这间包房内发生爆炸，包房的墙壁被炸倒下，造成龚甲死亡、李某残疾的后果。被告面向社会经营餐饮，其不仅应向顾客提供美味可口的饭菜，还应负责提供愉悦放心的消费环境，保证顾客的人身安全。被告既对顾客自带酒水进入餐厅不予禁止，又在餐厅装修中使用了不符合安全标准的木板隔墙，以致埋下安全隐患。正是由于被告的经营管理不善，使餐厅发生了不该发生的爆炸，造成顾客人身伤亡。被告违反了《中华人民共和国消费者权益保护法》第十一条、第四十一条、第四十二条的规定，应承担全部损害赔偿责任。请求判令被告：（1）给原告赔偿医疗费、营养费、护理费、交通费、假肢安装费、残疾生活补助费、后期继续治疗费、残疾赔偿金、丧失生育能力赔偿金以及丧葬费、死亡赔偿金和精神损害赔偿金等共计 403 万元；（2）负担本案全部诉讼费。

被告辩称：此次爆炸事件是犯罪分子所为。不知情的顾客把犯罪分子伪装成酒送给他的爆炸物带进餐厅，他根本没有预见到会发生爆炸，餐厅当然更不可能预见。对被告和顾客来说，发生爆炸纯属意外事件。对此次爆炸，被告既在主观上没有过错，也在客观上没有实施侵权行为。况且爆炸还造成被告的一名服务员身亡，餐厅装修、设备受到严重破坏，各种直接、间接损失近 100 万元，被告本身也是受害者。被告作为餐饮经营者，原告只能向真正的加害人主张权利，不能要求被告承担赔偿责任。原告现在的起诉缺乏事实根据和法律依据，诉讼主体也不适格，其请求应当予以驳回。

珠海市中级人民法院经审理查明：

1999 年 10 月 24 日傍晚 6 时左右，原告李某、龚某夫妇二人带着 8 岁的儿子龚甲，与朋友到被告某饮食公司经营的某餐厅就餐，由餐厅礼仪小姐安排在二楼就座，座位旁是名为“福特”的餐厅包房。“福特”包房的东、南两墙是砖墙，西、北两墙是木板隔墙，龚甲靠近该房木板隔墙的外侧就座。约6时30分左右，“福特”包房内突然发生爆炸，李某和龚甲随即倒下不省人事，龚某忍着伤痛拖开被炸倒下的包房木板隔墙，立即将龚甲送往医院抢救，李某也被送往医院。龚甲因双肺爆炸伤外伤性窒息，呼吸、循环衰竭，经抢救无效死亡。李某的左上肢神经血管损伤，腹部闭合性损伤，失血性休克。肺挫伤，进行了左上肢截肢技术及脾切除术，伤愈后被评定为二级残疾。龚某右外耳轻度擦伤，右背部少许擦伤。

某餐厅的这次爆炸，发生在餐厅服务员为顾客开启“五粮液酒”盒盖时。伪装成酒盒的爆炸物是当时在“福特”包房内就餐的一名医生收受的礼物，已经在家中放置了一段时间。10月24日晚，该医生将这个“酒盒”带入“福特”包房内就餐，服务员开启时发生爆炸。现在，制造这个爆炸物并将它送给医生的犯罪嫌疑人已被公安机关抓获，正在审理之中。

上述事实，有双方当事人的陈述、证人证言、医疗诊断证书、死亡证书等证据证明。证据经庭审质证，可以作为认定本案事实的根据。

〔一审裁判理由与结果〕

珠海市中级人民法院认为：

原告李某、龚某到被告某饮食公司下属的餐厅就餐，和某饮食公司形成了消费与服务关系，某饮食公司有义务保障李某、龚某的人身安全。某饮食公司是否尽了此项义务，应当根据餐饮行业的性质、特点、要求以及对象等综合因素去判断。本案中，李某、龚某的人身伤害和龚甲的死亡，是某餐厅发生的爆炸造成的。此次爆炸是第三人的违法犯罪行为所致，与某饮食公司本身的服务行为没有直接的因果关系。在当时的环境下，某饮食公司通过合理注意，无法预见此次爆炸，其已经尽了保障顾客人身安全的义务。

爆炸是使原告李某、龚某受到人身伤害、造成龚甲死亡的必然原因。李某、龚某认为被告某饮食公司的木板隔墙不符合标准，由此埋下了安全隐患，应当承担民事责任。木板隔墙不符合标准，只是造成李某、龚某、龚甲伤亡的条件，不是原因，它与损害事实之间没有直接的因果关系，某饮食公司不能因此承担侵权损害的赔偿责任。

《中华人民共和国消费者权益保护法》第二十二条第一款规定：“经营者应当保证在正常使用商品或者接受服务的情况下其提供的商品或者服务应当具有的质量、性质、用途和有效期限；但消费者在购买该商品或者接受该服务前已经知道其存在瑕疵的除外。”被告某饮食公司除经营餐饮服务外，还有权利经营烟、酒。但是根据法律规定，他们只对自己提供的商品负有保证质量的义务，对顾客带进餐厅的商品不负有此项义务。此次爆炸，是顾客将伪装成酒的爆炸物带进餐厅造成的，与某饮食公司提供的商品或者服务无关。允许顾客自带酒水进入餐厅就餐，既是顾客的需要，也是餐饮行业的习惯，法律、法规以及行业规定对此不禁止。某饮食公司没有禁止顾客带“酒”进入餐厅，其行为并无过错。《中华人民共和国消费者权益保护法》第十一条、第四十一条、第四十二条的规定，指的都是经营者因提供商品或者服务造成消费者伤亡时应承担的责任。李某、龚某以这些规定要求追究某饮食公司的责任，是不恰当的。

《中华人民共和国民法通则》规定的侵权损害之债，有一般侵权损害和特殊侵权损害之分。《中华人民共和国民法通则》第一百零六条第二款规定：“公民、法人由于过错侵害国家的、集体的财产，侵害他人财产、人身的，应当承担民事责任。”从这个规定可以看出，一般侵权损害必须同时具备损害事实客观存在、侵权行为与损害事实有因果关系、行为人有过错、行为是违法的这四个构成要件，缺一不可。在某些特殊情况下，即使四个要件没有同时具备，但法律规定当事人承担民事责任的，当事人也必须承担，这是特殊侵权损害。特殊侵权适用过错推定、无过错责任和公平责任几种归责原则，但必须是法律有明文规定。原告李某、龚某提起的侵权损害赔偿之诉，其事由不具有法律规定的其他特殊侵权损害情形。本案有明显的受害人存在，不能适用无人因过错承担责任时才适用的公平责任原则，因此只能按一般侵权损害适用过错责任原则。被告某饮食公司在此次爆炸事件中，已经尽到了应当尽到的注意义务，其本身也是此次事件的受害者。某饮食公司对李某、龚某、龚甲的伤亡没有过错，故不构成侵权。某饮食公司与加害人之间也不存在任何法律上的利害关系，不能替代其承担法律责任。李某、龚某应当向有过错的第三人请求赔偿，不能让同样是受害人的某饮食公司代替加害人承担民事赔偿责任。某饮食公司的抗辩理由充分，应予采信。《中华人民共和国民事诉讼法》第六十四条第一款规定：“当事人对自己提出的主张，有责任提供证据。”李某、龚某主张判令某饮食公司承担赔偿责任，但是却不能提供支持自己主张的事实根据和法律依据，故对其诉讼请求不予支持。据此，珠海市中级人民法院判决：

驳回原告李某、龚某的诉讼请求。

本案受理费 30160 元，由二原告共同负担。

〔当事人上诉及答辩意见〕

一审宣判后，李某、龚某不服，向广东省高级人民法院提起上诉。理由是：1. 一审既然认定上诉人与被上诉人某饮食公司之间“形成了消费与服务的关系”，这就是肯定了本案是消费者权益之争，不是一般的人身损害纠纷。《中华人民共和国消费者权益保护法》第十八条、第二十二条规定，经营者应保证提供的商品及消费场所安全。被上诉人接受顾客自带酒水，在为顾客开启酒瓶时，应当考虑到餐厅是群体消费的场所，有必要对顾客带来的物品实施安全检查。被上诉人未尽此项应尽的注意义务，所以才导致本案损害结果的发生。2. 被上诉人经营某餐厅，未向有关部门报批装修，违反了《中华人民共和国消防法》和《公共娱乐场所消防安全管理规定》；“福特”包房的西、北隔墙没有采用燃烧性能为 A 级的装修材料，违反了

《建筑内部装修设计防火规范》的规定，对本案损害的发生有主观过错。一审既说餐厅使用不符合标准的木板隔墙，埋下了不安全的隐患，却又认为这只是造成伤害的条件而非原因，是不当的。3. 被上诉人既有违约行为，也应该承担侵权责任。作为消费者的上诉人在某餐厅就餐，无过错而人身受到伤害，作为经营者的被上诉人应当对上诉人在接受其服务时受到的损害承担全部责任。一审无视消费者的权利，缺乏对消费者权益切实保护的观念，因而不可能正确适用法律，不能体现必要的公正。请求二审依照消费者权益保护法的规定，改判被上诉人承担赔偿责任。

被上诉人某饮食公司答辩称：允许顾客自带酒水进入餐厅就餐，是行业习惯。被上诉人已尽了本行业应尽的注意义务，对上诉人遭受的损害没有过错，也没有违约。上诉人和被上诉人同是本次爆炸事件的受害人，上诉人不能把被上诉人的服务行为和加害人的爆炸行为混为一谈。一审判决认定事实清楚，适用法律正确，应当维持。

〔二审查明的事实〕

广东省高级人民法院经二审，除确认了一审认定的事实外，另查明：

“福特”包房内发生爆炸后，西、北两面的木板隔墙被炸倒下，李某、龚甲被压在木板隔墙下面。

被上诉人某饮食公司于 1998 年 8 月 31 日经工商注册登记成立，经营范围是：饮食服务，国产烟、酒的零售。公司设立登记申请书上，有珠海市公安局香洲分局消防科签署的“同意申办”意见。某餐厅分两层，营业面积大于 100 平方米。《建筑内部装修设计防火规范》（国家标准 GB50222—95）第 3. 1. 17 条规定：“经常使用明火器具的餐厅、科研试验室，装修材料的燃烧性能等级，除 A 级外，应在本章规定的基础上提高一级”。该规范附表 3. 2. 1 中列明：“歌舞厅、餐馆等娱乐、餐饮建筑”“营业面积>100 平方米”时，“墙面”、“隔断”所用“装修材料燃烧性能等级”为“B1”级。列入 A 级燃烧性能的墙面材料有：大理石、砼制品、玻璃等。列入 B1 级燃烧性能的墙面材料有：纸面石膏板、阻燃模压木质复合板材、彩色阻燃人造板等。列入 B2 级燃烧性能的墙面材料有：各类天然木材等。

制造爆炸物并把它伪装成酒盒送给医生的黎某，是四川省大足县农民，在审理中其表示对自己一手造成的爆炸危害后果没有能力赔偿。

〔二审裁判理由与结果〕

广东省高级人民法院认为：

《中华人民共和国合同法》第一百二十二条规定：“因当事人一方的违约行为，侵害对方人身、财产权益的，受损害方有权选择依照本法要求其承担违约责任或者依照其他法律要求其承担侵权责任。”综观上诉人李某、龚某在一、二审提出的诉讼主张，既认为被上诉人某饮食公司违约，又认为某饮食公司侵权，并且还认为存在民事责任竞合的情形，但一直没有在违约和侵权两者中作出明确选择。依照该条法律规定，法院只能在全面审理后按照有利于权利人的原则酌情处理。

关于被上诉人某饮食公司的餐厅装修问题。上诉人李某、龚某认为，某餐厅的装修没有报批，且违反了消防安全管理规定，埋下了不安全的隐患，因而应该承担侵权责任。经查，某饮食公司开业前，已经呈报公安消防部门批准，未经报批一说与事实不符。再有，装修材料是否符合消防安全管理的规定，只能体现该材料的阻燃性能高低，不代表该材料的抗爆性能强弱，并且阻燃性能高的材料不一定抗爆性能就强。例如，阻燃性能为A级的玻璃，其抗爆性能远不如阻燃性能为B2级的天然木材强。况且，李某、龚某、龚甲并非因木板隔墙阻燃不力而被烧伤亡。使用木板作餐厅包房的隔墙是否符合消防安全管理规定，与本案的损害后果之间没有必然的因果关系。对木板隔墙应当具有何种抗爆性能，法律没有强制性规定，不能因此令某饮食公司承担装修不当的法律责任。

关于被上诉人某饮食公司是否违约的问题。某饮食公司接受上诉人李某、龚某一家在其餐厅就餐，双方之间形成了以消费与服务为主要内容的合同关系。《中华人民共和国合同法》第六十条第二款规定："当事人应当遵循诚实信用原则，根据合同的性质、目的和交易习惯履行通知、协助、保密等义务。"某饮食公司作为消费与服务合同中的经营者，除应该全面履行合同约定的义务外，还应当依照合同法第六十条的规定，履行保护消费者人身、财产不受非法侵害的附随义务。为了履行这一附随义务，经营者必须根据本行业的性质、特点和条件，随时、谨慎地注意保护消费者的人身、财产安全。但由于刑事犯罪的突发性、隐蔽性以及犯罪手段的智能化、多样化，即使经营者给予应有的注意和防范，也不可能完全避免刑事犯罪对顾客人身、财产的侵害。这种侵害一旦发生，只能从经营者是否尽到合理的谨慎注意义务来判断其是否违约。某餐厅接受顾客自带酒水到餐厅就餐，是行业习惯使然。对顾客带进餐厅的酒类产品，根据我国目前的社会环境，还没有必要、也没有条件要求经营者采取像乘坐飞机一样严格的安全检查措施。由于这个爆炸物的外包装酷似真酒，一般人凭肉眼难以识别。携带这个爆炸物的顾客曾经将其放置在自己家中一段时间都未能发现危险，因此要求服务员在开启酒盒盖时必须作出存在危险的判断，是强人所难。某餐厅通过履行合理的谨慎注意义务，不可能识别伪装成酒的爆炸物，因此不存在违约行为。

关于被上诉人某饮食公司是否侵权的问题。依照消费者权益保护法的规定，经营者应当对自己提供的商品或者服务承担责任，这自然不包括对消费者自带的用品负责。上诉人李某、龚某一家在某餐厅就餐时，被倒塌的木板隔墙撞压致死、致伤。木板隔墙倒塌是犯罪分子制造的爆炸所引起，其责任自应由犯罪分子承担。某饮食公司既与犯罪分子没有侵权的共同故意，更没有实施共同的侵权行为，不能依消费者权益保护法的规定认定某饮食公司侵权。

综上所述，被上诉人某饮食公司在本案中既没有违约也没有侵权，不能以违约或者侵权的法律事由判令某饮食公司承担民事责任。某饮食公司与上诉人李某、龚某同在本次爆炸事件中同遭不幸，现在加害人虽已被抓获，但由于其没有经济赔偿能力，双方当事人同时面临无法获得全额赔偿的局面。在此情况下应当看到，某饮食公司作为企业法人，是为实现营利目的才允许顾客自带酒水，并由此引出餐厅爆炸事件，餐厅的木板隔墙不能抵御此次爆炸，倒塌后使李某、龚某一家无辜受害。某饮食公司在此爆炸事件中虽无法定应当承担民事责任的过错，但也不是与李某、龚某一家受侵害事件毫无关系。还应当看到，双方当事人虽然同在此次事件中受害，但李某、龚某一家是在实施有利于某饮食公司获利的就餐行为时使自己的生存权益受损，某饮食公司受损的则主要是自己的经营利益。二者相比，李某、龚某受到的损害比某饮食公司更为深重，社会各界（包括某饮食公司本身）都对李某、龚某一家的遭遇深表同情。最高人民法院在《最高人民法院关于贯彻执行〈中华人民共和国民法通则〉若干问题的意见（试行）》第一百五十七条中规定："当事人对造成损害均无过错，但一方是在为对方的利益或者共同的利益进行活动的过程中受到损害的，可以责令对方或者受益人给予一定的经济补偿。"根据这一规定和李某、龚某一家的经济状况，为平衡双方当事人的受损结果，酌情由某饮食公司给李某、龚某补偿一部分经济损失，是适当的。一审认定某饮食公司不构成违约和侵权，不能因此承担民事责任，是正确的，但不考虑双方当事人之间的利益失衡，仅以李某、龚某应向加害人主张赔偿为由，驳回李某、龚某的诉讼请求，不符合《中华人民共和国民法通则》第四条关于"民事活动应当遵循自愿、公平、等价有偿、诚实信用的原则"的规定，判处欠妥，应当纠正。据此，广东省高级人民法院依照《中华人民共和国民事诉讼法》第一百五十三条第一款第（二）项的规定，于2001年11月26日判决：

一、撤销一审民事判决。

二、被上诉人某饮食公司给上诉人李某、龚某补偿30万元。

三、二审案件受理费共60320元，由双方当事人各负担一半。

第二章　侵权责任构成要件

规则 3：行为与损害后果之间不存在因果关系的，不能认定该行为侵权，行为人对损害后果不承担法律责任

——某修车厂诉董某峰损害赔偿纠纷案[①]；张某福、张某凯诉朱某彪生命权纠纷案[②]

【裁判规则】

在侵权法律关系中，承担侵权责任的条件之一是行为与损害后果之间存在因果关系，否则侵权行为不能成立，行为人对损害后果不承担法律责任。

【规则理解】

一、因果关系的内涵与功能

（一）因果关系的内涵

因果关系是指加害行为与损害之间的引起和被引起关系；在对他人造成的损害承担责任或者对物的内在危险之实现导致的损害承担责任的情形（准侵权行为情形）下，因果关系是指他人的致害行为或者物的内在危险之实现与损害之间的内在联系。[③]

（二）因果关系的功能

侵权责任法意义上的因果关系的主要功能在于对侵权责任加以限定，一方面因果关系是归责的基础和前提，使受害人得到救济，是民法上“自己责任”原则的基本要求和必然延伸，因此，它是侵权责任法正义的基石；另一方面，作为一种责任构成要件，因果关系理论是一种限制责任或者扩展责任的技术手段，使责任范围不至于过于狭小或无限扩大。

---

① 《中华人民共和国最高人民法院公报》2011 年第 6 期。

② 最高人民法院指导案例 98 号。

③ 张新宝：《侵权责任法原理》，中国人民大学出版社 2005 年版，第 60 页。

二、因果关系的主要理论

（一）等值理论

等值理论又称条件说，该学说认为，以横断面而言，一个损害可能由数个因素所共同或同时造成。该数个因素通称为条件。[①] 条件说主张所有引起损害结果发生的条件，不论其作用如何，是否重要，都是损害结果的原因，都与损害结果之间具有因果关系。

条件说的缺点在于：第一，它把所有的条件都同等地看待，无论该条件在后果产生中是否起到主要作用，是直接的影响还是间接的影响，是只此一个条件还是与其他条件共同作用的后果，均在所不问，呈现出了在原因认定中的等价性特点，导致在共同侵权行为中，不能准确界定各侵权人所承担的责任大小和范围；第二，条件说认为所有为损害的发生提供条件因素的均为损害发生的原因，这样就把因果关系的网络撒得过大，往往把许多无关紧要的因素也牵涉进来，扩大了认定责任主体的范围，反而难以确定究竟谁是真正有责任的行为人。正是基于以上原因，学者们认为，条件说在认定因果关系上缺乏灵活性，在稍微复杂的因果关系认定中往往出现不合理的认定结果。因此，条件说仅能在一些简单的案件中适用，已被排除在主流学说之外，近年来逐渐被遗弃。[②]

（二）原因学说

由于条件说存在的种种弊端，就出现了以条件说为基础，在多数条件中选择其一为损害发生之原因，以此原因与损害之间有因果关系的原因说。[③] 原因说是条件说的发展和创新，其中包括了必生原因说、直接原因说、最重要原因说、决定原因说等。原因说认为，导致损害事实发生的众多条件中，并非所有的条件都与损害结果之间有因果关系，只有那些对损害结果在时间、空间上距离最近，或对损害结果的发生起到有效作用的原因，才是损害发生的真正原因，从而应当使行为人承担责任。[④]

原因说在理论上把对损害结果作用不同的条件区别开来，无疑是进步的。但原因说也存在一定问题。第一，原因说只提出要把条件与原因区分开来，但是并没有明确如何区分开条件与原因，只是给了一个主观、宽泛的标准，而在

---

① 曾世雄：《损害赔偿法原理》，中国政法大学出版社2001年版，第95页。

② 曾世雄：《损害赔偿法原理》，中国政法大学出版社2001年版，第97页。

③ 孙森众：《民法债编总论》（上册），法律出版社2006年版，第195~196页。

④ 陈长明、宋乾修：《侵权责任法中的因果关系简析》，载《湖南冶金职业技术学院学报》2009年第9卷第4期。

现实生活中，往往是损害发生的条件错综复杂，对损害结果的作用难分轻重，所以，原因说在审判中适用的难度有时会很大。第二，原因说把众多条件中所谓“原因”认定为与损害结果发生唯一具有因果关系的因素，而排除其他条件对损害结果的因果关系，这在事实上可能造成当不能认定“原因”的时候，所有条件都与损害的结果没有因果关系，从而受害者无法获得赔偿的不合理情况发生。

（三）相当因果关系学说

该学说认为：“行为在一般情形之下，也就是说，并非在特殊，几乎难能一有，而依一般事理之常所不计入之情况下始足以导发损害者，行为与损害之间为有相当因果关系。”[①] 我国台湾地区“最高法院”认为，“所谓相当因果关系，系指依经验法则，综合行为当时所存在之一切事实，为客观之事后审查，认为在一般情形下，有此环境，有此行为之同一条件，均发生同一之结果者，则该条件即为发生结果之相当条件，行为与结果即有相当之因果关系。反之，若在一般情形下，有此同一条件存在，而依客观之审查，认为不必皆发生此结果者，则该条件与结果并不相当，不过为偶然之事实而已”。[②]

相当因果关系说认为，从积极方面分析，如果行为人的行为在通常情况下会导致已经发生的某个损害结果，或者至少它在相当程度上增加了某个结果发生的可能性，那么这一行为就是损害发生的相当原因。从消极方面分析，如果行为人的行为造成了损害，但是这种损害仅在非常特殊的情况下发生，或者按照事物发展的正常过程是不可能的，那么行为人的行为就不构成损害发生的相当原因。相当因果关系判断方法非依法官个人主观臆断，而是要求法官依一般社会见解，按照当时社会所达到的知识和经验，只要一般人认为在同样情形有发生同样结果之可能性即可。[③] 因此，相当因果关系说较条件说要更为科学。

尽管如此，学者们还是对相当因果关系说提出了质疑。例如，有学者质疑相当性的概念具有不确定性，是一种空洞的形式，认为实践中通过相当因果关系来限制责任的可能性被过高估计。相当因果关系理论没有为责任限制提供有意义的标准等。

（四）法规目的学说

该学说认为，损害结果仅在法律目的所涵盖之范围内，始生赔偿责任。即

---

① 曾世雄：《损害赔偿法原理》，中国政法大学出版社2001年版，第97页。
② 陈聪富：《因果关系与损害赔偿》，北京大学出版社2006年版，第16页。
③ 陈啸：《侵权行为法总论》，中国人民大学出版社2008年版，第262页。

行为与结果之间是否存在因果关系，应以法规的目的来决定。被害人须为法规目的所欲保护之当事人，且损害种类与损害发生方式需为法规目的所欲保护之损害种类与损害发生方式，否则加害人无须负赔偿责任。其对赔偿范围进行了限制，行为人引起的损害必须在法律保护目的范围内。

因侵权行为所产生的赔偿责任，应就侵权行为法规的意义与目的进行探讨，尤其应当探讨其本意旨在保护何种利益。在判断因果关系是否具有相当性时应当考虑有关法律法规的意义和目的。因为法规决定法律义务，因违反义务造成他人损害，其是否应当承担赔偿责任，理所当然应当与法规规定本身具有关联性。“如果依据法规目的不应当承担责任，则即使具有相当因果关系，也不应当予以赔偿。”显然，法规目的说是对相当因果关系的补充，更加明确了相当因果关系的判断标准，同时又是对相当因果关系说的限制。诚然，法规目的说在解决一些与立法目的相牵连的案件时，能够发挥比其他学说更为明显的优势。但是法规目的说也存在一些问题。第一，并不是所有的权利都被法规目的包括，也并不是所有的侵权行为都由法律来规制。依照法规目的说，在某些特殊侵权行为发生的时候，权利的保护就毫无希望可言。并且以法规目的来认定因果关系的存在事实上会造成法律漏洞，使得侵权人在法规目的的掩盖下逃避法律责任。例如，侵权人知道某一法条是为保护某一权益而设的，他就可能将受害人的其他权益置于该法条规定的情形之下，从而使得该权益得不到法律的保护。第二，从实践中看，法规目的说对因果关系解决也并不能令人满意。因为法规的目的在法律条文中并没有直接的规定，而法规目的说却舍弃了因果关系认定的标准，直接以法规的内容与目的来衡量行为与损害之间的关系，这样就缺乏明确的标准，最终仍然由法官来判断法规的目的，使法官成为法律的解释者，有“法官造法”的嫌疑。

三、因果关系的判断与证明

根据英美法法系的理论，因果关系可以分为“事实上的法律关系”与“法律上的因果关系”。所谓事实上的因果关系，即行为人的行为在客观事实上造成了受害人的损害。法律上的因果关系，是指受害人遭受的损害在法律上不是过于遥远，以致加害人不应承担赔偿责任，因此，又称为近因原则。实际上，英美法系对事实上的因果关系与法律上的因果关系的划分与相当因果关系判断的方式相当，即对于条件关系的判断相当于事实上因果关系的判断，对于相当性的判断类似于法律上因果关系的判断。[①]

（一）因果关系的一般判断标准

不论因果关系的理论如何纷繁复杂，其落脚点还是要解决实际问题，即行为人的行为是否构成侵权，是否承担责任以及在多大范围内承担责任划定标准和边界。一般而言，造成某一损害的条件可能有很多，但并非所有条件都属于真正原因。因此，因果关系的判断就是根据日常生活常识、常理发现造成损害发生的一切条件因素，尔后将不属于原因的条件排除，从而确定真正原因的过程。据较为通行的相当因果关系说，这一过程可以分为两步。首先，应当运用删除法或替代法判断行为是否属于引发损害的不可或缺的条件。删除法适用于侵权行为是作为时，即假如将该行为删除后，损害后果仍将发生，则该行为不构成必要条件；假如将该行为删除后损害后果不会发生，则该行为构成必要条件。替代法适用于侵权行为不作为时，即假如在发生损害事故时行为人积极实施了法定义务或其他应当实施的合法行为，损害后果仍将发生，则其不作为不构成必要条件；假如在发生损害事故时行为人积极实施了法定义务或其他应当实施的合法行为，损害后果不会发生，则其不作为构成必要条件。其次，在确定必要条件的基础上，应当判断其是否仅仅在极其特殊的情形下才能引发损害，是否与损害事实过于遥远，依据一般人的观念不会作为因果关系予以考虑。如果该必要条件仅能在极端情况下才能引起损害，又与损害事实相去甚远，则不属于真正的原因，应予排除。例如，甲驾车将乙带至郊区后扔下扬长而去，乙步行回程中突遇山洪暴发而导致死亡，则甲的行为虽然是乙死亡的条件，但两者之间并不构成因果关系。

（二）因果关系的证明程度

因果关系的证明既是主观判断的过程，也是客观还原案件事实的过程。在实践中，由于科学知识、技术的限制，受害人往往很难充分彻底地证明因果关系的存在。因此，按照民事优势证据规则的要求，只要受害人能在一定程度上证明因果关系，行为人予以否认的，即举证责任转由行为人承担，由行为人证明因果关系不存在。至于何为一定程度，则应当结合具体案件来认定。一般而言，可以从两个方面来认识这一问题。一是从案件事实来看，对于事实简单、时间跨度小、举证容易相对完好的案件，因果关系的证明要求相对较高；对于

---

① 王泽鉴：《侵权行为法（第一册）——基本理论、一般侵权行为》，中国政法大学出版社 2001 年版，第 192 页。

事实复杂、时间久远、举证困难的案件，因果关系的证明要求相对较低。二是从举证主体来看，在涉及专业知识技术的案件中，如果受害人是具有专业知识、技术的人员或机构，则因果关系证明要求相对较高；如果受害人是非专业的人员或机构，则因果关系证明要求相对较低。除此之外，在涉及环境污染等特定侵权责任的因果关系认定中，可以运用疫学因果关系的证明方法。该证明方法认为，在以下四个条件得到充足的场合，就可以认定该因素与疫病之间存在因果关系。这四个条件是：（1）某种因素在某种疫病发生的一定期间前存在着；（2）该因素发挥作用的程度越显著该疫病的罹患率就越高；（3）该因素被消除的场合该疾病的罹患率就降低，并且在没有该因素的群体中该疫病的罹患率是极低的；（4）该因素作为原因其作用机制能够无矛盾地得到生物学上的说明。

（三）因果关系的证明主体

一般而言，根据“谁主张，谁举证”的基本规则，因果关系的举证责任应当由受害人承担，受害人不能证明的，应当承担举证不能的不利后果。但在特定侵权行为中，为保护受害人的权利，法律直接规定由行为人对因果关系不存在承担举证责任。例如，《民法典》第1170条规定，二人以上实施危及他人人身、财产安全的行为，其中一人或数人的行为造成他人损害，不能确定具体侵权人的，行为人承担连带责任。第1230条规定，因污染环境、破坏生态发生纠纷的，污染者应当就其行为与损害后果之间不存在因果关系承担举证责任，即所谓“举证责任倒置”。需要补充说明的是，这种倒置并非绝对，受害人仍应当就受害事实及可能存在因果关系进行最低限度的证明。例如，《环境侵权司法解释》第6条规定，被侵权人根据《民法典》第7编第7章的规定请求赔偿的，应当提供证明以下事实的证据材料：（1）侵权人排放了污染物或者破坏了生态；（2）被侵权人的损害；（3）侵权人排放的污染物或者其次生污染物、破坏生态行为与损害之间具有关联性。可见，这里的“关联性”其效果更接近于举证责任标准的降低。例如，当环境污染造成作物减产的，受害人应当对其损害发生以及该损害是由污染物导致进行举证；如果受害人不能证明上述事实，则应承担不利后果。因此，“举证责任倒置”并未免除受害人的举证责任，只是将其证明责任降到最低，从而最大限度地保护其权利。从比较法来看，也有类似的学说和判例。以市场份额说为例，在一起案例中，原告的母亲曾服用一种预防胎儿流产的叫DES的安胎药物，但后来人们发现该种药物能够诱发子宫癌，很多妇女因此而起诉药物的生产商。但是从孕妇服药到子女发病时间较长，而且在当时生产这种药物的公司不止一家，原告无法证明自己服用的是哪家公司的，因而因果关系无法确定。审理中，法院将举证责任分配至各个被告公司，若被告不能证明原告母亲在怀孕期间所服的 DES 不是该公司的产品，便要偿付原告因催发癌症引起的损失，其承担的赔偿份额依照原告母亲服药期间他们的产品所占的市场份额决定。

【拓展适用】

一、介入因素的法律特征及主要类型

（一）介入因素的法律特征

所谓介入因素，是指“在被告的行为与伤害之间，介入了外来的事件或者行动，与被告的行为结合起来导致伤害结果的发生，介入原因的出现改变了事件发生的过程和结果，改变了当事人之间的关系和责任，当介入原因能够取代被告的行为的时候，被告的责任就可能得到原谅”。[①] 从时间上看，介入因素应当出现在行为发生后，损害结果出现前，否则谈不上介入。从类型上看，介入因素不仅包括外来事件，还包括人的行为。从效果上看，介入因素的出现起到了改变事件发展过程，改变当事人关系和责任，甚至达到完全中断因果关系的效果。

（二）介入因素的主要类型

1. 外来事件。包括不可抗力和意外事件。根据《民法典》的规定，不可抗力是不能预见、不能避免并不能克服的客观情况。例如，山洪暴发、森林火灾、地震海啸等。意外事件则包含了不属于不可抗力的自然原因或不特定的人的行为。前者如刮风、下雨、冰冻，后者如罢工、政变、骚乱等。

2. 受害人的过错。例如，受害人辱骂他人在先导致被打伤等。

3. 第三人的行为。例如，受害人在被砍伤后前往医院途中又被他人驾车撞伤等。

二、介入因素对因果关系的影响

（一）介入因素对因果关系影响的判断标准

研究介入因素的目的，在于探讨其究竟能在何种情况下对因果关系产生影响，从而减轻甚至免除行为人的责任。笔者认为，总体而言，在对此进行判断时，可以从以下几个角度进行考察：第一，在不考虑介入因素的情况下，损害行为是否能够在很大程度上导致损害结果的发生。如果是，则一般情况下该介

---

① 杨立新：《侵权法论》（第 2 版），人民法院出版社 2004 年版，第 179 页。

入因素不足以阻断因果关系。例如，甲在施工时将砖块从高楼抛落砸中乙头部，乙在被送往医院抢救途中又发生车祸致其当场死亡。由于甲的行为导致乙死亡的概率极大，因此车祸这一介入因素并不足以阻断因果关系，甲仍应对乙的死亡承担责任。第二，介入因素是否属于常见、可以预见的因素。如果是常见的因素，则不足以阻断因果关系。例如，乙被甲打伤后在去医院救治的途中遇到堵车导致治疗不及时伤害加重。堵车属于较为常见、可以预见的情况，不足以阻断因果关系，甲仍应对乙的伤害结果承担责任。第三，相对于加害人的行为而言，介入因素对损害结果的发生是否有决定性影响。如果介入因素对损害结果的影响是非决定性的，则一般不足以阻断因果关系。例如，甲公司承建的大桥质量严重不合格，一日乙驾驶超重货车经过时大桥突然垮塌造成严重事故。乙驾驶超重货车虽然存在过错，但对大桥垮塌的影响是非决定性的，事故发生的根本原因仍是大桥本身质量不合格，乙的行为只是加速了危害结果的发生。因此，乙的过错不足以阻断因果关系，甲公司应当对事故承担责任。

（二）介入因素对因果关系的阻断效果

具体而言，就前文所述几类主要的介入因素，其各自对因果关系的阻断效果也各有不同。

1. 不可抗力。由于不可抗力具有难以预见、难以克服和极端危险的特征，其作为介入因素往往能够阻断因果关系。但在特定情况下，即使存在不可抗力的介入，也可能不会导致因果关系的阻断。例如，甲养鸡场从乙技术公司购买了鸡舍智能设备一套。该设备在正常工作时鸡舍为全封闭运行，并有智能电脑调节空气温度，保持空气流通。为防止意外，该套设备说明书显示在出现电力故障时通风窗会自动打开避免鸡被闷死。一日该设备因雷击导致短路，但通风窗却未能打开，鸡舍内空气不流通，温度迅速升高导致鸡全部死亡。本案中，尽管雷电属于不可抗力，但乙公司生产不合格产品有错在先，导致被雷电击中时通风窗未能自动打开起到保护功能。即使不存在雷电，损害发生的危险也是存在的，所以乙公司不能免责。

2. 意外事件。就不属于自然原因的人为性意外事件而言，由于其难以为人所预见，所以一般可以阻断因果关系。但这也并非绝对，还要结合其他因素考察，如果该意外事件对损害发生的影响是次要、非决定性，或是在某一时间、某一地区内发生这一意外事件的可能性较大的，就不足以导致因果关系的阻断。而就自然原因的意外事件而言，一般属于正常的气候现象，容易为人所预料、所避免，所以往往不能阻断因果关系。例如，甲公司受雇在我国沿海某地为乙公司修建厂房。一日恰遇台风登陆将该厂房刮塌致甲公司多名工人受伤。虽然台风属于意外事件，但在沿海地区属于一般性气候现象，该地区房屋在建造时应当保证厂房具有相当的抵抗台风的能力。甲公司所建造的厂房未能达到相应标准，具有过错，应当承担责任。

3. 受害人的过错。根据侵权责任法的过失相抵原则，当受害人对损害发生或者扩大具有一定过错时，该过错将对因果关系造成阻断，从而可能部分或全部免除加害人的责任。但是此种情况也存在例外，一是在无过错责任中，受害人的轻微过失或一般过失均不能阻断因果关系，加害人不能因此减轻或免除责任。只有在构成重大过失时才能产生阻断因果关系的效果。二是当受害人的行为是因加害行为影响所致时，即使构成过错，也不能阻断因果关系。例如，甲在人行道上被乙追打，在逃跑中听见身后乙的脚步越来越近，惊慌中翻越护栏进入机动车道导致被撞伤。甲翻越护栏的行为虽然存在过错，但却是受乙追打惊吓所导致，所以不能适用过失相抵原则减轻或免除乙的责任。

4. 第三人的行为。第三人的行为是否能够阻断因果关系，首先要区分第三人的行为是否具有过错。如果第三人的行为不属于过错行为，则不应当阻断因果关系。例如，由于加害人甲在公路上堆放障碍物而导致第三人乙无法驾车通过，乙不得已将该障碍物搬至旁边的小路上，结果导致受害人丙从小路经过时因撞上障碍物而受伤。此时第三人乙从事的是排除妨害的合法行为，所以不会中断加害人的行为与损害的因果关系。如果第三人的行为属于过错行为，则应当结合实际情况具体分析。第一，当第三人的行为构成故意，特别是经过深思熟虑而利用加害人所创造的条件实施的不法行为时，可以阻断原先的因果关系，成为损害后果的直接原因。例如，加害人甲为图省事将杂物堆放于受害人乙楼下，第三人丙因与乙素有积怨，趁机利用杂物攀爬翻入乙窗户内损害了乙的财物。此时，第三人丙的行为已经取代加害人甲，成为损害后果的直接原因。第二，当第三人的行为构成过失时，则应当视其过失程度而定。一是当行为仅为轻微过失时，一般不会阻断因果关系。例如，油罐车在行驶时将汽油漏在马路上，行人甲在过马路时随手扔了一个烟头点燃汽油导致发生火灾。虽然甲的行为构成过失，但仅仅属于一般不文明行为，并且是可以预见的。因此，甲扔烟头的行为并未阻断因果关系，油罐车一方仍应当就损害后果承担相应的责任。二是当行为构成一般过失时，则应当与加害人的过错进行比较，从而确定是否能够产生阻断因果关系的效果。例如，甲驾驶的机动车傍晚在公路行驶中发生故障被迫停车，但并未按照交通法规的规定放置三角警示牌，而是在路边捡了几根树枝搭起简易警示装置。恰好行人乙经过时误将警示装置认为垃圾并随手扔到路边。不久丙驾驶大货车经过时因未能注意到甲停在路边的车而发生交通事故。本案中，虽然乙的行为存在过失，但事故发生主要还是由甲未严格按照交通法规的规定放置三角警示牌所导致，即使乙的行为没有出现，事故依然极有可能发生。在此情况下，乙的行为并不构成因果关系的中断，甲应当就事故发生承担相应责任。三是当行为人构成严重过失时，根据情况可以部分或全部阻断因果关系。例如，机动车在加油站加油时不慎将汽油漏在地上，加油站工作人员甲违反规定在站内吸烟并随手扔掉烟头导致火灾发生。此时甲的行为构成重大过失，足以阻断因果关系，应当对事故的发生承担主要甚至是全部责任。

【典型案例一】

某修车厂诉董某峰损害赔偿纠纷案

原告：某修车厂。

被告：董某峰。

〔基本案情〕

原告某修车厂因与被告董某峰发生损害赔偿纠纷，向浙江省湖州市吴兴区人民法院提起诉讼。

原告某修车厂诉称：2009 年 3 月 13 日，被告董某峰的雇员魏某甲驾驶被告所有的欧曼重型半挂牵引车（车牌号为鲁 H735××）及牵引红旗重型普通半挂车（号为鲁 H-D5××挂），行驶至杭宁高速公路 58KM+600M 处时（湖州市吴兴区青山地带），因严重超载导致该车轮胎发生故障，为此魏某甲向浙江省公安厅高速公路交通警察中队某支队第二大队求助，原告接到该大队的指令，派原告雇员梅某武、沈某浩前往事故地抢修，在拆卸汽车外挡轮胎时，内挡轮胎内胎发生爆破，造成梅某武死亡的重大事故。后经有关部门鉴定，系被告汽车由于长时间超载，轮胎轮辋不合格，不能承受轮胎内的气压而爆炸，事故发生后，原告已对死者梅某武家属给予足额补偿。为维护自身的合法权益，请求法院判令：1. 被告立即赔偿原告 359567 元；2. 本案诉讼费用由被告承担。

原告某修车厂为支持其主张，提交了如下证据：

1. 驾驶员简要信息，证明被告董某峰雇用驾驶员身份情况。

2. 机动车行驶证，证明被告董某峰所有车辆信息。

3. 尸体检验报告及死亡医学证明书，证明梅某武死亡原因及梅某武死亡的事实。

4. 赔偿协议，证明原告某修车厂对其雇员梅某武进行了赔偿，赔偿金额为 39 万元。

5. 身份信息情况，证明梅某武父母的情况以计算被抚养人生活费的依据。

6. 调查结论，证明事故发生的经过及被告董某峰车辆超载的事实。

7. 鉴定报告，被告董某峰车辆自身存在多项不符合国家强制标准，被告车辆轮胎气压过高导致爆炸，鉴定结论也予以证明，被告对梅某武的死亡承担主要责任。

8. 鉴定费发票，证明为鉴定事故轮胎所支付的鉴定费用。

被告董某峰答辩称：1. 本案应为承揽合同纠纷，原告某修车厂提起诉讼的事实基础是承揽合同关系，原告雇员的死亡是承揽合同关系下一个不幸的结果。2. 原告存在过错。梅某武在没有经专业培训的情况下从事汽车维修业务，系无证上岗，原告亦没有提供与梅某武签订劳动合同并缴纳保险费用的证明，也未为其投保意外伤害保险，不能证明梅某武系原告雇员，因此原告无诉讼主体资格；被告的驾驶员曾告知梅某武轮胎卡槽处有裂痕，梅某武在没有放气减压的情况下对该车辆进行操作，严重违反操作规则，存在过错。3. 被告不应承担赔偿责任。根据《最高人民法院关于审理人身损害赔偿案件适用法律若干问题的解释》第十条的规定，承揽人在完成工作过程中对第三人造成损害或自身损害的，定作人不承担赔偿责任，但定作人对定作、指示或选任有过失的，应承担相应赔偿责任，就本案而言，被告亦不存在定作、指示、选任方面的过失；梅某武在没有具备专业知识的情况下，将未减压放气的事故轮胎拆卸下来，是造成本次事故的根本原因，非被告原因引起，故被告不应承担责任。4. 车辆超载与事故发生无因果关系。从交警队的询问笔录上看，轮胎是在梅某武用千斤顶将轮胎顶起后发生爆炸的，已顶离地面的轮胎不再承受车载重量，故与该车的超载没有任何关系。5. 原告没有相应证据证明已将赔偿款支付给梅某武家属，原告仅提供了赔偿协议，但未提供梅某武家属收到该赔偿款的证据，不能证明其已经履行了赔偿义务。6. 原告的赔偿计算依据混乱。综上，请求法院驳回原告的诉讼请求。

被告董某峰为支持其答辩意见，提交了如下证据：

1. 原告某修车厂另一名雇员沈某浩的询问笔录，证明实施救助是因接到求救电话，说明双方是修理合同关系；证明被告董某峰的驾驶员已告知原告方的维修人员钢圈裂了需要更换轮胎，被告方已经尽了故障告知义务；当时原告的修理人员已经用千斤顶将车顶起来，证明是否超载与事故的发生已经没有关系；原告方的施救人员在未放气减压的情况下卸下轮胎的螺丝，导致事故发生，原告方人员存在明显过错。

2. 县社会保险部门证明书，证明梅某武无社会保险记录，不确定梅某武确为原告公司员工。

3. 收款收据，证明发生事故后车辆停靠在原告某修车厂的停车场。

湖州市吴兴区人民法院一审查明：

2009 年 3 月 13 日被告董某峰的欧曼重型半挂牵引车（车牌号鲁 H735××）在高速公路上出现故障，原告某修车厂接到交警队指令遂派其雇员梅某武、沈某浩前去修理，在修理过程中轮胎发生爆炸，导致原告雇员梅某武死亡。事后，原告与死者梅某武的家属达成了赔偿协议。根据交警部门出具的询问笔录认定，梅某武未对故障轮胎进行放气减压，致使轮胎爆炸，直接导致梅某武死亡。后经出入境检验检疫鉴定所鉴定，鉴定意见为车辆使用维护不当、严重超载、轮胎气压过高以及维修操作不当是造成轮胎爆炸的主要原因。

〔一审裁判理由与结果〕

本案一审的争议焦点是：1. 本案的案由是承揽合同纠纷还是雇员损害赔偿纠纷；2. 如何认定原、被告双方在本案事故中的过错责任。

湖州市吴兴区人民法院一审认为：承揽合同纠纷作为合同纠纷的一种，主要追究当事人的违约责任，而雇员受害赔偿追偿纠纷属人身损害赔偿纠纷，主要追究当事人的侵权责任，两者各自隶属不同的责任性质。原告某修车厂员工为被告董某峰车辆更换轮胎系修理合同法律关系，属于承揽合同法律关系。原告员工在修理过程中意外死亡，原告向其家属赔偿，属雇员受害赔偿性质，现向被告追偿，系雇员受害损害赔偿纠纷，隶属人身损害赔偿纠纷，不能以提起诉讼的前提是承揽合同，便认定该案为承揽合同纠纷。故本案案由为雇员受害赔偿追偿纠纷，被告认定本案案由应为承揽合同的意见不予采纳。

关于原被告在事故中过错责任的认定，法院认为，首先，本案中轮胎爆炸与车辆超载无因果关系，车辆装载的货物重量经车辆的轮胎传至地面，当千斤顶在地上将轮胎顶离地面时，该轮胎所承受的重量已经由千斤顶负载传至地面，已顶离地面的轮胎不再承受车载重量，因此，原告某修车厂员工在为已顶离地面的轮胎拧松固定螺母时发生的轮胎爆炸致死，与被告董某峰车辆装载的重量无因果关系。其次，更换受损车辆轮胎，只有先行对受损轮胎放气减压，才能拆卸轮胎并进行更换，某修车厂员工在明知轮胎损伤的情况下，未先行对轮胎放气减压，即拧松轮胎固定螺母进行拆卸，当最后一颗轮胎固定螺母被拧松时，受内侧轮胎内高气压的挤压，易破碎的轮胎钢圈不能承受其压力，遂发生轮胎爆炸。原告方员工未先行对受损轮胎放气减压就拆卸，是发生轮胎爆炸的原因，其行为显属违法操作程序，具有过错。董某峰雇用的驾驶员，对内侧轮胎钢圈破碎发生轮胎爆炸没有过错。根据《最高人民法院关于审理人身损害赔偿案件适用法律若干问题的解释》第十条的规定："承揽人在完成工作过程中对第三人造成损害或者造成自身损害的，定作人不承担赔偿责任，但定作人对定作、指示或者选任有过失的，应当承担相应的赔偿责任。"本案中董某峰无定作、指示或选任的过失，车辆是否超载与本案的轮胎爆炸不具有关联性，某修车厂以车辆超载、董某峰所雇驾驶员有过错为由，要求董某峰赔偿的请求法院不予支持。

据此，湖州市吴兴区人民法院根据《最高人民法院关于审理人身损害赔偿案件适用法律若干问题的解释》第十条、第十一条第一款，《中华人民共和国民事诉讼法》第六十四条之规定，于 2009 年 12 月 25 日判决：

驳回原告某修车厂的诉讼请求。

〔当事人上诉及答辩意见〕

某修车厂不服一审判决，向浙江省湖州市中级人民法院提起上诉，主要理由是：一审认定事实错误，因而无法作出正确的判决。一审法院在认定涉案事故发生原因时是根据出入境检验检疫鉴定所的鉴定报告，该鉴定报告对事故因果的分析相当明确，涉案车辆使用不当是前因亦是主要原因，同时该车辆有多项性能不符合国家强制标准，这些都是涉案事故发生的原因。该鉴定报告的结论是轮胎爆破原因是因为标的物车辆使用维护不当。而一审法院却将事故发生的主要原因套在上诉人身上，错误地判决上诉人承担本案的主要责任；即使退一步讲，如果错误地认定上诉人为主要责任，那么被上诉人董某峰仍需要承担本案的次要责任并赔偿损失。一审判决适用法律错误，依照法律和司法解释的规定，雇员在从事雇佣活动时遭受人身损害，雇主应当承担赔偿责任。雇佣关系以外的第三人造成雇员人身损害的，赔偿权利人可以请求第三人承担赔偿责任，也可以请求雇主承担赔偿责任。雇主承担赔偿责任后，可以向第三人追偿。本案中，因被上诉人车辆本身存在轮胎爆炸的隐患，且该爆炸风险经鉴定其主要原因在被上诉人一方，是上诉人雇员作业以外的原因发生的事故，造成上诉人雇员的死亡，被上诉人应承担赔偿责任。综上，某修车厂认为一审判决认定主要事实错误，适用法律不当，请求撤销一审判决，改判支持上诉人的诉讼请求。

被上诉人董某峰答辩称：上诉人某修车厂认为一审判决认定事实错误是没有依据的，涉案事故发生原因的认定是严格按照鉴定报告作出的，双方对于鉴定报告的真实性及合法性都没有异议，根据该鉴定报告分析可知本次事故是维修工操作不当造成的，鉴定报告已经明确如果处置得当就可以避免人身伤亡事故，而本案恰恰是因为受害人没有上岗证，在操作时间没有按照操作规范操作才导致事故的发生。被上诉人的驾驶员已经将危险的情况告知受害人，并且在换轮胎之前用千斤顶把车辆顶离地面，此时气压的影响、车辆是否超载与事故的发生不具有关联性。综上，被上诉人认为其在本次事故中不存在过错。一审判决认定主要事实清楚，适用法律正确，某修车厂的上诉理由不成立，请求驳回上诉，维持原判。

二审中，上诉人某修车厂、被上诉人董某峰均未提交新的证据。

〔二审查明的事实〕

湖州市中级人民法院经二审，确认了一审查明的事实。

〔二审裁判理由与结果〕

湖州市中级人民法院二审认为：根据《最高人民法院关于审理人身损害赔偿案件适用法律若干问题的解释》第十一条第一款的规定："雇员在从事雇佣活动中遭受

人身损害，雇主应当承担赔偿责任。雇佣关系以外的第三人造成雇员人身损害的，赔偿权利人可以请求第三人承担赔偿责任，也可以请求雇主承担赔偿责任。雇主承担赔偿责任后，可以向第三人追偿。”本案中，上诉人某修车厂指派雇员梅某武、沈某浩前往高速公路对被上诉人董某峰的车辆进行维修，在修理过程中因轮胎爆炸致梅某武死亡。现某修车厂向董某峰追偿，应以确定雇员所受的人身损害是否因雇佣关系以外的第三人造成为基础，因此需对涉案事故的原因进行认定。对于涉案事故发生的主要原因，根据出入境检验检疫鉴定所出具的鉴定报告，“维修操作不当造成人身伤亡既是后果亦是关键因素”。同时，在本案中，董某峰所雇用的驾驶员魏某甲在发现车辆故障后向浙江省公安厅高速公路交通警察部门求助，某修车厂雇员梅某武、沈某浩在修理时已明确轮胎损伤，根据《最高人民法院关于审理人身损害赔偿案件适用法律若干问题的解释》第十条的规定：“承揽人在完成工作过程中对第三人造成损害或自身损害的，定作人不承担赔偿责任，但定作人对定作、指示或者选任有过失的，应当承担相应的赔偿责任。”董某峰所雇用的驾驶员魏某甲已经尽到了妥善处理事故车辆、及时联系公安交警大队维修以及告知轮胎损伤的义务，不存在定作、指示或者选任上的过失。某修车厂主张轮胎爆炸系因涉案车辆使用不当且存在多处不符合国家相关强制标准导致，对此，法院认为，涉案车辆发生故障后，董某峰雇用的驾驶员魏某甲停车寻求帮助，并采取适当措施予以预防，而某修车厂派员前往修理也是为了解决车辆故障，在其修理过程中，应查清原因，查勘故障状况，并采取有效措施避免修理过程中发生意外。现事故的发生与处置不当直接关联，与车辆受损原因无关。一审法院据此认定车辆是否超载与本案轮胎的爆炸不具有直接关联性，并无不当。对某修车厂的上诉主张，不予采信。

据此，湖州市中级人民法院依据《中华人民共和国民事诉讼法》第一百五十三条第一款第（一）项之规定，于2010年3月25日判决：

驳回上诉，维持原判。

本判决为终审判决。

【典型案例二】

张某福、张某凯诉朱某彪生命权纠纷案

〔裁判要点〕

行为人非因法定职责、法定义务或约定义务，为保护国家、社会公共利益或者他人的人身、财产安全，实施阻止不法侵害者逃逸的行为，人民法院可以认定为见义勇为。

〔基本案情〕

原告张某福、张某凯诉称：2017年1月9日，被告朱某彪驾驶奥迪小轿车追赶骑摩托车的张某焕。后张某焕弃车在前面跑，被告朱某彪也下车在后面继续追赶，最终导致张某焕在迁曹线90公里495米处（滦南路段）撞上火车身亡。朱某彪在追赶过程中传递了张某焕撞死人的失实信息；在张某焕用语言表示自杀并撞车实施自杀行为后，朱某彪仍然追赶，超过了必要限度；追赶过程中，朱某彪手持木凳、木棍，对张某焕的生命造成了威胁，并数次漫骂张某焕，对张某焕的死亡存在主观故意和明显过错，对张某焕的死亡应承担赔偿责任。

被告朱某彪辩称：被告追赶交通肇事逃逸者张某焕的行为属于见义勇为行为，主观上无过错，客观上不具有违法性，该行为与张某焕死亡结果之间不存在因果关系，对张某焕的意外死亡不承担侵权责任。

法院经审理查明：2017 年 1 月 9 日上午 11 时许，张某焕由南向北驾驶两轮摩托车行驶至古柳线青坨鹏盛水产门口，与张某来无证驾驶同方向行驶的无牌照两轮摩托车追尾相撞，张某焕跌倒、张雨来倒地受伤、摩托车受损，后张某焕起身驾驶摩托车驶离现场。此事故经交警部门认定：张某焕负主要责任，张某来负次要责任。

事发当时，被告朱某彪驾车经过肇事现场，发现肇事逃逸行为即驾车追赶。追赶过程中，朱某彪多次向边防派出所、公安局 110 指挥中心等公安部门电话报警。报警内容主要是：柳赞镇一道档北两辆摩托车相撞，有人受伤，另一方骑摩托车逃逸，报警人正在跟随逃逸人，请出警。朱某彪驾车追赶张某焕过程中不时喊“这个人把人怼了逃跑呢”等内容。张某焕驾驶摩托车行至滦南县胡各庄镇西梁各庄村内时，弃车从南门进入该村村民郑如深家，并从郑如深家过道屋拿走菜刀一把，从北门走出。朱某彪见张某焕拿刀，即从郑如深家中拿起一个木凳，继续追赶。后郑如深赶上朱某彪，将木凳讨回，朱某彪则拿一木棍继续追赶。追赶过程中，有朱某彪喊“你怼死人了往哪跑！警察马上就来了”，张某焕称“一会儿我就把自己砍了”，朱某彪说“你把刀扔了我就不追你了”之类的对话。

走出西梁各庄村后，张某焕跑上滦海公路，有向过往车辆冲撞的行为。在被李江波驾驶的面包车撞倒后，张某焕随即又站起来，在路上行走一段后，转向铁路方向的开阔地跑去。在此过程中，曹妃甸区交通局路政执法大队副大队长郑作亮等人加入，与朱某彪一起继续追赶，并警告路上车辆，小心慢行，这个人想往车上撞。

张某焕走到迁曹铁路时，翻过护栏，沿路堑而行，朱某彪亦翻过护栏继续跟随。朱某彪边追赶边劝阻张某焕说：被撞到的那个人没事儿，你也有家人，知道了会惦记你的，你自首就中了。2017 年 1 月 9 日 11 时 56 分，张某焕自行走向两铁轨中间，51618 次火车机车上的视频显示，朱某彪挥动上衣，向驶来的列车示警。2017 年 1 月 9 日 12 时 02 分，张某焕被由北向南行驶的 51618 次火车撞倒，后经检查被确认死亡。

在朱某彪跟随张某焕的整个过程中，两人始终保持一定的距离，未曾有过身体接触。朱某彪有劝张某焕投案的语言，也有责骂张某焕的言辞。

另查明，张某来在与张某焕发生交通事故受伤后，当日先后被送到曹妃甸区医院、唐山市工人医院救治，于当日回家休养，至今未进行伤情鉴定。张某焕死亡后其第一顺序法定继承人有二人，即其父张某福、其子张某凯。

2017年10月11日，某铁路股份有限公司大秦车务段滦南站作为甲方，与原告张某凯作为乙方，双方签订《铁路交通事故处理协议》，协议内容“2017年1月9日12时02分，51618次列车运行在曹北站至滦南站之间90公里495处，将擅自进入铁路线路的张某焕撞死，构成一般B类事故；死者张某焕负事故全部责任；铁路方在无过错情况下，赔偿原告张某凯4万元”。

〔裁判结果〕

河北省滦南县人民法院于2018年2月12日作出（2017）冀0224民初3480号民事判决：驳回原告张某福、张某凯的诉讼请求。一审宣判后，原告张某福、张某凯不服，提出上诉。审理过程中，上诉人张某福、张某凯撤回上诉。河北省唐山市中级人民法院于2018年2月28日作出（2018）冀02民终2730号民事裁定：准许上诉人张某福、张某凯撤回上诉。一审判决已发生法律效力。

〔裁判理由〕

法院生效裁判认为：张某福、张某凯在本案二审审理期间提出撤回上诉的请求，不违反法律规定，准许撤回上诉。

本案的焦点问题是被告朱某彪的行为是否具有违法性；被告朱某彪对张某焕的死亡是否具有过错；被告朱某彪的行为与张某焕的死亡结果之间是否具备法律上的因果关系。

首先，案涉道路交通事故发生后张某来受伤倒地昏迷，张某焕驾驶摩托车逃离。被告朱某彪作为现场目击人，及时向公安机关电话报警，并驱车、徒步追赶张某焕，敦促其投案，其行为本身不具有违法性。同时，根据《中华人民共和国道路交通安全法》第七十条规定，交通肇事发生后，车辆驾驶人应当立即停车、保护现场、抢救伤者，张某焕肇事逃逸的行为违法。被告朱某彪作为普通公民，挺身而出，制止正在发生的违法犯罪行为，属于见义勇为，应予以支持和鼓励。

其次，从被告朱某彪的行为过程看，其并没有侵害张某焕生命权的故意和过失。根据被告朱某彪的手机视频和机车行驶影像记录，双方始终未发生身体接触。在张某焕持刀声称自杀意图阻止他人追赶的情况下，朱某彪拿起木凳、木棍属于自我保护的行为。在张某焕声称撞车自杀，意图阻止他人追赶的情况下，朱某彪和路政人员进行了劝阻并提醒来往车辆。考虑到交通事故事发突然，当时张某来处于倒地昏迷状态，在此情况下被告朱某彪未能准确判断张某来伤情，在追赶过程中有时喊话传递的信息虽不准确或语言不文明，但不构成民事侵权责任过错，也不影响追赶行为的性质。在张某焕为逃避追赶，跨越铁路围栏、进入火车运行区间之后，被告朱某彪及时予以高声劝阻提醒，同时挥衣向火车司机示警，仍未能阻止张某焕死亡结果的发生。故该结果与朱某彪的追赶行为之间不具有法律上的因果关系。

综上，原告张某福、张某凯一审中提出的诉讼请求理据不足，不予支持。

第三章　免责与减轻责任事由

规则4：帮工人在帮工中因自身过失而遭受人身损害的，被帮工人可以减轻其赔偿责任

——朱某胜诉某液化气公司人身损害赔偿纠纷案①

【裁判规则】

帮工关系是指帮工人无偿为被帮工人处理事务而在双方之间形成的法律关系。帮工人因帮工活动遭受人身损害的，被帮工人应当承担赔偿责任；帮工人因自身过失而遭受人身损害的，被帮工人可以减轻其承担的赔偿责任；被帮工人明确拒绝帮工的，不承担赔偿责任，但可以在受益范围内予以适当补偿。

【规则理解】

一、帮工关系的内涵及产生方式

（一）帮工关系的内涵

所谓帮工关系，是指为了满足被帮工人生产或生活等方面的需要，没有义务的帮工人不以追求报酬为目的，为被帮工人无偿提供劳务进行帮工所形成的关系。②《人身损害赔偿司法解释》将“帮工”认定为为他人无偿提供劳务。帮工区别于义工，义工是一个特定的概念，包括自愿的义工和不自愿的义工，帮工主要指民间存在的助人为乐的义务帮工活动，不是其他已有相关法律规范调整的义工活动。③

（二）帮工关系的产生方式

帮工关系的产生方式主要有两种：一是特定的要约承诺式，即一方当事人

---

① 《中华人民共和国最高人民法院公报》2007年第5期。

② 杨立新等：《人身损害赔偿——以最高人民法院人身损害赔偿司法解释为中心》，人民法院出版社2004年版，第333页。

③ 最高人民法院民事审判第一庭编著：《最高人民法院人身损害赔偿司法解释的理解与适用》，人民法院出版社2004年版，第209页。

（通常是被帮工人）向另一方当事人（帮工人）主动提出帮工，双方意思表示一致的协议方式，一般是口头的协议；二是非预先协议式，即帮工人主动去帮工，被帮工人事先既没有向特定的帮工人请求帮工，也未拒绝帮工人帮工的方式。[①]

二、帮工关系的法律特征

（一）无偿性

《劳动合同法》第17条规定，劳动报酬是劳动合同的必备条款。不同于雇佣关系，雇员应当以领取报酬为前提。正是考虑到我国立法对劳动关系的特殊规定而对帮工和雇佣加以区分，其区别主要在于帮工的无偿性。[②] 在认定是否无偿时，应根据社会的一般观念或当地的风俗以及双方之间的劳务是否存在对价来认定。实践中，帮工人在从事帮工过程中或者在帮工活动结束后，通常被帮工人会提供烟酒、饭菜或者“红包”，但我们不能据此就认定该活动为有偿。关于换工，在双方互相为对方提供某种劳务的情况下，除非双方对劳务的时间等有明确约定，明确依照等价有偿原则确定劳务量，否则原则上不能认定为有偿。[③] 同时，依法应当为他人提供劳务的人以及受用人单位或雇主指派从事无偿劳动的情况应排除在无偿之外。

（二）互助性、临时性

帮工关系一般基于亲朋好友等一定的身份关系而发生，帮工人出于情谊关系，自愿无偿向被帮工人提供一定的劳务，一般都具有临时性的特点。值得注意的是，在帮工关系中，帮工人与被帮工人之间不存在人身依附关系，但帮工人和雇员一样也要受被帮工人或其委托人的指挥。

（三）合意性

帮工关系的形成，通常因被帮工人有明示或默示的接受帮工的意思表示，两者产生了一种类似于合同的关系。如果被帮工人不同意，可以明确拒绝帮工人的帮工活动。如果被帮工人没有明确拒绝，则表明被帮工人同意并接受帮工人无偿提供劳务活动。

（四）单务性

在帮工关系中，仅要求帮工人一方负担给付义务，不需要对方负担给付义

① 杨立新：《人身损害赔偿司法解释释义》，人民出版社2004年版，第159页。

② 王利明：《人身损害赔偿疑难问题》，中国社会科学出版社2004年版，第460页。

③ 王利明：《人身损害赔偿疑难问题》，中国社会科学出版社2004年版，第466页。

务，帮工人向被帮工人提供帮工不需要被帮工人提供某种给付为对价，帮工关系可以随时解除而不负任何责任。帮工关系不属于合同，对方不得以帮工人不完全履行为由请求其承担违约责任，帮工人可以随时解除帮工关系而不负任何责任，但不得以违反善良风俗的方法故意给被帮工人造成损害。

三、帮工关系的性质

我国有关帮工关系的定性，目前主要有以下四种观点：第一种观点认为，帮工关系是一种无偿的劳务赠与关系；第二种观点认为，帮工关系是一种作为可预期换工的对价关系；第三种观点认为，帮工关系是无因管理行为的一种；第四种观点认为，帮工关系是帮工合同关系。

讨论帮工关系的性质，首先要严格区分帮工关系本身和在帮工过程中因侵权而产生的法律关系。帮工关系本身是一种发生在法律层面之外的关系，德国学者称之为“纯粹的情谊关系”。“情谊关系”源自德国民事判例，德国民法典并没有对此问题的明确表述。德国学者梅迪库斯指出，这些发生在法律层面之外的行为并没有统一的名称，学者们通常称之为纯粹的“情谊行为”或“社会层面上的行为”①。梅迪库斯认为这种法律行为发生在法律层面之外，不能依法产生后果。而这种情谊行为的判断标准主要是依据是否受领给付。德联邦最高法院提出了一种规范性标准，即在一般情况下，无法认定当事人具有一项明示或默示的受法律约束的意思时，应当考虑到双方当事人的利益状态，依诚实信用原则，并顾及交易习俗来判定双方之间是否存在法律义务。但由于一项约定可能产生多项义务，这种判决可能后果不一。② 我国台湾地区学者王泽鉴将其译为“好意施惠关系”③。尽管表述方式有所不同，但其实质是统一的，即一方当事人出于善意无偿作出一定行为使对方受惠，从而与对方所形成的关系。④王泽鉴提出好意施惠关系与契约的区别在于，当事人之间就其约定，欠缺法律上行为上的法律效果意思，无受其拘束的意思，双方的约定有偿时常构成契约，无偿时应解释当事人的意思表示，斟酌交易惯例与诚实信用原则及当事人的利

① ［德］迪特尔·梅迪库斯：《德国民法总论》，邵建东译，法律出版社2000年版，第148页。

② ［德］迪特尔·梅迪库斯：《德国民法总论》，邵建东译，法律出版社2000年版，第153~155页。

③ 王泽鉴：《债法原理》（第一册），中国政法大学出版社2001年版，第199页。

④ 王伟：《论“情谊行为”的法律定位》，载《山东理工大学学报》2005年第5期。

益，从相对人的观点加以认定。[①] 在帮工关系中，帮工人出于好意主动或应邀无偿为被帮工人提供劳务，双方之间虽然存在“合意”，但都没有想通过此行为而引起法律后果的意思表示，彼此不会认为他们之间提供、接受无偿劳务的行为要受到法律的约束，一方提供无偿劳务只是出于双方之间的情谊或善良风俗，如一方没有如约去帮工，另一方不能通过法律手段强制对方承担继续履行等违约责任。同时，按照交易习俗和诚实信用原则，帮工现象是作为一种道德、社会风气意义层面上出现的，与法律相关性不大。因此，帮工行为本身不属于法律行为，帮工人和被帮工人都没有想通过这种行为引起某种私法上的法律后果。同时，法律也没有明文规定双方之间存在权利义务的约束。因此，帮工人和被帮工人之间本身并不产生法律关系，它处在法律层面之外，是“好意施惠关系”或“施惠关系”。但此种帮工关系仍得作为被帮工人受有利益的法律上的原因，帮工人不得主张不当得利要求对方返还。[②]

工人在从事帮工活动过程中造成被帮工人人身损害，或帮工人没有如约去帮工造成被帮工人损失的情形，法律没有明文规定。前已论及，帮工人与被帮工人之间不成立帮工合同，被帮工人没有合同上的请求权，此时被帮工人只能依民法关于侵权行为的规定请求赔偿。如帮工人因过失没有如约去帮工，被帮工人就所受到的损害不能依民法关于侵权行为的规定请求帮工人赔偿，因其所受的损害，不是权利，而是“纯粹经济上的损失”。[③] 一般只有在这种纯粹财产上的损害是出于行为人的故意时，才成立侵权行为。“纯粹的好意施惠之存在，不能排除契约以外的责任。”[④] 我国现行民事立法规定，在帮工人故意以悖于“社会公共利益和社会公德”的方法加害于被帮工人时，被帮工人可以帮工人违反民法的公序良俗原则为由要求帮工人赔偿。帮工人在帮工过程中造成被帮工人或第三人损失，或帮工人自己受到损失的，其请求权基础是民法关于侵权责任的规定，此时不同于帮工关系本身，双方形成的是侵权法律关系，帮工关系的存在是侵权责任承担的前提条件。《人身损害赔偿司法解释》对帮工人在从事帮工活动中致第三人人身损害和自身遭受人身损害的责任承担作出了明确的规定。

综上所述，帮工关系本身不同于在帮工过程中因侵权而产生的法律关系。

① 王泽鉴：《债法原理》（第一册），中国政法大学出版社2001年版，第199页。
② 王泽鉴：《债法原理》（第一册），中国政法大学出版社2001年版，第200页。
③ 王泽鉴：《债法原理》（第一册），中国政法大学出版社2001年版，第200页。
④ 黄立：《民法债编总论》，中国政法大学出版社2002年版，第18页。

帮工行为不属于法律行为，是“社会层面上的行为”，帮工关系本身是一种“纯粹的情谊关系”，双方之间不存在合同关系。在帮工人不履行或不完全履行帮工行为造成被帮工人损害的情形下，除帮工人故意以悖于善良风俗方法加害于对方外，帮工人对被帮工人“纯粹经济上的损失”不予赔偿。当帮工人在帮工过程中造成被帮工人或第三人损失，或帮工人自己受到损失时，其请求权基础是民法关于侵权责任的规定。

四、帮工关系中赔偿责任的相关问题

（一）帮工致人损害的赔偿责任

《人身损害赔偿司法解释》第 4 条规定：“无偿提供劳务的帮工人，在从事帮工活动中致人损害的，被帮工人应当承担赔偿责任。被帮工人承担赔偿责任后向有故意或者重大过失的帮工人追偿的，人民法院应予支持。被帮工人明确拒绝帮工的，不承担赔偿责任。”而之前的 2003 年司法解释第 13 条规定：“为他人无偿提供劳务的帮工人，在从事帮工活动中致人损害的，被帮工人应当承担赔偿责任。被帮工人明确拒绝帮工的，不承担赔偿责任。帮工人存在故意或者重大过失，赔偿权利人请求帮工人和被帮工人承担连带责任的，人民法院应予支持。”本条规定所解决的是帮工人在帮工活动中造成他人损害如何承担责任问题。帮工致人损害，是指在帮工过程中帮工人造成帮工关系之外的第三人生命权、健康权、身体权的损害。就一般情况而言，为他人无偿提供劳务的帮工人在帮工中造成他人损害的，应当由被帮工人承担责任；被帮工人拒绝帮工的，帮工人坚持帮工，造成他人损害，帮工人自己承担责任，被帮工人不承担责任；该司法解释前后所规定最大的区别在于，帮工人造成他人损害存在故意或者重大过失的，2003 年的规定为承担连带责任，而 2022 年该司法解释规定，被帮工人承担赔偿责任后向有故意或者重大过失的帮工人追偿的，人民法院应予支持，并没有明确规定承担连带责任。因为根据《民法典》的规定，在确定承担连带责任时，应当有法律明确规定和当事人明确约定。

帮工致人损害的赔偿责任是指帮工人在从事帮工活动的过程中，导致帮工关系之外的第三人生命权、健康权、身体权损害，由被帮工人独自承担或由帮工人与被帮工人连带承担的人身损害赔偿责任。具有下列特征：首先，受害人是帮工关系之外的第三人。其次，被帮工人未明确拒绝帮工是发生帮工致人损害的人身损害赔偿责任的前提条件。如被帮工人明确拒绝帮工的，不承担赔偿责任。明确拒绝是指被帮工人对帮工人作出的表示，无论是口头还是书面，只要表示内容是拒绝，而且帮工人应当清楚即可。最后，被帮工人对于帮工致使他人人身损害承担的是替代责任。

帮工致人损害的赔偿责任是一种无过错责任，应具备以下要件：一是帮工关系的客观存在。二是帮工人的行为构成侵权行为。帮工致人损害赔偿责任在性质上为被帮工人因帮工人的侵权行为而承担的替代责任，因此必须以帮工人的行为构成了侵权行为为前提，而帮工人行为的有责性应当根据具体情况而定。三是帮工活动与人身损害有因果关系。帮工人身损害赔偿责任中，帮工活动是原因，人身损害是结果，在它们之间存在的前者引起后者，后者被前者所引起的客观联系，就是帮工人身损害赔偿责任的因果关系。只要是帮工人在帮工活动中为完成帮工活动致使第三人人身损害的，就应当认定为有因果关系。至于尚未开始帮工活动，或者帮工过程中帮工人去办个人私事，或者帮工活动终了后，第三人或帮工人受到的人身损害，与帮工活动均不具有因果关系，因而不构成帮工人身损害赔偿责任。四是帮工致人损害赔偿责任对过错的要求。一般的人身损害赔偿责任要求责任人主观上存在过错，但帮工致人损害赔偿责任是一种特殊侵权责任，在责任性质上为替代责任，除了帮工人作为连带责任人承担责任要求有故意或重大过失以外，不要求作为责任人的被帮工人主观上有过错。

（二）帮工人受害的损害赔偿责任

《人身损害赔偿司法解释》第 5 条规定：“无偿提供劳务的帮工人因帮工活动遭受人身损害的，根据帮工人和被帮工人各自的过错承担相应的责任；被帮工人明确拒绝帮工的，被帮工人不承担赔偿责任，但可以在受益范围内予以适当补偿。帮工人在帮工活动中因第三人的行为遭受人身损害的，有权请求第三人承担赔偿责任，也有权请求被帮工人予以适当补偿。被帮工人补偿后，可以向第三人追偿。”之前的 2003 年司法解释第 14 条规定：“帮工人因帮工活动遭受人身损害的，被帮工人应当承担赔偿责任。被帮工人明确拒绝帮工的，不承担赔偿责任；但可以在受益范围内予以适当补偿。帮工人因第三人侵权遭受人身损害的，由第三人承担赔偿责任。第三人不能确定或者没有赔偿能力的，可以由被帮工人予以适当补偿。”根据 2022 年该司法解释第 5 条规定的是帮工人在帮工活动中受害的损害赔偿的责任，包含四层含义：一是无偿提供劳务的帮工人在帮工活动中，自身遭受人身损害的，就责任承担而言，根据帮工人和被帮工人各自的过错来承担相应的责任；二是被帮工人明确拒绝帮工的，原则上不承担赔偿责任，但是在受益范围内予以适当补偿；三是帮工人在帮工活动中遭受第三人侵害造成人身损害的，有权请求第三人承担责任，也有权请求被帮工人给予适当的补偿责任，承担补偿责任。四是被帮工人补偿后，可以向第三人追偿。

帮工人受害的损害赔偿责任，是指帮工人在从事帮工活动的过程中，生命权、健康权、身体权受到损害，被帮工人对受害帮工人所承担的赔偿或适当补偿的人身损害赔偿责任。由被帮工人对帮工人在帮工中自身遭受损害所承担的人身损害赔偿责任是一种无过错责任或公平责任，应包括以下要件：一是帮工关系的客观存在。二是帮工人遭受人身损害的客观事实。有损害才有救济，在帮工过程中帮工人因帮工活动造成的自身人身损害，包括生命权、健康权、身体权受到损害所引起的有形和无形的损失，既包括直接损失，也包括间接损失，但必须是实际发生的损失。三是帮工活动与人身损害有因果关系。对帮工活动与人身损害的因果关系采用相当因果关系说即可，只要是帮工人在帮工活动中为完成帮工活动而受到人身损害的，就应当认定为有因果关系，至于何种原因导致帮工人人身损害，不是必须考察的内容。四是帮工人受害的人身损害赔偿责任对过错的要求。一般的人身损害赔偿责任要求责任人主观上存在过错，但该种人身损害赔偿责任是一种特殊的人身损害赔偿责任，不要求作为责任人的被帮工人主观上有过错，但是如果人身损害事实的发生是由于帮工人自身的过错造成的，可以减轻或免除责任人的责任。

【拓展适用】

帮工关系与雇佣、承揽、劳动、无偿委托及无因管理等相关的法律关系容易混淆，为了在司法实践中更好地把握和判定帮工关系的存在，有必要将其与这些法律关系作比较。

一、帮工关系与雇佣关系的比较

帮工关系在本质上与雇佣关系是一样的，都以一方对另一方的指挥为根本的判断标准[1]，二者均以一方为另一方提供劳务为目的，在帮工过程中，被帮工人也可能给付一定的财物给帮工人，在换工的情况下，也有可能将帮工关系认定为雇佣关系。考虑到我国立法对劳动关系的特殊规定而有必要对帮工关系和雇佣关系加以区分，具体可从以下几个方面进行综合判断：

（一）两者的目的不同

从有无雇佣目的来看，我国《民法典》合同编没有关于雇佣合同的规定，

---

① 王利明：《人身损害赔偿疑难问题》，中国社会科学出版社2004年版，第444页。

只是在《劳动合同法》中有关于劳动合同的规定，按照《劳动合同法》的规定，劳动合同涵盖了部分雇佣合同，但自然人作为雇主没有包括在内。综合各国的做法及我国法律的相关规定，判断雇佣关系首先应看双方之间是否存在书面的雇佣合同，如存在，则应当认为存在雇佣关系；如没有书面的合同，应看双方之间是否存在事实上的雇佣关系，事实上的雇佣关系主要应以一方提供劳务与另一方给付报酬之间的对价关系来判断。其次要结合劳务提供方是否由另一方选任，是否受另一方指挥和监督，是否要遵守另一方的劳动纪律或规章制度等因素进行综合判断。

（二）当事人之间的法律地位不同

从双方的法律地位来看，在帮工关系中，双方地位平等，帮工人除提供劳务外，不受被帮工人的管理和约束；在雇佣关系中，双方地位不平等，雇主与雇员之间存在一定的人身依附关系，即隶属关系，雇佣人可以对受雇人实行监督管理，可以制定一系列纪律、制度约束受雇人。

（三）有无报酬不同

从提供劳务有无报酬约定来看，在帮工关系中，帮工人通常是出于道义而实施的互助行为，双方没有对劳务报酬作约定，帮工人并非出于获取报酬的目的而实施帮工行为，帮工人完成帮工活动后，被帮工人无须向其支付相应的报酬，即使被帮工人给付帮工人一定的财物，也无法与其所提供的劳务形成对价关系，被帮工人没有法律上的义务必须给付；而在雇佣关系中，雇工是为了获取劳务报酬而提供劳务，双方常常对劳务报酬有较为明确的约定，雇工提供劳务，雇主有义务向雇工支付相应的劳务报酬，双方之间形成对价关系。

（四）当事人追求的经济利益不同

从所提供劳务的人主观是否具有追求经济利益来看，在帮工关系中，帮工人向被帮工人提供劳务的主观目的并非追求经济价值，而是出于道义、情感等方面的因素，其追求的是社会价值，体现的是社会中人与人之间互相帮助、互相关心的道德风尚；在雇佣关系中，雇工通常是为了追求劳务收入而向雇主提供劳务，其主观上追求的是经济价值。

（五）劳务的性质不同

从所提供劳务的性质来看，帮工关系中，帮工人大多是临时、一次提供劳务，帮工人对被帮工人的帮助行为短时间内即可完成；在雇佣关系中，雇工大多从事的是其日常业务，很多是依靠从事此业务维持生计，而且雇工向雇主提供劳务通常需要较长时间才能完成，很多情况下还需要较多的人员共同努力才能完成。

(六) 损害赔偿的请求权基础不同

从发生损害赔偿的请求权基础来看，如前所述，帮工关系属于好意施惠关系，双方之间不存在合同关系，当发生损害赔偿时，一方不能依据《民法典》合同编关于不完全履行的规定要求另一方承担违约责任，而只能依据民法关于侵权责任的规定请求其承担侵权责任；在雇佣关系中，双方之间形成雇佣合同关系，当发生损害赔偿时，一方可以选择依据《民法典》合同编的规定请求另一方承担违约责任，同时也可以选择依据民法关于侵权责任的规定请求其承担侵权责任。

以上区别中，两者最本质的区别在于：双方地位是否平等，一方是否受另一方的管理与约束，提供劳务者本身是否以追求劳务报酬为目的。当然，实践中要结合案件具体情况进行分析，以确定法律关系的性质。

二、帮工关系与承揽关系的比较

承揽关系是基于承揽合同在定作人和承揽人之间产生的法律关系。承揽合同是承揽人按照定作人的要求完成工作交付工作成果，定作人给付报酬的合同。[①] 承揽人属独立契约人的一种。[②] 帮工关系与承揽关系均含有劳务的给付，有的帮工人在实际工作中也具有相对的工作自主性和独立性，有的定作人也会对承揽人的工作作出具体的指示并进行现场指挥，如家庭装修。承揽人交付工作成果而获取报酬，在帮工关系中，被帮工人也可能给付一定的财物给帮工人。帮工关系与承揽关系的区别主要体现在：

(一) 独立性不同

在帮工关系中，被帮工人可以对帮工人进行指挥，帮工人出于好意一般都会服从指挥，在帮工人不服从指挥的情况下，被帮工人完全可以明确拒绝帮工，且在帮工关系中，帮工人以被帮工人的名义从事活动；而在承揽关系中，定作人的义务是按照约定提供材料、图纸和技术要求，按照承揽人的要求协助承揽工作、按约支付报酬、受领承揽物等，承揽人是独立契约人，自己决定如何完成承揽工作，他有权根据自己的经验、知识和技能，依靠自己的设备、技术和劳力按照定作人的要求完成工作，其工作具有独立性，不需要接受来自定作人具体的指挥，且在承揽关系中，承揽人是以自己的名义来履行承揽义务的。

---

① 李开国主编：《合同法》，法律出版社 2002 年版，第 399 页。

② 王利明：《人身损害赔偿疑难问题》，中国社会科学出版社 2004 年版，第 376 页。

（二）报酬不同

在帮工关系中，帮工人出于助人为乐的好意自愿无偿提供劳务，双方没有就报酬作出约定，即使被帮工人给予帮工人一定的财物，如用烟酒菜招待、给“红包”，也是出于感激，与所提供的劳务并不形成对价；而在承揽关系中，报酬与工作成果形成对价。

（三）目的不同

在帮工关系中，帮工人出于助人为乐的好意，以无偿提供无形的劳务本身为直接目的；而在承揽关系中，承揽合同的标的表现为物化的劳动成果，重在有形的工作的完成，以提供工作成果为目的，提供劳务只是完成工作成果的手段。①

（四）风险承担不同

在帮工关系中，帮工人与被帮工人之间不存在合同关系，帮工过程中发生的风险，除帮工人有故意或重大过失外，一般由接受劳务的被帮工人承担；而在承揽关系中，承揽合同属于交付成果型合同，没有交付成果或交付的成果不符合约定即构成违约，合同履行过程中发生的风险，除损失是由于定作人的指示过失造成的外，一般由承揽人承担。

（五）劳务的专属性不同

帮工关系中，帮工人出于好意主动或应邀请无偿提供劳务，必须亲自履行，如果转移给第三人则双方的帮工关系不再存在，而第三人则与被帮工人构成帮工关系；而在承揽关系中，承揽人只要能完成主要部分即可，并不一定要由承揽人自己提供全部劳务，承揽人可以将承揽的部分工作交给第三人来完成。其劳务关系可能在承揽人与定作人之间发生。

三、帮工关系与劳动关系的比较

帮工关系与劳动关系规范的对象均为劳务的给付及劳务的受领，且二者的特征也有重合之处，如均强调一方受另一方的指挥，都是为了另一方的利益而提供劳务，劳动者为用人单位提供劳务获取报酬，在帮工过程中，被帮工人也可能给付一定的财物给帮工人。两者的区别主要在于：

（一）主体及地位不同

帮工关系的当事人没有限定，实践中多为自然人之间，双方当事人的主体地位具有平等性，尽管在帮工关系成立以后，双方建立起一种指挥与服从的关

---

① 王泽鉴：《民法概要》，中国政法大学出版社2002年版，第381页。

系，但双方并不存在严格意义上的管理与被管理的隶属关系，帮工人的帮工行为具有相对独立性；而在劳动关系中，按照《劳动合同法》第 2 条的规定，当事人只能是用人单位和劳动者，双方当事人之间的法律地位不平等，劳动关系一经确立，双方之间即形成一种管理与被管理的关系。

（二）主观目的不同

在帮工关系中，帮工人向被帮工人提供劳务的主观目的并非追求经济价值，而是出于道义、情感等方面的因素，其追求的是社会价值，体现的是社会中人与人之间相互帮助，相互关心的道德风尚；而在劳动关系中，劳动者通常是为了追求劳务收入而向用人单位提供劳务，其主观目的追求的是经济价值。

（三）体现的意志不同

在帮工关系中，只要被帮工人没有明确拒绝，只体现为双方之间的一致，帮工关系即告成立；而在劳动关系中，劳动关系体现了国家的强制干预性，劳动合同除体现双方当事人的意志外，国家对劳动者的工资、保险等方面作了强制性规范，体现了国家意志，故劳动关系兼具国家意志与当事人意志的双重属性。

（四）适用的法律不同及争议解决程序不同

基于帮工关系而发生的侵权纠纷适用民法的相关规定，当事人可直接向法院起诉；而基于劳动关系发生的劳动争议要先经过劳动仲裁这一前置程序，对仲裁裁决不服才可向法院起诉。

四、帮工关系与无偿委托关系的比较

委托关系是基于委托合同在委托人和受托人之间产生的法律关系。我国《民法典》第 919 条规定："委托合同是委托人和受托人约定，由受托人处理委托人事务的合同。"委托合同分有偿和无偿两种，无偿提供劳务的帮工关系和无偿委托关系有许多相似之处，两者都是无偿的，且都是一方为了另一方的利益向其提供劳务。两者的区别主要体现在：

（一）两者目的不同

在帮工关系中，帮工人出于善良风俗的好意，自愿无偿向被帮工人提供一定的劳务；而无偿委托合同订立的目的在于由受托人为委托人处理一定的事务，实现一定的预期利益，受托人提供劳务的行为只是处理委托事务的一种手段。

（二）两者独立性不同

在帮工关系中，帮工人提供劳务必须服从被帮工人的指挥，如果不服从，被帮工人可以拒绝，帮工人提供劳务必须亲自进行，不能转给第三人，具有专属性；而在无偿委托关系中，受托人属于独立契约人的一种。受托人根据委托合同独立地处理委托事务，有一定的独立裁量权，受托人在一定条件下可以将委托事务转委托给第三人。

（三）两者法律性质不同

帮工关系属于好意施惠关系，不属于契约，帮工人除不得以有悖于善良风俗的方法故意给对方造成损害外，可以随时解除帮工关系而不负任何责任，对方不得以帮工人不完全履行为由请求其承担违约责任，帮工行为是一种事实行为，不需要行为人具有完全民事行为能力；而无偿委托关系属于合同关系，受托人不履行义务要承担相应的委托责任，双方必须具有相应的民事行为能力，委托合同的标的既可以是法律行为，也可以是事实行为。

（四）两者行为人的主动性不同

在帮工关系中，帮工人可以主动或应邀请提供劳务，只要被帮工人没有明确拒绝，帮工关系即可成立；而在无偿委托关系中，受托人是受委托人的委托处理事务，如果受托人没有委托人的委托而处理委托人的事务，则可能构成无因管理或侵权。

（五）两者对外名义不同

在帮工关系中，帮工人只能以被帮工人的名义进行活动；而在无偿委托关系中，委托人原则上应以委托人的名义处理委托事务，但例外地亦可以自己的名义处理委托事务。

五、帮工关系与无因管理的比较

帮工行为和无因管理都不属于法律行为，都是一方为了另一方利益而提供劳务。但是将帮工关系解释为无因管理的一种是不妥当的，在帮工关系中，被帮工人有明示或默示的接受帮工人帮工的意思表示，被帮工人如果不同意可以明确拒绝，若没有拒绝则认为被帮工人默示同意对方的帮工行为，帮工是有因的而不是无因的，因此帮工关系不属于无因管理的一种。[①] 在帮工关系中，帮工人应邀请或主动提供劳务，帮工人事先已经得到被帮工人明示或默示同意，而在无因管理中，仅因管理人一方的意思表示即可成立，管理人事先并没有得到本人的同意，如果事后经本人承认则适用关于委任的规定。在被帮工人明确拒绝帮工的情况下，帮工人仍然实施帮工活动，有学者认为此时应构成“不适

① 张新宝：《人身损害赔偿案件的法律适用》，中国法制出版社2004年版，第219页。

法的无因管理”。[①] 笔者认为这种解释并不妥当，不适法的无因管理以成立无因管理为构成要件[②]，而此时并不符合无因管理的构成要件，因此，在被帮工人明确拒绝帮工的情况下，不能构成“不适法的无因管理”。

六、实践中帮工损害赔偿责任承担的处理

（一）加害人仅能支付部分赔偿后的处理

在帮工人遭受第三人损害，加害人能够确定且有一定赔偿能力，但不能赔偿帮工人全部损失的，帮工人是否有权向被帮工人就未获赔偿的部分主张权利？根据司法解释的规定，加害人在这里承担的是一般侵权责任并无问题。问题在于被帮工人承担的是何种形式的责任。如果被帮工人承担的是补充责任，则依据补充责任的原理，在认定被帮工人的责任时不能按照补充责任的一般规定处理，即先由加害人承担责任，加害人不能确定或不能全部赔偿损失时，由被帮工人承担。也就是说，只要帮工人没有从加害人处获得全部赔偿，都可以向被帮工人主张权利。

笔者认为，被帮工人之所以要在一定情况下承担责任，并不是因为对帮工人的损害结果具有过错，或是与加害人构成共同的过错，而只是出于公平原则考量的结果。所以被帮工人承担的不是补充责任，也不是补充责任与公平责任的竞合，而只是单纯的公平责任。因此，在认定被帮工人的责任时不能按照补充责任的一般原理处理，而应当严格依照司法解释的规定，即只有在加害人不能确定或没有赔偿能力的情况下，帮工人才可以要求被帮工人承担适当责任。只要加害人有一定赔偿能力，即使不能全部赔偿，帮工人也不应当承担责任。同时，即使加害人没有赔偿能力，被帮工人也只是“可以”给予适当“补偿”，而不是必须给予补偿，更不是赔偿。如果帮工人经济状况良好，被帮工人经济困难或是帮工人所受损害较为轻微的，帮工人也可以不予补偿。需要注意的是，在被帮工人对损害具有过错的情况下，则不适用上述司法解释的规定，而应当根据实际情况与加害人构成按份责任或连带责任。

（二）被帮工人对帮工人给予适当补偿后的处理

在帮工人遭受第三人损害，被帮工人给予适当补偿后，又能够确定加害人或是发现加害人具有赔偿能力的，应当如何处理？笔者认为，加害人对帮工人承担的过错责任不因被帮工人已经承担公平责任而消灭。帮工人就未获赔偿的

---

① 王利明：《人身损害赔偿疑难问题》，中国社会科学出版社 2004 年版，第 462 页。

② 王泽鉴：《民法概要》，中国政法大学出版社 2002 年版，第 351 页。

部分损害，仍然有权向加害人主张。被帮工人对已经承担的部分补偿，有权向加害人追偿。

（三）当事人的诉讼地位

帮工人遭受第三人损害的诉讼问题。如果赔偿权利人直接起诉被帮工人的，法院应当将加害人列为共同被告，但加害人不能确定的除外。诉讼时，法院应当判决加害人首先承担责任；加害人是否具有赔偿能力，应当由法院确定，而不是由帮工人推定。在确定加害人无赔偿能力时，再根据实际情况确定是否由被帮工人承担补充责任。

【典型案例】

朱某胜诉某液化气公司人身损害赔偿纠纷案

原告：朱某胜。

被告：某液化气公司。

〔基本案情〕

原告朱某胜因与被告某液化气公司发生人身损害赔偿纠纷，向安徽省东至县人民法院提起诉讼。

原告朱某胜诉称：原告系被告某液化气公司的雇工。2003 年 8 月 5 日，某液化气公司客户钱某英家因液化气打不着火，要求被告下属的土地局换气点派人前来维修。当时原告正在该换气点，听说此事后，便说该客户家的液化气罐是原告检测的。该换气点负责人沈某联当即说："你检测的，就应该由你去。"因此原告赶往客户钱某英家维修。在维修过程中不慎发生燃烧事故，致原告受伤，经鉴定为 9 级伤残。原告受被告雇请在工作中受伤，请求判令被告赔偿原告的医疗费、误工费、护理费、交通费、住宿费、住院伙食补助费、营养费共计 9717. 90 元，并赔偿原告伤残补助费 17250. 84 元。

原告朱某胜提供以下证据：

1. 2001 年 7 月 1 日核发的液化石油气换气点许可证和 2002 年 7 月 24 日核发的消防安全培训合格证。用以证明富邦换气点是被告某液化气公司设立的，原告参加了消防安全培训，系富邦换气点负责人。

2. 2003 年 8 月 6 日沈某联作出的情况说明。用以证明原告去客户钱某英家维修是受其指派的，在此次维修中发生了燃烧事故。

3. 孙某鑫、李某、刘某大出具的证明二份。用以证明富邦换气点是某液化气公司的换气点，原告是某液化气公司的职工。

4. 杨某花、周某、邓某琴、方某出具的情况说明三份。用以证明钱某英系被告的客户，亦在此次液化气修理过程中被烧伤。

5. 公司设立登记审核表一份。用以证明被告有维修业务。

6. 录像带、录音带两盘。用以证明沈某联指派原告去钱某英家维修的事实，以及土地局换气点和尧粮门市部换气点的安全责任由被告承担。

7. 医药费收据二张及出院小结一份。用以证明原告因伤花去医药费5952.90元。

8. 池州市中级人民法院（2004）池民一终字第81号民事判决书、（2004）池法鉴字第95号司法技术鉴定书。用以证明钱某英在维修液化气过程中受伤，被告对此承担赔偿责任。同时证明原告的伤情构成9级伤残。

9. 县劳动争议仲裁委员会不予受理通知书一份。证明原告已申请仲裁，但未被仲裁机构受理。

被告某液化气公司辩称：原告朱某胜不是被告的职工，也不是被告雇员。另外，原告的医疗费未经审核，误工、赔偿标准计算不准确。

被告某液化气公司提供了如下证据：

1. 液化石油气换气点许可证一份。用以证明富邦换气点已于2002年年底停止经营。

2. 县建设局证明一份。用以证明富邦换气点负责人为李某。

为查明事实，安徽省东至县人民法院调取以下材料：

1. 被告某液化气公司2001年4月至2003年8月工资发放花名册一份。证明原告朱某胜的姓名不在工资花名册上。

2. 县公安消防大队证明一份。证明原告于2002年6月5日以县富邦液化气换气点从业人员的身份报名参加培训。

经东至县人民法院组织质证，双方当事人对原告朱某胜提供的证据5、证据7、证据8、证据9及法院调取的证据2无异议，法院予以确认。对原告提供的证据1，被告某液化气公司有异议，认为富邦换气点的许可证是2001年核发的，因2002年未参加年审，当年年底该换气点便已停业，且该换气点与被告订立的合同年限是一年，早已过期。对于原告于2002年以富邦换气点从业人员的名义报名参加培训一事，被告并不知晓。法院认为，鉴于双方当事人对法院调取的证据2无异议，故可以认定2002年6月6日朱某胜以某液化气公司富邦换气点从业人员的身份参加了池州市消防支队在东至县举办的从业人员培训班。富邦换气点因未参加年检、变更负责人亦未向主管部门申请批准等原因，于2002年年底停止经营。对原告提供的证据2、证据6，被告有异议，认为沈某联无权指派、事实上也从未指派原告去钱某英家维修，沈某联当时仅仅是接原告的话随口说“是你检测的你就去看看”。法院认为，被告下属的土地局换气点设有维修业务，接到客户提出的维修请求后是否派人前去维修，作为该换气点的负责人，沈某联有权作出决定。原告在该换气点得知钱某英家液化气打不着火需要维修这一事实后，便称钱某英家的液化气瓶是他检测的。当时无其他维修人员在场，沈某联随即说“是你检测的你就去看看”。对于上述事实双方并无异议，因此对原告提供的这两份证据予以确认。对原告提供的证据4，被告有异议，认为钱某英是原告个人的客户，并非被告的客户。法院认为，被告没有提供证据证明钱某英是原告个人的客户，同时该证据是几位证人出具的证明，且与其他证据互相印证，故予以采信。对原告提供的证据3，被告有异议，认为该证据证明力不足，不能充分证明原告是被告的职工。法院认为，该证人证言不能充分证明原告是被告的职工，原告也没有提供其他证据予以佐证。被告异议成立，对该证据不予采信。对法院调取的证据1，原告有异议，认为被告有可能对工资表作了变动处理。法院认为，该证据系法院依法取得，原告未能提供相反的证据来推翻该证据，故原告异议不成立。

安徽省东至县人民法院经审理查明：

2002年6月6日，原告朱某胜以被告某液化气公司下属富邦换气点从业人员的身份参加了池州市消防支队在东至县举办的液化气从业人员消防培训班。2002年年底，富邦换气点因未参加年检、变更负责人亦未向主管部门申请批准等原因而停止经营。此后，原告一直从事为客户接送液化气罐等业务而获取报酬。2003年8月5日，原告在被告下属土地局换气点等候业务时，被告的客户钱某英来到该换气点，称其家液化气打不着火，要求派人维修。原告得知后便称该客户家的液化气瓶是他检测的，该换气点负责人沈某联当即表示："是你检测的，那你就去。"原告故前往该客户家进行维修。在维修中不慎发生燃烧事故，原告及钱某英均被烧伤。经鉴定原告伤情为9级伤残，原告因此花去药费5952.90元。

〔一审裁判理由与结果〕

本案的争议焦点是：1. 原告朱某胜与被告某液化气公司之间是雇佣关系还是帮工关系；2. 被告应否对原告遭受的人身损害承担赔偿责任。

安徽省东至县人民法院认为：关于原告朱某胜与被告某液化气公司之间是雇佣关系还是帮工关系的问题。首先，帮工关系是指帮工人无偿为他人处理事务从而与他人形成的法律关系。雇佣关系则是指根据当事人的约定，一方定期或不定期地为对方提供劳务，由对方给付报酬的法律关系。由此可见，帮工关系与雇佣关系存在明显不同。一方面，雇佣关系具有有偿性，帮工关系具有无偿性；另一方面，在雇佣关系中，被雇用人是在特定的工作时间内、在雇用人的监督和控制下进行劳务活动，而在帮工关系中，帮工人进行劳务活动时具有自主性。本案中，无任何证据证明原告系被告的职工。原告主要依靠为液化气客户接送气瓶获取劳动收入。案发前，原告在被告下属的土地局换气点等候个人业务，不是为被告提供劳务，被告既不向其支付报酬，也不对其进行控制、指挥和监督。原告称其与被告之间构成雇佣关系，但没有提供充分有力的证据予以证明，故不予认定。其次，原告与被告之间构成帮工关系。成立帮工关系是构成帮工风险责任的基础。本案原告与被告之间的帮工关系是基于特殊的要约承诺方式形成的。被告下属的土地局换气点设有维修业务，当有客户提出维修要求时，该换气点的负责人沈某联有权决定是否上门维修、由谁去维修。当时该换气点的维修人员不在现场，等候业务的原告听说后表示客户钱某英家的液化气瓶是他检测的，沈某联当即表示“是你检测的，那你就去”。原告遂前去钱某英家维修。原告提出客户钱某英家的液化气瓶是他检测的，这句话本身只是对客观事实的叙述，并没有明确表示原告要求负责上门维修，不属于具有帮工意愿的要约。但沈某联随后作出的让原告上门负责维修的表示，则是以请求原告为其处理事务为内容的要约。原告并非被告雇员，沈某联让原告去维修，实际上是请求原告帮工。原告随后前往客户家维修的行为，可以认定是以实际行动对该要约作出的承诺，且沈某联对于原告的承诺行为没有作出明确的拒绝。因此，原告与被告之间形成了帮工关系。

关于被告某液化气公司应否对原告朱某胜因帮工遭受的人身损害承担赔偿责任的问题。根据《最高人民法院关于审理人身损害赔偿案件适用法律若干问题的解释》第十四条的规定，帮工人因帮工活动遭受人身损害的，被帮工人应当承担赔偿责任。被帮工人明确拒绝帮工的，不承担赔偿责任，但可以在受益范围内予以适当补偿。根据本案事实，原告确实是在为被告的客户进行维修的过程中，因发生液化气燃烧事故而受伤，即原告遭受人身损害与为被告帮工具有因果关系。因此，被告应当对原告因帮工遭受的人身损害承担赔偿责任。

关于被告某液化气公司承担赔偿责任的数额问题。根据《最高人民法院关于审理人身损害赔偿案件适用法律若干问题的解释》第二条的规定，受害人对损害的发生或者扩大有故意、过失的，可以减轻或者免除赔偿义务人的赔偿责任。原告朱某胜在维修过程中，因操作不当而引发了液化气燃烧事故，自身具有过失，可以减轻被告的赔偿责任。根据本案的案情，被告应承担的赔偿责任酌定为原告全部损失的50%，原告要求被告对其全部损失承担赔偿责任的请求不予支持。原告遭受的损失包含以下内容：1. 医药费。根据原告提供证据7，医药费金额为5952. 90元。被告虽然辩称该医疗费未审核，但质证时没有提供证据进行反驳，故予以确认；2. 误工费。按每天50元计算7天，共350元；3. 护理费。按每天7元计算20天，共140元；4. 交通费50元；5. 住院伙食补助费。按每人每天10元，以20天2人计算，共400元；6. 营养费300元；7. 伤残补助费8508元。以上费用合计15700. 9元，被告应对此承担50%的赔偿责任，即应赔偿原告7850. 45元。

综上，安徽省东至县人民法院依照《中华人民共和国民法通则》第一百一十九条、第一百三十一条，最高人民法院《关于审理人身损害赔偿案件适用法律若干问题的解释》第二条、第十四条之规定，于2005年7月21日判决如下：

一、被告某液化气公司赔偿原告朱某胜7850. 45元；

二、驳回原告朱某胜的其他诉讼请求。

一审宣判后，双方当事人均未上诉，一审判决已发生法律效力。

规则5：经营者在力所能及的范围内，对消费者人身安全尽到了谨慎注意和照顾义务的，对第三人侵害所造成的损失不应承担赔偿责任

——李甲诉陆某芹、陆某凤、朱某泉人身损害赔偿纠纷案①

【裁判规则】

经营者对正在接受其服务的消费者的人身安全，负有谨慎注意和照顾的义务。即在其所能控制的范围内，采取其能力所及的合理措施，防止消费者的人身安全被第三人侵害，或者在这种侵害发生后尽力避免损害结果的扩大。经营者在力所能及的范围内，对消费者人身、财产安全尽到了谨慎注意和照顾义务的，对消费者的损失，不应承担赔偿责任。

【规则理解】

一、安全保障义务的内涵

安全保障义务，源于德国法院从判例中发展起来的交往安全义务理论。在这一理论最早被引入国内时，有学者将其适用范围仅仅限于“经营者”，认为安全保障义务是指经营者在经营场所对消费者、潜在的消费者或者其他进入服务场所的人之人身、财产安全依法承担的安全保障义务。② 安全保障义务理论提出的主要目的在于，要妥当规范因服务场所不安全导致消费者人身、财产权益受侵害的案件。③

2003年最高人民法院颁布的原《人身损害赔偿司法解释》在第6条中首次

① 《中华人民共和国最高人民法院公报》2002年第4期。

② 参见张新宝、唐青林：《经营者对服务场所的安全保障义务》，载《法学研究》2003年第3期。

③ 参见张新宝、唐青林：《经营者对服务场所的安全保障义务》，载《法学研究》2003年第3期。

对安全保障义务的有关问题作出规定[①]。《侵权责任法》在基本吸收了该司法解释第6条的基础上，在第37条中规定："宾馆、商场、银行、车站、娱乐场所等公共场所的管理人或者群众性活动的组织者，未尽到安全保障义务，造成他人损害的，应当承担侵权责任。因第三人的行为造成他人损害的，由第三人承担侵权责任；管理人或者组织者未尽到安全保障义务的，承担相应的补充责任。"《民法典》在第1198条则基本沿袭了《侵权责任法》的规定。至此，安全保障义务在我国法律中的地位得到确认。

有学者认为，"所谓安全保障义务，是指从事住宿、餐饮、娱乐、金融等经营活动以及其他社会活动的自然人、法人、其他组织所负有的在合理限度范围内照顾、保护顾客或活动者的人身与财产安全的义务"[②]。安全保障义务具有如下特征：一是安全保障义务存在于特定的主体之间，即公共场所管理人或群众性活动的组织者；二是当义务人与权利人之间存在合同关系时，安全保障义务既是法定义务，也可能构成合同义务。三是安全保障义务的履行方式是作为，即义务人需要采取一定的行为来防止特定人的人身或财产受到侵害。四是安全保障义务存在合理的限度，义务人不可能穷尽所有的手段来保障特定人的安全。

二、安全保障义务的主体

（一）权利主体

关于安全保障义务的权利主体，《民法典》仅表述为"他人"。但这里的他人并不泛指义务人之外的所有人，而是指与义务人存在紧密关系的特定人。有观点认为，所谓较为紧密的关系包括：其一，缔约磋商关系，即义务人与受保护的人之间虽然尚未订立合同，但两者正处于缔约磋商过程中。例如，顾客正在商店中选购货物，或正准备进入饭店就餐。其二，合同法律关系，即义务人与受保护的人已经订立了某种合同。例如，搭乘公共汽车的乘客与公共汽车公司成立了运送合同，餐厅就餐的客人已经与餐厅之间成立了服务合同等。其三，

---

① 该解释第6条规定："从事住宿、餐饮、娱乐等经营活动或者其他社会活动的自然人、法人、其他组织，未尽合理限度范围内的安全保障义务致使他人遭受人身损害，赔偿权利人请求其承担相应赔偿责任的，人民法院应予支持。因第三人侵权导致损害结果发生的，由实施侵权行为的第三人承担赔偿责任。安全保障义务人有过错的，应当在其能够防止或者制止损害的范围内承担相应的补充赔偿责任。安全保障义务人承担责任后，可以向第三人追偿。赔偿权利人起诉安全保障义务人的，应当将第三人作为共同被告，但第三人不能确定的除外。"

② 王利明：《中国民法典学者建议稿及立法理由·侵权行为编》，法律出版社2005年版，第62页。

义务人与受保护的人之间曾经存在合同关系，但是该合同已经履行完毕。例如，顾客在餐厅用餐完毕但尚未离开餐厅。其四，义务人因其先行的行为而与权利人建立其他的较为密切的关系。例如，某人带着邻居的孩子去游泳，其对该儿童即负有安全保障义务。[①]

（二）义务主体

《民法典》第1198条明确规定了安全保障义务的义务主体为以下两类：第一，宾馆、商场、银行、车站、娱乐场所等公共场所的管理人。公共场所包括以公众为对象进行商业性经营的场所，也包括对公众提供服务的场所，包括但并不限于本条列举的宾馆商场、银行、车站、娱乐场所等。例如，机场、码头、公园、餐厅等也都属于公共场所。[②] 第二，群众性活动的组织者。群众性活动是指法人或其他社会组织面向社会公众举办的参加人数众多的活动，也包括部分个人组织的小型活动。例如，体育比赛、演唱会、音乐会等文艺演出活动，展览、展销、游园、灯会、庙会等活动，人才招聘会、现场开奖的彩票销售活动等。[③] 需要注意的是，这里《民法典》使用“群众性活动的组织者”取代了原《人身损害赔偿司法解释》“其他社会活动组织者”的表述。这一表述上的改变，进一步明确了义务主体的范围。即不论是官方组织者，还是民间发起的群众性活动的组织者，都属于安全保障的义务主体。

三、安全保障义务的内容

（一）场所及其配套设施设备的安全保障义务

场所及配套设施设备方面的安全保障义务主要是指场所的管理人和组织者对其投入使用的建筑物、配套服务设施、设备应当确保安全可靠。关于安全可靠的标准，如果有法定标准的应当符合法定标准，没有法定标准的，应当符合行业标准或者达到进行此等场所经营需要达到的安全标准。例如，对于用以服务、经营的建筑物应当符合《建筑法》《建设工程质量管理条例》等法律法规的质量要求，应当经过建筑行政管理部门验收合格，不得存在安全隐患；对消防安全的要求，必须符合《消防法》《营业性演出管理条例》等的规定，必须配备必要的消防设备、报警设施、紧急疏散标志和疏散图等，并保证他们处于适用状态等；对相关配套设施设备的要求，如保证电梯安全运作、保证用电设

① 王利明主编：《人身损害赔偿疑难问题》，中国社会科学出版社2004年版，第264页。
② 王胜明：《〈侵权责任法〉条文解释与立法背景》，人民法院出版社2010年版，第158页。
③ 王胜明：《〈侵权责任法〉条文解释与立法背景》，人民法院出版社2010年版，第158页。

备的安全等。

（二）服务管理的安全保障义务

服务管理的安全保障义务主要是指场所管理人或组织者在提供服务时，应当排除可能发生的危险因素，保证服务内容和过程的安全。例如，演出商在组织大型演唱会时应当配备基本的安保人员和设施，合理引导观众，防止发生因踩踏或其他原因引起的人身损害赔偿事故。又如，餐饮业经营者应当保证厨房环境清洁卫生，防止消费者因食用不洁食品染病等。

（三）防止特殊关系人遭受第三人侵害的安全保障义务

安全保障义务人还应当在合理范围内保障权利人的人身和财产安全，防止受到第三人的不法侵害。例如，银行等金融机构应当配备必要的电子监控设备，必要的防盗、防暴设施，报警装置，同时还需要经常性地进行维护，使它们处于良好、安全的运行状态。一旦发生第三人不法侵害行为，银行安保人员应该尽力制止或将损害后果降到最低。

四、安全保障义务的判断标准

义务人承担的安全保障义务是有限度的。对于义务主体的经营者而言，他们既不是承担公共服务职能的政府，也不是维护公共安全的警察，追求经济利益最大化才是他们的目标。因此，在判断其安全保障义务时不能不计成本地要求他们尽到过高的注意义务，无限制地加重他们的经营风险。因此，我们需要对安全保障义务的合理范围设定一个判断标准。然而，安全保障义务涉及社会生活的各个方面，要对此进行详细列举是不现实的。而随着科学技术的日趋发展及人们观念的进步，安全保障义务的标准也在发生着变化。例如，在几十年前，我们无法要求银行能提供某一时段内营业大厅情况的录像资料。而在摄像头等设备普及后，当取款人在银行内发生人身财产损失时，银行就应当提供相关视频资料，否则就可能违反安全保障义务，承担相应责任。尽管如此，我们仍可以对不同情形下的安全保障义务形成相对统一的判断标准。这些判断标准，既要充分保护权利人的利益，同时还要防止利益被无限放大，导致权利义务失衡。一般而言，可以从以下几个方面予以认定。

（一）法律法规的明文规定

如果法律法规对安全保障义务有直接规定的，应当按照规定进行判断。凡达不到规定要求的，即应当认定违反了安全保障义务。例如，根据前文所述，关于建筑安全的，有《建筑法》《建设工程质量管理条例》等法律法规，关于消防安全的，有《消防法》《营业性演出管理条例》等规定。

（二）行业标准

所谓行业标准，是指安全保障义务人的保障行为是否达到了同类经营活动或者社会活动的从业者现阶段所应当达到的通常程度。在没有法定标准可供参照的情况下，行业规范或通常做法也可作为合理与否的判断标准。需要强调的是，这里的行业标准或是通常做法只能高于而不能低于一般人的注意义务。义务人也不得通过制定过低的行业标准逃避应当履行的义务或免除自己应当承担的责任。

（三）理性、善良人的注意义务

在安全保障义务中，危险来源于义务人经营管理的场所、组织的活动，因此义务人所承担的注意义务，应当超过一般人的注意标准，达到理性、善良人的注意义务。还有观点认为，除了所列以上三类安全保障义务以外，还包括对儿童等特定人群安全保障义务。例如，在经营活动或社会活动领域，存在对儿童具有诱惑力的危险时，经营者或者社会活动组织者必须履行最高的安全保障义务，应当采取的保障义务包括，消除危险，使之不能发生；使未成年人与该危险隔绝，使其无法接触这个危险；采取其他措施，保障不对儿童造成损害。[①]

（四）个案的具体情况

在把握安全保障义务标准时，除可以参照上述标准外，还应当根据案件的具体情况来认定。有观点认为，个案中可以按照如下原则进行把握：（1）义务人获益标准。义务范围与所获利益相挂钩。经营者若在经营活动中获得较多利益，应当承担更多注意义务，反之则承担较少的义务。（2）损害是否与经营活动直接相关。如果风险或者损害行为直接来源于经营活动，那么经营者就要承担更为严格的安全保障义务。例如，银行在提供存取款业务时对于客户的存款就负有比较严格的安全保障义务，而一般的购物广场对于客户自身携带款物的安全保障义务就宽松一些。（3）预防措施的成本。法律制度的设计应该符合一个理性人的标准。成本和效益的考量肯定是一个理性人首先会关注的，法律不可能要求人们违背理性。所以在判断义务人是否应当承担以及承担何种限度内的安全保障义务时，经营者为防范风险所付出的成本是一个重要的依据。（4）社会一般观念。法律的设计大多数时候都会与社会一般的观念和情感相一致。所以，在安全保障义务方面，社会一般观念也是一个衡量的标准。一般去

---

① 最高人民法院侵权责任法研究小组编著：《〈中华人民共和国侵权责任法〉条文理解与适用》，人民法院出版社2010年版，第274页。

银行办理存取业务的时候，客户身上会有比较多的现金，社会一般的观念也会认为，银行在加强安保方面应该是责无旁贷的。[①] 还有观点认为：（1）经营性活动中的义务人对于危险防止或者控制所应具备的能力一般要大于非经营性活动中的义务人。（2）获利多的社会活动中的义务人一般要大于获利少的社会活动中的义务人。（3）专业性强的社会活动中的义务人一般要大于专业性弱的社会活动中的义务人。（4）公众开放程度高的社会活动中的义务人一般要大于公众开放程度低的社会活动中的义务人。[②]

笔者认为，上述观点考虑到了风险与收益相一致的原则，考虑到了安全保障义务人的注意能力等客观因素，合理平衡了权利义务关系，具有较强的实践价值。

五、违反安全保障义务的后果

根据《民法典》第 1198 条的规定，安全保障义务人未尽到安全保障义务的，应当分不同情况分别承担两种形式的责任。一是因义务人未尽到安全保障义务直接导致权利人人身财产权利受到损害的，义务人应当承担赔偿责任。例如，酒店卫生间未使用防滑瓷砖致使客人滑倒受伤，酒店应当承担损害赔偿责任。二是因义务人未尽到安全保障义务导致权利人被第三人侵权造成人身财产损害的，应当由第三人承担损害赔偿责任，义务人承担补充责任。例如，储户到银行取钱遭到第三人抢劫，银行安保人员未能及时制止，在此情况下应当由第三人承担侵权责任，银行承担补充责任。需要指出的是，义务人承担补充责任应当限于其能够防止或者制止损害的范围，也即法条表述“相应的补充责任”。所谓能够防止或者制止损害的范围，即经营者只要尽到相应的注意义务，就可以避免第三人侵权损害后果发生的，则该损害后果就应当认定为经营者能够防止或制止损害的范围。如果尽到相应注意义务仍不能避免第三人侵权损害后果发生的，则该损害后果就不属于经营者能够防止或制止损害的范围，经营者无须承担责任。例如，第三人乙为报复受害人丙，未遭任何阻拦携砍刀进入甲经营的歌厅，将正在唱歌的丙砍伤。由于甲未尽到相应注意义务，故应当承担补充责任。但在上例中，假如第三人乙是将匕首藏在口袋中进入歌厅，趁丙不备将其刺伤，则此时乙的侵害行为已经超出甲的注意义务范围，甲无须承担

---

① 王利明：《中国民法典学者建议稿及立法理由·侵权行为编》，法律出版社 2005 年版，第 66~67 页。

② 参见王岑：《试论安全保障义务》，载《人民司法》2011 年第 15 期。

责任。

安全保障义务人承担责任后，可以向第三人追偿。在诉讼程序上，赔偿权利人起诉安全保障义务人的，应当将第三人作为共同被告，但第三人不能确定的除外。

【拓展适用】

一、安全保障义务的法律性质

（一）关于安全保障义务法律性质的不同学说

理论界对于安全保障义务的法律性质主要的观点包括以下三种：一是附随义务说，该观点认为安全保障义务在性质上属于附随义务，是基于诚实信用原则发展而来的，此种义务广泛存在于从事住宿、餐饮、娱乐等经营活动之中或者其他活动的当事人之间。[①] 二是法定义务说，该观点认为安全保障义务由法律法规所直接规定。[②] 三是竞合说，该观点认为安全保障义务是法定义务与合同义务的竞合。

1. 附随义务说。《民法典》第 509 条第 1 款、第 2 款规定：当事人应当按照约定全面履行自己的义务。当事人应当遵循诚实信用原则，根据合同的性质、目的和交易习惯履行通知、协助、保密等义务。附随义务说据此认为，安全保障义务是基于诚实信用原则而产生的附随义务。首先，合同双方当事人之间基于合同关系而产生了保护、通知、说明、协助、照顾等义务；其次，这种附随的义务暗含于合同之中，并且依合同性质、目的和交易习惯以及合同发展阶段而有所不同。最后，虽然这种附随义务往往不会在合同中明文约定，但法官可以通过扩张解释合同条款确定该种义务的存在，违反这一义务的应当承担违约责任。

2. 法定义务说。该学说认为安全保障义务是由法律、法规所直接规定的、行为人必须履行的义务，而且不能通过约定加以改变或免除。法定义务说认为，根据我国目前的立法实践，法律和行政法规已经明确规定了各种情况下经营者承担的安全保障义务，因此，将安全保障义务认定为法定义务具有明确法律依据。

3. 竞合说。竞合说认为，安全保障义务既为法定义务，又是附随义务，两

① 王利明：《人身损害赔偿疑难问题》，中国社会科学出版社 2004 年版，第 265 页。

② 张新宝、唐青林：《经营者对服务场所的安全保障义务》，载《法学研究》2003 年第 3 期。

者存在竞合，义务人违反安全保障义务时既可能产生合同责任，又可能产生侵权责任。当两者发生竞合时，应当按照《民法典》第186条的规定，由赔偿权利人进行选择，选择一个最后利于自己的请求权，以便得到最佳救济。①

（二）对不同学说的简要评述

以上三种观点各有一定道理，但笔者倾向于认为，安全保障义务应当属于法定义务而非附随义务或两者的竞合。理由如下：第一，《民法典》第1198条明确了安全保障义务的性质和内容，规定了违反安全保障义务的后果，所以安全保障义务应当属于法定义务。第二，在许多违反安全保障义务的情形中，权利人与义务人之间没有合同关系，更谈不上合同义务。第三，法定义务不以合同的存在为前提，且不可以通过合同加以限制和免除，这就有效防止了义务人利用合同约定逃避责任。第四，违反合同义务所产生的违约责任无法请求精神损害赔偿。而把安全保障义务界定为法定义务，才可以为引入精神损害赔偿提供基础，使得权利人的权利得到更充分的保障。第五，由于合同责任的构成要件远不如侵权责任严格，且根据附随义务说的观点，安全保障义务又往往隐含在合同中，缺乏明确的合同依据。这就容易使得在实践中对合同义务任意扩张，任意加重义务人的安全保障义务，从而导致巨大的经营风险。因此，实践中在认定义务人是否违反安全保障义务时，应当严格依据《民法典》第1198条的规定以及侵权责任构成要件原理，尤其要坚持过错责任原则。值得说明的是，在权利人双方存在合同关系，且合同对安全保障义务进行了明确约定，义务人的过错行为又明显违反了合同约定的情况下，仍然有可能发生义务人违反安全保障义务，出现既构成违约又构成侵权的情形，但这仅属于例外，而不能作为常态认识和掌握。

二、安全保障义务中的补充责任

（一）补充责任的概念和特征

1. 关于补充责任的概念。根据《民法典》第1198条的规定，因义务人未尽到安全保障义务导致权利人被第三人侵权造成人身财产损害的，应当由第三人承担损害赔偿责任，义务人承担补充责任。所谓补充责任，是多个责任主体对同一损害后果承担共同责任时的一种侵权赔偿责任。补充责任主要发生在一个侵权行为造成的损害事实产生了两个相重合的赔偿请求权的情况下，法律规定权利人必须按照先后顺序行使赔偿请求权。只有排在前位的赔偿义务人的赔

① 杨立新：《侵权责任法原理与案例教程》，中国人民大学出版社2008年版，第186页。

偿不足以弥补损害时，才能请求排在后位的赔偿义务人赔偿。在这样的案件中，后位赔偿义务人承担的侵权责任为补充的侵权赔偿责任。①

2. 补充责任的特征。对于补充责任可以归纳为以下几个方面的特征：一是主体具有复数性。即责任主体必须为两人或两人以上；二是赔偿具有次位性。②即赔偿责任有先后顺序之分，受害人不能越过顺位在前的责任人而向顺位在后的责任人请求赔偿。在《民法典》中，补充责任主要适用于第三人介入时违反安全保障义务的侵权责任及校园事故两种情形。③

（二）补充责任的性质

关于补充责任的性质，主要有两种观点。第一种观点认为，补充责任不是一种独立的责任形式，而属于不真正连带责任的特殊情形。“侵权行为补充责任属于不真正连带责任（或称不真正连带债务）中的一种，是指多数行为人基于不同原因而产生的同一给付内容的数个责任，各个负担全部履行义务，并因行为人之一的履行行为而使全体行为人的责任均归于消灭的侵权责任形态”。④第二种观点认为，补充责任是一种与连带责任、按份责任相对应的新型责任。⑤笔者倾向于认为，补充责任属于一种独立的责任形式。一是关于不真正连带责任的论述尚停留在侵权法理论领域，没有法律的明文规定。而《民法典》则对补充责任作出了明确规定。二是补充责任的次位性与连带责任、不真正连带责任存在重大差别，具有独立于其他责任形式的本质特征。

（三）补充责任的类型

有观点认为，补充责任可以分为两种类型，一种是完全的补充责任，另一种是相应的补充责任。⑥ 完全的补充责任，是指顺位在前的责任人不能赔偿全部损失时，由补充责任人就剩余部分承担全部赔偿责任。例如，根据《民法典》关于一般保证的规定，当债务人不能清偿全部债务时，由保证人就剩余部分承担还款责任。⑦ 相应的补充责任，是指补充责任人仅在一定范围内承担

---

① 参见张新宝：《我国侵权责任法中的补充责任》，载《法学杂志》2010 年第 6 期。

② 王利明、周友军、高圣平：《中国侵权责任法教程》，人民法院出版社 2010 年版，第 36 页。

③ 参见张新宝：《我国侵权责任法中的补充责任》，载《法学杂志》2010 年第 6 期。

④ 参见杨立新：《论侵权责任的补充责任》，载《法律适用》2003 年第 6 期。

⑤ 参见张新宝：《我国侵权责任法中的补充责任》，载《法学杂志》2010 年第 6 期。

⑥ 王利明、周友军、高圣平：《中国侵权责任法教程》，人民法院出版社 2010 年版，第 37 页。

⑦ 《民法典》第 686 条规定：“保证的方式包括一般保证和连带责任保证。当事人在保证合同中对保证方式没有约定或者约定不明确的，按照一般保证承担保证责任。”

“相应”的补充责任，补充责任人在承担责任后，即使受害人未获得全部赔偿，也不得再向补充责任人主张。安全保障义务中的补充责任即为相应的补充责任。例如，受害人甲共遭受10万元损失，但加害人乙仅能赔偿3万元，甲仍有7万元未获赔偿。在案件审理中，如果法院认为安全保障义务人丙应当承担“相应”的补充责任为5万元，此时丙仅需向甲赔偿5万元，而不是7万元。

（四）安全保障义务人补充责任的确定

安全保障义务人“相应”的责任究竟是与何者相应？有观点认为，相应的补充责任要求根据补充责任人的过错程度与原因力的大小来确定。[①] 所谓原因力，是指在导致受害人同一损害后果的数个原因中，各原因对于该损害后果的发生或扩大所发挥的作用力。[②] 笔者认为，在存在第三人介入的违反安全保障义务的侵权行为中，第三人行为无疑是造成损害后果的直接原因，而安全保障义务人的行为对损害后果的发生则是不重要的，甚至是可有可无的。所以在第三人有赔偿能力的情形下，应当由第三人承担全部责任。第三人承担责任后，不能向安全保障义务人追偿，也不能要求安全保障义务人分担损失。因此，在义务人应当在多大范围内承担责任的问题上，以原因力作为判断标准没有多大意义，而应当依据义务人自身的过错程度来确定。义务人过错越大，其承担的补充责任越重；过错越小，其承担的补充责任越轻。

（五）第三人侵权行为的判断标准

一般情况下，第三人的侵权行为均系故意，应以故意作为判决其承担责任的标准。例如，顾客在商店内购物被抢劫产生损害。但是否存在行为人也为过失的情形？例如，第三人甲在酒店上洗手间时不慎撞到被害人乙，由于卫生间积水地滑，导致乙摔成重伤。此时，酒店是否应当按照违反安全保障义务的规定承担补充责任？笔者认为，《民法典》第1198条规定安全保障义务人承担较轻的补充责任，本身就隐含着义务人对损害后果的发生不论在原因力还是过错上都处于绝对次要地位的含义。如果第三人的侵害行为也构成过失，就可能导致义务人的过错等于甚至大于第三人过错的情形出现，此时义务人仅承担更轻的补充责任显然违反了立法本意，也有违公平原则。因此，在第三人的侵权行为为过失的情况下，不能适用《民法典》第1198条的规定确定各自权利义务，

---

① 王利明、周友军、高圣平：《中国侵权责任法教程》，人民法院出版社2010年版，第37页。

② 张新宝：《侵权责任法立法研究》，中国人民大学出版社2009年版，第215页。

而应当根据各自的过错承担相应责任。

【典型案例】

李甲诉陆某芹、陆某凤、朱某泉人身损害赔偿纠纷案

原告：李甲。

被告：陆某芹。

被告：陆某凤。

被告：朱某泉。

〔**基本案情**〕

原告李甲因与被告陆某芹、陆某凤、朱某泉发生人身伤害损害赔偿纠纷，向江苏省无锡市滨湖区人民法院提起诉讼。

原告李甲诉称：原告与朋友在三被告开办的西凤饮食店吃饭时，遇有身份不明的人入店寻衅，与该店小老板发生口角并打砸。原告在没有任何防备的情况下无故被打，左脸被啤酒瓶划伤。现经手术缝合，残留的面部疤痕影响了容貌，给原告造成精神损伤。依照《中华人民共和国消费者权益保护法》的规定，请求判令三被告给原告赔偿医疗费1634.97元、误工费2240元、营养费234元、交通费9.2元、后期医疗费用2000元、精神损失费500元，共计6618.17元。

三被告辩称：被告朱某泉之子不认识第三人，也没有与第三人发生过口角。第三人到被告的店内打砸并打伤原告，是无端寻衅。原告遭受的伤害，不是由于被告提供的餐饮服务造成，而是由第三人的直接加害行为所致。对本案不应适用消费者权益保护法，而应适用《中华人民共和国合同法》调整。被告在提供的餐饮服务中不存在任何违约行为，不应承担相应责任。应当依法驳回原告的诉讼请求。

无锡市滨湖区人民法院经审理查明：

2001年3月24日，原告李甲在被告陆某凤、朱某泉经营的西凤饮食店就餐。其间，有数个身份不明的第三人来此店寻衅，并殴打朱某泉之子朱甲。陆某凤等人在劝阻无效的情况下立即向公安机关报警。李甲见状起身欲离店时，被第三人用啤酒瓶打伤左脸。李甲于同日因左侧面部皮肤挫裂伤住入无锡市第五人民医院治疗，3月28日出院，共支付医疗费1634.97元，其间产生误工损失446.6元。

证实上述事实的证据有：

1. 派出所分别对朱某泉和朱某泉之子朱甲所作的询问笔录。
2. 证人周某平、王某东、李乙、朱甲、周甲的证言。
3. 医院的病历、出院计划单、出院记录、医疗证明各一份。
4. 李甲受伤后的照片三张。
5. 车费单据3张。
6. 医疗费单据9张。

7. 某装备厂出具的误工证明。

所有证据经庭审质证、认证，可以作为认定本案事实的根据。

〔一审裁判理由与结果〕

无锡市滨湖区人民法院认为：本案双方当事人的争议焦点是：1. 发生在西凤饮食店的打砸事件是不是第三人针对朱甲进行的。2. 对原告遭第三人打伤，应适用什么法律确定被告的责任。

双方当事人提供的证据，均证明了被告朱某泉之子朱甲在事发前虽与第三人有过对话，但从对话内容里可以看出其与第三人并不相识。原告李甲受伤，确系身份不明的第三人进店寻衅滋事时所造成，故对李甲所称第三人进店是针对朱甲寻衅的主张不予采纳。原告李甲在被告陆某芹、陆某凤、朱某泉经营的饭店中就餐，接受陆某芹、陆某凤、朱某泉的有偿服务，应属消费者权益保护法调整的生活消费行为。李甲是消费者权益保护法所指的消费者，陆某芹、陆某凤、朱某泉是该法所指的经营者，双方当事人之间存在的是消费服务法律关系。同时，由于李甲接受的是陆某芹、陆某凤、朱某泉提供的有偿服务，双方当事人之间还存在要约与承诺的合同法律关系。这种情况属于请求权法律规范的竞合，请求权人有权选择适用的法律规范。李甲选择以消费者权益保护法为其起诉的依据，故本案应适用消费者权益保护法来确定双方的权利与义务。

消费者权益保护法第七条规定："消费者在购买、使用商品和接受服务时享有人身、财产安全不受损害的权利。消费者有权要求经营者提供的商品和服务，符合保障人身、财产安全的要求。"第十一条规定："消费者因购买、使用商品或者接受服务受到人身、财产损害的，享有依法获得赔偿的权利。"第十八条规定："经营者应当保证其提供的商品或者服务符合保障人身、财产安全的要求。"综观消费者权益保护法的这些规定，都是指经营者因其提供的商品或服务造成消费者的人身或财产损害时，经营者应当承担责任。在本案中，原告李甲的身体伤害是第三人的不法行为造成的，并非被告陆某芹、陆某凤、朱某泉提供的饮食或服务造成。

虽然根据消费者权益保护法的规定，经营者对消费者在消费过程中被第三人伤害不负法律责任，但经营者并非不承担任何义务。根据诚实信用原则和现行法律理念，经营者对正在接受其服务的消费者的人身安全，负有谨慎注意和照顾的义务。即在其所能控制的范围内，采取其能力所及的合理措施，防止消费者的人身安全被第三人侵害，或者在这种侵害发生后尽力避免损害结果的扩大。本案被告陆某芹、陆某凤、朱海经营的西凤饮食店，是一家规模小、收费低、设施简陋的个体饭店。该店对不明身份的第三人闯入店内寻衅的突发性暴力事件，虽无能力事先预见和预防，但应当采取及时劝阻和报警的行动，尽力保护消费者的安全。根据本案事实，应当认为陆某芹、陆某凤、朱某泉已经在力所能及的范围内，对原告李甲的人身安全尽到了谨慎注意和照顾的义务。陆某芹、陆某凤、朱某泉对李甲所遭受的人身伤害，不应承担赔偿责任。

自然人因生命健康权、名誉权等受到损害，可以请求精神损害赔偿，但这种请求只能对侵害人提出。被告陆某芹、陆某凤、朱某泉不是致原告李甲身体受到伤害的侵害人，李甲向陆某芹、陆某凤、朱某泉请求精神损害赔偿，理由不能成立。

综上，被告陆某芹、陆某凤、朱某泉对原告李甲遭受的人身伤害，依法不承担民事责任，李甲的诉讼请求不予支持。据此，无锡市滨湖区人民法院于 2001 年 5 月 31 日判决：

驳回原告李甲的诉讼请求。

诉讼费 305 元，由原告李甲负担。

〔当事人上诉及答辩意见〕

原告李甲不服一审判决，向无锡市中级人民法院提出上诉。理由是：上诉人到西凤饮食店就餐，接受的是有偿服务，理应得到人身、财产方面的保护。上诉人在没有任何保护的情况下无故被打，这一事实本身就说明被上诉人有过错，应当承担赔偿责任。一审判决显失公正，请求改判。

陆某芹、陆某凤、朱某泉答辩认为，原审判决正确，应当维持。

〔二审查明的事实〕

无锡市中级人民法院经审理，确认了一审判决认定的全部事实。

〔二审裁判理由与结果〕

无锡市中级人民法院认为：消费者在接受服务时享有人身、财产安全不受损害的权利；消费者合法权益受到损害时，可以向经营者要求赔偿。消费者权益保护法的这个规定，是指消费者的人身及财产损害是由经营者提供服务的行为直接造成时，经营者才承担赔偿责任。本案中，上诉人李甲所受到的伤害，不是由被上诉人陆某芹、陆某凤、朱某泉的经营行为直接造成，而是被第三人入店滋事时所伤，且当不明身份的第三人进入店内滋事时，陆某芹、陆某凤、朱某泉确实进行了劝阻并报警。陆某芹、陆某凤、朱某泉已经在经营者力所能及的范围对李甲实施了保护，虽未能成功，但依法不承担赔偿责任。故一审判决并无不当，对李甲的上诉请求不能支持。

据此，无锡市中级人民法院依照《中华人民共和国民事诉讼法》第一百五十三条第一款第（一）项的规定，于 2001 年 8 月 21 日判决：

驳回上诉，维持原判。

二审诉讼费 275 元，由上诉人李甲负担。

规则 6：债权人采取合理限度的自助行为，债务人为逃避债务而因自身原因致死的，债权人不承担侵权责任

——陈某容、陈某荣、陈甲诉陈乙、吴某平、李某国、周某勇生命权纠纷案[①]；荣某英诉王某、某保险公司机动车交通事故责任纠纷案[②]

【裁判规则】

债权人采取合理限度的自助行为以防止债务人再次隐匿逃债，并与债务人商定一同前往人民法院解决债务纠纷，在此期间，债务人在自身安全未受到现实威胁的情况下，为继续逃避法定债务，自行翻窗逃跑致死的，债权人不承担法律责任。

【规则理解】

一、人身损害赔偿适用过错责任原则

《民法典》第 1165 条规定，“行为人因过错侵害他人民事权益造成损害的，应当承担侵权责任。依照法律规定推定行为人有过错，其不能证明自己没有过错的，应当承担侵权责任。”该法第 1166 条规定，“行为人造成他人民事权益损害，不论行为人有无过错，法律规定应当承担侵权责任的，依照其规定。”在无法律特殊规定的情况下，人身损害赔偿侵属于一般侵权，适用过错责任原则。

（一）人身损害赔偿的违法性

虽然《民法典》侵权责任编一般侵权的规定中未出现诸如“违法性”“违法”等类似的表态。但有观点认为，违法性也属于侵权行为的构成要件。例如，最高人民法院《关于审理名誉权案件若干问题的解答》[③]之七中，列举了名誉权侵权构成的损害、违法性、因果关系、过错四要件。在相当一部分裁判文书中，人民法院也惯常于使用“违法性”“违法”等作为侵权责任成立说理的理由。

---

① 《中华人民共和国最高人民法院公报》2019 年第 8 期。

② 最高人民法院指导案例 24 号。

③ 该文件现已失效。

从比较法来看，罗马法将违法性与过错不加区分，以“iniuria”同时指称“故意”和“过失”。《法国民法典》继承了罗马法的传统，未就过错与违法性作出明显区分。而德国侵权行为法则是区分过错与违法性的代表。《德国民法典》第823条规定，故意或者有过失的以违法的方式侵害他人的生命、身体、健康、自由、所有权或者其他权利的人，负有向他人赔偿由此发生损害的义务。于是，德国法将过错与客观的违法性区分开来，前者被理解为一种心态，后者表示的则是无法律认可的理由而违反法律规范。对于违法性，德国法上有结果不法说与行为不法说之分。结果不法说认为，凡侵害他人利益者，即属于违法。构成要件符合性征引违法性，违法性源于侵害权利之结果。而行为不法说则认为，结果不法说适用于故意行为尚可赞同，但过失侵害他人权利的情形，须行为人未尽避免损害他人权利之注意义务为必要，若行为人已尽其社会活动上必要的注意义务，纵行为侵害他人利益，也不具有违法性。结果不违法说与行为不法说的区别在于，结果不法说将违法性与过错分立，违法性满足后才考虑过错问题；而行为不法说，将欠缺合理注意视为违法性的一部分，将过错则更多地理解为可归责性。德国传统侵权理论持结果不法说，认为只要《德国民法典》第823条列举的权利或者利益受到损害，违法性就自动满足。唯一可以排除违法性的是具备法律认可的抗辩事由。行为不法说则批评认为，一个行为不能仅因其有肇致绝对权等法益遭受侵害的消极结果，即推定为具有违法性。违法性不应取决于行为的结果，而应取决于行为本身，侵害权益的非故意行为并不当然满足违法性要件，尚需有义务的违反。违法性的判断，重在积极审究行为有无违反社会活动上的一般义务。譬如，在正当防卫、紧急避险的情形下，行为人系积极追求损害结果的发生，不能否认其具有过错。然而，由于此种行为因法律的规定而正当化，从而使其不具有违法性。

正如前文所述，我国在借鉴《德国民法典》的过程中，并未在条文中确采用“违法”的表述。因而目前一些学者主张违法性不属于侵权责任的要件。主要理由在于：第一，我国采用了侵权行为法而非侵权责任法的概念，突出了侵权法的救济功能而非制裁功能。这种变化对违法性要件的采纳产生了一定的影响。例如，我国侵权责任法并不区分法益和利益，即使在侵害法益的情况下，也可能构成侵权。侵权责任法采用了侵权人的概念，就包括了侵权行为人和侵权行为人以外的人。这些人并未实施违法行为，但仍要根据法律的规定承担侵权责任。再者，我国侵权责任法采取了多元归责体系，其最重要表现之一就是违法性的弱化。例如，公平责任、严格责任等均不考虑违法性的问题。也就是说，强调侵权法从行为法向责任法的转化，实际上强调了从制裁加害人向救济加害人的转化，违法性要件的功能大大减弱。第二，在技术层面分析，我国侵权责任法对于权利和利益的区分并非如德国民法那样严格。德国民法是以违法性为核心概念，其特色在于以违法性对权利及利益作区别性保护。对于损害法定权利，其行为自动征引违法性。而损害权利以外的利益的，还应当符合有悖善良风俗的相关要件。因此，违法性的功能主要是为了限制和确定侵权法的保护范围，避免一般的过失责任对纯粹财产利益和非人身利益的保护。但是，随着社会的发展，新的侵权类型层出不穷，如现代各国民法已经将商业秘密，营业利益等纳入侵权责任保护范围之中。对于这类利益，虽然不是绝对权，但如果按照利益来限制保护，则与现实社会发展的需要并不相符。因此，我国的侵权责任法并没有采纳这种区分，而是采用列举加“等”字收尾的方法，将相关权利和利益作一体保护。因此，在技术层面，违法性并无明显价值。第三，违法性理论中的行为不法说受到刑法理论的影响，但在现代法律体系中，侵权法与刑法已经截然分开。

侵权法作为救济法，行为人主观上的可非难性已经大大弱化。相反，不采用违法性要件则具有如下优势：第一，发挥过错责任一般条款的兜底功能，不需要通过违法性来一一对应检验现行法的规定以及行为人违法事实。第二，减轻受害人的举证负担。如果采取违法性的标准，要求法官要判断行为具有违法性，就会使归责人为地复杂化。第三，正确认定侵权责任。违法性的最大问题在于对于违反的“法”应当如何判断。如果将“法”的范围过分扩大到如公平正义等法律原则，则可能实质造成违法性的虚化。而如果只限于成文法，又可能造成权利救济的困难。而将违法性中的注意义务判断统一到过错中，则有利于正确认定侵权责任。①

笔者认为，不论理论上是否采纳违法性要件，实践中往往更愿意将侵权视为一种“违法”行为，很难说与刑法理论完全区分。同时，违法性作为权利救济的阀门，通过区分权利和利益，能够更好地平衡行为自由和权利救济。即与行为人处在同一具体情况下的善良管理人，或者一般人与行为人处在相同具体情况下，或者按照行为人本身通常的注意程度来判断该义务是否客观以及是否能期待履行。而违法性则完全采取抽象客观的标准，完全不顾及行为人或者善良管理人的主观状态，而从社会发展水平、人们对法制环境需求以及法律的规

---

① 王利明：《我国〈侵权责任法〉采纳了违法性要件吗?》，载《中外法学》2012年第1期。

范目的等角度确立违法性有无，并通过法官的自由裁量而获得其正当性，使得侵权法具有维护社会法律秩序的重要作用。由此可见，违法性与过错虽然存在密切联系，但二者却被赋予了不同的内涵，并担负着不同的社会功能：前者从社会法律秩序角度设定一个行为的容许限度，后者则依据一般人的行为状态决定是否具备可责性。认为过错包括不法的观点，无异于将创建社会法律秩序的任务委身于当事人的“过错”之中，实为过错概念所难以承受之重。

实际上，在侵权构造中，违法性要件的任务是划定侵权法的保护范围，同时还具有防御功能。就此而言，侵权构成之违法性要件的确立，可划定行为的自由空间，保障行为人在不损害法律所保护的利益之前提下，追求自身利益的自由。已有学者指出，在只要不侵害他人的权利就不负赔偿责任的侵权行为制度之下，个人的自由活动只受到最低限度的制约。人身权作为法律保护的核心领域，是最为重要的绝对权利。在人身权的违法性判断上，行为的自由应当让位于权利保护。因此实践中对于“法”的判断标准，不仅包括民事法律，也包括宪法、刑事法律、行政法律、环境保护法律和其他任何实体法律，违反任何一个包含有确认与保护他人民事权益的内容或者包含有行为人义务的内容的法律即为违法；同时，违法性不仅包括违反具体法律条文或具体法律规范的情况，也包括违反法律基本原则的情况，甚至包括违反最高人民法院的规范性司法解释的情况。① 例如，在一起案件中，幼童在食用某食品厂生产的果冻过程中造成窒息死亡。幼童父母遂将食品厂起诉到法院。食品厂认为，其所生产的果冻完全符合国家规定的儿童食品标准，幼童死亡属于意外，不应承担责任。法院经审理认为，虽然食品厂未违反国家规定，包装上也标注了警示语——“勿一口吞食，三岁以下儿童不宜食用，老人儿童须在监护下食用”，但该产品没有告知消费者正确的食用方法和具体的监护方式，不足以消除产品存在的危险性。法院最终判决食品厂承担责任。在该案件中，食品厂虽未违反具体的法律条文，却依然成立违法性。

（二）人身损害赔偿的过错程度分析

民法理论认为，按照归责原则区分，侵权责任可以划分为过错责任和无过错责任。但既有实践表明，这样的区分显然过于简单，不能客观反映侵权责任的归责。过错指向行为人注意义务。当我们评价行为人具有过错时，意在评价其未尽到善良管理人之注意义务。而注意义务具有程度之维，而非过错与无过

---

① 张新宝：《侵权责任构成要件研究》，法律出版社2007年版，第57页。

错的截然对立。正如有学者指出，过错责任和建立在危险性上的无过错责任并不是完全独立的种类，只是代表责任制度一系列链条中的两个终点。在实定法中，也可以通过相关法律条文体现。例如，《民法典》第 897 条规定，保管期内，因保管人保管不善造成保管物毁损、灭失的，保管人应当承担赔偿责任。但是，无偿保管人证明自己没有故意或者重大过失的，不承担赔偿责任。根据上述规定，无偿保管人只需要尽到最低的注意义务即可免责，而非一般意义上的善良管理人的注意义务。由此可见，在过错责任内部，至少可以作进一步细分。同时，在由过错向无过错责任过渡的过程中，行为人的注意义务在不断提升，进而出现了过错推定责任和因果关系推定责任（在比较法上，过错推定和因果关系责任亦属于严格责任的范畴）。而在进入无过错责任领域后，也还可以进一步划分。例如，《民法典》第 181 条第 1 款规定："因正当防卫造成损害的，不承担民事责任。"根据该规定，即便是对于无过错责任，正当防卫也是免责的事由。但《民法典》第 1237 条规定："民用核设施或者运入运出核设施的核材料发生核事故造成他人损害的，民用核设施的营运单位应当承担侵权责任。但是，能够证明损害是因战争、武装冲突、暴乱等情形或者受害人故意造成的，不承担责任。"也就是说，对于核污染造成的损害，只有在前述特定事件发生的情况下，行为人才能免责。这显然是较一般无过错责任更为严格的责任，学界被称为绝对责任。有域外学者认为，侵权责任由五个严格程度不同的连续性区域组成。第一区为主观过错责任，第二区为客观过错责任，第三区为过错推定责任，第四区为软化的严格责任，第五区为最优严格性的责任，是真正的严格责任。①

人身权是最为重要的绝对性权利，在利益衡量上人身权的保护对于行为自由而言具有位阶上的优势。因此，对于一般侵权造成的人身损害，尽管仍然必须遵循过错责任原则，但在过错责任的内部层次划分中，应当对于行为人课以更高的注意义务。以英美法中的"蛋壳脑袋规则"为例。英国有法官认为："一个对他人犯有过失的人，不应计较其受害人的个人特质，尽管受害人的这种个人特质增加了他遭受损害的可能性和程度。对于一个因受害人头骨破裂而引起的损害赔偿请求，受害人的头骨的异常易于破裂不能成为抗辩的理由。"在一案中，本就极其容易伤感的原告，其神经状态因被告侵权进一步恶化，王

① 刘海安：《过错对无过错责任范围的影响——基于侵权法的思考》，法律出版社 2012 年版，第 56 页。

座法院认为像蛋壳一样脆弱的头盖骨和像蛋壳一样脆弱的性格并无本质区别，仍然以“侵权人应该解释受害人现状”的原则，排除了受害人精神特质对于侵权责任的影响。和英国法一脉相承的美国也采纳了蛋壳脑袋的规则，在《第二次侵权法重述》第461条规定：“存在过失的行为人应对他人所受的伤害承担责任，虽然该他人的一种行为人不知道也不应当知道的身体状况使得该伤害比行为人作为一个正常人应当预见到的作为其行为的一项可能后果的伤害更加严重”。在美国的一起案件中，被告（一名11岁男童）在教室里一脚踢向原告（一名14岁男童）的小腿。被告并不知道原告之前受过伤，这一脚恰好踢在了过去的受伤部位，造成了伤口严重感染，医生认为可能会带来不可逆转的终身损伤。此案经过审理，陪审团最终判令被告向原告赔偿2500美元，上诉法院维持了这一决定。在我国司法实践中，“蛋壳脑袋规则”也被司法实践中予以承认。在最高人民法院发布的24号指导案例“荣某英诉王某、某保险公司机动车交通事故责任纠纷案”中，法院认为，虽然荣某英年事已高，但其年老骨质疏松仅是事故造成后果的客观因素，并无法律上的因果关系。因此，受害人荣某英对于损害的发生或者扩大没有过错，不存在减轻或者免除加害人赔偿责任的法定情形。同时，机动车应当遵守文明行车、礼让行人的一般交通规则和社会公德。本案所涉事故发生在人行横道线上，正常行走的荣某英对将被机动车碰撞这一事件无法预见，而王某驾驶机动车在路经人行横道线时未依法减速慢行、避让行人，导致事故发生。因此，依法应当由机动车一方承担事故引发的全部赔偿责任。可见，对于人身损害赔偿中当事人的注意义务，应当较一般的过错责任更加严格。相对而言，如果是财产损害，则对当事人的注意义务要求可以更低。这是因为人与物在法益保护的衡量上不能等量齐观，应当有所区别。

二、人身损害赔偿的因果关系判断

（一）相当因果关系的一般理论

相当因果关系通常可以概括为“如无此行为必然不发生此种损害，有此行为则通常产生此种损害。”在德日民法中，前者被称为条件的因果关系，后者被称为相当的因果关系。而在英美法中，前者被称为事实上的因果关系，后者被称为法律上的因果关系。前者关注作为事实，被告过失是不是原告损失的原因，后者涉及的判断关注的是作为法律被告是否应对其事实上造成的损害承担责任。[1] 相当因果关系是由“条件关系”和“相当性”构成的，故在适用时应

① 叶金强：《相当因果关系理论的展开》，载《中国法学》2008年第1期。

区别两个阶段。第一个阶段是审究其条件上的因果关系，如为肯定，在第二个阶段认定该条件的相当性。

所谓条件，按照其反证规则，则是“若A不存在，B仍会发生，则A非B的条件”。德国学说称之为假设的消除程序，其功能在于排除与造成某种结果无关的事物，具有过滤的作用。例如，甲不法致乙死亡，乙父向甲请求赔偿其对乙支出的生前抚养费。但是，此种生前支出的抚养费，非“因”乙之死亡导致，应无因果关系。而乙父如向甲请求赔偿相应的丧葬费用，则该项费用是由乙之死亡所发生，故应认定二者存在因果关系。需要指出的是，在多数因果关系中，条件的适用则存在差异。例如，在聚合因果关系中，不适用“若无，则不”的规则。例如，甲、乙同时点燃油库致使油库爆炸，在此情况下，如果按照“如果甲（乙）不点火，油库仍会爆炸”的规则，那么甲、乙方均对损害的发生不承担责任，显然并不合理。因此，此时应当认定甲、乙的行为均是损害发生的条件。而在假设的因果关系中，情况又有所不同。在假设的因果关系中，某种损害已因A的加害行为发生，然而假如无此加害行为，损害的全部分或一部分亦将因另一原因事实发生。例如，甲驾车撞死乙，而医生证明乙罹患癌症，将于半年内死亡。此时亦不得适用“若无，则不”的规定，仍应认为甲的行为是乙死亡的原因。乙罹患癌症的事实，则可以作为损害的计算和认定之考量因素。

所谓相当性，按照反证规则，则是“有此行为通常不生此种损害”。例如，甲将春节准备燃放的鞭炮存放在屋后，因邻居乙修缮房屋埋设电线致使发生火灾造成丙的损害。因甲存放鞭炮的行为通常并不发生火灾之后果，故应认定甲的行为与乙的损害不具有因果关系。

因果关系作为侵权的构成要件，并非简单的客观事实的认定，必然包含价值判断的要素。因果关系中的价值判断体现在相当性中。即“有此行为通常不生此种损害”应当如何确定。学说理论一般认为，应当采用客观的判断标准，即依一般人的见识判断通常是否发生此种损害。由此，则因果关系与过错发生的关联。在前述“蛋壳头骨”案例中，如按照相当因果关系一般理论，由于受害人的体质特殊性超出一般人的预见能力，故而一般应认为因果关系不存在。即此时行为人对损害后果既是没有过错的，同时也缺乏因果关系。但基于人身权利法益保护的特殊性，加害人不得主张被害人患有严重心脏病、血友病、药物过敏等，而不负侵权责任。[①] 此时，因果关系的价值判断要素得到了充分的彰显。

（二）人身损害赔偿的因果关系阻断

因果关系阻断是指行为发生后，危害结果发生前，因其他因素介入而造成因果关系链条的断裂。一般而言，介入因素包括行为人的行为、被害人的行为、第三人的行为或自然事实等。当介入因素足以阻断因果关系时，则行为人只对介入原因之前的结果负责；介入原因引起的最后结果，与前因行为之间没有因果关系。在考虑介入因素时，通常应当考虑以下几个方面：首先，应当考虑原行为对结果的原因力。原行为不足以造成某一危害结果的，由介入因素单独或与原行为叠加导致某一结果的，存在介入因素阻断因果关系的可能性。其次，考虑介入因素的异常性大小，即介入因素发生的可能性的大小。异常的介入因素阻断因果关系的发生，通常的情况不影响因果关系的认定。当介入因素是被害人自身行为或自然事实时，判断通常性或异常性应当结合行为时的特定条件，危害行为已造成的损害对被害人行为自由的影响来考量，并且不能对被害人的注意义务做过分苛求。当介入因素是他人行为时，若他人未实施适当行为，如第三人未履行相应职责和义务、第三人或行为人实施不法侵害等，具有异常性，因为期待他人适当行为是社会生活的基础。

试举两例说明。在例一中，加害人驾车追尾造成连环事故，导致车辆起火燃烧，被害人下车后，又见火势猛烈，唯恐车身爆炸，遂将桥缝误认为安全岛跳下而致死。于此情形，被害人从桥上跳下固然是导致其死亡的根本原因。但在发生连环车祸且车辆起火的情况下，不能要求被害人能够作出更为理性的判断。被害人在情况危急之下慌乱作出错误选择不能视为加害人侵权行为的介入因素，故而加害人的行为与被害人的损害之间应当具有因果关系。在例二中，中学生甲、乙放学回家同行过程中因口角发生打闹，乙在打闹中处于下风而避入机动车道致被往来车辆撞成重伤。于此情形，甲的行为固然是乙受到损害的条件，但其危险程度并足以致甲作出进入机动车道的危险举动。因此甲的行为与乙的损害之间不具有因果关系。

在一般情况下，因果关系因介入因素而阻断，被阻断的乃是因果关系的相当性，而条件性仍然存在。在特殊侵权中，为了加强对受害人的保护，对于那些仅具有条件性而不具相当性的行为，仍然令其承担侵权责任。例如，《民法

---

① 王泽鉴：《侵权行为》，北京大学出版社2016年版，第25页。

典》第1233条规定："因第三人的过错污染环境、破坏生态的，被侵权人可以向侵权人请求赔偿，也可以向第三人请求赔偿。侵权人赔偿后，有权向第三人追偿。"例如，运送危险化学品的甲车在正常行驶过程中被乙车追尾致化学品泄漏污染环境造成损害。又如，油气企业的输油管道因他人破坏而造成原油泄漏污染周围农田等。从相当因果关系的理论分析，甲正常驾车运输车辆、企业正常铺设输油管道的行为通常并不会导致此类损害结果的发生。因此，甲的行为与损害结果不具有因果关系，不应承担责任。但基于环境侵权的特殊性，法律在此仍然规定甲应当向第三人承担不真正连带责任。事实上，如果进一步分析因果关系与过错之间的关系，就可以发现在无过错责任中不适用因果关系的相当性仍具有逻辑上的一致性。因为过错的成立是以课以行为人一定注意义务为前提，而因果关系的相当性判断亦需考量一般人的预见性。那么在无过错责任被适用时，就意味着当事人即使无法预见到损害后果的发生仍然需要承担责任。而无法预见到损害后果就等同于行为仅仅是结果的条件，两者之间没有相当性，亦无法成立因果关系。因此在逻辑上，无过错责任在否定过错这一构成要件的同时，还否定了因果关系中的相当性。

【拓展适用】

人身损害赔偿相关费用的计算标准

在原《侵权责任法》的基础上，《民法典》第1179条吸收了最高人民法院的司法解释，增加了"营养费""住院伙食补助"这两项赔偿项目。同时，为了与《残疾人保障法》的表述一致，将"残疾生活辅助具"修改为"辅助器具"。除条文所列举的一般费用外，对于因治疗支出的所有合理费用，都可以纳入一般赔偿范围。根据《人身损害赔偿司法解释》的规定，相关费用的计算标准如下：

（一）医疗费用的计算

医疗费应当根据医疗机构出具的医药费、住院费等收款凭证，结合病历和诊断证明等依法认定。赔偿义务人对治疗的必要性和合理性有异议的，应当承担相应举证责任。需要注意的是，对于尚未发生的费用，但根据医疗证明或者鉴定意见确定必然发生的，可以与已经发生的医疗费一并予以赔偿。

（二）误工费的计算

误工费应当根据受害人的误工时间和收入状况确定。误工时间根据受害人接受治疗的医疗机构出具的证明确定。受害人因伤致残持续误工的，误工时间可以计算至定残日前一天。受害人有固定收入的，误工费按实际减少的收入计算。受害人无固定收入的，按照其最近3年的平均收入计算；受害人不能举证证明其最近3年的平均收入状况的，可以参照受诉法院所在地相同或者相近行业上一年度职工的平均工资计算。

（三）关于护理费的计算

护理费根据护理人员的收入状况和人数、期限认定。护理人员有收入的，参照误工费的规定计算；护理人员没有收入或者雇用护工的，参照当地护工从事同等级别护理的劳务报酬标准计算。护工人员原则上为一人，但医疗机构或者鉴定机构有明确意见的，可以参照护理人员人数。护理期限应计算至受害人恢复生活自理能力时止。受害人因残疾不能恢复自理能力的，可以根据年龄、健康状况等因素确定合理护理期限，但最长不超过20年。受害人定残后的护理，应当根据其护理程度并结合配置残疾辅助器具的情况确定护理级别。

（四）关于交通费的计算问题

交通费根据受害人及其必要陪护人员因就医或者转院治疗实际发生的费用计算。交通费应当以正式票据为凭；有关凭据应当与就医地点、时间、人数和次数相符合。

（五）关于其他费用的计算问题

住院伙食补助可以参照当地国家机关一般工作人员出差伙食补助标准予以确定。受害人确有必要到外地治疗，因客观原因不能住院，受害人本人及其陪护人员实际发生的住宿费和伙食费，其合理部分应予赔偿。营养费根据受害人伤残情况参照医疗机构的意见确定。

【典型案例一】

陈某容、陈某荣、陈甲诉陈乙、吴某平、李某国、周某勇生命权纠纷案

原告：陈某容。

原告：陈某荣。

原告：陈甲。

被告：陈乙。

被告：吴某平。

被告：李某国。

被告：周某勇。

〔基本案情〕

原告陈某容系陈丙的妻子，原告陈某荣系陈丙的父亲，原告陈甲系陈丙的女儿。

被告陈乙因案外人刘甲（陈丙的前妻）未归还借款曾于2013年10月8日将刘甲和陈丙诉诸重庆市渝北区人民法院，重庆市渝北区人民法院审理后作出（2013）渝北法民初字第15888号民事判决书，判令刘甲和陈丙共同偿还陈乙的借款本金470000元及利息。判决生效后，陈乙申请执行，后陈乙与刘甲在重庆市渝北区人民法院主持下达成执行和解，主要约定刘甲在2014年12月31日前支付陈乙30000元，以后每月支付5000元。若刘甲逾期不履行则恢复执行。陈乙如果发现陈丙有可供执行的财产，随时要求陈丙执行。此后，陈乙未见过陈丙，债权尚未实现。

直到2017年9月27日晚，陈乙与被告周某勇等人在回兴街道的365KTV消费。其间，周某勇电话邀请被告李某国来喝酒。到2017年9月28日凌晨左右，陈乙在前台发现陈丙等人在结账，陈乙遂上前要求陈丙还款。陈丙称不欠陈乙款。陈乙便一边抓着陈丙的胳膊一边拨打电话联系其丈夫即被告吴某平。周某勇则报了警。随后吴某平携带前述案件相关材料来到365KTV，李某国恰好也来到了365KTV。其间，陈乙电话联系之前执行案件的承办人未果。陈丙和陈乙等人同意到附近的回兴派出所解决。于是，陈乙、吴某平、李某国、周某勇、陈丙及其朋友万某华等人一起来到回兴派出所向工作人员说明情况。工作人员称双方的经济纠纷应通过司法途径解决。双方便商定等到天亮一同到重庆市渝北区人民法院解决。

之后，陈乙、周某勇先后离开，剩下吴某平、李某国、陈丙和万某华在派出所。随后万某华也离开了。在等待天亮过程中，陈丙两次到旁边的重庆芳华医院上卫生间。吴某平和李某国则跟随陈丙一起，并在卫生间外等候。2017年9月28日早上5点左右，陈丙给陈某容发信息称其在回兴派出所以及等天亮后去法院解决刘甲债务的事情，并让陈某容去找他拿钥匙将卡里的钱取出。早上五点半左右，陈丙第三次到重庆芳华医院的卫生间。吴某平和李某国在外等候但是一直未见陈丙出来，二人便开始寻找陈丙。最后，二人在该卫生间窗户墙侧的楼下马路上发现陈丙躺在地上，二人便联系了民警，民警联系了医护人员。医护人员赶到后将陈丙送至医院抢救。陈丙经抢救无效死亡，为此，原告支付医疗费70165.40元。

〔一审裁判理由与结果〕

一审法院认为：重庆市渝北区人民法院一审认为：

原告主张被告限制了陈丙的人身自由并造成其精神压力和痛苦，以致陈丙在摆脱被告的过程中从楼上坠落。被告则否认限制陈丙的人身自由或造成其精神压力，这是双方诉讼的争议焦点。

公民的债权可以通过公力救济和自力救济两种途径实现，陈乙的债权经过人民法院判决和执行均未得到实际清偿。2017年9月27日晚，陈乙无意间遇到了债务人陈丙，其及时拨打报警电话向执行法官寻求公力救济，并拉住陈丙胳膊要求其偿还债务。陈乙的上述行为没有超过合理限度，不属于侵权行为。

从事发地的监控视频和相关人员的询问笔录看，从陈乙发现陈丙到吴某平携带债权的相关证明文件到场，到陈乙等人拨打报警电话和执行法官电话，再到双方一同来到回兴派出所解决债务问题，最后到吴某平、李某国和陈丙一同等待天亮到重庆市渝北区人民法院解决债务纠纷，双方未发生过肢体冲突，陈丙可以自由活动和收发手机信息，可见，该过程不存在侵权行为。

尽管陈丙上卫生间的时候，吴某平和李某国在卫生间外楼道等待，但是吴某平和李某国的主观目的是要保证天亮后双方均能够到达法院以便解决债务问题，并非以此方式获得非法利益。因此，吴某平和李某国主观上没有侵害陈丙人身利益的故意或者过失。在客观上，死者陈丙在人民法院判决后并没有主动履行债务的意愿和行为，遇到陈乙时甚至否认债务，且人民法院和公安部门在当时无法即时解决债务纠纷，在此情况下，吴某平、李某国跟随陈丙到卫生间并在楼道等候以保证天亮到人民法院解决债务纠纷，该行为并未超过自力救济的合理限度，不属于侵权行为。

对于原告诉称被告行为给陈丙造成了精神上的压力和痛苦的主张，重庆市渝北区人民法院认为，陈丙和吴某平、李某国所处的特定环境为回兴派出所，旁边有工作人员值班，且被告等人从365KTV到双方坐在派出所等待天亮的整个过程中均没有过肢体冲突行为，被告的目的已经明确表达即天亮后一同到人民法院解决债务问题。因此，陈丙的人身安全没有受到实际侵害。同时，吴某平等的主观目的是天亮到人民法院解决债务纠纷，可见，陈丙也没有受到足以危害其人身安全的威胁，故重庆市渝北区人民法院对原告的该主张不予支持。综上所述，被告吴某平、李某国没有侵害陈丙的行为，不应承担侵权责任。被告陈乙和周某勇先行离开回兴派出所且均无侵权行为，不应承担责任。陈丙在没有受到人身安全威胁的情况下，利用上卫生间的时机，明知危险还翻出卫生间窗户离开现场，进而不慎坠地造成颅脑损伤并经抢救无效死亡，自己过错明显，应自行承担责任。

据此，一审法院依照《中华人民共和国侵权责任法》第六条，《中华人民共和国民事诉讼法》第六十四条、第一百四十四条之规定，于2018年2月5日作出判决：

驳回原告陈某容、陈某荣、陈甲的全部诉讼请求。

陈某容、陈某荣、陈甲不服一审判决，提起上诉称：1. 四被上诉人非法追债，明显超过自力救济的合理程度，应当定性为侵权行为。公安机关调查笔录和监控视频显示，四被上诉人在一定程度上限制了陈丙的活动空间，变相限制了陈丙的人身自由，系非法追债且明显超过自力救济的合理程度。原审法院单纯以未发生肢体冲突来界定陈丙可以自由活动，又以四被上诉人单方陈述的主观目的来认定不存在侵权行为，这是对被上诉人行为定性错误，适用法律明显不当。2. 四被上诉人对陈丙的死亡结果有过错，并且过错行为与陈丙因躲债而坠楼死亡的后果存在一定的因果关系。四被上诉人在一定程度上限制了陈丙的人身自由，表现在采用敲打、扭送等方式促使其前往派出所、不让其自行离开等。由于四被上诉人长时间限制陈丙的活动空间，导致陈丙想摆脱控制而坠楼死亡，因此，陈丙坠楼死亡的后果与四被上诉人非法追债的行为存在一定的因果关系，符合《中华人民共和国侵权责任法》第六条规定的情形。故原审判决事实认定错误，适用法律错误，请求二审法院撤销原判，并依法改判被上诉人支付上诉人医疗费、死亡赔偿金、丧葬费、住院伙食补助费、被扶养人生活费、营养费、交通费、精神损害抚慰金共523329.34元；判令被上诉人承担一、二审诉讼费用。

被上诉人陈乙、吴某平辩称：1. 被上诉人主张债权的行为方式完全合法，没有超出法律规定的限度。被上诉人严格按照执行法官告知的内容和法律的规定行事，从报警备案、联系法官再到一同去派出所解决，这一系列行为均未违反法律的禁止性规定，是合法主张债权，属行使法律规定的自力救济的范畴。2. 被上诉人没有侵害陈丙人身权的主观故意。事发时吴某平一直在走廊，并未进入过卫生间，其仅有合法实现债权这一目的，没有侵犯陈丙人身安全的主观故意。3. 被上诉人没有实施任何侵权行为。被上诉人与陈丙没有任何肢体接触，整个交涉过程双方均和平友善，言语友好，被上诉人从未对陈丙进行精神胁迫，且事发地点在派出所，不存在上诉人诉称的威胁、胁迫等事实。被上诉人并未限制陈丙的人身自由，客观上陈丙的行动都是自由的。4. 陈乙在事发时早已离开，其对整个事件的发生不知情，起诉陈乙无任何事实依据。综上，上诉人的上诉请求不能成立，请求二审法院维持原判。

被上诉人李某国辩称：一审判决认定事实正确，其没有任何责任。其只是陪同到派出所，中途在派出所的凳子上睡觉。

被上诉人周某勇辩称：一审判决认定事实正确，其没有任何责任。其与陈丙没有任何肢体接触，只是中途拨打了报警电话，也没有限制陈丙的人身自由，到派出所后也提前离开，上诉人起诉周某勇属于恶意诉讼。

二审确认了一审查明的事实。

本案的争议焦点是：被上诉人陈乙等人的行为是否构成侵权并承担赔偿责任。

二审认为：

本案属于一般侵权案件。根据《中华人民共和国侵权责任法》的规定，一般侵权行为构成要素包括加害行为、过错、损害事实、加害行为与损害事实之间的因果关系，同时符合前述四要素的情况下，行为人应当承担侵权责任。

从已查明的事实来看，被上诉人陈乙等人的行为并没有违反法律规定。陈乙与陈丙之间的债权债务关系已经由生效判决确认，陈乙向重庆市渝北区人民法院申请执行后，陈丙一直未履行法定义务。时隔几年后，陈乙与陈丙偶然相遇，为保障债权实现，预防陈丙再次隐匿，债权人陈乙扭住陈丙，同时拨打电话寻求帮助，同行的周某勇则拨打报警电话，吴某平和李某国在派出所期间时刻关注陈丙，在陈丙上卫生间过程中，予以跟随和在卫生间外面守候，但均未与陈丙发生过肢体冲突。且所有行为的目的是让多年未履行还款义务又难觅踪影的债务人陈丙履行还款义务，并没有侵害陈丙合法权益的目的和动机。从陈丙在派出所等候期间发给陈某容的短信可以看出，陈丙确已与陈乙等人达成了等到天亮后去法院解决纠纷的共识。并且派出所及旁边的重庆芳华医院均一直有人值班，若陈丙认为自己的人身自由受到限制或身体、精神受到伤害或威胁，完全可以第一时间寻求保护和帮助。本案中没有证据表明陈丙有寻求保护和帮助的行为，也没有证据证明陈丙遭受到吴某平、李某国的侵害。故，重庆市第一中级人民法院认为被上诉人在本案中并不存在超出法律规范的、产生直接侵犯他人身体、导致本案后果发生的加害行为。

在整个事件过程中，被上诉人陈乙等人的行为并不存在过错，既无故意也无过失。陈乙一方的目的是明确的，为实现其合法债权，一方面，拨打报警电话、致电执行法官、一起到派出所说明情况；另一方面，在派出所等候期间，密切关注陈丙的动向，甚至连陈丙上卫生间也予以跟随、守候，以确保天亮后一同去法院解决案件执行问题。陈丙最终从卫生间跳窗的事实表明了前述行为确有必要。在整个过程中，被上诉人均无侵害陈丙生命权的故意或过失，亦无法预料到陈丙的死亡结果。故，重庆市第一中级人民法院认为，在债务人多年未履行法定义务，债权一直无法得以实现的情况下，陈乙一方采取了避免债务人再次隐匿的措施，属于保护自身合法权益的正当行为，并未超出法定的限度，并无过错。

被上诉人陈乙等人的行为既不具有违法性，又不存在过错，与陈丙的死亡结果也并无因果关系。陈丙作为一名成年人，对跳窗可能带来的损害后果应有足够的认知，而且，正如前面分析所言，就算是其人身安全真的受到威胁，完全可以寻求正当保护，并对自己人身安全可能受到的威胁所致的损害与跳窗可能带来的损害之间亦应有所比较和判断。重庆市第一中级人民法院认为，被上诉人的前述行为并不必然导致陈丙跳窗死亡，本案陈丙的死亡结果与被上诉人的行为之间并不存在因果关系。

综上，上诉人陈某容、陈某荣、陈甲的上诉请求不能成立，应予驳回；一审判决认定事实清楚，适用法律正确，应予维持。据此，重庆市第一中级人民法院依照《中华人民共和国民事诉讼法》第一百七十条第一款第（一）项的规定，于2018年5月16日作出判决：

驳回上诉，维持原判。

【典型案例二】

荣某英诉王某、某保险公司机动车交通事故责任纠纷案①

---

① 同本书规则1案例内容。

第四章 无意思联络数人侵权责任

规则 7：旅游合同纠纷案件中构成无意思联络的数人侵权的，侵权行为人应各自承担相应的赔偿责任

——吴某、张某、吴甲诉甲旅行社、乙旅行社人身损害赔偿纠纷案①

【裁判规则】

旅游服务机构及其导游对自然风险的防患意识应当高于游客，且负有保障游客安全的责任，应以游客安全为第一宗旨，依诚实信用原则并结合当时的具体情况对是否调整行程作出正确判断。导游不顾客观存在的危险，坚持带游客冒险游玩，致游客身处险境，并实际导致损害结果发生的，其所属的旅游服务机构应当承担相应的民事责任；游客遇险或者受到伤害后，相关旅游服务机构应当尽最大努力及时给予救助，旅游服务机构未尽到救助义务，导致损害结果扩大的，应当承担相应的民事责任；根据最高人民法院原《人身损害赔偿司法解释》第 3 条第 2 款的规定，② 二人以上没有共同故意或者共同过失，但其分别实施的数个行为间接结合发生同一损害后果的，应当根据过失大小或者原因力比例各自承担相应的赔偿责任。

【规则理解】

一、无意思联络数人侵权的内涵及法律规定

（一）无意思联络数人侵权的概念

对于无意思联络数人侵权存在不同的观点。有观点认为，无意思联络数人侵权，是指数个行为人之间并无事先的共同过错，而仅仅只是因为数人行为之间的偶然结合，最终导致了同一受害人遭受到了同一损害③。也有观点认为，

---

① 《中华人民共和国最高人民法院公报》2006 年第 6 期。

② 该条规定在《人身损害赔偿司法解释》2022 年修订时已删除。

③ 王利明：《中国侵权责任法教程》，人民法院出版社 2010 年版，第 394 页。

所谓无意思联络的数人侵权，又可以将其称之为无过错联系的共同致害行为，指的是数个行为人事先既没有共同的意思联络（没有共同的过错），同时也不存在共同的过失，只是由于各个行为的客观关联，从而共同造成或者是导致了同一个损害结果的一种加害行为[①]。还有观点认为，所谓无意思联络的数人侵权，是指数个行为人之间不存在共同的过错，却导致了他人权利损害的侵权行为[②]。笔者认为，无意思联络数人侵权是各侵权人在主观上没有共同的故意或过失，但客观行为偶然性地结合导致损害结果发生的侵权行为。

（二）无意思联络数人侵权的法律规定

原《人身损害赔偿司法解释》第3条规定："二人以上共同故意或者共同过失致人损害，或者虽无共同故意、共同过失，但其侵害行为直接结合发生同一损害后果的，构成共同侵权，应当依照民法通则第一百三十条规定承担连带责任。二人以上没有共同故意或者共同过失，但其分别实施的数个行为间接结合发生同一损害后果的，应当根据过失大小或者原因力比例各自承担相应的赔偿责任。"上述规定将无意思联络数人侵权区分为"直接结合"与"间接结合"两种方式，规定无意思联络数人侵权构成"直接结合"应视为共同侵权，而令各侵权人对损害后果承担连带责任；构成"间接结合"则各侵权人承担按份责任。《民法典》第1171条规定："二人以上分别实施侵权行为造成同一损害，每个人的侵权行为都足以造成全部损害的，行为人承担连带责任。"该法第1172条规定："二人以上分别实施侵权行为造成同一损害，能够确定责任大小的，各自承担相应的责任；难以确定责任大小的，平均承担赔偿责任。"上述规定虽然没有采用无意思联络数人侵权的表述，但从内容上看无疑是对无意思联络数人侵权的规定，则以"聚合因果关系"和"累积因果关系"区分无意思联络数人侵权，前者各侵权人承担连带责任，后者承担按份责任或平均责任。

二、无意思联络数人侵权的构成要件

侵权行为的构成要件，是指侵害人或者对损害负有赔偿义务的人承担责任的必要条件。[③] 当一个侵权损害事实发生后，不能仅仅根据损害结果的发生而对行为人简单地进行归责，应当依据一定的行为标准和条件来对行为人的责任

① 杨立新：《侵权责任法》，法律出版社2010年版，第107页。

② 最高人民法院民事审判第一庭编著：《最高人民法院人身损害赔偿司法解释的理解与适用》，人民法院出版社2004年版，第60页。

③ 王利明：《侵权行为法归责原则研究》，中国政法大学出版社2004年版，第456页。

是否成立加以判断和辨别。[①] 无意思联络数人侵权应具备以下构成要件：

(一) 侵权行为人为两人或两人以上

在无意思联络数人侵权的情形中，一定存在两个或两个以上的侵权行为人。他们分别实施的侵权行为偶然性地结合在一起导致损害结果的发生，但每个单独的侵权行为本身又并不必然造成受害人的损害。例如，甲骑自行车为躲避逆行驾驶机动车的乙而落入路边丙违规施工挖的深坑中导致受伤。如果没有丙违规施工的行为，甲无疑能顺利躲开乙而不会受伤；而如果没有乙违章驾驶，甲也不致因躲避而落入坑中受伤。只有当乙和丙的违法行为结合在一起，才导致了损害结果的发生。

(二) 行为人主观上无共同的过错

过错是侵权责任的基本构成要件，过错责任原则是侵权责任的一般归责原则。无意思联络数人侵权中，各行为人在主观上对损害的发生通常是有过错的。但由于不存在意思联络，因此，他们之间并没有共同的故意和过失。例如，乙将误信的谣言传给丙，丙又误信后向多人传播导致对甲的名誉造成了重大损害。乙和丙的行为即应当视为共同过失侵权行为而非无意思联络的数人侵权。

(三) 侵害行为互相结合造成同一损害结果

倘若造成的是不同的损害，则各侵权行为人分别成立独立的侵权行为，应当各自承担侵权责任。例如，乙、丙互不相识但都与甲素有积怨，一日乙借故对甲实施殴打行为，而丙恰好路过发现有机可乘遂将甲车胎扎爆。此时乙应当对甲的人身损害承担赔偿责任，而丙则应当对甲的财产损害承担赔偿责任，两者不发生共同侵权行为。

有观点认为，损害结果是否同一，可以从分析受害人的主体同一性、受损害权利的性质是否同一，或者相似、损害后果在事实上或者法律上是否可分或者具有独立的意义等方面进行考察。[②] 还有观点认为，所谓同一损害结果，可以分为以下三种情形：1. 事实上可分，法律上不可分。例如，乙、丙同时对甲实施殴打行为，导致甲身体多处受伤，但不能区分乙、丙分别击打的部分。2. 事实上不可分，法律上不可分。例如，乙、丙同时对甲实施殴打行为，致使甲左眼失明。3. 事实上可分，法律上也可分。例如，乙、丙同时对甲实施殴打，

---

① 王利明：《侵权行为法归责原则研究》，中国政法大学出版社 2004 年版，第 456 页。

② 最高人民法院民事审判第一庭编著：《最高人民法院人身损害赔偿司法解释的理解与适用》，人民法院出版社 2004 年版，第 56 页。

其中乙用刀将丙面部划伤，而丙持砖块将甲打成脑震荡。其中，前两种情形乙、丙可以成立无意思联络数人侵权，而第三种情形乙、丙则各自独立构成侵权。因此，在认定“同一损害结果”时，应当以法律上是否可分作为标准。即使损害结果事实上可分，只要法律上不可分，即不能分清数侵权人与损害结果之间的因果关系，则依然可以成立同一损害结果。

（四）侵害行为与损害结果之间有因果关系

侵权行为法上研究的因果关系，是加害行为与损害后果之间的因果关系，其目的是解决承担民事责任的客观基础。[①] 因果关系是一切侵权形态的构成要件，无意思联络数人侵权的构成要件自然也应当包括因果关系。同时，由于无意思联络数人侵权表现为“多因一果”的复数因果关系形态，其中各行为人的行为与损害后果之间对应的因果关系的确定还影响着各行为人具体的责任分担。

关于因果关系的认定，一般应以相当因果关系说为标准。所谓相当因果关系，是指行为在实质上增加了损害发生的客观可能性，损害后果在同等条件下可能会重复出现时，行为人即应承担赔偿责任。相当因果关系可以归纳为以下两点：第一，事件通常可以引发所发生的损害后果或者至少严重提高了出现后果的可能性；第二，依据某些条件性质，如果只有将该条件与某些特殊的非正常的情况联系在一起才能引发损害后果，则该条件可以被排除在损害后果原因之外。依据相当因果关系理论，原因是否与后果相当，关键在于原因是否表现为通常形态，而不是特殊性质的、不可能的、依据事情正常发展不予考虑的。[②] 相当因果关系说在某种程度上是常识的判断，其所涉及的非纯系科学或然率或者价值中立的逻辑推理，实乃归责问题，即决定如何将发生的损害归由侵害人负担之法的判断。[③] 它不要求受害人对因果关系的证明达到如同科学那样精确，即使受害人没有达到此种地步，也不妨碍法官根据一定的法律上的价值判断来确定因果关系的存在。这种做法减轻了受害人在因果关系方面的举证责任，同时赋予了法官一定的自由裁量权，使得法官能够根据案件的具体情况、法律规定、经验、常识等进行调整。[④] 例如，甲在公车上与乙因抢座位发生争吵，乙因过于激动致心脏病发作猝死。根据相当因果关系理论，甲、乙的争吵并不是

---

① 李开国、张玉敏：《中国民法学》，法律出版社2003年版，第689页。

② 张新宝：《侵权责任构成要件研究》，法律出版社2007年版，第307页。

③ 王泽鉴：《侵权行为法》（第一册），中国政法大学出版社2001年版，第226页。

④ 王利明：《侵权行为法归责原则研究》，中国政法大学出版社2004年版，第528~529页。

导致乙死亡的直接、主要原因，因此甲无须对乙的死亡承担全部责任。

三、无意思联络数人侵权责任的理解

（一）行为竞合与原因竞合的理解

原《人身损害赔偿司法解释》第3条以各侵权行为“直接结合”和“间接结合”为标准，对无意思联络数人侵权责任的责任承担进行了区分，规定前者数侵权人承担连带责任，后者则由数侵权人各自承担按份责任。关于何为“直接结合”，何为“间接结合”，该解释则未作出明确规定。

有观点认为，所谓“直接结合”，又称为“行为竞合”，可以从以下三个方面来进行判断：第一，须各行为人的行为均为积极的加害行为。第二，须原因力同一，且同为直接因果关系。换言之，即各行为人的行为相互结合为损害结果不可区分的共同原因。第三，须损害结果不可分，即损害结果具有同一性。

而所谓“间接结合”，又称为“原因竞合”，其判断标准如下：第一，数行为作为损害结果发生的原因通常不具有时空同一性，而是表现为“相互继起，各自独立，但互为中介”；第二，数行为分别构成损害结果的直接原因和间接原因。第三，行为人主观上非属故意侵权或犯罪。①

“直接结合”与“间接结合”的区分，主要依据是各侵权行为结合的紧密程度。所谓的“直接结合”指的是数个行为相互之间结合的程度非常密切，而对于加害所导致的后果，数行为各自的加害部分与原因力已无法加以区分。② 虽然这种无意思联络数人的行为相互之间直接结合的方式具有一定的偶然因素，但是因为紧密程度使该数个行为相互凝结成为一个共同的加害行为，并最终共同对受害人造成了损害。此处之所以认定直接结合，是基于数个行为的结合方式和程度以及各行为后果在受害人的损害后果中是无法区分的。例如，在数人过失违章驾驶而相撞导致他人损害的案件中，该数个侵权行为的结合对受害人的损害而言是必然的，而这种行为的竞合具有非常强的关联共同性。③

而所谓“间接结合”，指的是数行为中的某一行为只是为另一行为导致损

① 最高人民法院侵权责任法研究小组编著：《〈中华人民共和国侵权责任法〉条文理解与适用》，人民法院出版社2010年版，第97页。

② 最高人民法院民事审判第一庭编著：《最高人民法院人身损害赔偿司法解释的理解与适用》，人民法院出版社2004年版，第63页。

③ 最高人民法院民事审判第一庭编著：《最高人民法院人身损害赔偿司法解释的理解与适用》，人民法院出版社2004年版，第63页。

害结果的发生创造了条件，而该行为本身并不会直接导致损害结果的发生。对于“间接结合”而言，不仅数个侵权行为的结合具有相当偶然性，而且这些行为的存在对于损害结果而言，也存在明显的主次之分。例如，乙驾车不小心撞伤路人甲后逃逸，不久后丙路过相同路段因未看清路面情况又从甲身上碾过，最终导致了甲的死亡；乙与丙的侵权行为发生的时间不同，对造成甲死亡后果的原因力大小不同，且两者结合具有较强的偶然性，构成了“间接结合”。

尽管原《人身损害赔偿司法解释》通过“直接结合”与“间接结合”的规定在理论上和实践上对无意思联络数人侵权进行了类型化研究，并据此确立了侵权行为人不同的责任形式，但不得不承认，这一规定还是过于抽象，无法确立具体的判断标准。究其原因，在于无论是“直接结合”还是“间接结合”都具有偶合性的根本特征，仅仅以结合程度的紧密性，数侵权人是否为积极加害等标准并不足以对两者作出泾渭分明的划分，司法实践中的可操作性不强。同时，连带责任与按份责任是两种截然不同的责任类型，适用何种责任类型对侵权行为人和受害人的权利义务具有重大影响。因此，审判人员在审理案件中对“直接结合”和“间接结合”的认识一旦发生误差，必然会对一方当事人的权利造成损害，也容易产生“同案不同判”的不良结果。还有批评者认为，原《人身损害赔偿司法解释》第3条把“直接结合”的无意思联络数人侵权划为共同侵权行为，而把“间接结合”归入多因一果的侵权行为，不仅破坏了传统的共同侵权行为制度，而且人为地撕裂了无意思联络数人侵权体系的完整性，从而造成侵权法体系上的混乱。

（二）按份责任与平均责任的理解

《民法典》规定了无意思联络数人侵权应以按份责任为原则，以平均责任为例外。而连带责任只适用于每个侵权行为都足以造成全部损害的情形。

1. 数侵权行为造成同一损害，且每个侵权行为都足以造成全部损害结果发生的，各侵权人承担连带责任。例如，乙工厂向河中排污，丙工厂也向河中排污，污水流入甲经营的鱼塘导致鱼苗全部死亡。乙、丙排出的污染物均足以单独导致全部损害结果的发生。此时，认定乙和丙承担连带责任并不违反责任与过错相一致的原则，且有利于维护受害人甲的权利。

在现实中，当面对纷繁复杂的具体案件时，判断各侵权行为人的行为是否足以造成全部损害结果有时是存在一定困难的。这就需要审判人员运用生活常识、社会经验和科学知识进行合理地推定。例如，互不相识的乙、丙分别持秤砣和铁锹对甲实施殴打后致甲脑部受创死亡。根据一般生活常识，使用秤砣和铁锹击打他人头部均可致人死亡，可以据此推定乙、丙的行为均足以造成甲的死亡，二人应当承担连带责任。但假如乙是赤手空拳，就可能还需要结合其年龄、身体状况等因素综合认定。若乙已年过花甲，身体虚弱，其殴打行为就未必足以造成甲的死亡。若乙习武出生，身强力壮，情况则又有所不同。总而言之，审判人员在作出推定时，应当符合常识、常理、常情。

2. 数侵权行为造成同一损害，能够确定责任大小的，各自承担相应责任；难以确定责任大小的，平均承担赔偿责任。与捉摸不定的“直接结合”“间接结合”相比，责任大小无疑是更加容易确定的标准。具体而言，责任的大小应当结合过错与原因力一并考量。例如，药剂师因疏忽将处方药物错发，护士输液时未予核对，致输入液体造成患者健康受损。本案中原因力大小无法认定，但药剂师违反专业上高度注意义务，构成重大过失。而护士违反的仅是一般工作规程，构成一般过失。两者相较，药剂师应当承担主要责任，护士承担次要责任。又如，两人因琐事争吵互殴并在混乱中将劝架者打伤，因各侵权人过错程度相同，故应当根据原因力确定责任承担，由造成伤害更重者承担更大的责任。

既然存在原因力与过错两项判断标准，在实际情况中就可能存在两者冲突的问题。在原因力和过错的比较中，究竟何者应为优先考量的因素始终存在不同的观点。例如，乙将二层小楼建在靠近高压电线下方，幼童丙爬上屋顶玩耍不慎触电身亡。从原因力来看，丙的死亡是因触电导致，而屋主乙的行为只是间接促使了危害结果的发生。但从过错来看，电力部门架设电线并无过错，其承担的是高度危险作业的严格责任。而屋主乙明知地面上方有高压电线，却在建房时未注意控制高度导致损害结果的发生，具有重大过错。在此情形下，如何分配责任？笔者认为，过错在内体现为故意或过失心理，在外体现为违法行为，是侵权行为人承担责任的基础。而原因力只是对导致损害结果客观原因的分析判断，并不包含对侵权行为人可罚性的评价。例如，两车发生碰撞，一车闯红灯但行驶缓慢，另一车系正常行驶但车速较快。从原因力来看，正常行驶一方速度更快，是导致损害结果发生的主要原因，但由于其没有过错而不应当承担责任。相反，闯红灯一方尽管车速较慢，但过错明显，应当承担全部责任。又如，两家企业同时排污造成损害，其中一家企业在许可范围内排放但排放量大，而另一家超出许可排放但排放量小。在两者分担责任时，应当认定违法排放者承担主要责任。因此，在原因力与过错发生冲突时，应当以过错为基础，同时结合原因力对责任进行合理分配。具体可以按照如下步骤进行：首先，考察各侵权行为人过错程度，由过错程度较大一方承担主要责任。其次，分析各侵权行为对损害结果发生的原因力比例，如过错程度较大一方对损害结果发生的原因力比例高，则其应当在主要责任的范围内承担较重的责任。反之，则应当在主要责任的范围内承担较轻的责任。例如，在二人无意思联络侵权案件中，经审理认为一方过错程度较大，可以初步确定其承担50%以上的责任。通过进一步考察，发现其侵权行为还是导致损害结果发生的主要原因，可以酌情判令其承担80%的责任。而如果其行为仅是损害结果发生的次要原因，则可以酌情判令其承担60%的责任。

在实践中，还有一些无意思联络数人侵权，由于证据灭失，科技手段落后，现场情况复杂等因素，无法确定各侵权人的过错程度和原因力比例。此时，法律推定各侵权行为人对损害结果的发生负同等的过错及同等的原因力，各侵权人平均承担责任。

【拓展适用】

一、共同过失的理解与认定

根据《民法典》的规定，多数人侵权被区分为狭义共同侵权、共同危险行为、教唆帮助行为以及无意思联络数人侵权。前三种情形责任承担的方式以连带责任为原则，而后者则以按份责任为原则。其中的区别，在于各侵权人之间是否有共同的故意和过失。《德国民法典》第830条第1款第1句规定："数人因共同侵权行为加损害于他人者，各自对损害负赔偿责任。"根据德国法院的判例及权威学说，这里的"共同"就是指"共同的故意"，也称"共谋"，即多个行为人存在意思联络，他们都明知且欲追求损害结果的发生。

与共同的故意不同，共同的过失似乎是一个伪命题。过失是指行为人疏忽大意或过于自信的主观心理态度。在过失的心态下，侵权行为的发生本身就发生在行为人意料之外，又何来意思联络，何来共同一说？对此，有学者认为，共同过失中的"共同"包含两种情况：一是各行为人对其行为所造成的共同损害后果应该预见或认识，而因为疏忽大意和不注意致使损害结果发生。二是数人共同实施某种行为造成他人的损害，不能确定行为人对损害结果的发生具有共同故意，但可根据案件的情况，认定行为人具有共同的过失。[①] 还有学者认为，在共同的生产、经营和其他社会生活中，人们相互间协作、联系和影响的

---

① 王利明：《侵权行为法研究》，中国政法大学出版社1992年版，第290页。

机会日益增加，产生出大量的共同行为。由这些共同行为，又产生出许多共同的注意义务。基于这种共同注意义务，就引申出共同过失的概念。共同过失，无论是共同疏忽还是共同懈怠，都属于消极的共同行为状态，从而由这种共同行为状态造成损害后果，这就是基于过失的共同侵权行为。[①] 这一观点较为精辟地揭示了共同过失的本质。笔者认为，共同过失应当包含以下要件：一是各行为人从事的是共同的行为。二是各行为人对该行为有共同的认识。三是各行为人违反了共同的注意义务。四是各行为人的侵权行为直接造成了损害结果的发生。凡不符合上述特征的，均不属于共同过失，而应构成无意思联络数人侵权或其他侵权行为。例如，甲、乙二人不听从工作人员劝阻，未使用超市提供的购物车，而将平板车推入超市购物，后在乘坐扶梯的过程中因货物过重无法控制导致平板车高速滑落将他人撞伤。此时，甲、乙二人违反了共同的注意义务，符合共同过失的特征，构成共同侵权。而超市允许甲、乙将非购物车推入购物，亦存在一定过错。然而，超市违反的是对消费者人身安全的保障义务，其过错行为并不直接造成损害结果的发生，与甲、乙的行为不构成共同过失，而应当承担补充责任。又如，上文药剂师拿错药，护士未予查看致病人人身损害案例中，护士与药剂师违反的注意义务并不相同，故两者亦不构成共同过失，而构成无意思联络数人侵权。

二、无意思联络数人侵权与违反安全保障义务侵权的区分

所谓安全保障义务，是指从事住宿、餐饮、娱乐、金融等经营活动以及其他社会活动的自然人、法人、其他组织所负有的在合理限度范围内照顾、保护顾客或活动者的人身与财产安全的义务。[②] 与无意思联络数人侵权相同之处在于，违反安全保障义务侵权有时会存在数个侵权行为人，且侵权行为人相互之间没有意思联络。但两者亦存在显著差别。第一，从加害主体分析，违反安全保障义务侵权存在只有一个侵权行为人的情形。例如，宾馆浴室地砖不防滑导致客人摔伤。而无意思联络数人侵权必然存在两个以上侵权行为人。第二，从主观过错分析，违反安全保障义务侵权一般只能是过失，无意思联络数人侵权既可以是故意也可以是过失。第三，从加害行为分析，违反安全保障义务的加害行为一般是以不作为的形式出现，而无意思联络数人侵权既包括积极加害的

① 王卫国：《过错责任原则：第三次勃兴》，中国法制出版社2000年版，第273页。

② 王利明：《中国民法典学者建议稿及立法理由·侵权行为编》，法律出版社2005年版，第62页。

作为，也包括不作为。第四，从行为与结果的因果关系分析，违反安全保障义务的加害行为不能直接导致损害结果的发生，而无意思联络数人侵权的数个加害行为均直接作用于受害人，是损害结果发生的直接原因。第五，从责任形式上。违反安全保障义务侵权的责任主体承担的是相应的补充责任，而无意思联络数人侵权各侵权行为人则按照不同情况，承担连带责任、按份责任或平均责任。

三、无意思联络数人侵权与共同危险行为的区分

共同危险行为，是指两个或者两个以上的行为人，共同实施的可能导致他人权利受损的危险行为，造成了损害后果，但又不能准确判定谁为直接加害人的情况。虽然无意思联络数人侵权和共同危险行为在主体的复数性、损害结果的同一性方面有一定的相同或者相似，但是在主观过错，侵权行为的共同以及责任承担的方式上仍有诸多的区别。

（一）加害主体确定性不同

在无意思联络的数人侵权中，侵权行为人是确定的。即各行为人都实施了侵权行为，各行为人都对其所造成的损害承担相应的责任；而在共同危险行为中，虽然造成共同危险的行为人是确定的，但实际造成最后损害结果的加害人却往往不能确定。

（二）因果关系是否确定不同

无意思联络的数人侵权中各侵权行为人的行为与损害结果都存在确定的因果关系，且该因果关系是确定各行为人承担责任类型的依据；而共同危险行为中侵权行为人与损害结果发生的因果关系具有不确定性。

（三）举证责任的主体不同

无意思联络的数人侵权中，应当由受害人举证证明侵权行为人的行为与损害后果之间存在因果关系。而在共同危险行为中，法律则将这一举证责任分配给了侵权行为人。即侵权行为人应当举证证明自己与损害结果之间没有因果关系。另外，还有观点认为，每个人仅仅证明自己的行为与损害后果之间不存在因果关系并不足以免责，还必须证明谁是真正的行为人。①

（四）责任承担方式不同

无意思联络数人侵权以按份责任为原则，以连带责任和平均责任为例外。共同危险行为则是在不能确定具体侵权人的情况下，由各危险行为人承担连带责任。

---

① 王利明：《侵权行为法研究（上卷）》，中国人民大学出版社2004年版，第740页。

【典型案例】

吴某、张某、吴甲诉甲旅行社、乙旅行社人身损害赔偿纠纷案

原告：吴某。

原告：张某。

原告：吴甲。

被告：甲旅行社。

被告：乙旅行社。

〔基本案情〕

原告吴某、张某、吴甲因与被告甲旅行社、乙旅行社发生人身损害赔偿纠纷，向福建省厦门市思明区人民法院提起诉讼。

原告吴某、张某、吴甲诉称：吴某系本案受害人张甲之妻，张某系张甲之女，吴甲系张甲之母。2005年5月5日，吴某、张某、张甲等17人参加了由被告甲旅行社组织的牛姆林二日自驾游。进入牛姆林景区游览时天色变阴，原告一行建议导游调整行程，但导游坚持带队上山。不久便下起了暴雨，导游没有就近安排避雨，而是要求大家原路返回，致使张甲在返回的途中被一棵折断的马尾松砸伤，经医治无效死亡。甲旅行社负有保障游客安全的法定义务，其导游没有充分考虑天气情况和游客意见，谨慎、安全地安排行程，而是为完成任务，在极为不利的天气情况下坚持要求游客上山，其错误行为与事故的发生有重大的因果关系，故甲旅行社应当对张甲的死亡承担责任；被告乙旅行社应知天气、林木是影响旅游安全的重要因素，却未作任何防范，且在事故发生后连最基本的救护手段都不能提供，延误了最佳救治时机，亦应对张甲的死亡承担责任。请求判令二被告连带赔偿原告方丧葬费9510元、被抚养人生活费161085元、死亡补偿金288860元、误工费9654.8元、交通费2406元，并支付精神损害抚慰金10万元。

原告吴某、张某、吴甲提交以下证据：

1.《国内旅游组团合同》、牛姆林二日游成员名单、牛姆林生态旅游区旅游人数确认单、未收款确认单、收款收据，用以证明原告方与被告甲旅行社、乙旅行社之间存在旅游服务合同关系及案发当时原告方和被害人等一行人在被告方组织下进入牛姆林景区旅游的事实；

2. 县气象局5月1日的天气报告、市气象台5月4日的天气预报、市气象台5月5日的天气公报，用以证明案发前被告甲旅行社、乙旅行社应当了解天气情况，同时证明案发当时的天气状况；

3. 证人苏某、韩某、龙某的证言，用以证明导游不顾恶劣天气，坚持带游客冒险进入林区，致使被害人张甲被折断的马尾松砸伤，事故发生后乙旅行社没有及时施救的事实；

4. 景区告示照片，告示内容是“暴风雨期间严禁进入林区”，用以证明被告甲旅行社、乙旅行社应当知道暴雨天气不应带游客进入林区；

5. 市公证处于2005年6月7日出具的公证书，内容是对事故现场进行证据保全；

6. 居委会证明、派出所证明，用以证明原告吴甲的居民身份及其生育二个子女的事实；

7. 案发后原告方为处理善后事务支出交通费用的票据（其中出租车费用1200元、通行费及汽油费1206元）。

被告甲旅行社辩称：原告吴某、张某及被害人张甲参加的是自驾游，甲旅行社未提供全陪导游服务，为原告提供导游服务的是乙旅行社的导游，甲旅行社对于事故的发生没有过错，亦无违反合同义务的行为，不应承担任何责任。请求驳回原告方对甲旅行社的诉讼请求。

被告甲旅行社未提供证据。

被告乙旅行社辩称：案发当时，不可预测的飑线导致大树折断，砸伤受害人张甲致其死亡，该事件的发生属不可抗力；被风吹断的马尾松原本长势良好，乙旅行社对该树木的管理没有瑕疵，故对事件的发生没有过错；事件发生后，乙旅行社对被害人的救护措施并无不当。请求依法裁判。

被告乙旅行社提交以下证据：

1. 福建省旅游局闽旅综（2005）43号文件《永春牛姆林旅游区“5.5”事件核查情况汇报》（以下简称《核查情况汇报》），用以证明福建省旅游局已认定“当时永春遭受到50年来未遇的强对流天气（飑线）袭击”“该起事件为自然灾害所致”；

2. 县气象局《关于5月4日的天气预报和5月5日的天气实况》，用以证明5月5日从14时10分开始，永春自西向东受飑线影响，出现了强雷暴、大风、大雨等强对流天气；

3. 案发现场照片9张，用以证明案发现场马尾松长势健康、良好；

4. 旅游区（点）质量等级的划分与评定、医师资格证书、与医院签订的医疗协议、永春牛姆林生态旅游区安全应急救援预案，用以证明牛姆林景区属AAAA级景区，乙旅行社已建立紧急救援体系，设有专职医务人员，且已建立了详尽的规章制度。

厦门市思明区人民法院经审理查明：

2005年5月5日，原告吴某、张某与受害人张甲等17人参加了由被告甲旅行社组织的牛姆林二日自驾游。当日13时45分左右，被告乙旅行社的导游带吴某、张某、张甲等一行人进入牛姆林景区。当时天色阴沉，有人提出可能会下雨，建议导游调整行程，先就近游玩，次日再进入林区，但导游称即使下雨也不会持续很长时间，坚持带一行人进入林区。进入迎宾大道后，天色更加阴沉，有人再次建议导游不要前行，但导游借了雨具后仍要求大家继续往林区走。不久即开始刮风，并下起大暴雨，导游称往回走有一茶馆可以避雨，一行人便折回原路。14 时 7 分，行至距迎宾大道入口约 300 米处，张甲被一棵折断的马尾松砸伤倒地。张甲受伤后，同伴立即联系急救中心及景区工作人员实施救援。一段时间后，景区工作人员抬来一张桌子，将张甲抬到牛姆林广场，后又从广场运至停车场。在救护车到来之前，景区工作人员打电话联络景区医生进行救治，但景区的医生始终没有出现，现场未采取任何急救措施。救护车约于 15 时赶到，15 时 30 分将张甲送到医院，经抢救无效，张甲于当日下午死亡。经法医鉴定，张甲系生前被树干砸压致严重的颅脑损伤和血气胸而死亡。乙旅行社已于案发后支付给张甲亲属 2 万元及丧葬费 2872.2 元。

另查明：县气象局于 2005 年 5 月 1 日发布天气预报，内容为 5 月 5 日至 6 日有中到大雨天气，局部有大到暴雨。市气象台 5 月 4 日发布天气预报为多云转雷阵雨。县气象局 2005 年 6 月 29 日出具的《关于 5 月 4 日的天气预报和 5 月 5 日的天气实况》证实，5 月 4 日的天气预报为多云到阴，午后到夜里有阵雨或雷阵雨。

又查明：2002 年 10 月 20 日，被告乙旅行社与医院签订《协议书》，约定：当遇到较大病患及意外，乙旅行社安排在景区的医务人员无法医治时，医院愿意在力所能及的情况下协助医治。郭某系乙旅行社安排在景区的医生。2005 年 4 月 10 日，乙旅行社制订景区安全应急救援预案，其中“重特大伤亡事件应急处理”规定：因交通、火灾、水灾、经营设施、自然灾害等引发重特大伤亡事件，应急救援领导小组接到报告后，应立即组织医务人员和抢险人员，配备必要的抢险救助设备设施（如担架、药械等）进行现场施救和抬救，同时联系 120 救护中心和医院救护中心派出救护车和救护人员进行抢救。

〔一审裁判理由与结果〕

本案的争议焦点是：1. 被告甲旅行社对于被害人张甲的死亡应否承担责任；2. 被告乙旅行社对于张甲的死亡应否承担责任；3. 损害赔偿金额应如何确定。

厦门市思明区人民法院认为：关于被告甲旅行社对被害人张甲的死亡应否承担责任的问题。甲旅行社与原告吴某、张某及张甲等人建立了旅游服务合同关系，在合同责任与侵权责任竞合的情况下，原告方可选择要求对方承担违约责任或侵权责任。现原告方选择了侵权之诉，以甲旅行社、乙旅行社为被告，主体适格。原告方认为被告甲旅行社违反保障游客安全义务，应对甲旅行社具有过错承担举证责任。现原告方已举证证明在天气预报有雨、下雨征兆明显、游客多次建议次日再进入林区的情况下，导游却坚持带游客冒险进入林区。导游对恶劣天气的防患意识应当高于游客，且负有保障游客安全的责任，应以游客安全第一为宗旨，依诚实信用原则并结合当时的天气情况对是否调整行程作出正确判断。本案中，导游不顾恶劣天气的影响，坚持带游客冒险进入林区的错误行为，导致游客处于遭受风雨困扰的险境，并实际导致张甲被折断的马尾松砸伤致死，其主观上具有过错。根据原告等人与甲旅行社签订的《国内旅游组团合同》，甲旅行社应为原告等一行游人提供导游服务。

甲旅行社承诺提供优秀导游服务，在其未安排全陪导游的情况下，本案导游既代表乙旅行社也代表甲旅行社，故甲旅行社对于张甲的死亡也具有过错，应当承担相应的民事责任。

关于被告乙旅行社对于被害人张甲的死亡应否承担责任的问题。首先，在气象部门5月1日、5月4日发布的天气预报内容不一致的情况下，依生活经验应以5月4日的天气预报为准。证据显示，根据气象部门5月4日发布的天气预报，5月5日永春的天气是多云转雷阵雨。本案导游作为乙旅行社的代表，在天气预报有雨，当时天色阴沉、下雨征兆明显的情况下，坚持带游客冒险进入林区，其行为具有明显过错，故乙旅行社对此亦有过错。其次，乙旅行社对马尾松折断导致张甲被砸伤致死具有过错。乙旅行社辩称：马尾松折断系受飑线影响，其对马尾松无管理瑕疵，事件的发生属不可抗力。原告吴某、张某、吴甲认为：根据现有证据，张甲在飑线出现前已被砸伤，马尾松折断并非受飑线影响，乙旅行社庭前提交的《核查情况汇报》与当庭提交的原件措辞不一致，且带有明显的倾向性，故对其内容不予认可；原告方提供的照片显示，折断的马尾松顶端是秃的，从中心开始向外朽烂，说明乙旅行社对折断的马尾松疏于管理，该公司关于事件的发生属不可抗力的抗辩理由不能成立。法院认为，树木折断致人损害的，除树木的所有人或管理人已尽到维护、管理义务，或者损害结果的发生系因不可抗力所致，或者受害人因自己的过错造成损害等三种情形外，树木的所有人或管理人应当承担赔偿责任。乙旅行社作为本案中折断的马尾松的管理人，只有提供证据证明具有前述免责事由，才能依法免除其赔偿责任。根据本案证据，市气象台气象报告表明飑线的出现时间为14时25分，县气象台的气象报告表明从14时10分开始永春自西向东受飑线影响，而张甲被马尾松砸伤的时间是14时7分。即便确定14时10分飑线出现，张甲也是在飑线出现前受伤。可见《核查情况汇报》关于“当时永春遭受到50年来未遇的强对流天气（飑线）袭击”“该起事件为自然灾害所致”的观点不符合事实，乙旅行社提供的证据不足以证明马尾松折断系飑线所致。乙旅行社从事的是以林区观光为内容的经营性活动，该公司既是旅游项目经营者，又是景区树木的管理者，负有保障游客安全的义务，应当对于景区树木给予更加谨慎的管理和注意。根据原告方提供的照片，折断的马尾松顶端是秃的，从中心开始向外朽烂，乙旅行社亦承认该树曾有树枝折断的情况发生。鉴于此，乙旅行社本应对该树给予特别的注意，采取必要的防护加固或砍伐等措施，防止危险的发生。若采取防范措施需经有关部门批准，亦应及时按规定报批后进行，而不能借此消极对待。现乙旅行社未能提供证据证明其已对该马尾松采取必要的防范措施，其提供的证据不足以证明该马尾松折断系不可抗力引起，亦不能证明张甲本人对于事故的发生具有过错，故对其免责抗辩不予采纳，乙旅行社应对其管理的马尾松折断砸伤张甲致死承担相应的民事责任。第三，乙旅行社在事故发生后救助不力，导致损失扩大。游客受伤后，乙旅行社负有以最大努力加以救助的义务。乙旅行社是否尽到救助义务应审查其在事故发生后的实际行动，而不是审查其相关规章制度是否完善。虽然乙旅行社的安全应急救援预案规定“应立即组织医务人员和抢险人员，配备必要的抢险救助设备设施（如担架、药械等）进行现场施救和抬救”，但张甲受伤后，同伴立即打电话联系景区工作人员救助，一段时间后（原告方证人称20—30分钟，乙旅行社称不足10分钟），景区工作人员才抬来一张桌子。在救护车到来之前，景区工作人员联系景区医生施救，但景区医生始终没有出现，现场未采取任何急救措施。乙旅行社只采取抬救措施，而未提供担架、专业医师进行现场施救，违反了自己制定的规定，没有尽到救助义务。乙旅行社虽已与医院签订医疗协议建立紧急救援体系，但救护车在报警后近一小时才到达，不符合紧急救援的要求。乙旅行社关于因张甲的伤情严重，常规措施不足以抢救才未进行现场施救，为了抢时间才以桌子代替担架，恶劣天气严重阻碍了救护车的通行的抗辩理由不充分，不予采纳。乙旅行社在张甲受伤后，并未尽到最大救助努力，导致损害后果进一步扩大，应承担相应的民事责任。

关于损害赔偿金额应如何确定的问题。原告吴某、张某、吴甲请求的赔偿范围是：丧葬费9510元（585元×6个月）；被扶养人生活费161085元，其中张某的生活费53695元（10739元×10年÷2人）、吴甲的生活费107390元（10739元×20年÷2人）；死亡补偿金288860元（14443元×20年）；误工费9654.8元；交通费2406元；精神损害抚慰金10万元。被告甲旅行社对原告主张的计算标准无异议。被告乙旅行社对原告主张的计算标准亦无异议，但认为：原告方不能证明吴甲系居民且只有二个子女；误工费应以二人计算为合理；交通费中既有自驾车费用又有乘出租车费用不合理；《最高人民法院关于确定民事侵权精神损害赔偿责任若干问题的解释》第九条明确规定，死亡赔偿金属于精神损害抚慰金，故不应将死亡赔偿金和精神损害抚慰金重复计算；事件发生后被害人亲属前往乙旅行社，相关费用均由乙旅行社支出，即使乙旅行社应承担责任，亦应予以扣除。法院认为，案发后，原告方亲属五人赴永春是合理的，误工费按五人计算合计9654.8元应当予以确认；交通费中出租车的费用1200元不合理，酌定以200元计，自驾车通行费及汽油费1206元合理，故交通费用应为1406元；乙旅行社已经支付原告方2万元及丧葬费2872.2元的事实应予以确认；原告方提交的医疗费单据的真实性亦应予以确认；根据本案证据，吴甲的居民身份及其生育二个子女的事实可以确认；两被告对原告方的计算标准均无异议，法院亦予以确认。据此标准，原告方要求赔偿丧葬费9510元、被扶养人生活费161085元、死亡补偿金288860元是合理的，予以支持；《最高人民法院关于确定民事侵权精神损害赔偿责任若干问题的解释》与《最高人民法院关于审理人身损害赔偿案件适用法律若干问题的解释》的相关规定存在冲突，应以后者为准，在张甲因伤死亡的情形下，原告请求在死亡赔偿金以外给付精神损害抚慰金合法，予以支持，金额酌定为8万元；乙旅行社已支付给原告方的2万元及已支付的丧葬费2872.2元，应予以抵扣；考虑到本次事件主要系因乙旅行社未尽相关义务引起，案发后所发生的餐饮、住宿、医疗等费用本应由乙旅行社承担，且上述费用不属本案的赔偿范围，故乙旅行社关于将已经支付的餐饮、住宿、医疗等费用进行抵扣的主张不予支持。据此，原告应获得赔偿的项目有：丧葬费9510元、被扶养人生活费161085元、死亡补偿金288860元、误工费9654.8元、交通费1406元、精神损害抚慰金8万元，合计550515.8元。

综上所述，一审法院认为，导游不顾恶劣天气坚持带游客冒险进入林区的错误行为，被告乙旅行社因管理不善致使马尾松折断伤人，事件发生后又未尽最大救助努力，这三个因素均是导致被害人张甲死亡后果发生的原因。其中，导游的错误行为是导致事故发生的次要原因，其原因力酌定为20%；乙旅行社因管理不善致使马尾松折断以及事后救助不力的行为是导致事故发生的主要原因，原因力酌定为80%。根据《最高人民法院关于审理人身损害赔偿案件适用法律若干问题的解释》第三条第二款的规定，二人以上没有共同故意或者共同过失，但其分别实施的数个行为间接结合发生同一损害后果的，应当根据过失大小或者原因力比例各自承担相应的赔偿责任。本案中，导游既代表被告甲旅行社，又代表乙旅行社，故基于导游的错误行为而产生的责任应由二被告共同承担，各自负担10%，并互负连带责任；乙旅行社因管理不善致使马尾松折断伤人及事后救助不力，相应责任应由乙旅行社自行承担。原告方要求甲旅行社对全部损害后果承担连带责任的诉讼请求缺乏法律依据，不予采纳。合计赔偿金额550515.8元，由甲旅行社对其中的10%承担赔偿责任，金额为55051.58元；乙旅行社对其中的90%承担赔偿责任，金额为495464.22元；在55051.58元范围内两被告互负连带责任。乙旅行社已支付给原告方的2万元、丧葬费2872.2元，应从乙旅行社承担部分抵扣。据此判决：

一、被告甲旅行社应于本判决生效之日起十日内赔偿原告吴某、张某、吴甲55051.58元；

二、被告乙旅行社应于本判决生效之日起十日内赔偿原告吴某、张某、吴甲495464.22元（已支付的22872.2元应从中抵扣）；

三、在55051.58元范围内，被告甲旅行社、乙旅行社互负连带责任。

四、驳回原告吴某、张某、吴甲的其他诉讼请求。

〔当事人上诉及答辩意见〕

一审宣判后，乙旅行社不服，向福建省厦门市中级人民法院提起上诉，主要理由是：1. 本案中，树木折断致人损害的原因为不可抗力，乙旅行社作为树木管理人已经尽到合理的维护管理义务，且受害人张甲为完全民事行为能力人，其本人对损害结果的发生负有过错，乙旅行社不应当承担赔偿责任；2. 乙旅行社的导游并未坚持带游客冒险上山，即使导游确实积极邀请游客上山旅游，也不能视为导游的过错，与本案的损害结果没有必然的因果关系；3. 一审认定乙旅行社在事故发生后救助不力导致损害后果扩大缺乏科学依据。乙旅行社已经尽到最大救助努力，不应承担民事责任；4. 一审判决对部分赔偿项目的金额核定不合理，或者没有事实依据。请求二审法院依法改判，驳回吴某、张某、吴甲的全部诉讼请求。

被上诉人吴某、张某、吴甲答辩称：1. 上诉人乙旅行社未能证明本案事故的发生属不可抗力，对树木折断致人损害不存在免责事由，应为此承担赔偿责任；2. 本案中导游坚持带游客冒险进入林区的行为与损害结果的发生存在因果关系；3. 乙旅行社在事发后未尽到相应的救助义务，对损害结果的扩大具有不可推卸的责任；4. 一审认定的赔偿项目、数额完全符合法律的规定。请求驳回乙旅行社的上诉，维持一审判决。

被上诉人甲旅行社答辩称：被上诉人吴某一家和朋友参加的是自驾车游，导游是上诉人乙旅行社安排的，甲旅行社对于事故的发生没有过错，责任应全部由乙旅行社承担。

二审期间，上诉人乙旅行社提交了以下证据：

1. 厦门市气象台2005年9月23日出具的《重要天气证明》，主要内容是：根据厦门雷达站观测，2005年5月5日14时02分至14时07分，有一条飑线经过北纬25°23′—25°27′、东经117°51′—117°58′，根据周围测站风力观测和回波的强度判断，当时该区的风力在8级至10级。该飑线13时47分进入永春境内，15时03分离开，经过永春观测站时的最大阵风为25.5米/秒（10级）。

2. 县气象局2005年10月9日出具的《说明》，主要内容是：根据乙旅行社申请，我局对牛姆林"5.5"事故地点的经纬度位置进行了实地测量。根据我局以GPS定位仪的测量，事故地点为东经117°56′074″，北纬25°25′723″。乙旅行社还向我局提供了厦门市气象台《重要天气证明》。我局于2005年6月29日出具的《关于5月4日的天气预报和5月5日的天气实况》中关于5月5日天气实况的说明，是我局观测站所在位置的实况，由于观测站与事故地点相距几十千米，观测站的数据和事故地点的数据可能会有所出入。厦门市气象台拥有全省最先进的雷达系统，应以其气象记录为准。

3. 福建省气象台2005年11月7日出具的《气象证明》，主要内容是：乙旅行社向我方提交了4份有关天气情况的文件，……请求我台对相应时段的天气情况进行分析、核实。经查阅2005年5月5日下午，一条飑线（生成在广东）自西南向东北移动，影响福建省，所经之处均出现西南大风。牛姆林出事地点位于县气象站的西面，直线距离约39千米，飑线以110千米/小时的速度自西南向东北方向移动中，先到达牛姆林，20分钟后到达县气象站，这是合乎逻辑的，也是满足气象学原理的。厦门市气象台的多普勒天气雷达为目前最先进的天气雷达，它观测到这条飑线移动的数据是客观、准确的，与我们的分析意见一致，所以同意厦门市气象台出示的《重要天气证明》中的结论。

4. 司法鉴定中心出具的［2005］林鉴字第57号鉴定意见书，主要内容是：受县林业局的委托，于2005年11月11日对永春牛姆林自然保护区辖区内环山路旁的一株马尾松的健康状况及其枝条折断原因进行司法鉴定。经在该马尾松折断现场实地调查，并采集其断裂部位木材试样进行木材切片镜检和病原菌活体培养观察，以及进行木材物理力学性能测定，可以认定该树属于名木古树，其断枝为二级枝条，曾受强风折断后抛向该树的东南面。该株马尾松古树中下部长势较好，主梢在若干年前曾有过断裂，其断裂主梢基部直径为32.1厘米，并呈现心腐，心腐面积占主梢横断面10%。根据以上树木健康状况、断枝抛落位置和木材样品力学性能测试结果，该马尾松主梢褐腐对二级枝折断有一定影响，但不是该二级枝折断的主要原因，在通常天气变化情况下的风力不足以导致该二级枝折断，其折断的直接原因是受强风袭击。

上诉人乙旅行社认为上述证据为新的证据，因为该公司在二审时才知道厦门市气象台的雷达最先进。上述新证据均证明本案事故的发生系因不可抗力所致，故应免除乙旅行社的责任。

被上诉人吴某、张某、吴甲则认为，上诉人乙旅行社二审中提交的上述证据均不属于新的证据，这些证据一审期间完全能够获得，厦门市气象台的多普勒雷达早于2004年6月即开始运行，乙旅行社一审中未予提交是自己的失误，应承担举证不能的后果。从内容上看，上述证据都是相关部门出具的说明，但相关部门没有提供这些说明所依据的技术资料，并且这些说明和鉴定均是在一审结束、案件胜诉败诉原因极为明朗的情况下作出的，带有明显的倾向性。另外，厦门市气象台的《重要天气证明》也未明确飑线在事故地点经过时的风力等级，只确定“该区的风力在8—10级”。可见，即使是厦门市气象台也不能明确当时的风力有多大，而8—9级的风是不具有很大破坏力的。福建省气象台的《气象证明》也只是空洞的说明，未提供相关的技术图谱、技术数据。司法鉴定中心的鉴定意见书不属于司法鉴定，鉴定的目的过于明确，同时鉴定的时间距事发时已过半年，事故的现场已不复存在，鉴定所用检材也无从确定。

〔二审查明的事实〕

厦门市中级人民法院二审查明，上诉人乙旅行社经营的牛姆林景区系AAAA级景区。根据国家质量技术监督局批准的有关旅游区（点）质量等级的划分与评定的规定，AAAA级旅游区在旅游安全方面，应当符合“救护等设备齐全、完好、有效……建立紧急救援体系，或设立医务室，配备专职医务人员，突发事件应急处理能力强，事故处理及时、妥当”的要求。

〔二审裁判理由与结果〕

厦门市中级人民法院二审认为：上诉人乙旅行社在二审期间提交的证据，均系向专业单位调取的证明，这些证明客观上不存在一审中无法调取、二审才有条件调取的情况，根据《最高人民法院关于民事诉讼证据的若干规定》第四十一条第一款第（二）项的规定，不应作为本案新的证据，被上诉人吴某等对这些证据也不予确认。另外，厦门市气象台的证明只能说明飑线在永春境内的出入时间，并没有确定飑线到达本案事故发生地的准确时间；县气象局的说明和福建省气象台的证明虽然都证实厦门市气象台拥有全省最先进的雷达系统，主张应以厦门市气象台的气象记录为准，但对厦门市气象台的服务范围能否涵盖永春县却没有证据加以证明，且福建省气象台的证明内容也与厦门市公证处就事故现场证据保全作出的公证书内容存在矛盾，故均不足以推翻一审判决对事实的认定；至于司法鉴定中心出具的［2005］林鉴字第57号鉴定意见书，因该鉴定机构未经双方当事人认可，鉴定的时间、地点、样品等事项也未经双方当事人确认，故其鉴定结论也不能作为本案的证据。

本案受害人张甲作为游客进入牛姆林景区游览，被上诉人甲旅行社和上诉人乙旅行社对其负有安全保障义务。张甲在景区内被树木砸伤，没有证据证明系因其自身过错所致。乙旅行社关于张甲为完全民事行为能力人，应对选择上山而致的损害后果自行承担责任的上诉主张，与本案实际情况不符，不予支持；市气象台5月5日天气公报、县气象局《关于5月4日的天气预报和5月5日的天气实况》，对永春发生飑线的时间说法不一，前者为14时25分，后者为14时10分，而张甲的同伴14时07分即报警，据此可以推断张甲受伤时间应在14时07分之前，亦即在永春发生飑线之前。同时，上述两气象单位的证明均未明确事发地点及事发时间的风力等级。根据厦门市公证处2005年5月6日的现场记录公证书，当时“现场周围目测未见其他断树”。依常识推断，飑线的破坏力极大，如果砸伤张甲的马尾松确为飑线所折，现场不可能只折断一棵树。因此，乙旅行社关于其指派专人负责日常护林巡查工作，并建立安全巡查登记表，对于景区林木已经尽到管理义务，砸伤张甲的马尾松发生折断是飑线所致，事故的发生属不可抗力的上诉主张，缺乏相应的证据证实，不予支持。

上诉人乙旅行社系AAAA级景区，该级别系旅游区质量等级的最高级。根据国家质量技术监督局批准的有关旅游区（点）质量等级的划分与评定的规定，AAAA级旅游区在旅游安全方面应当符合“救护等设备齐全、完好、有效……建立紧急救援体系，或设立医务室，配备专职医务人员，突发事件应急处理能力强，事故处理及时、妥当”的要求。本案中，从受害人张甲受伤到送至医院抢救，乙旅行社仅实施了抬救的行为，未能履行AAAA级景区应尽的紧急救助义务，对张甲死亡的损害结果存在过错。乙旅行社上诉称其“已经尽到最大救助努力，不应承担民事责任”，与事实不符，不予采信。

综上，一审认定导游坚持带游客冒险进入林区的错误行为、上诉人乙旅行社因管理不善致使马尾松折断伤人、事件发生后乙旅行社未尽最大救助努力等三个因素均是导致张甲死亡后果发生的原因，并无不当。乙旅行社和甲旅行社的侵权行为间接结合，并直接导致张甲的死亡，一审判令乙旅行社和甲旅行社根据各自的过错及原因力比例分别承担相应的民事责任正确。张甲在事故中死亡，必然给其家人造成难以承受的精神创伤，一审法院判决支付8万元的精神损害抚慰金并无不当。一审判决认定事实清楚，证据确实、充分，适用法律正确。厦门市中级人民法院依据《中华人民共和国民事诉讼法》第一百五十三条第一款第（一）项之规定，判决如下：

驳回上诉，维持原判。

本判决为终审判决。

第五章　共同侵权

规则 8：行为人的行为帮助另一行为人造成他人伤残的，二行为人的行为构成共同侵权，应当承担造成他人身体损害的民事责任

——马某诉李某、梁某侵权损害赔偿纠纷案[①]

【裁判规则】

行为人的行为帮助另一行为人造成他人伤残的，二行为人的行为构成共同侵权，应当承担侵害他人身体造成损害的连带责任。鉴于侵权人分别为无民事行为能力人与限制民事行为能力人，其民事责任应当由其监护人承担。受害人被警告后仍不规避危险行为，其行为也是造成损害发生的原因之一，可以适当减轻侵权方的民事责任。

【规则理解】

一、共同侵权的内涵

对于共同侵权行为概念，目前存在不同的表述。例如，有观点认为：共同侵权行为，谓数人共同不法对于同一之损害与以条件或原因之行为[②]。有观点认为：共同侵权行为是指两个或两个以上的行为人，基于共同的故意或过失，侵害他人合法民事权益，应当承担连带责任的侵权行为[③]。有观点认为：共同侵权行为是指二人或二人以上共同侵害他人合法民事权益造成损害，应当承担连带责任的侵权行为[④]。还有观点认为："共同过错也叫共同侵权行为或共同致人损害，它是指两个或两个以上的行为人，基于共同故意或共同过失致他人损害。"[⑤]

---

① 《中华人民共和国最高人民法院公报》1996 年第 1 期。

② 史尚宽：《债法总论》，中国政法大学出版社 2000 年版，第 172 页。

③ 杨立新：《侵权法论》，人民法院出版社 2004 年版，第 535 页。

④ 张新宝：《中国侵权行为法》，中国社会科学出版社 1995 年版，第 167~168 页。

⑤ 王利明：《侵权行为法归责原则研究》，中国政法大学出版社 2004 年版，第 284 页。

共同侵权行为有广义和狭义之分。一为狭义的共同侵权，即指两个或两个以上的民事主体，基于共同的过错，侵害他人人身权利或财产权利的违法行为，亦有学者称其为共同加害行为；二为广义的共同侵权，即包含共同加害行为和共同危险行为，这里共同加害行为是指“两个或两个以上的民事主体均实施了有侵犯他人合法权益危险性的行为，其中一人或部分人的行为致人损害而又不知谁是加害人的侵权行为”①；三为最广义的共同侵权，即包含了共同加害行为、共同危险行为和一部分的无意思联络的数人侵权行为，这里无意思联络的数人侵权行为是指“数人行为事先并无共同的意思联络，而致同一受害人共同损害”②。

从立法和司法解释看，《民法通则》第130条规定：“二人以上共同侵权造成他人损害的，应当承担连带责任。”这是我国法律首次对共同侵权行为作出的明确规定。此后，《民法通则意见》第148条将教唆、帮助他人实施侵权行为纳入了共同侵权的范畴。而原《人身损害赔偿司法解释》第3条③则第一次以司法解释的形式确立了共同侵权行为的构成要件及法律后果，对法学研究和司法实务具有非常重要的意义。

《侵权责任法》第一次较为系统地对共同侵权行为进行了类型化规定。该法第8条④对共同侵权行为进行了一般性规定。第9条⑤规定了一般教唆、帮助行为模式下的侵权为准共同侵权行为，同时明确了教唆、帮助无民事行为能力人、限制民事行为能力人实施侵权行为不构成共同侵权。第10条⑥规定了共同

---

① 史尚宽：《债法总论》，中国政法大学出版社2000年版，第175页。

② 王利明、杨立新：《侵权行为法》，法律出版社1996年版，第199页。

③ 原《人身损害赔偿司法解释》第3条规定：“二人以上共同故意或者共同过失致人损害，或者虽无共同故意、共同过失，但其侵害行为直接结合发生同一损害后果的，构成共同侵权，应当依照民法通则第一百三十条规定承担连带责任。二人以上没有共同故意或者共同过失，但其分别实施的数个行为间接结合发生同一损害后果的，应当根据过失大小或者原因力比例各自承担相应的赔偿责任。”

④ 《侵权责任法》第8条规定：“二人以上共同实施侵权行为，造成他人损害的，应当承担连带责任。”

⑤ 《侵权责任法》第9条规定：“教唆、帮助他人实施侵权行为的，应当与行为人承担连带责任。教唆、帮助无民事行为能力人、限制民事行为能力人实施侵权行为的，应当承担侵权责任；该无民事行为能力人、限制民事行为能力人的监护人未尽到监护责任的，应当承担相应的责任。”

⑥ 《侵权责任法》第10条规定：“二人以上实施危及他人人身、财产安全的行为，其中一人或者数人的行为造成他人损害，能够确定具体侵权人的，由侵权人承担责任；不能确定具体侵权人的，行为人承担连带责任。”

危险行为的构成条件。第 11 条、第 12 条[①]规定了无意思联络的数人侵权行为。《民法典》的第 1168 条至第 1172 条沿袭了《侵权责任法》的上述规定。

二、共同侵权行为的构成要件

（一）行为主体的复数性

加害行为主体必须为两人或两人以上的多数，即共同侵权行为中的加害人必须是两人或者两人以上，且不能为无民事行为能力人。例如，教唆无民事行为能力人实施侵权行为的，应当由教唆人单独承担侵权责任，而不构成共同侵权。同时，共同侵权行为也并不要求每一个加害人都亲自实施了加害行为。只要行为人有意识地利用他人行为作为自己的行为，其就可以被认定为共同行为人。[②]

关于法人是否具有侵权行为能力的问题，关键在于如何看待与法人有关、又可还原为自然人行为的性质。如果自然人在一定条件下实施的侵权行为可以人为地拟制为法人行为，并且法人需承担相应的责任，那么无疑法人是有侵权行为能力的。如果不把自然人的上述行为拟制为法人行为，而仍看作个人行为，那么法人就无侵权行为能力。通说认为，我国的实体民事规则事实上确认了法人的侵权责任能力及法人对其工作人员的替代责任，即分别规定法人、其他组织工作人员职务行为致害责任和雇主责任。笔者认为，以下几点是决定上述问题答案的主要因素：首先，法人、其他组织作为直接侵权行为人承担民事责任，就必须具有侵权行为能力。其次，除非法律有特殊规定，法人机关的行为、法人的法定代表人及其他根据章程具有代表权的人履行职务的行为、其他组织的负责人的职务行为致人损害时，该致害行为应当视为法人、其他组织自己的行为，直接适用过错责任原则或无过错责任原则的规定，由法人、其他组织承担侵权责任，构成共同侵权的，与其他共同侵权行为人承担连带责任。法人、其他组织成为侵权行为人和赔偿义务人的统一。最后，法人、其他组织的工作人员在执行职务中、雇员在从事雇佣活动中致人损害的情况下，法人、其他组织、雇主承担民事赔偿责任，责任性质属雇主责任。此时，侵权行为人与赔偿义务人相分离。具体到共同侵权行为中，法人、其他组织的工作人员及雇员为直接

---

① 《侵权责任法》第 11 条规定："二人以上分别实施侵权行为造成同一损害，每个人的侵权行为都足以造成全部损害的，行为人承担连带责任。"第 12 条规定："二人以上分别实施侵权行为造成同一损害，能够确定责任大小的，各自承担相应的责任；难以确定责任大小的，平均承担赔偿责任。"

② 邱聪智：《新订民法债编通则》（上），中国人民大学出版社 2003 年版，第 122 页。

实施侵权行为的主体，其行为与他人构成共同侵权的，该行为人为共同侵权行为人，但损害赔偿责任由法人、其他组织或雇主承担。

（二）共同的过错

主观过错的共同性要求侵权行为人只要具有共同的故意或共同的过失，就必须作为共同侵权人承担连带责任。作为例外，原《人身损害赔偿司法解释》还规定了无意思联络的数人侵权行为直接结合的情形。所谓直接结合是指数个行为人尽管没有共同的故意或过失，但由于侵权行为结合程度非常紧密，对加害后果而言，各自的原因力和加害部分无法区分。因此，各个加害行为直接结合而发生同一损害后果这种情形应按共同侵权行为对待。而当数侵权行为结合不够紧密时，则成立行为的间接结合，此时各侵权行为人应当各自承担责任。

然而，尽管理论上看似完美地对直接结合和间接结合作出了界定和区分，但如何将理论概念转化为司法实践的判断标准，始终是一个难以解决的问题。究竟何为行为结合紧密，或是更复杂的一些的“行为竞合”或“原因竞合”，都难以在司法实践中找到答案。在这种情况下，《侵权责任法》没有再对无意思联络数人侵权作直接结合和间接结合的区分，而是直接规定无意思联络数人侵权只有在每一个行为都足以造成损害后果发生的情况下行为人才承担连带责任，否则各行为人各自承担相应责任或承担平均责任。从可操作性来看，《侵权责任法》对无意思联络数人侵权的规定较之《人身损害赔偿司法解释》在司法实践中显然更易把握，可以减少此类案件同案不同判的情形。

（三）共同的损害结果

共同侵权行为所导致的损害结果是统一的不可分割的整体。所谓不可分割的整体并不强调损害结果在事实上的不可分割，而更强调损害结果在法律上的不可分割，即因为无法查清各加害行为分别所造成的损害份额，也就无法令各加害人在自己行为造成的份额内承担各自的责任。例如，甲、乙共谋欲加害于丙，在具体行动时甲打伤丙的手，乙打伤丙的脚。此时丙所受的伤害在事实上是可以分割的，然而在法律上却不具有可分割性。

（四）行为与损害结果的因果关系

共同侵权行为的因果关系一般是单一的因果关系。所谓单一因果关系，即无论导致结果的因素或者因素造成的结果是单一的还是复合的，都不能单独成为“原因”或“结果”，而只能被整体当作一个原因或一个结果。简单地说，共同侵权行为虽然有数个加害人参与，但是其各自的行为并不具有独立的价值，而只是分别构成了具有关联性的整体行为的一个部分。

三、共同侵权行为的归责原则及责任形式

典型的共同侵权行为应当以共同的故意或过失作为构成要件。因此，共同侵权行为一般适用过错责任原则。例外情况是无意思联络数人侵权中可能适用无过错责任原则。例如，两辆相向高速行驶的汽车意外相撞，并同时撞向行人导致其死亡。根据常识推断，每一辆车的撞击都足以导致行人死亡。则此时可能适用无过错责任原则的共同侵权。

共同侵权行为各侵权行为人一般应当承担连带责任。连带责任，也称“共同的和分别的责任”，即受害人有权向共同侵权人中的任何一人或数人请求赔偿全部损失，而任何一个共同侵权人或共同危险行为人都有义务向受害人负全部赔偿责任，共同加害人中的一人或数人已经全部赔偿了受害人损失的，则免除其他共同加害人应负的赔偿责任，承担了赔偿义务的共同侵权行为人有权向其他应承担责任的共同侵权行为人追偿，请求偿付其应当承担的赔偿份额。[①]法院判决数个加害人承担连带责任时，原则上不得在判决书中分割各加害人的赔偿份额。在执行判决时，可以全部执行一个或者部分加害人的财产，而在其财产不足时也可以执行其他加害人的财产，直到判决确定的赔偿义务强制执行完毕为止。

例外情况是当无意思联络数人侵权中数个侵权行为并不足以造成全部损害结果的情况下，各侵权行为人之间各自承担相应责任或平均承担责任。依据这一规定，法院在对相应的侵权行为案件作出判决时必须确定各侵权行为人的具体赔偿份额。

【拓展适用】

一、共同危险行为

（一）共同危险行为的内涵

所谓共同危险行为，又称准共同侵权行为，是指两个或两个以上的民事主体共同实施了有侵害他人权利危险性的行为，并造成实际损害，但不能判明损害是由何人造成的侵权行为。[②]《民法典》第1170条规定：“二人以上实施危及他人人身、财产安全的行为……不能确定具体侵权人的，行为人承担连带责任。”该条为对共同危险行为的规定。在共同危险行为中，各行为人的行为间

---

① 张新宝：《侵权责任法原理》，中国人民大学出版社2005年版，第84页。

② 王艳玲、李静芹：《共同危险行为及其民事责任》，载《河北法学》2004年第12期。

是相互独立的，但却均有危险的共性。共同危险行为的责任承担首先适用“责任自负”的原则，在能明确实际侵权人的情况下，由具体行为人承担责任，此情况下并不构成共同侵权。只有在不能确定具体侵权人的情况下，从保护受害人权益出发，法律规定由各侵权行为人承担赔偿责任。

（二）共同危险行为的构成要件

1. 各行为人均实施了危险行为。共同危险行为中要求各行为人必须都实施了一定的加害行为，既包括作为，也包括不作为。例如，数人在山顶开采石矿但没有采取防护措施，致使石头从山顶跌落砸伤山下的行人。此时数行为人构成了不作为的共同危险行为。

2. 各行为人的行为均具有危险性。共同危险行为，要求各行为人的行为均具有危险性。所谓危险性，是指数人的行为在客观上有危及他人财产和侵害他人人身的可能。[①] 各行为人的行为本身必须都具有造成损害结果发生的可能性，如果在共同危险行为中，某人或部分人的行为根本就不可能造成损害结果的发生，即不具有危险性，那么这个人或这部分人就应该被排除在共同危险责任之外。对于这种致害可能性的分析，可以从行为本身、周围环境以及行为人对致害可能性的控制条件上加以判断。首先，数人实施的行为有致人损害的可能性，没有致人损害的可能性的行为就不是危险行为。其次，此种危险只是一种可能性，共同危险行为人的行为没有特定的指向，即没有人为的侵害方向。否则，行为人主观上即具有故意，将成立共同加害行为。

3. 损害后果虽然并非所有行为人导致，但是无法查明谁是真正的加害行为人。在共同危险行为中，虽然各行为人均实施了危险性的行为，并造成了损害结果，但这种损害结果并不是由于各行为人各自行为的有机结合而引起的，而仅仅是由其中的一人或部分人的行为造成的。此时，如果有证据能够证明损害结果是由某一行为人所致，则成立一般侵权行为。如果能证明是由部分行为人共同所致，那成立典型共同侵权行为。只有当无法明确具体的加害人的情况下，立法者出于保护被害人权益的目的，要求共同危险行为的各行为人承担连带责任。同时，鉴于受害人在举证上的困难，以及各行为人所存在的过错，法律将证明具体加害人的举证责任分配给各行为人承担，不能证明的，即推定其为加害人进而承担连带责任。

有的学者提出，根据《民法典》第 1170 条的规定，各行为人不能仅通过

---

① 王利明：《民商法研究》（第二辑），法律出版社 2001 年版，第 759 页。

证明自己的行为与损害后果不存在因果关系而免除责任[1]，还必须指出具体的加害人。除文义的理解外，其理由还在于，由于民事诉讼所采用的是优势证据原则，可能会导致所有行为人都通过优势证据排除自己危险行为与损害结果的因果关系，从而导致受害人无法获得任何赔偿的情况发生。反对者则认为，此种要求过于苛刻。首先，根据“谁主张，谁举证”的原则，证明具体加害人本应是受害人的义务。考虑到受害人举证的难度较大，法律已经免除了其举证责任，而将证明行为与损害结果之间没有因果关系的举证责任分配给了危险行为人承担。如果要求危险行为人不但要举证洗脱自己的嫌疑，还要证明真正的加害人，将使其负担过重的举证责任。其次，任何人都应当只对自己的行为负责。如果在行为人已经证明自己无辜的情况下，还要因为不能证明真正的加害人而承担责任显然并不公平。最后，尽管存在理论的可能性，但在实践中很难出现所有行为人都能证明自己并非真正加害人的情况。即使有，法官也可以通过自由裁量否定部分证据的证明力，并要求一部分证据尚不够充分的行为人承担责任。实际上，上述“因果关系排除说”和“因果关系确证说”的争议在《侵权责任法》起草的过程中就一直存在。从最终法条的“不能确定侵权人的，行为人承担连带责任”规定来看，表明立法者采纳了“因果关系确证说”。

二、教唆、帮助型共同侵权行为

（一）教唆、帮助型共同侵权行为的内涵

所谓教唆、帮助侵权行为，是指行为人基于过错对他人实施教唆或者帮助，致使被教唆人或被帮助人对第三者实施侵权行为，最终造成第三者损害，依法应当承担相应法律责任的行为。具体来说，教唆行为可以是口头或者书面的、也可以是以某种动作来教唆他人；既可以是明示的方式，也可以是暗示方式；既可以是公开的，也可以是秘密的。教唆行为的具体手段包括煽动、怂恿、刺激、挑拨、诱骗、利诱、利用迷信、劝说、请求、嘱托、授意、指示、胁迫、乘人之危等。教唆的一个较为重要的特点就是，被教唆人的侵权意图是由教唆人引起的，即没有教唆人的唆使，被教唆人就不会实施侵权行为。帮助，是指通过提供工具、指示目标或者以言语激励等方式，促成被帮助人侵权行为的完成，使其侵权目的得逞的某些援助行为。帮助行为既包括提供工具、指示目标、

---

[1] 王胜明主编：《中华人民共和国侵权责任法释义》，法律出版社 2010 年版，第 66 页；吴高盛、邢宝军：《中华人民共和国侵权责任法精解》，中国政法大学出版社 2010 年版，第 32 页。

通风报信等物质性的帮助，又包括语言激励、呐喊助威等精神上的帮助；既包括对实行行为的直接帮助，又包括对实行行为的间接帮助；既包括事前帮助、事中帮助，还包括某些事后帮助。

与典型的共同侵权相比，教唆型的共同侵权具备“意思的共同体”，但不具备“行为共同体”。由于实施具体侵害行为的是被教唆人、被帮助人，因此，在认定侵权行为是否能够成立时，依据的是被教唆人、被帮助人的实行行为是否符合侵权责任构成要件。而对于教唆人、帮助人，则只需要认定教唆、帮助行为促使了侵害行为的发生或为侵害行为提供了便利，即可认定共同侵权的成立。

（二）教唆、帮助型共同侵权的主观过错

在教唆、帮助型共同侵权中，教唆、帮助人与被教唆人、被帮助人的主观过错形式是值得研究的问题。教唆、帮助本身就包含了故意的主观态度。因此，教唆、帮助共同侵权不能是共同过失。进一步分析，由于被教唆人、被帮助人的行为是在被指使、胁迫、激励的情况下完成，所以这也隐含着故意的意图。因此，教唆、帮助人与被教唆人之间应当均为故意，但并不必然是共同的故意。例如，甲在逃避乙的追打时被素有积怨的丙故意绊倒导致被甲追上打伤。此时甲、丙不存在共同的故意，但丙因为自己的帮助行为而与甲构成共同侵权。还可能存在的问题是，是否存在教唆、帮助人是故意，而被教唆、帮助人是过失的情形？笔者认为，在被教唆、帮助人系过失导致损害结果发生的情况下，应当区别对待。首先，在教唆的情形下，应当认为教唆人未起到指使、促使被教唆人实施侵权行为的作用，故教唆人不应当承担责任。其次，在帮助的情形下，因被帮助人系过失，而帮助人系故意，此时帮助人的行为构成介入因素。又由于帮助人的过错明显大于被帮助人，因此，可能构成因果关系的阻断，使得被帮助人承担较轻的责任，甚至免除责任，而由帮助人承担较重的责任甚至是全部责任。例如，甲有随意扔烟头的习惯。乙发现后故意将易燃物堆放在与其关系不睦的丙房屋附近。一日甲在经过丙房屋时又随意扔烟头引发大火造成丙财产损失。此时，甲的行为构成过失侵权应无疑义。但乙的帮助行为成为因果关系的介入因素导致了损害结果的发生，且由于乙的过错更大，故应当由乙承担更重的责任，而非甲、乙承担连带责任。

（三）对教唆、帮助限制民事行为能力人性质的认定

1. 关于教唆、帮助限制民事行为能力人的责任承担问题，向来存在两种观点。第一种观点认为，教唆、帮助限制民事行为能力人的责任承担，应与教唆、

帮助无民事行为能力人认定相同，即由教唆人、帮助人单独承担侵权责任，排除共同侵权及连带责任的认定；另一种观点认为，教唆、帮助限制民事行为能力人的侵权行为，应当比照普通的教唆、帮助侵权行为进行认定，理由是限制行为能力人并非没有民事行为能力，其可为与自己的年龄、智力相适应的民事活动，亦应当承担一定的民事责任，所以，其可以与教唆人、帮助人在一定范围内成立共同侵权。《民法通则意见》第148条第3款“教唆、帮助限制民事行为能力人实施侵权行为的人，为共同侵权人，应当承担主要民事责任”规定采纳的就是后一种观点。而《侵权责任法》第9条第2款“教唆、帮助无民事行为能力人，限制民事行为能力人实施侵权行为的，应当承担侵权责任”规定采纳的是第一种观点，将限制民事行为能力人按无民事行为能力人对待，限制民事行为能力人被教唆、帮助的，不构成共同侵权。《民法典》第1169条亦沿袭了上述规定。人民法院处理该类情形时，适用法律应依据《民法典》的规定。

2.《民法典》第1169条第2款规定，教唆、帮助无民事行为能力人、限制民事行为能力人实施侵权行为的，应当承担侵权责任；该无民事行为能力人、限制民事行为能力人的监护人未尽到监护责任的，应当承担相应的责任。这一规定弥补了在教唆、帮助限制民事行为能力人的情形下，受害人只能请求教唆人、帮助人承担侵权责任，不利于受害人权利保护的缺陷，合理地分配了各主体责任的承担，进一步体现了自己责任的原则。

三、团伙侵权行为

（一）团伙侵权行为的内涵

团伙侵权行为，是指三个以上行为人组成稳定的，并以连续实施非法活动为目的的团伙，所有团伙成员对按照团伙意志实施的侵权行为导致的损害，承担连带责任的共同侵权行为。[①] 团伙侵权行为作为侵权行为的一种，在满足一般侵权行为构成要件的同时，还必须具有一些特有的责任构成要件：必须有团伙的存在；团伙侵权行为是团伙意志的体现；行为人必须是以团体成员身份实施的侵权行为。

（二）团伙侵权行为的把握

我国立法和司法解释并未对团伙侵权作出规定。但有学者认为仍有对此进行规定的必要性。如中国社会科学院法学所主持的《中国民法典·侵权行为编

---

① 尹志强：《侵权行为法论》，中国政法大学出版社2008年版，第86页。

草案建议稿》第 12 条规定："部分团伙成员实施加害行为造成他人损害的，由全体团伙成员承担连带责任；但其他团伙成员能证明该加害行为与团伙活动无关的，则其他团伙成员不承担责任。"① 笔者认为，团伙侵权实际是共同侵权的一种具体表现形式，仍应当遵循共同侵权的一般性规定。如果规定未参加侵权行为的团伙成员对损害结果承担责任，只能从另一角度考虑，团伙存在的目的就是从事某一类或某几类侵权行为，团伙成员之间具有共同的故意，并形成了相互配合、紧密协作的关系，即使每个具体的侵权行为是由不同的团伙成员实施，也应当由全体团伙成员承担侵权责任。当然，如果能证明团伙成员的行为属于个人行为，与团伙活动无关，没有意识联络等，则其他团伙成员可以不承担责任。

事实上，团伙型侵权在民事侵权中并不多见，而更常见于刑事犯罪中。如盗窃团伙、拐卖妇女儿童团伙等。根据《刑法》的规定，犯罪集团中只有组织、领导犯罪集团的首要分子才对该集团的全部犯罪行为承担刑事责任。其他成员仅对自己参与策划、组织的犯罪行为承担刑事责任。当然，考虑到刑法与民法、刑事责任与民事责任之间的巨大差别，这一规定并不能为民事团伙侵权立法提供更多的借鉴意义。是否需要对团伙侵权作出规定以及如何规定，仍是今后值得研究的问题。

【典型案例】

马某诉李某、梁某侵权损害赔偿纠纷案

原告：马某。

被告：李某。

被告：梁某。

〔基本案情〕

原告马某因与被告李某、梁某发生人身伤害赔偿纠纷，由其法定代理人马甲、康某向广东省深圳市南山区人民法院提起诉讼。

原告的法定代理人诉称：原告马某的右眼已被被告李某、梁某燃放的烟花伤害，致终生残疾。请求判令被告赔偿医疗费、交通费、误工费、营养费和今后治疗费以及因治疗引起的其他费用共计 6.73 万元。

被告李某的法定代理人辩称：烟花不是李某从家中拿出去的，而是在外面捡的，没有点燃，后由其他男孩点燃的。该烟花致伤马某，与李某毫无关系，不应将李某

---

① 中国民法典立法研究课题组：《中国民法典：侵权行为编草案建议稿》，载《法学研究》2002 年第 2 期。

列为被告。

被告梁某的法定代理人辩称：致伤原告马某的烟花虽为被告梁某点燃，但该烟花是李某提供，火种是叶某提供，原告在听到警告后仍走近烟花观看，致使损害结果发生。该损害结果是由 4 人的混合过错造成的，应追加叶某为本案共同被告，各自承担相应的民事责任。另外，原告在伤情未经法医检验前就先后到 7 家医院治疗，加大了医疗费用；要求赔偿今后治疗费用 6 万元，缺乏根据。

深圳市南山区人民法院经审理查明：1993 年 1 月 29 日晚上 8 时许，被告李某手持一支 40 发魔术弹在住宅楼下的草坪上燃放，被告梁某见状即前去帮忙。因魔术弹没有引线，梁某向叶某要了一个小烟花插进魔术弹筒里，引火后即警告原告马某走开，但马某没有走开，反而侧头用眼朝魔术弹筒内窥看，魔术弹喷出击中马某右眼，最后烟花在李某的手上爆炸。马某右眼受伤后，由其法定代理人先后带到甲医院、乙医院、丙医院、丁医院、戊医院及己医院等医疗单位诊治，均无疗效。后经法医检验鉴定：马某的右眼外伤性白内障，视力仅能看到眼前手动，已构成重伤。马某为治眼伤共花去治疗费 2081 元；交通费、住宿费人民币 2698.5 元，马某的法定代理人为治疗马某眼伤请事假减少奖金、工资收入 898 元。

〔一审裁判理由与结果〕

南山区人民法院认为：被告李某提供并手执烟花让被告梁某燃放，造成原告马某右眼伤残。依照《中华人民共和国民法通则》（以下简称民法通则）第九十八条、第一百一十九条的规定，李某、梁某应当承担侵害他人身体造成损害的民事责任。李某的行为是造成损害的主要原因，应当承担主要责任，梁某承担一定责任。鉴于二被告是共同侵权，依照民法通则第一百三十条的规定，还应当承担连带责任。李某、梁某分别为无民事行为能力人与限制民事行为能力人，依照民法通则第十二条、第一百三十三条的规定，他们的民事责任应当由其监护人承担。马某年仅 9 岁右眼受损，必将对今后的生活、学习和工作造成困难，为弥补损失，被告方除应赔偿医疗费、交通费、住宿费、误工费外，还应适当补偿原告的今后生活费用。此项费用数额应根据目前社会人平均生活水平和被告方的履行能力酌情考虑。马某在梁某等人发出警告后，仍朝烟花筒内窥看，其行为也是造成损害发生的原因之一，依照民法通则第一百三十一条的规定，可以适当减轻被告方的民事责任。马某的监护人在未征得初诊医院或者被告方同意的情况下，即带着马某先后到 5 家外地医院治疗，增加了不必要的费用，故因此而多付出的交通费、住宿费应由自己承担。叶某给梁某提供火种，不是致伤马某的直接原因，该行为与损害结果的发生没有必然的联系，故梁某的法定代理人提出追加叶某为本案被告的请求不予采纳。据此，南山区人民法院于 1993 年 10 月 22 日判决：

一、原告马某已用去的治疗费 2081 元、交通费 200 元、其法定代理人误工费 898 元和马某今后生活补助费 2 万元、治疗费 1 万元，共计 33179 元，由被告李某的监护人李甲、郑某承担13272元，由被告梁某的监护人梁甲、毛某承担9945元，其余费用由原告的监护人马甲、康某承担。

二、李甲、郑某、梁甲、毛某对第一项确定的赔偿额相互承担连带责任。

三、驳回梁某的法定代理人提出追加叶某为被告的请求。

〔当事人上诉及答辩意见〕

第一审宣判后，被告李某不服，由其法定代理人以一审答辩理由向深圳市中级人民法院提出上诉。

〔二审查明的事实〕

深圳市中级人民法院在二审中查明，被上诉人马某的监护人因护理马某所遭受的误工损失是1287.27元。

〔二审裁判理由与结果〕

深圳市中级人民法院认为，第一审判决认定的事实清楚，责任分明，判决赔偿的治疗费、交通费以及补偿的今后治疗费是合理的，应予维持。对误工费，应按二审查明的数额予以确认。对今后生活补助费，参照《深圳经济特区工伤暂行规定》中一目失明补偿6900元的规定，可适当增至1万元，一审判决补偿2万元偏高。上诉人认为李某没有过错，不应承担民事责任的理由，无事实根据，不予采纳。据此，深圳市中级人民法院依照《中华人民共和国民事诉讼法》第一百五十三条第一款第（一）项、第（三）项的规定，于1994年7月20日判决：

一、维持深圳市南山区人民法院（1993）深南法民初字第55号民事判决之第（二）项、第（三）项；

二、变更原判第（一）项为：被上诉人已用去的治疗费2081元、交通费200元、今后生活补助费10000元、治疗费10000元，以及其法定代理人误工费1287.25元，合计人民币23568.25元，由上诉人李某的监护人李甲、郑某承担10600元，由原审被告梁某的监护人梁甲、毛某承担8068元，其余数额由被上诉人马某的监护人承担。

第六章 人身损害赔偿

规则9：城镇的农村居民发生死亡事故涉及残疾赔偿金、死亡赔偿金以及被扶养人生活费的，不再区分城乡赔偿标准，统一采用城镇居民标准计算

——季某等诉某保险公司海安支公司、穆某、徐某发生交通事故损害赔偿纠纷案①

【裁判规则】

对城镇居民和农村居民的死亡赔偿金计算标准应当全面正确地理解，不能简单地依据户籍登记确认死亡赔偿金计算标准，而应当综合考虑受害人的经常居住地、工作地、获取报酬地、生活消费地等因素加以判断。

对于常年生活工作在城镇，收入相对稳定，消费水平也和一般城镇居民基本相同，已经融入城镇生活的农村居民，如果发生死亡事故，涉及赔偿问题的，应当按照城镇居民的标准计算死亡赔偿金。

【规则理解】

一、人身损害赔偿的内涵及法律特征

所谓人身损害赔偿，是指自然人的生命权、健康权、身体权受到不法侵害，造成伤害、残疾、死亡及其他损害，要求侵权人以财产损害赔偿等方法进行赔偿的制度。

（一）人身损害赔偿制度保护的客体

人身损害赔偿制度保护的客体是自然人的生命权、健康权和身体权。

生命权，是指以自然人的生命安全利益为内容的人身权利，生命权的客体是生命安全和其他生命利益。生命权是自然人最高的人身权利，侵害他人的生命不仅是侵权行为，更是犯罪行为。虽然生命权是自然人的人身权利，但自然

① 《中华人民共和国最高人民法院公报》2006年第9期。

人不能处分自己的生命权。所以，即使受害人同意，杀害或帮助其自杀的行为都是侵害生命权的行为。

健康权，是指以自然人身体机能的健全、正常运作和功能完善发挥为内容的权利。健康包括自然人的生理健康和心理健康。生理健康指自然人的生理机能的正常状态以及正常运转。侵害心理健康的行为就是所谓的“精神惊吓”，即受害人因受到惊吓而导致心理健康受到侵害的情形，包括直接侵害心理健康和第三人精神惊吓两种情形。[①] 直接侵害心理健康是指加害人的行为直接侵害了被侵权人的心理健康，使其处于惊吓、恐惧、忧虑、精神恍惚等不健康的心理状态。第三人精神惊吓则指加害行为针对第三人，但受害人因为耳闻或目睹加害行为，从而遭受恐惧、惊吓等。

身体权，是指自然人保持身体组织的完整性并支配其肢体、器官和其他组织的权利。身体权和健康权的关系极为密切，多数侵害人身权的行为中，同一行为既侵犯他人的身体权，又侵犯他人的健康权。例如，斗殴中把他人的手臂砍掉，既破坏了他人身体组织的完整又损害了他人的健康。少数情况下，侵害健康权未必同时侵害身体权，如输血导致他人感染病毒。同理，侵害身体权也不一定侵害健康权，如强行剪掉他人的指甲。

（二）人身损害赔偿的特征

首先，被侵权人的生命权、健康权、身体权受到侵害后，通常会产生财产上的积极损失和消极损失。积极损失如医疗费、护理费、交通费、丧葬费，消极损失即因侵权行为所失去的利益，如误工的损失、残疾赔偿金和死亡赔偿金。多数情况下，生命权、健康权和身体权受到侵害的，也会产生精神上的痛苦，如被侵权人因身体残疾遭受的身体疼痛和精神痛苦，近亲属因被侵权人死亡而遭受的精神痛苦。因此，人身损害赔偿通常包含财产损害赔偿和精神损害赔偿。财产损害赔偿用于弥补被侵权人的财产利益损失，精神损害赔偿则用于填补和抚慰被侵权人或其近亲属的精神痛苦。

其次，人身伤亡的财产损害赔偿为金钱赔偿，而非恢复原状。第一，若自然人的生命权被侵害，无法恢复原状；身体残疾，无法恢复原状。第二，即使是能够恢复原状的侵害健康权、身体权的行为，也需要赔偿被侵权人为恢复原状而支出的医疗费、交通费、营养费、护理费等一系列费用。

最后，人身损害赔偿的权利人可能是因侵权行为直接遭受人身损害的受害

① 程啸：《侵权责任法教程》，中国人民大学出版社2011年版，第40页。

人，也可能是依法由受害人承担扶养义务的被扶养人以及死亡受害人的近亲属[①]。

二、人身伤亡财产损害赔偿的范围

人身损害赔偿在理论上可以分为财产损害赔偿和精神损害赔偿，而财产损害赔偿的范围在理论上可以分为被侵权人所受损失和所失利益。

（一）所受损失

所受损失，也可称为积极损失，即被侵权人因人身伤亡而支出的各种合理费用，包括“医疗费、护理费、交通费和康复支出的合理费用、丧葬费和残疾辅助器具费”，《民法典》第1179条对此作出了明确规定。

1. 医疗费。它是指被侵权人遭受人身伤害后接受医学上的检查、治疗和康复所支出的以及将来必定发生的医药和治疗费用。既包括已经支出的医药费、治疗费，也包括将来必定发生的医疗费用，如康复费、整容费以及其他后续治疗费用。具体而言，医疗费包括以下几个方面：（1）挂号费，包括普通门诊挂号和专家门诊挂号费。（2）医药费，即购买药品所支付的费用。受害人在受到损害后，有的是自己买药以应急，有的是自己买药治疗，有的是医院没有所需要的对症药需要到药店购买。对于被侵权人自己到药店买的药，凡是合理而必要的，都应当予以赔偿。[②]（3）检查费，包括为治疗所需的各种医疗检查费用，如CT费、B超费等。（4）治疗费，即受害人接受治疗所支付的费用。（5）住院费。（6）其他医疗费用，即除上述医疗费用外发生的合理而必须的费用。

《人身损害赔偿司法解释》第6条规定，医疗费根据医疗机构出具的医药费、住院费等收款凭据，结合病例和诊断证明等相关证据确定。赔偿义务人对治疗的合理性和必要性有异议的，应当承担相应的举证责任。但是对于治疗是否一定要坚持公费医疗标准问题，杨立新教授认为公费医疗标准太低，应当实事求是地按照实际需要确定。[③]

---

① 《人身损害赔偿司法解释》第1条规定：“因生命、身体、健康遭受侵害，赔偿权利人起诉请求赔偿义务人赔偿物质损害和精神损害的，人民法院应予受理。本条所称‘赔偿权利人’，是指因侵权行为或者其他致害原因直接遭受人身损害的受害人以及死亡受害人的近亲属。本条所称‘赔偿义务人’，是指因自己或者他人的侵权行为以及其他致害原因依法应当承担民事责任的自然人、法人或者非法人组织。”

② 杨立新：《人身损害赔偿问题研究（下）》，载《河南省政法管理干部学院学报》2002年第2期。

③ 杨立新：《人身损害赔偿问题研究（下）》，载《河南省政法管理干部学院学报》2002年第2期。

对于侵权行为所诱发的疾病的治疗，应当予以适当赔偿。确定的标准，应当按照因果关系中的实际情况确定，即按照原因力的大小确定。侵权行为所诱发的疾病，一般应当按照相当因果关系确定责任的有无。在确定了有相当因果关系以后，判断侵权行为对诱发疾病发生的原因力，按照原因力的百分比确定赔偿费用。①

对于将来发生的器官功能恢复训练所必要的康复费、适当的整容费以及其他后续治疗费用，赔偿权利人可以待实际发生后另行起诉。但根据医疗证明或者鉴定结论确定必然发生的费用，可以与已经发生的医疗费一并予以赔偿。《人身损害赔偿司法解释》第6条对此作出了明确规定。应当注意的是，即使是确定了一次性赔偿，但是今后实际治疗所发生的费用超出了一次性赔偿确定的数额的，对于超出的部分，受害人有权另行起诉请求赔偿。

2. 护理费。它是指受害人遭受人身伤害期间，生活不能自理需要他人帮助而支出的费用。对于护理的必要性，需要有医疗单位或者鉴定机构的证明。护理费根据护理人员的收入状况和护理人数、护理期限确定。护理人员有收入的，参照误工费的规定计算；护理人员没有收入或雇用护工的，参照当地护工从事同等级别护理的劳务报酬标准计算。护理人员原则上为一人，但医疗机构或鉴定机构有明确意见的，可以参照确定护理人员人数。护理期限应计算至受害人恢复生活自理能力时终止，但是否恢复生活自理能力的确定，仍应由医疗机构或鉴定机构出具意见。受害人因残疾不能恢复生活自理能力的，可以根据其年龄、健康状况等因素确定合理的护理期限，但最长不能超过20年。《人身损害赔偿司法解释》第8条对此作出了明确规定。

3. 交通费。它是指为治疗和康复而支出的用于交通方面的合理费用。合理的交通费用主要包括：（1）受害人被送往医院就医或转院、去往外地就医而产生的交通费；（2）必要陪护人员陪同受害人就医或转院治疗产生的交通费用。交通费应以正式票据为凭，有关凭据应与就医地点、时间、人数、次数相符合。《人身损害赔偿司法解释》第9条对此作出了明确规定。

4. 住院伙食补助费。它是指受害人因住院而超出日常伙食费的那部分费用。住院伙食补助费的权利人仅限于住院的受害人，如果受害人没有住院，只是在家休养，则不发生这部分费用，且不包括护理人员的伙食补助费。受害人

① 杨立新：《人身损害赔偿问题研究（下）》，载《河南省政法管理干部学院学报》2002年第2期。

确有必要到外地接受治疗，因客观原因不能住院，受害人本人及其陪护人员实际发生的住宿费和伙食费，其合理部分应予以赔偿。但是受害人须举证证明存在异地治疗的必要性。因客观原因不能住院通常指由于医院病床已满或需要排号等客观原因造成的。现实情况中，受害人的住所远离医院，其陪护人员只能在医院附近租住旅馆。笔者认为，即使是受害人在本地接受治疗，对于陪护人员实际发生的合理住宿费也应予以赔偿。

5. 营养费。它是指受害人通过日常平均饮食尚不能满足受害身体的恢复而需要通过营养品的补充作为辅助性治疗措施。营养费根据受害人的伤残情况，参照医疗机构的意见确定，但最重要的还是根据受害人的伤残情况确定。赔偿义务人对于营养费或医疗机构的意见有异议的，承担相应的举证责任。《人身损害赔偿司法解释》第 11 条对此作出了明确规定。

6. 残疾辅助器具费。它是指受害人因伤致残造成身体功能全部或部分丧失需要配备补偿功能的残疾辅助器具的费用。例如，瘫痪后使用的轮椅，失明后安装的义眼，截肢后安装的假肢。残疾辅助器具费按照普通适用器具的合理费用标准计算，排斥豪华、奢侈型的器具。法律未对残疾辅助器具费的赔偿期限作出明确的规定，只规定参照配置机构的意见确定。因此，对于超过确定的辅助器具给付年限的，受害人仍然可以向人民法院起诉要求继续给付残疾辅助器具费。

7. 丧葬费。它是指赔偿义务人应当赔偿给受害人的近亲属或其他为受害人料理后事的人安葬受害人以及处理相关后事所支出的相关合理费用。丧葬费按照受诉法院所在地的上一年度职工月平均工资标准，以 6 个月总额计算。《人身损害赔偿司法解释》第 14 条对此作出了明确规定。

（二）所失利益

所失利益也称消极损害，是指被侵权人因人身伤亡而丧失的预期收入，包括因误工减少的收入、残疾赔偿金和死亡赔偿金。

1. 因误工减少的收入。简称误工费，它是指受害人在治疗或休养期间本应获得但因侵权人的加害行为而无法获得的工资、奖金、津贴以及其他补贴收入。

误工费根据受害人的误工时间和收入状况确定。误工时间根据受害人接受治疗的医疗机构出具的证明确定。但是受害人因伤致残持续误工的，误工时间可以计算至定残日前一天。定残后的误工损失转化为残疾赔偿金。误工损失的标准确定，受害人有固定收入的，误工费按实际减少的收入计算，包含工资、奖金、津贴等，但不包括可预计的营业利润的损失。受害人无固定收入的，按照其最近三年的平均收入计算。受害人不能举证证明其最近三年平均收入状况的，可以参照受诉法院所在地相同或相近行业上一年度职工的平均工资计算。《国家赔偿法》中对误工实际损失规定了一个上限，即超过全国年平均工资5倍的，只赔偿5倍。笔者以为这种规定是欠妥的，误工损失就是受害人的实际损失，均应根据实际情况予以赔偿。

2. 残疾赔偿金。根据《民法典》第1179条的规定，侵害他人造成他人残疾的，还应当赔偿残疾赔偿金。对于残疾赔偿金的性质，必须明确残疾赔偿金不是对“残疾”这一客观事实的赔偿，因为人的身体是无法用价值来衡量的。关于残疾赔偿金的性质，学说上有三种不同观点，即“所得丧失说”“劳动能力丧失说”“生活来源丧失说”。“劳动能力丧失说”是根据残疾等级抽象评定劳动能力丧失程度，并以此评价被侵权人利益损失的学说。“收入丧失说”则与“劳动能力丧失说”相对立，认为只有实际取得的收入被侵权，才会有收入损失，未成年人、待业人员都不存在收入损失，因此不能获得赔偿，显然是不合理的。

《触电人身损害赔偿司法解释》[①] 第4条第5项把受害人丧失劳动能力请求的赔偿定性为残疾人生活补助费。《人身损害赔偿司法解释》采取的是“劳动能力丧失说”的观点。《民法典》规定了残疾赔偿金这一赔偿项目，但未对其性质和计算标准作出明确规定，因此，《人身损害赔偿司法解释》的规定仍将适用。

2001年3月10日开始施行的原《精神损害赔偿司法解释》第9条第1项[②]把致人残疾赔偿的残疾赔偿金作为精神损害抚慰金的一种形式，但在《人身损害赔偿司法解释》中残疾赔偿金的性质是财产损害赔偿，不再作为精神损害抚慰金的形式存在。所以根据《人身损害赔偿司法解释》的规定，因伤致残的受害人可以同时请求残疾赔偿金和精神损害抚慰金。

残疾赔偿金根据受害人丧失劳动能力程度或者伤残等级，按照受诉法院所在地上一年度城镇居民人均可支配收入标准，自定残之日起按二十年计算。但六十周岁以上的，年龄每增加一岁减少一年；七十五周岁以上的，按五年计算。受害人因伤致残但实际收入没有减少，或者伤残等级较轻但造成职业妨害严重影响其劳动就业的，可以对残疾赔偿金作相应调整。

---

① 该文件现已失效。

② 该条已经修订后删除。

3. 死亡赔偿金。由于自然人的生命是无价的，生命不能用金钱来衡量。死亡赔偿金并非对“生命”本身的赔偿，而是对由于受害人死亡而产生的财产损失的赔偿。由于死亡赔偿金的性质，涉及对谁对何种损害的赔偿，关系到死亡赔偿金的确定、计算和给付。

关于死亡赔偿金的性质，有“扶养丧失说”和“继承丧失说”两种观点。“扶养丧失说”认为，因受害人死亡而遭受财产损害的是其生前负有扶养义务的人。由于受害人死亡，导致被扶养人因此丧失了生活来源。按照扶养丧失说，赔偿义务人赔偿的范围就是被扶养人在受害人生前从其收入中获得的抚养费。如果在赔偿时，不存在所谓的被抚养人，则加害人就不需承担该项赔偿责任。“继承丧失说”认为，受害人若没有遭受侵害，在未来不断获得收入，而这些收入本来可以作为受害人的遗产为法定继承人所继承的，但是由于加害人的侵害行为，导致继承人可期待的继承财产的丧失或减少。多数国家和地区，如德国、英国、俄罗斯采取的是“扶养丧失说”，在我国，《人身损害赔偿司法解释》以及《涉外海上人身伤亡案件损害赔偿具体规定（试行）》[①] 采取的是“继承丧失说”，《民法典》也将死亡赔偿金界定为财产损害赔偿。原《精神损害赔偿司法解释》第 9 条第 2 项把死亡赔偿金作为精神损害抚慰金的一种形式，《人身损害赔偿司法解释》扬弃《精神损害赔偿司法解释》的立场，以“继承丧失说”解释我国法律规定中的死亡赔偿金制度，其性质是财产损害赔偿，而不是精神损害赔偿，这种做法更有利于保护受害人及其近亲属的合法权益。

《人身损害赔偿司法解释》只规定了死亡赔偿金项目，而未明确在受害人死亡的场合，如果存在由受害人扶养的被扶养人情形，被扶养人是否能够请求赔偿抚养费。《民法典》也未明确规定，但《最高人民法院关于适用〈中华人民共和国侵权责任法〉若干问题的通知》第 4 条规定：“人民法院适用侵权责任法审理民事纠纷案件，如受害人有被抚养人的，应当依据《最高人民法院关于审理人身损害赔偿案件适用法律若干问题的解释》第二十八条的规定，将被抚养人生活费计入残疾赔偿金或死亡赔偿金。”所以，权利人对于死亡赔偿金与被扶养人生活费可以同时请求，二者并不冲突，这也进一步证明我国对死亡赔偿金的性质采取的是“继承丧失说”。

三、人身伤亡精神损害赔偿

精神损害赔偿，也称非财产损害赔偿，是指因侵害他人的人身权益造成严

① 该文件现已失效。

重精神损害时，侵权人应向被侵权人支付精神损害抚慰金，以消除或减轻被侵权人的精神痛苦。精神损害赔偿只适用于自然人人身权益受到严重损害的侵权领域，因此，在违约领域，我国的司法实践目前尚不承认可以主张精神损害赔偿。

《民法典》第1183条规定，侵害他人人身权益造成他人严重精神损害的，被侵权人可以请求精神损害赔偿。立法的意图在于严格限制精神损害赔偿的适用范围。如果被侵权人只是遭受一般或轻微的精神损害，其将无法获得精神损害赔偿金。所谓严重精神损害，须严格解释。在人身侵权案件中，如果造成残疾或死亡后果的，该损害本身就是严重的精神损害。如果未造成残疾或死亡后果的，被侵权人必须证明严重精神损害的存在，由法官根据证据判断精神损害是否严重。

【拓展适用】

一、人身损害赔偿与工伤保险赔偿的竞合

职工因第三人侵权事故导致工伤，在已得到工伤保险赔偿后，能否再向侵权人要求赔偿？这里存在人身损害赔偿和工伤保险赔偿竞合的问题，换言之，在这种情形下，被侵权人能否得到双份赔偿。在“杨某诉上海钢铁公司人身损害赔偿案”① 中，法院肯定了被侵权人在得到工伤保险后还能向侵权人要求赔偿。

《人身损害赔偿司法解释》第3条第1款规定：“依法应当参加工伤保险统筹的用人单位的劳动者，因工伤事故遭受人身损害，劳动者或者其近亲属向人民法院起诉请求用人单位承担民事赔偿责任的，告知其按《工伤保险条例》的规定处理。”该条第2款规定：“因用人单位以外的第三人侵权造成劳动者人身损害，赔偿权利人请求第三人承担民事赔偿责任的，人民法院应予以支持。”从《人身损害赔偿司法解释》第3条这两款规定来看，显然《人身损害赔偿司法解释》第3条第1款和第2款之间是并列关系，而不是排斥、矛盾关系，所以应当认为受害人仍然有权向侵权人要求赔偿。

从民事法律关系的角度考虑，因用人单位外第三人侵权造成人身伤害，构成工伤，同时也符合侵权责任的构成要件。同一损害事实，存在两个不同的民事法律关系，二者之间互不排斥。首先，根据《工伤保险条例》的规定，用人

---

① 《中华人民共和国最高人民法院公报》2006年第8期。

单位应当为本单位全体职工缴纳工伤保险费，因工伤受到人身伤害的职工就有权获得工伤保险赔偿，享受工伤保险待遇。因此，只要客观上存在工伤事故，而无须考查工伤事故的发生原因，因工伤事故受到人身伤害的职工就有权要求用人单位赔偿。其次，根据侵权责任的构成要件理论，被侵权人因侵权人的加害行为受到人身伤害，在侵权人与被侵权人之间形成侵权行为之债的民事法律关系，被侵权人依据《侵权责任法》的规定，有权向侵权人主张赔偿，侵权人不能以被侵权人享有工伤保险赔偿为由而拒绝赔偿。

侵权责任法的功能在于填补损害、预防损害，教育和惩戒侵权人。[①] 如果被侵权人享受工伤保险赔偿以后就不能向侵权人请求赔偿，那无异于纵容他人的侵权行为，侵权行为人不能得到应有的惩罚，因为，在人身保险中保险公司不享有保险代位求偿权。此举恐怕不能达到预防损害，教育、惩戒侵权人的功能。

从私法原则考虑，法无明文规定即自由。《工伤保险条例》等一系列法律、法规未明确禁止，就应该推定法律允许受害人获得双份赔偿。况且在司法实践中，人身损害赔偿案件的实际侵权人真正有经济实力完全赔偿受害人的并不多。允许受害人通过两种渠道获得赔偿，相当于为受害人的权利救济上了双重保险，更有利于保护劳动者的权益。

二、死亡赔偿金的计算标准

在《侵权责任法》出台之前，为统一人身损害赔偿纠纷案件相关法律适用问题，最高人民法院于2003年12月公布了《人身损害赔偿司法解释》，规定残疾赔偿金、死亡赔偿金按照城镇居民人均可支配收入或者农村居民人均纯收入标准计算，被扶养人生活费按照城镇居民人均消费性支出和农村居民人均年生活消费支出标准计算。诚然由于我国城乡差别、地域差别很大，城镇与农村的收入和生活水平存在差异，该规定是基于当时我国经济社会发展基本国情，在城乡户籍制度和城乡二元结构的背景下制定的。根据受诉法院所在地的上一年度居民人均可支配收入或者农村居民人均纯收入标准来确定死亡赔偿金的数额有一定的合理性，但是有的法院在司法实践中对《人身损害赔偿司法解释》理解片面，机械地按照户籍标准来确定赔偿金的数额，对于户籍是农业人口但经常居住地在城镇且在城镇工作生活的也按照农村居民的标准计算赔偿金，这是不妥的。这一做法也引起了民间“同命不同价”的争论。

---

① 杨立新：《侵权责任法》，中国人民大学出版社2010年版，第8页。

随着我国户籍制度改革的推进以及经济社会的不断发展，城乡差距逐渐缩小，人身损害赔偿标准问题面临着新情况、新形势。2014年7月24日，国务院印发《关于进一步推进户籍制度改革的意见》，就进一步推进户籍制度改革提出具体政策措施，其中在第三条“创新人口管理”的意见中，提出“建立城乡统一的户口登记制度”“取消农业户口与非农业户口性质区分和由此衍生的蓝印户口等类型，统一登记为居民户口”。2017年2月9日，公安部召开全国户籍制度改革专题视频培训会，会议指出户籍制度改革的政策框架基本构建完成，城乡统一的户口登记制度全面建立，各地取消了农业户口与非农业户口性质区分。2019年4月15日，中共中央、国务院公布《关于建立健全城乡融合发展体制机制和政策体系的意见》，明确提出“改革人身损害赔偿制度，统一城乡居民赔偿标准”的要求。为贯彻落实党中央要求，最高人民法院于2019年9月2日印发《关于授权开展人身损害赔偿标准城乡统一试点的通知》，授权各高院在辖区内开展人身损害赔偿纠纷案件统一城乡居民赔偿标准试点工作。为进一步推动城乡居民赔偿标准统一工作，在总结试点工作经验的基础上，最高人民法院启动了《人身损害赔偿司法解释》修改工作。经过深入调研论证，并向全社会公开征求意见，在反复研究论证的基础上，决定修改《人身损害赔偿司法解释》，统一城乡居民赔偿标准。

《民法典》第1180条有条件地实现“同命同价”。该条规定：“因同一侵权行为造成多人死亡的，可以以相同数额确定死亡赔偿金。”在处理造成多人死亡事故的重大交通事故、矿难事故等民事赔偿案件时，可以同一标准确定死亡赔偿金。法律在此只是规定可以以相同数额确定死亡赔偿金，而不是“应当”“必须”。有一种观点认为此处的“可以”带有一定的强制性，在没有极为特殊的情况下，都应当以相同数额确定死亡赔偿金。[①]。相反观点则认为，“可以”就是“可以”。如果要限制法官的裁量权，使其原则上都判决相同数额的死亡赔偿金，就会使用“应该”。既然是“可以”，也就包括“不可以”。也就是说，于同一侵权行为造成多人死亡的，法官可以相同数额确定死者近亲属的死亡赔偿金，也可以不同数额确定死者近亲属的死亡赔偿金。法官在此等情形下

① 王利明：《侵权责任法》，中国人民大学出版社2016年版，第179页；杨立新：《侵权责任法》，中国人民大学出版社2010年版，第154页。

享有依据情势作出不同选择的裁量权。①

为深入贯彻落实党中央关于建立健全城乡融合发展体制机制和政策体系的重大决策部署以及“改革人身损害赔偿制度，统一城乡居民赔偿标准”的要求，2022年2月15日，最高人民法院审判委员会第1864次会议讨论通过了《最高人民法院关于修改〈最高人民法院关于审理人身损害赔偿案件适用法律若干问题的解释〉的决定》，并于2022年5月1日起施行。《人身损害赔偿司法解释》本次修改共涉及2003年《人身损害赔偿司法解释》的第12条、第15条、第17条、第18条、第22条、第24条六个条文，将残疾赔偿金、死亡赔偿金以及被扶养人生活费由原来的城乡区分的赔偿标准修改为统一采用城镇居民标准计算。主要内容是：将残疾赔偿金、死亡赔偿金由原来按照城镇居民人均可支配收入或者农村居民人均纯收入标准计算修改为按照城镇居民人均可支配收入标准计算；将被扶养人生活费由原来按照城镇居民人均消费性支出或者农村居民人均年生活消费支出标准计算修改为按照城镇居民人均消费支出标准计算。残疾赔偿金、死亡赔偿金以及被扶养人生活费不再区分城乡居民分别计算，而是统一按照政府统计部门公布的各省、自治区、直辖市以及经济特区和计划单列市的城镇居民指标计算。

【典型案例】

季某等诉某保险公司海安支公司、穆某、徐某发生交通事故损害赔偿纠纷案

原告：季某。

原告：张某。

原告：许某。

原告：季甲。

被告：某保险公司海安支公司。

被告：穆某。

被告：徐某。

〔基本案情〕

原告季某、张某、许某、季甲因与被告某保险公司海安支公司、穆某、徐某发生交通事故损害赔偿纠纷，向江苏省海安县人民法院提起诉讼。

原告季某、张某、许某、季甲诉称：2005年11月18日下午2时50分左右，原

① 张新宝：《中国民法典释评（侵权责任编）》，中国人民大学出版社2020年版，第62页；石宏主编：《〈中华人民共和国民法典〉理解与适用（人格权编侵权责任编）》，人民法院出版社2020年版，第154页。

告方的亲属季乙驾驶车牌号为苏 F-CS4××号的二轮摩托车由北向南行驶至海安县海安镇平桥路与翻身河西交叉路口时，被被告穆某驾驶的车牌号为苏 F-AD2××号的轻型厢式货车（登记车主为被告徐某）撞伤，在县人民医院住院治疗 13 天，终因抢救无效，于同年 12 月 1 日死亡。根据交警大队作出的事故认定，被告穆某对本案交通事故负次要责任，季乙负主要责任。故原告方请求判令被告方承担以下赔偿责任：1. 季乙的医疗费 50199. 91 元；2. 季乙的误工费，按照江苏省统计部门公布的 2004 年度从事交通运输业人员的年收入标准 15850 元计算 13 天，为 564. 52 元；3. 季乙住院期间伙食补助费按每天 18 元计算 13 天，为 234 元；4. 季乙住院期间营养费，按每天 6 元计算 13 天，为 78 元；5. 季乙住院期间护理费，按照江苏省统计部门公布的 2004 年无固定收入人员年收入标准 7053 元计算 13 天，由二人三班倒轮流护理，为 1506. 96 元；6. 死亡赔偿金，按照江苏省统计部门公布的 2004 年度城镇居民人均纯收入 10482 元的标准计算 20 年，为 209640 元；7. 丧葬费，按照江苏省统计部门公布的 2004 年度在岗职工人均收入 18202 元的标准计算半年，为 9101 元；8. 精神损害抚慰金 5 万元；9. 交通费 1400. 4 元；10. 被抚养、赡养人生活费 67888. 75 元。其中季某应受赡养 10 年，张某应受赡养 7 年，考虑其他子女的赡养份额，按照每年 3035 元计算；季甲应受抚养 15 年，考虑季甲的其他抚养人的抚养份额，按照每年 7332 元计算；11. 车辆损失 1000 元。因事故损坏的摩托车，经公安机关委托评估，认定损失为 796 元，另有停车费 380 元，仅主张 1000 元。以上各项合计 391613. 54 元，穆某已经支付 15241 元。被告某保险公司海安支公司为穆某驾驶的肇事机动车辆设定了第三者责任保险，最高保额为 20 万元，应予理赔。超过 20 万元部分的损失，根据交警大队作出的事故责任认定，其中 30%应由穆某及徐某赔偿，减去穆某已经支付的部分费用，还应赔偿原告方 42243. 07 元。请求法院依法判决。

原告季某、张某、许某、季甲提交以下证据：

1. 四原告的户籍证明及季乙与原告许某的结婚证书，用以证明四原告的身份及与季乙的亲属关系。

2. 季乙的病历及医疗费用票据，用以证明季乙因本案交通事故受伤后，在海安县人民医院抢救治疗以及产生医疗费、误工费、住院伙食补助费、护理费等损失的事实。

3. 交警大队制作的交通事故认定书，用以证明发生本案交通事故的事实及肇事双方当事人过错责任的分担。

4. 季乙的户籍证明、村民委员会及镇人民政府、镇派出所出具的证明、社区居委会出具的证明，用以证明季乙的户口性质虽为农村居民，但季乙常年工作生活在县城等事实。

5. 原告许某的房产证，用以证明季乙与许某在县城购有房产，并在该处常年居住的事实。

6. 市交通局颁发给季乙的安全岗位培训证书、道路危险货物运输操作证，石油分公司颁发给季乙的安全、健康和环境承诺书，市公安局消防大队颁发给季乙的消防安全培训上岗证，石油分公司出具的证明，用以证明季乙生前曾从事危险品运输有限公司的押运员、石油分公司劳务工、石油化工运输有限公司劳务工等工作。

7. 交通费用票据，用以证明因本案交通事故致原告方发生交通费用损失的事实。

被告某保险公司海安支公司对本案交通事故发生的事实及交警大队对事故责任的认定没有异议，但辩称季乙系农村居民，不应当按照城镇居民的标准计算死亡赔偿金。季乙在事故中负主要责任，精神损害抚慰金数额应当按照其应负责任来确定，原告方主张按照5万元赔偿属标准过高。

被告穆某同意某保险公司海安支公司的答辩意见。另外辩称：车辆损失应按评估结果认定为796元；护理人员最多只应当按2人计算。对于原告方主张的其余损失无异议。

被告徐某辩称：被告穆某驾驶的肇事车辆是本人与孙某合伙期间购买的，后本人与孙某散伙，该车辆归孙某所有，是孙某让穆某开车而发生本案交通事故，该起事故与本人没有关系。

江苏省海安县人民法院经审理查明：

2005年11月18日下午2时50分左右，被告穆某驾驶登记车主为被告徐某、车牌号为苏F-AD2××号的轻型厢式货车，途经海安县海安镇平桥路与翻身河西交叉路口地段由西向东行驶过程中，与由北向南驾驶苏F-CS4××号二轮摩托车的季乙发生碰撞，致季乙重伤，双方车辆受损。季乙受伤后被送往海安县人民医院，住院治疗13天，终因抢救无效，于同年12月1日死亡。

死者季乙系原告许某之夫，原告季某、张某之子，原告季甲之父。季某、张某共生育包括季乙在内的四个子女，现居住于农村。季乙户籍所在地为海安县角斜镇新坝村10组7号。季乙于1995年12月27日与许某登记结婚，婚后与许某在海安县海安镇江海东路购有房产，并常年在该地生活、工作。

根据交警大队于2005年12月16日作出的事故认定，被告穆某负事故的次要责任，季乙负事故的主要责任。季乙驾驶的摩托车经交警大队委托海安县价格认证中心评估，损失为796元。2005年10月24日，被告某保险公司海安支公司为穆某驾驶的肇事机动车辆设定了第三者责任保险，最高保额为20万元。原告方为抢救季乙花费医疗费50199.91元。事故发生后，穆某已向原告方支付15241元。

对原告方主张的季乙误工费564.52元，丧葬费9101元，被抚养、赡养人生活费67888.75元，季乙住院期间伙食补助费234元、营养费78元及其护理费用按每人每年收入7053元标准计算等问题，双方当事人均无异议，因此予以确认。

江苏省统计部门公布的2004年度无固定职业人员年收入标准为7053元，城镇居民年均可支配性收入为10482元，在岗职工年平均收入标准为18202元，农村居民年均纯收入标准为 4754 元。

〔一审裁判理由与结果〕

江苏省海安县人民法院认为：

季乙在交通事故中受伤，经抢救无效死亡。原告季某、张某、许某、季甲作为季乙的亲属，依法享有请求侵权人赔偿医疗费、误工费、住院伙食补助费、营养费、护理费、死亡赔偿金、丧葬费、交通费、精神损失费、被抚养人和被赡养人生活费、财产损失费等损失的权利。

原告方所主张的季乙的医疗费 50199.91 元、误工费 564.52 元、住院伙食补助费 234 元、营养费 78 元、丧葬费 9101 元、车辆损失费 796 元等损失，合法有据，予以支持。关于交通费问题，原告方虽提供了交通费用票据，但对部分交通费票据既不能作出合理的解释，又不能提供证据证明确实与事故有关，难以认定。故只认定原告方的交通费用损失为 158.4 元。

原告方主张被抚养人、被赡养人的生活费为 67888.75 元。因原告季某、张某为农村户口，且居住于农村，原告季甲为城镇居民，故原告方请求依农村居民和城镇居民的标准分别计算被赡养人季某、张某与被抚养人季甲的生活费，合法有据，且被告方未提出异议，予以支持。

季乙在交通事故中死亡，原告方作为亲属，获得适当的精神损害赔偿是合情、合理、合法的。考虑到季乙在事故中负主要责任，可将精神损害抚慰金酌定为 1.5 万元。季乙因伤情较重，其住院抢救期间接受护理的事实确实存在，可酌定为由三人日夜轮流护理，护理费用可以按照江苏省统计部门公布的 2004 年度无固定收入人员年收入标准 7053 元计算 13 天，认定为 753.48 元。对于原告方主张的停车费损失，因原告方未能提供充分证据予以证明，故不予支持。

关于死亡赔偿金的计算标准，根据《最高人民法院关于审理人身损害赔偿案件适用法律若干问题的解释》第二十九条之规定，死亡赔偿金应以受诉法院所在地上一年度城镇居民人均可支配收入或农村居民人均纯收入标准，按 20 年计算。人的生命本是无价的，但在生命权受到侵害后，需要以金钱的方式进行赔偿，就必然涉及赔偿标准问题。上述司法解释的规定是考虑到城镇居民的平均消费水平和收入水平均高于农村居民，为合理地补偿受害人的损失，同时避免加重赔偿人的责任，故对城镇居民和农村居民的死亡赔偿金计算标准加以区别，其本意并非人为地以户籍因素划分生命价值的高低。近年来，随着市场经济的发展，人员的流动性也日益增强，大批农村居民进入城镇务工，其中有相当一部分农村居民常年在城镇工作生活，其收入相对稳定，消费水平也和一般城镇居民基本相同，虽然户籍登记仍为农村居民，但是事实上已经融入城镇生活。如果这类人员发生死亡事故，在计算死亡赔偿金额时，仍以其户籍登记作为判断依据，按照农村居民标准给予赔偿，显然不能合理的补偿经济损失，从而有失公平。全面正确地理解上述规定，在确认死亡赔偿金计算标准时，不能简单地依据受害人的户籍登记作出判断，而应当综合考虑受害人的经常居住地、工作地、获取报酬地、生活消费地等因素进行确定。

本案受害人季乙户籍登记虽为农村居民，但根据现有证据，季乙与许某婚后常年居住于海安县城，季乙生前曾在海安县城多家单位从事工作，有较稳定的收入，其主要消费地亦在海安县城。季乙的死亡必然会影响其家庭消费水平，其家庭可预期的未来收入势必也会随之减少。如果按照农村居民的标准计算季乙的死亡赔偿金，显然不足以填补原告方的损失，有失公平。故在确认季乙的死亡赔偿金计算标准时，应客观考虑季乙生前的经常居住地、工作地、获取报酬地、生活消费地等均在城镇的因素，以城镇居民的标准计算死亡赔偿金。据此，确认季乙的死亡赔偿金应按照江苏省统计部门公布的2004年度城镇居民人均可支配收入10482元计算20年，共计209640元。

被告某保险公司海安支公司为被告穆某驾驶的肇事机动车辆设定了最高保额为20万元的第三者责任保险，故某保险公司海安支公司依法应当在第三者责任保险限额范围内对原告方承担赔偿责任。鉴于受害人季乙应对本案交通事故负主要责任，故对原告方所受损失超过第三者责任保险限额的部分，应当由穆某根据其在事故中应负的责任予以赔偿。被告徐某虽是穆某驾驶的肇事机动车辆的登记车主，但在穆某具有有关职能部门核定的驾驶资质并实际驾驶该肇事车辆的前提下，穆某是负有赔偿义务的侵权人，徐某对于本案交通事故的发生并无过错，原告方主张徐某也应承担赔偿责任没有法律依据，不予支持。

据此，江苏省海安县人民法院依照《中华人民共和国道路交通安全法》第七十六条第一款；《江苏省道路交通安全条例》第五十二条第一款；《最高人民法院关于审理人身损害赔偿案件适用法律若干问题的解释》第十七条第一款、第三款，第十八条第一款，第十九条第一款，第二十条，第二十一条第一款、第二款，第二十三条第一款，第二十四条，第二十七条，第二十八条，第二十九条，第三十一条；《最高人民法院关于确定民事侵权精神损害赔偿责任若干问题的解释》第十条之规定，于2006年1月13日判决如下：

一、被告某保险公司海安支公司赔偿原告季某、张某、许某、季甲有关死者季乙的医疗费、误工费、住院伙食补助费、营养费、护理费、死亡赔偿金、丧葬费、精神损害抚慰金、交通费、被抚养人和被赡养人生活费、车辆损失费等损失合计20万元（不含被告穆某已经支付的部分费用）。

二、被告穆某赔偿原告季某、张某、许某、季甲有关死者季乙的医疗费、误工费、住院伙食补助费、营养费、护理费、死亡赔偿金、丧葬费、精神损害抚慰金、交通费、被抚养人和被赡养人生活费、车辆损失费等损失合计46342.22元，减去被告穆某已经支付的15241元，被告穆某尚应赔偿原告季某、张某、许某、季甲31083.22元。

三、驳回原告季某、张某、许某、季甲要求被告徐某承担赔偿责任的诉讼请求。

四、驳回原告季某、张某、许某、季甲的其他诉讼请求。

〔二审裁判理由与结果〕

一审宣判后，被告某保险公司海安支公司不服，向江苏省南通市中级人民法院提起上诉，但其后未按规定预交二审案件受理费。南通市中级人民法院依照《中华人民共和国民事诉讼法》第一百零七条第一款、《人民法院诉讼收费办法》第十三条第二款之规定，于2006年3月8日作出裁定：

本案按自动撤回上诉处理，原审判决即发生法律效力。

第七章　精神损害赔偿

规则10：侵权行为造成他人精神损害的，应依法给予抚慰与补偿

——贾某诉气雾剂公司、厨房用具厂、某餐厅人身损害赔偿案[①]

【裁判规则】

事故发生时受害人尚未成年，身心发育正常，烧伤造成的片状疤痕对其容貌产生了明显影响，并使之劳动能力部分受限，严重地妨碍了学习、生活和健康，除肉体痛苦外，无可置疑地给其精神上造成了伴随终身的遗憾与伤痛，必须给予抚慰与补偿。赔偿额度要考虑当前社会普遍生活水准、侵害人主观动机和过错程度及其偿付能力等因素。丧失的部分劳动能力应当根据丧失比率，参照当地人均生活费标准，按社会平均寿命年限合理计赔。本着便于治疗和保障生活的原则，赔偿可一次性解决，包括医药费（含今后医药费）、护理费、营养费、因停学购买的学习用品费、残疾生活自助具购置费、生活补助费和精神损害赔偿金等。

【规则理解】

一、精神损害赔偿的内涵及制度演变

（一）精神损害赔偿的概念

精神是与物质相对应，与意识相一致的哲学范畴，是由社会存在决定的人的意识活动及其内容和成果的总称。[②] 而精神损害赔偿，则是指民事主体因其人身权利受到不法侵害，使其人格利益和身份利益受到损害或受到精神痛苦，要求侵权人通过财产赔偿等方法进行救济和保护的民事法律制度。[③]

（二）精神损害赔偿制度的演变

2001年最高人民法院颁布的《精神损害赔偿司法解释》第一次对精神损害

① 《中华人民共和国最高人民法院公报》1997年第2期。

② 王利明：《民法·侵权行为法》，中国人民大学出版社1993年版，第617页。

③ 杨立新：《侵权法论》，人民法院出版社2004年版，第688页。

赔偿作了全面规定。该解释第1条规定，自然人因生命权、健康权等人格权利和人格利益遭受非法侵害的，可以向人民法院请求精神损害赔偿。第3条规定，自然人死亡后，其近亲属因他人侵权行为遭受精神痛苦的，可以请求精神损害赔偿。第4条规定，具有人格象征意义的特定纪念物品被损毁的，也可以请求精神损害赔偿。第9条规定，精神损害赔偿包括死亡赔偿金、残疾赔偿金。这样规定存在的问题是，财产性质的赔偿和精神损害赔偿是存在一定区别的。不论是死亡赔偿金还是残疾赔偿金，其计算的依据都是死亡或残疾导致的直接受害人或间接受害人的收入损失，如死亡赔偿金就包括死者生前所抚养的人的生活费，残疾赔偿金则包括误工费等，属于财产性质的赔偿。而原《精神损害赔偿司法解释》将属于财产性质的死亡赔偿金、残疾赔偿金归于精神损害赔偿的范围，似有混淆两者之间界限的嫌疑。

2003年通过的《人身损害赔偿司法解释》对此进行了修正。该解释在第17条规定了残疾赔偿金和死亡赔偿金，在第18条规定了精神损害赔偿，客观上对两者进行了区分，确定了残疾赔偿金和死亡赔偿金不属于精神损害赔偿的范围。而《侵权责任法》在第16条和第22条分别规定了财产性质的赔偿和精神损害赔偿，在确立精神损害赔偿的独立地位的同时，又增加了造成严重精神损害才能请求赔偿的规定，进一步规范了精神损害赔偿的提起条件。

二、精神损害赔偿的构成要件

（一）精神损害赔偿的客体

精神损害赔偿是对人格权益的损害赔偿。人格权益包括人格权利和人格利益。所谓人格权利，除原《精神损害赔偿司法解释》规定的生命权、健康权、身体权、姓名权、肖像权、名誉权、荣誉权、人格尊严权和人身自由权外，还应当包括婚姻自由权、性自主权、监护权等。同时，违反社会公共利益、社会公德侵害他人隐私或者其他人格利益的，也应当承担精神损害赔偿责任。所谓人格利益，是指由于历史或者其他原因，尚未被法律确认为民事权利的正当利益，如果故意以违反公序良俗的方式加以侵害，则此种侵害行为也会被确认为具有违法性，可能构成民事侵权行为。例如，在他人卧室墙上安装摄像机侵害隐私案，在他人新房设置灵堂侵权案等。[①]

例外情形是，损害具有特定人格意义的特定物也可能产生精神损害赔偿。

① 陈现杰：《〈关于确定民事侵权精神损害赔偿责任若干问题的解释〉的理解与适用》，载《人民司法》2001年第4期。

例如，去世亲人的影像资料、遗物等。此类特定物的价值高低与否并不重要，而是具有唯一、不可复制性，寄托着受害人的情感才是判定的重要标准。此类特定物一旦灭失、损毁将会使得受害人产生巨大的精神痛苦，从而产生精神损害赔偿。

在司法实践中，一些受害人或是由于法律知识所限，或是出于想多获取赔偿的考虑，有时会提出种种名目的损害赔偿请求。对此应当进行认真分析，如果该损害的客体属于人格权益的，则应当在向当事人释明后依照精神损害赔偿予以认定。如果当事人还同时主张精神损害赔偿的，则构成了重复主张，应当不予支持。例如，在一起案件中，张某因腰痛到医疗机构就诊，被告知需手术治疗，术后张某感觉下肢失去知觉，后经多次手术仍未好转。经鉴定，医疗机构在诊疗行为中存在重大过错，构成医疗事故。张某向法院提起诉讼，请求医疗机构承担“性功能损失费”和精神损害赔偿。法院在审理后对两项诉讼请求都予以支持。笔者认为，“性功能损失费”系因人格权益受到侵害而产生，属于精神损害赔偿的范畴。法院既支持了“性功能损失费”，同时又支持了精神损害赔偿，实不可取。

（二）精神损害赔偿的客观要件

1. 精神损害赔偿以对受害人的精神造成严重损害为客观要件。严格来说，任何对人格权益的损害都必然会产生精神上的痛苦。例如，摔倒会产生痛感，被辱骂会愤怒等。但是，精神上的痛苦无法物化为实在的损失，难以衡量，而且根据受害人的精神、心理状况因人而异。如果一律产生精神损害赔偿，则可能对加害人造成严重负担，导致权利义务的失衡。所以，精神损害赔偿只能适用于造成严重精神损害的情形。关于如何认定造成严重精神损害的标准，笔者认为可以从以下三个方面认定：一是侵权行为的性质。如果加害人是采用较为恶劣的手段实施加害行为的，可能产生精神损害赔偿。例如，为解决经济纠纷而采用邮寄子弹、向家门口泼洒油漆等方式对他人进行恐吓。二是侵权行为产生的影响。如果侵权行为，特别是对名誉、隐私的侵权在较大范围内产生了影响的，也可能产生精神损害赔偿。例如，加害人在其公共微博上对他人的私生活进行披露并予以诋毁，造成大量网友点击、转载，导致社会公众对其评价明显降低的。三是受害人遭受精神痛苦的客观现实。如果受害人的严重精神痛苦已以客观外在的方式体现出来，则可以作为主张精神损害赔偿的重要依据。例如，受害人因加害行为导致精神失常、晕倒、自杀等。然而，在更多的情况下，受害人的精神痛苦往往压抑在内心，而没有外在表现。此时受害人不但难以证明自己的损害事实，法官也无从判断。因此，立法和实践中采取了推定的方式。对于严重的侵害人格权益行为，如造成受害人残疾、死亡等，应当推定发生精神损害赔偿。

对于造成轻微精神痛苦的，加害人是否无须承担责任？根据《侵权责任法》的规定，尽管加害人无须赔偿精神损失费，但仍可能承担赔礼道歉、消除影响、恢复名誉等其他形式的责任。

2. 精神损害赔偿是对自然人造成的精神损害赔偿。尽管法人组织可以作为独立民事主体，但无论从何种角度解释，法人都不可能具有精神、心理，自然不会产生精神上的痛苦，也就不存在精神损害赔偿。至于法人的所谓商誉、名称、荣誉受到损害，导致的后果仍是财产性质的损失而非精神上的痛苦。《精神损害赔偿司法解释》采纳了这一观点。在该解释第 4 条规定："法人或者非法人组织以名誉权、荣誉权、名称权遭受侵害为由，向人民法院起诉请求精神损害赔偿的，人民法院不予支持。"

（三）精神损害赔偿的因果关系

精神所具有的抽象性决定了精神损害赔偿责任因果关系的不确定性。尽管法律面前人人平等不容置疑，但我们同时也必须考虑到不同个体由于年龄、职业、成长经历等种种因素的影响，其心智成熟度、心理承受能力往往具有较大差异。这种差异决定了在遭受同样性质的加害行为时，一部分人可能会产生巨大的精神痛苦，而另一部分人则可能能够承受或痛苦较轻。所以，我们应当尊重客观事实，区分不同情况确定因果关系，实现实质上的公平。例如，有电视新闻报道，某小学生因被教师体罚而导致患抑郁症，引起社会的广泛关注。由于小学生心智正处于发育期，心理承受能力有限，不能适应教师的体罚行为，故应当认为加害行为与损害后果之间因果关系成立。但对于在职场工作的成年人而言，应当有能力客观看待工作中遇到的上级批评，如果因此而发生精神上的损害，只能认定为系受害人自身心智缺陷所致，加害人不应就精神损害后果承担赔偿责任。事实上，不同人之间的这种差异不仅是存在的，也正在被社会认可的。一个简单的事实是，关于名人、社会公众人物应当对社会批评、质疑有更大的容忍度的观点，已经开始被广泛接受。

（四）精神损害赔偿的权利主体

一般而言，精神损害赔偿应由受害人主张，且不能转让或继承。理由在于，精神损害是对人格权益的损害，具有人身性，不能转让。遭受损害的受害人本人，自然也应当由本人主张。本人已主张的，则继承人或他人无权再行主张。

原《人身损害赔偿司法解释》第18条规定了两种例外情形。[①]

第一，受害人死亡的或死者的姓名、隐私、遗骨受到侵害的，近亲属有权主张精神损害赔偿。这是因为，在上述情形中，与死者有血缘关系的近亲属必然会产生精神上的痛苦，赋予其主张精神损害赔偿的权利符合公平正义的理念。但这里还需要明确几个问题。1. 近亲属包括哪些范围？近亲属是一个外延较宽泛的概念，包括父母、子女、配偶以及孙子女、外孙子女、祖父母、外祖父母等其他近亲属。2. 近亲属众多的应当如何主张权利？原《精神损害赔偿司法解释》第7条的规定将近亲属分为两个顺位。一是父母、配偶、子女。二是其他近亲属。根据司法解释的规定，只有当没有父母、配偶、子女的情形下，其他近亲属才能提起诉讼。在受害人父母、配偶、子女未主张权利的情况下，其他亲属向法院起诉主张权利的，法院应当驳回其起诉。同时，近亲属似应当作为一个诉讼整体提起诉讼，而不能分别起诉。如果单独提起诉讼的，法院应当通知其他亲属作为共同原告参加诉讼。3. 当有数名亲属提出损害赔偿金时应当如何分配？有学者提出以下原则：（1）近亲属协议分配。这体现了民法的自愿原则，如果近亲属能够对此进行协商达成分配协议，则应听任意思自治，无须行使公权力加以干预。（2）配偶和亲等较近者优先。近亲属与死者关系不同，配偶和与死者亲等近者获得精神损害赔偿金，与死者亲等远者不获得精神损害赔偿金。质言之，配偶、子女、父母获得精神损害赔偿金，祖父母、外祖父母和兄弟姐妹不获得精神损害赔偿金。[②] 笔者认为，法官应当首先根据近亲属的顺位，结合各亲属的经济状况、与受害人血缘关系、亲疏关系以及是否共同生活等因素综合认定。

第二，赔偿义务人已经以书面方式承诺给予金钱赔偿，或赔偿权利人，即受害人及死亡受害人的近亲属已经向法院起诉的。在上述情形下，人身损害赔偿请求权已经由人身性权利转化为普通债权，可以转让或继承。

三、精神损害赔偿责任的归责原则

原《精神损害赔偿司法解释》第11条规定："受害人对损害事实和损害后果的发生有过错的，可以根据其过错程度减轻或者免除侵权人的精神损害赔偿责任。"而修改后的《精神损害赔偿司法解释》第5条第1项规定，"精神损害的赔偿数额根据以下因素确定：（一）侵权人的过错程度，但是法律另有规定

---

① 《人身损害赔偿司法解释》在2020年、2022年两次修正时，删除了此条规定。

② 张新宝：《侵权责任立法研究》，中国人民大学出版社2009年版，第392页。

的除外”，无论从修改前还是修改后的司法解释规定，均可表明精神损害赔偿适用过错责任原则，而不能适用于无过错责任原则。例如，甲违规攀爬电线杆时触电身亡。对于造成甲死亡的损害结果，电力部门应当承担无过错责任。但由于甲对损害结果的发生具有重大过错，故甲的亲属无权请求精神损害赔偿。这是因为无过错责任设立的宗旨是“对不幸损害之合理分配”，即保障受害人得到及时有效的补偿，以实现公平。公平责任原则体恤受害人的利益，具有一定的社会福利色彩。[1] 而对于对损害后果的发生有全部过错的受害人而言，精神损害赔偿无疑是一种“奢侈品”，不应当由他人或社会承担。要求加害人对此承担赔偿责任，显然是不公平的。此外，精神损害赔偿还带有某种惩罚性。在加害人对损害结果的发生并无过错的情况下，也就不存在对其予以惩罚的理由。因此，对无过错责任原则下的案件，适用精神损害赔偿有失公平，也违背了精神损害赔偿的实质与功能。[2]

【拓展适用】

一、精神损害赔偿数额的认定

根据《民法典》和《精神损害赔偿司法解释》的规定，总体来说，在确定精神损害赔偿的数额时，应当着重考虑如下因素：

（一）侵权人的过错程度

精神赔偿具有惩罚性赔偿的性质。侵权人的过错程度对承担责任的大小有重要关系，侵权行为人在实施人身侵权行为时主观上是故意还是过失，一般过失还是重大过失等对赔偿的数额都有较大影响。因此，侵权人故意或恶意侵害他人人身权益的，可能承担较高数额的精神损害赔偿。但是，根据《精神损害赔偿司法解释》的规定，一般情况下，侵权人的过错程度是确定精神损害的赔偿数额的重要依据，只有在法律另有规定的情况下除外。

（二）侵权行为的目的、方式、场合等具体情节

侵权人侵害的手段、目的、场合、行为方式的不同对受害人及其近亲属造成的精神损害也不尽相同。

（三）侵权行为所造成的后果

侵权人的侵权行为对受害人的损害后的大小不同，对受害人承担的责任大

---

[1] 最高人民法院侵权责任法研究小组编著：《〈中华人民共和国侵权责任法〉条文理解与适用》，人民法院出版社 2010 年版，第 52 页。

[2] 关今华：《精神损害赔偿的认定与赔偿》，人民法院出版社 1996 年版，第 275 页。

小是不同的，承担赔偿的数额的大小也是不同的，侵权行为所造成的后果严重的，承担的责任就大，承担赔偿的数额就大，否则，反之。

（四）侵权人的获利情况

根据《民法典》的立法精神，任何人不得基于违法而获利。侵权人是否获得利益也是判断承担责任大小的依据，侵权人因侵权行为而获利，其承担赔偿责任相对于非获利情形时要大，侵权人因侵权行为而获利多，其承担赔偿责任相对于获利少情形时要大。

（五）侵权行为人的经济能力

一方面，对经济赔偿能力较低的义务人而言，判令承担过高的精神损害赔偿金，会对其造成过重的经济负担，严重影响其生存，有时也会导致在执行中出现困难。另一方面，判令承担过低的精神损害赔偿金则不足以制裁侵权行为人，受害人及其近亲属的精神损害难以得到抚慰和弥补。

（六）受诉法院所在地的平均生活水平

我国各地区的社会经济发展情况和城乡差异比较大，法官在确定精神损害赔偿金的数额时，要考虑受诉法院所在地的平均生活水平，合理确定赔偿数额。

二、纯粹精神损害赔偿的把握

在支持者们看来，纯粹精神损害是指那些侵权行为未损害侵权人的民事权利，而仅单纯对其精神利益造成的损害。如果是对名誉权、姓名权造成的损害，则不属于纯粹精神损害。一般认为，纯粹精神损害赔偿主要包括两种类型：一是“可推知的纯粹精神损害”，主要表现为对死者的侵害以及侵权致人死亡两种情形下，近亲属、共同生活的人等的精神损害赔偿权。支持者们认为，不论是对死者的姓名、隐私、遗骨的侮辱、毁损还是侵权致人死亡，都必然导致其近亲属等在精神上产生痛苦，产生了精神损害赔偿请求权。二是“休克损害”，表现为由于行为人的故意或过失行为导致直接受害者或者第三人遭受纯粹精神损害。前者如甲恶作剧告知乙称其丈夫被黑社会绑架杀害，致乙受到严重惊吓；后者如路人目睹惨烈车祸的现场，精神受到极大刺激。

司法解释对纯粹精神损害赔偿给予了有限支持。第一，对“可推知的纯粹精神损害”，原《精神损害赔偿司法解释》在确认了近亲属赔偿请求权合法性的同时，也作出了两条限制性规定：一是限定赔偿请求权人的范围，即只有近亲属有权提起诉讼。而对于与死者共同生活的人、朋友，不论是否在精神上遭受了痛苦，也不能主张精神损害赔偿。二是限定近亲属的顺位。顺位在前的亲属未主张权利的，顺位在后的亲属不得主张。第二，对“休克损害”中直接受害人的损害，原《精神损害赔偿司法解释》规定只有在使用非法手段侵害他人人格利益的情况下，才可能发生精神损害赔偿。例如，甲诱骗乙穿上遇水即化的泳衣，导致乙在公众泳池暴露身体。如果损害结果系过失导致，或并非因人格利益而受到精神损害，则侵害人不承担精神损害赔偿责任。至于间接受害人，则一般不能获得精神损害赔偿。

笔者认为，对“纯粹精神损害赔偿”予以严格限制是完全有必要的。理由在于：第一，在大部分情况下，“纯粹精神损害赔偿”属于间接损失，不属于完全予以赔偿的范围。第二，如果对“纯粹精神损害赔偿”不加限制，则可能造成侵害人承担过重的负担，造成新的不公。第三，“纯粹精神损害赔偿”的不确定性将使得法官的裁量权过大，不利于司法统一。第四，还有学者认为，既然精神利益的损失应当获得赔偿，那么，精神利益就与一般商品一样可以通过货币进行计量，可以如一般的商品一样在遭受损害后得到赔偿。这实际上是对人格价值和尊严的不尊重。①

三、受害人死亡前精神痛苦的赔偿问题

在大部分侵权致人死亡的情形中，受害人在受到损害后往往不会立即死亡。由此引发如下问题：第一，这段时间内是否可能发生精神损害？答案显然是肯定的。遭受足以致死的人身损害极有可能会给受害人带来巨大的精神痛苦，产生精神损害。第二，这种精神损害是否可以证明？首先，可以依据现场目击证人、参与医疗救治人员、加害人的陈述证明。其次，可以依据常理推断证明。例如，死亡时的表情，受到损害的性质等。又如，死者是因被车辆多次碾轧后失血过多而死的，可以推断其必然造成了精神痛苦。最后，可以根据专家的专业知识证明。第三，这种精神损害是否应予救济，是否产生精神损害赔偿？从比较法来看，目前存在救济肯定说和救济否定说。肯定说认为，当损害发生到死亡结果出现之间存在明显的时间段，且受害人在此期间内未失去意识的，则可以得到精神损害赔偿。如果受害人死亡时间过短或是受害人发生昏迷等失去意识的情况，则不能发生精神损害赔偿。否定说则认为此种情况一律不发生精神损害赔偿。我国采取了否定说的立场，但未对此作出规定。笔者认为，尽管肯定说似乎更体现了人性关怀，但否定说仍具有其合理之处。首先，精神损害赔偿是对受害人的抚慰。如果受害人已经死亡，则该种抚慰已失去了其价值。正如有学者指出，“痛苦，纵有之，亦将依附于被害人之主体而存在，并随死

① 王利明：《人格权法研究》，人民大学出版社2005年版，第696页。

亡消逝。"[1] 其次，《精神损害赔偿司法解释》赋予了死者近亲属精神损害赔偿请求权。而死者近亲属的精神损害既包含了失去亲人的痛苦，也与死者死亡前遭受的痛苦、折磨密切相关。同时，这还可能直接关系到死者近亲属获得赔偿的数额。例如，甲被同事劝酒致酒精中毒在睡梦中死亡。乙在遭受车祸后经多次手术，反复清醒、昏迷，在经历巨大痛苦后不治身亡。在不考虑其他条件的情况下，乙的亲属显然应当获得更高的赔偿。因此，死者近亲属的精神损害赔偿请求权在一定程度上已经包含了死者生前遭受的精神损害。

四、精神损害赔偿的适用范围

尽管精神损害赔偿的适用范围尚存在争议，但司法实践仍倾向于认为，精神损害赔偿只适用于侵权责任，而不能适用于违约责任。[2] 最高人民法院在《〈关于确定民事侵权损害赔偿责任若干问题的解释〉的起草说明》中认为，"未采纳违反合同也应承担精神损害赔偿责任的观点，而将精神损害赔偿的范围限制在上述侵权案件类型中"。有学者认为，主要有以下几点理由[3]：第一，只有侵权法才能对精神损害提供补救，而合同法对因违约行为造成的精神损害，原则上是不提供补救的，除非当事人在合同中约定了精神损害赔偿。第二，损害赔偿在本质上是交易的一种特殊形态，仍然反映交易的需要，而精神损害赔偿使得非违约方获得了交易之外的利益，这就违背了交易的基本原则，不符合等价交换原则。第三，由于违约所造成的精神损害，因人而异，非违约方因违约产生的痛苦、不安、忧虑等精神损害会有多大，是违约方在缔约时不可预见到的，亦非应当预见到的。任何损害只要应由合同法予以补救，就应当适用可预见规则。如果将精神损害也作为违约方赔偿的范围，当然应当适用可预见规则。显然，按照这一规则，精神损害是违约方在缔约时不可预见的。第四，在违约中实行精神损害赔偿，将会使缔约当事人在缔约时面临极大的风险，从而不利于鼓励交易。违约方很难在缔约时知道非违约方因违约而产生精神的痛苦、不安、忧虑等精神损害，也不知道会有多大的精神损害，因为精神损害毕竟是因人而异的。另外，精神损害难以用金钱计算，在精神损害赔偿的数额过大时，会给缔约人增加过重的风险。第五，如果允许在违约场合赔偿精神损害，则当

---

① 曾世雄：《损害赔偿法原理》，中国政法大学出版社 2001 年版，第 315~316 页。

② 陈现杰：《〈关于确定民事侵权精神损害赔偿责任若干问题的解释〉的理解与适用》，载《人民司法》2001 年第 4 期。

③ 参见王利明：《合同法研究》（第 2 卷），中国人民大学出版社 2003 年版，第 670~673 页。

事人也可在合同中约定一方因相对人违约而遭受精神损害时相对人应当支付一笔违约金。这样一来，会使违约金具有赌博的性质。第六，精神损害的最大特点是难以用金钱计算和准确确定。迄今为止，精神损害赔偿仍然缺乏明确的标准，只能由法官考虑各种参考系数而确定数额。第七，在违约造成精神损害的情况下，如果行为人的行为已经构成了侵权，受害人完全可以通过侵权的途径而不是违约的办法来解决，没有必要基于违约主张精神损害赔偿。[①] 例如，病人到医疗机构治疗疾病发生了重大医疗事故，此时病人虽然不能依据医疗服务合同请求精神损害赔偿，但可以依据侵权责任向医疗机构主张精神损害赔偿责任。

【典型案例】

贾某诉气雾剂公司、厨房用具厂、某餐厅人身损害赔偿案

原告：贾某。

被告：气雾剂公司。

被告：厨房用具厂。

被告：某餐厅。

〔基本案情〕

原告贾某因与被告气雾剂公司、厨房用具厂、某餐厅发生人身损害赔偿纠纷，向北京市海淀区人民法院提起诉讼。

贾某诉称：1995 年 3 月 8 日晚，我全家与邻居马家在某餐厅聚餐，用餐中我们使用的卡式炉燃气罐突然发生爆炸，将我的面部及双手严重烧伤。现我容貌被毁，手指变形，留下残疾，不仅影响了学业，而且给我的身体、精神均造成极大痛苦。故要求气雾剂公司、厨房用具厂和某餐厅共同赔偿我的医疗费 12935. 7 元、治疗辅助费 5950. 35 元、护理费 9283. 5 元、营养费 4739. 18 元、交通费 4293. 90 元、学习费用 509 元、部分丧失劳动能力的今后生活补助费 51840 元、未来教育费 2 万元、未来治疗费 30 万元、精神损害赔偿金 65 万元，共计 1659551. 63 元。

气雾剂公司辩称：某餐厅使用的卡式炉燃气罐系我公司组装生产，气液、气罐均从生产厂家所购买。此次事故的主要原因是炉具漏气出现小火而造成，与气体成分并无必然联系。我公司的产品质量合格。现贾某并无证据证明此次事故是我厂的产品质量不合格引起。贾某起诉我公司赔偿没有法律依据。

---

① 王利明：《侵权责任法与合同法的界分——以侵权责任法的扩张为视野》，载《中国法学》2011 年第 3 期。

厨房用具厂辩称：我厂的卡式炉是严格依照中华人民共和国城市建设环境保护部①、轻工业部② 1984 年 9 月 1 日实施的关于家用煤气灶技术要求的部级标准生产的，并经轻工业部日用五金质量监督检测中心检验为合格产品。气雾剂公司灌装的气液不符合标准，是造成事故的主要原因。因此，我公司不承担任何责任。

某餐厅辩称：贾某在餐厅就餐时因卡式炉爆炸致伤，是因为卡式炉和气罐质量问题引发的事故。我餐厅提供服务没有过错，不同意赔偿。

北京市海淀区人民法院经公开审理查明：1995 年 3 月 8 日晚七时许，原告贾某与家人及邻居在某餐厅聚餐。被告某餐厅在提供服务时，所使用的卡式炉燃烧气是被告气雾剂公司生产的“白旋风”牌边炉石油气，炉具是被告厨房用具厂生产的 931-A“众乐”牌卡式炉。当贾某等人使用完第一罐换置第二个气罐继续使用约 10 分钟时，餐桌上正在使用的卡式炉燃气罐发生爆炸。致使贾某面部、双手烧伤，当即被送往中国人民解放军第 262 医疗治疗，诊断为“面部、双手背部深 2 度烧伤，烧伤面积 8%”。

原告贾某自 1995 年 3 月 8 日至 4 月 29 日共住院治疗 52 天，住院期间应支付治疗费 12950. 70 元，住院期间经医嘱购置营养品费用为 3809. 48 元，一年护理费为 7051. 5 元；交通费 4293. 9 元，残疾生活辅助具费 3559. 35 元，上述费用共计人民币 31664. 93 元。

诉讼中法院委托国家技术监督局组成专家鉴定组对该事故原因进行技术鉴定。结论为：边炉石油气罐的爆炸不是由于气罐选材不当或制造工艺不良引起的，边炉石油气罐的爆炸是由于气罐不具备盛装边炉石油气的承压能力引起，事故罐的内压较高，主要是由于罐中的甲烷、乙烷、丙烷等的含量较高，气罐内饱和蒸气压高于气罐的耐压强度是酿成这次事故的基本原因。灌装后的边炉石油气的混合气达 0. 95M0A 和 0. 98M0A（15℃和 23℃），“白旋风”牌边炉石油气罐不具备盛装上述成分石油气的能力。卡式炉内存在一个小火是酿成事故的不可缺少的诱因，卡式炉仓内存在小火是由于边炉气罐与炉具连接部位漏气而形成的。经国家燃气用具质量监督检验中心对 931-A“众乐”牌卡式炉进行测试，该产品存在漏气的可能性，如果安装时不对中，漏气的可能性更大。

---

① 1988 年 4 月 9 日，第七届全国人民代表大会第七次会议通过《关于国务院机构改革方案的决定》，撤销城乡建设环境保护部，设立建设部。2008 年 3 月 15 日，根据十一届全国人大一次会议通过的国务院机构改革方案，建设部改为住房和城乡建设部。

② 1993 年 9 月 7 日《国务院办公厅关于印发中国轻工总会机构组建方案的通知》（国办发〔1993〕58 号）规定，根据第八届全国人民代表大会第一次会议通过的国务院机构改革方案，撤销轻工业部，组建中国轻工总会。1998 年，根据第九届全国人民代表大会第一次会议批准的国务院机构改革方案和《国务院关于部委管理的国家局设置的通知》，撤销中国轻工总会，组建国家轻工业局。2001 年 2 月，国家轻工业局撤销，成立中国轻工业联合会。

经某法庭科学技术鉴定研究所鉴定：原告贾某损伤为面部、双手烧伤，经治疗目前伤情已稳定，遗留面部及双手牌状疤痕，对其容貌有较为明显的影响。贾某目前劳动能力部分受限，丧失率为30%。

经甲医院证明，原告贾某今后面部及手部可行药物及皮肤美容护理治疗，费用约5万元至6万元。必要时可再行手术治疗，费用约1万元。但治疗后仍遗留部分瘢痕难以消除。

被告气雾剂公司生产的“白旋风”牌边炉石油气气罐罐体表面英文标注为WARN）NG EXTREMELY FLAMMABLE CONTA）NS L）QUEF）ED BUTANE GASUNDER PRESSURE（瓶内装有极易燃烧的液态丁烷气）；MEVER REF）LL GAS ）NTO EMPTY CAN（用完后绝不能再次充装）；中文标注为“本罐用完后无损坏，可再次重复”。现没有证据证明被告某餐厅提供服务与事故发生有因果关系。诉讼期间，支付国家技术监督局专家鉴定组技术鉴定费5万元，某法庭科学技术鉴定研究所鉴定费560元，甲医院今后医疗评估费35元，某医学科学院整形外科医院会诊费70元。

〔一审裁判理由与结果〕

北京市海淀区人民法院审理认为，保证产品质量，特别是保障消费者人身财产安全是产品生产者必须履行的基本法律责任和义务。因产品质量问题造成的侵权损害结果，应依照《中华人民共和国产品质量法》第三十二条和《中华人民共和国消费者权益保护法》第四十一条的规定，予以赔偿，以维护社会公平与市场秩序。本案鉴定意见经庭审质证，结论已经明确：被告气雾剂公司生产的“白旋风”牌边炉石油气气罐没有根据气罐承压能力科学安全地按比例成分装填气体，充装使用方法的中英文标注不一致，内容互相矛盾，属于不合格产品，上述质量问题是造成此次事故的基本原因，气雾剂公司无可推卸地应当承担相当于70%的责任；“‘众乐’牌卡式炉燃气瓶与炉具连接部位存在漏气可能”，使用时安装不慎漏气的可能性更大，存在危及人身、财产安全的不合理危险，且不符合坚固耐用不漏气的行业生产标准，质量存在缺陷。在炉内存有小火酿成事故的因果关系中，漏气环节是一个不可或缺的过错诱因，因此被告厨房用具厂也负有30%的责任。现没有证据证明被告某餐厅提供服务存在过错，原告贾某要求该餐厅赔偿损失缺乏事实依据，本院不予支持。

依照《中华人民共和国民法通则》第一百一十九条“侵害公民身体造成伤害的，应当赔偿医疗费、因误工减少的收入、残废者生活补助费等费用”的规定，人身损害赔偿应当按照实际损失确定。根据《民法通则》第一百一十九条规定的原则和司法实践掌握的标准，实际损失除物质方面外，也包括精神损失，即实际存在的无形的精神压力与痛苦。本案原告贾某在事故发生时尚未成年，身心发育正常，烧伤造成的片状疤痕对其容貌产生了明显影响，并使之劳动能力部分受限，严重地妨碍了她的学习、生活和健康，除肉体痛苦外，无可置疑地给其精神造成了伴随终身的遗憾与伤痛，必须给予抚慰与补偿。赔偿额度要考虑当前社会普遍生活水准、侵害人主观动机和过错程度及其偿付能力等因素。丧失的部分劳动能力应当根据丧失比率，参照当地人均生活费标准，按社会平均寿命年限合理计赔。本着便于治疗和保障生活的原则，赔偿应一次性解决，包括医药费（含今后医药费）、护理费、营养费、因停学购买的学习用品费、残疾生活自助具购置费、生活补助费和精神损害赔偿金等。贾某要求赔偿的额度，其中 736293.8 元缺乏事实与法律依据，特别是精神损害赔偿 65 万元的诉讼请求明显过高，其过高部分不予支持。

本案所付鉴定费用，应由被告气雾剂公司、厨房用具厂按各自所负责任比例分担。据此，该院于 1997 年 3 月 15 日，作出如下判决：

一、被告气雾剂公司、厨房用具厂共同赔偿原告贾某治疗费 6247.2 元、营养费 3809.48 元、护理费 7051.50 元、交通费 4293.9 元、残疾生活辅助具费 3559.35 元、今后治疗费 7 万元、精神损害赔偿金 10 万元，上述赔偿共计 273257.83 元。

二、驳回原告贾某要求赔偿医疗费用中的 736293.8 元、精神损害赔偿金中的 55 万元等过高部分的诉讼请求。

三、驳回原告贾某要求被告某餐厅赔偿的诉讼请求。

案件受理费 6666.18 元，其中 4666.32 元由被告气雾剂公司负担，1999.86 元由被告厨房用具厂负担，均于本判决生效后七日内缴纳。鉴定费 50665 元，气雾剂公司负担 35465 元，其中 3 万元已缴纳；厨房用具厂负担 15200 元。

第一审判决宣判后，当事人各方均未提出上诉。

第八章 侵权责任与合同责任竞合

规则 11：旅游者在旅游过程中乘坐旅行社提供的车辆发生交通事故导致人身损害、财产损失的，构成违约责任和侵权责任竞合的，旅游者有权选择合同之诉或侵权之诉要求旅行社承担相应民事赔偿责任

——焦某军诉甲旅行社、第三人乙旅行社旅游侵权纠纷案①

【裁判规则】

旅游者与旅行社签订旅游合同后，双方形成旅游服务合同关系，旅行社所提供的服务应当符合保障旅游者人身、财产安全的要求。同时，旅行社委托的旅游辅助人所提供的食宿、交通运输等服务系旅行社履行旅游服务合同义务的延续，应认定为是代表旅行社的行为，旅游辅助人的侵权行为可直接认定为旅行社的侵权行为。旅游者在旅游过程中乘坐旅行社提供的车辆发生交通事故导致人身损害、财产损失的，构成违约责任和侵权责任的竞合，旅游者有权选择合同之诉或侵权之诉要求旅行社承担相应的民事赔偿责任。

旅行社擅自将其旅游业务转让给其他旅行社的，与其签订旅游合同的旅行社和实际提供旅游服务的旅行社应承担连带责任。

【规则理解】

随着经济发展和人们生活水平的提高，出外旅行越来越受到人们青睐，成为休闲度假娱乐的重要选择。外出旅行需要安排在外地的衣食住行、游玩、购票等多项事务，通过旅行社办理往往能够取得较大的折扣，同时节省了时间、精力。因此，人们经常通过参加旅行社组织的旅行团方式出外旅行。但对于来到陌生城市的游客而言，在很大程度上依赖于旅行社的安排，其人身财产安全除需要自身谨慎注意外，也依赖于富有经验的旅行社的保护与照顾。旅行过程

① 《中华人民共和国最高人民法院公报》2012 年第 11 期。

中游客与旅行社之间产生多项法律关系，各自承担相应的义务。

一、游客与旅行社之间的合同法律关系

游客参加正规旅行社组织的旅行团出外旅游，通常会与旅行社签订书面协议。协议一般为旅行社提供的格式合同，其中对双方在旅行中各自的权利义务以及违约方的责任进行详细的约定。只要合同不违反双方当事人的真实意思表示，不违反法律强制性规定，就应当认定为合法有效。旅行合同是确定游客和旅行社各自权利义务的主要依据，法院在审理游客与旅行社合同纠纷中，应首先适用旅行合同中约定的合同条款，在合同没有约定的情况下，适用《民法典》等相关法律法规。

（一）旅行社在合同中的主要权利和义务

1. 旅行社享有的合同权利

（1）要求游客承担相关费用的权利。游客在外旅游，需要支出衣食住行、门票等方方面面的费用，旅行社一般会要求游客签订合同时就将费用支付，待实际费用发生时再由旅行社统一向提供服务的一方支付，如果游客没有提前将此笔费用付清，旅行社有权拒绝签订或履行合同。

（2）要求游客支付相应报酬的权利。旅行社为营利性法人或其他组织，以获得利润和报酬为经营目的。旅行社为游客提供了相应的服务，也有权要求游客支付其相应报酬。旅行社会预先规划好线路行程和住宿、游玩安排，根据规划做出费用和报酬的预算，并在合同中将两者合并约定一个“包干”费用，要求游客签订合同时支付。

（3）规划路线行程的权利。旅行社在组成旅行团之前，往往已规划好某一个旅行团游览的路线行程，并按此路线行程制作统一的格式合同，与游客签订合同后，旅行社有按合同约定的路线行程组织游览的权利。游客个人对游览路线等可能有各自不同的具体需要，但也要按合同约定以及旅行社的安排进行游览。

2. 旅行社承担的合同义务

（1）在旅行中支付各项费用的义务。旅行社签订合同时要求游客交纳的款项中，已经包含了旅行中需要支出的全部费用。旅行中实际发生此类费用时，旅行社应当直接向服务提供者支付。除非合同中已有约定，否则不能要求游客在游览过程中再支付额外的费用。实践中一些不正规的旅行社常在签订旅行合同时以较低的报价吸引游客跟团，但在旅行过程中再向游客收取额外费用或者安排购物，此举违反合同约定以及法律规定。

（2）保障游客人身财产安全的义务。游客来到一个陌生的城市或地方，其人身财产安全可能面临来自某些方面的危险，除了自身加以谨慎注意之外，更要依赖于具有专业知识的旅行社来加以保护和照顾。旅行社在合同中重要的义务之一就是保障游客人身和财产的安全。旅行社在安排路线行程时，应当选择安全易行的路线；安排食宿时，应当选择正规的酒店。游客在旅行中发生各种意外，旅行社都应及时加以救助。如果因为旅行社没有尽到保障游客人身财产安全的义务，致使游客遭受人身或财产损失的，旅行社的行为构成违约，游客可以要求旅行社承担违约责任。

（二）游客的权利和义务

1. 游客享有的权利

游客在游览中有权要求旅行社提供符合合同约定的服务，旅行社安排的路线或餐馆住宿不符合合同约定的，游客有权要求旅行社更换。

2. 游客承担的义务

（1）支付相关费用和报酬的义务。游客在旅行中发生的各项费用，需要支付给旅行社，再由旅行社在旅行过程中支付给服务提供者。同时，旅行社组织旅行团，本身也是为团员提供的服务，游客也应当为此向旅行社支付相应的报酬。但此项费用与报酬仅限于合同约定的数额，旅行社超出约定的数额，向游客额外收取费用的，游客有权拒绝支付。旅行社也不得因此降低所提供服务的品质。

（2）按规定路线游览的义务。按照合同约定的路线游览，既是游客所享有的权利，同时也是游客应当履行的义务。参加旅行团的游客人数众多，每个人会有各自不同的个性需求，对于路线和景点等也有各自的喜好，旅行团统一规划的路线往往是综合了大家的需要而设定，并约定在合同之中，游客应当遵守合同的约定，服从导游的统一组织和指挥，按照约定的路线游览。如果游客不按此路线游览，私自脱离旅行社，自行前往某地旅行，对于自行离团的游客，因其违约在先，旅行社可不退还游客支付的费用和报酬。并且由于游客已经脱离旅行团的管理范围，旅行社已无法尽到合同约定的保障其人身财产安全的义务，游客自行离团期间发生的事故，旅行社不承担违约责任。

二、游客与旅行社之间的侵权法律关系

游客参加旅行社组织的旅行团，处于旅行社的管理之下，旅行社对游客负有保障其人身财产安全的义务，如果旅行社没有尽到这一义务，因其过错致使游客遭受人身财产损失，双方之间构成侵权法律关系，旅行社应当承担相应的侵权责任。

（一）侵权行为的形态

1. 作为形式的侵权

根据侵权责任法理论，侵权行为可分为作为形式的侵权和不作为形式的侵权。作为形式的侵权是指侵权行为人以积极作为的形式侵犯他人人身或财产权利，侵权人对于损害结果的发生主观上持有追求其发生的心理状态。例如，旅行社为节省成本，将游客带到卫生条件不达标的餐馆用餐，致使游客因食用了不符合卫生标准的食物而引起中毒反应。旅行社带游客到不符合卫生标准的餐馆的行为，是造成游客食物中毒的原因之一，旅行社对此具有过错，游客可以要求旅行社和餐馆承担连带责任。

2. 不作为形式的侵权

不作为形式的侵权是指侵权行为人对于他人负有法定或合同约定的作为义务，但是其没有履行此项义务，致使被侵权人遭受人身或财产权利损害。不作为侵权形态中，侵权人对于损害结果的发生往往持有放任的心理状态。例如，导游在带领旅行团游览中，一对老年夫妻因腿脚不便，行走较慢，导游在前带领队伍，却没有顾及渐行落后的老夫妻，致使老夫妻掉队并在路途中遭遇他人抢劫，遭受损害。旅行社对于参团的团员，有义务保障其在游览过程中的人身安全，导游没有顾及老夫妻腿脚较慢的特殊情况，没有妥善管理和照顾全体团员的情况，属于以不作为形式侵犯了旅行团成员的权利，对于老夫妻遭受的损失，旅行社应当承担一定责任。

（二）归责原则

1. 过错责任

根据《民法典》的规定，一般侵权责任的归责原则为过错责任，无过错则无责任。旅行社违反法定的保障游客人身财产安全的义务，产生的侵权责任为一般侵权责任，实行过错责任的归责原则。在旅行过程中，如果游客遭受人身财产损害的原因是旅行社没有尽到保障游客人身财产安全的义务，旅行社对游客的损失具有主观过错，应当承担赔偿责任。如果游客遭受的损害不可归责于旅行社，是因不可抗力、意外事件或第三人施害等原因造成，游客不能向旅行社主张要求承担侵权责任。例如，旅行社带领游客来到某名胜古迹游览，忽遇山上掉下落石，砸伤游客，因旅行社无法预见也无法避免山上掉下落石，此损害发生的原因为意外事件，旅行社对于游客的损失不承担侵权责任，但应协助游客向景点管理部门主张赔偿，如果旅行社为游客投保了人身财产保险，也应协助游客向保险公司索赔。但如果旅行社在带领游客到山区游览时，景区管理部门已经竖立警示牌或提示语，告知某一路段有可能有落石，请勿前往，旅行社仍然带领游客前往，则旅行社对于游客的安全疏于注意，对于游客被落石砸伤的损失应当承担侵权责任。

2. 过错的判断标准

旅行社对于游客遭受损失是否具有主观过错是决定侵权责任存在与否的关键因素。但过错为主观状态，尤其对于旅行社这样的组织体，其是否存在过错应通过其采取的客观行为来加以推断。侵权责任的产生原因为违反某种性质的义务，或为约定义务，或为法定义务。旅行社对游客安全保障义务的来源之一为双方签订的旅行合同，旅行社违反合同约定，没有尽到保障游客安全义务的，应视为其对损失结果具有主观过错，应当承担侵权责任。旅行社对游客安全保障义务的另一来源为旅游相关法律法规的规定，旅行社违反法律规定的对游客的安全保障义务，依法也应当承担责任，因此，旅行社是否违反法律规定和合同约定的安全保障义务，是判断其具有过错的重要标准。

三、合同责任与侵权责任的竞合

由上述可见，旅行社与游客之间可能产生合同法律关系和侵权法律关系，由此旅行社可能产生合同责任与侵权责任两种形式的民事责任，构成责任的竞合。责任竞合有狭义和广义的区分。所谓广义的责任竞合，是指同一法律事实，违反多个法律规定，产生多个法律责任的现象。从请求权角度来看，广义的责任竞合也表现为同一法律事实产生多重请求权的现象。① 而根据多重请求权是否可以同时行使，又可将广义的责任竞合区分为狭义的责任竞合和责任的聚合。狭义的责任竞合仅指选择性的竞合，是指同一法律事实产生多项请求权，而权利主体只可选择其中一项请求权行使，即使该请求权的行使不能使权利主体得到完全的救济，权利主体也不能再向法院主张行使其他请求权。责任的聚合是指同一法律事实基于法律的规定以及损害后果的多重性，而应当使责任人向权利人承担多种法律责任的形态。从权利人的角度来看，责任聚合表现为请求权的聚合，即当事人对数种以不同的给付为内容的请求权。《审理旅游纠纷案件若干问题规定》第3条规定，因旅游经营者方面的同一原因造成旅游者人身损害、财产损失，旅游者选择要求旅游经营者承担违约责任或者侵权责任的，人民法院应当根据当事人选择的案由进行审理。由于旅行社没有尽到保障游客人

① 王利明、杨立新等：《民法学》，法律出版社2008年版，第171页。

身安全的义务，游客因此产生同一个损害结果，由于损害结果的单一性，决定了游客只能选择合同责任和侵权责任之一向旅行社主张权利，一旦游客选择了提起合同之诉或侵权之诉，则根据“一事不再理”原则，游客不能再重复提起诉讼。

【拓展适用】

一、第三人侵权时的侵权法律关系

如果游客的人身财产损害是由于第三人实施的侵权行为导致的，在旅行社、游客和侵权行为人之间同样会产生侵权法律关系，形成侵权责任方面的复杂形态。《审理旅游纠纷案件若干问题规定》第 7 条第 2 款规定：“因第三人的行为造成旅游者人身损害、财产损失，由第三人承担责任；旅游经营者、旅游辅助服务者未尽安全保障义务，旅游者请求其承担相应补充责任的，人民法院应予支持。”此条规定与《民法典》第 1198 条关于违反安全保障义务责任的规定内容基本一致。

（一）第三人的范围

此处第三人是指除旅行社工作人员以及接受旅行社委托辅助旅行社履行义务的人员或组织以外的人。旅行社工作人员如导游等，在带领游客游览过程中，如果实施了侵权行为，导致游客遭受人身财产损害的，视为旅行社本身的行为，导游没有尽到安全保障义务，消极不作为致使游客遭受损害的，也视为旅行社没有尽到安全保障义务。导游是旅行社的工作人员，其带领游客游览是职务行为，职务行为的后果应由用人单位即旅行社承担。旅行社不能以侵权行为人是导游为由，拒绝承担责任。

目前的旅行实践中很多不正规的小旅行社在开展业务过程中，有虚假宣传、欺骗游客、强制购物的违法行为，不与游客订立正规的旅行合同，不按约定的路线游览，不安排游客到景点游玩，反而是要求游客到指定商户购物，对于拒绝购物的游客要么言语侵犯，要么使用暴力威胁，极大地扰乱了旅游服务行业的秩序。在此类事件中，尽管侵权行为的实施人多为导游，但导游系旅行社工作人员，旅行社对导游的非法行为，应当承担责任。旅行社在对游客承担责任之后，如果认为导游履行职务行为不当，致使其遭受损失，可以依法向导游追偿。

（二）第三人侵权时的责任形态

第三人实施侵权行为，导致游客遭受人身财产损害的，第三人是直接的侵权行为人，也是侵权后果的第一责任主体，应当对其行为造成的损害后果承担完全的赔偿责任。根据《审理旅游纠纷案件若干问题规定》和《民法典》的规定，旅行社可能需要承担补充责任，其承担补充责任的条件如下：

1. 旅行社对于损害结果具有主观上的过错

根据上文所述，旅行社对游客的安全保障义务责任实行过错责任的归责原则。旅行社仅对其具有主观过错的行为造成的损害结果承担责任。如果旅行社已经尽到注意义务，防止危险的发生，阻止损害结果的进一步扩大，但是仍不能避免游客遭受的损失，则旅行社因不具有主观过错而无须对游客的损害承担侵权责任。

2. 旅行社没有尽到安全保障义务

旅行社基于法律规定和合同约定对游客承担安全保障义务，如果旅行社没有尽到安全保障义务，致使游客遭受损失，旅行社没有履行法定或约定义务的行为具有违法性和可归责性，应当承担一定侵权责任。

3. 游客从侵权第三人处不能得到完全的赔偿

在第三人侵权事件中，旅行社违反安全保障义务责任属于补充责任的形态，旅行社仅对直接侵权行为人无法承担的损失依其过错程度承担相应的补充责任。游客不能直接向法院要求旅行社承担侵权责任，换言之，如果游客仅起诉旅行社一方，旅行社享有先诉抗辩权，除非确实无法寻找到侵权行为人，否则旅行社有权要求游客先行起诉侵权行为人或将其列为共同被告。

旅行社仅对侵权第三人无法赔偿的损害承担补充责任。游客起诉侵权第三人，法院判决第三人应当承担侵权责任的，在执行程序终结时，仍然无法获得的赔偿，游客可以向旅行社要求承担责任。但旅行社也并非对侵权第三人无法承担的损害全部承担责任。根据法律规定，其责任形态为“相应的补充责任”，“补充责任”的范围应为直接侵权人无法承担的全部损失，但“相应的补充责任”则对这一损害范围加以限制，“相应”是指与其过错程度相应。因旅行社违反安全保障义务行为属不作为形式的侵权，旅行社并非直接侵权行为人，其过错仅在于没有及时预防和阻止损害结果的发生，不作为侵权的过错程度明显轻于直接侵权行为实施人的过错程度。旅行社承担补充责任的数额应根据其过错程度和违反安全保障义务行为对于造成损害结果的原因力，由法院在案件审理过程中进行裁量。

二、接受旅行社委托提供旅游辅助服务主体的责任

有些旅行社在提供旅行服务过程中，因设备经验等原因限制，会委托一些

机构或组织，辅助旅行社完成合同义务。旅行社通常会与旅游辅助服务提供者签订合同，委托旅游辅助服务提供者向游客提供相应旅游服务。旅行社与旅游辅助服务提供者之间通过合同确定双方的权利义务。但是旅游辅助服务者与游客之间并未缔结合同关系，旅游辅助服务者是接受旅行社委托代为履行职责的主体，旅游辅助服务者的行为可视为旅行社的行为，旅游辅助服务者没有尽到相应的义务，致使游客遭受人身损害的，游客可直接向旅行社索赔。旅行社在对游客进行赔偿之后，可依委托合同向旅游辅助服务者追偿。

此时在旅行社与游客之间，产生违约责任和侵权责任的竞合问题。因旅游辅助服务者的行为视为旅行社的行为，游客可依合同约定或以旅行社违反安全保障义务为由，要求旅行社承担违约责任或侵权责任。但在旅行社向旅游辅助服务者索赔时，因双方之间仅存在合同法律关系，旅游辅助服务提供者对旅行社并不承担侵权法中规定的特殊义务，因此，旅行社仅能依据合同约定要求旅游辅助服务者承担相应的义务。

三、旅行社将合同义务转移给他人时的责任承担

旅行社将旅游合同中的主要义务转移给其他旅行社时，由其他旅行社向游客提供旅游服务时，旅行社是否还应当承担责任，应视游客是否同意旅行社转移合同义务而有所不同。

（一）游客知道并同意旅行社将合同义务转移给他人的责任承担

如果旅行社因故不能履行旅游合同，旅行团出发前，在征得游客同意时，可将旅游合同中的权利义务概括转移给其他旅行社。这种行为属于合同法上所称合同主体的变更。游客同意旅行社主体的变更，视为与原旅行社终止合同关系。游客与新旅行社如果重新签订合同，则游客与新旅行社之间依新订立的合同而产生相应的法律关系。如果游客与新旅行社没有重新签订旅游合同，新旅行社概括承受原旅行社在合同中的权利义务，游客与原旅行社合同关系也终止。因原旅行社事实上没有再向游客提供旅游服务，因此游客在旅行过程中发生的人身和财产损害，也不能再向原旅行社主张侵权责任。

游客与新旅行社重新签订旅游合同的情况下，游客对与新旅行社之间的合同关系是明知且同意的，各方主体之间的权利和义务比较容易界定。但在没有新签订旅游合同时，游客是否知晓且同意合同主体的变更，应是其主观状态方面的问题，往往难以判断。因此，应当要求旅行社明确向游客告知主体变更事宜，并向游客说明由此引起的相关法律责任，如果游客拒绝接受新旅行社提供旅游服务，双方可根据旅游合同的约定解决纠纷。在双方就游客是否同意合同

主体变更表述不一时，应由原旅行社举证证明游客明知且同意合同变更。在原旅行社举证不能时，视为游客不知道也不同意合同主体变更。

在合同主体变更后，原旅行社不再承担合同中的义务，因其事实上不再提供旅游服务，因此，原旅行社也不再承担安全保障义务。游客在旅行过程中出现的人身财产损害，如果是因新旅行社违约或违反安全保障义务造成的，可根据相关法律规定，选择向新旅行社提起合同纠纷之诉或侵权之诉。

（二）游客不知道或不同意旅行社将合同义务转移给他人的责任承担

如果旅行社在旅行团出发前并未告知游客，其已将合同义务转移给他人，游客并不知道也不同意，或虽然知道但并不同意旅行社将合同义务转移，则合同主体的变更对游客不发生法律效力，原旅行社对游客仍然承担合同约定和法律规定的安全保障义务。游客在旅行途中因新旅行社没有履行安全保障义务而遭受人身财产损害的，游客可以同时向原旅行社和新旅行社主张赔偿。不论游客是基于合同违约提起的合同之诉，或依旅行社违反安全保障义务而提起的侵权之诉，两家旅行社都应当对游客遭受的损害承担连带责任。两家旅行社向游客承担责任之后，可以在内部依过错程度划分责任承担。

四、违约责任与侵权责任竞合时的选择

由于违约责任与侵权责任存在竞合关系，游客在遭遇损害后享有选择权，既可以选择提起违约之诉，又可选择提起侵权之诉，但游客只能择一起诉，即使在诉讼中其权利没有得到完全的救济，也不能再次提起另一种类之诉。因此，选择起诉的角度不同，对游客自身的利益具有重大的影响，属于诉讼策略问题，但一般的当事人对此往往没有判断的能力，应如何选择才能尽可能维护自身的合法权益，笔者认为有以下两点可以参考。

（一）过错难以证明时可提起违约之诉

违约责任实际上是一种无过错责任，不以违约方主观上具有违约的故意或过失为责任构成要件。合同法中仅规定了不可抗力为法定免责事由。《民法典》第180条规定，不可抗力是指不能预见、不能避免并不能克服的客观情况。只有在不可抗力的情况下，违约方才可能免除或部分免除责任。违约方主观上不具有违约故意并非法定免责事由。

违反安全保障义务责任系过错责任，而且并未实行过错推定的归责原则，这表明游客在法院审理中仍然要证明旅行社对于其损害结果具有主观上的故意或过失，而过错系一种主观心理状态，往往难以证明，在游客无法证明旅行社具有主观过错时，提起违约之诉不失为一种好的选择。因为，如上所述，违约责任的承担不考虑是否有过错问题，即使游客无法证明旅行社的过错，但只要其存在违反合同约定的行为，并且给游客造成了损失，旅行社就应当承担违约责任。

（二）主张精神损害赔偿时可提起侵权之诉

违约责任与侵权责任的另一重要区别是合同法中未规定精神损害赔偿问题。合同纠纷案件中，违约方需赔偿损失数额是因其违约行为给对方已经造成的实际损失，或未来必然造成的利益损失，这些损失仅包括经济利益的损失，而不包括精神性利益的损失。因此，如果游客在旅行过程中经济利益方面并未遭受太多损失，但精神利益方面遭受的损失较多，游客可以选择向旅行社提起侵权之诉，要求精神损害赔偿。例如，目前旅游市场上经常出现的黑导游问题，一些非正规的旅行社以低价吸引游客参团后，强制游客到指定商户购物，从中抽取提成获利，在游客拒绝购物时，导游或其他旅行社人员采取侮辱或暴力威胁的方式，强迫游客购物，或在旅行过程中将游客驱赶下运输工具，使其滞留当地。黑导游对游客人身采取的强制或威胁手段，侵犯了游客的人身权利，即使游客并未因此遭受肉体上和财产上的损失，但是其精神上处于愤怒和恐惧状态中，使外出旅游这样一件惬意开心的事情，变成一段不堪的回忆。此种情况下，通过提起侵权之诉，主张精神损害赔偿，能得到法院的支持。

【典型案例】

焦某军诉甲旅行社、第三人乙旅行社旅游侵权纠纷案

原告：焦某军。

被告：甲旅行社。

第三人：乙旅行社。

〔基本案情〕

原告焦某军因与被告甲旅行社、第三人乙旅行社发生旅游侵权纠纷，向南京市鼓楼区人民法院提起诉讼。

原告焦某军诉称，原告于 2008 年 12 月 15 日参加被告甲旅行社组团的赴泰国、新加坡、马来西亚 11 日游活动，并向被告交纳了6560 元的团费，签订了《江苏省出境旅游合同》。2008 年 12 月 26 日晚，原告和国内其他游客搭乘被告所安排的旅游车由景点返回曼谷途中不幸发生严重车祸，造成原告脾破裂、左锁骨闭合性骨折、左边七根肋骨骨折、胸腔积血、腰椎压缩性骨折，当即被送至泰国医院住院抢救治疗。其间，原告被泰方和被告推来推去，无人过问。原告没得到泰方给予每位受伤人员的赔偿和慰问金，却拖着伤病的身体返回国内。直到数月后，原告才得知是被转团给第三人乙旅行社，被告这种不负责任的转包游客行为没有经过原告同意。因泰国旅行社根据泰国的相关法律规定已为每位游客购买了旅运意外保险。被告和第三人应当出面为原告索赔。被告和第三人违反该义务，理应先向原告支付泰国应赔偿的6万元人民币。原告回国后，于2009年2月27日入住江苏省中医院继续治疗，第二次手术取出肩部钢板，所需费用应由被告及第三人支付。被告还应向原告赔偿人身意外险的保险金。在违约和侵害责任竞合的情况下，原告选择侵权之诉，请求判决：1. 被告与第三人连带赔偿原告医疗费、误工费、护理费、住院伙食补助费、营养费、交通费、物损费、通讯费、资料翻译费、复印费、旅游费、残疾赔偿金、精神抚慰金、直属家属误工费、意外保险金、泰国理赔款等合计522437.16元；2. 被告与第三人承担诉讼费用。

被告甲旅行社辩称，本案是旅游过程中因为交通事故导致的损失，如果侵权行为成立，被告对基于侵权造成的损害进行赔偿，故原告焦某军主张的意外险和泰国的索赔款不在本案处理范围。原告要求退还旅游费，对其已经游玩的数额不应当退还。原告主张的家属误工费与本案无关，不应得到支持。关于营养费和误工费，应按第二次省人民医院的鉴定结果为准。要求依法判决。

第三人乙旅行社辩称，答辩意见同被告。第三人尽到了保障义务，泰国旅行社直接替代第三人尽保障义务。要求依法判决。

南京市鼓楼区人民法院一审查明：2008年12月15日，原告焦某军、被告甲旅行社签订《江苏省出境旅游合同》一份。合同约定：焦某军购买甲旅行社所销售的出境游旅游服务，游览点为泰国、新加坡、马来西亚，行程共计10晚11日，保险项目为：旅行社责任险、购航空险、赠意外险，团费为4560元。焦某军向甲旅行社交纳了4560元的团费。2008年12月21日出发时，系由第三人乙旅行社组团出境旅游，甲旅行社未就此征得焦某军同意。2008年12月26日23时许，焦某军等人乘坐的旅游车在返回泰国曼谷途中发生交通事故车辆侧翻，地点为泰国佛统府城关2组农顺丁村附近。该起交通事故导致1人死亡，焦某军等多人受伤，旅游车驾驶员负全部责任。事发后，焦某军被送往泰国当地医院治疗，伤情被诊断为：脾破裂、左锁骨闭合性骨折、胸腔积血、腰椎压缩性骨折等。2009年2月27日焦某军入住江苏省中医院治疗17天，由乙旅行社垫付住院费1000元。后焦某军又入院行摘除肩部钢板手术，住院30天，甲旅行社给付焦某军20000元。经甲旅行社委托，2009年12月4日，甲司法鉴定所对焦某军的伤残等级等进行鉴定后出具鉴定意见：被鉴定人焦某军脾切除构成八级伤残；腰1椎体三分之一以上压缩性骨折构成十级伤残；肋骨骨折构成十级伤残；左上肢功能部分丧失构成十级伤残；误工期限以伤后八个月为宜；护理期限以伤后六个月为宜；营养期限以伤后六个月为宜。甲旅行社为此支付鉴定费1743元。

一审审理中，因被告甲旅行社对甲司法鉴定所出具的鉴定意见中的第四项至第七项有异议并申请重新鉴定，经法院委托，人民医院司法鉴定所出具法医学鉴定意见：被鉴定人焦某军车祸外伤后致左锁骨骨折，遗留左肩关节功能障碍，构成十级伤残；被鉴定人焦某军车祸外伤后，误工期限为 90 天，护理期限为 60 天，营养期限为 60 天。

以上事实，有江苏省出境旅游合同、收条、医疗费票据等证据证实。

〔一审裁判理由与结果〕

南京市鼓楼区人民法院一审认为，旅游经营者擅自将其旅游业务转让给其他旅游经营者，旅游者在旅游中遭受损害，请求与其签订旅游合同的旅游经营者和实际提供旅游服务的旅游经营者承担连带责任的，人民法院应予支持。原告焦某军、被告甲旅行社之间形成旅游合同关系后，甲旅行社未经焦某军同意擅自将旅游业务转让给第三人乙旅行社，该转让行为属于共同侵权行为。法律规定承担连带责任的，被侵权人有权请求部分或者全部连带责任人承担责任。现焦某军在旅游期间发生了交通事故，身体受到损害，并选择以侵权之诉作为其请求权基础，要求甲旅行社与乙旅行社承担连带赔偿责任，符合法律规定，法院予以支持。

关于本案的赔偿范围。医疗费 25236.56 元、交通费 568 元、物损费 1000 元、通讯费 1200 元、资料翻译费 300 元、复印费 100 元、残疾赔偿金 151430.4 元，应当列入损失。住院伙食补助费应为 846 元。对于误工期限、护理期限、营养期限，人民医院司法鉴定所仅针对左锁骨骨折损伤而评定，故应按甲司法鉴定所出具的鉴定意见为准。原告焦某军的误工期限认定为伤后八个月，护理期限为伤后六个月，营养期限为伤后六个月。以上期限结合焦某军第二次住院的期间，误工费、护理费、营养费应当分别确定为 18000 元、12600 元、3780 元。对于精神抚慰金，综合考虑残疾等级、侵权情节、处理经过等因素，酌定为 30000 元。对于焦某军支出的团费 4560 元，焦某军受伤后未游览其后的行程安排，从倾斜保护旅游者利益出发，酌定应返还费用为 3000 元。对于护理费已予处理，焦某军主张家属误工费无法律依据。焦某军所称的意外保险金并非基于侵权的实际损失，不予支持；焦某军所称的泰国理赔款，不在本案处理范围，亦不予支持，焦某军可另行主张相应权利。综上，应纳入赔偿范围的赔偿总额为 248060.96 元。扣除被告甲旅行社预付的 20000 元及第三人乙旅行社垫付的 1000 元，甲旅行社与乙旅行社应向焦某军连带赔偿 227060.96 元。

据此，南京市鼓楼区人民法院依照《中华人民共和国民法通则》第一百三十条，《最高人民法院关于审理人身赔偿案件适用法律若干问题的解释》第十七条、第十八条，《最高人民法院关于审理旅游纠纷案件适用法律若干问题的规定》第十条之规定，于 2011 年 10 月 14 日判决：

一、被告甲旅行社、第三人乙旅行社于本判决生效之日起十日内一次性连带赔偿原告焦某军 227060.96 元；

二、驳回原告焦某军的其他诉讼请求。

如果未按本判决指定的期间履行给付金钱义务，应当按照《中华人民共和国民事诉讼法》第二百三十二条之规定，加倍支付迟延履行期间的债务利息。

〔当事人上诉及答辩意见〕

甲旅行社不服一审判决，向南京市中级人民法院提起上诉，请求依法改判上诉人不承担赔偿责任。主要理由为：1. 原审法院认为“焦某军、甲旅行社之间形成旅游合同关系后，甲旅行社未经焦某军同意将旅游业务转让给乙旅行社，该转让行为属于共同侵权行为”没有事实依据，即使存在擅自转让旅游业务，上诉人的行为也只是一种违约行为，而非侵权行为。旅游业务是否转让与交通事故及损害后果的产生并无必然因果关系。《最高人民法院关于审理旅游纠纷案件适用法律若干问题的规定》第七条第二款规定：“因第三人的行为造成旅游者人身损害、财产损失，由第三人承担责任；旅游经营者、旅游辅助服务者未尽安全保障义务，旅游者请求其承担相应补充责任的，人民法院应予支持。”原审第三人乙旅行社选择的旅游辅助服务者泰国车队具有合法运营资质，发生交通事故是驾驶员的过错所致，被上诉人焦某军的损失应由第三人即泰方车队承担赔偿责任，上诉人没有侵权行为，主观上也没有过错，本案在没有证据证明上诉人未尽安全保障义务的情况下，判决上诉人与乙旅行社承担连带责任不当；2. 误工、营养期限应当按照江苏省人民医院司法鉴定意见为依据；3. 原审判决认定精神损害抚慰金 30000 元过高，如果法院认定上诉人是侵权责任主体，也只应承担 12000 元的精神损害抚慰金。

被上诉人焦某军答辩称：根据合同法的规定，被上诉人在遭受人身损害后，既可以选择违约也可以选择侵权之诉。上诉人甲旅行社未经同意，擅自转团，导游没有资质，不负责任，和被上诉人的损害后果有一定的因果关系。车祸给被上诉人造成了严重的损害后果，上诉人没有购买意外保险，事发后也未积极解决，泰国方面把被上诉人赶出医院，并称要送被上诉人坐牢，对被上诉人精神造成极大损害，精神损害抚慰金 30000 元并不高。被上诉人的伤情构成一个八级伤残、三个十级伤残，上诉人为了拖延时间，要求重新鉴定，鉴定后还是十级，原审判决依照第一次鉴定结果认定误工、营养期限并无不当。

原审第三人乙旅行社答辩称，一审案由确定为旅游侵权纠纷不当，受害人可以选择合同也可以选择侵权之诉的前提是合同和侵权的相对方都是旅行社，实际上到了外地或者外国，都是由当地旅行社进行接待，我方不是侵权人，不应当作为本案的诉讼主体。

〔二审查明的事实〕

南京市中级人民法院经二审，确认了一审查明的事实。

〔二审裁判理由与结果〕

本案二审的争议焦点是：1. 上诉人甲旅行社、原审第三人乙旅行社是否系侵权责任主体，应否对被上诉人焦某军的损失承担连带赔偿责任；2. 误工、营养期限及精神损害抚慰金数额应如何认定。

南京市中级人民法院二审认为：

关于上诉人甲旅行社、原审第三人乙旅行社是否系侵权责任主体，应否对被上诉人焦某军的损失承担连带赔偿责任的问题。《最高人民法院关于审理旅游纠纷案件适用法律若干问题的规定》（以下简称《旅游纠纷若干规定》）第七条规定，旅游经营者、旅游辅助服务者未尽到安全保障义务，造成旅游者人身损害、财产损失，旅游者请求旅游经营者、旅游辅助服务者承担责任的，人民法院应予支持；第十条规定，旅游经营者擅自将其旅游业务转让给其他旅游经营者，旅游者在旅游过程中遭受损害，请求与其签订旅游合同的旅游经营者和实际提供旅游服务的旅游经营者承担连带责任的，人民法院应予支持。本案中，焦某军与甲旅行社签订出境旅游合同，双方形成旅游服务合同关系，甲旅行社所提供的服务应当符合保障旅游者人身、财产安全的要求。甲旅行社未经旅游者同意擅自将旅游业务转让给他人系违约行为，其所负有的安全保障义务不发生转移的效力。乙旅行社作为实际提供旅游服务的旅游经营者，所提供的食宿、交通运输等服务亦应当符合保障旅游者人身、财产安全的要求，同时应受甲旅行社与焦某军签订的旅游服务合同的约束；泰方车队属于受乙旅行社委托，协助乙旅行社履行旅游合同义务的旅游辅助服务者，与旅游者之间并未直接形成旅游服务合同关系，其为旅游者提供的交通服务是乙旅行社履行旅游服务合同义务的延续，应认定为是代表乙旅行社的行为。泰方车队在代表乙旅行社为旅游者提供交通服务的过程中未能安全驾驶造成车辆侧翻，致焦某军的身体受到损害，乙旅行社应承担相应民事赔偿责任，甲旅行社作为旅游服务合同的相对方，未经旅游者同意擅自将旅游业务转让给乙旅行社，依照上述司法解释的规定，其对旅游者在旅游过程中遭受的损害，应当与乙旅行社承担连带赔偿责任。

《中华人民共和国合同法》第一百二十二条规定，因当事人一方的违约行为，侵犯对方人身、财产权益的，受损害方有权选择本法要求其承担违约责任或者依照其他法律要求其承担侵权责任。《旅游纠纷若干规定》第三条规定，因旅游经营者方面的同一原因造成旅游者人身损害、财产损失，旅游者选择要求旅游经营者承担违约责任或者侵权责任的，人民法院应当根据当事人选择的案由进行审理。本案中，被上诉人焦某军的损害系泰方车队的侵权行为造成，而泰方车队系受原审第三人乙旅行社委托，代表乙旅行社为旅游者提供交通服务，其提供交通服务的行为应视为乙旅行社履行旅游服务行为，据此，泰方车队的侵权行为可直接认定为乙旅行社的侵权行为，焦某军在旅游过程中遭受人身损害后，选择要求乙旅行社承担侵权责任，符合法律规定，应予支持。上诉人甲旅行社虽非本案直接侵权人，其擅自转让旅游业务的行为亦属违约行为，但《旅游纠纷若干规定》第十条已明确在擅自转让的情形下，其应当与实际提供旅游服务的旅游经营者承担连带责任，这里的连带责任既可以是违约责任，也可以是侵权责任的连带，司法解释并未对连带责任的性质作出限制，故在焦某军依法选择要求乙旅行社承担侵权责任的同时，要求甲旅行社承担连带责任，并不违反法律规定。甲旅行社以其并非侵权责任主体为由，主张不应与乙旅行社承担连带侵权责任的上诉理由依据不足，法院不予采信。

上诉人甲旅行社主张被上诉人焦某军的损害系第三人的行为造成，依照《旅游纠纷若干规定》第七条规定，应由第三人承担责任。本院认为，《旅游纠纷若干规定》第七条第二款规定："因第三人的行为造成旅游者人身损害、财产损失，由第三人承担责任；旅游经营者、旅游辅助服务者未尽安全保障义务，旅游者请求其承担相应补充责任的，人民法院应予支持。"该条规定中的第三人，应该是除旅游经营者、旅游辅助服务者之外的第三人，本案焦某军的损害系泰方车队的侵权行为所致，泰方车队作为原审第三人乙旅行社选定的旅游辅助服务者，不属于该司法解释所称的第三人，故本案不属于第三人侵权的情形，不应适用《旅游纠纷若干规定》第七条的规定，甲旅行社依据该条规定认为不应由其承担赔偿责任的上诉理由与法不符，法院不予支持。

关于误工、营养期限及精神损害抚慰金数额应如何认定的问题。本起交通事故造成被上诉人焦某军身体多处受伤，经上诉人甲旅行社委托，甲司法鉴定所对焦某军身体多处伤残及伤后误工、护理、营养期限出具了明确的鉴定意见。一审审理中，因甲旅行社对鉴定意见确定的左上肢伤残程度及误工、护理、营养期限提出异议并申请重新鉴定，经法院委托，人民医院司法鉴定所出具鉴定意见，该鉴定意见对焦某军左锁骨骨折后构成十级伤残的认定与甲司法鉴定所的鉴定意见一致，虽然该鉴定意见同时确定的焦某军车祸外伤后误工、护理和营养期限均低于甲司法鉴定所所确定的期限，但因人民医院司法鉴定所评定的误工、护理和营养期限仅针对焦某军车祸外伤中的左上肢损伤作出，并不包含焦某军车祸后脾切除和腰椎、肋骨骨折损伤所需要的误工、护理和营养期限，仅以此不能否定甲司法鉴定所此前综合焦某军身体多处损失所作出的误工、护理和营养期限评定，甲旅行社亦未能提供相应证据证明甲司法鉴定所的鉴定存在程序违法等足以导致鉴定结论无效的情形，原审法院对甲司法鉴定所出具的鉴定意见予以采纳并无不当。甲旅行社主张应以人民医院司法鉴定所的鉴定意见作为认定焦某军伤后误工和营养期限依据的上诉意见与本案事实不符，不予采纳。精神损害赔偿的主要功能是填补和抚慰受害人的精神损害，根据《最高人民法院关于确定民事侵权精神损害赔偿责任若干问题的解释》相关规定，是否判令侵权人承担精神损害抚慰金以及如何确认数额，应结合侵权人的过错、损害后果、当地一般生活水平、侵权人承担责任的经济能力等因素综合考虑确定。鉴于本案侵权人对损害的发生负有全部过错，并造成受害人焦某军多处伤残，损害后果较为严重，原审法院判决认定精神损害抚慰金30000元数额适当，甲旅行社主张原审判决精神损害抚慰金过高的上诉理由依据不足，不予采纳。

综上，原审判决认定事实清楚，适用法律正确，应予维持。上诉人甲旅行社的上诉请求依据不足。据此，南京市中级人民法院依照《中华人民共和国民事诉讼法》第一百五十三条第一款第（一）项之规定，于2012年3月19日判决：

驳回上诉，维持原判。

本判决为终审判决。

规则12：高速公路管理处未履行保障公路完好、安全、畅通的职责和义务，致使当事人的车辆发生事故的，应当依法承担赔偿责任

——副业公司诉高速公路管理处损害赔偿纠纷案①

【裁判规则】

养护公路、对公路进行巡查并清除路上障碍物，是高速公路管理处应尽的职责和义务，高速公路管理处在收取费用后不能及时清除路上障碍物，致使当事人的车辆在通过时发生事故，既是不作为的侵权行为，也是不履行保障公路安全畅通义务的违约行为。根据《民法典》第577条的规定，高速公路管理处应当对自己的违约行为承担民事责任。

【规则理解】

根据原交通部②《公路工程技术标准》规定，高速公路是指能适应年平均昼夜小客车交通量为25000辆以上、专供汽车分道高速行驶、并全部控制出入的公路。高速公路的建设情况可以反映一个国家和地区的交通发达程度乃至经济发展的整体水平。高速公路为经济发展提供巨大的支持和动力，但由于机动车在高速公路上运行速度非常快，发生于高速公路上的交通事故其危害性也极高，高速公路安全日益成为社会需要关注的问题之一。一旦在高速公路上发生交通事故，其责任认定以及受害者的救济等问题也需要相关的法律进行规范。

一、高速公路经营管理者责任的法律特征

我国对于高速公路的开发、经营和管理，曾实行由高速公路管理处（局）等事业单位承担相应责任的制度，随着改革开放和经济体制改革的深入发展，目前主要以各行政地方成立高速公路公司的形式进行经营。在90年代末期，当

① 《中华人民共和国最高人民法院公报》2000年第1期。

② 2008年3月23日，根据十一届全国人大一次会议审议通过的《国务院机构改革方案》，整合原交通部职责，组建交通运输部。

时的高速公路管理者主要为高速公路管理处（局），与现今高速公路公司虽然名称不同、组织机构性质不同，但其在经营管理高速公路方面的权利义务以及责任承担并无本质差别。①

（一）高速公路经营管理者责任具有双重属性

高速公路经营管理者具有民事和行政主体的双重身份，即既享有对高速公路进行“经营”并获取收益的权利，也享有对高速公路上人和车辆进行管理的“权力”，高速公路经营管理者基于地方性法规或地方政府规章的规定，由各地人大或政府及相关部门授权，行使对高速公路上人和车辆进行管理的权力，这使得高速公路经营管理者表现出接受授权行使一定行政权力的表象。

1. 高速公路经营管理者应承担管理高速公路的法定职责

目前，全国多数省份都制定了适用于本地区的高速公路经营管理条例等地方性法规或地方政府规章，其中对高速公路经营管理者的职责进行了明确的规定。例如，《江苏省高速公路条例》第 14 条第 1 款规定：“高速公路经营管理单位应当按照养护规范加强养护巡查，并对高速公路及其附属设施技术状况进行检测，对技术状况达不到养护规范要求的，或者发现路基、路面、桥涵、交通安全设施损坏等影响高速公路安全通行的，应当及时设置警示标志、安全防护设施，并组织抢修或者采取措施排除险情。”高速公路经营管理者依法承担对高速公路进行巡查、养护、清障等管理的职责，因此项职责的来源为法律的明确规定，应为法定职责，如果高速公路经营管理者没有适当履行这一职责，造成他人损害的，高速公路经营管理者应当依照侵权责任法的相关规定，承担侵权损害赔偿责任。

2. 高速公路经营管理者对高速公路使用者应承担合同义务

如前所述，高速公路经营管理者通过与使用者缔结合同的形式实现其对高速公路的经营管理行为。这种合同应属默示合同，一般以非书面形式表现。车主驾驶车辆驶入高速公路收费口，就视为双方缔结了高速公路通行的民事合同。合同具体表现在使用者承担缴纳通行费的义务，取得了在高速公路上通行的权利。即缴费与收费、通行与放行构成双方的主要合同权利与义务。但在此之外，根据公序良俗以及一般惯例，双方还承担一定的从合同义务。对高速公路经营者而言，其应保证高速公路的路况本身是安全、无障碍的，适宜车辆正常通行

① 文中将取得高速公路收费权的经营企业以及利用贷款、集资建成高速公路经批准收取车辆通行费的事业单位统称高速公路经营管理者。

使用；而对通行者而言，应保证按高速公路通行的相关规定，无害于高速公路本身的路况及秩序等。例如，不得在高速公路上遗撒物品，不得对后车通行构成妨碍等。任何一方没有适当履行从合同义务，均应当对对方承担违约赔偿责任。

（二）高速公路经营管理者责任的竞合性

高速公路管理者未履行保障公路完好、安全、畅通的职责和义务，致使当事人的车辆发生事故的，应承担赔偿责任。对此赔偿责任的性质分析，从不同角度，可以得出不同的结论。一方面，高速公路管理者基于其没有履行保证高速公路完好、安全、畅通的法定义务，可能对通行者承担侵权损害赔偿责任；另一方面，高速公路管理者没有适当履行其与通行者之间的合同义务，也可能对通行者承担违约赔偿责任，换言之，双方既可能成立侵权法律关系，也可能成立违约赔偿法律关系，呈现法律关系竞合和责任竞合的状态。

二、高速公路经营管理者责任的成立要件

（一）侵权损害赔偿责任成立的要件

高速公路经营管理者没有履行保证高速公路安全、完好、畅通的义务，致使他人遭受损害，可能构成侵权责任。就其责任构成而言，应符合《民法典》规定的侵权责任构成要件。一般侵权责任的构成要件为：侵权行为、损害结果、主观过错和因果关系。对于特殊侵权行为，实行严格责任或无过错责任的归责原则，不以侵权行为人主观上存在过错为责任构成要件。同样地，对于不作为侵权责任，也不以侵权行为为责任构成要件。本节研究高速公路经营管理者的责任形式即表现为不作为侵权责任。不作为侵权责任虽不要求责任人主动实施了侵权的行为，但也需要具备一定特殊的要件方可构成。其形态一般表现为法律明确规定或合同中约定了责任人应当采取积极作为的方式履行义务，但责任人没有履行或没有适当履行该作为义务所产生的责任。

1. 法律法规中规定了高速公路经营管理者应承担的法定义务

各地地方性法规或地方政府规章中一般均有关于高速公路经营管理的相关规范性文件，其中对高速公路经营管理者的职权和职责都有明确规定，如《江苏省高速公路条例》第 13 条中就规定了高速公路经营管理者承担巡查、检测、养护、警示、抢修等责任。这些规定应属高速公路经营管理者应承担的法定义务，也成为高速公路经营管理者应承担责任的前提条件。

2. 高速公路管理者违反了法定义务，没有采取相应措施保证高速公路上的安全和秩序

一旦其没有妥善履行这些法定责任，就符合不作为侵权责任的实质要件，即有作为的义务而采取不作为的行为，其不作为具有违法性。同时，因为高速公路管理者的不作为，导致高速公路上出现有碍正常顺利通行的危险因素，或者因其不作为，没有及时发现并排除隐患，而使高速公路上的危险状态持续下去。

3. 高速公路通行者因高速公路经营管理者的不作为遭受了损害

高速公路经营管理者的不作为致使高速公路上出现了危险因素，或者使危险状态得以持续，通行者因为遭遇危险，发生事故遭受人身或财产损害，该损害结果是不作为侵权责任的必备要件。

4. 高速公路经营管理者的不作为行为与通行者遭受的损害结果之间具有因果关系

现代民法采取责任自负的理念，除替代责任外，行为人只对自己行为产生的结果负责，而对与自己行为无关的损害后果不承担责任。如果高速公路经营管理者虽然具有不作为行为，但是通行者遭受损害完全是由其自身主客观原因造成，与高速公路经营管理者之间不具有相当的因果关系，那么，高速公路经营管理者也无须对通行者遭受的损害承担侵权责任。

5. 高速公路经营管理者责任具有主观过错

一般侵权责任的构成以侵权人主观过错为构成要件，特殊侵权行为实行严格责任或无过错责任的归责原则。我国侵权责任法中规定了七类特殊侵权责任，但不包括高速公路经营管理者责任。因此高速公路经营管理者责任仍然应为过错责任。

鉴于高速公路通行具有高速运行的特殊性，其危险性较一般公路更大。并且高速公路其价值应当体现在畅通、高速的通行中，为保证高速公路通行的效率，在没有相反证据证明的情况下，通行者有权推定高速公路本身路况是安全的、完好的，适宜于机动车高速度运行，并且通行者这种信赖的利益应当得到保护。换言之，如果高速公路上存在危险因素，应当推定高速公路经营管理者因没有及时发现并排除隐患，而具有主观的过错，除非高速公路经营管理者举证证明其本身对损害结果的发生不具有过错，否则，其应当承担相应的赔偿责任，即采取过错推定的归责原则。

（二）违约责任成立的要件

高速公路经营管理者与高速公路通行者之间成立服务合同法律关系。虽然双方合同并未以书面形式确认，但根据双方通行与放行的行为，可以认定成立默示合同法律关系，高速公路经营管理者作为合同当事人之一，应当保证其提供的服务是安全有效的，具体而言体现在路况的适宜高速通行性。如果高速公路上存在安全隐患，应视为高速公路经营管理者没有履行其合同义务，应当根据合同法的规定承担违约责任。根据合同法理论，违约责任的承担不以违约方主观过错为构成要件，不能援引不存在主观过错作为拒绝承担违约责任的抗辩理由，此为违约责任和侵权责任承担的重要区别之一。《民法典》第 590 条第 1 款规定："当事人一方因不可抗力不能履行合同的，根据不可抗力的影响，部分或者全部免除责任，但是法律另有规定的除外。因不可抗力不能履行合同的，应当及时通知对方，以减轻可能给对方造成的损失，并应当在合理期限提供证明。"根据上述规定，当高速公路发生大雾或山石塌方等不可抗力造成车辆不能正常通行时，高速公路经营管理者不承担合同责任。但是，高速公路经营管理者有必要及时发现相关情况并告知高速公路通行者，否则应当承担相应责任。

【拓展适用】

一、侵权责任与违约责任竞合时的处理

责任竞合从广义角度而言表现为同一法律事实产生多重请求权的现象。它包括规范排斥的竞合（又称法条竞合）、选择性竞合、请求权竞合和请求权聚合。[①] 狭义的责任竞合仅指选择性竞合。不同的责任竞合形态所能够引起的法律后果不尽相同，需要认真研究区分。

规范排斥的竞合是指同一法律事实符合多项法律规范规定的要素，并依据不同规范产生多项请求权，但由于各项法律规范内容相互排斥不能同时适用，因此，应当依据法律本身适用规则来行使请求权。例如，根据特别法优于一般法的法律适用规则来选择应当优先行使的请求权。在因高速公路经营管理不善引起的损害中，通行者可分别依据侵权责任法和合同法的规定，取得侵权损害赔偿请求权和违约赔偿请求权。但由于侵权责任法和合同法本身的异质性，两部法律规范本身不属于一般法和特别法关系，不存在相互排斥和冲突的关系，此种责任竞合不属于规范排斥竞合。

---

① ［德］卡尔·拉伦茨：《德国民法通论》（上册），谢怀栻等译，法律出版社 2003 年版，第 348~351 页。

选择性竞合是指同一法律事实产生多项请求权，权利人只能择一行使，即使该请求权行使后，并不能使权利人得到充分救济，权利人也不能再主张另一项请求权。我国《民法典》中关于违约责任与侵权责任的规定实际上采纳了这一种观点。《民法典》第186条规定："因当事人一方的违约行为，损害对方人身权益、财产权益的，受损害方有权选择请求其承担违约责任或者侵权责任。"司法解释中作出进一步说明，原《合同法司法解释（一）》第30条规定："债权人依照合同法第一百二十二条的规定向人民法院起诉时作出选择后，在一审开庭以前又变更诉讼请求的，人民法院应当准许……"根据反向解释的原则观，债权人在一审开庭以后变更诉讼请求，人民法院不予准许，即权利人必须在法院一审开庭以前决定其选择行使的请求权。

请求权竞合是指同一法律事实产生后发生多项请求权，当事人可以选择其中一项行使，如果一项请求权行使使受害人得到充分的补救，原则上受害人不可以请求另一项请求权。如果一个请求权因目的达到以外之原因而消灭时，仍可以行使其他请求权。请求权竞合与选择性竞合是相互对应的两项制度。各国关于责任竞合时的法律效果规定不尽一致，我国采选择性竞合说；但德国民法理论中采请求权竞合说，认为在请求权竞合的情况下，针对同一目的的多数请求权在它们得到履行之前是相互独立存在的。请求权人可以将其享有的一种请求权免除或让与出去，而将另一种请求权保留或让与给其他的受让人。在诉讼中，请求权人可以就各种请求权分别起诉，如果他的一项起诉被驳回，那么他可以再就另一个请求权起诉。①

请求权聚合是指同一法律事实产生后发生多项请求权，当事人对于数种以不同的给付为内容的请求权，可以同时主张。每一项请求权在诉讼中表现为独立的诉讼标的，成立不同的诉讼法律关系。且各个诉讼中请求权是否得以实现不影响其他案件的审理和判决。

根据上文所述，高速公路经营管理者责任同时具有侵权责任和违约责任的双重属性，对责任竞合作出限制性规定，即权利人只能选择其中一项请求权行使，并且一旦作出选择，以特定的事实和理由诉至法院，一审开庭之后将不能再改变选择行使的请求权。即使该请求权行使中存在障碍而未能得到实现和救济，权利人也不能再主张另一项请求权。

---

① ［德］卡尔·拉伦茨：《德国民法通论》（上册），谢怀栻等译，法律出版社2003年版，第352页。

二、选择性竞合与一事不再理原则的关系

民事诉讼程序遵循一事不再理原则，对于以同一请求和理由起诉的案件，人民法院不予受理。而判断是否属于重复起诉的关键在于诉讼标的。诉讼标的是指当事人与法院之间的诉讼权利和诉讼义务所指向的客观对象，即当事人之间争议并由法院裁判的对象。[①] 对于诉讼标的理论，学界有不同观点。旧实体法说认为，诉讼标的是原告在诉讼中提出的实体法上的权利主张，即请求权。以实体请求权和法律关系为依据的实体法说是传统民事诉讼法理论一直坚持的理论，但其弊端日益显现。例如，在侵权责任与违约责任竞合的情况下，权利人同时享有侵权损害赔偿请求权和违约赔偿请求权，两项请求权内容不同，根据实体法学理论，权利人可以同时向法院提出侵权赔偿之诉和违约赔偿之诉，两个诉讼中当事人主张的请求权不同，诉讼标的并不同一，因此人民法院均应受理。此种理论无法解决请求权选择性竞合情况下，案件的受理问题，目前该学说已逐渐丧失其主流地位。我国学者为解决诉讼标的的误别问题，提出了“新二分支说”，认为事实理由不仅具有诉讼法意义，而且与实体法也存在联系，因而诉的声明与事实理由，只要其中任何一项为单一则诉讼标的为单一，只有两者均为多数时诉讼标的才为多数。[②] 此学说很好地解决了请求权竞合情况下的起诉和受理问题。在因同一法律事实引起多项请求权的情况下，因法律事实同一，虽然当事人主张的请求权并不相同，仍视为两诉具有同一诉讼标的，当事人不得重复向人民法院提出主张，人民法院也不得重复受理。

三、相互竞合请求权的行使

高速公路经营管理者未履行保护公路完好、安全、畅通的义务，致使当事人的车辆发生事故的，应承担赔偿责任。通行者可选择追究其侵权损害赔偿责任或违约责任。应根据上文所述两种责任的成立要件，首先判断在两项法律关系中，请求权是否真实有效的存在，其行使是否存在障碍，以及在不同案件中举证的难易程度，对案件处理结果进行预判，并根据预判结果，以最有利于实现自身利益的理性人的思维，选择所要行使的请求权。在责任竞合选择权行使中，要充分尊重和保护当事人的意思自治，由当事人根据其理性判断作出最有利于自身的抉择。法官可以向当事人释明案件中的诉讼风险，引导当事人作出理性选择，但不能代替当事人决定其权利的行使。

---

① 常怡主编：《民事诉讼法学》，西南政法大学出版社2008年版，第62页。

② 江伟主编：《中国民事诉讼法专论》，中国政法大学出版社1998年版，第86页。

例如，同向行驶的两车，在前车上遗撒物品，致使后车遭受损害的情况下，由于前后两车间距较短，前车遗撒物品与后车遭受损害几乎同时发生，高速公路经营管理者并没有充分时间去发现和采取措施阻止损害结果发生，因此很难证明高速公路经营管理者对于后车遭受的损害具有主观上的过错，而主观过错为一般侵权行为必须具备的主观要件，当不具备主观过错时，通行者要求高速公路经营管理者承担侵权责任的请求很难得到法院支持。此时通行者只能选择违约赔偿之诉追究高速公路经营管理者的违约责任。违约责任承担不以违约方主观上具有过错为成立要件，只要存在违约行为，又无其他法定或约定免责的事由，违约方均应承担赔偿责任。此种情况下，通行者选择提起违约赔偿之诉，其诉讼风险较低。

四、加入第三人因素时的责任认定

高速公路经营管理者责任是侵权责任与违约责任的竞合，这体现在相同当事人之间法律关系的竞合。但是在高速公路安全隐患引发的事故中，高速公路经营管理者通常并非唯一责任人。多数情况下是由于其他车辆驾驶者的行为导致危险状态的发生。例如，前车遗撒物品，后车为躲避而引发的事故中，前车驾驶员没有妥善管理好自己车上物品，是造成损害结果发生最主要的原因，与损害结果具有直接的因果关系，被侵权人也有权要求前车驾驶员承担侵权赔偿责任。而一旦加入第三人的因素，法律关系会更加复杂。我国《民法典》第1175条规定："损害是因第三人造成的，第三人应当承担侵权责任。"但《民法典》中并未规定直接责任人与第三人之间的责任关系和分担比例等问题。前文已论述了高速公路经营管理者与受损害方之间的法律关系和责任承担。下文将阐述加入第三人因素时，各方主体之间的责任关系。

（一）高速公路经营管理者、致害车辆方与受损害方的法律关系

致害车辆一方与受损害方之间不存在合同法律关系，但在符合侵权责任法规定要件的情况下，双方可能成立侵权法律关系。在成立侵权法律关系的情况下，受损害方遭受损害这一法律事实产生了多项请求权。受损害方既可以向致害车辆一方要求侵权损害赔偿，也可以向高速公路经营管理者主张侵权损害赔偿或违约赔偿责任。由此同样产生了法律关系和责任的竞合问题。此种责任竞合发生在不同法律关系主体之间，包括了主体竞合的因素。其性质应属选择性竞合抑或请求权竞合，直接决定了两方责任主体责任的承担以及受损害方救济权利的行使，而对这一问题的分析，应结合侵权责任形态的研究。

侵权责任形态根据责任人是单独对某一损失承担赔偿责任，或是与他人共

同承担连带责任可分为单独责任与连带责任。连带责任又可进一步划分为真正意义的连带责任和不真正连带责任。不真正连带责任，是指数个责任人基于不同的原因而依法对同一被侵权人承担全部的赔偿责任，某一责任人在承担责任之后，有权向终局责任人要求全部追偿。[①] 例如，我国《民法典》第1250条规定："因第三人的过错致使动物造成他人损害的，被侵权人可以向动物饲养人或者管理人请求赔偿，也可以向第三人请求赔偿。动物饲养人或者管理人赔偿后，有权向第三人追偿。"在高速公路存在安全隐患引起的事故中，虽然高速公路经营管理者本身存在监管不到位，措施不及时等问题，但多数根源在于其他车辆所有人的不当行为引发的危险。此时，高速公路经营管理者与致害车辆所有人之间的责任关系如何？根据侵权责任法理论，致害车辆是引起损害发生的原因之一，在符合侵权责任构成要件的条件下，致害车辆方同样应当对受损害方遭受的损害承担赔偿责任。笔者认为，致害车辆方与高速公路经营管理者之间成立不真正连带责任，即受损害方有权选择其中任一责任人要求赔偿，并且在起诉一个责任人但其请求权未得到充分实现和救济的情况下，受损害方可以起诉另一责任人要求获得赔偿。这两诉并不违反一事不再理原则，因两诉的诉讼标的并不同一，致害车辆方是基于其没有管理好自己车辆引发危险这一事实向受损害方承担责任，而高速公路经营管理者是基于其没有及时发现并排除危险的事实向受损害方承担责任。两诉的事实理由和请求权均不同一，因此不属于同一诉讼标的，也不违反一事不再理原则。由此可见，两责任主体与受损害方之间成立请求权竞合而非选择性竞合。这种制度设计更有利于保护受损害方的利益，更有利于受损害方获得充分的权利救济。

（二）高速公路经营管理者与致害车辆方的法律关系

高速公路经营管理者与致害车辆方对受损害方承担不真正连带责任，不真正连带责任是数个债务人基于不同的发生原因而对于同一债权人负有以同一给付为标的的数个债务，因一个债务人的履行而使全体债务均归于消灭。不真正连带责任与连带责任的重要区别在于存在终局责任人。非终局责任人一方承担全部赔偿责任之后，有权向终局责任人追偿。致害车辆方遗撒物品等危险行为是导致受损害方遭受损失的直接和首要原因，对于损害结果具有明显的主观过错或过失，因此，致害车辆方应对损害结果承担终局责任。如果受损害方只起诉高速公路经营管理者，法院判决高速公路经营管理者承担赔偿责任，则其有

---

① 王利明：《侵权责任法研究》（上卷），中国人民大学出版社2010年版，第583页。

权起诉致害车辆方要求追偿，并且在两者之间也存在侵权责任和违约责任的竞合。因发生在相同责任主体之间，应属选择性竞合，受损害方应在一审开庭前确立主张行使的请求权。

【典型案例】

副业公司诉高速公路管理处损害赔偿纠纷案

上诉人（原审被告）：高速公路管理处。

被上诉人（原审原告）：副业公司。

〔基本案情〕

南京市中级人民法院二审审理查明：1997 年 11 月 20 日 19 时 10 分，被上诉人副业公司的驾驶员孙某福驾驶牌照号码为苏 L10789 的桑塔纳轿车，沿南京机场高速公路由南向北行驶至 19K+200M 处时，突然发现前方路中有过往车辆失落的 2×1.2 平方米防雨布一块，因避让不及，车辆撞上路东护栏，致使车壳变形、发动机损坏、轮胎脱落、后备箱钢圈撞毁。车内，在前排乘坐的田某盛脑后被撞破，在后排乘坐的三人被抛出车外摔伤。其中，潘某华经抢救无效于次日死亡；闻某诚经南京市公安局法医鉴定，其胸部损伤程度为伤残九级，头面部损伤为伤残十级；王某英头部有多处肿块。南京市公安局交通警察支队机场高速公路大队于 1997 年 12 月 12 日下达的道路交通事故责任认定书认定：司机孙某福驾车在高速公路上正常行驶，对前方道路中的障碍物无法预见，发生事故时无违章行为；乘车人潘某华、闻某诚、王某英、田某盛在发生事故时无违章行为，该事故为意外事故。经调解，副业公司作为车主与此次事故中的被害人达成道路交通事故损害赔偿协议：由副业公司给潘某华的亲属赔偿抢救费、丧葬费、死亡补偿费、被扶养人生活费计 91242 元；给伤者闻某诚赔偿医疗费、误工费、营养费、护理费、残疾者生活补助费、交通费计 47328 元；给伤者田某盛赔偿医疗费、误工费计 5388.30 元；给伤者王某英赔偿医疗费、误工费计 1340 元；副业公司承担车辆损失费、护栏损失费、事故施救费、事故处理费计 30620 元，以上合计 175918.30 元。副业公司为处理此次事故，共开支 231129.25 元，后向某保险公司索赔车辆损失险得款 33260 元。1998 年 10 月，副业公司以上诉人高速公路管理处收取车辆通行费后未履行保障道路安全畅通的义务，导致自己遭受巨额财产损失为由，向南京市雨花台区人民法院起诉，要求高速公路管理处赔偿损失 231129.25 元。

另查明：上诉人高速公路管理处为全民所有制事业法人，其事业法人登记证上登记的职责或服务范围包括路政管理、公路养护、规费征收和经营开发，经费来源为自收自支。受江苏省交通厅的委托，高速公路管理处行使路政管理和规费征收权力。据此委托，高速公路管理处可以对通过南京机场高速公路的车辆征收车辆通行费和实施路政管理，可以对违反路政管理和车辆通行费征收管理规定的单位和个人作出行政处罚。

〔一审裁判理由与结果〕

南京市雨花台区人民法院认为，高速公路管理处因收费与副业公司之间形成了有偿使用公路的合同关系。高速公路管理处应当保障副业公司的车辆能够安全、畅通地使用该高速公路。致副业公司的车辆在正常行驶中发生事故的路障，本应由高速公路管理处及时发现并清除。高速公路管理处却因疏于巡查而未能发现并清除该路障，是未履行其应尽职责与合同义务。高速公路处应当对这次事故给副业公司造成的直接经济损失承担赔偿责任。据此判决：高速公路管理处赔偿副业公司损失费142658.30元；案件受理费4360元由高速公路管理处负担……

〔当事人上诉及答辩意见〕

上诉人高速公路管理处诉称：1. 上诉人向被上诉人收取车辆通行费，是实施行政管理行为，双方之间由此形成的只能是行政关系，不是合同关系。原审判决依合同关系处理本案，是适用法律不当。2. 原审认定上诉人疏于巡查，没有证据。3. 交警部门出具的交通事故责任认定书中，并未指出上诉人对这次事故的发生有过错，上诉人不应对这次事故负责。4. 被上诉人不去起诉抛弃雨布的责任人，却起诉上诉人，没有法律依据。法院应当驳回被上诉人的诉讼请求却未驳回，实属错判。

被上诉人副业公司未作书面答辩。

〔二审裁判理由与结果〕

南京市中级人民法院审理认为，上诉人高速公路管理处作为事业法人，根据江苏省交通厅的委托授权和事业单位法人登记证核准的范围，不仅有在南京机场高速公路上代行路政管理和规费征收的行政权力，也有为解决自己经营活动所需经费向过往车辆收取车辆通行费的权利。根据权利与义务相一致的原则，高速公路管理处在享有上述权利的同时，有依照《中华人民共和国公路法》第四十三条的规定履行保障公路完好、安全、畅通的职责和义务。被上诉人副业公司履行了交纳车辆通行费的义务以后，即享有使用高速公路并安全通行的权利。高速公路管理处与副业公司之间因收支费用的行为而形成了有偿使用高速公路的民事合同关系。依照《中华人民共和国民法通则》第四条的规定，民事活动应当遵循公平、等价有偿的原则。高速公路管理处在收取费用后不能及时清除路上障碍物，致使副业公司的车辆在通过时发生事故，既是不作为的侵权行为，也是不履行保障公路安全畅通义务的违约行为。原审以违反合同义务处理，并无不当。副业公司对此次事故给自己造成的损失，要求高速公路管理处赔偿，符合《中华人民共和国民法通则》第一百一十一条的规定；高速公路管理处应当对自己的违约行为承担民事责任。原审法院据此判决高速公路管理处给副业公司赔偿损失，是正确的。

上诉人高速公路管理处本身并非行政机关，不具有行政执法的权力，其代为行使的路政管理、规费征收和行政处罚权，必须以委托机关江苏省交通厅的名义实施。由高速公路管理处代为实施的行政行为，只能形成行政管理相对人与江苏省交通厅之间，而不是与高速公路管理处之间的行政关系。高速公路管理处可以以自己的名义对高速公路实施日常经营管理，其基于对高速公路的经营管理向过往车辆收费，只能与交费人之间形成民事权利义务关系，不是行政管理关系。况且国家计委已经在1997年10月31日的计价管（1997）2070号“关于公路、桥梁、隧道收取车辆通行费有关问题的复函”中指出，车辆通行费属于经营性收费，不是行政事业性收费。被上诉人副业公司是以高速公路管理处收费后不尽义务给其造成损失为由，要求赔偿损失的，并非对高速公路管理处代行的某种行政行为有异议而起诉江苏省交通厅，此案显然是民事纠纷。高速公路管理处上诉称“收取车辆通行费，是实施行政管理行为，双方之间由此形成的只能是行政关系，不是合同关系”的理由，不能成立。

养护公路、对公路进行巡查并清除路上障碍物，是上诉人高速公路管理处应尽的职责和义务，以南京机场高速公路的现代化条件，足以保证高速公路管理处能够对路面异常情况及时发现并清除。南京机场高速公路车流大、速度快，高速公路管理处在这样的区域内只有勤勉而谨慎地巡查，才能保障公路安全通行。高速公路管理处虽然举证证明其已按路政管理制度履行了巡查义务，但不能据此证明已达到保障公路安全通行的目的。此次事故的发生，足以证明高速公路管理处疏于巡查。高速公路管理处上诉称“原审认定上诉人疏于巡查，没有证据”的理由，不能成立。

交通警察对此次事故的认定，仅解决了被上诉人副业公司及其乘车人在此次事故中有无违章过错的问题，并未涉及高速公路管理处的原因和责任。上诉人高速公路管理处上诉称“交警部门的交通事故责任认定书中，并未指出上诉人对此次事故的发生有过错，上诉人不应对此事故负责”的理由不能成立，交通事故责任认定书不能作为其免除责任的依据。

对成为路上障碍物的防雨布是由第三人失落的，双方当事人没有异议。至于第三人对失落防雨布造成的交通事故损失应当承担的民事责任，只有在高速公路管理处追查出第三人以后才有条件解决。在第三人没有被追查出来的情况下，副业公司根据合同相对性原则起诉高速公路管理处，主张由没有尽到保障公路完好、安全、畅通义务的高速公路管理处先行赔偿，是合法的。高速公路管理处先行赔偿后，有向第三人追偿的权利。高速公路管理处在第三人没有被追查出来的情况下，上诉称“被上诉人不去起诉抛弃雨布的责任人，却起诉上诉人，没有法律依据”，其理由不能成立。

综上所述，原审判决认定事实清楚，证据确实、充分，适用法律正确，判处适当，应予维持。高速公路管理处的上诉理由均不能成立，不予采纳。据此，南京市中级人民法院于1999年8月24日判决：

驳回上诉，维持原判。

二审诉讼费4360元，由高速公路管理处负担。

第九章　商事经营中的侵权责任

规则 13：共同买受人之一以伪造函件的方式独自提取货物并出售，将所得货款据为己有的行为，侵犯了其他共同买受人的合法权益，应依法承担侵权责任

——某乡镇企业供销公司诉甲贸易公司、乙贸易公司侵权损害赔偿纠纷案①

【裁判规则】

买卖合同的共同买受方虽未就买卖标的物的分配和销售进行约定，但根据民事活动应当遵循公平、等价有偿原则，可按各自支付预付款的比例对出卖方交付的产品享有权利。买受人之一在履行合同过程中以伪造的函件欺骗他人，独自提取了货物并全部出售，又将所得货款全部据为己有，其行为侵犯了共同买受方中他方的合法权益，属侵权行为，应承担侵权的民事责任。合同出卖方并不知情，不构成共同侵权行为，不应承担连带赔偿责任。

【规则理解】

普通合同纠纷案件中，合同双方主体均为一人或一公司，案件只涉及合同双方主体之间的权利义务关系，较为清晰明确。有些情况下，合同一方主体为复数，在此合同法律关系中，就不仅包含合同双方主体之间的权利义务，还包含合同各方不同主体之间的权利义务关系，法官在审理案件时，不仅要把握好合同相对方之间的法律关系，还要厘清同一方主体之间的法律关系。本项规则解决的是在两公司共同出资购买货物时，买受人之一处分货物对另一买受人的效力以及由此引起的法律责任问题。

一、共同买受人之一独占货物行为的法律属性

两公司共同出资购买货物，作为共同买受人，对所购货物共同享有合同项

---

① 《中华人民共和国最高人民法院公报》2000 年第 4 期。

下约定的权利，承担相应的义务，任何一公司在未通知对方的情况下，擅自处分货物，并独享所得利益，对另一买受人构成侵权，应当承担赔偿责任。对于善意合同相对方，因共同买受人之间存在相互合作关系，足以使相对方有理由相信买受人之一能够代理另一买受人做出法律行为，买受人之一的行为构成表见代理，出卖人将货物交付买受人之一，是履行合同义务的合法行为，对其他买受人不构成侵权。

（一）买受人之间的内部法律关系

《民法典》中对于买受人为两人以上时，各买受人之间的权利义务关系并未作出明确规定，笔者认为，各买受人之间共同享有权利，共同履行义务的权利属性，接近于民法中对合伙关系的规定。

1. 买受人之间法律关系类型

（1）约定出资份额或权利比例。共同买受人与出卖人签订的买卖合同中约定了各买受人出资比例以及所享有的货物份额的，各买受人按约定比例支付购货款，任何一方未履行其义务时，视为购货方没有完全履行合同义务，出卖人可依据合同约定及法律的规定，要求买受人继续履行或承担违约责任。

（2）没有约定出资份额或权利比例。共同买受人与出卖人签订的买卖合同中没有约定各买受人出资比例以及所享有的货物份额的，各买受人对出卖人承担连带支付货款的债务，并共同享有要求出卖人交付货物的债权。出卖人可向任一买受人要求支付货款，也可向任一买受人交付货物，视为已经履行合同。

2. 买受人之一独占货物的行为构成侵权

根据《民法典》第224条之规定，动产以交付为所有权转移的标志，出卖人将货物交付给买受人一方时，货物所有权由出卖人转移到买受人一方，由于各买受人共同出资购买货物，货物所有权为各买受人共同所有。根据一物一权原则，同一物上只能存在一个所有权。对于一批货物，应视为民法层面上的一物，虽然有多个所有权主体，仍然只有一个所有权，各权利主体依其约定或法律规定享有相应份额的货物所有权，任何一主体不能单独主张对货物的所有权，各权利主体应在平等协商的基础上对货物进行使用或处分，任何一权利主体不能单独处分货物。

共同买受人之一以伪造函件或其他欺诈方式独自提取货物并出售，将所得货款据为己有的行为，侵犯了其他共同买受人的合法权益，符合侵权行为的构成要件，依法应当承担侵权责任。

第一，独占货物的共同买受人侵害了其他共同买受人对货物的所有权，其行为具有非法性。如上文所述，各共同买受人共同享有对货物的所有权，任何一买受人不得单独处分货物，各方应在平等协商的条件下，依据公平、等价有偿、诚实信用等原则，妥善对货物进行处分，保证各方预期利益的实现。如果买受人之一以伪造函件或其他欺诈方式，从出卖人处独自提取货物，并在未通知其他买受人的情况下，擅自将货物处分获取利益，其行为损害了其他买受人对货物的所有权，具有非法性。第二，买受人之一独占货物使其他买受人无法行使对货物的所有权，损害其他买受人利益。侵权买受人独占货物，未与其他买受人协商，擅自处分共同所有的货物的行为，使其他买受人无法对货物行使占有、使用、收益和处分的权能，损害其他买受人合法权益。第三，买受人之一独占货物并予以出售的行为，与其他买受人无法行使所有权的损害后果之间具有直接的因果联系。第四，买受人之一对于损害结果的发生具有主观过错。买受人之一明知擅自处分货物独占货款的行为损害其他买受人的合法权益，仍然追求这种结果的发生，具有过错的主观心理状态。

（二）买受人与出卖人之间的外部法律关系

1. 各买受人与出卖人之间构成表见代理

由于各买受人之间合作购买货物的关系，足以使一般人相信共同买受人之间可以就购买货物事宜相互代理做出法律行为。买受人之一在其他买受人不知情的情况下，向出卖人作出要求交付货物的意思表示，独自接受出卖人交付的货物，可以使出卖人相信买受人之一能够代理其他买受人接受履行，因此尽管事实上共同买受人之间并未相互授予代理权，但因共同买受人之间存在的合作关系，使第三人产生买受人之间能够相互代理的推断，呈现出买受人之一具有代理权的表象，符合民法中表见代理的规定。

2. 出卖人向买受人之一交付货物是履行合同义务的行为

根据上文所述，买卖各方之间形成表见代理关系，除非买卖合同中另有约定，出卖人向买受人之一交付货物，与向全体买受人交付货物具有同等法律效力，应视为已经履行了合同约定的义务。另一种情况，虽然在买卖合同中双方约定需由全体买受人共同接收货物，但其中一买受人以伪造其他买受人印章、函件等欺诈方式骗取出卖人向其发货，也视为出卖人已经履行了合同约定义务，其他买受人不得向出卖人再行主张要求履行合同义务。

二、侵权买受人的责任承担

买受人之一伪造其他买受人函件，独自提取货物并出售，将所得货款据为己有的行为，侵犯其他买受人的合法权益，构成对其他买受人的侵权，依法应当承担侵权责任。

（一）侵权责任的范围

共同买受人共同出资购买货物，对所购得的货物共同享有所有权。侵权买受人作为出资人之一，对货物本身也享有一定份额的权利，其仅对其他买受人应当享有的货物份额承担侵权责任。

1. 合同中明确约定出资比例及货物分成比例的

在买卖合同中或买受人之间单独签订的合同中，明确约定了各买受人支付货款比例或对所购货物分成比例的，应据此划分各买受人对货物所享有的权利份额。买受人仅对其他买受人应享有的权利份额承担侵权责任。对于买受人自己享有的权利份额，因侵权买受人有权自行处分，无须就此向其他买受人承担侵权责任。

2. 合同中未明确约定出资比例及货物分成比例的

对于在买卖合同中未明确约定出资比例及货物分成比例，共同买受人之间也未就此协商达成一致的，人民法院能够查明实际出资比例的，应按实际出资比例确定对货物所享有的权利份额；出资比例不明确或难以查明的，人民法院应结合案件具体事实情况，自由裁量确定双方对货物享有的权利比例，一般情况下，可认定双方各享有一半比例的货物。

（二）侵权责任的方式

《民法典》中规定的侵权责任承担方式包括停止侵害、赔偿损失、返还财产、消除影响和恢复名誉等。买卖合同中一般只涉及双方财产纠纷，与人身权益无关。因买受人之一独占货物产生的侵权责任应为财产形式的责任，具体应视侵权买受人独占货物后的处理方式来确定。

1. 侵权买受人独占货物

侵权买受人独自提取货物后占有，尚未对货物进一步处理的，人民法院应按照上文中对货物所享有的权利份额将货物予以分割，将其他买受人应享有的货物返还给其他买受人，此为返还财产责任形式。

2. 侵权买受人提取货物后使用

侵权买受人提取货物后加以使用，使货物的形态、品质等发生变化，侵权责任形式也视使用方式不同而有所区别。第一种情况是，使用后货物原物仍然存在，但使用寿命减少，品质降低，侵权买受人除应将货物返还其他买受人外，还应当向其他买受人将货物折旧折价赔偿损失。第二种情况是，货物经使用后原物消失，转化为新产品或作为原材料消耗掉，返还财产事实上不可能实现，侵权买受人应按货物价值向其他买受人赔偿损失。

3. 侵权买受人提取货物后再行出售

侵权买受人提取货物后再行出售，售价等于或高于市场一般价值的，应按其他买受人所应享有的货物比例分割货款。售价低于市场一般价的，应按市价向其他买受人赔偿损失。

三、出卖人民事责任的认定

买受人之一伪造其他买受人函件独自提取货物的，出卖方并不知情，不构成共同侵权行为，不应承担连带赔偿责任。

（一）共同侵权责任的构成

《民法典》第1168条规定："二人以上共同实施侵权行为，造成他人损害的，应当承担连带责任。"根据该条规定，共同侵权行为包含三个构成要件，一是主体的复数性，侵权行为人为两人或两人以上，各侵权行为人对自己的行为独自承担民事责任，不存在替代责任关系。二是意思联络或行为关联。意思联络是指数个行为人对侵权行为具有共同的故意或共同过失。行为关联是指各行为人虽然主观上无意思联络，但其行为相互关联结合，导致损害结果的发生。三是结果的统一性。数个行为人实施的共同侵权行为产生同一个损害后果，损害后果构成统一整体不可分割。[①]

（二）共同买受方之一与出卖人不构成共同侵权

买受人之一伪造其他买受人函件独自提取货物，对于其他买受人损害后果的发生具有主观故意的过错形态，但出卖人对此并不知情，出卖人并无追求使其他买受人蒙受损失的主观故意。根据上文所述，由于各买受人之间存在合作关系，买受人之一的行为构成表见代理，出卖人向买受人之一交付货物也不存在过失的心理状态。因此，共同买受人之一与出卖人不构成共同侵权，出卖人向买受人之一交付货物是正当履行合同义务的行为，其他买受人无权要求出卖人承担连带赔偿责任。

【拓展适用】

一、侵权买受人赔偿损失的数额把握

侵权买受人伪造其他买受人函件，独占货物后，不改变货物形态品质，维持原状从而能够返还特定份额给其他买受人的情形并不常见，一般会对货物进

① 参见张新宝：《侵权责任法》，中国人民大学出版社2010年版，第49~50页。

行进一步销售或其他处理，即使侵权买受人没有将货物售出，由于市场经济环境下，货物的价格随时发生变化，也可能会给其他买受人利益带来损失，因此，赔偿损失是此类案件中最为常见的侵权责任形式。

（一）赔偿损失的范围

共同买受人之一独占货物所产生的损失主要是财产利益的损失，可以采用经济赔偿的方式填补损害。因侵权行为而产生的损失，根据发生的时间可分为两种，对于这两种损失类型进行赔偿的原则和标准也有所区别。

1. 直接损失

直接损失是指因侵权行为已经遭受到的损失。是在法院审理侵权纠纷案件时，被侵权人因侵权人的加害行为已经现实遭受到的实际损失，这种损失是客观存在的。对于直接损失适用完全赔偿原则。因直接损失的发生是客观存在的，具有不可争议的确定性，侵权责任法为实现其填补受损利益的立法意旨，对被侵权人遭受的全部直接损失数额，侵权人都要加以赔偿。

2. 间接损失

间接损失是指因侵权行为未来遭受到的损失。截至诉讼期间，损失尚未发生。间接损失具体又可分为两种，一是因侵权行为必然遭受的损失，即损失的发生具有必然性，不以行为人的主观意志为转移，也不以其他因素为条件。二是因侵权行为可能遭受的损失，即损失的发生具有概然性和不确定性，可能发生也可能不发生。

对于必然发生的间接损失，因其具有较高的确定性，侵权责任法规定一般的处理原则也是应予赔偿，但因法院审理期间，损失尚未真正发生，损失数额等难以精确预测，为兼顾被侵害者与侵权者双方的利益，应采取适当赔偿的处理原则。例如，某女士为专业手模，应邀参加某国际手模大赛，所有应邀参赛选手均会获得为数不等的奖金，最低奖金额为60万元。该女士参赛前手部意外被他人饲养的宠物狗咬伤，导致无法参加手模大赛，法院认定犬主人没有尽到管理犬只的义务，给他人造成损失，应予赔偿，赔偿金额按该女士参赛能够获得的最低奖金额确定，判决犬主人赔偿该女士60万元经济损失。从该案例中可以看出，该女士应邀参加手模大赛，而所有参赛手模都会获得不低于60万元的奖金，该女士至少能够获得60万元奖金，因为被狗咬伤导致无法参赛所造成的经济损失最低为60万元，此为必然发生的确定事件，而该女士能否获得超过60万元的更高额度的奖金，则为不确定事件，故对不确定的损失不予赔偿，原审法院判决兼顾侵权者与被侵害者双方利益，公平合理。

对于可能发生的损失，其发生具有不确定性，如果损失最终没有发生，而法院审理中却判决赔偿，则会发生被侵权人因侵权事件而获利的情况，违背侵权责任法关于“任何人不得因侵权而获利”的基本精神。对于可能发生的间接损失，法官审理案件中一般不予判决赔偿。某些案件法官应在判决中释明由被侵权人待损害发生时另行起诉主张权利。例如，交通肇事造成的人身损害赔偿案件中，被侵权人腿骨粉碎性骨折，需要待治疗效果决定未来是否需要截肢，而疗程可能达数月甚至数年，在被侵权人要求肇事方赔偿的案件中，因未来究竟是否需要截肢尚不确定，对于假肢器械费、残疾补助金等项目，法院不予判赔。如若治疗无效确需截肢的，被侵权人可待损失发生后，另行向法院提起诉讼，该诉讼属于发生了诉的事实和诉讼请求，不属“一事不再理”的限制，人民法院应予以受理，并依法处理。

（二）损失数额的计算标准

对于侵权买受人独自提取货物给其他共同买受人造成的损失数额问题，视侵权买受人采取的不同处置方式而有所不同。

1. 货物价格未发生明显变化

侵权买受人提取货物后尚未进行后续处理，其他买受人及时发现并要求侵权买受人按比例返还部分货物时，侵权买受人应将其他买受人应得的货物份额归还。如果合同约定的应当分割货物之日与侵权买受人实际返还货物之日比较，货物价格尚未发生明显变化，则侵权买受人只需承担返还原物的侵权责任。如果因侵权买受人迟延给付货物给其他买受人造成了其他损失，则其他买受人可按损失发生的实际数额向侵权买受人要求赔偿。

侵权买受人提取货物后将货物出售获利，因动产以占有为所有权标志，买受人并不知晓侵权买受人无权独自处分货物，善意第三人利益较其他买受人所有权应当得到优先的保护。因此，其他买受人知情后也无权向后手买受人要求返还原货物，而只能向侵权买受人要求承担侵权责任。如果货物系市场上自由流通的种类物，其他买受人可要求侵权买受人另行购置同类同等数量的货物并交付；也可要求侵权买受人赔偿相当于其应得份额货物的价款，自行在市场上另行购置货物。

2. 货物价格发生明显涨跌变化

当货物价格发生明显涨跌变化，而侵权买受人尚未处分提取的货物时，其他买受人有权要求侵权买受人返还相应比例的货物，因迟延交付货物造成的损失，由侵权买受人另行赔偿。

如果侵权买受人已经将货物售出，其他买受人可向侵权买受人主张货物损失赔偿。如果其他买受人主张赔偿时货物价格较合同约定的分割货物时出现明显的变动，则损害赔偿的标准应如何计算？对此有两种观点：一种观点是获利返还说，即将侵权买受人因侵权获得的全部利益返还给被侵权人；另一种观点是损失补偿说，即损失赔偿的数额需足以填补其他买受人因侵权遭受的全部损失。笔者认为以何种标准计算损失赔偿数额，不能一概而论，应视案件具体情况而定。此类案件需要同时遵循两项原则，一是损害填补，即被侵权人因侵权行为遭受的全部损失都要得到赔偿；二是非法利益剥夺，即侵权人因侵权行为获得的利益都要予以剥夺，不能使侵权人因侵权行为而获益。根据这两项原则，在处理货物售出后价格变动明显的案件时，如果货物价格明显下跌，其他买受人可以较低的价格重新购得所需货物，侵权买受人获得的利益大于其他买受人遭受的损失，根据非法利益剥夺原则，侵权买受人仍需将出售货物时其他买受人应得货物的价款返还其他买受人；在货物价格明显上涨，其他买受人需要以较高的价格重新购入所需货物，侵权买受人出售货物所得的利益小于其他买受人遭受的损失，侵权买受人应赔偿其他买受人重新购入货物所需的价款，不以其非法获利为限。当然侵权人对于其自己所应所有部分的处分是其权利的行使，其获利不得剥夺。

二、出卖人与共同买受人之间的法律关系

本条规则中除了涉及共同买受人之间的法律关系之外，还涉及另一个重要的民事主体即出卖人，出卖人基于其对侵权买受人侵权行为知情与否而处于不同的法律地位。

（一）善意出卖人与共同买受人之间的法律关系

如果侵权买受人伪造函件，独自从出卖人处提取货物，这说明出卖人对侵权买受人无权独自提取货物并不知情。其他买受人遭受损失的原因在于侵权买受人单方的行为，出卖人主观上与侵权买受人之间无意思联络，不具有损害其他买受人利益的过错心理状态。此时出卖人可称为善意出卖人。善意出卖人与共同买受人之间仅存在合同法律关系，只需履行合同中约定的交付货物的义务即可，善意出卖人的行为不构成侵权，其他买受人不能向善意出卖人主张要求侵权赔偿，而只能向侵权买受人主张侵权责任。

（二）非善意出卖人与共同买受人之间的法律关系

如侵权买受人并未采取伪造函件等欺诈手段，根据买卖合同约定应当由出卖人各方共同提取货物，出卖人明知或应知侵权买受人无权单独提取货物，却仍然将全部货物交付侵权买受人，则出卖人对于侵权买受人的行为主观上“知情”，因此，可称之为非善意出卖人。非善意出卖人向侵权买受人交付货物的行为可以从两个方面分析。

1. 非善意出卖人向共同买受人之一交付货物构成违约

如在买卖合同中买受人与出卖人约定交付货物时需由各买受人共同提取货物，从另一角度说明出卖人履行交付货物义务的对象是买受人各方，如果只有一方买受人在场，出卖人仍然向其交付，则出卖人没有按照合同约定履行义务，对其他买受人而言构成违约，其他买受人有权要求非善意出卖人承担违约责任。

2. 非善意出卖人将货物交与无权提货人构成侵权

在合同约定由各买受人共同提取货物的情况下，出卖人明知或应知某一买受人无权单独提取货物，但仍然将货物交付与某一买受人，除对其他买受人违约之外，因其行为与其他买受人遭受的损害结果之间具有因果联系，对其他买受人也应当承担侵权责任。

在买卖合同签订后，虽然货物尚未完成交付，货物所有权尚未转移，但买受人已经享有获得所购货物所有权的期待利益，只要出卖人按照合同约定履行交付货物的义务，买受人就能够取得货物的所有权，这种获得财产利益的期待或信赖利益也应当受到法律保护。侵权责任法保护的客体是民事主体的人身和财产权益，权益包含两个方面，一是权利；二是法益。权利仅限于名义上被称作权利者，属于广义法益的核心部分，其余民法上的利益均称其他法益。[①] 所谓“法益”是应当受到法律保护的利益，其与权利合称为“权益”。[②] 法益虽然没有上升到法律明确规定的权利的层面，但损害民事主体应受法律保护利益的行为，也应当受到侵权责任法的约束。

3. 责任竞合时的处理

在出卖人非善意的场合，出卖人对其他买受人因违约而应承担《民法典》规定的违约责任，同时也因损害其他买受人对货物享有的期待利益而应承担《侵权责任法》规定的侵权责任，两种类型责任呈现竞合状态，其他买受人可以择其一向非善意出卖人主张权利，向法院提起诉讼。

三、后手买受人与共同买受人之间的法律关系

侵权买受人独自提取货物后再行出售，从侵权买受人处购得货物的后手买

---

① 参见龙卫球：《民法总论》，中国法制出版社2002年版，第121页。

② 参见张新宝：《侵权责任法》，中国人民大学出版社2010年版，第4页。

受人与侵权买受人和其他买受人之间也因此产生一系列法律关系。出卖人将货物交付侵权买受人之后，货物所有权由出卖人转移到共同买受人处，共同买受人对货物享有同一所有权，对于货物的处分，应由共同所有人协商进行，侵权买受人无权单独决定货物的处分。

（一）后手买受人系善意时的处理

侵权买受人将货物出售给后手买受人，双方成立合同法律关系，但后手买受人能否取得货物所有权应视其主观心理状态而定。如果后手买受人系善意第三人，并不知晓侵权买受人对货物无单独处分权，其可以根据民法中善意取得原则，取得货物所有权。善意取得原则可以起到切断物权追及力的法律效果，其他买受人无权要求后手买受人返还货物或赔偿损失，而只能向侵权买受人主张侵权赔偿。

（二）后手买受人非善意时的处理

如果后手买受人明知或应知侵权买受人无权单独出售货物，其主观上不具有善意的心理状态，无权依据善意取得制度获得货物所有权，后手买受人能否取得货物所有权应根据合同法的规定处理。对于侵权买受人与后手买受人订立的买卖合同，因侵权买受人并不具有完整的所有权和完全的处分权，其合同效力待定，如果其他买受人事后追认侵权买受人处分货物的行为，则合同本身合法有效，后手买受人依据合同约定，享有向侵权买受人请求交付货物的权利，并在货物完成交付后，取得货物完整无瑕疵的所有权。如果其他买受人事后没有追认侵权买受人处分货物的行为，后手买受人不能取得货物所有权，货物已交付给后手买受人的，其他买受人有权向后手买受人主张返还货物。

【典型案例】

某乡镇企业供销公司诉甲贸易公司、乙贸易公司侵权损害赔偿纠纷案

原告：某乡镇企业供销公司。

被告：甲贸易公司。

被告：乙贸易公司。

〔基本案情〕

原告某乡镇企业供销公司因与被告甲贸易公司、被告乙贸易公司发生侵权损害赔偿纠纷，向海南省海口市新华区人民法院提起诉讼。

原告某乡镇企业供销公司诉称：被告甲贸易公司与作为合同供方的被告乙贸易公司串通，侵害作为合同共同需方的我公司应享有的合法权益；乙贸易公司为使甲贸易公司的侵权行为得逞，故意违反合同的约定供货，给我公司造成损失。请求判令：1. 甲贸易公司给我公司返还预付货款200万元及按月息4%赔偿我公司的利息损失，乙贸易公司对甲贸易公司的这一债务负连带责任；2. 乙贸易公司违约，应按合同总金额的5%给我公司赔偿损失；3. 甲贸易公司、乙贸易公司共同赔偿我公司因追货和追款支出的费用172400元；4. 甲贸易公司、乙贸易公司承担本案的诉讼费用。

被告甲贸易公司辩称：1. 三方合同约定，由被告乙贸易公司给我公司和原告某乡镇企业供销公司供应2.5万吨钢坯。我公司是合同的共同需方，并已支付预付货款300万元。根据我公司与某乡镇企业供销公司各自支付的预付货款比例看，我公司有权接收1.5万吨钢坯，而实际上我公司仅接收了2000吨，远未超出应获取的吨数，没有给某乡镇企业供销公司造成任何经济损失。某乡镇企业供销公司的合法权益，应当通过要求乙贸易公司继续供货得以实现。2. 赤坎公司是1993年9月8日知道我公司接收了2000吨钢坯。如果某乡镇企业供销公司认为我公司的这一行为侵犯了其合法权益，应当在两年的诉讼时效期限内主张自己的权利。事实上某乡镇企业供销公司迟至1997年1月21日才提起侵权诉讼，已超过诉讼时效。法院应当驳回某乡镇企业供销公司的诉讼请求。

被告乙贸易公司辩称：1. 关于2000吨货物被被告甲贸易公司提取这一问题，有当时的往来书面函件证实，尽管其中有甲贸易公司伪造的函件，但我公司并不知情，不存在与甲贸易公司串通合谋的问题。我公司没有侵犯原告某乡镇企业供销公司的合法权益，不应当为甲贸易公司的行为承担连带责任。2. 关于我公司是否违反合同约定的问题，在某乡镇企业供销公司提起的前一诉讼中，已经由广东省高级人民法院判定：合同的三方当事人都有违约行为存在，可互不追究违约责任。3. 我公司没有给某乡镇企业供销公司造成损失，不应当承担某乡镇企业供销公司的追款、追货损失及诉讼费用。

海口市新华区人民法院经审理查明：

1993年5月11日，原告某乡镇企业供销公司与被告甲贸易公司作为共同需方，与被告乙贸易公司签订了一份购销钢坯合同，约定：乙贸易公司供给某乡镇企业供销公司、甲贸易公司钢坯2.5万吨，需方先预付货款500万元，供方于1993年6月27日前全部交货。5月12日，某乡镇企业供销公司预付货款200万元，甲贸易公司预付货款300万元，双方未就钢坯到货后如何分配作出书面约定。

被告乙贸易公司收取500万元预付货款后，无法如期供货。7月8日，原告赤坎公司、被告甲贸易公司又与乙贸易公司签订了一份修改协议，约定：1. 供方在途的80×80×1050A3钢坯2000吨，作为首批到货于7月15日在天津交给需方；在途的93个车厢60×60×11620A3钢坯5859吨，作为第二批到货于7月底在湛江港交给需方；尚欠17141吨钢坯，在一个半月内交货完毕；2. 供方违约，除按预付款500万元的月息4%付给需方银行利息外，还要按合同总成交额的5%给需方赔偿。需方违约，按合同总成交额的5%给供方赔偿；3. 需方收到首批钢坯后，按实收数量的百分比收回预付款。第二批开始发货时，付清第一批货款；4. 原合同未修改部分，按原合同执行。

修改协议签订后，被告甲贸易公司于7月间伪造了一份其与原告某乡镇企业供销公司签订的“补充协议书”电传给被告乙贸易公司。该伪造的协议书载明：首批2000吨钢坯到达天津后由甲贸易公司负责接收；某乡镇企业供销公司总经理梁某峰与甲贸易公司许某添一起赴大连签订此2000吨钢坯的销售合同，在7月16日前将货款返还给甲贸易公司。

7月31日，原告某乡镇企业供销公司给被告乙贸易公司发函声明：在天津港的2000吨钢坯，应由某乡镇企业供销公司牵头与被告甲贸易公司共同签字后收货结算，任何一方无权收货。如因某乡镇企业供销公司和甲贸易公司的原因造成不能按时收货，后果由某乡镇企业供销公司承担。

8月8日，被告甲贸易公司以本公司和冒用原告某乡镇企业供销公司的名义，与被告乙贸易公司签订了一份购销合同，约定：乙贸易公司供2000吨钢坯给甲贸易公司、某乡镇企业供销公司，单价2650元/吨，总金额530万元。乙贸易公司将提单交甲贸易公司、某乡镇企业供销公司后，甲贸易公司、某乡镇企业供销公司将扣除预付款后的欠款30万元给付乙贸易公司。该合同上加盖了乙贸易公司和甲贸易公司印章。

8月18日，被告甲贸易公司给被告乙贸易公司付款30万元。9月10日，甲贸易公司交给乙贸易公司一份收货证明。该收货证明载明：今收到乙贸易公司80×80钢坯2000吨。收货人处加盖了甲贸易公司和原告某乡镇企业供销公司印章。其中，某乡镇企业供销公司的印章及签名，都是甲贸易公司伪造的。同日，乙贸易公司凭此收据在天津港将2000吨钢坯交给甲贸易公司。甲贸易公司收到这2000吨钢坯后，已经销售完毕，销售货款全部归己。

9月15日，原告某乡镇企业供销公司函告被告乙贸易公司，指出应当由某乡镇企业供销公司与被告甲贸易公司同时收货，甲贸易公司不能凭伪造的协议书单方收货，乙贸易公司应将已交付给甲贸易公司的2000吨钢坯收回。9月18日，甲贸易公司函告乙贸易公司，提出关于2000吨钢坯生意产生的经济责任，由甲贸易公司与某乡镇企业供销公司协商解决，乙贸易公司可以不承担任何责任。据此，乙贸易公司于9月20日给某乡镇企业供销公司去函称：关于甲贸易公司是否伪造文件，我公司不清楚，也不承担责任，某乡镇企业供销公司应与甲贸易公司通过友好协商解决这一问题。

11月21日，被告乙贸易公司致函原告某乡镇企业供销公司，内容是：5000吨60×60×11620钢坯到天津仓库，因俄罗斯方的价格提高，每吨价格2450元，现通知贵公司在五日内带款到天津提货。某乡镇企业供销公司认为乙贸易公司没有按合同约定的时间、地点、价格供货，拒绝提货。

1993年12月15日，原告某乡镇企业供销公司以被告乙贸易公司不能按合同约定供货为由，向广东省湛江市中级人民法院提起诉讼，同时将甲贸易公司列为诉讼第三人。请求判令乙贸易公司退还预付货款200万元及按约定月息4%支付利息，按合同总成交额的5%支付违约金，赔偿追款费用7万元。湛江市中级人民法院于1995年8月18日判决：

一、购销钢坯合同及其修改协议终止履行；

二、甲贸易公司给某乡镇企业供销公司返还200万元及利息（利息从1993年5月12日起计算至本判决生效之日止，按月息4%计算）；

三、甲贸易公司赔偿某乡镇企业供销公司追款损失7万元；

四、案件受理费23360元，由甲贸易公司负担。

甲贸易公司不服一审判决提起上诉后，广东省高级人民法院二审认为：钢坯购销合同及其修改协议依法成立。乙贸易公司将2000吨钢坯交给甲贸易公司，应视为需方已收取2000吨货物。需方收到第一批货物后，在第二批发货时未付清第一批货款，乙贸易公司也未能继续按时供货，双方均违反合同约定，可互不追究违约责任。本案只审理某乡镇企业供销公司、甲贸易公司和乙贸易公司之间的购销合同纠纷。甲贸易公司、某乡镇企业供销公司之间是否侵权，不属本案审理范围，应另案处理。某乡镇企业供销公司在购销合同纠纷案中诉称乙贸易公司没有供货，请求判令乙贸易公司退还200万元预付款及利息、支付违约金、赔偿损失，没有事实根据和法律依据。据此，广东省高级人民法院于1996年5月18日终审判决，维持了一审判决第一项，撤销第二、三、四项，改判驳回某乡镇企业供销公司的诉讼请求。

以上事实，有广东省湛江市中级人民法院和广东省高级人民法院的民事判决书、庭审笔录等证实。

〔一审裁判理由与结果〕

海口市新华区人民法院认为：原告某乡镇企业供销公司、被告甲贸易公司与被告乙贸易公司签订的购销钢坯合同及其修改协议依法成立，均具有法律效力。某乡镇企业供销公司、甲贸易公司作为合同的共同需方，分别支付了预付货款200万元、300万元，双方购入的钢坯应按预付货款比例共有。甲贸易公司以伪造函件的手段单方提走2000吨钢坯，销售后将货款全部占为己有，违背了民法的诚实信用原则，侵犯了某乡镇企业供销公司的合法权益。《中华人民共和国民法通则》第一百一十七条第一款规定：“侵占国家的、集体的财产或者他人财产的，应当返还财产，不能返还财产的，应当折价赔偿。”第三款规定：“受害人因此遭受其他重大损失的，侵害人并应当赔偿损失。”甲贸易公司对因自己的侵权行为给某乡镇企业供销公司造成的经济损失，应当负赔偿责任。

被告甲贸易公司冒用原告某乡镇企业供销公司的名义与被告乙贸易公司签订首批2000吨钢坯的购销合同，擅自提高钢坯单价，并单独与乙贸易公司结算，给乙贸易公司加付货款30万元，已经形成其与乙贸易公司单独的购销关系，由此产生的结算后果，应当由甲贸易公司自己承担。

鉴于广东省高级人民法院终审判决已经终止了购销钢坯合同及其修改协议的履行，且被告甲贸易公司已经将2000吨钢坯销售完毕，故原告某乡镇企业供销公司预付的200万元货款以及该款比照中国人民银行延期付款规定应当赔偿的利息，应当由甲贸易公司给某乡镇企业供销公司赔偿。

因被告乙贸易公司没有对原告某乡镇企业供销公司实施侵权行为，某乡镇企业供销公司要求乙贸易公司为被告甲贸易公司的侵权行为承担连带赔偿责任的请求，不予支持。某乡镇企业供销公司要求甲贸易公司、乙贸易公司共同赔偿其追货及追款损失费用172400元，因某乡镇企业供销公司未就此项请求举证，故不予支持。某乡镇企业供销公司要求确认乙贸易公司违约，按合同总金额的5%给其赔偿违约损失，广东省高级人民法院已就某乡镇企业供销公司的此项请求作出判决。此项请求不属本案审理范围，故不予审理。

原告某乡镇企业供销公司得知被告甲贸易公司接收了2000吨钢坯后，曾于1993年12月15日向湛江市中级人民法院提起过诉讼，起诉的事实与本次的起诉相同。该案经两审，于1996年5月18日审结。广东省高级人民法院的终审判决明确指出，该案只审理了某乡镇企业供销公司起诉的购销合同纠纷，不审理某乡镇企业供销公司起诉的侵权事实。由于某乡镇企业供销公司已经将侵权事实诉诸法院，在未得到发生法律效力的判决时，诉讼时效当然中断。某乡镇企业供销公司接到广东省高级人民法院关于侵权事实应当另案审理的终审判决后，又于1997年1月以甲贸易公司为被告提起侵权损害赔偿诉讼，并未超过法定诉讼时效期间。甲贸易公司认为某乡镇企业供销公司的起诉超过诉讼时效的辩解理由，不能成立。

综上，海口市新华区人民法院判决：

一、被告甲贸易公司于本判决发生法律效力之日起10日内，给原告某乡镇企业供销公司赔偿预付货款200万元及利息损失。（利息损失计算方法：1993年5月12日起至本判决限定的履行期限止，以每日万分之五计算。）如逾期履行，则按银行同期最高贷款利率加倍支付迟延履行期间的债务利息。

二、驳回原告某乡镇企业供销公司的其他诉讼请求。

案件受理费21010元，由被告甲贸易公司负担。

〔当事人上诉及答辩意见〕

第一审宣判后，被告甲贸易公司不服，仍以原辩解理由向海南省海口市中级人民法院提起上诉。

〔二审裁判理由与结果〕

海口市中级人民法院经审理认为，被上诉人某乡镇企业供销公司与上诉人甲贸易公司作为购销合同及修改协议的共同需方，双方虽未就到货的分配和销售进行过约定，但根据民事活动应当遵循的公平、等价有偿原则，应当按各自支付预付款的比例对乙贸易公司交付的钢坯享有权利。甲贸易公司在履行合同过程中以伪造的函件欺骗他人，独自提取了货物并全部出售，又将所得货款全部据为己有，其行为侵犯了某乡镇企业供销公司的合法权益，故原审认定甲贸易公司实施的上述行为属侵权行为，判令其承担侵权的民事责任，是正确的。甲贸易公司的上诉理由均不能成立。原审判决认定事实清楚，定性准确，审判程序合法，唯判令甲贸易公司从1993年5月12日起按每日万分之五偿付某乡镇企业供销公司的利息损失不当，应予纠正；甲贸易公司应按中国人民银行规定的同期单位存款利率偿付某乡镇企业供销公司的货款利息损失。据此，海口市中级人民法院依照《中华人民共和国民事诉讼法》第一百五十三条第一款的规定判决：

一、维持一审民事判决的第二项；

二、变更一审民事判决第一项为：甲贸易公司应于本判决发生法律效力之日起10日内，将某乡镇企业供销公司货款200万元如数返还给某乡镇企业供销公司，并按中国人民银行规定的单位活期存款利率偿付该款的法定孳息。甲贸易公司如逾期付清前述款项，应按中国人民银行规定的同期贷款最高利率，加倍支付迟延履行期间的债务利息。

一、二审案件受理费合计42020元，由某乡镇企业供销公司负担12606元，甲贸易公司负担29414元。

规则14：证券公司员工利用职务之便盗卖客户股票获取价金，证券公司未尽善良管理义务的也应承担赔偿责任；受害人的开户银行如未履行相应审查义务，应在被盗卖股票的现金价值范围内承担连带责任

——张某英诉某银行昌吉回族自治州分行、某证券公司、杨甲、张某民财产损害赔偿纠纷案[①]

【裁判规则】

证券公司员工利用职务之便盗卖客户股票获取价金，应承担赔偿损失的侵权责任。证券公司员工的职务身份增加了其侵权行为发生的可能性和危险性，

① 《中华人民共和国最高人民法院公报》2013年第2期，最高人民法院（2011）民提字第320号民事判决书。

证券公司对此种行为应当预见到并应采取一定措施予以避免，但因其内部管理不善、内部监控存在漏洞导致未能避免，应当认定证券公司员工的侵权行为与其履行职务有内在关联，证券公司应承担赔偿责任。该损失的计算方法，应根据客户的投资习惯等因素加以判断。如果受害人的投资行为表现为长线操作、主要通过对股票的长期持有，获取股票增值以及相应的股利等收益，则其股票被盗卖的损失通常应当包括股票被盗卖后的升值部分以及相应的股利。受害人的开户银行如未履行相应审查义务，导致证券公司员工获取价金的，则应在被盗卖股票的现金价值范围内承担连带责任。

【规则理解】

我国证券市场起步较晚，发展却比较迅速，由于证券相关法律法规尚不健全，证券从业人员的职业素养参差不齐，各方面的监管尚存在薄弱环节，因此，大到形形色色的证券公司、操纵证券市场的庄家，小到证券公司的从业人员、各种股市评论员，利用证券行业管理中的漏洞和业务操作中的不规范行为，损害一般股民利益，为自己谋取不法利益的现象时有发生。在证券公司从业人员利用职务便利，损害证券公司客户即股民利益的情况下，证券公司、公司员工和公司客户之间可能形成侵权法律关系。

一、证券侵权的构成要件

证券类民商事行为带有较强的专业性、技术性和规范性，证券交易有很高的准入门槛限制，证券客户参加股市交易，都需通过在证券公司开立账户，向证券公司业务人员下达指令，由证券公司代为买卖股票，完成股票交易。证券公司通过操作平台为客户办理开户和各项证券类业务的过程中，都有机会接触到客户身份证、银行卡账号、交易密码等隐私信息，一旦证券公司业务人员操作不当，可能导致客户个人信息泄露，或者证券公司业务人员恶意利用所获的客户信息，从客户处窃取股票、存款等个人财产，给证券客户带来很大的损失。证券公司及公司员工，利用为客户办理证券交易业务过程中所获知的证券客户的隐私信息、将客户股票、存款及其他形式的个人财产据为已有的行为，可以称为证券类侵权，证券公司及具体操作人员应当承担侵权责任。

（一）证券侵权责任的承担主体

1. 证券公司员工

证券公司作为法人是一个抽象的民事主体，开展证券交易等经营活动，需要通过公司员工实施完成。证券公司员工在证券公司和证券客户的双重授权之下，执行职务过程中，利用操作平台可以从事证券开销户、证券交易等一系列与证券客户个人利益息息相关的交易活动。证券公司从中收取一定比例的手续费作为向客户提供服务的报酬。证券公司员工在证券公司授权之下，接受客户指令从事的证券交易行为，其法律后果由证券客户自行承担，所获利益由客户享有，如有损失也由客户自负。但如果证券公司员工超越证券公司授权的范围，甚至违反法律的规定，为非法目的引诱证券客户进行不当操作，甚至利用所获知的证券客户个人信息，窃取证券客户的财产，则可能构成证券侵权。证券公司员工作为侵权行为的直接实施主体，虽然是在执行职务行为的过程中实施侵权，但其行为超越证券公司授予的职务范围。2004 年 5 月 1 日施行的《人身损害赔偿司法解释》第 8 条第 1 款规定："法人或者其他组织的法定代表人、负责人以及工作人员，在执行职务中致人损害的，依照民法通则第一百二十一条的规定，由该法人或者其他组织承担民事责任。上述人员实施与职务无关的行为致人损害的，应当由行为人承担赔偿责任。"《人身损害赔偿司法解释》在 2020 年和 2022 年进行两次修订，均删除了原解释中第 8 条的规定。证券公司员工窃取客户个人财产的行为，虽然在履行职务行为过程中发生，但明显超越了证券公司授予的职权范围，证券公司员工作为侵权行为实施人应当赔偿，不能以用人者承担责任为由要求免责。

2. 证券公司

《民法典》第 62 条规定："法定代表人因执行职务造成他人损害的，由法人承担民事责任。法人承担民事责任后，依照法律或者法人章程的规定，可以向有过错的法定代表人追偿。"第 1191 条第 1 款规定："用人单位的工作人员因执行工作任务造成他人损害的，由用人单位承担侵权责任。用人单位承担侵权责任后，可以向有故意或者重大过失的工作人员追偿。"上述条文可归纳为用人者责任，用人者的范围很广，既包括个体经营者、合伙企业等非法人组织，也包括国家机关、事业单位以及公司等法人。[①] 用人者责任仅指用人单位对于工作人员执行职务行为造成的损失承担侵权责任。但对于工作人员非职务行为造成的损失，其责任如何承担，并不是用人者责任制度所涵盖的范畴。《证券法》第 136 条第 1 款规定："证券公司的从业人员在证券交易活动中，执行所属的证券公司的指令或者利用职务违反交易规则的，由所属的证券公司承担全部责任。"此条规定可视为用人者责任在证券侵权领域的具体体现。

---

① 参见张新宝：《侵权责任法》，中国人民大学出版社 2010 年版，第 154 页。

证券公司工作人员盗卖客户股票，虽利用了其职务所带来的便利条件，但并非履行职务行为本身，本质上不属于职务行为。但如果证券公司没有尽到谨慎管理义务，在人员任用和对工作人员的管理及制定规章制度中存在过失，则证券公司也应当承担相应的责任。

3. 为证券交易提供辅助服务的机构

《民法典》第1168条规定："二人以上共同实施侵权行为，造成他人损害的，应当承担连带责任。"证券交易带有很强的专业技术性，涉及股票、债务和基金的保管、过户、交易以及客户交易结算资金的存放等多项程序，需要借助银行等机构提供辅助服务，在证券侵权纠纷中，银行一般不会单独成为侵权责任主体，但如果银行在办理银行卡开户、转账等业务过程中，违反操作规程，也可能给证券公司工作人员的侵权行为创造条件，与证券公司工作人员构成共同侵权，成为证券侵权责任主体之一。

（二）证券违法行为

证券上市、交易行为对市场经济秩序影响较大，相关法律法规对证券交易行为的主体、权限、流程等作出了详细的规定，证券交易应严格按照证券法的规定进行。证券侵权行为的违法性是侵权责任的构成要件之一。《证券法》第40条第1款、第2款规定：证券交易场所、证券公司和证券登记结算机构的从业人员，证券监督管理机构的工作人员以及法律、行政法规规定禁止参与股票交易的其他人员，在任期或者法定限期内，不得直接或者以化名、借他人名义持有、买卖股票或者其他具有股权性质的证券，也不得收受他人赠送的股票或者其他具有股权性质的证券。任何人在成为前款所列人员时，其原已持有的股票或者其他具有股权性质的证券，必须依法转让。第131条规定："证券公司客户的交易结算资金应当存放在商业银行，以每个客户的名义单独立户管理。证券公司不得将客户的交易结算资金和证券归入其自有财产。禁止任何单位或者个人以任何形式挪用客户的交易结算资金和证券。证券公司破产或者清算时，客户的交易结算资金和证券不属于其破产财产或者清算财产。非因客户本身的债务或者法律规定的其他情形，不得查封、冻结、扣划或者强制执行客户的交易结算资金和证券。"上述规定为证券交易领域内典型的禁止性规定，具有强制性的法律效力，违反上述规定除了将导致相关法律行为无效之外，还将构成证券侵权行为。

（三）证券侵权行为主体的主观过错

证券侵权责任属于一般侵权责任，适用过错责任的归责原则。侵权行为人对于损害结果的发生具有故意和过失的心理状态，是其承担责任的构成要件之一，无过错则无责任。证券交易市场有严格的市场准入门槛，证券交易只能通过法人形式的证券公司进行。侵权行为主体的主观过错也通常表现为证券公司的过错和证券公司工作人员过错两个层面。《证券法》第136条第1款规定："证券公司的从业人员在证券交易活动中，执行所属的证券公司的指令或者利用职务违反交易规则的，由所属的证券公司承担全部责任。"如果证券公司工作人员执行证券公司指令而违反操作规则的，证券公司的指令是导致损害结果的主要原因，证券公司的主观过错在侵权行为中起到主导性的作用，其利用了工作人员对公司的隶属关系。而证券公司工作人员执行了公司的指令，其个人的过错仅在于没有抵制公司违反指令，其个人的主观过错程度较轻，也可以认为工作人员的过错被证券公司的过错吸收。此种情况下，如果被侵权人仅以证券公司工作人员为被告提起侵权之诉，法院应当追加证券公司为共同被告，证券公司应当对被侵权人遭受的损失承担全部责任。

（四）证券客户遭受损失

损害结果也是证券侵权责任的构成要件之一，如果证券公司工作人员虽然存在违反操作规则的行为，但证券公司通过内部监管程序及时发现并阻止损害结果的发生，证券公司客户并未实际遭受损失，或者虽然损失发生但及时止损，则证券公司客户也不能要求证券公司及其工作人员承担侵权责任。

二、证券公司承担证券侵权责任的形态

《证券法》第136条第1款规定："证券公司的从业人员在证券交易活动中，执行所属的证券公司的指令或者利用职务违反交易规则的，由所属的证券公司承担全部责任。"证券法中将证券侵权行为又区分为两种情况，一种是从业人员执行证券公司指令违反交易规则，另一种是从业人员自行利用职务便利违反交易规则。这两种情况下证券侵权责任的形态既有相同之处，也有不同之处。

（一）从业人员执行证券公司指令违反交易规则

证券公司指令是指证券公司股东会、董事会、监事会决议和公司高级管理层所作出的指令。上述公司组成机构和人员的行为可以代表公司，其向从业人员下达的指令视为公司指令。从业人员作为公司员工，根据公司章程应当服从和执行公司的指令。从业人员根据上述指令实施的违反交易规则的行为，不应视为从业人员个人的行为，而应视为公司行为，由此引发的侵权责任也应当由公司承担。此种情况下的侵权责任形态应为自己责任，即证券公司对其自身实

施的侵权行为承担责任。被侵权人不能单独要求证券公司从业人员承担责任，如果被侵权人以证券公司从业人员为被告提起诉讼，人民法院应当追加证券公司为共同被告，经审理认为符合侵权行为构成要件，应当判决证券公司承担侵权赔偿责任。

上述指令之外的命令不能视为公司指令，如果从业人员接到高管之外的领导向其下达违反交易规则的指令，从业人员执行该指令不能视为执行公司指令，由此损害客户或公司利益的，从业人员不能以其行为系执行公司指令为由，要求免责。遇此类情况，从业人员应当向公司高管等如实反映情况，并拒绝执行指令，否则其行为视为从业人员自行利用职务便利违反交易规则，从业人员将可能成为侵权责任主体。

（二）从业人员自行利用职务便利违反交易规则

证券公司人员在并无公司指令的情况下，自行利用职务便利违反交易规则的，其行为从公司内部法律关系角度看应系其个人行为，从业人员应当对其自身行为引起的侵害后果承担责任。但从被侵权人角度来看，从业人员利用了其在证券公司担任职务，能够操作特定平台系统，具有一定便利条件情况下实施的行为，也视为其职务行为。证券公司应当对其员工执行职务所造成的损害后果承担侵权责任，此为替代责任的表现形式。证券公司也不能以该行为系员工私自做出为由，要求免责。

在从业人员利用职务便利违反交易规则的情况下，证券公司在从业人员选任、培训和管理中存在的漏洞和缺失，也是使侵权行为得以发生的条件之一。证券公司没有尽到监管职责从而助长侵权行为发生，由此，证券公司在此种情况下承担的责任，既是对从业人员职务侵权行为承担替代责任，也是为自身监管不到位，管理存在漏洞的客观情况承担自己责任。

根据上文所述，从业人员系因自行利用职务违反交易规则致人损害的，从业人员作为侵权主体之一，其自身的行为和主观过错是导致侵权后果产生的原因，从业人员也应当对侵权损害结果承担侵权责任。证券公司及其从业人员应当对损害结果承担连带侵权责任。被侵权人既可以证券公司和从业人员其中之一为被告提起诉讼，也可以两者为共同被告提起诉讼，在被侵权人以证券公司为单独被告提起诉讼的情况下，法院判决证券公司承担侵权责任之后，证券公司可以内部章程规定或根据侵权责任法规定，向从业人员追偿。

【拓展适用】

证券侵权主体实施侵权行为，给被侵权人造成损失，依法应当承担侵权责任。在证券侵权领域，责任承担方式主要包括返还原物和赔偿损失。虽然物权法中的“物”一般是指有体物，现代意义上的股票往往只是一种权利的凭证，并不一定表现为具有客观形体的票证，更多情况下体现为操作平台和证券账户中的数据信息，并作为股东权利的记载。但在能够作为数据信息记载的情况下，将侵权所得的股票划转回被侵权人的证券账户，仍可视为民法理论中返还原物的责任形式。

如果侵权人在获得股票之后，在证券市场上将其售出，则因受善意第三人保护制度的限制，被侵权人很难向第三人要求返还股票，返还原物的侵权责任承担方式在证券侵权领域适用具有一定局限性。更多情况下，证券侵权责任主要通过损害赔偿的方式来实现。而损害赔偿的具体数额如何确定是此类案件重点应当解决的问题，损害赔偿原则和赔偿范围对于赔偿数额的确定具有很大的影响。此外，被侵权人从事证券交易的目的意图和交易方式也是决定赔偿数额的因素之一。

一、证券侵权责任损害赔偿的原则

针对财产的侵权行为导致的利益失衡状态通常具有两种后果，一是侵权行为人获得利益；二是被侵权人遭受损失。侵权赔偿的目的是为剥夺侵权行为人获得的利益还是为填补被侵权人遭受的损失，这一价值导向决定了侵权损害的范围和数额。

（一）非法获利剥夺原则

非法获利剥夺原则是指侵权行为人因侵权行为获得的所有利益都需要返还给被侵权人。例如，证券公司员工盗取客户股票后，偷偷转移至自己能够控制的股票账户内，股票被盗期间上市公司对所有股东按持股比例分配一定股息，因证券公司员工持有该股票而取得一定股息收入，该股息收入虽然不是直接的侵权所得，但也是因侵权行为而取得的非法利益，根据非法获利剥夺原则，被侵权人有权要求证券公司员工一并退还股票和股息。再如，证券公司员工盗取客户股票后转卖获利，股票售出后股价大跌，客户意图长线持有股票，待客户发现股票被盗并诉至法院时，股票市值远低于证券公司员工盗卖股票时的股价，此时证券公司客户遭受的损失实际上小于侵权人的非法获利，同样根据非法获利剥夺原则，证券公司及员工仍然应当返还盗卖股票时的全部价金。

（二）损害填补原则

损害填补原则是指被侵权人因侵权行为遭受的损害，侵权责任人都应进行赔偿，不以侵权责任人获得的非法利益为限。多数情况下，侵权行为人非法获利的数额低于被侵权人遭受损失的数额。例如，证券公司员工盗取客户股票后按当时证券市场的股价将股票转卖谋利，但之后股票大幅升值，证券公司盗卖股票的价金相当于客户遭受的直接损失，但之后股票升值带来的溢价收益则相当于客户遭受的间接损失，损害填补原则的初衷不仅在于弥补被侵权人遭受的直接损失，还应当包括客户遭受的间接损失，即使证券公司员工非法获利低于客户起诉时股票的价金，证券公司和员工也应当按客户起诉时的股票价金进行赔偿。

二、证券侵权责任损害赔偿的范围

（一）直接损失

直接损失指侵权行为发生时，被侵权人现有利益的减损。例如，证券公司从业人员通过手中权限，将客户名下的股票转为自己持有，导致客户丧失对股票的占有和对股票价值以及相应股权利益的所有权。股票从客户股票账户中划走之时的价值，即为被侵权人遭受到的直接损失。对于直接损失，侵权责任法中实行完全赔偿原则，侵权人需要对被侵权人因侵权行为遭受的全部直接损失进行足额赔偿。

（二）间接损失

间接损失是指被侵权人未来可得利益的减少。例如，证券公司从业人员将客户名下股票划转至自己控制的账户中出售获利，待客户发现股票被盗后股票市值随行就市发生较大升值，并且在股票被盗期间上市公司进行过分红，由于股票被盗，原股东持有人无法获得股票升值和股票分红所带来的利益，即为被侵权人可得利益的减少。间接损失又可根据被侵权人可得利益减少的概率分为必然减少的损失和可能减少的损失。对于间接损失侵权责任法实行适当赔偿的原则，换言之，侵权责任人仅赔偿被侵权人因侵权行为未来必然遭受的利益减损，而对于具有一定概率可能发生的利益减损，侵权责任人无须赔偿。理由是该损失是否发生具有不确定性，如果该损失实际并未发生，而侵权责任人已经先行赔偿，则会发生被侵权人因侵权行为而获利的情况，侵权责任法损害赔偿的原则之一，即为不能使行为人因侵权行为而获得利益。因此对于尚未发生具有不确定性的间接损失，不在侵权赔偿的范围之内。

三、证券侵权责任损害赔偿数额的计算标准

上文中已论述，证券侵权赔偿的数额取决于侵权人的非法获利和被侵权人的损失数额，同时我们也应注意到由于证券市场瞬息万变的特点，股票价格总是处于不断浮动的状态，股票分红等情况也要受到上市公司经营业绩等各种因素的影响，带有较大的不确定性，并且证券公司客户持有股票的意图和交易方式也决定了其对股票获利的期待不同。购买、持有股票的证券公司客户依其持有意图大体可以划分为投资型股票持有者和投机型股票持有者。前者是指将购买和持有股票作为一种长期性的投资项目，通过成为上市公司股东，获得股东应当享有的表决、分红等股东权利。后者是指通过低价买入上市公司股票，适时高价卖出，获取股票价金的差额以获取短期利益。两种类型的股票持有者其持有管理股票资产的方式有较大差别。

（一）基于长线操作所造成损害赔偿数额的计算标准

长线操作是投资型股票持有者所选择的资产管理方式。此类股票持有者购买股票是出于对上市公司长期经营业绩以及未来获取利润能力的信任，期待通过获得上市公司股东地位，参与企业利润的分配。此类股票持有者对股市一般的波动和股价的起伏并不敏感，并不会因股价上升就大量增加持有或因股价下跌就抛售股票。盗取此类股票持有者的股票，造成的损失应当包括股票本身的市值以及上市公司定期或不定期分配的股息和分红等。

（二）基于短线持有所造成损害赔偿数额的计算标准

短线持有是投机型股票持有者所选择的资产管理方式。此类股票持有者购买股票的目的是出于对股票价格上涨的预期，希望待股价上涨时出售股票以获取股价差额收益。此类股票持有者非常关注股市的变化和股价的涨跌，并随之增减所持有的股票数量。证券公司员工盗卖此类股票持有者的股票，应以盗卖时股价和案发后诉讼中股价市值较高的数值来计算损害赔偿额度，至于此期间股票分红和股息等是否予以赔偿，则应根据案件审理具体情况由法院进行裁量。

四、证券共同侵权行为的界定

（一）共同侵权行为的概念

法律对共同侵权的规定不断完善发展。《民法通则》第130条规定：“二人以上共同侵权造成他人损害的，应当承担连带责任。”2004年5月1日施行的《人身损害赔偿司法解释》第3条规定：“二人以上共同故意或者共同过失致人损害，或者虽无共同故意、共同过失，但其侵害行为直接结合发生同一损害后

果的，构成共同侵权，应当依照民法通则第一百三十条规定承担连带责任。二人以上没有共同故意或者共同过失，但其分别实施的数个行为间接结合发生同一损害后果的，应当根据过失大小或者原因力比例各自承担相应的赔偿责任。”2020年和2022年修订的《人身损害赔偿司法解释》删除了上述规定。《侵权责任法》第8条规定：“二人以上共同实施侵权行为，造成他人损害的，应当承担连带责任。”《民法典》第1168条规定保留了原《侵权责任法》中关于共同侵权的规定。第1171条规定：“二人以上分别实施侵权行为造成同一损害，每个人的侵权行为都足以造成全部损害的，行为人承担连带责任。”第1172条规定：“二人以上分别实施侵权行为造成同一损害，能够确定责任大小的，各自承担相应的责任；难以确定责任大小的，平均承担责任。”

2004年《人身损害赔偿司法解释》将共同侵权行为区分为两种类型：一是有意识联络的共同侵权，即二人以上基于共同故意和共同过失致人损害；二是无意识联络的共同侵权，即没有共同故意和共同过失，但侵害行为直接结合发生同一损害后果的。此后司法解释修订过程中删除此条，表明共同侵权概念与范围在制定法层面发生转变。《民法典》对共同侵权行为的表述与《民法通则》基本一致，但增加了“实施”两字，即侵权行为应当是二个以上主体共同实施的，即为“共同实施”，行为主体之间当然应当存在意识联络，具有共同的故意或过失。由此可见，《侵权责任法》只承认具有意识联络的共同侵权行为。对于二人以上分别实施侵权，但每个人的侵权行为都足以造成全部损害的，《民法典》中虽未将其规定为共同侵权，但规定其责任形态为连带责任，即准用共同侵权责任形态。

（二）证券共同侵权行为的连带责任

在证券侵权领域，也存在多个侵权主体的行为相结合，导致同一损害后果的情形，我们应当根据《民法典》的规定认定证券共同侵权行为。一项完整的证券交易行为往往需要多个主体相互配合共同完成，证券侵权行为的实施除了直接侵权行为人的故意和过失之外，相关部门没有尽到谨慎审查义务，也是损害结果得以发生的条件之一。例如，证券公司员工以盗卖被侵权人名义开立银行账户，通过手中的权限和操作平台将盗卖股票所得价金转入该账户后，再私自提取并占有股票交易的价金。在这一侵权行为中，被侵权人的开户银行没有履行相应审查义务，工作管理中存在漏洞，致使证券公司员工有机可乘，损害结果得以发生，因此，被侵权人的开户银行也应当对被侵权人遭受的损失承担责任，此时损失的范围应以被侵权人被盗卖股票的现金价值为限。至于股票升值部分的价金和股息分红等收益的损失，并不是被侵权人开户银行的过失导致，开户银行无须对被侵权人遭受的间接损失承担侵权责任。

在证券公司员工盗卖客户股票行为和开户银行未尽审查义务的银行业务行为相结合的场合，证券公司与客户开户银行之间是否构成共同侵权，需要区别不同的情况进行分析。首先，如果证券公司员工与被侵权人开户银行员工之间相互勾结，银行员工故意不尽审查义务，使损害结果发生的，因两侵权行为人之间存在共同的侵权故意，构成共同侵权行为，根据《民法典》的规定，证券公司与被侵权人开户银行应当对客户被盗卖股票的价金损失承担连带责任。如果被侵权人开户银行员工并无与证券公司员工勾结的意图，只是因过失没有尽到审查义务，致使损害结果发生的，虽然不构成共同侵权，但因两者的行为直接结合导致同一损害结果的发生，无法区分各自行为对于造成损害结果的原因力大小和各自应承担的责任份额，任何一方侵权主体都应当对被盗卖股票的价金收入承担赔偿责任，被侵权人既可以要求证券公司赔偿全部股票价金损失，也可以要求开户银行赔偿全部股票价金损失，也属于连带责任的一种形态。

【典型案例】

张某英诉某银行昌吉回族自治州分行、某证券公司、杨甲、张某民财产损害赔偿纠纷案

申请再审人（一审原告、二审上诉人）：张某英。

被申请人（一审被告、二审上诉人）：某银行昌吉回族自治州分行。

被申请人（一审被告、二审被上诉人）：某证券公司。

被申请人（一审被告、二审被上诉人）：杨甲。

被申请人（一审被告、二审被上诉人）：张某民。

〔基本案情〕

申请再审人张某英因与某银行昌吉回族自治州分行、某证券公司、杨甲、张某民财产损害赔偿纠纷一案，不服新疆维吾尔自治区高级人民法院（2010）新民二终字第14号民事判决，向本院申请再审。本院于2011年7月1日作出（2011）民申字第345号民事裁定，提审本案。本院依法组成合议庭，开庭审理了本案。张某英的委托代理人张某欣，某银行昌吉回族自治州分行的委托代理人王守军、甘某军，某证券公司委托代理人刘某海到庭参加诉讼，经依法传唤，杨甲、张某民未到庭参加诉讼。本案现已审理终结。

2007年4月10日，一审原告张某英起诉至新疆维吾尔自治区昌吉市人民法院称，被告杨甲利用其在某证券公司昌吉分公司工作之便，骗取我的信任，私自为我办理了驻留委托业务。2005年11月17日、12月13日杨甲在某银行昌吉回族自治州分行以我的名义办理了两张牡丹灵通卡，2005 年 12 月 12 日，杨甲利用其私自办理的驻留业务将我的股票全部卖掉，并利用职务便利将卖股票所得价款 91270 元取走，杨甲的行为侵犯了我的财产所有权，导致我未能享受股票的送股分红。另外，被告张某民参与并实际享受了该侵权所得，被告某证券公司未尽管理之责，被告某银行昌吉回族自治州分行未尽审查义务而给杨甲办理了银行卡，为杨甲支取现金提供了方便，上述四被告的行为造成我的财产损失，应共同承担赔偿责任，请求法院判令四被告共同赔偿股票损失 457320 元，分红损失 4131.27 元。

杨甲辩称，我认可张某英的股票损失是 91270 元，但我已承担了刑事责任，故不应当承担民事赔偿责任，另外，张某民没有参与犯罪，不应当承担任何责任。

某证券公司答辩称，张某英损失应当从杨甲卖出股票时的价格计算，即 91270 元，另外，由于杨甲的行为属于犯罪行为，并非职务行为，故我公司不应对原告的损失承担赔偿责任。

某银行昌吉回族自治州分行答辩称，张某英主张的股票损失和分红损失是不确定的，该请求无事实及法律依据。而我方仅为杨甲办理了灵通卡的业务，并无任何过错，不应当承担任何赔偿责任。

张某民未到庭答辩。

由于新疆维吾尔自治区乌鲁木齐市中级人民法院受理了被告之一某证券公司的破产申请，2008 年 10 月 14 日，新疆维吾尔自治区昌吉市人民法院将该案移送至新疆维吾尔自治区乌鲁木齐市中级人民法院。

新疆维吾尔自治区乌鲁木齐市中级人民法院一审查明，2005 年 4 月 25 日，张某英与其子董某茂到昌吉市延安南路某证券公司昌吉营业部，咨询如何将其丈夫名下的股票过户到自己名下的事宜，该营业部营业员杨甲和高磊负责接待，二人告知张某英，如按正规手续需公证后才能办理过户，手续很复杂，可以采取简便方式，即先将其丈夫董某山名下的股票卖掉变成现金，然后再以张某英的名义开一个股票账户，将资金存入该账户，再用现金把卖出的股票买入。张某英同意这种方式，由于其不会操作股票买卖和开户手续，2005 年 4 月 27 日杨甲便从张某英处获取股票交易密码，将董某山名下的特变电工股票卖出，并为张某英办理了股票电话委托手续。2005 年 4 月 28 日，杨甲将卖出的股票金额 68482.12 元转入张某英股票账户，并于 5 月两次买入特变电工 9900 股股票，之后杨甲将张某英的身份证、股票交易卡及银行储蓄卡等交给张某英。2005 年 11 月 17 日杨甲通过某银行昌吉回族自治州分行长宁分理处员工孙某伟在工商银行以张某英的名字办理了一张牡丹灵通卡，并利用证券公司员工的授权权限及证券公司操作平台，办理银证转账开销户手续，2005 年 12 月 12 日杨甲将张某英股票账户上的 12870 股价值 92299.35 元特变电工股票卖出。2005 年 12 月 13 日杨甲又通过证券公司的操作平台，利用员工权限将张某英股票账户的对应关系改变至自己办理的牡丹灵通卡上，并开通了张某英股票交易卡的驻留委托业务（无卡交易）。同日，杨甲还将张某英股票账户上的20000元转至自己持有的银行卡上，在工行昌吉分行亚中商城长宁分理处ATM机取款1000元。2005年12月15日，杨甲又一次将张某英股票账户上的45000元转入自己的牡丹灵通卡上，12月16日、18日、19日、21日、22日，杨甲分别在工行、农行自动取款机上取款24000元。2005年12月23日杨甲告诉孙某伟上次办的卡丢失了，又一次要求孙某伟以张某英的名字在某银行昌吉回族自治州分行办理了一张牡丹灵通卡，同日杨甲利用证券公司的操作平台及工作人员的权限进入证券公司股票操作系统，将前面银证转账对应关系撤销后，将张某英的银证转账对应关系转至新卡上。2005年12月26日至2006年1月6日，杨甲将张某英股票账户上40500元转入该牡丹灵通卡上，并于2005年12月27日、28日、29日，2006年1月1日、2日、3日、4日、5日分别在昌吉农行、工商银行自动取款机上取款40000元。2006年1月6日杨甲又一次将张某英账户上的12500元转至自己持有的银行卡上，并于2006年1月6日、7日、8日分别在昌吉农行、工行和乌鲁木齐银行自动取款机上取款12900元，前后两张银行卡共计取款91270元。杨甲将款取出后，分别于2006年1月16日、1月20日存入自己掌握的其舅舅徐付瑞的证券账户中，后陆续将钱取出。最后一笔40050元是由其丈夫张某民于2006年6月15日取出，上述款项至今未追回。

一审法院另查明，昌吉市人民法院于2006年12月1日判决杨甲犯盗窃罪，处以有期徒刑14年，杨甲不服上诉至昌吉州中级人民法院，2007年3月2日，昌吉州中级人民法院作出驳回上诉、维持原判的刑事裁定。

一审法院另查明，张某英系董某山的妻子，二人有2子1女，长子董某茂、次子董某华、小女儿董某蓉。一审庭审期间，三人均同意放弃董某山名下股票的继承权，由张某英继承。

〔一审裁判理由与结果〕

新疆维吾尔自治区乌鲁木齐市中级人民法院一审认为：

一、关于本案各当事人的责任问题

1. 关于杨甲的责任问题。杨甲作为证券公司的工作人员，违反证券法的禁止性规定，利用员工权限，借助证券公司的终端操作平台将私自办理的张某英的灵通卡与张某英的股票账户对接，后又私自卖出张某英账户中的特变电工股票，并将所有卖出股票款全部转至自己名下，该行为严重侵犯了张某英的民事权利，已构成民事侵权，根据《中华人民共和国民法通则》第一百零六条的规定，应承担张某英股票账户被盗损失的全部赔偿责任。2. 关于某证券公司的责任问题。杨甲违反交易规则，侵吞占有股票款的行为都是利用其在证券公司工作的便利条件，并借助证券公司的终端操作平台，其犯罪行为的得逞完全与证券公司内部监控存在漏洞有关。《中华人民共和国证券法》第一百四十六条规定，证券公司的从业人员在证券交易活动中，执行所属的证券公司的指令或者利用职务违反交易规则的，由所属的证券公司承担全部责任。作为证券营业部门，证券公司有义务保护股民的资金和股票安全，由于证券公司内部管理混乱，为杨甲犯罪提供了可乘之机，故应承担赔偿责任。3. 关于某银行昌吉回族自治州分行的责任问题。银行转账、银证通业务是银行与证券公司联合推出的旨在方便股民进行证券交易的一项金融服务业务。作为发卡机构，在杨甲以他人名义开户时，某银行昌吉回族自治州分行没有谨慎审核杨甲的身份和授权的合法性，给杨甲以张某英的名义开设灵通卡，严重违反了操作规程，致使证券账户所有人张某英丧失对证券账户的控制，为杨甲实施犯罪行为提供了便利条件，其行为有明显过错，故应承担本案的民事赔偿责任。杨甲、某证券公司、某银行昌吉回族自治州分行之间虽不存在共同故意或共同过失，但三被告的侵权行为直接结合，导致张某英遭受财产损害，构成共同侵权，故三被告应当对张某英的经济损失承担连带赔偿责任。4. 关于张某民的责任问题。杨甲将张某英股票据为己有后，其丈夫张某民于 2006 年 6 月 15 日将 40050 元取出，该事实有张某民在公安机关的询问笔录及生效的刑事判决文书为证，张某民的行为构成不当得利的侵权。而在本案审理期间，张某民未能到庭举证证明其取得的 40050 元具有合法根据，故其给张某英造成的损失，应当予以返还。

二、关于本案的损失认定问题

股票是一种随着证券市场行情变化进而发生股值涨跌的有价证券，股票被盗之后，如何计算可得利益损失，法律并无明确规定，加之本案系刑事判决之后受害人提起的民事诉讼，而附带民事诉讼的赔偿是坚持全额赔偿直接损失的原则，故本案的股票损失数额应当参考涉案股票在刑事部分确定的数额来认定。依照《中华人民共和国民法通则》第九十二条、第一百零六条第二款、第一百三十条之规定，新疆维吾尔自治区乌鲁木齐市中级人民法院于 2009 年 6 月 9 日作出（2008）乌中民一初字第 103 号民事判决：

一、杨甲赔偿张某英股票损失款 91270 元；

二、某证券公司对上述款项承担连带赔偿责任；

三、某银行昌吉回族自治州分行对上述款项承担连带赔偿责任；

四、张某民在其不当得利 40050 元范围内对张某英承担赔偿责任；

五、驳回张某英的其他诉讼请求。

案件受理费 8311.77 元（张某英已交），由杨甲、某证券公司、某银行昌吉回族自治州分行承担 1623.29 元，由张某英承担 6688.48 元。

〔当事人上诉及答辩意见〕

张某英不服一审判决，向新疆维吾尔自治区高级人民法院提出上诉称：1. 一审判决认定事实不清，证据不足。一审判决以刑事判决书作为证据确定本案的赔偿数额，证据不足。本案中，股票显然是可流通转让的种类物，种类物不存在返还不能的情形，应当优先适用返还股票的民事责任方式，返还被盗股票 128790 股。即便不能返还，折价赔偿也应当由专业机构评估被盗12870股的股票价值，而不能以盗卖所获金额确定赔偿数额。2. 一审法院适用法律错误。（1）一审法院以附带民事诉讼的赔偿原则来认定本案的股票损失没有法律依据。《中华人民共和国民法通则》第一百一十七条、《最高人民法院关于刑事附带民事诉讼范围问题的规定》第二条规定体现的是全面赔偿的原则，一审法院的“全额赔偿直接损失的原则”是对法律规定的错误理解。（2）一审判决违背了公平、合理原则。由于证券市场的复杂性，证券投资者的损失具有不确定性，主要表现为股票价格波动。本案应当比照《最高人民法院关于审理证券市场因虚假陈述引发的民事赔偿案件的若干规定》中因虚假陈述造成投资者损失时，采用投资差额损失计算方法，即以一定时间内的价格之差来确定投资者的损失来处理本案。可以参照开庭之日或者判决书下发之日的股票市值，判令杨甲、张某民、某证券公司、某银行昌吉回族自治州分行赔偿损失。综上，请求：1. 依法撤销一审判决，发回重审或者依法改判为支持张某英全部的诉讼请求。2. 判令被上诉人承担全部诉讼费用。

某银行昌吉回族自治州分行答辩称，张某英的上诉请求与其一审诉讼请求相同，张某英的诉讼请求是要求赔偿被盗卖的股票价值损失及升值损失，而非盗卖股票所得资金损失，此请求与某银行昌吉回族自治州分行无关，应予以驳回。张某英的损失是某证券公司工作人员杨甲的犯罪行为所导致，整个侵权行为都是在某证券公司的平台上完成的，无论杨甲是否在银行办卡，均不能影响与阻止利用职务之便盗卖行为的发生。我行办理灵通卡与杨甲利用职务之便盗卖股票之间无共同故意、无共同侵权行为，无法律因果关系，张某英的诉讼请求要求某银行昌吉回族自治州分行承担共同赔偿责任无事实和法律依据。张某英将卡、身份证、密码交于杨甲并由杨甲实施代理行为，是张某英自愿行为，由此所产生的后果应由张某英与杨甲承担，杨甲在承担盗窃罪的刑事责任后，民事责任应当由某证券公司承担。请求依法驳回张某英对某银行昌吉回族自治州分行的诉讼请求。

某证券公司当庭答辩称，股票并非可以流通的种类物，属于特定物。杨甲侵占张某英的股票资金系其个人犯罪行为，法律明确规定证券公司的职工不可替客户进行股票交易，杨甲出卖股票的行为并非履行其职务行为，某证券公司在此过程中是无过错的。股票卖出时市值为91270元，应当以此为标准计算损失，无进行评估之必要。

某银行昌吉回族自治州分行上诉称：1. 一审判决认定事实与判决结果前后矛盾，判决我行承担连带赔偿责任无法律和事实依据。（1）一审判决杨甲承担全部赔偿责任，又认定某证券公司的员工因履行职务和某证券公司管理不善造成客户损失但却未依据《证券法》规定判决某证券公司承担全部赔偿责任，判决某证券公司承担连带赔偿责任显然是错误的。（2）一审判决一方面认定“杨甲、某证券公司、某银行昌吉回族自治州分行之间不存在共同故意或共同过失”，但另一方面又“认定构成共同侵权，故应当对张某英的经济损失承担连带赔偿责任”，杨甲既承担了直接赔偿责任，又承担了共同侵权的连带赔偿责任，前后矛盾。同时，既然某银行昌吉回族自治州分行不存在共同故意或共同过失，就不应构成共同侵权。（3）一审判决在判项上主次不分。按照一审判决，张某英将获 91270 元加 40050 元共计 131320 元的赔偿。2. 某银行昌吉回族自治州分行工作人员的办卡行为与杨甲履行职务盗窃张某英的股票无法律上的因果关系，对此损失不应承担任何责任。根据人民银行的办卡规定，允许代理人持办卡人身份证代理办卡，杨甲作为代理人持有张某英的身份证代理办卡行为不属于禁止性行为，是规定允许的。杨甲持张某英的身份证办卡的事实已被生效的（2006）昌刑初字第 274 号、（2007）昌中刑初字第 40 号刑事判决书及杨甲、证人孙某伟所证实，作为银行工作人员在无法辨认身份证真伪的情况下，为杨甲代理张某英办卡，属合规行为，因此造成的一切损失，应当由行为人承担，与某银行昌吉回族自治州分行无关。3. 一审判决认定杨甲、某证券公司、某银行昌吉回族自治州分行对张某英的股票损失构成共同侵权无事实和法律依据。杨甲作为某证券公司员工执行指令或者利用职务便利违反交易规则，应由所属证券公司承担全部责任，某银行昌吉回族自治州分行在本案中不承担责任。一审判决认定直接结合的共同侵权不当，应根据《最高人民法院关于审理人身损害赔偿案件适用法律若干问题的解释》第三条第二款规定精神，根据过失大小或者原因力比例各自承担相应的赔偿责任，而不是判令承担连带责任。综上，请求：1. 依法撤销（2008）乌中民一初字第 103 号民事判决第三项，依法驳回张某英对某银行昌吉回族自治州分行的诉讼请求，维持判决第（一）项、第（二）项、第（四）项、第（五）项。2. 判令由张某英、杨甲、张某民及某证券公司承担一、二审诉讼费用。

张某英答辩称：1. 一审法院认定某银行昌吉回族自治州分行违规给杨甲以张某英名义开设灵通卡，导致张某英遭受财产损害的事实清楚，证据确凿。2. 判令某银行昌吉回族自治州分行承担连带赔偿责任适用法律正确。某银行昌吉回族自治州分行与杨甲的侵权行为直接结合导致张某英的 12800 股股票被变卖，造成张某英损失，理应承担赔偿责任。某银行昌吉回族自治州分行的上诉请求不能成立，应当予以驳回。

某证券公司答辩称：1. 一审法院认定事实清楚，适用法律正确。该判决认定某银行昌吉回族自治州分行在为杨甲办卡及银证转账过程中存在违规操作的事实是经生效的刑事判决所确认的，某银行昌吉回族自治州分行应承担民事赔偿责任。2. 根据现行法律司法解释规定，共同侵权行为包括无共同过错但侵害行为直接结合致人同一损害的情形。本案中，某银行昌吉回族自治州分行因审查不严造成杨甲趁机自行开办以张某英为户名的灵通卡并且办理银证转账业务的事实是本案张某英损失的直接原因，某银行昌吉回族自治州分行的审查不严的过错行为直接导致本应转入张某英自行掌握银行账户内的钱被杨甲利用并转入由杨甲开办的并由杨甲控制的银行卡内，二者侵害行为直接结合导致了张某英的同一损害事实。3. 某银行昌吉回族自治州分行审查不严造成张某英损失。按照银行规定，办理银行卡开户业务不能由他人代办，必须由本人持本人身份证予以办理；按照银行的规定，办理股票交易的资金账户和银行账户的银证转账业务必须由本人持身份证以及证券公司出具的证明前往银行办理，不能由他人代办。假设按照正规的操作程序，张某英的损失也就不会发生，因此某银行昌吉回族自治州分行对损失应当承担连带赔偿责任。请求依法维持一审判决。

〔二审查明的事实〕

新疆维吾尔自治区高级人民法院二审查明的事实与一审相同。

〔二审裁判理由与结果〕

新疆维吾尔自治区高级人民法院二审认为，本案中杨甲利用其在某证券公司的工作便利办理银证转账开销户手续，私自办理张某英的灵通卡并与张某英的股票账户对接，将张某英股票账户上的12870股价值92299.35元特变电工股票卖出后共计取款91270元，杨甲的行为触犯我国刑法已被追究刑事责任，侵权人因同一行为应当承担刑事责任的，不影响依法承担侵权责任。杨甲的行为主观上存在占有他人合法财产的故意，事实上已侵犯了张某英合法的财产权利，造成了张某英的财产损失，其行为同时构成了民法中的侵权。杨甲的侵权行为虽然并非履行某证券公司的行为，并非因执行工作任务而产生，但某证券公司负有保护股民资金和股票安全的法定义务，杨甲的侵权行为利用了其在某证券公司的工作便利，借助了某证券公司的终端操作平台，杨甲的侵权行为与某证券公司管理不善、内部监控存在漏洞有着直接的关联，某证券公司对造成张某英的损失存在明显的过失。某银行昌吉回族自治州分行作为发放银行卡的专业机构负有谨慎审核办卡人身份及在他人代办时审查授权合法性的义务，而某银行昌吉回族自治州分行违反了相关操作规程，未尽审查义务，为杨甲实施侵权行为提供了便利，某银行昌吉回族自治州分行亦存在明显的过失。杨甲、某证券公司和某银行昌吉回族自治州分行之间虽无共同的故意或过失，但三者的侵害行为直接结合发生同一损害后果，杨甲、某证券公司与某银行昌吉回族自治州分行构成共同侵权，一审法院对于侵权性质认定正确，杨甲、某证券公司与某银行昌吉回族自治州分行关于其不应承担责任的上诉请求没有事实及法律依据，本院不予支持。

侵权责任中关于侵害他人财产的赔偿原则是以填补损害为主旨，也即根据损害的大小确定赔偿的范围。财产损失可以按照损失发生时的市场价格或其他方式计算。本案中股票的价值是随着证券市场不断进行变化的，具有风险及不可控性，杨甲系按照当日的股票市值将张某英的股票卖出后占有，且杨甲已被追究刑事责任，一审法院以附带民事诉讼中全额赔偿直接损失的原则按照刑事判决认定数额赔偿张某英损失并无不当。某证券公司与某银行昌吉回族自治州分行在共同侵权中并不存在侵权的故意，其承担责任范围与过失大小相当，以刑事判决认定数额作为损失的标准符合其责任范围。张某英关于股票是可流通转让的种类物应当返还被盗股票12870股，如不能返还，应由专业机构评估折价赔偿的上诉请求没有法律依据，不予支持。

公安机关的询问笔录及生效的刑事判决文书证实，杨甲丈夫张某民在杨甲将张某英股票据为己有后，于2006年6月15日将40050元取出。因张某民未能到庭举证证明其取得40050元具有合法根据，一审法院认定张某民的行为构成不当得利侵权，并判令张某民在91270元的范围内对其取出的40050元承担连带赔偿责任，对此张某民并未提出上诉。某银行昌吉回族自治州分行上诉称张某英将获得91270元加40050元共计131320元的赔偿与一审判决内容不符，属理解有误。综上，新疆维吾尔自治区高级人民法院依照《中华人民共和国民事诉讼法》第一百五十三条第一款第（一）项之规定，于2010年5月11日作出（2010）新民二终字第14号民事判决：驳回上诉，维持原判。二审案件受理费9024.47元由张某英与某银行昌吉回族自治州分行各自负担50%，即4512.24元。

〔当事人申请再审及答辩意见〕

张某英不服二审判决，向本院申请再审称，张某英股票被盗卖，一、二审判决以刑事部分确定的数额来认定民事赔偿数额没有法律依据，本案应适用全面赔偿原则即赔偿直接损失和可得利益损失。1. 股票是可流通转让的种类物，被申请人依法应当承担返还12870股股票的责任。承担赔偿责任的前提是特定物灭失不能返还。本案中股票是可流通转让的种类物，可以在不同时间、地点买入同一种类、同一数量的股票，所以不存在返还不能的情形，本案应当优先适用返还股票的民事责任。2. 若不能返还股票则应适用完全赔偿原则赔偿张某英的损失。根据现行法的规定，完全赔偿原则即赔偿直接损失和赔偿可得利益损失。本案的直接损失为91270元，最高人民法院《关于审理证券市场因虚假陈述引发的民事赔偿案件的若干规定》第三十四条规定："投资人持股期间基于股东身份取得的收益，包括红利、红股、公积金转增所得的股份以及投资人持股期间出资购买的配股、增发股和转配股，不得冲抵虚假陈述行为人的赔偿金额。"因此，股票的可得利益包括股票溢价、配股、分红。二审中，张某英提交了特变电工股票2005年12月12日至2008年5月30日的收盘价及分红记录和配股记录，截至2008年5月30日，张某英的股票已增至36808股，股票的均价为16元，股票的价值588928元，现金分红为4131.27元。张某英的可得利益损失为501789.27元（具体计算方式为588928-91270+4131.27=501789.27）。截至开庭前一天即3月25日特变电工股票的价格为21元，股票的价值已为772968元。如果按现价，张某英的诉讼主张远远低于股票现值。3. 以刑事案件确定的数额赔偿财产损失显失公平。股票价格不同于其他物价，相关法律也未明确规定此类行为给证券投资者造成损失的计算方法，所以，依据公平原则，以特变电工股票被盗卖后至起诉之前的平均价作为赔偿的依据和标准，并不违反法律规定，也与股票和在侵权时间段之内的实际价格走向吻合。综上所述，请求：撤销新疆维吾尔自治区高级人民法院（2010）新民二终字第14号民事判决和新疆维吾尔自治区乌鲁木齐市中级人民法院（2008）乌中民一初字第103号民事判决，改判支持张某英一审全部诉讼请求。

某银行昌吉回族自治州分行答辩称：1. 张某英在本案诉讼过程中均请求赔偿457320元的股票损失，同时请求赔偿12870股特变电工股票的分红损失4131.27元，并未请求91270元的资金损失。而股票损失和分红损失与某银行昌吉回族自治州分行办理银行卡是否有过错无关。杨甲利用其获得的张某英的个人信息及职务上的便利将张某英的12870股特变电工股票擅自出卖，无论杨甲在工行是否办理了银行卡或工行工作人员是否违章办卡，都不影响或不能控制杨甲擅自出卖客户股票的行为发生，张某英请求的股票损失和分红损失只能在此阶段发生，因此，两者无因果关系。而杨甲在出卖股票后将获得的91270元的资金通过工行办理的银行卡取出并占为己有，该损失与某银行昌吉回族自治州分行有关。根据民事诉讼不告不理和民事权利自由处分原则，由于张某英并未请求该项损失，因此，某银行昌吉回族自治州分行不应承担责任。2. 根据《中华人民共和国证券法》第一百四十六条、第二百一十条之规定，某证券公司应当承担其员工杨甲造成他人损害的全部赔偿责任。一审判决认定杨甲履行职务的行为造成张某英损失，应当承担全部责任，但却并未根据《证券法》的规定判决由某证券公司承担全部责任，显然错误。3. 一、二审判决一方面认定杨甲、某证券公司、某银行昌吉回族自治州分行之间不存在共同故意或共同过失；另一方面又认定构成共同侵权，显然错误。由于三者之间不存在共同故意或共同过失，因此某银行昌吉回族自治州分行不应当承担连带责任。4. 一、二审判决在判项上主次不分。按照一审判决第一项和第二项、第三项的表述，某银行昌吉回族自治州分行、某证券公司对杨甲在91270元的范围内不能赔偿的部分承担连带赔偿责任。而第四项又判决张某民承担40050元的赔偿，如此，张某英将获91270元加40050元共计131320元的赔偿，该赔偿数额显然无法律依据。5. 某银行昌吉回族自治州分行工作人员的办卡行为与杨甲盗窃张某英的股票行为无法律上的因果关系，对457320元的股票损失和分红损失4131.27元不应承担任何责任。某银行昌吉回族自治州分行的办卡行为无主观过错，且与杨甲、证券公司无共同过错。根据人民银行的办卡规定，允许代理人持办卡人身份证代理办卡，杨甲作为代理人持张某英的身份证办卡行为不属禁止性行为。因此造成的损失应当由行为人承担而非由某银行昌吉回族自治州分行承担。综上，一、二审判决某银行昌吉回族自治州分行承担连带赔偿责任是错误的，请求撤销新疆维吾尔自治区高级人民法院（2010）新民二终字第14号民事判决和新疆维吾尔自治区乌鲁木齐市中级人民法院（2008）乌中民一初字第103号民事判决第三项，依法驳回张某英对某银行昌吉回族自治州分行的诉讼请求，维持第（一）、第（二）项、第（四）项、第（五）项判决。一、二审诉讼费用由张某英承担。

某证券公司庭审答辩称：1. 张某英请求被盗卖股票的分红、收益损失，于法无据。2. 杨甲的行为是个人犯罪行为，不是职务行为，某证券公司不能预知不能控制也无法克服，应由杨甲个人承担赔偿责任。3. 仅将股票卖出本身并不产生损失，只有从资金账户中将资金提取之后，损失才发生，因此没有某银行昌吉回族自治州分行的开卡行为，损失就不会发生。同时，股票被盗卖之后的收益损失、股票升值等损失，不应由某证券公司承担。

杨甲、张某民未答辩。

〔最高人民法院查明的事实〕

最高人民法院再审查明的事实与原审查明的事实一致。

〔最高人民法院裁判理由与结果〕

最高人民法院认为，本案的争议焦点是：1. 张某英的损失应如何计算？2. 某证券公司、工行昌吉分行应承担何种责任？

关于张某英所受的损失应如何计算的问题，本院认为，首先，根据《中华人民共和国公司法》的规定，股票所代表的股权的内容包括自益权和共益权，其中的自益权主要包括股利分配请求权、剩余财产分割请求权、新股认购优先权等权利。其中的股利分配，实践中主要包括以配股方式分配的股利和以现金方式分配的股利。因此，盗卖投资者股票获取价金，不仅侵害了投资者的股票所代表的当时的股权价值，也使投资者基于其股东地位本应享有的其他权益尤其是股利分配请求权遭受损害。其次，与其他财产权不同的是，股票所代表的股权的价值会随着公司经营状况、市场行情等因素的变化而增长或降低。同时，股票价值的实际实现也与投资者的投资习惯密切相关。因此，在侵权人盗卖投资者股票获取价金的情况下，判断被侵权人所遭受损失的范围应当综合考虑受害人的投资习惯、市场行情的变化等因素。最后，从因果关系上看，侵权人盗卖投资者股票获取价金场合，如果受害人的投资行为表现为短线操作、通过股票涨跌变化，以频繁买入、卖出方式获取投资收益，则其股票被盗卖的损失未必包含股票被盗卖后的股票本身升值部分以及相应的股利；如果该受害人的投资行为表现为长线操作、主要通过对股票的长期持有，获取股票增值以及相应的股利等收益，则其股票被盗卖的损失通常应当包括股票被盗卖后的升值部分以及相应的股利。

本案中，张某英被盗卖股票的根源是继承其丈夫董某山的遗产而得。并且，在张某英通过某证券公司办理开户手续并重新购入特变电工股票的情况来看，张某英不了解如何开户、对股票交易的相关手续一无所知、对股票市场也知之甚少，更谈不上通过短线操作方式获取利益。另外，从张某英通过某证券公司办理完手续至发现股票被盗卖的一年多时间内未查看股票账户、未作出任何交易指令的事实也足以证明，张某英进行短线交易的可能性很小。因此，基于前述分析，张某英的损失应当包括股票被盗卖后的股利损失和升值损失。

关于张某英损失的计算方法问题，某证券公司员工杨甲于2005年12月12日将张某英股票账户上的12870股特变电工股票全部卖出，张某英于2007年4月10日起诉至新疆维吾尔自治区昌吉市人民法院，2008年10月14日，该案被移送至新疆维吾尔自治区乌鲁木齐市中级人民法院。2008年11月17日，张某英向新疆维吾尔自治区乌鲁木齐市中级人民法院缴纳了诉讼费。张某英主张以侵权行为发生之时即2005年12月12日至其起诉前特变电工最后一次配股即2008年5月30日止为计算损失的时点，并无不当。根据该期间的分红记录和配股记录，截至2008年5月30日，张某英的股票应增至36808股，根据在此期间的每日平均收盘价计算，股票的价值为588928元，现金分红为4131.27元，张某英的各项损失分别为现金损失91270元，现金股利损失4131.27元，股票溢价损失588928-91270=497658元，总额为593059.27元。张某英一审诉讼请求股票损失457320元和分红损失4131.27元，共计461451.27元，应予支持。

关于某证券公司应承担何种责任的问题，本院认为，杨甲作为某证券公司的工作人员，利用其在某证券公司的工作便利，借助某证券公司的终端操作平台完成其侵权行为，杨甲在某证券公司的职务增加了其侵权行为发生的可能性和危险性，某证券公司对此种行为应当预见到并应采取一定措施予以避免，但因其内部管理不善、内部监控存在漏洞导致未能避免。因此，应当认定，杨甲的侵权行为与其履行职务有内在关联，根据《中华人民共和国民法通则》第一百二十一条之规定，同时参照《最高人民法院关于审理人身损害赔偿案件适用法律若干问题的规定》第八条、第九条之规定，某证券公司与杨甲应当就前述张某英的全部损害承担连带赔偿责任。

关于某银行昌吉回族自治州分行的责任问题，本院认为，银行作为发放银行卡的专业机构负有谨慎审核办卡人身份及在他人代办时审查授权合法性的义务，本案中，某银行昌吉回族自治州分行在杨甲以张某英名义办理银行卡过程中，未按照规程审核其代理手续、未按要求审查代理人签名，具有过失，为杨甲实施侵权行为提供了条件，并造成了杨甲通过该银行卡非法取得盗卖股票所得的91270元的损害后果。因此，某银行昌吉回族自治州分行虽与杨甲无共同的故意或过失，但某银行昌吉回族自治州分行的过失行为与杨甲的故意行为直接结合，共同造成受害人张某英91270元的损失，某银行昌吉回族自治州分行、杨甲和某证券公司应当对该91270元的损失承担连带责任。对于超出91270元之外的其他损失，因某银行昌吉回族自治州分行的过失行为导致的损失只能是杨甲利用银行卡盗卖股票的价金损失，而被盗卖股票的其他损失是因股票被盗卖所产生的，而与某银行昌吉回族自治州分行的过失行为并无因果关系，某银行昌吉回族自治州分行对此部分损失不应承担责任。张某英主张某银行昌吉回族自治州分行应对所有损失承担连带责任，无法律根据，原审判决对此认定正确，本院予以维持。

至于杨甲丈夫张某民获得的张某英盗卖股票价款中的40050元，张某民未提出上诉，也未申请再审，本院予以维持。

综上所述，原审判决认定事实清楚，但适用法律错误。依照《中华人民共和国民法通则》，《最高人民法院关于审理人身损害赔偿案件适用法律若干问题的规定》第八条、第九条以及《中华人民共和国民事诉讼法》第一百八十六条、第一百五十三条第一款第（二）项之规定，判决如下：

一、撤销新疆维吾尔自治区高级人民法院（2010）新民二终字第14号民事判决和新疆维吾尔自治区乌鲁木齐市中级人民法院（2008）乌中民一初字第103号民事判决；

二、杨甲和某证券公司对张某英损失461451.27元承担连带赔偿责任，于本判决生效后十日内支付；

三、某银行昌吉回族自治州分行就张某英损失461451.27元中的91270元范围内与杨甲、某证券公司承担连带赔偿责任，于本判决生效后十日内支付；

四、张某民就张某英损失461451.27元中的40050元范围内承担不当得利的返还责任，于本判决生效后十日内支付；

五、驳回张某英的其他诉讼请求。

如果未按本判决指定的期间履行给付金钱义务，应当依照《中华人民共和国民事诉讼法》第二百二十九条之规定，加倍支付迟延履行期间的债务利息。

一审案件受理费8311.77元，由杨甲和某证券公司各负担2973.39元，由某银行昌吉回族自治州分行负担1644元，由张某民负担721元；二审案件受理费9024.47元，由杨甲和某证券公司各负担4512.24元。

规则15：开发商在没有明确取得业主同意的情况下，自行占有使用该房屋，应认定开发商构成侵权

——宜兴市新街街道甲小区业主委员会诉宜兴市乙置业有限公司、南京丙物业管理股份有限公司宜兴分公司物权确认纠纷、财产损害赔偿纠纷案①

【裁判规则】

开发商与小区业主对开发商在小区内建造的房屋发生权属争议时，应由开发商承担举证责任。如开发商无充分证据证明该房屋系其所有，且其已将该房屋建设成本分摊到出售给业主的商品房中，则该房屋应当属于小区全体业主所

① 《中华人民共和国最高人民法院公报》2018年第11期。

有。开发商在没有明确取得业主同意的情况下，自行占有使用该房屋，不能视为业主默示同意由开发商无偿使用，应认定开发商构成侵权。业主参照自该房屋应当移交时起的使用费向开发商主张赔偿责任的，人民法院应予支持。

【规则理解】

现代社会，随着土地资源的日渐稀缺，为满足人民的居住生活需要，用于居住的建筑物向立体空间延伸，多层和高层建筑物应运而生，同一栋建筑物为不同的业主提供居住和生活空间，产生了不同业主对建筑物及其所属空间的权属问题。为明确不同业主对建筑物及其所属空间的权利界限和范围，建筑物区分所有权的概念由此产生；同时，伴随着权利产生和保护的法律问题。

一、建筑物区分所有权的内涵

（一）建筑物区分所有权的定义

所谓建筑物区分所有权，是指区分所有建筑物的所有人对其专有部分享有独自占有、使用的专有权，对共同使用部分享有共有权，以及对建筑物的整体享有成员权，构成的建筑物的复合共有权。

（二）关于建筑物区分所有权的不同学说

建筑物区分所有权的概念突破了传统民法中一物一权原则和物的一部分不能单独成为权利客体的原理。关于建筑物区分所有权概念，曾有一元论、二元论和三元论等不同的学说。对建筑物区分所有权的认识也在不断深化。一元论认为，建筑物区分所有权的属性是唯一的，又可分为专有权说和共有权说。专有权说认为，建筑物区分所有权仅指业主对其专有部分享有所有权，强调对个人财产的绝对保护。共有权说认为，建筑物区分所有权指全体业主对建筑物共同享有权利，强调业主之间的共同所有权。一元论对建筑物区分所有权的认识均局限于权利的部分特征。有学者提出二元论，即建筑物区分所有权既包括业主对其专有部分的排他的所有权，也包括对公共部分的共同所有权。二元论指出建筑物区分所有权的双重属性，但没有体现出作为权利主体的业主身份关系及对建筑物的共同管理权。三元论认为，建筑物区分所有权包括专有权、共有权和成员权三要素，三元论是目前对建筑物区分所有权认识最为全面的学说，也是目前学界通说。

我国《民法典》对建筑物区分所有权的规定也基本采纳了三元论的学说观点。《民法典》第 271 条规定：“业主对建筑物内的住宅、经营性用房等专有部分享有所有权，对专有部分以外的共有部分享有共有和共同管理的权利。”该条规定的建筑物区分所有权，既包括了专有权、共有权，也规定了共同管理权，共同管理权即为业主成员权的外在表现。

二、建筑物区分所有权的法律特征

（一）权利客体的整体性

建筑物区分所有权的客体是建筑物及其所属空间的整体，既包括建筑物本身，如地下室、外墙、房顶，也包括建筑物所属空间内的设施和建筑，如小区内的公共道路、绿化带、公共设施和物业用房等公共用房，上述均为建筑物区分所有权的权利客体。

（二）权利内容的复合性

建筑物区分所有权不是一种单一的权利类型，而是包括专有权、共有权和成员权（共同管理权）三种形式的复合型权利。既包括财产权，又包括人身权的内容。

（三）权利形式的统一性

建筑物区分所有权所包含的专有权、共有权和成员权并非孤立的存在，而是相互结合、相互作用的统一整体。权利组成不可分割，建筑物区分所有权在转让时权利组成应作为整体一并转让，而不能仅转让专有权、共有权和成员权中的一种。

（四）专有权的主导性

在建筑物区分所有权的组成中，专有权居于主导地位，只有取得建筑物专有部分的所有权，才能成为业主，进而取得对共有部分的共同所有、使用权和共同管理权。登记取得专有部分即同时产生了建筑区分所有权，不需要对共有权和共同管理权再行登记确认。

三、建筑物区分所有权的权利保护

根据《民法典》第 271 条之规定，建筑物区分所有权由专有部分的专有权、共有部分的共有权和业主的共同管理权组成。专有部分是指存在多个具有构造和利用上的独立性，并能够登记成为单个业主所有权标的物的建筑物内的住宅、经营性用房等房屋或者特定空间。对于业主专有部分的专有权，与传统意义上对物的所有权并无本质区分，因此在权利的保护上，可以按照民法中关于物的所有权保护的相关规定予以实现。

而建筑物区分所有权所包含的共有权和共同管理权，则更加强调全体业主作为共同的权利主体对共有部分的权利内涵。建筑物的业主之间，除了同为小区的业主之外，往往并无其他密切的关联，其仅在涉及建筑物共有部分的处分、占有和使用上建立起法律上的联系。每一位业主并不能单独行使共有权，对共有部分的管理需要由全体业主作出决策，体现全体业主的共同意志。由于每一单独的个体均有其独立的意志和思想，共同权利的实现首先需要对每一个个体业主的意志进行有效的整合，借助一定的机制和机构，形成团体的共同意志，并予以执行，从而维护业主的共同权利，并对共有部分进行有效的共同管理。这一权利实现的路径即为业主大会和业主委员会及其运行机制。

《民法典》第 277 条规定了业主自治管理组织的设立及指导和协助，即“业主可以设立业主大会，选举业主委员会。业主大会、业主委员会成立的具体条件和程序，依照法律、法规的规定。地方人民政府有关部门、居民委员会应当对设立业主大会和选举业主委员会给予指导和协助。”国务院制定《物业管理条例》，规定了业主大会在物业管理活动中的权利义务，明确了业主大会和业主委员会的组成和决策机制。住房和城乡建设部制定印发《业主大会和业主委员会指导规则》，更为详细地规定业主大会与业主委员会的定位、成立、组织机构、权利义务、决策事项与表决机制等内容。

《民法典》第 278 条规定：“下列事项由业主共同决定：（一）制定和修改业主大会议事规则；（二）制定和修改管理规约；（三）选举业主委员会或者更换业主委员会成员；（四）选聘和解聘物业服务企业或者其他管理人；（五）使用建筑物及其附属设施的维修资金；（六）筹集建筑物及其附属设施的维修资金；（七）改建、重建建筑物及其附属设施；（八）改变共有部分的用途或者利用共有部分从事经营活动；（九）有关共有和共同管理权利的其他重大事项。业主共同决定事项，应当由专有部分面积占比三分之二以上的业主且人数占比三分之二以上的业主参与表决。决定前款第六项至第八项规定的事项，应当经参与表决专有部分面积四分之三以上的业主且参与表决人数四分之三以上的业主同意。决定前款其他事项，应当经参与表决专有部分面积过半数的业主且参与表决人数过半数的业主同意。”《建筑物区分所有权纠纷司法解释》第 7 条对上述法律第 1 款第 9 项中规定的“有关共有和共同管理权利的其他重大事项”进一步规定，明确“有关共有和共同管理权利的其他重大事项”是指“处分共有部分，以及业主大会依法决定或者管理规约依法确定应由业主共同决定的事项”。《民法典》中的该条规定是关于业主决定建筑区划内重大事项及表决权的效力最高的法律依据。根据上位法优先于下位法、新法优先于旧法的法律适用规则，《物业管理条例》及《业主大会和业主委员会指导规则》中与《民法典》规定不一致的，应当适用《民法典》第278条之规定。

业主大会和业主委员会，有权对《民法典》第278条列举的九项事项作出决定，根据《民法典》第280条之规定："业主大会或者业主委员会的决定，对业主具有法律约束力。业主大会或者业主委员会作出的决定侵害业主合法权益的，受侵害的业主可以请求人民法院予以撤销。"业主大会是业主的自治组织，通过业主大会形成全体业主的共同意志，业主委员会是业主大会的执行机构，通过业主委员会具体执行业主大会的决策，实现全体业主对建筑物的共同管理，维护业主对共有部分的共有权，并在共有权受到侵害时代表业主向侵权行为人主张承担赔偿责任。

四、侵犯建筑物区分所有权的赔偿责任

建筑物区分所有权人对其专有部分享有民法中规定的所有权，专有部分受到侵害，业主可以个人名义主张权利，要求侵权行为人承担赔偿责任，业主大会和业主委员会不得随意干涉。

侵犯全体业主共有部分的，可由业主委员会代表业主向侵权行为人主张承担赔偿责任。共有部分指除业主专有部分以外的建筑物的外墙、房顶、电梯、楼梯、过道、水暖设施、水电气的主管线、排污主管线等，《民法典》第274条还规定了建筑区划内道路、绿地等的权利归属，"建筑区划内的道路，属于业主共有，但是属于城镇公共道路的除外。建筑区划内的绿地，属于业主共有，但是属于城镇公共绿地或者明示属于个人的除外。建筑区划内的其他公共场所、公用设施和物业服务用房，属于业主共有。"

《建筑物区分所有权纠纷司法解释》第14条规定："建设单位、物业服务企业或者其他管理人等擅自占用、处分业主共有部分、改变其使用功能或者进行经营性活动，权利人请求排除妨害、恢复原状、确认处分行为无效或者赔偿损失的，人民法院应予支持。属于前款所称擅自进行经营性活动的情形，权利人请求建设单位、物业服务企业或者其他管理人等将扣除合理成本之后的收益用于补充专项维修资金或者业主共同决定的其他用途的，人民法院应予支持。行为人对成本的支出及其合理性承担举证责任。"《民法典》第282条规定："建设单位、物业服务企业或者其他管理人等利用业主的共有部分产生的收入，在扣除合理成本之后，属于业主共有。"

根据上述规定，对于应属业主共有所有的共有部分的占有、使用、收益和处分，应由业主共同决定。建设单位、物业服务企业或其他管理人未经业主同意，擅自占用、处分业主共有部分或进行经营性活动，应当向业主承担侵权责任。由于利用共有部分获得的收入，在扣除合理成本后，才属于业主共有，而非全部收入都属于业主共有，故业主向侵权行为人主张赔偿时，只能要求赔偿扣除合理成本之后的净收入。由于实际使用业主共有部分的建设单位、物业服务企业或其他管理人实际经营管理业主共有部分，其对于收入及成本更为清楚知悉，有能力举示证据证明使用共有部分的成本与收益等相关事实，故法律规定应当由行为人负担举证责任。

【拓展适用】

一、业主委员会的诉讼主体资格

（一）业主委员会的权利属性

具备民事权利能力的主体能够以自己的名义参与民事活动，享有权利，履行义务，承担民事责任。《民法典》第 2 条规定："民法调整平等主体的自然人、法人和非法人组织之间的人身关系和财产关系。"该条明确了具有民事权利能力的主体范围，即自然人、法人和非法人组织。对于非法人组织，《民法典》第 102 条规定："非法人组织是不具有法人资格，但是能够依法以自己的名义从事民事活动的组织。非法人组织包括个人独资企业、合伙企业、不具有法人资格的专业服务机构等。"不具有法人资格的专业服务机构，主要是指律师事务所、会计师事务所等。

业主委员会不属于《民法典》规定的自然人、法人和非法人组织，不享有民事权利能力，不具备民事主体资格，也不能够参与到民事法律关系中。但业主委员会是业主大会的执行机构，必要时需要通过法律途径执行业主大会的决策，代表业主主张合法权益。

（二）业主委员会的诉讼权利能力

业主委员会是否具有诉讼权利能力，决定其是否有资格代表业主提起诉讼。所谓诉讼权利能力又称为当事人能力，是指能够以自己的名义参加到民事诉讼中，成为当事人的资格和能力。诉讼权利能力与民事权利能力是两个相互独立的不同概念，但具有一定关联，具体体现为具有民事权利能力的民事主体当然具有诉讼权利能力，能够以自己的名义参加到民事诉讼中。但具有诉讼权利能力的主体并不一定都具有民事权利能力。法律规定的某些特定主体，虽不具有民事权利能力，但却能够以自己的名义参加到民事诉讼中，成为当事人。例如，法人分支机构并不具有民事权利能力，但却可以自己的名义参加诉讼，具有诉讼权利能力。因此民事主体资格和民事诉讼主体资格的范围并不一致。

（三）《民法典》对业主委员会诉讼主体资格的确立

实践中经常出现业主委员会代表业主向法院提起诉讼，维护业主共同合法权益的情形，对此，立法和司法界均存在较大争议。制定《物权法》时有人提出，对建筑区划内个别业主实施的侵权行为，业主大会、业主委员会有责任和义务予以劝阻、制止，业主大会、业主委员会还可以提起诉讼，《物权法》应当赋予业主大会、业主委员会诉讼主体资格。有的提出，业主大会、业主委员会提起诉讼后，如果败诉，诉讼后果应由全体业主承担，这在理论上说得通，但在实践中行不通。有的提出，业主大会、业主委员会是由业主组成的。业主大会、业主委员会对侵权行为予以处置，影响邻里关系，容易产生矛盾，宜由物业公司或者国家有关部门予以制止。①

《物权法》第83条规定："业主应当遵守法律、法规以及管理规约。业主大会和业主委员会，对任意弃置垃圾、排放污染物或者噪声、违反规定饲养动物、违章搭建、侵占通道、拒付物业费等损害他人合法权益的行为，有权依照法律、法规以及管理规约，要求行为人停止侵害、消除危险、排除妨害、赔偿损失。业主对侵害自己合法权益的行为，可以依法向人民法院提起诉讼。"该条规定有权起诉的主体为业主，没有确立业主委员会的诉讼主体资格。

《民法典》第286条第2款规定："业主大会或者业主委员会，对任意弃置垃圾、排放污染物或者噪声、违反规定饲养动物、违章搭建、侵占通道、拒付物业费等损害他人合法权益的行为，有权依照法律、法规以及管理规约，请求行为人停止侵害、排除妨碍、消除危险、恢复原状、赔偿损失。"第287条规定："业主对建设单位、物业服务企业或者其他管理人以及其他业主侵害自己合法权益的行为，有权请求其承担民事责任。"由于诉讼主体资格和诉讼权利能力问题属于程序法问题，不宜规定在民事实体法中，故《民法典》取消了《物权法》中关于业主可以依法提起诉讼的规定，转而通过规定业主有权要求建设单位、物业服务企业和其他管理人对侵权行为承担民事责任的方式，规定了业主合法权益的保护。作为一部民事实体法，《民法典》中并未对业主委员会的诉讼主体资格问题表明态度。由此产生两个问题，第一，《民法典》规定了业主委员会有权请求侵权行为人赔偿损失，如果业主委员会不具有诉讼主体资格，当侵权行为人拒不赔偿损失时，如何获得救济？第二，当全体业主的共有部分被他人侵害时，是否只能以全体业主作为共同原告向法院提起诉讼？全

① 参见胡康生主编：《中华人民共和国物权法释义》，法律出版社2007年版，第191页。

体业主是否可以通过召开业主大会的方式作出决定，由业主委员会代表全体业主提起诉讼？

（四）司法实务对业主委员会诉讼主体资格确立的做法

各地法院在受理业主委员会提起的诉讼时，做法也不一致。有的法院认为业主委员会属于民事诉讼法规定的“其他组织”，具有诉讼主体资格，予以受理业主委员会提起的诉讼。有的法院认为业主委员会没有独立的财产，不能独立承担民事责任，不具有民事诉讼主体资格。还有法院认为应赋予业主委员会作为原告提起诉讼的资格，以履行业主大会的决议，维护业主的合法权益。但由于业主委员会没有独立的财产，不能承担民事责任，所以业主委员会不能作为被告。

《民事诉讼法》第51条第1款规定：“公民、法人和其他组织可以作为民事诉讼的当事人。”根据上述规定，自然人、法人和其他组织享有民事诉讼权利能力，具有诉讼主体资格。《民事诉讼法司法解释》进一步对“其他组织”的范围作出明确，第52条规定：“民事诉讼法第五十一条规定的其他组织是指合法成立、有一定的组织机构和财产，但又不具备法人资格的组织，包括：（一）依法登记领取营业执照的个人独资企业；（二）依法登记领取营业执照的合伙企业；（三）依法登记领取我国营业执照的中外合作经营企业、外资企业；（四）依法成立的社会团体的分支机构、代表机构；（五）依法设立并领取营业执照的法人的分支机构；（六）依法设立并领取营业执照的商业银行、政策性银行和非银行金融机构的分支机构；（七）经依法登记领取营业执照的乡镇企业、街道企业；（八）其他符合本条规定条件的组织。”该条首先规定了其他组织的共同属性，列举了七项可以直接认定为其他组织的机构类型，又加以兜底性条款予以补充。其他组织需要具备三项条件，一是合法成立；二是具有组织机构和财产；三是不具备法人资格。

住房和城乡建设部于2009年12月1日印发《业主大会和业主委员会指导规则》，其中对业主大会的筹备、决议事项、表决机制和业主委员会的选举和运行机制作出了详细的规定，依照上述指导规则召开业主大会，选举出的业主委员会应视为合法成立的组织。业主委员会由主任和若干委员组成，具有一定的组织机构，且不具备法人资格。对照民事诉讼法规定的“其他组织”的条件，业主委员会仅不符合具有财产这一条件。

由于业主人数众多但较为分散，难以形成统一的意志并采取一致的行动，当业主共有部分受到侵害时，难以有效地维护自身权益。如果由众多业主共同参加诉讼，也增加了业主的诉讼成本，影响审判效率。业主共同管理权一般通过业主大会和业主委员会的形式予以实现。业主大会是业主的自治性组织，业主委员会是业主大会的执行机构，业主委员会代表业主提起诉讼，有利于更好维护业主的共同利益，也有利于法院审判工作的开展。因此笔者认为，应当赋予业主委员会作为原告的诉讼资格，当业主的共同利益受到侵害，且业主通过召开业主大会，决定授权业主委员会代表业主提起诉讼时，业主委员会取得对业主的代表权，具有诉讼权利能力。业主委员会代表业主提起诉讼，应当履行法定程序，该事项属于业主共同管理权的内容，根据《民法典》第 278 条第 1 款第 9 项“有关共有和共同管理权利的其他重大事项”，应当由业主共同决定。决定的方式既可以通过召开业主大会，按表决程序和要求作出，也可以通过书面征求业主意见，当同意业主委员会代表业主起诉的业主人数和专有面积达到法定标准时，应视为业主委员会获得了业主的授权，取得了代表业主起诉的主体资格。虽然业主委员会没有相对独立的财产，但由于其作为原告起诉，诉讼费已在起诉时由业主共同预交，即使法院判决没有支持业主委员会的诉讼请求，也不需要执行业主委员会的财产，所以业主委员会没有独立的财产，并不会对其作为原告起诉的案件造成无法执行的影响。

《最高人民法院关于金湖新村业主委员会是否具备民事诉讼主体资格请示一案的复函》（〔2002〕民立他字第 46 号）中也指出：“根据《中华人民共和国民事诉讼法》第四十九条、最高人民法院《关于适用〈中华人民共和国民事诉讼法〉若干问题的意见》第四十条的规定，金湖新村业主委员会符合‘其他组织’条件，对房地产开发单位未向业主委员会移交住宅区规划图等资料、未提供配套公用设施、公用设施专项费、公共部位维护费及物业管理用房、商业用房的，可以自己名义提起诉讼。”《最高人民法院关于春雨花园业主委员会是否具有民事诉讼主体资格的复函》（〔2005〕民立他字第 8 号）中也指出：“根据《物业管理条例》规定，业主委员会是业主大会的执行机构，根据业主大会的授权对外代表业主进行民事活动，所产生的法律后果由全体业主承担。业主委员会与他人发生民事争议的，可以作为被告参加诉讼。”上述复函肯定了业主委员会的诉讼主体资格。

综上，业主委员会具有代表业主提起诉讼，维护业主共同利益的诉讼主体资格。对于部分小区没有成立业主委员会的，可以由业主共同作为原告提起诉讼，业主人数众多的，可以按照民事诉讼法关于代表人诉讼的相关规定，由业主推选代表人，代表业主行使诉讼权利。

二、改变共有部分用途需经业主大会决定

《民法典》第 278 条第 1 款第 8 项规定，改变共有部分的用途或者利用共有部分从事经营活动，需经业主共同决定。此处规定的改变共有部分的用途，既包括改变共有部分的共有性质，非为业主共同利益使用，也包括不改变共有部分的共有性质，将共有部分改变为另一种为业主共同利益使用的其他用途。例如，根据《民法典》第 274 条、第 275 条之规定，物业服务用房和占用业主共有道路的车位均属于业主共有，虽然二者均为实现业主的共同利益，但分别满足业主不同类型的需求。如物业公司改变专有部分交付时约定的共有部分用途，将部分车位改建为物业服务用房，虽然未改变共有部分的共有权属性，物业服务用房仍为业主共有所有，但该改建行为已经减损了业主对于车位的需求，需由业主共同决定。未经业主大会或书面征求业主意见并获得相应同意改建的表决意见，不得改建，否则应视为对业主的共有权益的侵权行为，业主有权要求物业公司恢复原状或赔偿损失。

三、公共区域经营性收益的权利归属

根据《建筑物区分所有权纠纷司法解释》第 3 条第 1 款的规定：“ “除法律、行政法规规定的共有部分外，建筑区划内的以下部分，也应当认定为民法典第二编第六章所称的共有部分：（一）建筑物的基础、承重结构、外墙、屋顶等基本结构部分，通道、楼梯、大堂等公共通行部分，消防、公共照明等附属设施、设备，避难层、设备层或者设备间等结构部分；（二）其他不属于业主专有部分，也不属于市政公用部分或者其他权利人所有的场所及设施等。”业主住宅、经营性用房等专有部分以外的走廊、楼道、大堂和电梯等公共区域属于业主的共有部分，应由全体业主共有占有使用、共同管理。在公共区域投放广告或进行其他经营性活动扣除成本后所产生的收益应由业主共同所有。虽然在《物业服务合同》中授权物业公司管理公共区域，但由于共有部分由业主共同所有，物业公司仅有管理的职责，并无获得收益的权利，不改变收益归属。并且在《物业服务合同》中均约定物业公司提供管理等服务以物业费形式获取报酬，物业公司收取广告或其他经营性活动的收益没有法律依据。业主大会和业主委员会有权要求物业公司返还扣除成本后的收益。

【典型案例】

宜兴市新街街道甲小区业主委员会诉宜兴市乙置业有限公司、南京丙物业管理股份有限公司宜兴分公司物权确认纠纷、财产损害赔偿纠纷案

原告：宜兴市新街街道甲小区业主委员会。

被告：宜兴市乙置业有限公司。

被告：南京丙物业管理股份有限公司宜兴分公司。

〔基本案情〕

宜兴市人民法院一审查明：宜兴市新街街道甲小区一、二、三期小区的开发商系被告乙公司。在甲小区二期内建有甲小区会所，该会所的建设工程规划许可证载明的建设项目名称为甲小区会所、建设规模为两层1215平方米。该证的“附图及附件名称”内载有：其中物业管理用房建筑面积700平方米，核发红卡等内容。根据规划部门的解释，“核发红卡”的房产不得销售。该会所至今没有房产证。2008年11月1日，乙公司与被告丙物业公司签订物业移交验收接管协议，该协议第一条移交物业基本情况载明移交物业为甲小区11万8千8百多平方米的住宅。第三条载明本物业管理区域内配置的会所、物业服务用房等情况如下：1. 会所，位于甲小区二期第26幢，面积1123平方米，使用情况为部分开放；2. 物业管理服务用房，位于会所二楼，面积为475平方米，使用情况为实际投入的物业用房还不止475平方米。协议约定丙物业公司自2008年10月30日开始承接物业。甲小区二期第26幢会所除物业公司使用的476平方米物业用房外，其余647.62平方米是由乙公司使用或控制。甲小区于2013年8月18日成立首届业主大会，于2017年3月24日进行第二届业主委员会换届选举，第二届业主委员会任期五年。第二届业主委员会于2017年4月两次书面通知乙公司商讨小区管理，会所、人防工程的使用管理等事宜。

甲小区业委会向一审法院起诉请求：乙公司与丙物业公司支付自2008年11月1日起至今的租赁费用80万元（暂按10万元每年计算）。审理中，原告甲小区业委会增加诉讼请求，要求确认甲小区二期26幢会所中除物业用房外的647.62平方米的房屋所有权为宜兴市新街街道甲小区全体业主所有，并明确损失是从2008年11月1日起计算至起诉之日止。

〔一审裁判要旨〕

一审法院认为：对于小区会所在有合法规划、没有规定、没有产权证的情况下，有约定从其约定，没有约定的，如有证据证明会所的成本实际列入了商品房建造成本，构成商品房对外销售价格的组成部分，则归业主所有。本案应认定甲小区二期第26幢会所的成本实际已列入商品房建造成本，构成商品房对外销售价格的组成部分，理由如下：1. 根据被告乙公司与被告丙物业公司签订的物业移交验收接管协议，会所属甲小区内配置的用房即配套用房，根据建设工程规划许可，该会所不能销售，故该会所显然不属于乙公司认为的是规划在商铺部分的。2. 从物价局核定甲小区商品房预售价格的材料看，一期乙公司申报列入的是每平方米 15 元的“物业房”成本，而二期乙公司申报列入的是每平方米 22.9 元的“物业用房、会所”成本，且二期先核定的多层第 16、17、19 幢小区配套明细表“物业用房、会所”栏内还明确注有“会所 1300 平方米”的内容。从上述情况可以看出乙公司申报列入商品房对外销售价格的是整幢会所而不仅是物业用房的成本。3. 从会所列入商品房对外销售价格的金额分析，会所的成本是由物业用房和争议面积两个部分共同组成的，一期调取到的商品房预售价格核定材料仅有第 5、6 幢两幢楼的，该两幢楼经计算列入的金额为 118965 元，根据一期的房屋数量，一期列入商品房对外销售价格的物业用房成本远远大于该 118965 元。二期调取到的 6 幢多层，3 幢高层、小高层列入商品房对外销售价格的物业用房、会所成本经计算总计 1067242 元，根据二期的房屋数量，金额也明显大于该 1067242 元。三期没有商品房预售价格的核定材料，销售价格中有无相应成本无法确定。4. 乙公司所列会所成本明细是其公司单方制作，金额无法完全确认，其公司主张的分摊方法更与事实不符。例如，根据乙公司提供的材料，二期的土地成本为 58545113.69 元，按乙公司的分摊方法，住宅应分摊 45085447.81 元，会所应分摊 3476133.41 元。按物价局核定的地价实际住宅分摊了 50228549.55 元，多分摊了 5143101.74 元，住宅分摊的土地成本足以涵盖会所的土地成本。因此对乙公司主张的成本分摊方法不予采信。且会所是不得销售的房屋，在规费等费用上与商品房应有区别。5. 乙公司提供的土地分割证、图纸等不能证明会所属乙公司所有。综上，再结合商品房预售价格核定材料中反映的建筑安装工程费成本，应认定会所的成本已构成商品房对外销售价格的组成部分，对会所的建设成本进行司法审价也无必要。本案甲小区二期第 26 幢会所有争议的 647.62 平方米的房屋应属甲小区全体业主所有。乙公司占有使用除物业用房外的其他会所房屋，应支付参照租赁费用计算的损失。按物业移交验收接管协议丙物业公司承接物业的时间是 2008 年 10 月 30 日，甲小区业委会有权要求从 2008 年 11 月 1 日起开始计算损失，金额可按评估报告确定的标准计算。因乙公司系连续占有使用会所，故本案未过诉讼时效。损失计算至起诉之日共计 803150 元。原告甲小区业委会要求丙物业公司承担赔偿责任于法无据，不予支持。

据此，江苏省宜兴市人民法院依照《中华人民共和国物权法》第四条、第三十三条、第三十七条，《中华人民共和国民法通则》第七十二条、第一百三十七条之规定，于 2017 年 11 月 27 日作出判决：

一、宜兴市新街街道甲小区二期第 26 幢会所除物业用房外的 647.62 平方米的房屋属甲小区全体业主所有；

二、被告宜兴市乙置业有限公司于判决发生法律效力之日起十日内支付原告宜兴市新街街道甲小区业主委员会损失 803150 元；

三、驳回原告宜兴市新街街道甲小区业主委员会对被告南京丙物业管理股份有限公司宜兴分公司的诉讼请求。

〔当事人上诉及答辩意见〕

乙公司不服一审判决，向无锡市中级人民法院提起上诉称：1. 本案涉及两个不同的诉，被上诉人甲小区业委会在一审第二次开庭前增加确认所有权的诉请，与起诉时的财产损害赔偿属于不同法律关系，应另行起诉，不能在本案中增加，故一审程序违法。2. 其公司在一审中要求对案涉会所的建设成本是否分摊到甲小区商品房中进行审计，但一审法院未予准许，仅凭部分与客观事实有出入的表述，就认定会所的建设成本已分摊到商品房中，缺乏依据。3. 一审对会所的租金评估参照物业与会所不同，评估时并未考虑会所是在小区内部的特殊性，因此一审法院对于租赁费用的认定不当。4. 会所系其公司获得土地使用权并投入资金建造而成，至本案诉讼前，甲小区业委会并未认为其公司存在侵权行为，也未提出过权利主张，这至少表明甲小区业委会对会所的使用状况是同意的，也未要求支付对价，因此一审法院不能支持甲小区业委会提出自2018年起至今所有租金的诉请，法律没有规定会所所有权归于何方，其公司也不存在侵权行为。故请求二审法院依法改判。

被上诉人甲小区业委会辩称，根据上诉人乙公司在一审中提供的证据及计算方式，表明案涉会所的成本已纳入甲小区商品房，对会所成本没有审价的必要。会所一直由乙公司使用，业主及业委会均没有使用过会所，业委会自成立后，曾对会所多次向乙公司提出主张，当地社区领导也组织双方协调过此事，但乙公司一直未归还会所。对于会所的租赁费用，评估公司是进行大量的调查之后作出的评估，并且参照物业用房中182.77平方米以每年3.8万元出租给他人的租金标准，乙公司占用会所造成的实际损失远超评估的80多万元，故本案评估价格是合理的。一审判决正确，请求驳回上诉，维持原判。

〔二审裁判要旨〕

江苏省无锡市中级人民法院二审认为：本案二审的争议焦点：1. 一审法院是否存在程序违法问题；2. 案涉会所归谁所有；3. 上诉人乙公司是否应向被上诉人甲小区业委会支付会所的使用费。1. 关于一审法院是否存在程序违法问题，因被上诉人甲小区业委会在起诉时要求上诉人乙公司、原审被告丙物业公司支付案涉会所的租赁费用，由于在一审法院的第一次庭审中乙公司对会所的权属提出抗辩，一审法院向甲小区业委会释明，应先对会所进行确权，才能进一步明确租赁费用的诉请。甲小区业委会表示在本案中对会所进行确权，并书面申请增加该项诉讼请求，一审法院及时向乙公司、丙物业公司送达了甲小区业委会的该申请，并且对甲小区业委会增加的该项诉请在第二次庭审中进行了审理。因此一审法院将甲小区业委会的两项诉讼请求一并审理，既有利于双方争议的解决，亦不存在程序违法问题。故乙公司提出的该项上诉意见，缺乏依据，不予采纳。2. 案涉会所属甲小区全体业主所有，理由如下：《物权法》第七十条规定，业主对建筑物内的住宅、经营性用房等专有部分享有所有权，对专有部分以外的共有部分享有共有和共同管理的权利；该法第七十三条规定，建筑区划内的其他公共场所、公用设施和物业服务用房，属于业主共有。《最高人民法院关于审理建筑物区分所有权纠纷案件具体应用法律若干问题的解释》第三条第一款规定："除法律、行政法规规定的共有部分外，建筑区划内的以下部分，也应当认定为《物权法》第六章所称的共有部分：……（二）其他不属于业主专有部分，也不属于市政公用部分或者其他权利人所有的场所及设施等。"本案中，案涉会所位于甲小区内，与476平方米的物业用房同属一套建筑的整体，根据建设工程规划许可证、物业移交接管协议备案证明存根以及上诉人乙公司与原审被告丙物业公司签订的物业移交验收接管协议等书面证据所载明的内容来看，乙公司在移交物业时，是将会所与物业用房一并作为配套用房移交给丙物业公司，而且写明产权归全体业主所有。被上诉人甲小区业委会在本案中提供了上述证据，对其主张已经尽到初步举证义务。而乙公司辩称会所系其公司所有，作为甲小区的开发商，乙公司应当进一步提供充分证据予以证明。乙公司虽然提供了土地分割证、会所成本核算等证据，但根据一审法院向宜兴市国土资源局、宜兴市环科园规划办公室调查了解的情况，以及宜兴市物价局对甲小区商品房价格核定的相关材料，乙公司所举证据并不足以证明会所系其公司所有。根据物价局核定的价格，以及第16、17、19幢小区配套明细表中载明的"会所1300平方米"，可以表明乙公司已将会所的成本列入商品房价格中，因此没有必要再专门对会所的建设成本进行审价。综上，依据《物权法》及司法解释的规定，针对双方当事人的举证情况，应认定案涉会所属甲小区全体业主所有。3. 关于上诉人乙公司占有使用案涉会所应当承担的责任。首先，会所属于全体业主所有，乙公司作为甲小区的开发商对此理应知晓，并且在物业移交验收接管协议备案证明中也明确了该事实，故乙公司自将物业用房于2008年10月30日移交给紫金物业公司时，本应将会所一并移交给全体业主占有、使用、收益，但乙公司却一直无偿占有使用至今，致使甲小区全体业主不能使用、收益，从而造成了相应损失。依据《物权法》第三十七条的规定，因乙公司的侵权，被上诉人甲小区业委会作为全体业主代表有权请求乙公司赔偿损失。其次，乙公司认为甲小区业委会没有主张过权利，至少表明是同意其公司使用的。但依据《民法总则》第一百四十条的规定，沉默只有在有法律规定、当事人约定或者符合当事人之间的交易习惯时，才可以视为意思表示。甲小区业委会明确表示曾多次向乙公司提出归还会所的主张，并未同意乙公司无偿使用，乙公司亦未能举证证明其公司占有使用会所符合法律所列上述情形，故乙公司所提该项上述意见，并无事实和法律依据。最后，《侵权责任法》第十九条规定，侵害他人财产的，财产损失按照损失发生时的市场价格或者其他方式计算。本案中，原审法院参照会所的租赁费用来确定本案损失，并依法委托评估机构对此进行评估。根据评估机构对会所租赁费用的评估过程来看，评估机构不仅到现场查勘了会所的实际情况，还对类似商业办公用房的租金情况进行了大量的调查和分析，从而作出了不同时段租赁费用的评估结论，因此评估机构的评估具有事实依据，亦无程序违法之处，乙公司未能提供相应证据推翻该评估意见，故评估意见合法有效，一审法院据此作为参照确定本案损失，并无不妥。

综上，江苏省无锡市中级人民法院依照《中华人民共和国民事诉讼法》第一百七十条第一款第（一）项之规定，于2018年1月26日作出判决：驳回上诉，维持原判。

第十章　违反安全保障义务责任

规则16：在义务人已尽到安全保障义务的前提下，行为人因自身判断错误导致损害事实发生的，其后果由行为人自行承担

——马甲等诉某展览馆等人身损害赔偿纠纷案[①]

【裁判规则】

从事社会活动的人应当在合理限度范围内对相关公众的人身安全履行安全保障义务，合理限度范围应当根据一般常识来确定。负有安全保障义务人已尽到安全保障义务的，具有完全民事行为能力的人因为自身判断错误导致损害事实发生的，后果由行为人自己承担。

【规则理解】

违反安全保障义务责任是我国侵权责任法领域的一项制度创新，经学者不断研究发展，被《侵权责任法》以法律形式正式确立。《民法典》制定过程中，对这一责任形式加以保留和完善，明确赋予了安全保障义务人对直接侵权行为人的追偿权。在司法实践中具体适用时还存在许多有待解决的法律问题。法官在审理此类案件中，除依据法律和相关司法解释的规定外，也要注重一般社会常理的应用，发挥自由裁量和心证的作用，平衡侵权双方当事人的利益诉求，公平公正地审理案件。

一、违反安全保障义务责任的内涵及法律属性

（一）违反安全保障义务责任的内涵

所谓违反安全保障义务责任，是指安全保障义务人未尽到法律法规所规定的，或基于合同、习惯等产生的对他人的安全保障义务，造成他人损害时应承担的侵权责任。违反安全保障义务责任产生的前提，是安全保障义务人自身承担的安全保障义务，这种安全保障义务的来源有两种，一种是法律法规的专门

① 《中华人民共和国最高人民法院公报》2006年第11期。

性规定，即法定的安全保障义务；另一种是基于合同、习惯等产生的安全保障义务，即约定的安全保障义务。由于存在特定的义务，而疏于或没有适当履行义务，即产生了民事责任的承担问题。

安全保障义务责任的概念产生于20世纪初的德国。德国法称之为“交往安全义务”，该项制度是法官通过判决形式确立的。交往安全义务是指任何人，无论其是危险的制造者还是危险状态的维持者，都有义务采取一切必要的和适当的措施保护他人的绝对权利。德国法上的交往安全义务的适用范围比较广泛，其重要原因是德国合同法的调整范围与违约赔偿范围有限，因而不得不通过将交往安全义务扩大适用于由物造成的各种损害，适用于由人造成的损害责任，以弥补合同制度的不足。

我国最早提出违反安全保障义务概念的是张新宝教授，其在《经营者对服务场所的安全保障义务》一文中率先提出并阐述了经营者的安全保障义务。其观点随后被最高人民法院司法解释采纳，并在司法实践中逐步确立。2004 年 5 月 1 日实施的《人身损害赔偿司法解释》第 6 条中规定：“从事住宿、餐饮、娱乐等经营活动或者其他社会活动的自然人、法人、其他组织，未尽合理限度范围内的安全保障义务致使他人遭受人身损害，赔偿权利人请求其承担相应赔偿责任的，人民法院应予支持。因第三人侵权导致损害结果发生的，由实施侵权行为的第三人承担赔偿责任。安全保障义务人有过错的，应当在其能够防止或者制止损害的范围内承担相应的补充赔偿责任。安全保障义务人承担责任后，可以向第三人追偿……”

《侵权责任法》中基本沿袭了《人身损害赔偿司法解释》中关于安全保障义务责任的规定，并进一步完善。《侵权责任法》第 37 条规定：“宾馆、商场、银行、车站、娱乐场所等公共场所的管理人或者群众性活动的组织者，未尽到安全保障义务，造成他人损害的，应当承担侵权责任。因第三人的行为造成他人损害的，由第三人承担侵权责任；管理人或者组织者未尽到安全保障义务的，承担相应的补充责任。”《民法典》第 1198 条规定：“宾馆、商场、银行、车站、机场、体育场馆、娱乐场所等经营场所、公共场所的经营者、管理者或者群众性活动的组织者，未尽到安全保障义务，造成他人损害的，应当承担侵权责任。因第三人的行为造成他人损害的，由第三人承担侵权责任；经营者、管理者或者组织者未尽到安全保障义务的，承担相应的补充责任。经营者、管理者或者组织者承担补充责任后，可以向第三人追偿。”

《民法典》中对安全保障义务场所增加了机场、体育场馆；因本条中所列各场所主要从事营利性质的经营活动，故在责任主体突出强调经营者的责任；此外，本条中进一步明确了承担补充责任的安全保障义务人，享有对实施侵权行为的第三人的追偿权。

违反安全保障义务责任包含两种责任形态：一是直接侵权责任。安全保障义务人作为直接侵权人，其没有履行安全保障义务，给被侵权人造成的损害所应当承担的责任；二是间接侵权责任。存在实施侵权行为的第三人的情况下，安全保障义务人因未能预防和阻止第三人实施侵权行为所应当承担责任。

责任的主体大体都区分为两种，一种是场所责任，另一种是活动组织者责任。《侵权责任法中》规定的场所责任并未限定为经营性场所，而是一般性的规定为“公共场所”，但其列举出的“宾馆、商场、银行、车站、娱乐场所”这几项，实际上都为经营性场所。《民法典》中对将经营场所和公共场所均纳入本条范畴，承担安全保障义务不以场所的营利性为条件。关于此问题我们将在下文拓展适用部分作进一步探讨。

（二）违反安全保障义务责任的法律属性

1. 违反安全保障义务责任是一种侵权责任

违反安全保障义务责任是由于义务人违反法定或约定的安全保障义务，而直接或间接使他人人身或财产遭受损害所应当承担的民事责任。对于违反合同中约定的安全保障义务所应当承担的责任，同时符合侵权责任和违约责任的构成要件，可能产生侵权责任和违约责任的竞合问题。从侵权法角度，违反安全保障义务责任属于侵权责任。但在具体案件中，应结合案件事实及当事人诉请，来综合判断纠纷性质和案件涉及的法律关系，并适用不同的法律规定来审理案件。

2. 违反安全保障义务责任是不作为侵权责任

不作为侵权责任是指有作为的义务而没有履行或不适当履行该项义务，致使他人遭受损害所应当承担的责任。一般侵权责任以侵权人实施积极的侵权行为为构成要件之一，而在不作为侵权责任中，责任主体并未以积极作为的方式实施侵权行为，责任主体可能根本没有实施任何行为，但正是因其不作为行为而应当承担侵权责任。如果安全保障义务人已经采取了积极的作为行为去防止损害，即使最终没能够阻止损害结果的发生，也无须承担违反安全保障义务责任。例如，侵权人在商场中持刀行凶，商场虽然配备保安并在事发后快速赶到现场，但仍未能阻止伤害事件的发生，则商场无须承担侵权赔偿责任。

二、安全保障义务责任的归责原则

（一）安全保障义务责任实行过错责任的归责原则

侵权责任法中根据归责原则是否具有特殊性可分为一般侵权责任与特别侵权责任，特别侵权责任是指侵权主体承担严格责任或无过错责任，即侵权主体承担侵权责任不以其主观上具有过错为条件。违反安全保障义务并不属于特别侵权责任，侵权责任法将其列在责任主体一章，说明违反安全保障义务的责任主体有其特别的限定范围，在其他方面违反安全保障义务与一般侵权行为并无二致。违反安全保障义务责任实行过错责任的归责原则，即“无过错则无责任”。

（二）过错的认定标准

过错为责任主体对侵权损害结果所持有的主观心理状态，需要借助能够表现在外的客观行为判断和认定。过错的认定标准可以分为几个梯度，最简单直观的认定标准即为法定标准。例如，对于餐饮、娱乐、银行、宾馆等行业，相关法律法规中对责任主体保护消费者人身和财产权益方面作出了一些规定，这些规定是上述责任主体必须承担的法定义务，否则，应当对由此而引发的侵权事故承担相应的补充责任。但由于法律规定无法与社会的发展完全同步，法律具有一定的滞后性，法律也无法穷尽所有。因此，还需要借助其他标准综合判断，如行业标准、行业惯例等，必要时由法官根据社会一般常识进行判断。

三、安全保障义务责任的构成要件

（一）责任主体

《民法典》第1198条第1款规定：“宾馆、商场、银行、车站、机场、体育场馆、娱乐场所等经营场所、公共场所的经营者、管理者或者群众性活动的组织者，未尽到安全保障义务，造成他人损害的，应当承担侵权责任。”根据该条规定，违反安全保障义务的责任主体包括三种：一是经营场所的经营者，以营利为目的，在固定场所从事商业活动的经营者，对于进入经营场所内的民事主体承担安全保障义务，且不以该民事主体是否与经营者缔结合同关系为条件。二是公共场所的管理者，不以营利为目的，但面向社会公众开放的公共场所的管理者，对于进入公共场所内的民事主体，也应承担安全保障义务。三是群众性活动的组织者，是面向社会公众举办的参加人数较多的活动的组织者。例如，体育比赛活动，演唱会、音乐会等文艺演出活动。对于经营场所和公共场所的范围，该条列举了宾馆、商场、银行、车站、机场、体育场馆、娱乐场所等。上述场所的特点可归结为场所的公开性、面向群体的公众性和人员的不特定性。

（二）违反安全保障义务的行为

1. 安全保障义务

违反安全保障义务责任除对责任主体具有特殊要求外，还要求责任主体承担相应的安全保障义务，安全保障义务的来源包括法律规定、行业惯例、合同约定以及基于特定法律关系应承担的注意义务。

2. 违反安全保障义务行为

安全保障义务是一种作为义务，而违反安全保障义务的行为一般表现为安全保障义务人的不作为。如果安全保障义务人已经积极履行安全保障义务，但仍未能阻止损害结果的产生，安全保障义务人也不应承担侵权责任。安全保障义务人在已履行安全保障义务的情况下，损害结果是由行为人自身判断错误等原因造成，因欠缺违反安全保障义务行为这一基本的构成要件，义务人无须承担违反安全保障义务责任，损害后果由行为人自行承担。

（三）安全保障义务人主观上具有过错

如前所述，安全保障义务责任的归责原则为过错责任，过错为义务人对于被侵权人所遭受损害主观上持有的心理状态。但安全保障义务责任制度中，义务人一般为宾馆、酒店等公司企业组织，很难判断其主观上的心理状态。因此，过错的判断标准被客观化，即以义务人客观上是否具有履行安全保障义务的行为来判断其主观上是否具有过错，而并不真正去探究义务人的心理状态。事实上心理状态主要用于描述自然人，对于公司、企业等组织体，也无所谓心理状态，主要是从实际行为上进行把握。

（四）安全保障义务人的不作为与损害后果之间具有因果关系

行为人遭受的损害结果是由于安全保障义务的不作为行为而引起的，义务人不作为是损害结果发生的“原因”或“条件”。在没有第三人因素介入的情况下，义务人不履行义务的行为是损害结果发生的“原因”；在有第三人因素介入的情况下，虽然损害结果本身是由第三人原因直接造成，但义务人不作为为第三人侵权行为的发生创造了“条件”，也视为因果关系存在。

【拓展适用】

实践中，违反安全保障义务责任适用时面临的具体情况可能多种多样，法律关系中往往涉及多方主体，民事主体之间的责任承担需要法官在案件审理中结合具体案情分析判断。

一、义务人未履行安全保障义务与行为人自身过错叠加

未履行安全保障义务包括两种情形：第一种是义务人未采取任何安全保障措施，导致被侵权人因此遭受损害。例如，宾馆露台上的护栏损坏，宾馆未采取任何警示和提示措施，客人在露台上眺望风景，倚靠在护栏上，已经损坏的护栏无法支持客人身体重量，护栏脱落致使客人掉下露台受伤。此事件中客人并无任何过错，而宾馆方面因没有尽到安全保障义务而存在过错。即便宾馆主张其并不知道护栏已损坏，以不存在主观过错提出抗辩，因此类纠纷过错认定标准客观化，只要存在没有尽到安全保障义务的行为，就可以据此认定义务人在主观上存有过错，宾馆也要承担侵权责任。

第二种是义务人虽然采取了一定的安全保障措施，但其采取的措施并不足以预防损害的发生。例如，宾馆发现露台上的护栏损坏存在危险，未来得及修补，在露台西侧树立一块警示牌，但客人从东侧方面走进露台，未看到西侧树立的警示牌，倚靠在护栏上，护栏脱落致使客人摔下受伤。此情况中，宾馆及时发现护栏损坏，在护栏边设立警示牌，已经采取了安全保障措施，尽到了一定保障义务，但警示牌在护栏一侧，位置并不明显，从另一侧走来的客人可能无法注意到警示牌，其保障措施并不能完全阻止客人靠近护栏，因此，义务人虽已采取安全保障措施，但不足以防止损害发生，安全保障义务履行不适当，也应承担违反安全保障义务责任。

在上述案例中，义务人对于损害结果的发生具有过错，但其过错并不是损害发生的唯一原因。被侵权人作为完全行为能力人，没有充分观察护栏周边情况，对已经竖立在侧的警示牌因疏忽未观察到，对于自身的安全也没有尽到应有的注意义务，被侵权人对于损害结果也存在一定过错，这就产生了义务人未履行安全保障义务与行为人过错叠加的情况。《民法典》第1173条规定："被侵权人对同一损害的发生或者扩大有过错的，可以减轻侵权人的责任。"从侵权责任法理论上讲，侵权人和被侵权人双方对于损害结果发生均存在主观过错的，属于混合过错，双方应按各自过错对于损害结果的原因力来划分责任，被侵权人因自身过错造成的损失，应自行承担责任。

二、义务人未履行安全保障义务与第三人侵权叠加

（一）义务人直接侵权

违反安全保障义务责任视有无第三人介入可分为义务人直接侵权与间接侵

权。在没有第三人介入，损害只是由于义务人没有尽到安全保障义务时，义务人为直接侵权人，在符合其他违反安全保障义务责任构成要件的情况下，安全保障义务人是第一顺位也是唯一的侵权责任主体。例如，酒店服务员清洁地面时留有积水，客人用餐时失足摔倒，服务员作为酒店的工作人员，其行为代表酒店，其行为所产生的责任也由酒店承担，酒店没有尽到安全保障义务责任，直接导致客人遭受人身财产损失，酒店作为直接侵权人对客人承担侵权责任。

（二）义务人间接侵权

对于违反安全保障义务责任，多数情况下损害并不是由义务人本身造成的，违反安全保障义务责任制度建立的宗旨就是为了促进义务人预防来自外界的危险，为服务对象提供安全有序的环境。在有第三人介入时，损害直接由第三人实施的侵权行为造成，第三人是直接侵权人。安全保障义务人因没有采取措施预防侵权行为、阻止损害结果的发生，对侵权后果负有间接责任。当案件中同时存在义务人违反安全保障义务以及第三人直接实施侵权行为时，所涉及的法律关系及责任承担较义务人直接侵权时更为复杂。

1. 责任形式

在义务人违反安全保障义务与第三人侵权叠加的情况中，义务人并非对第三人侵权行为替代承担责任，而是对自身客观上的不作为和主观上的过错承担自己的责任。例如，宾馆客人倚在护栏上眺望，被混入宾馆的歹徒推下护栏受伤。歹徒作为完全行为能力人，应当对自身的伤人行为承担侵权责任，无须他人也不应由他人替代承担责任。但宾馆因没有及时发现并阻止歹徒行凶，而对自身的不作为承担一定的侵权责任。

2. 责任顺位

在叠加第三人侵权的情况下，第三人多为直接故意实施的侵权行为，其主观过错程度对于损害结果具有更为直接和密切的关系。而义务人一般并不追求或希望侵权行为的发生，只是因主观上的过失没有预计到或没有采取有力措施避免侵权行为的发生，其主观过错对于造成损害结果的原因力较小，因此，义务人应当作为第二顺位责任人。被侵权人应当先向直接侵权人主张侵权责任，义务人仅在直接侵权人无法承担责任的情况下才承担补充责任。

3. 责任范围

明确了义务人承担责任的顺位后，还需确定义务人承担责任的范围。义务人也并非对第三人侵权造成的全部损失承担侵权责任，根据《民法典》第1198条规定，义务人没有尽到安全保障义务的，承担相应的补充责任。首先，义务人承担补充责任。义务人仅对第三人无法赔偿的损失承担责任。被侵权人应先向第三人主张侵权责任，只有在第三人确实无法赔偿的情况下，才可要求安全保障义务人承担侵权责任。其次，义务人并非对第三人无法赔偿的全部损失承担责任。义务人依其过错程度，在第三人无法赔偿的范围内，承担相应的责任。如果义务人主观过错较小，也采取了一定的安全保障措施，由于事发突然无法及时阻止损害后果，则义务人承担较低比例的补充责任，反之亦然。

三、义务人履行安全保障义务与第三人侵权叠加

义务人已经按照法律规定或行业惯例等规则的要求，充分适当地履行了安全保障义务，但仍然未能预防和阻止损害的发生，损害结果完全由于第三人侵权行为造成时，义务人不承担侵权责任。因违反安全保障义务责任遵循过错责任的归责原则，“无过错则无责任”，并非在安全保障义务人营业场所内发生的侵权事件，义务人都需要承担一定责任，在确实已经履行了安全保障义务的情况下，义务人不承担侵权责任，被侵权人只能向第三人追究侵权责任。

【典型案例】

马甲等诉某展览馆等人身损害赔偿纠纷案

原告：马甲。

原告：钱某雁。

原告：钱某鹏。

被告：某展览馆。

被告：某酒店。

被告：某证券公司某营业部。

被告：某证券公司。

〔基本案情〕

原告马甲、钱某雁、钱某鹏因与被告某展览馆、某酒店、某证券公司某营业部、某证券公司发生人身损害赔偿纠纷，向江苏省南京市玄武区人民法院提起诉讼。

原告马甲、钱某雁、钱某鹏诉称：被告某证券公司某营业部在南京市玄武区玄武门××号二楼207房间（以下简称207室）开设了大户室。原告方的亲属钱甲在该室炒股期间，到室外的阳台上捡拾掉落在那里的鞋垫。由于阳台底板突然塌落，导致钱甲坠楼身亡。事后查明，该阳台虽然外观上与其他阳台并无任何区别，但底部仅是一层薄薄的石膏板，没有承重能力，且无人在这个阳台上设置不能进入的警示。作为事故房屋的所有人和经营管理者，被告某展览馆、某酒店、某证券公司、某证券公司某营业部对存在严重安全隐患的阳台均未尽高度警示和预防义务，均应对钱甲的坠楼身亡承担相应民事责任。请求判令四被告连带给原告赔偿死亡赔偿金

232040 元、被扶养人生活费 10437. 50 元、丧葬费 11090 元、精神损害抚慰金 5 万元，合计 303567. 50 元。

被告某展览馆辩称：我方只建造了事故楼房的框架，其他部分由被告某酒店投资装修。我方对钱甲死亡一事没有过错。原告要求我方承担民事责任，没有法律依据，其诉讼请求应当驳回。

被告某酒店辩称：事故楼房建成后，根据地方政府提出的地区环境综合整治要求，我方在该楼房外墙面安装了放置空调室外机的平台。为防止发生事故，我方在楼内每扇窗户上都安装了限位器，限制楼内人员开启窗户误入这个平台。即便是工人到这个平台上去作业，也都必须具备防护辅助措施。钱甲私自用工具破坏了窗户上的限位器，打开窗户进入 207 室窗外的平台，以致坠楼身亡。我方已经尽到了安全保障义务，不应由我方对钱甲的坠楼身亡承担责任，原告对我方提出的诉讼请求应当驳回。

被告某证券公司某营业部、某证券公司辩称：我公司于 2005 年 7 月底开始承租某酒店的一、二楼开办证券营业室，当时该楼房外墙面已经存在放置空调室外机的平台，并非原告方所称的“阳台”。钱甲无视翻窗的危险，私自用螺丝刀拧开 207 室窗户上的限位器翻出窗户，以至造成意外死亡。钱甲是一个有完全民事行为能力的人，应当对自己的行为负责。钱甲毕竟是在我公司营业室内活动期间坠楼死亡，对此我公司深表同情，已经出于人道主义给原告钱某鹏借款 8000 元，用于处理钱甲的丧事。但对我公司来说，这起事故是不可能预知、防范的。我公司已在合理限度范围内尽到安全保障义务，因此对钱甲的死亡不应承担赔偿责任。原告对我公司提出的诉讼请求应当驳回。

南京市玄武区人民法院受理本案后，依职权向南京市公安局玄武门派出所调取了该派出所拍摄的涉案照片，以及对证人程某楣、王某群、侯某盛制作的询问笔录。涉案照片反映，207 室窗户上安装着限位器，窗台上留有一把螺丝刀。证人程某楣称，当天在 207 室炒股的，有他和钱甲、王某群共三人；他看见钱甲站在窗外，手扶着外面的窗户，面朝里在窗台上慢慢移动，过了一会儿再看，人已掉了下去；他和王某群就到窗边，看到平台上有一个洞，平台下负一楼的地面上躺着一个人，从衣着上判断是钱甲。证人王某群称，当天上午 10 时左右他在 207 室看股票时，突然听到外面一声惊叫，从窗户伸头出去，看到楼下有人躺着；窗台上有一把螺丝刀，前一天没有发现，应该是钱甲带来的；这扇窗户他以前开过，不能开大，人是不能出去的。证人侯某盛称，当日早上他从证券公司那里经过，看到一个人在二楼外面的一个平台上，之后看到那人从平台上掉了下来。

南京市玄武区人民法院经审理查明：

南京市玄武区玄武门××号楼房，为被告某展览馆所有，由被告某酒店承租。该楼房二楼 207 室的窗户上安装着限位器，窗外装有空调室外机，空调室外机下方有一个平台，窗户及窗外平台均由某酒店建造和安装。2005 年 7 月 22 日，某展览馆作为房屋产权人，某酒店作为房屋出租人，被告某证券公司下属的分支机构被告某证券公司某营业部作为承租人，三方签订了一份《房屋租赁协议》，约定某证券公司某营业部承租该房屋第一层部分区域及第二层全部区域，作为开展证券业务的场所，承租期为 2005 年 7 月 21 日至 2007 年 9 月 21 日。

2005 年 11 月 1 日，原告马甲之子钱甲（系原告钱某雁、钱某鹏之父）在被告某证券公司某营业部的 207 室内进行股票交易。上午 10 时许，因晾晒在窗台上的鞋垫落到窗外平台，钱甲卸开 207 室窗户上的限位器，翻窗到窗外平台上欲捡回鞋垫，因平台底板塌落而坠楼，经医院抢救无效死亡。

事发后，被告某证券公司某营业部于 2005 年 11 月 5 日借给原告钱某鹏 8000 元，用于处理钱甲的丧事，并表示待丧事处理完毕后另行协商借款的处理。

以上事实，有原告方提供的接处警登记表、照片，被告某酒店提供的《房屋租赁协议》、被告某证券公司提供的借据、照片，法院调取的照片、询问笔录，以及双方当事人的当庭陈述等证据证实。

〔一审裁判理由与结果〕

本案的争议焦点是：1. 207 室外的平台是否为阳台？2. 各被告是否应对钱甲的死亡承担民事责任？

南京市玄武区人民法院认为：

1. 楼房的阳台，是一个连接室内与室外空间，可供人们在上面踩踏，进行乘凉、晒太阳或者远望等活动的平台。正因为阳台必须有这样的功能，因此设阳台的楼房房间内，必然有通往阳台的门。只有通过门，人们才可以正常到达阳台，并在阳台上活动。本案事实证明，207 室外虽有一个平台，但却没有通往该平台的门，只能从窗户上看到该平台。因此，该平台不是供人们在上面活动的阳台。原告将 207 室外的平台称为阳台，该观点不予采纳。

2.《民法通则》第一百二十六条规定，建筑物发生坠落造成他人损害的，建筑物的所有人或者管理人应当承担民事责任，但能够证明自己没有过错的除外。《中华人民共和国消费者权益保护法》第十八条规定，“经营者应当保证其提供的商品或者服务符合保障人身、财产安全的要求”。《最高人民法院关于审理人身损害赔偿案件适用法律若干问题的解释》第六条第一款也规定：“从事住宿、餐饮、娱乐等经营活动或者其他社会活动的自然人、法人、其他组织，未尽合理限度范围内的安全保障义务致使他人遭受人身损害，赔偿权利人请求其承担相应赔偿责任的，人民法院应予支持。”根据上述规定，建筑物的所有人、管理人应当保证建筑物的使用安全，对因建筑物坠落而给他人造成的损害，建筑物的所有人或者管理人只有能证明自己没有过错才可不承担责任。在该建筑物内从事经营活动的经营者，对在此接受其服务的公众负有安全保障义务。如果经营者不尽安全保障义务造成他人人身损害，应当承担相应的赔偿责任。但是，经营者只是在合理限度范围内履行安全保障义务，这个合理限度应当根据一般常识来确定。

被告某酒店在对南京市玄武门××号楼房进行装修时，为美观需要，根据地方政府关于环境综合整治的要求，在该楼房外墙壁的靠窗户处，修建了放置空调室外机的平台。一个具有完全民事行为能力的人，应当从室内没有通往平台的门这一事实上，认识到窗外的平台并非阳台。考虑到窗户虽然不是人行通道，但为了避免不了解内情的人翻越窗户到达不具备承重能力的平台上，某酒店还将窗户加装了限位器，限制窗户开启的幅度，使人不能从窗户进出，客观上消除了室内人员翻越窗户到达平台的可能。被告某证券公司某营业部在承租该房屋作为自己的经营场所后，保留了窗上加装的限位器。钱甲是基于自己对平台性质作出的错误判断，以自己携带的螺丝刀，擅自卸开207室窗户上的限位器，翻越窗户到达窗外平台，以致坠楼身亡。无论是被告某展览馆还是某酒店，都已用事实证明，作为该建筑物的所有人、管理人，其已保证了建筑物的安全使用，对钱甲的坠楼死亡没有过错。无论是被告某证券公司还是某证券公司某营业部，也都以事实证明，其已在合理限度内履行了安全保障义务，对钱甲的坠楼死亡不应当承担责任。事实上，不是该建筑物的所有人、管理人没有消除207室窗外平台存在的安全隐患，也不是在该建筑物内从事经营活动的经营者没有履行安全保障义务，而是钱甲自己破坏了管理人设置的安全保障设施，从而置身于险地。作为一个完全民事行为能力人，钱甲应当对自己的过错造成的后果承担责任。在已经给窗户安装了限位器的情形下，要求该建筑物的所有人、管理人或者在该建筑物内从事经营活动的经营者还要预料室内人员会用工具拧开限位器翻越窗户，从而还要对实施这种行为的人发出危险警示，已经超出了人的正常认知水平，超出了履行安全保障义务的合理限度。

综上，原告方以没有尽到安全保障义务为由，要求被告方对钱甲坠楼身亡承担连带赔偿责任，没有事实根据和法律依据，不予支持。据此，南京市玄武区人民法院于2006年5月15日判决：

驳回原告马甲、钱某雁、钱某鹏的诉讼请求。

诉讼费2060元，由原告马甲、钱某雁、钱某鹏负担。

〔当事人上诉及答辩意见〕

马甲、钱某鹏、钱某雁不服一审判决，向南京市中级人民法院提起上诉，理由是：207室窗外存在一个看似坚固的平台，被上诉人某酒店、某证券公司、某证券公司某营业部就有义务警示人们不要到该平台上活动。某酒店、某证券公司、某证券公司某营业部未尽此项义务，应当对钱甲坠楼身亡的后果承担相应责任。

被上诉人某酒店、某证券公司、某证券公司某营业部答辩同意一审判决。

〔二审查明的事实〕

南京市中级人民法院经审理，确认了一审法院查明的事实。

〔二审裁判理由与结果〕

南京市中级人民法院认为：被上诉人某酒店作为涉案房屋的出租人、管理者，被上诉人某证券公司、某证券公司某营业部作为在该房屋内经营证券业务的经营者，其安全保障义务只能在合理限度内履行。涉案房屋内没有通向平台的门，常人据此应当能判断窗外平台是不允许进入的。加之207室的窗户还有限位器限制窗户开启的幅度，正常情况下人们不可能通过窗口到达平台。就正常认知水平而言，无论是某酒店还是某证券公司、某证券公司某营业部，都无法预料室内人员会动用工具卸开限位器翻窗到达平台。因此，要求某酒店、某证券公司、某证券公司某营业部对207室窗外平台的危险性再予警示，已然超出了安全保障义务的合理限度。一审认定事实清楚，适用法律适当，应当维持。上诉人的上诉理由不能成立，应当驳回。据此，南京市中级人民法院依照《中华人民共和国民事诉讼法》第一百七十条第一款第（一）项规定，于2006年7月31日判决：

驳回上诉，维持原判。

规则17：商业银行在合理限度内未尽到安全保障义务，致使客户在银行的营业场所遭抢劫遇害的，应承担与其过错相适应的赔偿责任

——吴某等五人诉某银行官渡支行、某保安公司人身损害赔偿纠纷案①

【裁判规则】

商业银行在开展存、贷款及其他业务活动中，应依照法律规定，认真履行保障存款人和其他客户合法权益不受侵犯的义务。商业银行在合理限度内未尽到安全保障义务，致使存款人及其他客户在银行的营业场所遭抢劫遇害的，应承担与其过错相适应的赔偿责任。

【规则理解】

商业银行是以经营工商业存、放款为主要业务，并以获取利润为目的的货币经营企业。最早的银行业发源于中世纪地中海沿岸的国际贸易中心，随着异地交易和国际贸易的不断发展，来自各地的商人们为了避免长途携带而产生的麻烦和风险，开始把自己的货币交存在专业货币商处，委托其办理汇兑与支付。这些货币商就是商业银行的雏形。由于商业银行主要处理货币资金存放款业务，

① 《中华人民共和国最高人民法院公报》2004年第12期。

大量现金在此流转，易成为不法分子觊觎的对象，其经营场所具有较高的危险性。德国法上，“危险”是确定交往安全义务的重要依据。[①] “交往安全义务存在与否的关键在于是否造成和维持了一种危险状况。”[②] 商业银行由于其自身作为现金中转站的经营属性所带来的危险性，使得商业银行经营者承担了特定的安全保障义务，即对进出银行办理存取款等业务的客户的人身和财产安全承担保障其安全的义务，在银行因过错未履行或未适当履行其安全保障义务时，应当对客户遭受的人身和财产损失承担与过错相应的赔偿责任。

一、商业银行违反安全保障义务责任概述

商业银行为从事货币资金流转的经营性场所，《民法典》第1198条中明确列举商业银行为安全保障义务人。商业银行未尽到安全保障义务，在银行经营场所内遭受损害的受害人，有权要求商业银行承担违反安全保障义务责任。

（一）商业银行承担安全保障义务的理论依据

1. 商业银行的经营性活动可能引起“危险”的发生

德国法上的一般安全注意义务，大致包括以下三种类型：一是危险防免义务，即任何人开启了危险源或使危险源继续，创设或者维持特定危险源者，为保护他人免受侵害，应采取必要的安全措施。二是义务承担，如建筑工地的施工人员不仅对于他的委托人负有契约上的义务，原则上还负有保护第三人生命、身体及财产不受侵害的一般安全义务。三是先危险行为，实际上，德国法上“交往安全义务”都与“危险”相关，是由于造成或维持了危险状态的存续而应当承担的防止损害后果发生的义务。商业银行每天发生大量现金的流转进出，现金的聚集带来了“危险”，商业银行的客户在银行营业场所内受到抢劫、行凶等人身攻击的可能性明显高于其他场所，商业银行由于开启了“危险之门”，故应当承担高于一般场所管理者的注意义务，在疏于履行安全保障义务时，应当承担赔偿责任。

2. 商业银行从其经营性活动中获得了利益

商业银行通过存贷款利差以及提供其他金融服务获取巨大利润，根据“谁获利谁承担责任”的侵权责任归责原理，应当由获得利益者承担赔偿责任。另外，发生在商业银行中的侵权事件，直接实施侵权行为的主体一般没有赔偿能

---

① 参见王利明：《侵权责任法研究》（下卷），中国人民大学出版社2011年版，第164页。

② 参见［德］马克西米利安·福克斯：《侵权行为法》，齐晓琨译，法律出版社2006年版，第102页。

力，商业银行却具备赔偿被侵权人损失的能力。

3. 商业银行对防止损害的发生具有最为便利的条件

商业银行具有较强的资金实力，可以购置并配备安全保卫的设施设备，并聘请安保人员保障营业场所的安全和秩序，商业银行由于长期从事资金流转业务，也使其对于防范危险的发生具有专业的知识和能力。而一般的银行客户并不具备这样的意识和防范能力，因此商业银行对于防止在其经营场所中发生的侵权事件具有最为便利的条件，侵权责任法中“由对防止损害的发生具有最便利条件的一方承担侵权责任”的原理也要求商业银行承担安全保障义务。

（二）商业银行安全保障义务的范围

商业银行承担安全保障义务的时间和空间范围。商业银行基于其法定和约定义务而应当对客户的人身和财产安全承担保障义务，但安全保障义务的承担也具有时间和空间的范围。侵权责任法中规定的安全保障义务责任包括场所责任和群众性活动组织者责任，商业银行所承担的安全保障义务仅针对发生在营业场所内的侵权行为，对于营业场所之外客户所遭受的人身和财产损失，银行并不承担赔偿责任。例如，客户在银行取款后回家，被劫匪盯上并尾随至其家附近，趁人少实施抢劫，因已经远离银行的营业场所，超出银行安全保障能力范围，银行无须承担侵权责任。

银行承担安全保障义务的时间范围应为其营业时间内，在非银行营业时间范围内私自进入银行，遭遇危险而发生的损失，银行不承担安全保障义务。但是对于常见的24小时ATM自动营业场所，其营业时间范围为全天24小时，对于任何时间内进入该场所的银行客户，银行均应承担安全保障义务。银行应当设置警示提示标识，并在门口设置进出场所的安全屏障。但在此类场所中，因系自动经营，银行客户应当承担更多的保障自身安全的注意义务，相应的银行承担的安全保障义务适当减轻。在发生侵权事件中，具体责任承担由法官根据双方的过错程度进行裁量。

（三）商业银行安全保障义务的判断标准

商业银行安全保障义务具有法定义务的性质，但侵权责任法中并没有直接对其安全保障义务的内容及判断标准予以直接规定。应如何确认商业银行是否违反了安全保障义务？实践中一般结合相关部门制定的行政规章予以确定。2004年公安部制定发布了《银行营业场所风险等级和防护级别的规定》（以下简称《规定》），是判断商业银行是否尽到安全保障义务的重要标准之一，此《规定》成为在银行营业场所被侵权的客户提起诉讼的主要法律依据。该项规定对银行业营业场所的安全保障的硬件方面进行了详细的规定，确定了量化的标准。商业银行没有按照《规定》的要求，设置安全保障设备及采取相应的措施时，应当对由此引起的侵权事件承担相应的侵权责任。法官在审理案件时还应结合行业惯例、公司章程等综合考量。

二、商业银行安全保障义务责任的范围

侵权责任法规定的安全保障义务人承担安全保障义务责任具体可分为两种情形，一是因为安全保障义务人自身原因造成被侵权人的损害；二是因第三人行为造成被侵权人的损害，两种情形下安全保障义务人承担责任的顺位和责任的范围均有不同。

（一）因商业银行自身行为造成被侵权人的损害

在因商业银行自身的行为导致被侵权人损害时，商业银行是对自己的不作为行为承担侵权责任，没有第三人力量的介入，商业银行作为第一顺位的责任人，应当承担侵权责任。但这并不表明商业银行必须对被侵权人遭受的全部损失承担赔偿责任，根据上文所述，违反安全保障义务责任为一般过错责任，商业银行根据其对错程度对被侵权人遭受的损失承担赔偿责任。例如，商业银行雇用的保洁人员在清理地面时，没有及时清走积水，又没有设置相应的警示标识，而导致客户失足滑倒所遭受的损害，商业银行没有尽到安全保障义务，应当对损害结果承担一定责任。同时客户本身作为完全行为能力人，对自身的安全也没有尽到相应的注意义务，该损害后果与客户本身的客观条件也具有一定的因果关系，《民法典》第1173条规定："被侵权人对同一损害的发生或者扩大有过错的，可以减轻侵权人的责任。"在上述例子中，在被侵权人对损害后果的发生也具有过错的情况下，可以减轻侵权责任主体的赔偿责任。

（二）因第三人原因造成被侵权人的损害

在因第三人原因造成被侵权人损害的情况下，第三人的作为行为直接导致了被侵权人的损害，根据责任自负的原则，第三人应作为第一顺位的赔偿责任人，对其侵权行为造成的被侵权人的损害承担全部赔偿责任。实践中经常发生的事件为劫匪在银行实施抢劫犯罪，侵害银行客户的人身和财产安全。商业银行仅对其没有预防及阻止第三人实施侵权行为的不作为行为承担责任。如果第三人的行为构成犯罪，可能涉及民刑交叉案件的处理。被侵权人既可以在刑事诉讼中提起附带民事诉讼，也可以单独提起民事侵权之诉。笔者在此文主要讨论被侵权人在刑事犯罪案件审理终结之后向法院提起民事诉讼的处理。

被侵权人应当以第三人为被告提起诉讼，并可将商业银行列为共同被告，

或在诉讼中申请或由法院追加商业银行为无独立请求权的第三人，共同参加诉讼。商业银行实际责任的承担又可依第三人的赔偿能力而分为三种情形予以讨论：

1. 第三人具有完全赔偿能力

当直接实施侵权行为的第三人具有完全赔偿能力，被侵权人的损失可以通过向侵权第三人追索而得到全部赔偿时，应以侵权第三人作为唯一的责任主体，承担全部赔偿责任。即使商业银行对于损害结果的发生存在主观上的疏忽和客观上的不作为，并以共同被告或无独立请求权第三人身份参加诉讼，法院也不应判决商业银行承担赔偿责任。如果被侵权人仅以商业银行为唯一的被告提起诉讼，除非确实无法寻找到侵权第三人，否则，法院应当追加侵权第三人为共同被告。

2. 第三人具有部分赔偿能力

当直接实施侵权行为的第三人只具有部分赔偿能力，无法赔偿被侵权人遭受的全部损失时，侵权责任法规定商业银行承担“相应的补充责任”。对此笔者理解为，商业银行承担的责任仅为补充责任，即仅对第三人无力赔偿的部分承担赔偿责任，换言之，商业银行承担责任的范围为第三人无力赔偿的损失，其责任不可能超过这一范围。除此之外，侵权责任法中“相应的补充责任”的提法，也说明商业银行并不是对侵权第三人无力赔偿的其他全部损失承担责任，而仅为“相应的”补充责任，此处“相应”应理解为与商业银行的过错程度相适应。因违反安全保障义务责任为一般过错责任，责任承担的基础和前提是其主观过错，责任范围也应与过错相对应。

3. 第三人不具有任何赔偿能力

在商业银行营业场所发生抢劫伤人等恶性事件中，侵权第三人往往是位于社会底层，不具有任何赔偿能力的个体。此时，第三人造成的全部损失，都成为商业银行承担赔偿责任的范围。在此范围内，根据商业银行未履行安全保障义务的情况和过错程度确定其责任比例。

【拓展适用】

一、受保障权利的类型

哪些权利属于违反安全保障义务责任保障的对象范围？笔者认为，人身权利是违反安全保障义务责任首先要保障的权利类型，对于被侵权人在商业银行营业场所遭受的财产损失是否属于商业银行承担违反安全保障义务责任的权利范围，分析如下。

（一）与人身权利相关的财产权利损害

被侵权人在商业银行营业场所遭受的人身损害，往往也表现为财产权利的损害，2022 年修正的《人身损害赔偿司法解释》中规定医疗费、误工费、护理费、死亡赔偿金和残疾赔偿金等，属于与人身损害相关的财产性损失，应列入商业银行承担补充责任的损失范围。

（二）单纯的财产权利损害

1. 营业场所内发生的侵犯财产权利事件

（1）传统商业银行营业厅内发生的侵权事件。商业银行最主要的营业场所即银行营业厅，银行所有的业务都能够在营业厅完成。营业厅是现金存放的重要场所，如上文所述，财富的聚集使银行营业场所容易成为不法分子攻击的目标。实践中在商业银行中发生的侵权事件多数发生在营业厅场所内。《民法典》第 1198 条规定："宾馆、商场、银行、车站、机场、体育场馆、娱乐场所等经营场所、公共场所的经营者、管理者或者群众性活动的组织者，未尽到安全保障义务，造成他人损害的，应当承担侵权责任。因第三人的行为造成他人损害的，由第三人承担侵权责任；经营者、管理者或者组织者未尽到安全保障义务的，承担相应的补充责任。经营者、管理者或者组织者承担补充责任后，可以向第三人追偿。"2004 年制定的《人身损害赔偿司法解释》第 6 条第 1 款规定："从事住宿、餐饮、娱乐等经营活动或者其他社会活动的自然人、法人、其他组织，未尽合理限度范围内的安全保障义务致使他人遭受人身损害，赔偿权利人请求其承担相应赔偿责任的，人民法院应予支持。"该条中规定的安全保障义务针对的是人身损害，而不包括单纯性的财产损害。《人身损害赔偿司法解释》在 2020 年、2022 年两次修正时，删除了此条规定。此后制定的《侵权责任法》中并没有将损害限于人身损害，这便为财产损害作为赔偿对象预留下空间。《民法典》中沿袭了《侵权责任法》关于赔偿范围的内容，也未将损害限定为人身损害或与人身有失的财产损失。笔者认为，不应将单纯的财产损害排除在责任范围之外。例如，客户在商业银行中刚取出钱财，便被犯罪分子抢夺攫取，虽然客户的人身权利并没有因此而遭受损害，侵权事件中仅存在单纯性的财产损失，但商业银行作为安全保障义务人，也有义务预防侵权行为的发生，在侵权第三人实施侵权行为后，应立即采取措施，阻止损害结果发生，否则，应对银行客户的财产损害承担一定责任。

再如，近年来电话诈骗事件频发，已经成为一种社会问题，对此各大银行均要求对在银行柜台汇款的客户进行风险提示，甚至要求客户签字确认汇款安全，这些安全保障措施虽然没有法律法规正式加以规定，但已经形成一种行业性的惯例，如果某一家银行营业场所内没有采取这些风险提示措施，客户接到诈骗电话后到该营业场所内向犯罪分子汇款而蒙受损失，该银行有一定的过错，应当承担相应的赔偿责任。

（2）新型营业场所内发生的侵权事件。近年来，自助银行服务在各大城市纷纷兴起。商业银行均设立了 24 小时自助银行营业厅，内设若干自助提款机 ATM。这些自助营业厅与传统营业场所相比存在很大不同。从营业时间上，一般商业银行营业厅的营业时间为早九时至晚五时左右，而自助银行服务场所一般为全天 24 小时营业；商业银行营业厅内一般设置保安人员维持秩序，而自助银行服务场所并无配置保安人员。商业银行营业厅内业务办理由工作人员完成，而自助银行服务场所业务办理由客户在 ATM 机上自助完成。自助银行服务场所无人值守的特点也使犯罪分子看到可乘之机，在常见的电话诈骗案中，犯罪分子会要求被侵权人到 ATM 机上向其转账汇款，虽然法律和行业惯例并未要求商业银行在自助营业厅内配备工作人员，但银行也应采取预防性安保措施。例如，对于在 ATM 机上自助汇款的客户，一般设定单日单笔汇款额度；在 ATM 机显著位置上粘贴防止电话诈骗等醒目提示信息，以及语言提示，要求客户注意相关的内容，不能向陌生人转款等。ATM 机上应设置摄像头等装置以便在侵权行为发生时，尽可能锁定侵权人面部特征进行事后追责。如果商业银行未采取行业内普遍遵守的安保惯例，应对被侵权人因此遭受的损失承担相应责任。

2. 非营业场所内发生的侵犯财产事件

商业银行安全保障义务责任是一种场所责任，对于在银行营业网点发生的侵权事件，银行具有管理控制的能力和措施，但对于超出营业场所范围内发生的单纯侵犯财产权利的侵权行为，不属于银行承担安全保障义务责任的范围。

（1）电子银行途径进行的交易。通过电话、网络等形式进行的银行业务交易，一般发生在电子虚拟环境下，本身并非场所责任所保护的范围，而且银行一般也无法采取有效的途径阻止此类侵权事件，故银行不承担安全保障义务。

（2）伪造他人银行卡消费。有的犯罪分子通过伪造持卡人银行卡到商家消费，而使真正的持卡人蒙受损失，因并未借助银行营业场所完成其侵权行为，也不属于安全保障义务责任保护的对象。需要说明的是，这种情况既不属于商业银行承担安全保障义务的范围，也不属于作为消费场所的商场等营业场所承担安全保障义务的范围。持卡人可基于其与银行间存在的服务合同关系，根据相关规定，符合相应条件的，可以要求银行承担相应的违约责任。此为合同法应当解决的法律问题，在此不做详述。

（3）伪造他人银行卡到商业银行取现。对于伪造他人银行卡到商业银行营业场所内提取现金的情况，虽然侵权行为部分发生在银行营业场所内，但损害结果的发生并不是基于银行提供了现金交易的场所引起的危险因素，而是由于银行电子系统中存在的漏洞给犯罪分子带来的可乘之机，这种损害后果也并非银行加强营业场所的安保措施所能预防和避免，故，此种情况也不属于安全保障义务责任的范围。持卡人损失亦可通过违约责任方式向银行要求赔偿。至于银行是否存在违约责任，应根据相关规定予以审查确定。

二、商业银行违反安全保障义务责任的形态

对于商业银行没有履行安全保障义务直接导致被侵权人损失的情况，责任形态较为清晰明确，商业银行责任形态主要指存在侵权第三人情况下责任划分。

（一）自身责任而非替代责任

商业银行承担违反安全保障义务责任的基础是其主观过错，在第三人侵权的情况下，虽然损害的直接原因是第三人实施的侵权行为，第三人的过错是直接导致被侵权人损害的直接原因，但商业银行的不作为行为加剧了损害结果发生的可能性，或本可以避免损失但因商业银行的过错而没有阻止损害结果。商业银行是对其具有主观过错的不作为行为承担责任，而并非对侵权第三人的行为承担替代责任。在替代责任发生的场合，侵权行为的直接实施人和最终责任人之间往往存在一定的联系，但商业银行与侵权第三人之间并不存在这种关联，也无须为侵权第三人的行为承担替代责任。

（二）单独责任而非共同责任

从表象上看，虽然被侵权人最终的损害结果是由于侵权第三人积极的作为和商业银行的消极不作为叠加而导致的，但两项事实间为偶然的结合，并非基于双方共同的故意和过失，不能成立共同侵权，双方各自对自己的侵权行为承担责任。

（三）补充责任而非连带责任

商业银行是对侵权第三人无力赔偿的被侵权人的损失承担补充责任，而非连带责任。商业银行仅根据其过错程度在第三人无力赔偿的损失范围内承担相应的补充责任，无须对超出这一责任限额之外的损失承担责任，被侵权人也无权要求商业银行超过这一限额承担连带责任。

三、追究商业银行违反安全保障义务责任的程序处理

被侵权人向商业银行主张要求承担违反安全保障义务责任时的具体程序，应结合对直接侵权第三人刑事责任追究的进展而有区别。

（一）被侵权人或其近亲属针对被告人提起刑事附带民事诉讼

《刑事诉讼法》第101条第1款规定："被害人由于被告人的犯罪行为而遭受物质损失的，在刑事诉讼过程中，有权提起附带民事诉讼。被害人死亡或者丧失行为能力的，被害人的法定代理人、近亲属有权提起附带民事诉讼。"①

商业银行并非侵权第三人的共同责任人，也非应为侵权第三人承担替代责任的主体，因此，不能将商业银行列为附带民事诉讼的被告。附带民事诉讼只解决侵权第三人侵权赔偿责任问题。附带民事诉讼与刑事诉讼一并由刑事审判庭审理，除非为防止刑事诉讼的过分拖延，才可在刑事案件宣判后，由同一审判组织继续审理附带民事诉讼。

（二）被侵权人或其近亲属针对犯罪嫌疑人单独提起民事诉讼

如被侵权人或其近亲属没有在刑事案件一审宣判前提起附带民事诉讼，为防止刑民案件审级交叉，被侵权人应当在刑事案件判决生效后，单独提起民事诉讼，解决侵权民事赔偿问题。在单独提起的民事诉讼中，虽然解决的也是因犯罪行为而带来的民事赔偿，但因与刑事诉讼程序已无直接关联，应严格按照民事诉讼法的规定，按民事纠纷的处理程序进行审理。

《民法典》第1181条规定："侵权人死亡的，其近亲属有权请求侵权人承担侵权责任。被侵权人为组织，该组织分立、合并的，承继权利的组织有权请求侵权人承担侵权责任。被侵权人死亡的，支付被侵权人医疗费、丧葬费等合理费用的人有权请求侵权人赔偿费用，但是侵权人已经支付该费用的除外。"关于近亲属的范围，《民法典》第1045条第2款规定："配偶、父母、子女、兄弟姐妹、祖父母、外祖父母、孙子女、外孙子女为近亲属。"需要注意的是，民事法律和刑事法律中关于近亲属的范围规定不同，民法中规定的近亲属范围较宽，而且近亲属单独提起民事诉讼的条件与近亲属提起附带民事诉讼的条件也不相同，前者只有在被侵权人死亡的情况下才可起诉，后者在被害人死亡或丧失行为能力的情况下均可起诉。实际中应严格区别不同案件的受理标准。

---

① 关于近亲属指代的范围，《刑事诉讼法》第108条第6项规定，"近亲属"是指夫、妻、父、母、子、女、同胞兄弟姊妹。《刑事诉讼法》中规定的近亲属范围较窄，只有上述主体才可以在刑事诉讼中提起附带民事诉讼，要求侵权人承担民事赔偿责任。

被侵权人或其近亲属单独提起民事侵权之诉的，可将侵权第三人和商业银行同时列为被告，也可先起诉侵权第三人，在追责无果的情况下再行起诉商业银行。

（三）被侵权人或其近亲属针对商业银行单独提起民事诉讼

因《民法典》规定商业银行只对直接侵权人的行为承担补充责任，是第二顺位的责任主体，被侵权人不能直接和单独起诉商业银行要求承担侵权责任。被侵权人或其近亲属单独对商业银行提起民事诉讼的，人民法院应当向被侵权人或其近亲属释明将直接侵权人列为共同被告，或依职权追加直接侵权人为共同被告。

四、商业银行将安保义务委托他人行使时的责任认定

实践中有些商业银行并不自行雇用保安人员，而是与专业保安公司签订合同，由保安公司派出保安人员保障商业银行营业场所的安全与秩序，如果这些保安人员没有按照规定或行业惯例，采取措施预防侵权行为的发生，或者在侵权行为发生后因其不作为行为没有阻止或减少损害结果的发生，则商业银行仍然需要向被侵权人承担补充赔偿责任，原因是保安公司与银行客户之间并不具有直接的合同关系，保安公司及其雇员本身对银行客户并不承担安全保障义务。保安公司因其与商业银行之间的合同承担约定的合同义务，并在疏于履行合同义务时对商业银行承担违约责任。商业银行的安全保障义务并不因其与保安公司之间的合同约定而转移给保安公司，商业银行仍然需要对营业场所内的被侵权人承担安全保障义务及相应的责任。

【典型案例】

吴某等五人诉某银行官渡支行、某保安公司人身损害赔偿纠纷案

原告：吴某。

原告：靳某。

原告：赵某。

原告：赵甲。

原告：赵乙。

被告：某银行官渡支行。

被告：某保安公司。

〔**基本案情**〕

原告吴某、靳某、赵某、赵甲、赵乙因与被告某银行官渡支行、某保安公司发生人身损害赔偿纠纷，向云南省昆明市中级人民法院提起诉讼。

五原告诉称：由于二被告疏于防范，以致原告的亲人吴甲在到被告某银行官渡支行处办理存款和汇款手续时，遭抢劫遇害身亡。诉请判令二被告连带赔偿死亡赔偿金、丧葬费、误工费、交通费、住宿费、赡养费、抚养费、律师代理费等合计1174101.96元。

五原告提供的主要证据有：

1. 申请法院调取的DVD光盘，用以证明所诉二被告侵权事实成立。

2. 尸体解剖通知书、死亡鉴定通知书、尸体火化证明，用以证明吴甲的死亡原因。

3. 吴甲的居民身份证复印件，用以证明死者身份以及计算死亡赔偿金的年龄依据。

4. 有关费用单据，用以证明诉请赔偿的丧葬费、交通费、住宿费、律师代理费支出情况。

5. 吴某、靳某、赵某的居民身份证复印件，赵甲、赵乙的出生证明，用以证明各原告身份，以及诉请赔偿的赡养费、抚养费计算数额的年龄依据。

6. 赵某收入证明，用以证明赵某的误工损失。

被告某银行官渡支行辩称：吴甲是因他人的犯罪行为致死，与本被告提供的服务之间没有因果关系，本被告不应对吴甲的死亡承担民事责任。

被告某银行官渡支行提供的主要证据有：

1. 公安机关复制的DVD光盘，用以证明抢劫作案的时间仅为10余秒钟，银行来不及防范。

2. 公安局110报警台登记表、公安局通缉令、紧急协查通报，用以证明某银行官渡支行于9点51分17秒报警后，经公安机关侦查，确认该事件是他人的抢劫犯罪行为所致。

3. 借款协议、借据、欠条，用以证明事发后，某银行官渡支行曾借给原告方12万元。

被告某保安公司辩称：整个事件的发生极其突然。抢劫犯逃离现场时，保安人员立即追赶，故本被告已经履行了一般保护义务，不应成为本案当事人。

某保安公司提供的主要证据有：

1. 保安服务合同，用以证明某保安公司已按合同约定履行了义务。

2. 处置抢劫案件的应急预案，用以证明某保安公司对属下的保安人员进行过如何处置抢劫突发事件的教育。

3. 急救中心电话受理登记单及呼救电话记录，用以证明案发时，某银行官渡支行职工及时为吴甲拨打了120急救电话。

4. 公安机关对保安人员徐某、某银行官渡支行营业员晏某、某银行官渡支行行长杨某的询问笔录，用以证明案发时保安人员已尽其所能履行了追赶抢劫犯和保护、救助吴甲的义务。

昆明市中级人民法院经审理查明：

2003年2月26日上午9时47分左右，精米厂个体经营业主吴甲等三人携款到被告某银行官渡支行办理存款和汇款手续。从某银行官渡支行提供的录像资料看，吴甲在营业厅的写字台上填写存单时，有一人在其身后窥视。吴甲填单完毕，即到三号柜台前办理存汇款手续。某银行官渡支行营业厅柜台前设置了“一米线”，但窥视吴甲的人违反他人必须在“一米线”以外等候的规定，进入“一米线”站在吴甲身侧，没有引起值班保安人员徐某的注意和制止。就在吴甲将部分现金交给柜台内的营业员时，此人从吴甲左侧伸手抢夺钱袋。吴甲紧抓钱袋反抗，抢钱的人对吴甲胸部连开两枪后逃离现场，徐某随后追赶未果。吴甲中弹倒地，其所携钱袋及现金未被抢走。9时51分，某银行官渡支行向公安机关报警。公安人员出警后未能抓获抢钱人。10时01分，某银行官渡支行向云南省急救中心拨打120急救电话。急救车到达现场后，经医生检查，吴甲已死亡。对吴甲抢劫行凶的犯罪分子已被公安机关通缉，但至今未缉拿归案。

另查明，2002年6月10日，被告某保安公司与被告某银行官渡支行签订了保安服务合同。某银行官渡支行提交的录像资料，只能证明该行营业厅内设置了电视监控系统，不能证明按规定还安装了联网报警装置和必须安装的探测报警等技术设施。

又查明，原告吴某、靳某是被害人吴甲的父母，原告赵某是吴甲的丈夫，原告赵甲、赵乙是吴甲的子女。案件发生后，吴某、靳某、赵某为处理吴甲的后事，曾于2003年3月16日与被告某银行官渡支行签订了一份借款协议，向某银行官渡支行借款12万元。吴甲的遗体于3月18日火化，运尸费300元、殡仪费6991元、火化费950元，均由其亲属支付。3月19日，吴甲的骨灰被其亲属送至湖北安葬。

〔一审裁判理由与结果〕

昆明市中级人民法院认为：《中华人民共和国民法通则》第一百零六条第二款规定：“公民、法人由于过错侵害国家的、集体的财产，侵害他人财产、人身的，应当承担民事责任。”吴甲在犯罪分子持枪抢劫时遇害，因此，应当由作案人对吴甲之死承担刑事责任和民事责任。五原告以被告某银行官渡支行、某保安公司主观上有过错为由，诉请判令某银行官渡支行、某保安公司连带承担吴甲死亡的全部民事赔偿责任，理由不能成立。

被告某银行官渡支行为商业银行。《中华人民共和国商业银行法》（以下简称《商业银行法》）第六条规定：“商业银行应当保障存款人的合法权益不受任何单位和个人的侵犯。”商业银行在开展存、贷款及其他业务活动中，应依照法律规定，认真履行保障存款人和其他客户合法权益不受侵犯的义务。商业银行的营业厅，是商业银行为客户提供金融服务的主要场所，商业银行应当根据其从事经营活动的规模，依照法律、法规以及相关部门规章的规定，在营业厅内预先安装必需的安全防范设施，安排保安人员，预防和尽可能避免不法侵害的发生，为客户的人身及财产安全提供保障，维护良好的交易秩序。公安部、中国人民银行发布的《基层金融单位治安保卫工作暂行规定》第十二条第（四）项规定，商业银行的“营业操作室安装紧急报警装置或联防警铃”；中国建设银行在《安全防护设施建设及使用管理暂行规定》（以下简称《安全防护规定》）第二条第（二）项要求，建设银行应当在营业场所内安装探测报警、电视监控、无线通讯等安全技术防范设施，以及预防不法侵害所需的技术设备和相应的指挥控制系统。某银行官渡支行提交的录像资料证明，该行在营业厅内安装了电视监控系统，但没有证据证明该行还有紧急报警、联防警铃、探测报警、无线通讯等其他必要的安全防范设施。某银行官渡支行虽然在营业厅内安排了一名保安人员值班，但当作案人在营业厅内来回走动，窥视被害人吴甲填写存单，并且违反规定进入“一米线”时，这些明显反常行为始终未引起值班保安人员的高度警惕。以致在作案人开始抢夺钱袋并开枪伤人时，保安人员不能及时制止犯罪或给被害人以必要的帮助。某银行官渡支行未能合理配置保障客户人身及财产安全的安全防范设施，安排的值班保安人员又未能在合理限度内尽到保安义务，在吴甲死亡事件上有一定过错，应当承担相应的赔偿责任。待作案人缉拿归案后，某银行官渡支行可就自己承担的赔偿责任向作案人追偿。

法律以维护和实现社会正义为目的。在尊重和保护人的生命健康权的同时，必须充分考虑在什么范围内确定被告某银行官渡支行应承担的补充赔偿责任。某银行官渡支行虽未在合理限度内尽到充分保障客户人身及财产安全的义务，对吴甲的死亡有一定过错，但该行毕竟设置了录像监控系统，也安排了值班保安人员，与完全不履行安全保障义务不同。其承担的过错责任应与这种情形相适应，不得随意加重或减轻。只有让赔偿义务主体在合理范围内承担民事法律责任，才能体现法律的公平，实现法的价值和作用。原告吴某等人失去亲人后，不仅遭受了沉重的精神刺激，更无端损失了巨额财产，且两名幼子不能在母亲的抚养下成长也已成事实，有权要求某银行官渡支行根据其过错在死亡赔偿金、丧葬费以及死者生前抚养人的抚养费等方面先行补偿。《最高人民法院关于审理触电人身损害赔偿案件若干问题的解释》（以下简称《触电损害赔偿解释》）第四条第（七）项规定：“丧葬费：国家或者地方有关机关有规定的，依该规定；没有规定的，按照办理丧葬实际支出的合理费用计算。”第（八）项规定：“死亡补偿费：按照当地平均生活费计算，补偿二十年。对七十周岁以上的，年龄每增加一岁少计一年，但补偿年限最低不少于十年。”第（九）项规定：“被抚养人生活费：以死者生前或者残者丧失劳动能力前实际抚养的、没有其他生活来源的人为限，按当地居民基本生活费标准计算。被抚养人不满十八周岁的，生活费计算到十八周岁。被抚养人无劳动能力的，生活费计算二十年，但五十周岁以上的，年龄每增加一岁抚养费少计一年，但计算生活费的年限最低不少于十年；被抚养人七十周岁以上的，抚养费只计五年。”参照上述规定，吴甲的丧葬费应按实际支出的合理费用计算，双方当事人均认可此项支出为 8241 元，故某银行官渡支行应依此数额补偿。受诉法院当地年平均生活费为 3338 元，依此标准计算的二十年死亡补偿费为 66760 元，应由某银行官渡支行补偿。吴甲死亡时，其女儿赵甲 2 岁，儿子赵乙 1 岁；以当地年平均生活费 3338 元为标准，计算至两名被抚养人均年满十八周岁，共需 113866.95 元；扣除父亲赵某应负担的一半，某银行官渡支行应当补偿的被抚养人生活费是 56933.48 元。三项补偿费用合计，某银行官渡支行应当支付 131934.48 元。原告吴某和靳某虽然主张赔偿赡养费，但未提交其已丧失劳动能力且无其他生活来源的相应证据，不予支持；对原告吴某、靳某和赵某主张赔偿的交通费、误工费、停产损失、餐费、住宿费、医药费等其他费用，以及赵甲、赵乙的保姆费，均不予支持。

被告某保安公司与被告某银行官渡支行签订过保安服务合同，并已向某银行官渡支行派出符合条件的保安人员，履行了保安服务合同中的义务。管理和安排派驻保安人员的工作，是某银行官渡支行的权利与义务，保安人员的履职行为应视为某银行官渡支行的行为。因保安人员履职不当引起的民事法律后果，应由某银行官渡支行承担，某保安公司不负连带责任。五原告诉请判令某保安公司连带赔偿因吴甲死亡遭受的经济损失，理由不能成立。

据此，昆明市中级人民法院依照《中华人民共和国民事诉讼法》第六十四条第一款的规定，于 2003 年 12 月 25 日判决：

一、被告某银行官渡支行在判决生效后 10 日内向原告吴某、靳某、赵某、赵甲、赵乙赔偿吴甲死亡赔偿金 66760 元、丧葬费 8241 元，向赵某赔偿赵甲、赵乙的被抚养人生活费 56933.48 元，三项合计 131934.48 元；

二、驳回原告吴某、靳某、赵某、赵甲、赵乙的其他诉讼请求。

案件受理费 15985.08 元，由五原告负担 12788.06 元，被告某银行官渡支行负担 3197.02 元。

〔当事人上诉及答辩意见〕

一审宣判后，双方当事人均不服判决，分别向云南省高级人民法院提起上诉。

吴某等五人的上诉理由是：(1) 上诉人已经要求一审法院调取公安机关的 DVD 原件，这是认定本案事实的主要证据，但一审法院未能调取，没有充分保障上诉人的诉讼权利。(2) 被上诉人某银行官渡支行不仅安装的安全防范技术设施严重不足，且未能充分发挥已有设备的作用与功能，又对保安人员疏于管理，形迹可疑的作案人在营业厅滞留达 10 多分钟，保安人员都不去过问。由于某银行官渡支行在安全防范工作中存在重大过失，没有依法保障客户的安全，因此其应承担全部赔偿责任。(3) 本案被害人吴甲及其亲属均不是云南本地人。吴甲被害后，大多数亲属均从外地赶到昆明处理善后事宜，必然产生交通费、住宿费、餐费等费用。一审应当参照《最高人民法院关于审理人身损害赔偿案件适用法律若干问题的解释》（以下简称

《人身损害赔偿解释》）规定的原则和标准确定赔偿数额，判决不支持上诉人的这些赔偿请求是错误的。（4）被上诉人某保安公司与某银行官渡支行签订的合同是内部合同，不应以此为据对抗第三人。某保安公司是保安人员的行政主管，某银行官渡支行是保安人员的业务主管。对于保安人员的失职，某保安公司应与某银行官渡支行承担连带责任。一审认定某保安公司不承担连带责任，于法无据。（5）一审肯定某银行官渡支行对吴甲的死负有责任并判决其赔偿，这就证明上诉人是胜诉了。但是，一审却让胜诉的上诉人在遭受失去亲人的痛苦折磨后，去负担绝大部分诉讼费。这种诉讼费分担方法，完全丧失了司法救济的实质和人文关怀的理念。上诉请求：改判某银行官渡支行、某保安公司连带给上诉人赔偿死亡赔偿金238520元、被抚养人生活费56933.48元、赡养费66760元、丧葬费37813.80元、误工费6995.84元、交通费26515元、住宿费11380元、餐费10484元、律师代理费70000元及其他合理费用3148.50元；由两被上诉人负担本案诉讼费。

针对吴某等五人的上诉，某银行官渡支行答辩认为：（1）吴甲是因犯罪分子的犯罪行为致死，不是因银行与客户之间的合同关系而死亡，因此不应由银行承担责任；（2）对银行而言，本案的发生是不能防范、不能预见并且是无法制止的；（3）《人身损害赔偿解释》的第三十六条明确规定："本解释自2004年5月1日起施行。2004年5月1日后新受理的一审人身损害赔偿案件，适用本解释的规定。"本案发生于2003年9月，因此《人身损害赔偿解释》不能对本案适用。

某保安公司答辩认为：（1）吴某等人既认为银行与某保安公司签订的合同是内部合同，不能用于抗辩他们这个第三人，却又要求某保安公司根据这个合同为银行承担连带责任，这种观点是矛盾的。如果银行与某保安公司存在的只是内部关系，某保安公司就不应成为本案当事人；（2）抢劫案件发生前，犯罪分子虽在营业厅内游走，但没有异常举动和表现。要求保安人员此时发现并询问作案人，是不客观的，更是不公正的。抢劫发生时，保安人员正在回答一个客户的提问，视线被遮挡，没有立即发现的可能。正因为保安人员的视线被遮挡，作案人才见状开枪实施抢劫。抢劫发生后，保安人员立即前去制服犯罪，而作案人用枪指着保安人员的头才得以迅速逃离现场，保安人员又立即进行了追赶，故保安人员在本案中是没有任何责任的。

某银行官渡支行的上诉理由是：（1）上诉人有完全合乎规范要求的安全防范硬件设施。一审以上诉人未提供证据，否认上诉人具有完善的安全防范设施，违背了事实，这个认定是错误的。（2）按一般人的认知能力，无法判断作案人作案前的举动"显属异常"。对上诉人而言，作案人的犯罪行为具有突发性、不可预见性和不可控制性。一审通过在案发后看录像资料作出的分析，不能代替一般人在当时客观情况下可能作出的判断。一审适用《商业银行法》第六条的规定，认为上诉人未尽合理限度内的安全保障义务，是适用法律错误。（3）按照《人身损害赔偿解释》第六条的规定，只有未尽合理限度范围内的安全保障义务致使他人遭受人身损害的，才承担相应赔偿责任。上诉人已经在合理限度内尽到了安全保障义务，没有过错，不应承担补充赔偿责任。上诉请求：撤销一审判决，改判驳回吴某等五人的诉讼请求。

某保安公司的上诉理由是：案发时，保安人员徐某正在回答另一客户的提问。作为在银行营业厅内值班的保安人员，回答客户提问是其职责范围内的事务。案发后，该保安人员又冒着生命危险去追赶作案人，已经履行了保安职责，主观上没有过错。一审认为保安人员不能即刻着手制服犯罪或给被害人以必要的帮助，没有事实根据，也不符合逻辑。请求撤销一审判决中关于保安人员有过错的认定，确认保安人员在本案中无过错。

针对某银行官渡支行、某保安公司的上诉，吴某等五人答辩认为：（1）从录像资料及保安人员自己的陈述可以看出，银行未履行安全保障义务，以致本案损害后果发生，案发后作案人能轻易逃走。（2）保安人员徐某在接受电视记者采访时，已承认案发时自己“无所作为”，应当视为自认。（3）保安人员具有特殊身份，从事的是特殊职业，因此应具有特殊注意义务，不能用一般人的眼光衡量保安人员的特殊注意义务。银行至今认为作案人在营业厅游走不属于“异常”，说明其根本未认识到保安人员具有的特殊注意义务。（4）某保安公司未履行其在保安服务合同中关于保障银行营运安全的承诺，对本案负有连带责任。（5）《人身损害赔偿解释》虽然规定了2004年5月1日后新受理的一审人身损害赔偿案件适用该解释，但是并未规定正在审理的二审案件不能适用该解释，故应当适用该解释处理本案。

〔二审查明的事实〕

云南省高级人民法院经审理，除不确认一审判决中关于“某银行官渡支行未按规定安装联网报警装置和必须安装的探测报警等技术设施”这一认定外，对一审认定的其他事实均予确认。另查明，自作案人进入银行监控录像的视场范围至其实施抢劫，共有1分20秒的时间。案发前，值班保安人员正在回答另一名储户关于往外地汇款方法的提问。案发后，某银行官渡支行通过其安装的联网报警装置向官渡公安分局报警的时间是2003年2月26日09时51分。

〔二审裁判理由与结果〕

云南省高级人民法院认为，本案的争议焦点是：（1）某银行官渡支行有无过错，应否承担损害赔偿的民事责任；（2）如何认定损害赔偿的范围与标准；（3）某保安公司是否承担连带赔偿责任。

关于争议焦点一。上诉人某银行官渡支行是以人民币存取、结算为主要经营内容的金融企业法人，其经营内容的特殊性决定了客观上潜在着易受不法行为侵害的危险。某银行官渡支行的营业厅作为开放程度较高的经营场所，更加大了危险发生的可能。作为金融企业法人，某银行官渡支行负有防范、制止危险发生，保障银行自身及进入银行营业场所客户的人身、财产权利安全的义务。该义务既是法律为维护正常社会秩序而对金融企业法人提出的要求，也是客户在与银行长期合作中对银行产生的希望。本案中，某银行官渡支行虽根据《安全防护规定》设置了相应的安全防范设施，但不能证明其已按该规定第六十二条的要求安排专门人员值守这些安全防范设施，以致这些设施不能发挥应当具有的预见、防止或者减少损害的作用。保安人员职业的特殊性，决定了其对有涉公共安全的事项负有高度注意义务，不是其他人对此类事项的一般关注。某银行官渡支行虽然安排了一名保安人员值班，并且在营业厅内划出了“一米线”，但当数人进入“一米线”时，保安人员不去干涉，丧失了及时发现与制止不法侵害的可能。从作案人进入营业厅窥视吴甲填单到其实施抢劫期间，值班保安人员回答客户关于银行业务的提问，却没有履行其维护营业厅安全、防范危害事件突发的职责；在作案人逃离现场时，值班保安人员也无任何制止犯罪行为的表示；故认定负有控制危险、保障客户安全义务的某银行官渡支行，对吴甲死亡事件有一定过错，应当承担与其过错相适应的民事责任，并无不当。

关于争议焦点二。从作案人进入银行到逃离现场，时间仅为 1 分 20 秒，本案确为突发事件，损害结果是作案人一手造成。上诉人某银行官渡支行虽然对吴甲的死亡有一定过错，但其在事件发生前安装了符合规定要求的安全防范技术设施，事件发生后履行了追赶作案人、报警、急救等义务，因此若令其承担本案的全部赔偿责任，既不符合本案事实，也不符合公平正义的法律基本理念。某银行官渡支行应当在其本应达到却由于自身原因未达到的安全防范标准范围内，对吴甲的死亡承担补充赔偿责任。一审将死亡赔偿金、抚养费、丧葬费确定为某银行官渡支行的补偿范围，既符合某银行官渡支行的责任程度，也能解决上诉人吴某等五人的最迫切需求，并无不当，应予维持。吴某等人从外地来昆明料理吴甲的后事，必然会产生交通费、住宿费、误工费等费用。基于某银行官渡支行在本案中承担的不是全部赔偿责任，一审未将这些费用纳入赔偿范围，是适当的。《人身损害赔偿解释》规定，该解释仅适用于 2004 年 5 月 1 日以后受理的一审案件，一审法院在《人身损害赔偿解释》不能适用于本案的情况下，参照《触电损害赔偿解释》来确定本案的赔偿标准，也是可行的。一审按这个赔偿标准计算的死亡赔偿金是 66760 元，吴某等人上诉请求改判死亡赔偿金为 238520 元，没有事实根据和法律依据，不予支持。

关于争议焦点三。基于上诉人某银行官渡支行与上诉人某保安公司签订的保安服务合同，保安人员才能到某银行官渡支行担任保安工作。但是到银行工作的保安人员对存款人和其他客户承担的保障人身和财产安全义务，却并非源于保安服务合同的约定，而是源于法律对商业银行的规定。商业银行将其承担的保障客户人身及财产安全的法定义务一部分交给保安人员去完成，保安人员的履职行为自然应视为商业银行的行为，因履职不当应承担的法律后果，也自然由商业银行负责。某保安公司与此次侵权事件无关，不能承担连带赔偿责任。

综上，一审认定的事实虽有部分失误，但适用法律正确，判决结果适当，应当维持。双方当事人的上诉理由均不能成立，不予采纳。据此，云南省高级人民法院依照《中华人民共和国民事诉讼法》第一百五十三条第一款第（一）项的规定，于2004年6月10日判决：

驳回上诉，维持原判。

规则18：旅行社通过第三人协助履行合同义务的，该第三人如有故意或过失侵害游客合同权益的行为，旅行社应当对此承担相应的法律责任

——许某等诉某旅行社人身损害赔偿纠纷案[①]

【裁判规则】

在旅行合同关系中，旅行社通过第三人协助履行合同义务的，该第三人对游客的人身和财产安全负有保障义务。除游客直接与该第三人另行订立合同关系外，该第三人如有故意或过失侵害游客合同权益的行为，旅行社应当对此承担相应的法律责任。

【规则理解】

旅行社作为旅行合同的一方主体，承担向游客提供旅行服务的义务，和旅途中保障游客人身财产安全的安全保障义务，享有向游客收取报酬的权利。提供旅行服务的行为由旅行社派出导游具体完成，旅行社与导游之间系用人单位与员工的关系，导游向游客提供服务的行为视为其职务行为，导游因故意或过失给游客造成人身或财产损害的，应视为旅行社没有尽到对游客的安全保障义务，旅行社应当承担法律责任。因旅行社与游客之间既具有合同关系，又构成法定的侵权法律关系，游客既可以向旅行社主张违约责任，又可以向旅行社主张侵权赔偿，构成违约责任与侵权责任的竞合，游客可择其一向法院起诉主张自己的权利。

当旅行社委托除了本社导游之外的第三人为游客提供旅游辅助服务时，在旅行社、游客和第三人之间可能产生相应的法律关系。旅行社虽然可将部分甚至全部合同义务委托给第三人行使，但是当第三人未能适当履行合同义务，给游客造成损害的，旅行社仍然应当承担违约责任。从侵权法律关系角度，旅行

① 《中华人民共和国最高人民法院公报》2012年第6期。

社的法定安全保障义务，也不因委托第三人提供旅游服务而得到免除。

一、旅行社委托第三人提供旅行服务的法律关系

（一）合同法律关系

1. 游客与第三人另行签订旅行合同

旅行社委托第三人提供旅行服务时，如果游客与第三人另行签订了旅行合同，在游客与第三人之间形成了旅行合同的民事法律关系，双方之间的权利义务应根据旅行合同予以确定。合同中约定第三人保障游客人身财产安全的义务的，第三人应当履行合同约定义务，否则，应当对游客承担违约责任；即使合同中未约定第三人保障游客人身财产安全义务，第三人的安全保障义务也应当视为根据诚实信用原则的附随合同义务，第三人未履行附随合同义务的，也应当承担相应的法律责任。

在第三人与游客另行签订旅行合同的情况下，如何确定旅行社与游客之间的合同法律关系，应视两份旅行合同中的具体约定而定。如果游客与旅行社签订的旅行合同中并无旅行中将由第三人提供旅行辅助服务的约定，游客将全部团费交与旅行社，那么，即使游客另行与第三人签订了旅行合同，因旅行社已收取了全部报酬，其与第三人之间如何分配该项报酬，不影响旅行社应承担的合同义务，旅行社对游客仍然承担保障其人身财产安全的义务，旅行社不能以游客已与第三人签订旅行合同为由要求免责。第三人未尽到安全保障义务导致游客遭受人身财产损害的，旅行社应当与第三人承担连带责任。

如游客与旅行社签订的旅行合同中已约定旅行中部分地区的游览事务交由第三人提供服务，并且已约定明确该部分团费由游客与第三人单独签订合同确定，并由游客直接将该部分团费交与第三人，则对于第三人按合同约定提供旅行服务的部分游览事务，旅行社可以不承担责任。第三人没有尽到安全保障义务的，游客只能向第三人要求民事赔偿。

2. 游客未与第三人签订旅行合同

《审理旅游纠纷案件若干问题规定》第 13 条第 1 款规定："签订旅游合同的旅游经营者将其部分旅游业务委托旅游目的地的旅游经营者，因受托方未尽旅游合同义务，旅游者在旅游过程中受到损害，要求作出委托的旅游经营者承担赔偿责任的，人民法院应予支持。"如果游客并未与第三人签订旅行合同，旅行社、第三人和游客之间形成委托合同关系，第三人系接受旅行社委托代为提供旅行辅助服务。受托人在执行委托事务过程中的行为，由委托人承担法律后果，受托人没有尽到对游客的安全保障义务，作为委托人的旅行社应当对游

客承担违约责任。

（二）侵权法律关系

《旅游法》第50条第1款规定："旅游经营者应当保证其提供的商品和服务符合保障人身、财产安全的要求。"第79条规定："旅游经营者应当严格执行安全生产管理和消防安全管理的法律、法规和国家标准、行业标准，具备相应的安全生产条件，制定旅游者安全保护制度和应急预案。旅游经营者应当对直接为旅游者提供服务的从业人员开展经常性应急救助技能培训，对提供的产品和服务进行安全检验、监测和评估，采取必要措施防止危害发生。旅游经营者组织、接待老年人、未成年人、残疾人等旅游者，应当采取相应的安全保障措施。"

上述《旅游法》规定中虽然没有直接使用安全保障义务的法律术语，但其内容中实际上包含了旅游经营者、旅行社对游客承担安全保障义务的要求，可视为旅行社安全保障义务的规范依据。《审理旅游纠纷案件若干问题规定》中直接规定了旅游经营者和旅游辅助服务者需要承担安全保障义务，其中第7条第1款规定："旅游经营者、旅游辅助服务者未尽到安全保障义务，造成旅游者人身损害、财产损失，旅游者请求旅游经营者、旅游辅助服务者承担责任的，人民法院应予支持。"第8条第1款规定："旅游经营者、旅游辅助服务者对可能危及旅游者人身、财产安全的旅游项目未履行告知、警示义务，造成旅游者人身损害、财产损失，旅游者请求旅游经营者、旅游辅助服务者承担责任的，人民法院应予支持。"

在司法解释中规定的安全保障义务的主体既包括旅游经营者，也包括旅游辅助服务者，说明在旅行社委托第三人提供辅助服务的情况下，旅行社和第三人都应承担安全保障义务。旅行社委托第三人提供部分的旅游辅助服务，第三人没有尽到安全保障义务，致使游客遭受人身财产损害的，第三人应当承担侵权责任。旅行社作为旅行合同主要义务承担者，并不因将部分合同义务委托第三人行使而免除自身的安全保障义务，第三人未尽到安全保障义务的，旅行社应当承担连带责任。

二、混合过错形态下的侵权责任

安全保障义务责任实行过错责任的归责原则，根据过错的有无确定是否构成侵权责任，根据过错的大小比例确定侵权人应当承担侵权责任的具体份额。《民法典》第1173条规定："被侵权人对同一损害的发生或者扩大有过错的，可以减轻侵权人的责任。"侵权人和被侵权人对于损害结果的发生都有过错的，称为混合过错。在混合过错形态下的侵权责任应根据双方主观过错的比例，以及各自行为对于造成损害结果的原因力大小来确定各自应当承担的责任份额。例如，旅行社安排游客到不具备开放海游经营业务条件的海滩上游泳，海滩上设立有明显的警示标识，表明该处海滩禁止游泳，但游客仍然到该处游泳，因水性不佳且当地没有安全保障措施而致溺水身亡。在此案例中，旅行社明知该处海滩不具备对外营业条件、没有必要的生命求援设施，但仍然安排游客到该处游泳，旅行社对于损害结果的发生具有过错，应当承担侵权责任。游客也明知该地警示标识上告知禁止游泳，仍然轻信能够避免损害发生，游客本身对于损害结果的发生也具有过于自信的过失，并且游客本身的身体条件和游泳技能等也是导致损害结果发生的因素之一，案件审理中，法院应当根据案件的事实情节等具体要件，裁量确定各自负担的责任比例。

还有一种情况是损害结果完全是由于游客一方原因造成的，旅行社对此并不具有主观的过错，根据过错责任的归责原则，旅行社对游客遭受的某一损害不具有主观过错，相应也无需承担侵权责任。《审理旅游纠纷案件若干问题规定》第 18 条规定："旅游者在旅游行程中未经导游或者领队许可，故意脱离团队，遭受人身损害、财产损失，请求旅游经营者赔偿损失的，人民法院不予支持。"第 19 条规定："旅游经营者或者旅游辅助服务者为旅游者代管的行李物品损毁、灭失，旅游者请求赔偿损失的，人民法院应予支持，但下列情形除外：(一) 损失是由于旅游者未听从旅游经营者或者旅游辅助服务者的事先声明或者提示，未将现金、有价证券、贵重物品由其随身携带而造成的；(二) 损失是由于不可抗力造成的；(三) 损失是由于旅游者的过错造成的；(四) 损失是由于物品的自然属性造成的。"上述司法解释规定了游客人身或财产遭受损害，而旅行社并不具有主观过错的情况下，侵权责任应由游客自行承担。

【拓展适用】

一、旅行合同中格式条款的效力

随着市场经济的成熟和发展，商品和服务大多以批量的方式生产并向消费者提供，商家和消费者就提供商品和服务签订的民事合同一般由商家事先拟好，向不特定消费者提供。消费者只能接受商家预先拟定好的合同文书，此类合同一般称为格式合同。格式合同中的多数内容并不与消费者协商，消费者只能就格式合同中商家允许其选择的内容，如所购买商品或服务的数量、层级等进行选择。格式条款是格式合同最重要的组成部分。《民法典》第 496 条规定："格式条款是当事人为了重复使用而预先拟定，并在订立合同时未与对方协商的条款。采用格式条款订立合同的，提供格式条款的一方应当遵循公平原则确定当事人之间的权利和义务，并采取合理的方式提示对方注意免除或者减轻其责任等与对方有重大利害关系的条款，按照对方的要求，对该条款予以说明。提供格式条款的一方未履行提示或者说明义务，致使对方没有注意或者理解与其有重大利害关系的条款的，对方可以主张该条款不成为合同的内容。”

格式合同的优势在于提高了经济行为的效率，商家和消费者无须就提供商品和服务的具体细节进行协商和议价，消费者要么接受商家提供的合同使民事行为得以完成，要么拒绝格式合同，不参与到该项民事行为中。商家也节省了与不同消费者就其个性化需求进行协商的阶段，民事行为的效率得以极大地提高。格式合同的缺点在于对意思自治、平等协商等市场经济基本价值的限制。格式条款体现更多的是商家的意思，消费者无从进行协商，只能选择接受和不接受格式条款。商家与消费者对信息的占有、经济实力等方面相差悬殊，消费者本身处于相对弱势的地位，商家在制定格式条款时，更多地从自身角度考虑，最大限度地保护自己的经济利益，对消费者权利的重视程度不够。消费者在签订格式合同后，一旦产生纠纷，其中格式条款的内容将对消费者维权产生不利影响。

针对此种情况，《消费者权益保护法》中对格式合同的内容和效力作出了规定，第 26 条规定：“经营者在经营活动中使用格式条款的，应当以显著方式提请消费者注意商品或者服务的数量和质量、价款或者费用、履行期限和方式、安全注意事项和风险警示、售后服务、民事责任等与消费者有重大利害关系的内容，并按照消费者的要求予以说明。经营者不得以格式条款、通知、声明、店堂告示等方式，作出排除或者限制消费者权利、减轻或者免除经营者责任、加重消费者责任等对消费者不公平、不合理的规定，不得利用格式条款并借助技术手段强制交易。格式条款、通知、声明、店堂告示等含有前款所列内容的，其内容无效。”在旅游合同领域，《审理旅游纠纷案件若干问题规定》第 6 条也在此基础上，规定了旅游格式合同的效力：“旅游经营者以格式条款、通知、声明、店堂告示等方式作出排除或者限制旅游者权利、减轻或者免除旅游经营者责任、加重旅游者责任等对旅游者不公平、不合理的规定，旅游者依据消费者权益保护法第二十六条的规定请求认定该内容无效的，人民法院应予支持。”

例如，旅行合同中约定的游览行程中包含的某一地点，实际上并不具备对游客开放的条件，具有一定危险性，旅行社明知这一情况，却仍然将该地点列入旅行景点，但在合同中注明到该处游览所发生的一切危险，由游客自行承担后果。则该份旅行格式合同约定的内容就属对旅游者不公平、不合理，免除旅行社本应承担的安全保障义务的条款，游客在与旅行社因此发生纠纷后，可以向人民法院要求确认该份格式条款无效。旅行社明知某一地点不适宜游客游览，仍带领游客前往，违反了其应当承担的安全保障义务，游客因此遭受的人身损害，旅行社应当承担相应责任。

二、旅行社承担责任与保险公司承担责任的关系

出外旅行中需要乘坐多种交通工具，到自然条件下的景区等地游玩，由于自然因素或人为因素，存在造成游客人身伤害的风险。《旅游法》第 61 条规定："旅行社应当提示参加团队旅游的旅游者按照规定投保人身意外伤害保险。"投保保费的承担方式可以由旅行社和游客在旅行合同中予以约定，由旅行社承担或由游客自行负担。

（一）旅行社与保险公司签订保险合同

1. 旅行社与保险公司签订人身意外伤害险

在投保保费由旅行社承担的情况下，保险合同由旅行社同保险公司签订，旅行社是投保人，游客是被保险人。游客在遭受符合保险理赔条件的人身伤害事故时，如果该人身伤害的发生是由于旅行社违反安全保障义务引起的，则游客既可以向旅行社主张违反安全保障义务的侵权责任，也可以向保险公司要求承担保险责任。此种情况下，旅行社违反安全保障义务的侵权责任与保险公司应承担的保险责任发生竞合，游客可以择其一向法院起诉。如果游客的人身伤害是由旅行社或第三人故意或过失造成的，保险公司承担保险责任后，可以在保险理赔的额度范围内，向有过错的行为人追偿。

2. 旅行社与保险公司签订责任险

《审理旅游纠纷案件若干问题规定》第 5 条规定："旅游经营者已投保责任险，旅游者因保险责任事故仅起诉旅游经营者的，人民法院可以应当事人的请求将保险公司列为第三人。"责任险是以旅行社可能对游客承担的民事责任为保险标的的险种。旅游经营者投保责任险后，如果在经营过程中，游客遭受人身意外伤害事故，旅行社需要对之承担民事责任的，可以在保险额度内由保险公司进行赔偿。

（二）游客与保险公司签订保险合同

游客在参加旅行活动前，也可自行与保险公司签订人身意外伤害保险合同。游客自行签订保险合同的，旅行社不是保险合同当事人。游客在发生意外伤害事故时，应自行向保险公司主张理赔。但如果游客是通过旅行社介绍推荐与保险公司签订了保险合同，在发生伤害事故时，旅行社应协助游客向保险公司主张理赔。游客遭受人身伤害事故是因第三人侵权或旅行社未尽安全保障义务引起的，保险公司在赔偿之后，可以向相关的责任主体追偿。

三、旅游辅助服务者的责任承担

（一）旅游辅助服务者承担安全保障义务

旅行社通过第三人协助履行合同义务的情形非常常见，法律和司法解释中将此种类型的第三人通常称为旅游辅助服务者。《审理旅游纠纷案件若干问题规定》第1条第3款规定："'旅游辅助服务者'是指与旅游经营者存在合同关系，协助旅游经营者履行旅游合同义务，实际提供交通、游览、住宿、餐饮、娱乐等旅游服务的人。"第7条第1款规定："旅游经营者、旅游辅助服务者未尽到安全保障义务，造成旅游者人身损害、财产损失，旅游者请求旅游经营者、旅游辅助服务者承担责任的，人民法院应予支持。"多数旅游辅助服务者与游客之间并不直接签订提供相关服务的书面合同，但旅游辅助服务者与游客之间发生了事实上的提供服务法律关系，因此，在《旅游法》和司法解释中将旅游辅助服务者和旅游经营者同样作为对游客承担安全保障义务的责任主体。

（二）第三人造成游客人身财产损害

《审理旅游纠纷案件若干问题规定》第7条第2款规定："因第三人的行为造成旅游者人身损害、财产损失，由第三人承担责任；旅游经营者、旅游辅助服务者未尽安全保障义务，旅游者请求其承担相应补充责任的，人民法院应予支持。"游客人身财产损害是由于第三人侵权行为直接造成的情况下，第三人的主观过错和客观行为是造成游客损失的直接原因，第三人应当作为第一责任人，游客主张第三人予以赔偿，人民法院应当支持。如果旅游经营者和旅游辅助服务者没有尽到安全保障义务，则其没有尽到安全保障义务的不作为行为为第三人侵权行为的实施创造了条件，是损害后果得以发生的间接原因，因旅游经营者和辅助服务提供者的行为对于造成损害后果的原因力程度较低，其责任形态应为相应补充责任。旅游经营者和辅助服务者应作为第二位责任主体。游客仅起诉旅游经营者和旅游辅助服务者的，人民法院应当向游客释明，追加侵权第三人为共同被告，并在第三人无力赔偿的范围内，判决旅游经营者和旅游辅助服务者承担相应补充责任。

四、旅行社挂靠者的责任承担

在审判实践之中，应注意区分旅游辅助服务者与挂靠在旅游经营者名下的主体。《审理旅游纠纷案件若干问题规定》第14条规定："旅游经营者准许他人挂靠其名下从事旅游业务，造成旅游者人身损害、财产损失，旅游者依据民法典第一千一百六十八条的规定请求旅游经营者与挂靠人承担连带责任的，人民法院应予支持。"挂靠在旅行社名下从事旅游业务的主体，违反安全保障义务，造成游客人身财产损害的，挂靠者本身具有过错，需要对游客遭受的损害承担赔偿责任。同时旅行社准许他人挂靠在其名下从事旅行业务，旅行社对挂靠者的从业资质、能力等也应尽到谨慎的注意义务，旅行社应当对挂靠者的行为进行监督、管理，否则，挂靠者以旅行社名义从事旅游业务时，给游客造成的损害，旅行社也应当承担连带责任。司法实践中，游客既可以选择挂靠者和旅行社中的任一主体为被告提起诉讼，并要求获得全部的赔偿；也可以同时以挂靠者和旅行社为共同被告提起诉讼，要求二者分别承担部分的损失，游客遭受的损失得到完全赔偿之后，游客与旅行社和挂靠者之间的侵权之债法律关系得以消灭。

【典型案例】

许某等诉某旅行社人身损害赔偿纠纷案

原告：许某。

原告：周甲。

原告：吴某。

原告：周某。

被告：某旅行社。

〔基本案情〕

原告许某、周甲、吴某、周某因与被告某旅行社发生人身损害赔偿纠纷，向江苏省徐州市泉山区人民法院提起诉讼。

原告许某、周甲、吴某、周某诉称，周丙为市国家粮食储备库的职工，许某、周甲、吴某、周某分别是其妻子、父亲、母亲、孩子。2009年7月13日，市国家粮食储备库与被告某旅行社签订《江苏省国内旅游合同》，约定市国家粮食储备库组织职工进行日照二日游，由被告提供相关旅游服务。同时，被告提供了日照二日游的行程安排。7月18日，周丙参加了该旅游行程。被告安排的旅行车于当日中午到达日照，根据行程安排，中餐后应去第三海滨浴场。旅行车到达第三海滨浴场后，因无停车位，被告的导游又改变该景点行程到太公岛浴场，并安排旅客在此游泳。周丙在游泳过程中发生溺水事故，经日照市人民医院抢救无效，于2009年7月27日死亡。后经查，被告安排的太公岛浴场为一已停止营业的浴场，无任何防护措施，严禁游客下海游泳冲浪。原告认为，被告作为专业的旅游服务机构，未能提供符合安全要求的景点，且未能提供任何有效安全的防范措施，而导致周丙死亡，应承担全部的民事责任。被告的侵权行为导致死者的家庭的重大经济损失和精神痛苦。后经原告与被告多次协商，但被告拒绝支付任何赔偿。为维护原告的合法权益，特向法院起诉，请求依法判令被告赔偿原告各项损失合计 743717.84 元，诉讼费用由被告承担。

被告某旅行社辩称，原告许某等起诉我公司主体不适格，导游石某与某旅行社是挂靠关系，是她联系以及接待并提供导游服务，应该作为有利害关系第三人参加诉讼或者作为被告。本案原告诉请的死亡赔偿金等应按照上一次起诉时的标准计算。作为导游石某的行为无过错，石某在导游服务中所带入的海边场地有明确告示，禁止下海游泳，而且在前去旅游地点时在告知书上有明确告知，所带入地点均是禁止下海，如发生意外，责任自负，周丙在告知书上签字。我公司在本次事故中没有责任，在服务当中公司以及接待人员石某也为旅游者购买了保险，按合同当中约定的旅游项目完全履行。请求法院依法作出公正判决。

徐州市泉山区人民法院一审查明：

周丙为市国家粮食储备库的职工，原告许某、周甲、吴某分别是周丙的妻子、父亲、母亲，原告周某系周丙与许某之子。2009 年 7 月 13 日，市国家粮食储备库与被告某旅行社的前身 A 旅行社有限公司签订《江苏省国内旅游合同》，约定市国家粮食储备库组织职工参加被告组织的国内旅行团，团号 SY090718 日照二日游，行程共计两天一夜，2009 年 7 月 18 日早 5：40 出发，7 月 19 日晚归，双方还就其他事项进行了约定。被告提供的日照二日游的行程安排为：D1：赶海拾贝：早上 5：30 出发途经郯县、新沂抵达日照后，游览万平口生态广场，土特产商店采购海产品，品日照绿茶。中餐后去第三海滨浴场，融入万顷碧波，仰卧千亩金沙滩任浪花荡去满身的疲惫。住宿海边准二星。D2：出海捕鱼。下午返程。2009 年 7 月 18 日，周丙参加了该旅游行程，当日到达日照，当日下午，周丙在日照太公岛浴场下海游泳时发生溺水事故，经日照市人民医院抢救无效，于 2009 年 7 月 27 日死亡。就赔偿事宜原、被告协商未果，2010 年 4 月 27 日，原告以诉称理由诉至本院要求被告赔偿，被告以辩称理由答辩。

庭审中，被告某旅行社主张日照当地的导游向参加此次旅游的游客作出书面提示，提示海水浴不在服务范围内，属自愿项目，发生意外责任自负，包括周丙在内的 17 名游客在提示上签字。为证实其主张，被告提交了有包括周丙在内的游客签字的《日照甲旅行社友情提示》，在该提示中有上述提示内容。原告质证认为，对日照甲旅行社友情提示真实性没有异议，但与本案诉争没有关联性，提示内容是日照甲旅行社作出的而不是本案被告，友情提示中所载明的海水浴不是行程之内，不代表不是被告的项目之内，该证据显示的职工签字的原因实际是为了统计下海的人，并不是说所有签字的成员都是下海的。该友情提示的签字时间并不是本案所诉争的在太公岛下海游泳之前一点时间，而是在万平口浴场下海之前旅游车行驶中签的，说明该提示只针对万平口浴场并不针对周丙溺水事件发生的太公岛浴场。

另查明，原告周甲出生于1943年1月5日，无收入来源，原告吴某出生于1949年10月8日，系铜山县单集镇卫生院退休职工，有退休工资。原告周甲、吴某育有包括周丙在内三个子女。原告周某出生于2010年2月16日，系遗腹子。

〔一审裁判理由与结果〕

徐州市泉山区人民法院一审认为：

周丙所在工作单位与被告某旅行社签订旅游合同后，周丙实际参加了被告组织的旅游，周丙与被告成立了旅游合同关系。周丙作为一个具有完全民事行为能力的人，应具备一定的安全防范意识，应意识到在海里游泳的危险性，但其却过于自信不顾危险到海里游泳，以致发生意外，对意外的发生应承担主要责任。被告作为旅游服务方，对游客的人身安全应尽到充分的注意和保障义务，虽然被告方的当地导游已经告知下海游泳不在服务范围，但被告方在周丙下海游泳时未进行劝阻，对意外的发生应承担一定责任。原告许某等主张被告安排周丙等在不对外开放的、不具备安全措施的游泳场游泳，并无充分证据证实，法院不予采信。本案是侵权之诉，原告方系死者周丙的近亲属，其作为受害人要求被告承担侵权民事赔偿责任，符合法律规定，法院依法予以支持；但赔偿的比例应根据双方的过错及该过错在周丙死亡中的作用合理确定。根据本案实际，法院酌定被告对周丙死亡所造成的损失承担20%的赔偿责任。原告主张的丧葬费15833.5元、死亡赔偿金411040元、周甲的被扶养人生活费61380.67元、周某的被扶养人生活费118377元，不违反法律规定，法院依法予以认定。原告吴某系退休，有退休工资生活来源，对其被扶养人生活费，法院不予支持。因受害人周丙的死亡致使原告受到了精神损害，四原告要求被告支付相应的精神损害抚慰金并无不当，根据本案具体情况，法院酌定支持为10000元。

综上，徐州市泉山区人民法院依照《中华人民共和国民法通则》第九十八条、第一百一十九条、第一百三十一条，最高人民法院《关于审理人身损害赔偿案件适用法律若干问题的解释》第六条、第十七条、第十八条、第二十七条、第二十八条、第二十九条之规定，于2010年12月10日判决：

一、本判决生效后十日内，被告某旅行社赔偿原告许某、周甲、吴某、周某丧葬费3166.7元、死亡赔偿金82208元、精神损害抚慰金10000元，合计95374.7元；

二、本判决生效后十日内，被告某旅行社赔偿原告周甲被扶养人生活费17537.3元；

三、本判决生效后十日内，被告某旅行社赔偿原告周某被扶养人生活费23675.4元；

四、驳回原告许某、周甲、吴某、周某的其他诉讼请求。

〔当事人上诉及答辩意见〕

一审宣判后，许某、周甲、吴某、周某不服判决，向徐州市中级人民法院提起上诉称：1. 原审法院认定事实错误。第一，太公岛浴场的告示中明确显示该海水浴场“停止营业，海上因无任何防护设施，严禁游客下海游泳冲浪”等内容，发布该告示警示的时间为 2009 年 6 月 10 日，而旅游行程时间是 2009 年 7 月 18 日，被上诉人某旅行社将游客安排至太公岛旅游，应认定该旅游场所系不对外开放的、不具备安全措施的游泳场所。第二，根据双方签订的《江苏省国内旅游合同》及行程安排，下海游泳是此次旅游行程的内容之一。“日照甲旅行社友情提示”是格式合同文本，不能等同于某旅行社的旅游服务范围，且游客签字的目的是旅游公司为统计下海人数，故不能以“日照甲旅行社友情提示”得出下海游泳不在某旅行社旅游服务范围内的结论。2. 原审法院适用法律错误。“日照甲旅行社友情提示”属于格式条款，因其内容对旅游者不公平、不合理，减免了旅行社损害旅游者合法权益时应承担责任，故该条款应属无效；某旅行社擅自变更浴场，并因该浴场未正常营业，安全防护设施不全，致使溺水死亡事件发生，故原审法院认定某旅行社承担 20% 的赔偿责任不当，应当由其承担全部赔偿责任。综上，请求二审法院依法改判或发回重审。

被上诉人某旅行社答辩称：一审法院认定事实清楚，适用法律正确，请求二审法院依法裁决。

〔二审查明的事实〕

二审审理期间各方当事人均未提交新的证据。

徐州市中级人民法院经二审，确认了一审查明的事实。

〔二审裁判理由与结果〕

徐州市中级人民法院二审认为：本案二审的争议焦点是：1. 被上诉人某旅行社在旅程中的行为是否存在过错。2. 某旅行社是否应当承担赔偿责任，以及责任程度应当如何确定。

上诉人许某、周甲、吴某、周某以被上诉人某旅行社为赔偿义务人提出人身损害赔偿之诉，判断某旅行社作为赔偿义务人的责任承担，应当考虑：1. 某旅行社是否存在过错。2. 某旅行社的行为与周丙的死亡后果之间是否存在因果关系。

旅行合同为旅行社提供有关旅行给付于全部旅客，而由旅客支付报酬的合同。旅行中景点安排，由旅行社接洽第三人给付，除旅客已直接与第三人发生合同关系外，该第三人即为旅行社的旅行辅助人，对游客的人身和财产安全负有保障义务。第三人如有故意或过失侵害旅客的行为，旅行社应当承担损害赔偿责任。

1. 被上诉人某旅行社是否存在过错。周丙在下海游泳过程中溺水，事故发生后游泳场所未采取急救措施，后被送至医院抢救无效死亡。某旅行社将原旅游合同中约定的旅游场所由日照第三海滨浴场变更为太公岛浴场，而当时的太公岛浴场正处于维修阶段，系非正常营业的场所。某旅行社根据其签订的《江苏省国内旅游合同》

及行程安排，有义务向包括周丙在内的旅游合同相对人安排至具备正常营业资格的场所接受其旅游服务，因此，某旅行社违反了上述义务，对周丙在接受旅游服务时应当享有的正常营业性旅游场所所具备的安全保障利益造成损害。结合海滨浴场场所的具体情况，旅游者在具备提供旅游服务功能的海滨浴场所享有的安全保障利益应当包括溺水后获得浴场范围内被施以紧急救助的利益。因某旅行社提供的太公岛浴场处于非正常营业期间，故对于周丙在溺水后未能获得浴场急救，应当认定某旅行社变更旅游场所的行为存在过失，侵犯了周丙应当享有的场所安全保障利益。

2. 被上诉人某旅行社的行为与周丙的死亡后果之间是否存在因果关系。周丙溺水后在未采取浴场急救措施的情况下被送至医院抢救无效死亡，在这一事故过程中，浴场急救行为对阻却溺水事故损害后果的发生存在一定的可能性概率。因某旅行社的过错行为导致浴场急救行为的缺失，使得阻却溺水损害后果的可能性概率不当降低，故不应否认某旅行社的过失行为与周丙溺水死亡后果之间存在一定的因果关系。考虑到浴场急救行为仅对阻却溺水事故损害后果的发生存在可能性概率，却并非导致溺水事故损害后果的唯一原因，故不应认定某旅行社的过失行为与周丙溺水死亡后果之间存在全部原因关系。

3. 太公岛海水浴场游客须知以及友情提示中明确显示该海水浴场“停止营业，海上因无任何防护设施，严禁游客下海游泳冲浪”等内容，周丙系成年人，应当对下海游泳行为的危险性有合理认知，亦应当根据太公岛海水浴场的告知内容对自己下海游泳行为作出合理判断，因此，周丙选择下海游泳的行为与导致溺水事故后果亦有一定因果关系，其对事故后果亦应当承担相应的责任。

综合以上，考虑周丙的行为过失以及某旅行社的行为过失与周丙溺水死亡后果之间存在的原因关系，原审法院酌定某旅行社向上诉人许某、周甲、吴某、周某承担周丙事故损失20%的赔偿责任并无不当，法院予以支持。

综上，上诉人许某、周甲、吴某、周某的上诉请求因证据不足，不予支持。原审判决认定事实清楚，适用法律正确。据此，徐州市中级人民法院依照《中华人民共和国民事诉讼法》第一百五十三条第一款第（一）项之规定，于2011年10月30日判决：

驳回上诉，维持原判。

本判决为终审判决。

第十一章　教育机构的侵权责任

规则 19：学校履行教育、管理、保护义务不当，未成年学生在校园内受到伤害的，学校应当承担与其过错相应的赔偿责任

——吴某诉朱某、某学校人身损害赔偿纠纷案①

【裁判规则】

对在校学习的未成年学生，学校虽然没有监护职责，但有教育、管理和保护的义务。学校履行教育、管理、保护义务不当，以至于未成年学生在校园内加害其他未成年学生的，除加害人的监护人应当承担责任外，学校也应当承担与其过错相应的赔偿责任。

【规则理解】

学校是未成年人成长发育、学习知识和接受教育的重要场所。未成年人心智尚未完全成熟，身体较为弱小，较成年人相比需要保护和照顾。未成年人的监护人是法定保护未成年人身心健康的民事主体，但未成年人需要到学校接受教育培训，监护人无法时刻守护，因此学生在校期间，学校承担了一部分保护未成年身心健康的义务，如果学校未能履行此项义务，导致未成年人学生人身损害，学校应当承担侵权责任。

一、教育机构责任的基本内涵

（一）未成年人的概念

未成年人是指身心尚未发育成熟，不能独立参与到社会生活中的人。一般以年满十八周岁作为判断公民成年的标识。民法中与未成年人类似的法律概念是无民事行为能力人和限制行为能力人，但两者之间并非精确对应的关系。《民法典》中对成年人和未成年以及公民的民事行为能力作出了权威性的规定，其第 18 条规定："成年人为完全民事行为能力人，可以独立实施民事法律行为。

① 《中华人民共和国最高人民法院公报》2006 年第 12 期。

十六周岁以上的未成年人，以自己的劳动收入为主要生活来源的，视为完全民事行为能力人。”第19条规定：“八周岁以上的未成年人为限制民事行为能力人，实施民事法律行为由其法定代理人代理或者经其法定代理人同意、追认；但是，可以独立实施纯获利益的民事法律行为或者与其年龄、智力相适应的民事法律行为。”第20条规定：“不满八周岁的未成年人为无民事行为能力人，由其法定代理人代理实施民事法律行为。”

对于不满十八周岁的未成年人，其民事行为能力涵盖了无行为能力、限制行为能力和完全行为能力三种。不满八周岁的未成年人均为无行为能力人；年满八周岁不满十六周岁的未成年人均为限制行为能力人；年满十六周岁不满十八周岁的未成年人，以自己的劳动收为主要生活来源的，视为完全行为能力人，无劳动收入或虽有劳动收入但不是其主要生活来源的，为限制行为能力人。

《民法典》中视被侵权人为限制行为能力人还是无行为能力人而对教育机构责任作出不同规定。因此正确界定未成年人的行为能力对于认定教育机构侵权责任的承担具有重要意义。

（二）教育机构的概念

教育机构本身的外延比较广泛，指一切从事教育、培训类的企事业单位或公益组织等机构。但这些机构并不都能成为教育机构责任的责任主体。教育机构责任对应的学生为未成年人，而且主要是未成年人中的无行为能力人和限制行为能力人。一般情况下高等院校或社会中针对成年人举办的职业培训机构等，不属于教育机构责任的主体。因高等院校招收的大学生，按正常入学年龄和学制计算应年满十八周岁，但对于某些高校中招收的年龄较小的特长生，入学时尚不满十八周岁，高校也应当对此类学生给予更多的关注，否则，当这些未成年人在校园内遭受侵害时，高校也需要承担一定教育机构责任。

《民法典》在侵权责任编中第3章“责任主体的特殊规定”中以三个条文对教育机构的侵权责任加以规定。对于教育机构责任主体列举了幼儿园、学校两种，并附以其他教育机构进行兜底。其他教育机构应包括各种类型的学前班，特长班，各种针对未成年人的培训机构、针对问题少年的矫正机构等。某一教育机构是否能够成为教育机构责任的主体并不是一成不变的，具体应视侵权事件中被侵权人本身是否为未成年人而定。

（三）教育机构责任的概念

1. 教育机构责任的法律规定

2004年制定的《人身损害赔偿司法解释》中首次对于教育机构责任专门加

以规定，第 7 条规定：“对未成年人依法负有教育、管理、保护义务的学校、幼儿园或者其他教育机构，未尽职责范围内的相关义务致使未成年人遭受人身损害，或者未成年人致他人人身损害的，应当承担与其过错相应的赔偿责任。第三人侵权致未成年人遭受人身损害的，应当承担赔偿责任。学校、幼儿园等教育机构有过错的，应当承担相应的补充赔偿责任。”原《侵权责任法》制定过程中，对该条内容加以吸收完善，故在《人身损害赔偿司法解释》修正过程中，删除了该条内容。

原《侵权责任法》第 38 条规定：“无民事行为能力人在幼儿园、学校或者其他教育机构学习、生活期间受到人身损害的，幼儿园、学校或者其他教育机构应当承担责任，但能够证明尽到教育、管理职责的，不承担责任。”第 39 条规定：“限制民事行为能力人在学校或者其他教育机构学习、生活期间受到人身损害，学校或者其他教育机构未尽到教育、管理职责的，应当承担责任。”第 40 条规定：“无民事行为能力人或者限制民事行为能力人在幼儿园、学校或者其他教育机构学习、生活期间，受到幼儿园、学校或者其他教育机构以外的人员人身损害的，由侵权人承担侵权责任；幼儿园、学校或者其他教育机构未尽到管理职责的，承担相应的补充责任。”《民法典》编纂过程中，基本沿袭了原《侵权责任法》规定的教育机制责任制度的基本框架和内容，同样分三条规定了教育机构承担的违反安全保障义务责任。

《民法典》第 1199 条规定：“无民事行为能力人在幼儿园、学校或者其他教育机构学习、生活期间受到人身损害的，幼儿园、学校或者其他教育机构应当承担侵权责任；但是，能够证明尽到教育、管理职责的，不承担侵权责任。”第 1200 条规定：“限制民事行为能力人在学校或者其他教育机构学习、生活期间受到人身损害，学校或者其他教育机构未尽到教育、管理职责的，应当承担侵权责任。”第 1201 条规定：“无民事行为能力人或者限制民事行为能力人在幼儿园、学校或者其他教育机构学习、生活期间，受到幼儿园、学校或者其他教育机构以外的第三人人身损害的，由第三人承担侵权责任；幼儿园、学校或者其他教育机构未尽到管理职责的，承担相应的补充责任。幼儿园、学校或者其他教育机构承担补充责任后，可以向第三人追偿。”

原《侵权责任法》与司法解释相比对教育机构责任的规定更为细化。首先，将被侵权人区分为限制行为能力人和无行为能力人，并据此区分教育机构承担责任的归责原则。其次，将侵权人分为校内人员或校外人员，并据此区分教育机构承担责任的顺位和范围。《民法典》中进一步补充规定了教育机构承担补充责任后，享有对直接实施侵权行为的第三人的追偿权，明确了侵权行为人承担最终侵权责任。

2. 教育机构的教育、管理职责

广义的民事责任包含两层含义，一是义务；二是狭义的责任。义务是指民事主体根据合同约定或法律的规定而应当履行的作为或不作为。狭义的责任是指民事主体因为不履行合同约定或法定义务而应当承担的不利后果。《民法典》中规定的侵权责任均为狭义范畴的责任，即侵权责任人对自己、自己管领物件或他人的侵权行为造成的损害承担的不利后果。

狭义责任存在的前提是约定或法定的义务，义务既可以表现为积极作为的义务，也可表现为消极不作为的义务。法律、法规中规定了教育机构对于未成年人所需要承担的管理、保护的义务。

教育部《学生伤害事故处理办法》第4条规定："学校的举办者应当提供符合安全标准的校舍、场地、其他教育教学设施和生活设施。教育行政部门应当加强学校安全工作，指导学校落实预防学生伤害事故的措施，指导、协助学校妥善处理学生伤害事故，维护学校正常的教育教学秩序。"第5条规定："学校应当对在校学生进行必要的安全教育和自护自救教育；应当按照规定，建立健全安全制度，采取相应的管理措施，预防和消除教育教学环境中存在的安全隐患；当发生伤害事故时，应当及时采取措施救助受伤害学生。学校对学生进行安全教育、管理和保护，应当针对学生年龄、认知能力和法律行为能力的不同，采用相应的内容和预防措施。"

上述规定即为教育机构在日常教学过程中对未成年学生所承担的监护管理的法定义务，如果教育机构消极不作为，没有按照法律的规定履行对学生的教育、管理职责，造成学生在校期间的伤害事故，教育机构就可能需要承担侵权责任。

二、教育机构责任的构成要件

（一）教育机构没有尽到教育、管理职责

法律法规中规定了教育机构的教育、管理职责，教育机构承担责任的前提，即是其没有妥善履行其法定义务，如果教育机构已经履行了法律规定的义务，伤害事故是由于不可抗力或其他不可预见无法避免的原因造成的，教育机构的行为因不存在违法性而无须承担侵权责任。

在学生伤害事件中教育机构的教育、管理职责的具体内容主要规定在教育部《学生伤害事故处理办法》中。该办法第4条规定："学校的举办者应当提

供符合安全标准的校舍、场地、其他教育教学设施和生活设施。教育行政部门应当加强学校安全工作，指导学校落实预防学生伤害事故的措施，指导、协助学校妥善处理学生伤害事故，维护学校正常的教育教学秩序。”第5条规定：“学校应当对在校学生进行必要的安全教育和自护自救教育；应当按照规定，建立健全安全制度，采取相应的管理措施，预防和消除教育教学环境中存在的安全隐患；当发生伤害事故时，应当及时采取措施救助受伤害学生。学校对学生进行安全教育、管理和保护，应当针对学生年龄、认知能力和法律行为能力的不同，采用相应的内容和预防措施。”

（二）教育机构对于损害发生具有过错

教育机构责任在责任主体方面具有特殊性，但其仍然属于一般侵权行为责任，适用过错责任的归责原则。教育机构对于损害结果的发生具有主观上的过错，实践中一般以教育机构是否履行教育、管理责任作为判断其主观上是否具有过错的标准。这并不意味着教育机构责任的构成要件中不包括主观过错，而是表现为过错认定标准的客观化，为判断过错存在与否提供可识别的行为模式。

（三）损害发生在教育机构能够行使管理职权的时空范围内

教育机构承担侵权责任的范围需在其能够行使教育、管理职责的时间和空间范围内，一般以学校校园为限，但在教育机构组织学生参加的校外活动中，教育机构也承担着管理和保护未成年学生的法定责任，教育机构疏于管理致使学生在此类活动中遭遇伤害事故时，也应承担侵权责任。除此之外，学生在校园以外以及非上学时间发生的伤害事故，因超出学校能够行使教育、管理职责的时空范围，学校不承担侵权责任。有关政府规章对此专门作出过规定，如教育部《学生伤害事故处理办法》第13条规定：“下列情形下发生的造成学生人身损害后果的事故，学校行为并无不当的，不承担事故责任；事故责任应当按有关法律法规或者其他有关规定认定：（一）在学生自行上学、放学、返校、离校途中发生的；（二）在学生自行外出或者擅自离校期间发生的；（三）在放学后、节假日或者假期等学校工作时间以外，学生自行滞留学校或者自行到校发生的；（四）其他在学校管理职责范围外发生的。”

（四）教育机构的过错行为与损害结果具有因果联系

侵权责任的构成要件中包含违法行为与损害结果之间的因果关系。如果损害结果并不是由于违法行为引起的，而是其他意外事件引起，教育机构也不承担侵权责任。例如，某地发生地震，即使学校在履行教育、管理中存在失职行为，但学生遭受伤害事故是由于地震导致的校舍倒塌等原因引起的，则因为失职行为与损害结果之间不存在因果关系，学校无须承担侵权责任。

在判断教育机构的行为与未成年学生遭受的损害之间是否具有因果联系时，并不要求教育机构的失职行为是学生伤害的唯一原因，只要教育机构没有履行教育、管理职责的行为，为学生遭受损害结果提供了条件，就可以认定因果关系存在。

（五）被侵权人为无民事行为能力人或限制行为能力人

《民法典》中规定教育机构责任的被侵权人为无行为能力人和限制行为能力人，而非未成年人，两者范围存在细微差别。十六周岁以上的未成年人，以劳动收入为主要生活来源的，为完全行为能力人，不属于无行为能力人和限制行为能力人，也不属于教育机构责任的被侵权人。此类群体如在教育机构内遭受损害，只能依据一般侵权责任规定予以认定，而不能适用教育机构违反安全保障义务责任条款。

【拓展适用】

《民法典》中根据被侵权人遭受损害的来源进行了区分，分为来自教育机构内部的侵害和来自教育机构外部的侵害，并对两种情况下教育机构责任的承担作出了不同的规定。

一、教育机构责任的类型化分析

（一）被侵权人在校内遭受来自教育机构内部的侵害

1. 被侵权人在校内遭受其他未成年人侵害

被侵权人在校内遭受其他未成年人侵害，双方均为无行为能力人或限制行为能力人，侵权人无法对自己的行为独立承担责任。如果教育机构没有履行教育、管理职责，预防及阻止损害结果的发生，则教育机构应当承担侵权责任。对于此时教育机构承担侵权责任的责任基础应做进一步分析。

被侵权人遭受损害的原因有二，一是侵权未成年人的加害行为；二是教育机构的不作为。侵权未成年人的加害行为是导致被侵权人损害结果的直接原因，但因为侵权人本身无完整行为能力，无法独立承担责任，因此，被侵权人无法要求侵权行为人承担民事责任。教育机构的不作为是损害结果发生的间接原因，教育机构根据法律的规定承担教育、管理未成年学生的法定义务，如果教育机构没有适当履行此项义务，并且其失职行为与损害结果的发生具有因果关系，则教育机构应当承担侵权责任。但教育机构侵权责任的基础并不仅仅在于其没有履行法定义务，因为，在校外人员进入校园致学生伤害的事件中，教育机构也仅对侵权人无法赔偿损失承担补充责任。

笔者认为，此类情况下教育机构责任具有双重属性。一方面是对未成年人学生的侵权行为承担替代责任；另一方面是对教育机构本身没有履行法定义务的消极不作为承担自己责任。未成年人的父母作为未成年人的法定监护人，对于未成年人有监护的职责，应依法保护未成年人利益，并对未成年人实施的不法行为承担法律后果，因父母与未成年人之间具有监护与被监护的特定法律关系，未成年人父母替代未成年人承担侵权行为引起的民事责任。而对于教育机构而言，传统民法理论认为未成年人父母将未成年人送入学校，在校就读期间，未成年人父母事实上无法对未成年人进行有效的管束和保护，未成年人父母将其监护的职责委托给学校行使，学校与学生家长存在委托监护关系，学校承担了学生在校期间的一部分监护职责。对学生实施的侵权行为承担替代责任。从《民法典》的规定看，在校内未成年人实施侵权行为时，法律并未要求实施侵权行为的未成年人的法定监护人承担侵权责任，而是要求教育机构首先承担侵权责任，实际上表明教育机构是替代未成年人学生承担责任。

2. 被侵权人在校内遭受教育机构人员的侵害

被侵权人在校内遭受教育机构人员的不法侵害。例如，教师体罚甚至虐待学生事件中，教师是学校的工作人员，根据用人单位与劳动者之间的关系理论，用人单位对于劳动者在劳动期间致他人损害的事件承担替代责任，学校教师在从事教学工作中，采取不当措施致未成年人学生损害的，学校作为用人单位也应替代教师承担侵权责任。在学校承担侵权责任后，可以向直接实施侵权行为的教师追责。

3. 被侵权人在校内遭受校舍、教学工具等设备伤害

《学生伤害事故处理办法》第9条规定：“因下列情形之一造成的学生伤害事故，学校应当依法承担相应的责任：（一）学校的校舍、场地、其他公共设施，以及学校提供给学生使用的学具、教育教学和生活设施、设备不符合国家规定的标准，或者有明显不安全因素的；（二）学校的安全保卫、消防、设施设备管理等安全管理制度有明显疏漏，或者管理混乱，存在重大安全隐患，而未及时采取措施的；……”未成年人在校期间因校舍等各种教学设备不符合规定的标准而遭受损害时，根据物件致人损害责任的原理，校舍及各种教学设备为学校管领和控制下的物件，学校应保证物件符合相应标准、具备安全可靠的性能，如果物件致他人损害，学校也应承担侵权责任。

（二）被侵权人在校内遭受来自教育机构外部的伤害

近年来，校外人员闯入校园实施伤人等暴力事件的案件时有发生，校园安全事件引起社会广泛关注，此类事件中侵权责任的责任主体和责任形式值得研究。教育机构对第三人致害的补充责任的归属原则为过错责任原则，只有被侵权人证明教育机构存在“未尽到管理职责”的过失，教育机构才承担责任。[①]

1. 完全行为能力侵权人实施侵权行为

具有完全行为能力的第三人闯入校园实施侵权行为，致使在校未成年学生遭受人身或财产损害，第三人侵权是导致损害结果的直接原因，第三人具有完全行为能力，应当对自己的违法行为承担民事责任。学校与第三人之间不存在承担替代责任的法律关系基础，因此学校无须对第三人侵权承担替代责任或连带责任。但在第三人侵权过程中，如果学校没有尽到管理、防卫以及阻止损害结果扩大等职责，学校对自己的消极不作为应向受伤害学生承担侵权责任。

2. 不完全行为能力侵权人实施侵权行为

如果闯入校园实施侵权行为的校外人员是无行为能力人或限制行为能力人，如精神病患者闯入学校对学生实施暴力加害，精神病患者本身没有行为能力，不能对自己的加害行为承担民事责任。学校与精神病患者之间也不存在替代承担责任的基础，学校也无须对精神病患者的行为承担替代或连带责任。但精神病患者的监护人没有尽到看管约束精神病患者的义务，致使精神病患者外出伤人，其监护人应当对精神病患者的行为承担替代责任。被侵权人可向侵权行为人的监护人要求承担侵权责任。如果学校没有尽到管理保护职责，根据《民法典》规定，学校应承担相应的补充责任，在侵权行为人及其监护人无法赔偿的损失范围内，根据其过错程度以及其不作为对造成损害结果的原因力大小承担相应责任。

二、教育机构责任的归责原则与举证责任

根据上文所述，教育机构责任从归责原则方面分析属一般侵权行为，适用过错责任的归责原则。在判断教育机构对于被侵权人遭受的损失主观上是否具有过错时，并不真正去探究教育机构的主观心理状态，事实上作为法人或组织形态的教育机构，并不像自然人那样具有真正意义上的“心理状态”。教育机构是否对于损害后果具有过错应通过其客观外化的行为进行判断，即以教育机

---

① 参见王利明、周友军、高圣平：《中国侵权责任法教程》，人民法院出版社2010年版，第446页。

构是否履行了教育、管理职责。

在无行为能力人和限制行为能力人在校内遭受损害时，教育机构承担责任的归责原则总体均属过错责任原则，但也有所区别，表现为无行为能力人遭受损害时，教育机构承担责任的归责原则为过错推定原则。限制行为能力人遭受损害时，教育机构承担一般过错责任。由此引起举证责任分担方面的差异。

（一）无行为能力人遭受损害的归责原则

对于无行为能力人在校学习、生活期间遭受损害的，《民法典》第1199条首先规定了教育机构应当承担责任，但同时又进行了除外规定，即教育机构能够证明尽到教育、管理职责的，不承担责任。说明无行为能力人遭受损害，首先推定教育机构负有责任，没有尽到教育、管理职责，主观上具有过错；但这种推定是可以推翻的，教育机构如果能够证明已经尽到教育、管理职责，则无须承担侵权责任。

无行为能力人在校期间遭受损害的，教育机构的责任承担适用过错推定的归责原则。过错推定仍是过错责任的一种，其本质上仍然是以过错作为责任人承担侵权责任的基础，只是在过错存在与否的认定上，教育机构需要承担更大的举证责任。民事案件中，“谁主张，谁举证”，一般由原告承担举证责任，如果原告中不能举证证明自己的主张，则需要承担败诉的不利后果。但在适用过错推定原则的侵权案件中，并不要求原告对于教育机构的过错承担举证责任，而只要求原告证明教育机构应承担责任的其他构成要件，对于教育机构的过错，即便原告不能证明教育机构没有尽到教育、管理的职责，也不一定会败诉。但对于作为被告的教育机构而言，如果其不能证明已经尽到教育、管理职责，则会承担败诉的不利后果。

（二）限制行为能力人遭受损害的归责原则

对于限制行为能力人在校期间遭受损害的，《民法典》规定的是一般过错责任的归责原则。原告要求教育机构承担责任时，应当对教育机构没有尽到教育、管理职责进行举证，如果原告不能举出充分证据证明教育机构的过错，可能会面临败诉的不利后果。

《民法典》对于无行为能力人和限制行为能力人遭受损害时的归责原则进行区别性对待，原因在于无民事行为能力人为不满十周岁的人，判断辨别事物的能力和自我保护的能力非常低，更为脆弱和易受伤害，学校对于无民事行为能力人承担着更重的保护义务，而且无民事行为能力人在事件发生时对于事物的描述以及搜集、提出证据的能力明显不足，被侵权人及其监护人很难提出证据证明学校在教育、管理过程中存在过错，因此，对于无民事行为能力人在校期间遭受损害的，推定学校存在过错。换言之，作为被告的学校需要对其是否尽到教育、管理职责承担举证责任。

三、教育机构责任的责任形态

（一）校内人员致害时的责任形态

校内人员侵权具体又可分为两种情况，一是教育机构工作人员实施侵权行为；二是在教育机构接受教育的未成年学生实施侵权行为。在第一种情况下，教育机构与工作人员形成用人单位与劳动者之间的替代责任关系，教育机构工作人员在履行职务行为的过程中实施侵权导致未成年学生人身损害的，教育机构应当对其工作人员的职务行为承担责任。

在其他未成年学生实施侵权造成损害时，教育机构没有尽到教育、管理职责，应当承担侵权责任，但并没有否定和排除未成年学生及其监护人的侵权责任。未成年学生本身是侵权行为人，未成年学生本身虽然没有行为能力人和责任能力，但其监护人作为法定代理人，应当对未成年人学生实施的侵权行为承担替代责任。因此笔者认为，被侵权人既可以向教育机构要求承担侵权责任，也可以向实施侵权行为的未成年学生及其监护人要求承担侵权责任，还可以两者为共同被告向法院提起诉讼。在被侵权人诉教育机构侵权纠纷中，根据《民法典》第1199条及第1200条的规定，教育机构应当承担全部侵权责任。在被侵权人诉侵权行为人时，根据侵权责任理论，侵权行为人的监护人应当对被监护人的行为承担替代责任。教育机构与侵权行为人之间对外即对受害人承担的应为连带责任关系。连带责任关系内部也可区分责任份额，在被侵权人同时起诉教育机构和侵权行为人时，法院可根据教育机构和侵权行为人之间的过错程度以及对造成损害结果的原因力大小确认其各自的责任份额。

（二）校外人员致害时的责任形态

校外人员进入校园实施侵权行为时，侵权行为人为直接侵权人，为第一顺位的责任人，教育机构没有尽到教育、管理职责，系不作为侵权，其主观过错对于造成损害结果的原因力较小，为第二顺位责任人，承担的是补充责任，以侵权行为人无法赔偿的损害为其责任范围。被侵权人主张赔偿时，应先向侵权行为人主张，在侵权行为人无力赔偿的情况下，可要求教育机构承担补充责任。根据《民法典》第1201条之规定，教育机构承担补充责任后，可以向实施侵权行为的人追偿，直接侵权行为人为最终责任人。

【典型案例】

吴某诉朱某、某学校人身损害赔偿纠纷案

原告：吴某。

被告：朱某。

被告：某学校。

〔基本案情〕

原告吴某因与被告朱某、被告某学校发生人身损害赔偿纠纷，由其父吴甲代理，向江苏省淮安市楚州区人民法院提起诉讼，朱某的父亲朱甲代理朱某应诉。

原告吴某诉称：原告在被告某学校的寝室里休息时，被被告朱某乱扔的橘子砸伤眼睛，经多家医院治疗，仍留下残疾。某学校对原告负有监护职责，原告在校学习生活期间受伤，某学校理应给原告赔偿损失。朱某是直接致害人，亦应承担赔偿责任。可是某学校与朱某互相推诿，拒不承担赔偿责任。请求判令某学校与朱某给原告赔偿医疗费 39056.76 元、护理费 1.2 万元、住院伙食费 180 元、营养费 249.37 元、住宿费 1500 元、交通费 3996 元、伤残补助费 9507.80 元、精神抚慰金 5000 元、鉴定费 300 元、误学费 1208 元，并负担本案诉讼费用。

被告朱某辩称：朱某是无民事行为能力人，在校期间父母对其无法履行监护职责，监护职责已经转移给学校。被告某学校实行封闭式管理，对在校寄宿的学生负有监护职责，应当对原告在校期间遭受的损害承担赔偿责任。另外，原告受伤后，某学校救治不力，延误了治疗，扩大了损失，据此也应承担责任。

被告某学校辩称：法律规定，未成年人的监护人是其父母，只有监护人才对未成年人负有监护职责。监护职责不能随便转移给学校。原告吴某是因被告朱某的行为受伤，受伤后得到我校及时救助。我校对寄宿学生已尽到保护、照顾和管理的职责，对原告受到的伤害没有任何过错，不应承担赔偿责任。况且法定的人身伤害损害赔偿项目中，没有误学费赔偿这一项目，应当驳回原告对我校提出的诉讼请求。

淮安市楚州区人民法院经审理查明：

被告某学校是民办寄宿制小学，对在校学生实行封闭式管理。2004 年 6 月 13 日，原告吴某与被告朱某的监护人分别与某学校签订入学协议书，送吴某与朱某入学。同年 9 月，吴某与朱某成为某学校一年级（1）班的学生，在同一宿舍住宿。同年 12 月 17 日晚 10 时许，吴某与朱某在宿舍内各自床上休息时，朱某将一枚橘子扔到吴某右眼上，致吴某右眼受伤。吴某受伤后哭泣，老师发现后即送吴某到校医务室治疗。12 月底，某学校将吴某受伤一事通知给吴某的父母。吴某的父母带吴某先后到甲医院、乙医院、丙医院、丁医院治疗，共花去医疗费 39592.58 元、交通费 2040 元、住宿费 1000 元。为给吴某治疗，朱某的监护人垫支过 561.60 元，某学校垫支过 1 万元。

经法医鉴定，原告吴某的右眼钝挫伤、右玻璃体积血、右视网膜脱离致右眼低视力1级，伤残程度为10级；吴某伤后1个月需营养补助，伤后3—4个月需护理；伤后使用的药物均为外伤病人临床对症处理用药，无明显不妥之处。双方当事人对上述法医鉴定结论无异议，对此次鉴定收费300元、住院期间伙食补助费支出180元、营养费支出249.37元以及吴某需残疾赔偿金9508元等也无异议。

以上事实，有当事人陈述、入学协议、病历和医疗费、交通费、住宿费、鉴定费等相关票据，以及调查笔录、证明、鉴定书等证据证实。

〔一审裁判理由与结果〕

本案应解决的争议焦点是：1. 未成年学生在校学习生活期间，学校是否承担监护职责？2. 谁应当对本案的伤害后果承担责任？3. 原告方关于误学费赔偿的诉讼请求是否合理？

淮安市楚州区人民法院认为：

1.《中华人民共和国民法通则》（以下简称民法通则）第十六条规定："未成年人的父母是未成年人的监护人。未成年人的父母已经死亡或者没有监护能力的，由下列人员中有监护能力的人担任监护人：（一）祖父母、外祖父母；（二）兄、姐；（三）关系密切的其他亲属、朋友愿意承担监护责任，经未成年人的父、母的所在单位或者未成年人住所地的居民委员会、村民委员会同意的。对担任监护人有争议的，由未成年人的父、母的所在单位或者未成年人住所地的居民委员会、村民委员会在近亲属中指定。对指定不服提起诉讼的，由人民法院裁决。没有第一款、第二款规定的监护人的，由未成年人的父、母的所在单位或者未成年人住所地的居民委员会、村民委员会或者民政部门担任监护人。"据此，监护是基于身份产生的民事权利。当未成年人无父母或其他亲属作监护人时，其父、母所在单位或者其住所地的居民委员会、村民委员会、民政部门等单位，才可能成为监护人。学校不能成为未成年人的监护人。法律对监护人的范围规定很明确，监护关系不容随意设立或变更。故监护人将未成年学生送至学校学习，其监护职责并未转移给学校；学校也不因接受未成年学生到校学习，自然而然地承担起对该学生的监护职责。《最高人民法院关于贯彻执行〈中华人民共和国民法通则〉若干问题的意见（试行）》第二十二条规定："监护人可以将监护职责部分或者全部委托给他人。因被监护人的侵权行为需要承担民事责任的，应当由监护人承担，但另有约定的除外；被委托人确有过错的，负连带责任。"这一条规定了监护职责可以因委托而转移。监护人如果想将监护职责部分或者全部委托给学校，必须与学校达成明确的委托约定。没有明确的委托约定，不能推定学校已经接受监护人的委托，对到校学习的未成年学生承担起部分或全部监护职责。

本案被告某学校是一所民办寄宿制小学。与其他实行走读制的学校相比，寄宿制小学只是在学校内部的管理上有所扩展，并未改变其对学生承担教育、管理和保护义务的本质。而学校内部管理上的变化，并不必然导致未成年学生监护职责的转移。在某学校与学生家长签订的入学协议中，没有约定家长委托学校对未成年学生履行监护职责。因此，对在校学习的未成年学生，某学校没有监护职责。

2. 本案原告吴某是在被告某学校的寝室内休息时，被被告朱某扔的橘子砸伤右眼。民法通则第一百三十三条第一款规定："无民事行为能力人、限制民事行为能力人造成他人损害的，由监护人承担民事责任。监护人尽了监护责任的，可以适当减轻他的民事责任。"致害人朱某是无民事行为能力人，朱某致伤他人，朱某的监护人依法是当然的赔偿主体。《最高人民法院关于审理人身损害赔偿案件适用法律若干问题的解释》第七条规定："对未成年人依法负有教育、管理、保护义务的学校、幼儿园或者其他教育机构，未尽职责范围内的相关义务致使未成年人遭受人身损害，或者未成年人致他人人身损害的，应当承担与其过错相应的赔偿责任。第三人侵权致未成年人遭受人身损害的，应当承担赔偿责任。学校、幼儿园等教育机构有过错的，应当承担相应的补充赔偿责任。"某学校虽然对在校未成年学生没有监护职责，但有教育、管理和保护的义务。在履行教育、管理、保护义务中，某学校如果无过错，则不是本案的责任承担主体；如果有过错，就会成为本案另一责任承担主体，承担与其过错相应的赔偿责任。吴某在 2004 年 12 月 17 日晚 10 时许受到伤害，此时早已是寄宿学生熄灯就寝的时间。按照某学校的管理制度，学校里专门负责学生生活的老师应当对未成年学生的就寝情况进行巡视。事实证明，吴某、朱某等人超过规定时间未入睡，对这一异常情况，某学校没有及时发现并管理，以致本可避免的伤害事故发生。伤害事故发生后，某学校不仅未给吴某提供及时有效的治疗措施，且滞后 10 多天才向监护人通知吴某受到伤害的情况，以致吴某伤情加重。某学校对未成年学生没有充分履行教育、管理和保护的义务，主观上有一定过错，理当成为本案又一责任承担主体。

民法通则第一百三十三条规定，对无民事行为能力人的致害行为，监护人承担无过错责任；监护人尽了监护责任的，可以适当减轻其民事责任。《最高人民法院关于审理人身损害赔偿案件适用法律若干问题的解释》第七条规定，在校园伤害案件中，学校承担与其过错相应的民事责任。原告吴某是在被告某学校生活期间受到伤害，自身无过错；被告朱某虽然实施了加害行为，但朱某是未成年人，且是在校期间伤害他人。无论是对加害人还是对受害人，某学校都有教育、管理和保护的义务。某学校未充分履行此项义务，是导致本案伤害事故发生的主要原因。某学校的主观过错较大，应当对伤害后果承担主要的赔偿责任。由于某学校实行封闭式管理，使朱某的监护人履行监护职责受到限制。对朱某的加害行为，其监护人虽然无过错也应承担责任，但应承担次要责任。原告方不应承担任何责任。

3. 原告吴某因身体受到伤害，不得不休学，虽然存在一定的经济损失，但在《最高人民法院关于审理人身损害赔偿案件适用法律若干问题的解释》规定的人身损害赔偿项目中，没有误学费赔偿一项。吴某请求赔偿误学费，没有提出法律依据，故对该项诉讼请求不予支持。

民法通则第一百零六条规定："公民、法人违反合同或者不履行其他义务的，应当承担民事责任。公民、法人由于过错侵害国家的、集体的财产，侵害他人财产、人身的，应当承担民事责任。没有过错，但法律规定应当承担民事责任的，应当承担民事责任。"第一百一十九条规定："侵害公民身体造成伤害的，应当赔偿医疗费、因误工减少的收入、残废者生活补助费等费用；造成死亡的，并应当支付丧葬费、死者生前扶养的人必要的生活费等费用。"《最高人民法院关于确定民事侵权精神损害赔偿责任若干问题的解释》第八条第二款规定："因侵权致人精神损害，造成严重后果的，人民法院除判令侵权人承担停止侵害、恢复名誉、消除影响、赔礼道歉等民事责任外，可以根据受害人一方的请求判令其赔偿相应的精神损害抚慰金。"第十条第一款规定："精神损害的赔偿数额根据以下因素确定：（一）侵权人的过错程度，法律另有规定的除外；（二）侵害的手段、场合、行为方式等具体情节；（三）侵权行为所造成的后果；（四）侵权人的获利情况；（五）侵权人承担责任的经济能力；（六）受诉法院所在地平均生活水平。"《最高人民法院关于审理人身损害赔偿案件适用法律若干问题的解释》第十七条第一款规定："受害人遭受人身损害，因就医治疗支出的各项费用以及因误工减少的收入，包括医疗费、误工费、护理费、交通费、住宿费、住院伙食补助费、必要的营养费，赔偿义务人应当予以赔偿。"第二款规定："受害人因伤致残的，其因增加生活上需要所支出的必要费用以及因丧失劳动能力导致的收入损失，包括残疾赔偿金、残疾辅助器具费、被扶养人生活费，以及因康复护理、继续治疗实际发生的必要的康复费、护理费、后续治疗费，赔偿义务人也应当予以赔偿。"第十八条规定："受害人或者死者近亲属遭受精神损害，赔偿权利人向人民法院请求赔偿精神损害抚慰金的，适用《最高人民法院关于确定民事侵权精神损害赔偿责任若干问题的解释》予以确定。精神损害抚慰金的请求权，不得让与或者继承。但赔偿义务人已经以书面方式承诺给予金钱赔偿，或者赔偿权利人已经向人民法院起诉的除外。"第十九条规定："医疗费根据医疗机构出具的医药费、住院费等收款凭证，结合病历和诊断证明等相关证据确定。赔偿义务人对治疗的必要性和合理性有异议的，应当承担相应的举证责任。医疗费的赔偿数额，按照一审法庭辩论终结前实际发生的数额确定。器官功能恢复训练所必要的康复费、适当的整容费以及其他后续治疗费，赔偿权利人可以待实际发生后另行起诉。但根据医疗证明或者鉴定结论确定必然发生的费用，可以与已经发生的医疗费一并予以赔偿。"第二十一条规定："护理费根据护理人员的收入状况和护理人数、护理期限确定。护理人员有收入的，参照误工费的规定计算；护理人员没有收入或者雇佣护工的，参照当地护工从事同等级别护理的劳务报酬标准计算。护理人员原则上为一人，但医疗机构或者鉴定机构有明确意见的，可以参照确定护理人员人数。护理期限应计算至受害人恢复生活自理能力时止。受害人因残疾不能恢复生活自理能力的，可以根据其年龄、健康状况等因素确定合理的护理期限，但最长不超过二十年。”“受害人定残后的护理，应当根据其护理依赖程度并结合配制残疾辅助器具的情况确定护理级别。”第二十二条规定：“交通费根据受害人及其必要的陪护人员因就医或者转院治疗实际发生的费用计算。交通费应当以正式票据为凭；有关凭据应当与就医地点、时间、人数、次数相符合。”第二十三条规定：“住院伙食补助费可以参照当地国家机关一般工作人员的出差伙食补助标准予以确定。受害人确有必要到外地治疗，因客观原因不能住院，受害人本人及其陪护人员实际发生的住宿费和伙食费，其合理部分应予赔偿。”第二十四条规定：“营养费根据受害人伤残情况参照医疗机构的意见确定。”第二十五条规定：“残疾赔偿金根据受害人丧失劳动能力程度或者伤残等级，按照受诉法院所在地上一年度城镇居民人均可支配收入或者农村居民人均纯收入标准，自定残之日起按二十年计算。但六十周岁以上的，年龄每增加一岁减少一年；七十五周岁以上的，按五年计算。受害人因伤致残但实际收入没有减少，或者伤残等级较轻但造成职业妨害严重影响其劳动就业的，可以对残疾赔偿金作相应调整。”根据以上规定，原告吴某的医疗费应当认定为 39592.58 元；护理费参照江苏省相关标准，按 1 人次 4 个月计算，应为 6767.67 元；交通费、住宿费，分别酌情确定为 2040 元、1000 元。吴某的伤情构成 10 级伤残，身体上、精神上都遭受一定损失，被告某学校和被告朱某应当给吴某赔偿精神损害抚慰金。根据侵权人的过错程度、侵权手段、场合、行为方式和受诉法院所在地平均生活水平等因素，精神损害抚慰金的具体数额酌情确定为 4000 元。除此以外，双方对住院伙食补助费、营养费、残疾赔偿金以及鉴定费的赔偿无异议，予以认定。

据此，淮安市楚州区人民法院于 2005 年 12 月 16 日判决：

一、原告吴某的医疗费 39592.58 元、护理费 6767.67 元、住院伙食补助费 180 元、营养费 249.37 元、残疾赔偿金 9508 元、交通费 2040 元、住宿费 1000 元、精神损害抚慰金 4000 元、鉴定费 300 元，合计 63637.62 元，由被告朱某的法定代理人朱甲赔偿 30%即 19091.29 元，扣除其已支付的 561.60 元，应赔偿 18529.69 元；由被告某学校赔偿 70%即 44546.33 元，扣除其已支付的 1 万元，应赔偿 34546.33 元，均于本判决生效后 10 日内给付原告吴某；

二、驳回原告吴某的其他诉讼请求。

案件受理费 2740 元，其他诉讼费 600 元，合计 3300 元，由原告吴某的法定代理人吴甲负担 280 元，被告朱某的法定代理人朱甲负担 820 元，被告某学校负担 2200 元。

一审宣判后，双方当事人均未上诉，一审判决发生法律效力。

规则20：学校等教育机构组织学生参加校外活动，对学生仍然负有管理和保护的义务

——黄某诉某小学等人身损害赔偿纠纷案①

【裁判规则】

学校等教育机构组织学生参加校外活动，对学生仍然负有管理和保护的义务，无权任意转移自己教育、管理、保护本校学生的法定义务。教育机构与他人签订合同，将校外活动交由他人具体承办，并约定在活动期间由他人负责对学生的管理、保护的，并不导致校外活动性质的变化，亦不因此而减轻或免除教育机构管理、保护学生的法定义务。教育机构在校外活动中未尽法定义务，造成学生伤害事故后，又以与他人订立合同为由推卸应负责任的，人民法院不予支持。

【规则理解】

一般情况下教育机构对学生遭受损害承担责任有其特定的时间和空间范围，以在校期间和在校园内为限。非在校期间发生的侵权事件，教育机构对学校没有监督管理的义务，也无须对遭受的损害承担侵权责任。但随着教学形式的发展变化以及教育体制改革的进步，教育机构承担教育管理职责的范围正在逐步延伸，开始突破校园内以及教学期间的限制，由此引发了教育机构、受教育者和第三方主体之间法律关系的变更。

一、教育机构责任的范围

（一）教育机构责任发生的时间范围

传统教育机构责任发生的时间范围即为学校正常教学期间。家长将学生送到教育机构的目的就是让学生到学校学习知识，接受教育。教育机构应首先保证学生在校期间的人身安全，对学生承担教育和管理的职责。学校承担教育机构责任的时间节点一般应为根据学校规章纪律，学生应到校参加学习时起，到学校规定的放学时间止。实践中考虑到有些学生会提前到校，或放学后在校打扫卫生，完成作业等情况，教育机构应对合理范围内提前或滞后离校的学生也

① 《中华人民共和国最高人民法院公报》2008年第9期。

给予充分的关注和保护，否则，对于这部分学生遭受的损害应承担责任。但对于明显超过合理限度，按一般常理学生不应在校期间发生的侵权事件，学校无须承担责任。例如，对于非寄宿制学校的学生，因担心考试成绩不佳被父母责骂，放学后不敢回家滞留在校直至夜晚，被溜进校内的校外人员伤害。此种情况下，因为学校在放学及之后的合理期间内，推定学生应当已经离校回家，安保级别降低，学校对于此时发生的人身损害事件，不承担侵权责任。学生可直接向实施侵权行为人索赔。具体责任时间范围应由法院在案件审理中根据具体情况作出判断。但对于寄宿制学校，因学生全天都在校学习生活，学校应当全天 24 小时保证校园内的安全秩序，仅在每年寒暑假期间学生离开校园时，学校才无须承担教育机构责任。

（二）教育机构责任发生的空间范围

教育机构责任发生的空间范围一般应为校园内，因学校能够履行安保和管理义务的能力所及范围一般仅限于学校校园。对于学生在校园之外发生的侵权行为，学校既无从得知，也无法阻止和避免，不承担教育机构责任。但某些情况下学校的管理能力在空间范围内也会适当延伸。例如，校园门口虽然不属于校园内，但也是学生、商贩聚集地区，很容易产生针对学生的伤害事件，学校在校园门口也应设置专门的安保力量，如果校园门口发生此类事件，学校也有义务阻止损害发生或及时加以救助。此外，在教育机构组织的军训等专项培训，即使活动地点定于校外专门的训练基地中，也可视为学校将其行使教育、管理职能的空间范围扩大到这些地区，在此类活动场所中发生的对于学生的侵权事件，教育机构也应承担责任。

（三）教育机构责任发生要求时空范围相统一

教育部《学生伤害事故处理办法》第 13 条规定：“下列情形下发生的造成学生人身损害后果的事故，学校行为并无不当的，不承担事故责任；事故责任应当按有关法律法规或者其他有关规定认定：（一）在学生自行上学、放学、返校、离校途中发生的；（二）在学生自行外出或者擅自离校期间发生的；（三）在放学后、节假日或者假期等学校工作时间以外，学生自行滞留学校或者自行到校发生的；（四）其他在学校管理职责范围外发生的。”根据该办法的规定可见，教育机构责任的发生要求同时具备时间条件和空间条件，缺少其中一个条件就可能影响教育机构责任的成立。例如，该条第二项中规定了教学时间范围内，学生自行离开校园后发生的伤害事件，因不具备发生在校园内这一空间条件，教育机构没有过失则不承担责任；第三项规定中虽然具有发生在校园内这一空间条件，但因系教学时间之外学生自行到校发生的，故因缺乏时间条件而不成立教育机构责任。第一项中学生自行上学或放学途中发生的伤害事件，既不具备教学期间的时间条件，也不具备发生在校园内的空间条件，教育机构也无须承担责任。该条第四项中又对教育机构不承担责任的情形规定了兜底性条款，即“学校管理职责范围外发生的”。可见，判断教育机构责任成立与否的关键因素在于学校是否具有管理职责。如果学校对学生参加的某一活动负有监督管理的职责义务，则学校应当对该活动中发生的学生伤害事件承担教育机构责任。例如，近年来校车安全事件被公众频繁关注，如果学校向学生提供在途接送的服务，则学校应当保证乘坐校车的学生上学放学途中的人身安全，即使校车并非学校所有，而是学校与公司签订了租用车辆的协议，也不能免除学校的教育机构责任。同样，对于学校在寒暑假期间组织的各种形式的夏令营等活动，也因学校有条件也有义务对参加活动的学生进行教育、管理和保护，从而使学校在此类活动中承担教育机构责任。

二、教育机构管理职责委托行使的法律关系

随着教育机构教学职能的不断延伸，教学形式向多样化方式发展，学校在校园外开展各种拓宽学生视野、增强学生能力的校外活动机会逐渐增多。学校在开展这些活动时，有时会将对学生在校外活动中的监督和管理的义务委托给专业机构履行。如果学生在这些校外活动中遭受伤害，则可能会在各方主体间产生相应的法律关系。

（一）教育机构与被侵权学生之间的关系

学校对学生具有法定的教育和管理的职能与义务，只要学生在学校组织的教学活动或与教学有关的活动中遭受人身伤害，且学校没有履行教育、管理义务的，学校都应承担教育机构责任。即使学校将在校外活动中对学生的管理义务以合同或其他形式委托给他人行使，学校作为委托人也应当对受托人的行为承担民事责任。当受托人存在监管不当等行为时，学生因此遭受损害的，学校都应当承担民事责任。

从合同法律关系角度分析，受托人基于学校委托对校外活动的学生进行监督和管理，三方之间形成委托代理法律关系。根据合同相关法律规定，受托人应当按照教育机构的要求对学生履行监督管理的职责义务，如果受托人没有尽到监管义务，则视为教育机构没有履行义务，教育机构应承担受托人行为的法律后果，即对学生遭受的损害承担赔偿责任。

从侵权法律关系角度分析，教育机构对学生的教育管理职责是基于法律的

规定，教育机构虽可将校外活动时的部分管理义务委托给他人行使，但教育机构责任是基于《民法典》有关责任主体的特殊规定而产生，不能基于教育机构的委托而转移给他人承担。教育部《学生伤害事故处理办法》第9条中也对校外活动中的教育机构责任做出了明确的规定，“因下列情形之一造成的学生伤害事故，学校应当依法承担相应的责任；……（四）学校组织学生参加教育教学活动或者校外活动，未对学生进行相应的安全教育，并未在可预见的范围内采取必要的安全措施的；……”由此可见，受托人没有履行管理义务造成学生人身损害时，教育机构仍然应当承担侵权责任。

（二）教育机构与受委托人之间的关系

教育机构与受托人之间基于委托合同而产生法律关系。受托人应当按照教育机构的要求，对参加校外活动的学生进行管理，并保护其人身安全，如果受托人没有履行双方在合同中约定的管理义务，受托人应当对其违反合同约定的行为向委托人即教育机构承担违约责任。虽然受托人的违约并不能免除教育机构对学生的侵权责任，但教育机构在向学生赔偿损失后，可以向受托人追偿，要求受托人赔偿教育机构因此遭受的损失。法院可根据受托人与教育机构之间过错大小，公平分配责任。

（三）受委托人与被侵权学生之间的关系

从合同法角度分析，教育机构将校外活动对学生管理保护的职责以合同形式委托给他人行使，委托合同的当事人是教育机构和受委托方，学生本身并非委托合同的当事人，仅是委托合同中约定的服务对象，学生并不享有委托合同中约定的权利和义务，也无权依据委托合同向合同主体主张权利。

从侵权责任法角度分析，受托人行使了部分教育机构的管理职责，但其并非教育机构本身，也不是侵权责任法中规定的特殊主体，因此，教育机构责任并未转移给受托人，在受托人存在过失、没有履行管理职责导致学生遭受损害的情况下，侵权责任仍然应当由教育机构承担。但如果学生遭受的损害并非由学生本身的原因或第三人原因造成，而是由受托人行为直接导致，受损害学生及其监护人可直接向受委托人要求承担侵权责任，此种情况下教育机构责任也不能免除，受损害学生亦可同时起诉教育机构，要求教育机构和受委托人对其遭受的损害承担连带责任。

【拓展适用】

学生在学校组织的校外活动中遭受损害的危险来源可能多种多样，危险来源或者侵权行为主体的不同都可能影响教育机构以及受委托人的责任承担，可区分不同情况加以讨论。

一、学生在校外活动中因不可抗力或意外事件遭遇损害的赔偿责任承担

根据《民法典》的规定，教育机构责任实行过错责任的归责原则，教育机构仅对其没有尽到管理、保护义务而造成的损失承担责任。因此在学校组织的校外活动中，如果学生遭受损害是由于地震、台风、泥石流等不可抗力原因或意外事件造成的，学校并不存在没有履行管理保护义务的行为，则无须承担侵权责任。但也要结合事件发生的具体情况来判断学校的过错问题。

随着人类对灾害预警能力的增强和科技手段在自然灾害领域的发展，真正完全不能预见和无法避免的自然事件已经逐渐减少。对于台风、暴雨、泥石流等自然灾害，气象部门预测准确率逐渐提高。如果教育机构对于气象部门已经预测到的自然灾害，没有给予充分的重视，也没有进行前期调查了解情况，仍然组织学生前往危险地区开展校外活动，或未及时终止校外活动，则学校对于自然灾害等因素导致学生遭受的损害结果具有主观上的过错，则应当承担相应的侵权责任。但对于地震一类自然灾害，人类目前预测手段非常有限，相关部门难以提前发出预警，教育机构在事先没有得到预警的情况下，组织学生到某地进行校外活动，突遇地震等灾害，导致学生遭遇的人身损害，教育机构并不存在没有尽到管理、保护义务的过错，因此，不需要承担侵权责任。

此外，对于本来可以预测到的台风、暴雨和泥石流等自然灾害，因气象部门原因没有提前作出预警，教育机构按正常天气情况组织学生进行校外活动，活动中学生遭遇自然灾害导致人身损害的，教育机构因主观上不具有过错，也无须承担侵权责任。

对于因不可抗力和意外事件造成的学生人身损害，从侵权责任法角度，只能由学生本身及其监护人自行承担相应的损失。对于学生遭受人身损害的医疗费用等，无法自行承担的部分，可由民政部门给予相应的救济，亦可通过社会保险或商业保险的方法，将此类意外事件的损失成本平摊到社会中。应提倡教育机构为学生挑选合适的险种，供学生及监护人自愿选择是否加入保险，以便在意外发生时可以得到相应的救济。

二、学生在校外活动中因人为原因遭受损害的赔偿责任承担

学生参加校外活动，真正遇到不可抗力和意外事件的比例并不高，损失多数情况是由于人力可控的人为因素造成的，按其来源又可分为以下几种。

（一）由于学生自身原因所遭受损害

学生因自身原因在校外活动中遭受人身损害，学校已经尽到管理、保护义务的，学校没有过错，学生遭受的损害是因其自身主观过错造成，学生及监护人应自行承担损失。例如，学生在学校组织的郊游活动中，意外扭伤双脚，但学校在组织管理活动中，并无不当，学生扭伤双脚是因其自身不注意行走安全造成，则学校无须对学生扭伤双脚的损失承担赔偿责任。

（二）由于教育机构或受委托人没有尽到管理义务的原因所致的损害

学生在校外活动中遭受的损害，如果是因为教育机构没有尽到管理和保护的义务，则教育机构应当承担侵权责任。例如，在学校组织学生参加春游爬山活动中，学校安排两名老师照顾管理参加活动的学生，但两名老师都在前面带领学生，而一名学生因体质较弱落在队伍后面，与队伍走散，后因迷路摔进山洞导致受伤。两名老师因为没有留一名在队尾照顾弱小的孩子，导致有学生掉队走失，老师在管理保护学生方面存在过错。老师接受学校指派管理参加爬山活动的学生，其行为是代表学校行使教育、管理学生职责的职务行为，该行为的后果应由学校承担。遭受损害的学生及其监护人可向教育机构主张要求赔偿损失。

（三）由于第三人侵权所致损害

在校外活动中，非因学生自身原因及学校管理中的失职行为，而是由于第三人实施的侵权行为造成了学生遭受损害的，受损害学生及其监护人可向实施侵权行为人主张承担赔偿责任。例如，学校组织学生步行前往某地开展夏令营活动，学生在人行道路上正常走路，秩序良好，机动车道上一司机酒驾将车开上人行道路，致使几名学生受伤，酒驾司机对此交通事故应负全责。而学校在组织管理工作中并无不当或失误，学校对于交通事故的发生不存在主观的过错和客观的不作为，无须承担教育机构责任。学生及其监护人可依一般侵权行为的规定，对该酒驾司机提起诉讼，要求承担侵权责任。

（四）由于混合过错所致损害

1. 对于损害结果发生的混合过错

校外活动中学生遭受的损害，很少是由单独一方过错造成，造成损害的原因通常可能与多方过错有关，就产生了各方主体混合过错问题。通常可分为三种情形，一是学校与受损害学生的混合过错；二是学校与实施侵权行为的第三人的混合过错；三是学校、受损害学生和侵权第三人对于损害结果的发生都具有主观过错。

对于存在混合过错的侵权纠纷案件，人民法院应当根据各方过错程度，结合过错对造成损害结果的原因力大小等因素，判决各方主体按比例承担损害后果。例如，带队老师带领学生步行在人行道路上，虽然带队老师在出发前告诫过学生应当在人行道路上行走，但在队伍行进过程中没有随时监督维持队伍秩序，两名学生在打闹中走上机动车道，被一快速行驶的机动车撞倒在地受伤。在此事件中，带队老师告诫学生不应走到机动车道上，履行了部分的管理义务，但在行进途中没有始终保持对队伍应有的关注，没有及时发现并制止学生走上机动车道，学校没有充分履行管理保护义务，对损害结果发生具有过错。而学生在老师已经告知不能走上机动车道的情况下，违背老师要求，仍然在机动车道上行走，学生自身及其监护人也存在过错。机动车虽然在机动车道上行驶，但也应注意避让行人，司机没有及时刹车导致学生被撞倒受伤，司机对于损害后果的发生主观上也存在一定过错。在此事例中，学校、学生及监护人和司机都存在主观过错，学生及监护人对于遭受的损失，可以学校和司机为共同被告向法院提起诉讼，法院首先应认定学生遭受的全部损失数额，并在划分各方过错程度以及与损害结果的关联性的基础上，在三方主体间确认责任分担比例，计算出各方主体应当承担的损失数额。

2. 对于损害结果扩大的混合过错

某些情况下，学校对于损害结果的发生虽然不存在主观过错，但是学校对已经发生的侵权损害结果，没有及时采取救助措施，造成损害结果扩大，则学校对于扩大的损害结果仍然具有主观上的过错，也应当承担相应比例的损害赔偿责任。例如，行走在人行道路上的学生被冲撞上人行道路的车辆撞倒受伤，带队老师应马上联系医院或相关人员实施救助，如果因为带队老师没有及时救助，导致延误最佳治疗时机，学生遭受的损害后果扩大，则学校应当对该扩大了的损害后果，承担侵权责任。

三、举证责任分配

《民法典》中对于教育机构责任纠纷案件视遭受损害的学生是限制行为能力人或无行为能力人而规定了不同的举证责任。对于无行为能力的学生遭受损害，因其辨别事物保存证据的能力较低，因此由学校对于其是否履行了教育、管理职责的事实进行举证，即实行举证倒置的证明规则。如果学校不能证明其已经履行了教育管理职责，或这一事实处于真伪不明的情况时，学校都应承担败诉的不利后果，即承担侵权责任。而对于限制行为能力人的学生遭受的损害，由于其已经具备一定的分析判断和辨识能力，应实行原告举证的一般证明规则，原告需提供学校没有履行教育、管理职责的证据，否则会因举证不能使其主张无法得到支持。学校组织的校外活动中也应适用此项规则。受侵害学生如果系无行为能力人，应由学校对其是否履行教育管理义务承担举证责任，受侵害学生如果系限制行为能力人，应由学生及其监护人对其主张的事实承担举证责任。人民法院在审理教育机构责任纠纷案件时，无论是发生在校园内还是校外活动中的侵权事件，都应注意首先根据《民法典》及相关法律规定，对遭受损害学生的行为能力进行认定，并根据被侵权学生的行为能力类别，确定举证责任的分配。

【典型案例】

黄某诉某小学等人身损害赔偿纠纷案

原告：黄某，学生。

被告：某小学。

被告：甲旅行社。

被告：某食品研究发展中心。

被告：乙旅行社。

〔基本案情〕

原告黄某因与被告某小学、甲旅行社、某食品研究发展中心、乙旅行社发生人身损害赔偿纠纷，向广东省广州市白云区人民法院提起诉讼。

原告黄某诉称：原告是被告某小学的学生。2006 年 4 月 11 日，某小学组织全校学生到花都区宝桑园进行春游活动，原告也报名参加。到达春游地点后，某小学没有安排足够的老师对学生进行管理，而是给每班发放了 8 个到 10 个风筝，安排全校学生自由活动。13 时 55 分左右，春游活动接近尾声，原告与其他两名同学按照老师的要求，在自由活动的山坡上准备排队集合，突然，一个风筝飞来，风筝支架末端插入原告的左眼，导致原告左眼受伤。原告于当天由某小学送往南方医院住院治疗，因伤势严重，又先后 3 次到中山大学附属眼科医院住院治疗，并多次进行手术。由于原告左眼视网膜及最深层的脉络膜都已脱落，为保住左眼眼球，不使眼睛萎缩，医生还对原告左眼球进行了“PPV+硅油填充术”。经法医鉴定，原告左眼失明，属八级伤残。某小学没有安排足够的老师在春游现场进行管理并采取必要的措施防止意外事故的发生，对原告受伤的后果存在过错，应承担侵权责任。由于某小学委托被告甲旅行社组织本次春游，甲旅行社对参加春游的学生也负有保障义务，故甲旅行社也应对原告所受伤害承担赔偿责任。虽然甲旅行社向保险公司投保了旅游意外险，保险公司也已经为原告支付了部分医疗费，但甲旅行社还须就不足部分承担应负的责任。春游地点宝桑园是由被告某食品研究发展中心开发经营的旅游项目，某食品研究发展中心与被告乙旅行社签订有合作协议书，约定由乙旅行社负责组织团队游客及自助游客，并在园区内提供全程的组织及导游服务。因此，某食品研究发展中心、乙旅行社也负有相应保障义务，对原告受伤的后果应承担相应侵权责任。事故发生后，某小学向原告支付了7000元，保险公司支付了10736.54元，均用于支付原告的部分医疗费及相关费用。此外尚有医疗费9277.77元、交通费1500元、护理费3408元、住院伙食补助费1110元、营养费5000元、残疾赔偿金100000元、法医鉴定费645元、精神损害抚慰金50000元，以及原告因本次事故致残，致使将来的工作、生活必然遭受严重影响的损失费300000元，均应由四被告共同赔偿。另据医生诊断，原告伤愈后仍必须定期复诊、观察，一旦发现植入眼球的硅油乳化，就必须动手术更换硅油。上述更换硅油的费用实际发生后，四被告亦应当承担相应责任。

原告黄某提交以下证据：

1. 病历、疾病证明、收费收据等证据一组，用以证明原告因本案事故受伤的事实以及由此产生的各项费用。

2. 附属眼科医院出具的证明一份，用以证明原告伤愈后为保住眼球还需多次更换硅油，上述更换硅油的费用一旦发生，四被告仍应当承担相应责任。

3. 法医鉴定中心对原告作出的《司法鉴定书》一份，用以证明原告的伤情经鉴定属八级伤残。

被告某小学辩称：关于原告黄某在2006年4月11日参加的春游活动，根据我校与被告甲旅行社签订的旅游合同以及发给家长的通知，可以证实这次春游的组织者和实施者是甲旅行社，即这次春游是甲旅行社组织的旅游，我校在这次春游中的责任仅仅是协助甲旅行社做好学生的组织管理和安全保护工作。春游的前一天，我校先通过校内广播对全校学生进行了春游活动的安全教育，后由班主任根据本班实际情况向学生说明有关事项。在游览中，虽然有导游负责，但我校仍然要求正、副班主任全程陪同本班学生，要对每一位学生负责。原告通过我校与甲旅行社建立了旅游合同关系，根据旅游合同附件第5条的约定，甲旅行社应提供保障人身安全的服务，并就可能危及游客人身安全的情形作出警示，但甲旅行社没有做到这一点，导致原告受伤，应承担全部的赔偿责任。我校虽不清楚被告某食品研究发展中心与被告乙旅行社的关系，但可以明确的是，某食品研究发展中心与乙旅行社签订了旅游项目合作协议书，约定由乙旅行社负责在宝桑园园区内为游客提供组织及导游服务，故乙旅行社与旅游景点的经营者某食品研究发展中心对游客都负有保障义务。另外，造成原告受伤的风筝是由上述两单位提供的，因此，对原告受伤的后果，乙旅行社、某食品研究发展中心也应承担赔偿责任。本案应属旅游合同纠纷而不是侵权纠纷，而我校与甲旅行社签订的旅游合同、某食品研究发展中心与乙旅行社签订的协议书已吞并了我校对学生在春游活动中的管理和保护义务。我校即使有责任，也只应承担与过错相适应的补充责任。因此，原告对我校的诉讼请求应予驳回。

被告某小学提交以下证据：

被告给学生家长关于春游的通知及其与被告甲旅行社签订的《广东省国内旅行组团合同》各一份，用以证明该次春游的组织者和实施者是甲旅行社，学生参加的是甲旅行社组织的旅游，相应组织管理和安全保护工作应由甲旅行社负责。

被告甲旅行社辩称：被告某小学是涉案春游活动的组织者，我社只是协调者。春游活动中，我社派出19名导游协助某小学组织学生上下车。根据我社与被告某食品研究发展中心签订的协议，游客进园后由某食品研究发展中心派导游提供服务，因此我社虽没有为每个班配备导游，但也履行了巡视、监督和协调的义务。原告黄某被风筝支架插伤眼睛是由于不可抗力的因素造成，我社没有过错，不应承担责任。退一步讲，即使我社有责任，因我社已向保险公司投保了旅游意外险，原告所受伤害也应由保险公司予以赔偿。另外，我社在诉讼阶段才知道某食品研究发展中心与被告乙旅行社之间签订过合作协议书，其中约定了由乙旅行社提供导游服务等内容，且造成原告伤害后果的风筝是由某食品研究发展中心和乙旅行社提供的，因此，某食品研究发展中心与乙旅行社存在过错，应向原告承担赔偿责任。综上，原告对我社的诉讼请求应予驳回。

被告甲旅行社没有提交证据。

被告某食品研究发展中心辩称：按照我中心与被告乙旅行社签订的合作协议书，乙旅行社负责某食品研究发展中心旅游景点的推广、宣传、销售等工作，并提供导游服务，我中心只提供园内的场地、设施。我中心并没有与被告甲旅行社签订旅游合同。我中心没有向游客提供风筝，也没有对放风筝活动进行管理的责任，况且我中心在本案中学生放风筝的地点已经设置了警示标志。因此，我中心不存在过错，不应向原告黄某承担赔偿责任。原告对我中心的诉讼请求应予驳回。

被告某食品研究发展中心提交以下证据：

《合作协议书》一份，用以证明某食品研究发展中心旅游景点的推广、宣传、销售以及园区内的导游服务等均由被告乙旅行社负责。

被告乙旅行社辩称：我社虽与被告某食品研究发展中心签订有合作协议书，约定我社负责推广宝桑园旅游景点，并负有提供导游及管理等义务，但双方签订协议后没有实际履行。原告黄某参加被告某小学和被告甲旅行社共同组织的春游活动遭受意外伤害，旅游合同的义务双方应是某小学和甲旅行社，甲旅行社投保了旅游责任意外保险，故原告所受伤害应由保险公司在责任限额内承担赔偿责任。我社不是本次春游活动的组织者、参与者，对原告没有监护、管理的义务。我社与某小学、甲旅行社没有任何业务往来，故我社不应对原告承担赔偿责任。因此，原告对我社的诉讼请求应予驳回。

被告乙旅行社没有提交证据。

广州市白云区人民法院一审查明：

2006年4月3日，被告某小学与被告甲旅行社签订《广东省国内旅行组团合同》，约定某小学1890人（学生）参加甲旅行社组团的“宝桑园春季桑果节一天游”，费用为55元/人，甲旅行社派导游16人（景点内每班1人）等内容。

原告黄某是被告某小学的学生。2006年4月4日，某小学向全校学生家长发出通知，该通知的主要内容是：某小学拟于同年4月11日组织全校学生到花都区宝桑园进行春游活动，该活动委托被告甲旅行社组团出游，每名学生的费用为55元，报名参加春游活动的学生于4月6日上午将前述费用带回学校，由甲旅行社派人上门收取。原告报名参加该次春游活动。同年4月10日上午，某小学通过校内广播对该次春游活动进行安全教育，各班主任也根据各班实际情况向学生强调安全注意事项。

2006年4月11日，被告某小学34个班约1800多人参加到花都区宝桑园的春游活动。被告甲旅行社共派出16名导游，负责该次春游活动的导游和管理工作。某小学派出100名老师带队。因宝桑园景区也提供导游服务，甲旅行社的导游没有跟到每个班，而是在整个园区内进行巡视、监督和协调工作。学生进入景区后由景区导游负责提供服务，甲旅行社则另外安排某小学的老师自由活动，故该次春游中，除个别老师外，某小学大多数老师因参加甲旅行社安排的自由活动而没有全程跟班陪同、管理学生。春游活动期间，宝桑园景区向某小学每个班发放了8个到10个风筝，很多学生在园内的山坡上放风筝。当日13时50分，春游活动结束，学生排队准备上车，但有个别学生仍在放风筝。13时55分，原告黄某按照老师的要求站在山坡下方准备排队，突然，一个风筝飞来，风筝支架插入原告左眼，致使原告左眼受伤。

原告黄某受伤后，被告某小学立即将原告送往医院住院治疗。该院诊断结论为：左眼角膜穿通伤。1. 前房出血；2. 外伤性白内障；3. 外伤性无虹膜；4. 可疑视网膜脱离。住院期间，原告接受了左眼角膜清创缝合术。2006年4月28日，原告出院。同年5月23日，原告前往中山大学附属眼科医院住院治疗，该院诊断结论为：眼球穿通伤，角膜穿通伤，外伤性白内障。原告在该院住院期间接受左眼白内障抽吸术。同年5月30日，原告出院。同年6月6日，原告再次入住该院治疗，接受“PPV+硅油填充”术。同年6月16日，原告出院，该院出院诊断结论为：眼球穿通伤。1. 巩膜穿通伤；2. 无虹膜；3. 无晶状体眼；4. 玻璃体混浊；5. 视网膜脱盘。出院后，原告继续进行门诊治疗。经司法鉴定，原告伤情构成八级伤残。

原告黄某在上述治疗期间共花去医疗费26594.31元，租床费170元。原告另支付法医鉴定费645元。原告住院37天，在其住院及门诊治疗期间，原告之母袁某陪护48天，袁某因此被其单位广州出入境检验检疫局扣发工资3408元。涉案事故发生后，被告某小学向原告支付了7000元。另外，被告甲旅行社向保险公司投保了旅游意外保险，保险公司在原告受伤后向其支付了10736.54元。根据《广东省2006年度人身损害赔偿计算标准》，原告的残疾赔偿金为每年14769.94元，按30%计算20年，共计88619.64元；住院伙食补助费为每天30元，计算37天，共计1110元。另外，原告明确表示，保险公司赔偿的费用可折抵其医疗费，原告主张的医疗费中包括住院期间的餐费 250 元和陪护人员租床费 170 元。

宝桑园是由被告某食品研究发展中心在广州花都区开发经营的旅游项目。2005 年 5 月 23 日，某食品研究发展中心（甲方）与被告乙旅行社（乙方）签订《合作协议书》，约定由甲方提供宝桑园内的旅游及参观景点，并委托乙方为该旅游项目的总代理，负责园区内旅游市场的宣传、推广及销售工作，甲方负责园区内全面的管理及安全保卫工作，乙方负责组织团队游客及自助游客，在园区内提供全程的组织及导游服务等。

原告黄某受伤后，四被告均未查明是何人放飞的风筝造成原告受伤的后果。

〔一审裁判理由与结果〕

本案的争议焦点是：应当由谁对原告黄某所受伤害承担侵权责任。

广州市白云区人民法院一审认为：

本案中，原告黄某提起的是侵权之诉而非合同之诉，而原告与被告甲旅行社、某食品研究发展中心、乙旅行社之间是旅游服务合同关系，故本案对原告与上述三被告之间的合同纠纷不作处理。甲旅行社、某食品研究发展中心、乙旅行社不同意对原告所受伤害承担侵权责任的意见合理，予以采纳。

《最高人民法院关于审理人身损害赔偿案件适用法律若干问题的解释》第七条第一款规定："对未成年人依法负有教育、管理、保护义务的学校、幼儿园或者其他教育机构，未尽职责范围内的相关义务致使未成年人遭受人身损害，或者未成年人致他人人身损害的，应当承担与其过错相应的赔偿责任。"根据教育部制定的《学生伤害处理办法》第九条的规定，学校组织学生参加教育教学活动或校外活动，未对学生进行相应的安全教育，并未在可预见的范围内采取必要的安全措施，造成学生伤害事故的，学校应当依法承担相应的责任。据此，学校组织学生参加校外活动时，对学生仍然负有管理和保护的义务。本案中，虽然被告某小学称将涉案春游活动交由被告甲旅行社组团进行，但是，作为教育机构，某小学不能将其负有的、在校外活动中管理和保护学生的法定义务转嫁给他人。1800 多名未成年的学生，到一个相对陌生的地点参加活动，是否会出现场面混乱，发生学生争吵、打架、追逐等情况，是否会因学生对景区内设施不熟悉、使用不当而发生事故，大量的未成年学生在一个相对集中的区域进行放风筝的活动，是否会因为缺乏经验或者其他原因，发生风筝断线失控而伤及学生或其他游客身体等情况，作为专业教育机构，某小学应当预见、也是完全能够预见的。某小学本应就应当预见的事故风险采取必要的安全防范措施，但根据本案事实，尽管在本次活动前某小学对全校学生进行了安全教育，但在春游开始后，某小学没有安排老师跟班全程陪同学生进行游览活动，对学生进行管理和保护，并对导游服务进行监督、协调，而是安排老师脱离学生在景区内进行自由活动，将学生完全交由缺乏教育、管理、保护未成年人经验的导游带领。这种安排显然违背了学校对学生应尽的管理和保护义务。因此，原告黄某在春游活动中被风筝支架插伤左眼，造成终生残疾，某小学对此具有过错，在无法查明直接侵权人的情况下，某小学对原告受伤的后果应承担全部责任，赔偿原告因此所受到的全部损失。

原告黄某要求被告某小学赔偿其医疗费（含住院期间陪护人员租床费）、护理费、住院伙食补助费、交通费、营养费、法医鉴定费、残疾补偿金、精神抚慰金的诉讼请求符合法律规定，应予以支持。扣除某小学已支付的7000元和保险公司已赔偿的10736.54元后，原告的医疗费（含陪护人员租床费）为9027.77元；原告主张的交通费过高，综合考虑原告的治疗时间和过程等情况，酌定其交通费为1000元；原告主张的营养费及精神抚慰金过高，分别酌定为2000元和25000元。综上认定原告各项损失共计130810.41元。原告已提出赔偿住院期间伙食补助费的诉讼请求，又重复主张赔偿餐费250元（医疗费中含该项目），不予支持；原告已主张残疾赔偿金和精神抚慰金，又重复主张因伤残给以后工作、生活带来严重影响的损失费，亦不予支持。此外，原告主张的伤愈后还须多次更换硅油的费用尚未发生，发生的时间和实际数额均不能确定，原告可待实际发生后另行起诉。

综上，广州市白云区人民法院于2007年5月21日判决：

一、被告某小学赔偿原告黄某医疗费（含陪护人员租床费）、护理费、住院伙食补助费、营养费、交通费、法医鉴定费、残疾赔偿金、精神抚慰金共130810.41元。

二、驳回原告黄某的其他诉讼请求。

〔当事人上诉及答辩意见〕

某小学不服一审判决，向广州市中级人民法院提起上诉，请求撤销一审判决，改判由被上诉人甲旅行社、某食品研究发展中心、乙旅行社共同赔偿被上诉人黄某的全部损失。其主要理由是：2006年4月11日的涉案春游活动，是以学生自愿参加旅行社组团出游的方式进行的，此次活动真正的组织者、实施者是甲旅行社。上诉人某小学已将此情况明白无误地告知每位学生家长，旅游费亦由甲旅行社直接向学生收取。学生家长在明知此次活动是甲旅行社组织的旅行而不是我校自行组织的校外活动的情况下同意其子女参加，表明其同意与甲旅行社建立旅游合同关系。根据我校与甲旅行社签订的旅游合同，这次春游的组织者和实施者是甲旅行社，我校只负责协助旅行社做好与学生有关的工作，活动期间对学生的管理、保护和教育的责任应完全由甲旅行社承担。鉴于本案直接侵权人无法查明，甲旅行社应对被上诉人黄某所受伤害承担赔偿责任。某食品研究发展中心、乙旅行社作为这次春游的具体接待单位，因管理、保护上的疏忽而导致发生安全事故，应当与甲旅行社承担连带责任。

被上诉人黄某答辩称：1. 本案的案由是侵权纠纷，并非旅游合同纠纷。上诉人某小学在组织包括黄某在内的全校学生春游的过程中，未严格依照法律、法规的规定履行教育、管理、保护学生的法定义务，应对黄某所受伤害承担侵权责任。2. 京溪小学是涉案春游活动的组织者，被上诉人甲旅行社只是春游活动的实施者。某小学的老师在到达景区后即将黄某等学生交给导游，而后脱离学生自行活动，没有在春游活动中全程陪伴、管理和保护学生，未尽法定义务，对黄某所受伤害具有过错。3. 根据《未成年人保护法》第二十二条、《学生伤害处理办法》第五条的规定，虽然某小学将春游活动交由甲旅行社组团进行，但作为专业的教育机构，某小学不能因此将自己负有的在校外活动中教育、管理和保护学生的法定义务转嫁给甲旅行社。4. 某小学的侵权行为给黄某造成了巨大的身心损害，某小学对此负有不可推卸的责任，却以种种借口再三推脱责任，既有违教育职业道德，也让黄某及家人感到心寒。请求驳回某小学的上诉请求，维持原判。

被上诉人甲旅行社答辩称：本社已向保险公司购买了旅游意外保险，保险公司已经向黄某支付了赔款。涉案风筝是被上诉人某食品研究发展中心发给学生的，与本社无关，本社不应对黄某的伤害后果承担责任。请求驳回上诉人某小学对我社的上诉请求。

被上诉人某食品研究发展中心、乙旅行社答辩称：一审判决正确，请求维持原判。

各方当事人二审中均没有提交新的证据。

〔二审查明的事实〕

广州市中级人民法院经审理，确认了一审查明的事实。

〔二审裁判理由与结果〕

本案二审的争议焦点是：1. 涉案春游活动是上诉人某小学组织的校外活动，还是被上诉人甲旅行社组织的旅游；2. 应当由谁对被上诉人黄某所受伤害承担侵权责任。

广州市中级人民法院二审认为：

一、关于第一个争议焦点

上诉人某小学称已经通知学生家长涉案春游活动由被上诉人甲旅行社组团承办，旅游费由甲旅行社直接向学生收取，据此主张涉案春游活动是甲旅行社组织的旅游，不是某小学组织的校外活动，学生与甲旅行社之间订立了旅游合同关系，其间一切责任均应由甲旅行社承担。但根据本案事实，甲旅行社以组团出游方式承办春游的情况，某小学确实已经通知学生家长，旅游费也确实是由甲旅行社直接向学生收取的，但是，仅凭上述事实并不能得出涉案春游活动不是某小学组织的校外活动，1800 多名学生均与甲旅行社建立旅游合同关系的结论。首先，签订涉案《广东省国内旅行组团合同》的双方当事人是某小学和甲旅行社，包括被上诉人黄某在内的参加涉案春游活动的某小学学生均不是该合同的当事人。其次，涉案春游活动发生于 2006 年 4 月 11 日，该日既不是法定的休息日，也不是节假日，如果某小学与该次活动无关，则在该校就读的所有学生都应当在学校进行相应的课程，而不能擅自到校外活动。结合某小学的老师也参加这次活动的事实，可以认定，正是因为某小学的组织，才有该次春游活动。最后，合同成立必须以当事人意思表示一致为要件。本案中甲旅行社并没有直接向某小学的每一位学生发出请他们组团出游的要约，而学生按照某小学的要求，将春游所需的费用直接交给甲旅行社，也不意味着某小学的学生对甲旅行社作出了承诺，不能以此认定学生与甲旅行社之间建立了1800多个旅游合同。事实上，学生及其家长正是基于对某小学的信任，基于对涉案春游活动是学校组织的校外活动的认识，才参与其中。

综上，涉案春游活动的性质应当认定为上诉人某小学组织的校外活动。某小学将此次活动交由被上诉人甲旅行社承办，仅是其具体实施的方式，并不能改变校外活动的性质。

二、关于第二个争议焦点

《中华人民共和国未成年人保护法》第二十二条第三款规定："学校、幼儿园安排未成年人参加集会、文化娱乐、社会实践等集体活动，应当有利于未成年人的健康成长，防止发生人身安全事故。"《最高人民法院关于审理人身损害赔偿案件适用法律若干问题的解释》第七条以及教育部颁布的《学生伤害处理办法》第九条亦规定学校等教育机构组织学生参加校外活动，对学生仍然负有管理和保护的义务。本案中，上诉人某小学组织全校学生进行涉案春游活动，虽然其与被上诉人甲旅行社签订的《广东省国内旅行组团合同》中约定有由甲旅行社负责活动期间对学生进行管理、保护的内容，但通过合同设置甲旅行社的义务，并不意味着免除或减轻某小学的义务。某小学作为专业的教育机构，无权任意转移自己教育、管理、保护本校学生的法定义务。根据本案查明的事实，某小学的老师将学生交给导游后，即脱离学生自行参加甲旅行社组织的活动，没有在春游活动中全程陪伴、保护学生。一方面，甲旅行社不是专门的教育机构，而是专业的旅游机构，其服务的对象一般是成年人，即使有少部分未成年人参与旅游，也往往是在成年人的陪伴、保护之下。因此，旅游机构及其导游一般不具有管理、保护未成年人的经验，不了解未成年人的特点，尤其缺乏组织大规模的未成年人集体活动的能力。另一方面，某小学组织该次春游，是教育机构组织学生进行校外活动，并非让老师度假，在校外活动中对学生进行管理、保护仍然是老师的职责。某小学在本次活动中组织老师自行游玩，让学生自由活动，将大量未成年人交给缺乏专业经验的导游进行管理，显然是不履行法定义务的行为。综上，被上诉人黄某在涉案春游活动中被风筝支架扎伤眼睛，某小学对此没有采取必要的安全防范措施，没有履行应尽的义务，应当承担相应的责任。

在上诉人某小学与被上诉人甲旅行社签订的《广东省国内旅行组团合同》中，合同双方当事人为某小学与甲旅行社。在被上诉人某食品研究发展中心与被上诉人乙旅行社签订的《合作协议书》中，合同双方当事人为某食品研究发展中心和乙旅行社。被上诉人黄某不是上述合同关系中的当事人。根据合同的相对性原理，上述两个合同中约定的权利义务内容，不能约束作为某小学学生的黄某，黄某亦无权依据上述合同请求甲旅行社、乙旅行社承担合同责任。同时，因甲旅行社、乙旅行社对黄某不具有法定或约定的义务，且对黄某所受伤害均不存在过错，故黄某也无权向上述两家旅行社主张侵权责任。某小学的相应上诉理由不成立。

《中华人民共和国消费者权益保护法》第十八条规定："经营者应当保证其提供的商品或者服务符合保障人身、财产安全的要求。"《最高人民法院关于审理人身损害赔偿案件适用法律若干问题的解释》第六条也规定："对于从事住宿、餐饮、娱乐等经营活动或者其他社会活动的自然人、法人、其他组织，未尽合理限度范围内的安全保障义务致使他人遭受人身损害，赔偿权利人请求其承担相应赔偿责任的，人民法院应予支持。"根据上述规定，从事经营活动的经营者，在合理限度范围内对接受其服务的公众负有安全保障义务。如果经营者不尽安全保障义务造成他人人身损害，应当承担相应的赔偿责任。作为花都区宝桑园的经营者，被上诉人某食品研究发展中心应当对进园游玩的游客提供合理限度内的安全保障义务，否则造成他人人身损害也应当承担相应的赔偿责任。是否尽到合理限度的义务，应当根据一般常识来确定。一方面，某食品研究发展中心作为游乐场所的经营者，其安全保障义务的限度只能根据一般游客的情况加以确定，而不能要求其达到专业教育机构保护未成年人的标准。另一方面，根据本案查明的事实，某食品研究发展中心在涉案事故发生的区域设置了警示牌，进行了合理的提示。因此，应当认定某食品研究发展中心已经尽到了合理限度内的安全保障义务，被上诉人黄某无权请求某食品研究发展中心承担侵权责任，某小学的相应上诉理由不成立。

综上，上诉人某小学的上诉理由均不成立，一审判决认定事实清楚，适用法律正确，审判程序合法，应予以维持。广州市中级人民法院依照《中华人民共和国民事诉讼法》第一百五十三条第一款第（一）项的规定，于2007年12月14日判决：

驳回上诉，维持原判。

本判决为终审判决。

规则21：学校处分学生作弊过程中违反工作要求和操作规程造成学生伤害事故的，学校应当依法承担相应的责任

——李某、宋某诉某中学人身损害赔偿纠纷案①

【裁判规则】

学校教师或者其他工作人员体罚或者变相体罚学生，或者在履行职责过程中违反工作要求、操作规程、职业道德或者其他有关规定，造成学生伤害事故的，学校应当依法承担相应的责任。

【规则理解】

学校对学生在校期间的学习和生活承担教育和管理的职责，除了向学生传授知识、解答疑惑、培养其形成健全人格之外，对于学生在校期间违反学校纪律的不当行为，也应采取批评训导等惩戒手段，使其改正错误，健康成长。学校在对违纪学生进行处分的过程中，应当严格遵守相关法律法规以及校规校纪规定的工作要求和操作规则，如果因为学校处分行为不当使学生遭受人身损害的，学校应当承担侵权责任。

一、学校处分学生作弊的行为属于学校行使教育管理职责

学校为检验教学效果，考查学生对于知识的掌握程度，采取定期考试的方法予以测试。虽然各界对于应试教育的效果存在争议，但是考试仍是当前各类学校经常采用的一种教学辅助手段。学生在考试过程中，应当坚持诚信原则，展现真实学习水平，具体而言就是不能作弊。学生在考试中作弊一般都会被视为严重违纪行为，学校对于考试作弊的学生会采取一定处分行为。学校对作弊学生的处分属于学校行使教育、管理职责范围内的行为，如果此项处分行为违反法律法规或学校规章中规定的工作要求和操作流程，而致使学生遭受人身损害，学校应当承担侵权责任。

二、学校处分学生过程中违反工作要求和操作规程的行为具有侵权行为的属性

虽然中小学校的学生年纪幼小，身体和心智都尚未发育成熟，按民法规定

① 《中华人民共和国最高人民法院公报》2009年第4期。

属于限制行为能力人和无行为能力人，但其仍然享有法律中规定的人格权、身体健康权等民事权利。学校在处分学生的过程中，尽管用意在于履行对学生的教育、管理职责，使学生认识并改正错误，但仍应注意教育的方式方法，不能采取损害学生身体健康、人格权等方式来对学生进行惩罚。例如，不能对学生采取体罚或变相体罚等损害身体健康权的惩戒手段，也不能采取严重贬损学生人格，伤害学生自尊心的处分手段。学校在采取处分行为时，应当按照法律法规和学校规章的要求，注意方式方法，注意学生的理解承受能力，并且应当随时与学生家长保持沟通，共同对学生进行说服教育。如果学校处分行为中违反了工作要求和操作规程，此种处分行为本身就具有了一定的违法性和违规性，如果又造成了学生的人身伤害，则此种处分行为就属于《民法典》中规定的侵权行为。

三、学校处分行为中违反工作要求和操作规程反映出学校的主观过错

学校属于民法中的组织体，是事业单位法人。《民法典》中规定的过错是指行为人对于损害后果所持有的主观心理状态，而心理状态是自然人所具有的一种心理反应。法人的过错应当根据其客观上行为是否合法合规来进行判断，只要法人采取某项行为不符合法律法规和规章的规定，就应视为对损害后果的发生的具有主观过错。学校处分行为中违反了工作要求和操作规程，并导致学生因此遭受了人身损害的，应视为学校对于损害后果具有主观过错。

《民法典》中规定的教育机构责任本质上仍然采取过错责任的归责原则。过错为学校承担侵权责任的构成因素之一，无过错则无责任，因此，学校处分学生作弊过程中，是否违反了工作要求和操作规程所反映出的过错状态，是决定其是否应当对学生因此遭受的损害承担责任的因素之一。

学校虽然是承担对学生教育管理职责的主体，但其管理行为是通过教师履行其职务的方式实现，学校的处分行为，除某些需要经过学校领导集体研究决定的情形外，多数情况下由教师作出，但在判断教育机构责任时，不能仅依教师个人的主观心理状态来确定学校的过错。学校对于损害结果是否具有过错只能依该教育行为是否违反法规校规来判断。例如，某教师与某学生的家长素有积怨，在该生违纪犯错时训诫得格外严厉，虽然教师在训诫学生时主观上可能具有一定的恶意，但是从学校管理者角度而言，在学生犯错时对其训诫并不违反工作要求和操作规程，如果学生因此遭受心理损害等，不能以教师的主观恶意认定学校存在过错。

四、学校依其过错程度决定承担损害的比例份额

学校在处分作弊学生的过程中，虽然存在处置不当等过错行为，但也不意味着学校应当对学生遭受的损害承担全部侵权责任。《民法典》规定了混合过错的情形，被侵权人本身存在的过错，可以减轻侵权人的侵权责任，即对于损害结果的发生具有过错的各方主体，应依其过错对于造成损害结果的原因力和关联性，对于损害结果承担相应份额的赔偿责任。学校的处分行为虽然违反了工作要求和操作规程，但如果学生自身的主客观因素对于造成伤害结果也具有一定影响，则学生及其监护人应当对学生自身因素造成的损害自行承担损失，而不能要求学校对学生的全部损害承担侵权责任。例如，学生在课堂上喧哗打闹，教师为惩罚学生，要求其到操场上跑五圈，而碰巧该学生体质孱弱，跑到第四圈时因体力不支摔倒受伤，被送往医院后产生一定的医疗费用。教师为惩罚学生影响课堂秩序的行为，要求其到操场上跑圈，用其肉体上的劳累和痛苦作为惩罚的手段，本身带有变相体罚的性质。教师的教育行为是履行其作为学校员工行使对学生管理职责的职务行为，教师行为视为学校的行为。学校采用变相体罚的方式惩戒学生的违纪行为，不符合法律规章的要求，带有一定违法性和主观可归责性。但对于一般正常的学生，到操场上跑五圈并不必然导致其摔倒受伤，该生自身身体素质也是造成损害后果的原因之一，因此，法官在审理此类案件中，应结合案件具体情况，分析双方过错对于损害后果的原因力，并据此判决各自应当承担损失的份额。

五、教育机构处理作弊事件中几种免责情形

学校在处分学生作弊过程中没有违反工作要求和操作规程，但学生仍然因学校的处分行为遭受伤害的，学校不承担侵权赔偿责任。如果学校按照工作要求和操作规程对学生的作弊行为采取了通报批评等处分行为，并且及时通知了学生的家长，但学生家长因工作忙碌等原因并未引起充分的重视，也未对学生的心理波动给予充分的关注。学生离校后因无法承受作弊行为带来的一系列后果，加之父母对其关注不够，觉得生活不如意等各方面因素，而采取了自杀等极端行为的，因学校并不存在违反工作要求和操作规程的侵权行为，对学生的损害结果也不存在过错，学生采取极端行为是因其自身心理原因和父母平日开导教育不够等因素造成的，学校无须对其承担侵权责任。

如果学校在处分学生作弊过程中，虽然违反了工作要求和操作规程，但是并未造成学生人身损害的，学生及其监护人也不能向学校要求承担教育机构责

任。根据侵权责任法理论，侵权责任构成需要具备侵权行为、过错、因果关系和损害结果四个要素，对于某些特殊侵权行为实行无过错责任或严格责任，不要求侵权主观对于损害结果的发生具有主观过错，教育机构责任虽然在责任主体方面具有特殊性，但在归责原则方面仍然属于过错责任。因此，教育机构责任的成立需要具备上述四个要件，缺一不可。如果学校在处理学生作弊中虽然存在违反工作要求和操作规程的情形，如对于学生的通报批评未按要求提交教务部门集体讨论，对于学生的通报批评决定也未及时送达给学生的家长等，学生对于其通报批评的处分决定并未太过在意，也没有采取任何自我伤害的行为，则事后家长不能以学校处分行为中存在违规情形而要求学校承担侵权责任。原因在于，这种情形中并不存在学生遭受人身损害的结果，侵权责任构成要件不齐备，学校不构成侵权责任。

如果学校对学生作弊的处分行为虽然违反工作要求和操作规程，学生事后也实施了自杀行为，但学生的自杀并非因学校的处分行为而导致，而是另有其他原因，则因为侵权行为和损害结果之间不具有因果关系，学校也不承担侵权责任。例如，学校对于作弊学生采取通报批评的处分方式，该处分没有经过教务部门的集体讨论研究，也未及时送达学生家长，该学生在处分决定通报后实施了自杀行为，但该行为并非由于通报处分本身，而是由于通报后该学生的早恋女友因觉得该学生考试作弊人品不好而提出与其分手，该学生因失恋而心灰意冷，从而自杀。在此种情况下，因为学校的处分行为与该学生自杀之间不具有直接的因果关系，学校的处分行为也不是该学生自杀的充分必要条件，因此情形下侵权行为与损害后果之间的因果关系不成立，学校也不承担侵权责任。

【拓展适用】

一、教育机构“教育、管理职责”范围和认定标准

侵权责任法规定的教育机构对学生伤害事故应当承担安全保障义务责任的前提是教育机构没有尽到对学生的“教育、管理职责”。那么，教育机构对学生具有哪些“教育、管理职责”？

（一）教育职责

笔者认为，教育和管理是两种不同的概念，教育是指教育机构对学生传授知识，培养学生掌握各种未来生存和发展所需要的技能。教育机构应着眼于学生德智体美劳的全面发展，致力于培育道德高尚、心智健全的四有新人。教育应包括三个方面的内容，一是按不同教育阶段向学生传授其应当掌握的各门课业的科学知识；二是促使学生形成健全的世界观、人生观和价值观而需要具备的各种人文知识；三是学生自救和自我保护的安全知识。我国《义务教育法》第24条第1款规定："学校应当建立、健全安全制度和应急机制，对学生进行安全教育，加强管理，及时消除隐患，预防发生事故。"在当今我国教育体制还主要表现为应试教育的背景下，教育机构都比较重视科学知识的教授，但对于学生道德情操、性格特征和安全知识方面的教育则重视不够，而学生对于人文知识和安全知识的匮乏是导致许多伤害事故发生的原因。例如，学生考试作弊被学校处罚，其心理无法承受而采取自杀自残等行为。再如，在遇到安全事故过程中，学生不知如何自我保护，在地震等事故中采取跳楼等错误逃生手段，如果学校在日常教学过程中，没有对相应情形应如何对待和处理对学生进行过教育，那么应视为学校没有尽到教育职责。

（二）管理职责

教育机构的管理职责应包括三个方面，一是提供适宜开展教学活动的设施设备，确保提供的设施是安全合格的，并对这些教学所用的设施设备进行保管维护，防止发生危害学生安全的事故。《未成年人保护法》第35条第2款规定："学校、幼儿园不得在危及未成年人人身安全、身心健康的校舍和其他设施、场所中进行教育教学活动。"二是对学生行为进行约束，确保学生遵守学校的各项纪律和制度，保证良好的教学秩序和环境。三是保护学生在教学场所范围内的人身安全，不受来自校内外各种危险因素的伤害。《未成年人保护法》第35条第1款规定："学校、幼儿园应当建立安全管理制度，对未成年人进行安全教育，完善安保设施、配备安保人员，保障未成年人在校、在园期间的人身和财产安全。"第3款规定："学校、幼儿园安排未成年人参加文化娱乐、社会实践等集体活动，应当保护未成年人的身心健康，防止发生人身伤害事故。"《教师法》第8条规定："教师应当履行下列义务：……（五）制止有害于学生的行为或其他侵犯学生合法权益的行为，批评和抵制有害于学生健康成长的现象……"

对作弊学生的处罚属于学校对学生不当行为的约束和管教，学校在对学生进行管教时，应遵循一定的规章制度，考虑未成年人生长发育阶段的心理特征，如果学校本身没有按特定规章制度对学生进行制裁惩罚，如对学生违规进行体罚、变相体罚以及有损人格尊严等形式的制裁和惩罚，学生因此遭受人身伤害的，学校应当承担一定的侵权责任。

二、普通高校的安全保障义务责任问题

自我国开始逐步普及高等教育制度以来，高校扩招成为一个普遍的趋势，越来越多的学生能够有机会走进大学校园，接受更高层次的教育和进行专业知识的学习。但是由于各地教育水平发展不平衡，学生入学学龄也不相同，个人发展情况存在差异，进入大学的学生年龄参差不齐，有已经年满十八周岁的成年人，也有未满十八周岁的未成年人，有些学生已经通过自己打工来满足日常生活所需，有的还需依靠父母提供生活来源。而我国《民法典》中判断教育机构承担责任的标准之一是学生的行为能力，对不同行为能力的学生遭受人身损害，教育机构承担责任的范围、归责原则等都具有细微的差别。因此，高校的安全保障义务责任呈现出较为复杂多样的形态。

（一）在高校受教育的成年学生遭受伤害事故

我国民法以十八周岁作为是否成年的判断标准，在成年人中根据对思想和行为的判断和支配能力又可分为完全民事行为能力人、限制行为能力人和无行为能力人。按照我国普通全日制教育的基本学制要求，一般学生在进入高校学习时，已经年满十八周岁，且具有完全的民事行为能力，为完全民事行为能力人。而《民法典》中规定的教育机构承担安全保障义务责任面向的对象群体为限制行为能力人和无行为能力人，因此，在高校接受教育的具有完全民事行为能力的学生，在校园内外遭受人身伤害事故，并不适用《民法典》中规定的教育机构安全保障义务责任的特殊规定，如有此类事件发生，可依《民法典》侵权责任编中第1章“一般规定”和第2章“损害赔偿”中的相关规定向有关责任主体主张赔偿。

《民法典》第22条规定：“不能完全辨认自己行为的成年人为限制民事行为能力人……”不能完全辨认自己行为的成年人一般仅在特殊学校接受专门教育，普通高校一般不会接收限制行为能力的成年人。因此本章内容也不讨论限制行为能力的成年人在高校的伤害事故问题。

（二）在高校受教育的未成年学生遭受伤害事故

我国各地教育水平和教育体制不同，某些省份小学实行五年制学制，这些地区的学生升入高校时年龄尚未满十八周岁，属于未成年人，依其是否具有劳动和谋生的能力可分为完全民事行为能力人或限制民事行为能力人，下面区分两种情况讨论高校中未成年学生的伤害事故的责任问题。

1. 以自己的收入为主要生活来源

《民法典》第18条第2款规定：“十六周岁以上的未成年人，以自己的劳

动收入为主要生活来源的，视为完全民事行为能力人。”一些进入高校学习的学生，年龄区间在十六周岁到十八周岁之间，但是并不依靠父母提供生活费用，而且能够通过勤工助学等形式，利用业余时间从事一些诸如家教、翻译或其他形式的兼职工作，并且以这些收入作为主要生活来源，这类学生应视为完全民事行为能力人，其在高校发生伤害事故时的责任承担问题，与成年学生并无二致，依据《民法典》侵权责任法编第1章、第2章的一般规定主张责任。

2. 依靠父母提供的费用作为主要生活来源

大多数步入高校的学生尤其是未成年学生，仍然需要依照父母帮助缴纳学费和提供生活费用，有些学生虽然也能够从事一定兼职工作，但工作收入不足以作为主要生活来源，这类学生仍然属于限制行为能力人。在高校中学习的限制行为能力人遭受的伤害事故，也属于特殊责任主体，即教育机构违反安全保障义务责任制度所调整的对象。根据《民法典》规定，限制行为能力人在高校遭受来自校园之内的伤害，由高校承担侵权责任，被侵权人作为原告需要承担举证责任，证明高校没有尽到教育、管理的职责，应当承担侵权责任。教育机构责任实行过错责任的归责原则，此类案件中，最难证明的是高校对于损害后果存在主观上的过错，而衡量高校是否存在主观过错的判断标准在于高校是否尽到教育和管理的职责。上文中对普通学制学校的教育和管理职责所包含的内容进行了归纳，但高等教育机构与小学及初高中学校有所不同，在高校接受教育的学生，大多数都是能够对自己行为负全部责任的成年人，高校的主要职责是对学生专业知识和技能的培训，学生在高校中的学习和生活主要依靠学生的自律，学校的管理职责偏弱化。对于在高校中学习的限制行为能力人，也不能要求高校承担如同初高中一样严格的管理职责。

（三）高校学生自杀自残事故中责任认定

高校学生年龄一般已经成年或接近成年，具备了较强的自我保护和自我防范的意识和能力，高校普遍也都配备有保安，对校园、宿舍和教室等公共场所内的秩序进行维护。但由于步入高校后，学习生活环境的巨大转变和反差，给一些心理适应能力不强的学生带来了很多的挑战，一些学生因为无法适应周围环境的巨大变化，无法及时调整自身去适应周围的环境和氛围，或者因为学业、人际关系、情感和工作等方方面面的不如意，表现出厌学、自卑甚至出现一些伤害自己或他人的极端行为。许多高校中都发生过学生自杀自残的事件，在这些事件中高校是否应当承担一定责任？应当如何界定高校的责任？笔者认为，这取决于两个因素，一是高校教师对于学生存在的问题是否给予过关注和指导；

二是高校是否设立有提供心理咨询和疏导的专门机构。高校不能如中小学一样对每一位学生的身心健康情况都给予充分的关注，但对于一些表现出极端行为倾向或者存在重大心理问题的学生，应当给予一定的帮助和指导，使他们摆脱心理的阴影，迎接生活中的困难和挑战。一些存在心理问题的学生，在采取自杀、自残等行为之前，往往并非无迹可寻，学校应当及时发现这些学生在日常中表现出的不良倾向的苗头，并给予必要的关注和指导，减少和杜绝自杀自残事件的发生。目前很多高校都将心理咨询室作为必须配备的教学辅助机构，学生面临困惑难题时，可以到心理咨询室向具有专业心理学知识的教师或医师寻求帮助。如果高校既没有对学生表现出的极端行为倾向给予过关注和指导，也没有为学生提供心理咨询类的帮助和服务，应当视为高校对于学生自杀自残导致的伤害具有一定的责任。但同样如上文所述，高校同中小学校在教学对象和定位上都存在重大区别，即使认定高校对学生的自杀自残事故应当承担责任，也应结合案件具体情况，合理界定高校责任份额，不宜过于扩大高校应当承担责任的比例。

【典型案例】

李某、宋某诉某中学人身损害赔偿纠纷案

原告：李甲。

原告：宋某。

被告：某中学。

〔基本案情〕

原告李甲、宋某因与被告某中学发生人身损害赔偿纠纷，向青海省西宁市城西区人民法院提起诉讼。

原告李甲、宋某诉称：原告之子李某系被告某中学高二（6）班学生。2005 年 11 月 8 日下午，李某参加某中学组织的政治课考试，监考老师在没有充分事实根据的情况下，认定李某作弊。次日上午，某中学相关部门违反法定程序，未经调查核实，即作出对李某记过处分的决定，并将处分决定张贴于校园公示栏内。同日李某在家中自缢身亡。某中学的错误处理决定给李某造成了巨大的精神压力和严重的心理伤害，并导致李某自杀身亡。故请求法院判令某中学赔偿死亡赔偿金 146393.40 元、丧葬费 8614.50 元、交通费 10000 元、精神损失费 10 万元。

被告某中学辩称：原告李甲、宋某之子李某违反学校纪律，在考试中作弊的行为经查属实，被告学校针对李某的违纪行为，按照有关规定给予其相应的处分并无不当。请求法院驳回原告的诉讼请求。

西宁市城西区人民法院一审查明：

原告李甲、宋某之子李某系被告某中学高二（6）班学生。2005年11月8日下午，李某在参加某中学组织的政治课考试中，因夹带纸条被监考老师以作弊处理，随后监考老师将纸条交校政教处。次日上午，某中学校政教处依照《某中学关于考试纪律的规定》给予李某记过处分，并张榜公布。同日下午李某未到校参加考试，并于当晚七时许在家中自缢身亡。以上事实，有《某中学关于考试纪律的规定》、《某中学解除学生处分的办法》、被告某中学《关于对李某同学考试违纪的处理决定》、市公安局《尸表检验报告书》、某中学会议记录、李某用于作弊的纸条及原、被告陈述等证据在案证实，足以认定。

〔一审裁判理由与结果〕

本案的争议焦点是：被告某中学是否应对原告李甲、宋某之子李某自杀身亡的后果承担赔偿责任。

西宁市城西区人民法院一审认为：

被告某中学按照学校有关规定，针对原告李甲、宋某之子李某的作弊行为作出处分决定，其行为并无不当。该处分决定虽有瑕疵，但与李某自缢身亡无直接因果关系，故某中学不应对李某自杀身亡的后果承担赔偿责任。李甲、宋某的诉讼请求没有法律依据，依法不予支持。

据此，西宁市城西区人民法院依据《中华人民共和国民事诉讼法》第四十条第一款、第一百二十条第一款，《中华人民共和国民法通则》第一百零六条第二款的规定，于2006年8月1日判决：

驳回原告李甲、宋某的诉讼请求。

〔当事人上诉及答辩意见〕

李甲、宋某不服一审判决，向青海省西宁市中级人民法院提起上诉，请求撤销一审判决，依法改判。其主要理由是：1. 上诉人之子李某夹带的纸条与考试内容无直接关系，因此在考试过程中不会存在抄袭行为，一审判决认定被上诉人某中学对李某以作弊进行处理适当，没有事实依据；2. 某中学给予李某记过处分，并将处分决定张贴于校园公示栏内的行为主观随意，构成违法；3. 某中学对李某作出处分决定后，违反相关规定，剥夺了李某的申辩权；4. 李某于处分当日下午未到校参加考试，某中学没有及时与家长联系，没有尽到相应的注意义务；5. 某中学在处分李某的过程中，处理简单草率，违反工作要求，未遵循相关的程序规定；6. 一审法院认定李某的死亡时间为案发当日晚7时许，而青海省科技司法鉴定中心所作的法医司法鉴定书则确定李某的死亡时间为当日中午12时30分至15时30分之间，故一审判决对李某死亡时间的认定错误。综上，李某的死亡与某中学的错误处理决定之间存在必然的因果关系，某中学应当对其过错行为承担赔偿责任。一审判决认定事实不清，判决结果错误，请求依法改判某中学赔偿死亡赔偿金、丧葬费、交通费共计165008元。

被上诉人某中学口头辩称：一审判决认定事实清楚，判决结果正确，请求二审法院驳回上诉，维持原判。

〔二审查明的事实〕

西宁市中级人民法院二审查明：

上诉人李甲、宋某之子李某系被上诉人某中学高二（6）班学生。2005年11月8日下午，李某在参加某中学组织的期中政治课考试中夹带纸条，在考试结束前20分钟被监考老师发现，监考老师当即没收纸条并令其交卷，后监考老师将纸条及试卷交于校教务处，校教务处经与政教处的领导研究，认定李某作弊的事实成立，于当日下午决定给予李某记过处分。11月9日上午9时许，某中学将李某的处分决定张贴于校园的公示栏内，李某于当日上午10点多看到了张贴的处分决定，当时其班主任亦在场。随后，李某找到监考老师及政教处主任，要求取消处分决定，未获同意。当日中午12时许李某回到家中，没有再去学校参加下午2时开考的英语考试。李某的母亲宋某于当日下午5时50分到家，发现门被反锁，撬门进去时已近晚7时，进门后即发现李某用皮带系在脖子上，吊在卧室门的把手上，家人即送至医院抢救，到医院时李某已无呼吸、一切反射消失，医院确定李某已死亡。另查明，青海省科技司法鉴定中心经尸检，作出法医司法鉴定书，确定李某的死亡时间为11月9日中午12时30分至15时30分之间。

〔二审裁判理由与结果〕

本案二审的争议焦点，仍然是被上诉人某中学是否应对上诉人李甲、宋某之子李某自杀身亡的后果承担赔偿责任。

西宁市中级人民法院二审认为：

第一，被上诉人某中学对上诉人李甲、宋某之子李某在考试中夹带纸条的行为以作弊处理并无不当。李某作为某中学的一名学生，明知夹带纸条是考场纪律所不允许的，但仍夹带载有与考试科目相关内容的纸条进入考场，其行为违反了学校制定的考试纪律。作弊是一种违纪行为，在考试中只要考生有夹带、偷看、传递纸条的行为就构成作弊，并不以作弊是否得逞、纸条内容是否与试题有关作为构成要件，故某中学认定李某作弊，具有充分的事实依据。针对李某的违纪行为，某中学以作弊给予其记过处分并无不当。

第二，被上诉人某中学给予李某记过处分，并在校园范围内张贴处分决定的行为不具有违法性。依据《中华人民共和国教育法》第二十八条的规定，学校对受教育者有实施奖励或者处分的权利。《中小学德育工作规程》第二十七条规定，中小学校应当严肃校纪，对严重违犯学校纪律的学生应当根据其所犯错误的程度给予批评教育或者纪律处分，并将处分情况通知学生家长。上述规定并未明确关于违纪学生的具体处分办法。某中学为整顿考场纪律，加大惩戒力度，给予李某记过处分，虽是基于其管理需要，但也属于其自治权利，且根据本案事实，李某确有作弊行为，某中学对李某作出的处分决定并无不当。某中学在校园范围内张贴对李某的处分决定，既是对违纪者的惩戒，也是对其他学生的警示，且处分决定的张贴范围仅限于校园之内，并未扩大公布范围，亦不违反该校制定的考试纪律。因此，某中学张贴处分决定的行为并无不当，不具有违法性。

第三，被上诉人某中学并未剥夺李某对于处分决定的申辩权。李某在见到学校公布的处分决定后，即向班主任老师、监考老师和政教处领导作了解释，提出了撤销处分的申请，行使了申辩权。虽然某中学未同意李某的请求，但并不等同于学校剥夺了李某的申辩权，且李某仍有进一步申诉的权利。因此，上诉人李甲、宋某关于某中学剥夺李某申辩权的上诉理由不能成立。

第四，李某在受到处分的当日下午没有到校参加考试，被上诉人某中学对此不存在未尽合理注意义务的过错。李某于当日中午12时许放学回到家中，不属于擅自离校。学生放学回家后应由家长进行管理，对于正常离校回家的学生，学校无法预见会发生什么样的危险。故对于李某当日未到校参加考试，某中学不存在未尽合理注意义务的过错。

第五，被上诉人某中学在处分李某的过程中违反工作要求，未遵循相关规定，存在一定的过错。根据某中学自行制定的《解除学生处分办法》的规定，对违纪学生的处分决定，经校政教处调查落实后，需报请校务会批准。而某中学在对李某作出处分决定前既未对当事人即李某本人进行调查核实，听取李某的陈述，也未将处分决定报校务会批准。虽然某中学关于李某的处分决定在实质上并无不当，但其工作方法确实存在简单、草率、不规范的问题，也违反了其自行制定的工作要求。另外，根据《中小学德育工作规程》第二十七条的规定，学校对学生作出的处分决定应当通知学生家长。某中学也认可该校正式的处分决定是一式三份，由学校、班主任、家长各持一份。然而本案中，某中学未将关于李某的处分决定及时通知其家长。中小学生系未成年人，其心理发育并未成熟，对于外界刺激的承受能力有限，学生之间的个体差异也比较大。学校作为教育机构，在处分学生时必须充分考虑学生的心理承受能力，在处分的同时做好教育、疏导工作。从根本上讲，对学生的处分只是教育手段，而不是简单的惩罚。只有在充分考虑受处分学生的心理素质，针对其实际情况进行教育、疏导的基础上，处分手段才能真正发挥教育作用，才能避免可能发生的悲剧。然而本案中，某中学仅仅为了追求惩戒的时效性，没有充分考虑李某的心理承受能力，且没有按照规定将处分决定及时通知李某的家长，使得熟悉、了解李某个人情况的家长没有机会针对李某性格中存在的问题及时进行引导和教育，丧失了避免本案悲剧发生的可能。故某中学违反工作程序的处分行为与李某的死亡具有一定的因果关系。

根据教育部制定的《学生伤害事故处理办法》第九条的规定，学校教师或者其他工作人员在履行职责过程中违反工作要求、操作规程、职业道德或者其他有关规定的，学校应当依法承担相应的赔偿责任。鉴于本案发生的主要原因是李某不能正确对待问题、对挫折的承受力有限，从而导致了损害结果的发生，故上诉人李甲、宋某要求被上诉人某中学承担全部赔偿责任的理由不能成立。基于某中学在工作方法和操作规程上存在一定的过错，应判令其承担20%的赔偿责任。

上诉人李甲、宋某主张的赔偿费用中关于死亡赔偿金与丧葬费的计算方法与计算数额，双方当事人均无异议，应予确认。交通费上诉人主张了10000元，实际提供的票据为5463.50元，此票据均为办理丧事过程中的交通支出。关于交通费的赔偿标准和赔偿范围，根据《最高人民法院关于审理人身损害赔偿案件适用法律若干问题的解释》第二十二条的规定，计算交通费的范围应是受害人及必要的陪护人员因就医或者转院治疗实际发生的费用。李某在送往医院时已经死亡，再未发生陪护、治疗、转院等需要的交通费，但其父母将其送往医院抢救所发生的交通费应酌情赔偿500元，其余交通费不属于法律规定的赔偿范围，故不予支持。

综上，西宁市中级人民法院认为，一审判决对部分事实认定不清，判决结果不当。依据《中华人民共和国民事诉讼法》第一百五十三条第一款第（三）项的规定，于2006年12月20日判决：

一、撤销西宁市城西区人民法院（2006）西民一初字第267号民事判决；

二、被上诉人某中学赔偿上诉人李甲、宋某死亡赔偿金146393.40元、丧葬费8614.50元、交通费500元（合计155507.90元）的20%，计31101.60元。

本判决为终审判决。

第十二章 专家责任

规则22：律师事务所发布律师声明，未尽必要的审查义务，侵犯他人名誉权的，应承担连带侵权责任

——李某诉艺术学院、某律师事务所名誉权侵权纠纷案①

【裁判规则】

律师事务所或者律师接受委托人的委托发布律师声明，应当对委托人要求发布的声明内容是否真实、合法进行必要的审查、核实。律师事务所或者律师未尽必要的审查义务，即按照委托人的要求发布署名律师声明，如果该律师声明违背事实，侵犯他人名誉权，律师事务所或者律师应对此承担连带侵权责任。

【规则理解】

一、律师声明的内涵及性质

（一）律师声明的内涵

所谓律师声明是律师按照委托人的授权，基于一定目的，以律师名义就有关事实或法律问题进行披露、评价以求达到一定效果而制作、发送的文书。律师声明内容正式、严肃，且往往公开刊登发表，社会公众信任程度高、对公众影响程度较大，加之律师自身的法律专业身份，容易使阅读者产生信赖。故律师在发布声明时应尽到审慎审查义务，避免发布对他人构成贬损、存在不实内容或其他违法情形的声明，损害他人的权利。

（二）律师声明不构成委托代理行为

有观点认为，律师声明属于民事代理行为，只要律师是依照委托人的指示发表声明，则不论造成何种结果，律师本人都不应当承担责任。根据法律的规定，代理是指代理人依据代理权，以被代理人的名义与第三人实施民事行为，

① 《中华人民共和国最高人民法院公报》2008年第11期。

直接对被代理人发生效力。[①] 由此可见，代理行为必须是民事法律行为。只有代理人为被代理人实施的是能够产生民事权利义务的行为才是代理行为。[②] 但在实践中，律师声明大多是对过去事实的确认和重述，或是对对方当事人的催告或通知，属于事实行为，不会产生民事权利义务变动的法律效果。而当律师声明违反了法律规定时，该律师声明行为就构成违法行为或侵权行为而非民事法律行为，也不能产生代理的效果。因此，当律师未尽其责任而不顾事实接受委托发表声明，从而给第三人造成损害，律师不能以其是代理人为由免除自己的责任。

（三）律师声明具有专家性

所谓专家，系指具有专业知识或者专门技能，依法取得国家认可的专业资格和执业证书，以向公众提供专业服务为职业的专业人士。[③] 因为专家与普通人相比，具有更丰富的专业知识和技能，更熟悉相关专业服务的技术和法律法规规定，委托人对专家具有高度信赖；公众因专家活动结果得到社会普遍的合理认同亦对专家特别信赖，故专家在执业过程中的注意程度应高于普通民事主体对他人利益的注意程度，高于一般民事主体对自己利益的注意程度，高于一般诚信善意之人或善良管理者（善良家父）的注意程度。[④] 专家若违反此高度注意义务，因故意或过失造成他人损害时，依法应当承担民事责任。该民事责任既可能是对委托人的缔约过失责任或违约责任，亦可能是对不特定第三人的侵权责任；既可能是财产责任，亦可能是非财产责任。

律师属于法律上的专家。律师的专家特征可以概括为：（1）具有专门知识或技能。律师在本科阶段和准备法律职业资格考试的学习过程中习得法律知识，掌握广泛的实体法律规范，知晓各类诉讼程序；在执业过程中习得各种诉讼技巧，能熟练运用法律专业知识为社会提供服务。（2）得到国家的资质认定，即取得资格证书和执业证书。律师必须参加全国统一法律职业资格考试成绩合格，并在律师事务所实习一年以上，才可以向司法行政部门申请注册，申请得到批准，才得以成为一名执业律师。（3）向社会公众提供专业服务。律师以为当事人提供法律服务为职业。其服务基本上都是智力性的，中心是精神的、判断的

---

① 魏振瀛主编：《民法》，北京大学出版社、高等教育出版社 2007 年版，第 171 页。

② 魏振瀛主编：《民法》，北京大学出版社、高等教育出版社 2007 年版，第 173 页。

③ 梁慧星：《中国民法典草案建议稿》，法律出版社 2003 年版。

④ 俞信吉、俞欣妙：《关于专家责任若干问题的探析》，载《宁波经济（三江论坛）》2008 年第 7 期。

工作。[①] 大陆法系国家和英美法系的国家对专家范围的规定不尽一致，但都无一例外地将律师规定为专家。律师声明也是律师作为法律专家所发表的声明，公众也是以信赖律师的专家地位而相信律师声明的，因此律师对其所发表的律师声明应尽专家责任。

二、律师的审查义务

（一）律师审查义务的特定性

律师在执业过程中应对委托人和第三人负有高度注意义务。律师作为法律专家，具有高度专业水准和职业道德，委托人和其他利害关系人有理由信赖律师在执业活动中不会侵犯其合法权益。为保护社会公众的信赖利益，律师在执业活动中应对委托人及第三人负有比普通民事主体更高的注意义务。若违反此义务致人损害的，应当承担专家赔偿责任。

（二）律师审查义务的主要内容

一般而言，律师对律师声明的审查可以分为两个部分：一是委托声明事项合法性审查。合法性审查的对象是委托声明内容是否违反法律法规强制性规定、是否违背社会公共道德，违反公序良俗，委托声明文字形式中是否有明显的侮辱、诽谤性用词，如“骗子”“撒谎”等。如果将带有此类内容的声明发出，将较大程度上对受害人人格权利造成损害。二是委托声明事项真实性审查，真实性审查的对象是委托人提供材料的单件真实性、材料之间的一致性以及材料整体的完整性。律师应当认真审查单件材料是否真实、有无缺漏、单件材料之间有无矛盾。当原始材料的真实性有疑点、原始材料之间相互矛盾或者原始材料有缺漏时，律师应当进一步询问委托人，征求其意见，听取其解释。委托人的解释不能排除律师合理怀疑的，律师应当要求委托人重新提交材料。委托人拒绝的，律师应仔细分析声明内容的法律风险以及委托人可能承担的法律责任，如果认为可能构成侵权的，应当拒绝接受委托发布律师声明。

然而，相对于内容的合法性而言，审查材料的真实性对于律师而言显然要更为困难。这是因为律师只是精通法律，而对于证据材料的真伪鉴别则并非其主要职责。不仅如此，从后果上看，律师对合法性审查的疏漏，特别是对侮辱、诽谤性用语的疏于审查几乎必然导致损害结果的发生，而对于真实性的审查则并不必然损害受害人的权益。况且，由于律师代表的是委托人的利益，因此，即使出现对部分事实的隐瞒，也并非不可接受。

---

① 吴宏、衣硕朋：《律师对律师声明的审查义务》，载《人民司法》2009年第2期。

近年来，司法实践中出现了一种真实性保留的律师声明。在这些声明中，律师通常以一系列假定作为出具声明的前提。如假定委托人的陈述属实，假定委托人提供的副本与原本一致。在这些律师声明中经常可以见到这样的表述："本声明限于委托人提供的材料""本声明假定委托人所提供的材料是真实的""委托人已向本所作出所提供之全部文件的真实性以及复印件与原件的一致性做出了承诺和保证"或"委托人对声明材料的真实性负责"。律师将资料限定在委托人提交范围之内，并假定其真实，目的无非是免除律师对事实的审查义务。有人认为，此种情形下律师无须进行核实，委托人的保证可以作为免除这一义务的依据。但笔者认为，这种所谓的假定和保证只是一种推卸责任的做法。只要这些假定、保证在事后被认为虚假，且律师对此具有审查不严的过错，即应当承担相应责任。

三、律师声明构成共同侵权的责任形式

（一）律师与委托人之间的共同侵权

律师与委托人之间的共同侵权主要包括了共同故意、共同过失。关于共同故意的情形，比较典型的是委托人与律师共谋，故意发布侮辱性、诽谤性律师声明等，致使他人名誉、隐私等受损，委托人与律师构成共同侵权；关于共同过失的情形，则主要包括委托人与律师对律师声明可能造成损害结果未尽合理注意义务，损害他人权利。

《民法典》中仅将具有意思联络的侵权行为规定为共同侵权，对于不具有意思联络，分别实施侵权行为的，《民法典》在第1171条中作出规定："二人以上分别实施侵权行为造成同一损害，每个人的侵权行为都足以造成全部损害的，行为人承担连带责任。"根据该条规定，无意思联络的侵权行为虽不构成共同侵权，但当每个人的侵权行为都足以造成全部损害时，各侵权行为人承担与共同侵权相同的法律后果，即承担连带责任。连带责任的成立需符合如下条件：一是委托人与律师不存在共同的故意或过失；二是委托人与律师各自侵权行为又都足以造成损害结果的发生。尽管从理论上分析似乎可以成立，但在实践中却很难发生。更多的情况是，委托人和律师一方为故意一方为过失。例如，委托人将一份带有侮辱用语的声明交给律师，律师未能发现而作出声明。此时，律师因其主观过错小而承担较轻的责任，而委托人则因其主观过错大而承担更重的责任。

（二）律师侵权责任的承担主体

我国《律师法》强制规定律师执业必须加入律师事务所，而不能以个人名

义单独接受委托。律师事务所是法律服务委托关系的适格主体，律师开展执业活动系执行律师事务所职务的行为，以律师事务所的指定为正当依据。律师在执业过程中因故意或者过失侵犯第三人法定权利或违反法定义务而引起的民事责任，应当根据《民法典》第 1191 条的规定，由用人单位即律师事务所向受害人承担责任。如果律师的侵权行为与执业无关，应当由其个人承担责任。例如，律师在下班回家的途中发生交通肇事致人损害的，应当自行承担责任。

根据《律师法》的规定，律师事务所有个人、合伙、国有三种形式。当侵权行为发生时，如果该律师事务所系个人设立，则根据《律师法》第 16 条的规定，设立人对律师事务所的债务承担无限责任。如果律师事务所系普通合伙设立，则全体合伙人应当与律师事务所对损害结果承担连带责任。如果该律师事务系特殊合伙设立，合伙人中包含了有限合伙人的，则有限合伙人仅就其出资部分承担有限责任，其余普通合伙人与律师事务所承担连带责任。如果律师事务系为国有设立，原则上应当由律师事务所独立承担责任。但是，当律师事务所的财产不足以支付赔偿金额时，笔者倾向于认为该律师个人亦应当承担相应赔偿责任。主要理由在于：（1）用人单位为工作人员的行为负责，是保障工作人员正常执业并使受害人得到充分救济的需要。但当受害人因用人单位无力赔付而无法得到救济时，有必要使该工作人员在一定条件下为其行为承担责任。同时，这也有利于减少道德风险，对工作人员的行为进行约束。（2）与一般意义上的工作人员与用人单位的紧密关系不同，律师与律师事务所形成的是一种较为松散的关系。特别对于非合伙人律师而言，更加类似于“挂靠”。这种情况下，根据自己责任原则，由侵权律师个人承担责任是妥当的。（3）律师的收入是来源于自己的执业收入，而不是律师事务所给付的报酬。相反，律师事务所的收入则寥寥无几，有些甚至仅能维持基本的经营。根据风险与收益一致的原则，律师也应当对侵权损害结果承担赔偿责任。

【拓展适用】

一、专家民事责任的内涵

“专家”在我国的制定法中并没有明确的定义，但其已成为学理中的惯常用语，一般指具有专业知识或专门技能，依法取得国家认可的专业资格证书和执业证书、向公众提供专业服务的人。[①] 专家民事责任是指“具有特别知识和

① 梁慧星：《中国民法典草案建议稿》，法律出版社 2003 年版，第 313 页。

技能的专业人员在履行专业职能的过程中给他人造成损害所应承担的民事责任”。[①] 律师是具有法律专业知识和技能，依法取得律师执业资格证书并向公众提供法律服务的人。因此，律师可以认定为法律“专家”，律师民事责任也属于专家民事责任。律师民事责任，有人称其为“律师专家责任”，[②] 也有人称其为“律师职务损害赔偿责任”。[③] 笔者认为，无论是专家责任还是职务损害赔偿责任，都属于民事责任，而“律师”一词既可以代表专家的身份，又可以表示履行职务的意思。因此，使用“律师民事责任”的概念较为合适。

二、律师民事责任的特征

作为民事责任的一种，律师民事责任当然具有民事责任的一般特征，如具有以民事义务违反为前提、相对性、强制性和赔偿责任为主等特征。[④] 作为专家责任的一种，律师民事责任又具有专家民事责任的共性和由于律师职业的特殊性而产生的其他特征。具体而言，律师民事责任的特征主要有以下几个方面：

（一）律师民事责任中的责任主体是律师及其所供职的律师事务所

在合同责任中，签订委托代理合同的是委托人和律师事务所，律师个人只是根据律师事务所的指派为委托人提供服务。当委托人不按时交纳律师费时，由律师事务所作为原告提起违约之诉。当委托人提起违约之诉时，也是以律师事务所为被告。因此，合同责任中律师事务所应为合同主体。并且由于律师事务所一般系以个人或合伙形式设立，根据法律的规定，律师往往需要对律师事务所的债务承担连带责任。故在大多数情况下，律师也是责任的主体。当然，这还要取决于律师事务所设立的方式以及律师本人在律师事务所中的身份，即其是否系该律师事务所的合伙人。而在侵权责任中，如果工作人员系因执业行为侵权的，则律师事务所应当作为用人单位承担责任。同样，律师作为律师事务所的设立人或合伙人往往也成为责任主体。

（二）律师执业过程中，与执业无关的行为导致的民事责任不属于律师民事责任[⑤]

如前所述，律师民事责任是由专家民事责任引申而来的概念，有着特定的

---

① 张新宝：《中国侵权行为法》，中国社会科学出版社 1998 年版，第 440 页。

② 唐先锋、赵春兰、王洪宇：《我国专家民事责任制度研究》，法律出版社 2005 年版，第 199 页。

③ 屈茂辉：《律师职务损害赔偿责任探讨》，载《法律科学》1999 年第 3 期。

④ 郭明瑞、房绍坤等：《民事责任论》，中国社会科学出版社 1991 年版，第 11~16 页。

⑤ 田韶华、杨清：《专家民事责任制度研究》，中国检察出版社 2005 年版，第 20 页。

涵义，并非所有与律师有关的民事责任都能称为律师民事责任。例如，律师个人为其家庭购买房屋，因逾期交付购房款而产生的违约责任就不属于律师民事责任；或者律师在工作之外致人身体损害而产生的侵权责任也不属于律师民事责任。律师民事责任必须是与律师执业密切相关的专家民事责任，是基于其专家身份而产生的。

（三）律师民事责任的认定难度相对较大

与会计师、审计师等其他方面的专家相比，律师执业存在更大的不确定性，其所从事的业务不像其他专家那样精确化。尤其在诉讼业务中，由于存在对立一方的干预，在认定律师民事义务违反上存在较大困难。因此，律师民事责任的认定需要更加专业化的标准和方法。

三、律师的民事义务

民事责任是指民事法律关系的义务主体违反法律规定的或者约定的民事义务而产生的法律后果。因此，在分析律师民事责任时，首先应当明确律师民事义务，即律师对哪些主体负有民事义务，负有哪些民事义务。律师民事义务可分为对委托人的义务和对第三人的义务。

（一）对委托人的义务

根据民事义务发生的根据不同，民事义务主要可以分为法定义务和约定义务。[①] 一方面委托人与律师事务所之间存在合同关系；另一方面相关法律法规对律师的义务又有具体的规定。因此，律师对委托人的义务既是约定，又是法定。总而言之，律师的民事义务主要有下面几项：

1. 如实告知义务

如实告知义务是指律师从与客户缔约磋商开始直至委托关系结束，应该如实地向客户汇报与委托事项有关的各项事宜，以使其全面了解委托事项，并适时地作出决策。如实告知义务主要体现在以下几个方面：第一，如实告知自己是否胜任委托事项。律师代理客户进行诉讼或为其提供其他法律服务，必须要具备胜任该工作的法律知识、技能，并对该工作有全面而必要的准备。如果律师不能胜任委托事项，则应及时告知客户。第二，如实告知委托事项所涉及的法律风险。律师在接受客户委托时，应该对委托事项进行充分论证，分析其中的法律风险，并及时告知客户。律师在为客户提供具体的法律服务之前，应该对委托事项进行详细的分析论证，并出具可行性报告，如实告知客户。第三，

① 魏振瀛主编：《民法》，北京大学出版社、高等教育出版社2000年版，第42页。

如实告知案件或业务的进展情况。律师在提供法律服务的过程中，应该如实将案件或业务的进展情况告知委托人。当委托事项需要由委托人指示或决策时，应该征得委托人的同意方可继续为委托事务。尤其是在委托工作进展过程中，发现委托事项违法、可能损害委托人利益或者与自己的利益相冲突时，应该如实告知委托人，并依法作出相应的调整。第四，不得对委托人做虚假承诺或误导。在诉讼案件中，虽然律师不能向委托人承诺案件的最终结果，但仍应该依据事实和法律作出独立的职业思考和判断，并向委托人提出预见性、分析性的结论意见。在非诉法律服务中，律师应该根据相关的法律政策和业务的实际情况向委托人提出建议并提供服务，不得误导委托人。

2. 忠实义务

委托关系是基于合同双方之间的信赖而建立的，因此，委托关系一旦形成，律师即应该认真履行受托人的义务，在履行义务的过程中，应始终为委托人的利益计算。具体而言，律师的忠实义务主要体现在以下几点：第一，在委托授权范围内为委托事务。委托人在委托律师事务所提供法律服务时，通常会在委托合同中约定律师的权限，而律师应该在委托人的授权范围内为委托事务。第二，不得无故拒绝履行委托合同或转委托。委托关系是建立在委托人对律师事务所和经办律师的信任基础上的，因此，委托关系建立后，经办律师不得擅自拒绝履行委托合同或将委托事务转委托于他人。遇有特殊情况时，应及时与委托人协商。第三，不得进行与委托人合法权益相冲突的行为。委托关系建立后，律师事务所收取服务费作为其提供法律服务的对价，律师则通过律师事务所内部的利益分配机制获得报酬。除此之外，律师事务所和律师不得利用委托关系牟取委托人的其他利益。①

3. 勤勉义务

勤勉地履行民事义务是对律师执业最核心的要求。委托服务的结果由于受多种因素的影响，不能成为衡量律师是否完全履行民事义务的标准，而是否勤勉尽职才是判断律师是否完全履行民事义务的重要标准。根据诉讼和非诉业务的不同要求，律师的勤勉义务可以分为以下两种：第一，及时合理地进行与诉讼有关的行为。在诉讼业务中，律师的勤勉义务主要体现在两个方面：一为“及时”。“及时”体现在诉讼的各个环节，包括及时起诉、及时应诉、及时收

① 石毅主编：《中外律师制度综观》，群众出版社2000年版，第107页。

集证据，及时提出答辩意见和及时参加庭审等等。[①] 二为“合理”。“合理”主要指律师应该合理地进行与诉讼有关的行为，律师的行为合理与否主要看其是否尽力维护了委托人的合法权益，而不是通过诉讼结果来进行判断，因为诉讼结果取决于多个因素，包括证据的证明力、法院的态度，案件的情势以及法律依据等。第二，及时准确地完成非诉讼工作。在非诉讼案件中，及时完成工作也是十分重要的，在委托关系建立后，律师应该按照客户的要求及时地处理委托事务，如及时为委托人办理公司登记的相关手续，及时为客户做尽职调查，及时制作法律文件等。

4. 保密义务

律师为客户提供法律服务，需要客户为其提供真实的信息，而这些信息多为客户的商业秘密或个人隐私。例如，律师代理委托人的名誉侵权案件，委托人将遭受诽谤的经过告知律师并向其提供了相关证据，律师则应对这些信息予以保密。再如，律师为某企业准备竞标文件，企业将其竞标策略详细地告知律师，律师则不能向外界透露这些信息。

5. 保管义务

律师的保管义务主要包括保管证据和委托人的财物。证据主要有两个来源；一是当事人提供；二是律师自己收集。无论何种证据，律师都应妥善保管。[②] 除证据外，律师还应妥善保管客户的财物。例如，与委托事项有关的文件资料、音像制品以及客户所有的其他物品。另外，为客户能够查询、索要其物品或在发生纠纷时主张权利，律师应在收到客户提供的物品时，出具证明清单。在实践中，出于委托事项的需要，客户往往会提供一些资金供律师使用，对此，律师事务所或律师应该开设专门的账户保管客户资金，不应与律师事务所或律师个人共用一个账户。

（二）对第三人的义务

通常而言，合同关系主体只对合同相对人负有民事义务，但是律师的执业行为不仅影响委托人的利益，有时对委托人以外的第三人也会产生影响。例如，律师为客户见证遗嘱会影响遗嘱继承人的利益，律师为企业出具的法律意见会影响投资者的决策等。如果律师对客户以外的主体概不负责，势必会使那些受律师行为影响的受害人无法得到公平的救济。对于第三人，律师主要负有准确

---

① 严军兴、罗力彦：《律师责任与赔偿》，法律出版社 1999 年版，第 32 页。
② 程荣斌主编：《中国律师制度原理》，中国人民大学出版社 1998 年版，第 232 页。

判断和如实陈述的义务，换言之，律师对第三人的义务主要是不因自己的失职而侵害第三人权利和利益的作为或不作为义务。

四、律师民事责任的承担

我国《律师法》第 54 条规定："律师违法执业或者因过错给当事人造成损失的，由其所在的律师事务所承担赔偿责任。律师事务所赔偿后，可以向有故意或者重大过失行为的律师追偿。"依此规定，无论原告提起违约之诉还是侵权之诉，律师事务所都应对其律师的失职行为对外承担赔偿责任。在司法实践中，原告通常以律师事务所为被告提起诉讼，而法院一般不追加失职律师或合伙人为共同被告。但是《律师法》第 54 条的规定和相关的司法实践并不意味着律师事务所是对外承担责任的唯一主体，因为：

其一，我国《律师法》第 54 条规定中的"当事人"应该解释为既包括合同相对人（委托人），也包括合同关系以外的第三人。如果委托人提起违约之诉，由于律师事务所是合同相对人，因此，律师事务所必然要对外承担违约责任；如果委托人或第三人提起侵权之诉，律师事务所作为被告并对外承担责任的同时，经办律师也可能对外承担责任。

其二，律师事务所的对外责任实质上是以合伙人的无限连带责任为基础的，虽然律师事务所有自己的财产，但其并不像公司一样存在数额较高的资本或资产，律师事务所的财产一般仅用于日常管理和运作，而一旦律师事务所的财产不足以承担赔偿责任时，还要通过合伙人的个人财产对外承担责任。在民事诉讼程序中，无论合伙人列为共同被告与否，当律师事务所的财产不足以对外承担赔偿责任时，合伙人都要以自己的全部财产对外承担连带责任。《最高人民法院关于民事执行中变更、追加当事人若干问题的规定》第 14 条第 1 款规定："作为被执行人的合伙企业，不能清偿生效法律文书确定的债务，申请执行人申请变更、追加普通合伙人为被执行人的，人民法院应予支持。"可见，即使原告仅以律师事务所为被告提起诉讼，当律师事务所的财产不足以承担赔偿责任时，在执行程序中，合伙人依然要以自己的财产对外承担连带责任。

因此，无论原告以何种理由提起诉讼，律师事务所都要对外承担责任，同时，当律师事务所的财产不足以承担赔偿责任时，合伙人应以自己的财产对外承担连带责任。经办律师对外承担赔偿责任主要有两种情形：其一，经办律师不是合伙人但因故意或重大过失导致他人（包括委托人和第三人）人身损害的，与律师事务所对外承担连带赔偿责任；其二，经办律师因过错虚假陈述导致投资人遭受损失的，应该与律师事务所一起对投资人的损失承担连带赔偿责任。当然，如果经办律师同时又是合伙人的，在律师事务所不足以承担赔偿责任的情况下，都应该与其他合伙人一起对外承担连带责任。

【典型案例】

李某诉艺术学院、某律师事务所名誉权侵权纠纷案

原告：李某。

被告：艺术学院。

被告：某律师事务所。

〔基本案情〕

原告李某因与被告艺术学院、被告某律师事务所发生名誉权侵权纠纷，向江苏省南京市鼓楼区人民法院提起诉讼。

原告李某诉称：2003 年 12 月 1 日，原告与被告艺术学院签订了为期两年的协议书。协议约定原告自筹资金、场地、设备，独立核算、自主经营艺术学院的培训中心，艺术学院聘任原告为培训中心副主任。2004 年 5 月 1 日，被告艺术学院与原告续签一份协议书，仍聘任原告为该艺术中心副主任，原告每年上交艺术学院 15000 元无形资产使用费。此间，原告一直以艺术学院培训中心副主任的身份对外签订合同，开展艺术培训活动，艺术学院一直予以认可。2006 年 7 月 15 日，被告某律师事务所律师李甲、赵某以受艺术学院委托的名义，在《扬子晚报》上发表声明，公开声称原告既非艺术学院人员也非艺术学院培训中心人员，艺术学院从未授权原告个人代表艺术学院培训中心对外开展活动，对原告个人以艺术学院培训中心名义开展的任何活动均不予认可。两被告此举之目的，在于让社会公众觉得原告是个骗子，把原告搞臭。该声明发表之后，原告的亲属朋友纷纷打电话向原告质询，以为原告一直对外以艺术学院名义进行违法活动，招摇撞骗。对此，原告觉得非常苦闷和痛苦。某律师事务所明知原告是艺术学院的工作人员，却和艺术学院联合发布声明，应对此承担连带责任。综上，原告认为两被告故意隐瞒事实真相，在媒体上发表声明，欺骗社会公众，贬低原告形象，侵犯了原告的名誉权，给原告造成了巨大的精神痛苦。故请求法院判决：1. 两被告删除艺术学院培训中心网站上的声明，在《扬子晚报》、艺术学院培训中心网站相同版面发表赔礼道歉声明；2. 两被告赔偿原告精神抚慰金人民币 2 万元并承担本案诉讼费用。

被告艺术学院、某律师事务所一致辩称：两被告发布的涉案律师声明中，既没有侮辱原告李某人格的评价，也没有捏造有关原告道德方面的虚假信息；既未侮辱、诽谤原告，也未揭露原告隐私。原告在涉案律师声明发布之时，确实已经不是艺术学院的工作人员，且艺术学院亦从未授权李某个人代表艺术学院培训中心对外开展活动。因此，不能认定两被告侵犯了原告的名誉权。请求法院驳回原告的诉讼请求。

南京市鼓楼区人民法院一审查明：

2003 年 12 月 1 日，被告艺术学院下属的产业开发部与原告李某签订协议，聘用李某为艺术学院下属培训中心的副主任，主管美术培训。次年 5 月 1 日，双方续签了一份协议书，约定继续聘任李某为该培训中心副主任，并约定李某每年上交艺术学院无形资产使用费 15000 元。2005 年 10 月 28 日，艺术学院单方决定终止与李某签订的上述协议。此后，李某仍然在艺术学院培训中心从事美术培训工作。2006 年 7 月 7 日，双方发生矛盾，艺术学院培训中心向李某发出书面通知，要求李某办理移交手续。当月 15 日，艺术学院又委托被告某律师事务所发表涉案律师声明。该所律师仅依据艺术学院的单方陈述，未经向原告作必要的了解、核实，即在《扬子晚报》发布了题为“艺术学院培训中心授权律师声明”的公开声明，其内容如下：“艺术学院常年法律顾问李甲、赵某律师受艺术学院艺术培训中心委托，发表律师声明如下：艺术学院艺术培训中心是由艺术学院申请设立经江苏省教育厅备案的高校培训机构。培训中心对外招生收费均开具加盖艺术学院财务专用章的江苏省行政事业性收费收据，对外签订合同均加盖培训中心公章。李某既非艺术学院人员也非培训中心人员，培训中心从未授权李某个人代表培训中心对外开展活动，对李某个人以培训中心名义对外开展的任何活动均不予认可。特此声明！某律师事务所律师李甲、赵某律师。”后该声明又被艺术学院培训中心网站转载，截至开庭之日尚未被删除。

另查明，艺术学院产业开发部与培训中心均是艺术学院的下属部门，均无独立的法人资格。

以上事实，有双方当事人提交并经依法质证的协议书、聘任书、律师声明文本、相关网页下载复制件等证据以及双方当事人陈述在案，足以认定。

〔一审裁判理由与结果〕

本案的争议焦点是：1. 被告艺术学院、某律师事务所发布的律师声明是否构成对原告李某名誉权的侵犯；2. 如构成侵犯名誉权，某律师事务所应否对此承担连带侵权责任。

南京市鼓楼区人民法院一审认为：

一、被告艺术学院、某律师事务所发布的律师声明，构成对原告李某名誉权的侵犯

名誉，或称名声、声誉，是指社会对自然人或法人的综合评价。名誉权是指公民或法人依赖自己的名誉参与社会生活、社会竞争的权利，属于公民或者法人的精神性人格权利，其内容是公民或法人享有（支配）自己的名誉，不受他人妨碍。良好的名誉是公民或法人参与社会生活、社会竞争的重要条件，对名誉的侵犯必然直接妨害、影响公民或法人参与社会竞争的资格，因此，法律保护公民或法人的名誉权不受他人侵犯。《中华人民共和国民法通则》第一百零一条规定：“公民、法人享有名誉权，公民的人格尊严受法律保护，禁止用侮辱、诽谤等方式损害公民、法人的名誉。”《最高人民法院关于贯彻执行〈中华人民共和国民法通则〉若干问题的意

见（试行）》第一百四十条规定："以书面、口头等形式宣扬他人的隐私，或者捏造事实公然丑化他人人格，以及用侮辱、诽谤等方式损害他人名誉，造成一定影响的，应当认定为侵害公民名誉权的行为。以书面、口头等形式诋毁、诽谤法人名誉，给法人造成损害的，应当认定为侵害法人名誉权的行为。"

根据本案事实，被告艺术学院、某律师事务所发布的律师声明，其内容与事实不符，造成原告李某社会评价的降低，属于捏造事实公然丑化他人人格，损害他人名誉，造成了一定的影响，构成对李某名誉权的侵犯。

首先，原告李某通过与被告艺术学院下属的产业开发部签订协议，由艺术学院聘请原告担任艺术学院下属培训中心副主任，负责美术培训工作。从 2003 年 12 月 1 日至 2005 年 10 月 28 日，原告一直担任该培训中心副主任。此后，艺术学院虽于 2005 年 10 月 28 日单方决定终止与原告签订的上述协议，但直至 2006 年 7 月 7 日，在长达 9 个月的时间里，原告仍然在该培训中心从事美术培训工作。因此可以认定，艺术学院及被告某律师事务所共同发布的律师声明中关于"李某既非艺术学院人员也非培训中心人员"的内容，与事实不符。根据 2003 年 12 月 1 日被告艺术学院下属产业开发部与原告李某签订的《协议书》，产业开发部聘李某为艺术学院下属培训中心的副主任，主管美术培训，李某自筹资金、场地、设备，自主经营、自负盈亏，财务独立核算，对外债务亦由李某自行负责，与培训中心无关。可见，该协议从本质上属于挂靠协议，李某与艺术学院产业开发部签订该协议的目的，在于以艺术学院培训中心的名义对外开展培训活动。因此，该协议的签订，即应视为艺术学院产业开发部同意李某使用艺术学院培训中心的名义对外开展业务。该协议还约定，艺术学院产业开发部向李某提供省财政厅监制的统一收费票据，对外使用全称为"艺术学院培训中心"。这也说明艺术学院产业开发部同意李某在对外开展培训业务活动中使用艺术学院培训中心的名义。双方在 2004 年 5 月 1 日又续签一份《协议书》，其中约定"李某每年向艺术学院上缴学院无形资产使用费 15000 元，李某有权自主用人，并签订劳动合同，办理养老保险"，更是进一步证明艺术学院产业开发部授权李某以艺术学院培训中心的名义对外开展培训业务活动。鉴于产业开发部、培训中心都只是艺术学院的下属部门，都不具有独立的法人资格，且艺术学院对上述两份协议的合法有效性均无异议，故艺术学院产业开发部与李某签订的上述两份协议，其效力直接约束艺术学院。艺术学院产业开发部关于"李某可以以艺术学院的名义对外开展培训业务活动"的授权，可视为艺术学院对李某的授权。综上可以认定，涉案律师声明中关于"培训中心从未授权李某个人代表培训中心对外开展活动，对李某个人以培训中心名义对外开展的任何活动均不予认可"的内容，与事实不符。

其次，涉案律师声明公开发表上述与事实不符的内容，致使原告李某的亲属、朋友以及与李某有过业务往来的单位和个人，乃至其他所有阅读过该声明的人，都会误认为李某始终在冒充被告艺术学院的工作人员招摇撞骗，违法进行培训业务活动，导致李某招致蔑视和指责，从而降低了李某的社会评价，对李某的名誉造成损害。虽然原告未举证证明上述侵犯名誉权的行为实际造成的损害后果，但是根据社会生活常识可以认定，涉案律师声明在公众媒体和网络上发表这一客观事实，足以导致李某名誉受损的后果发生。

综上，被告艺术学院下属培训中心委托被告某律师事务所发布涉案律师声明，其行为侵犯了原告李某的名誉权。由于艺术学院下属的培训中心只是艺术学院的一个部门，不具有独立的法人资格，不能以自己的名义对外承担民事责任，故其侵权责任依法应当由艺术学院承担。

二、被告某律师事务所接受被告艺术学院的委托发布涉案律师声明，构成共同侵权，应当承担连带侵权责任

律师声明是律师事务所或者律师按照委托人的授权，基于一定的目的，为达到一定的效果，以律师事务所或者律师的名义，通过媒体或者以其他形式向社会公开披露有关事实，或对相关法律问题进行评价的文字材料。由于律师声明是以律师事务所或者律师的名义对外发表，其内容必然会被社会公众认为是作为法律专家的律师所发表的专业意见，所以律师声明往往具有较高的公信度，对社会公众的影响程度也较大。社会公众基于对律师职业的信赖，对律师声明的内容也容易接受并信以为真。因此，律师事务所或者律师在接受委托人的委托，对外公开发布律师声明时，对于声明所涉及的事实应当尽到必要的审查义务。律师事务所或者律师未尽必要的审查义务，即按照委托人的要求发布署名律师声明，如果该律师声明违背事实，侵犯他人名誉权，律师事务所或者律师构成共同侵权，应承担连带侵权责任。

根据本案事实，被告某律师事务所及其律师仅依据被告艺术学院的单方陈述，未作必要审查，未经向原告李某进行必要的调查、核实，即发布内容失实的涉案律师声明，存在过错，构成共同侵权，应当承担连带侵权责任。涉案律师声明的署名人律师李甲、赵某的行为，系代表某律师事务所而进行的职务行为，故其法律责任依法应由某律师事务所承担。

综上，涉案律师声明内容失实，侵犯了原告李某的名誉权。被告艺术学院、某律师事务所应当承担连带侵权责任。鉴于两被告在涉案律师声明中未直接使用指责李某的词语，故酌定两被告赔偿李某精神损害抚慰金 3000 元。据此，南京市鼓楼区人民法院依据《中华人民共和国民法通则》第一百零一条，第一百零六条第二款，第一百二十条第一款，第一百三十条，第一百三十四条第二款第（九）项、第（十）项；《中华人民共和国律师法》第二十三条，《最高人民法院关于审理名誉权案件若干问题的解答》第七条，第十条；《最高人民法院关于确定民事侵权精神赔偿责任若干问题的解释》第十条的规定，于 2006 年 10 月 26 日判决：

一、被告艺术学院、某律师事务所立即停止侵权，于判决生效之日起立即删除被告艺术学院下属培训中心网站上刊登的《艺术学院艺术培训中心授权律师声明》；

二、被告艺术学院、某律师事务所于判决生效之日起十五日内在《扬子晚报》和被告艺术学院下属培训中心网站刊登道歉声明（内容须事先经法院审查）；

三、被告艺术学院、某律师事务所于判决生效之日起十五日内向原告李某支付精神损害抚慰金3000元。

〔当事人上诉及答辩意见〕

艺术学院、某律师事务所均不服一审判决，向南京市中级人民法院提起上诉，其主要理由是：1. 被上诉人李某在涉案律师声明发布时，确实已非艺术学院的工作人员，艺术学院也的确从未授权李某个人代表艺术学院下属的培训中心对外开展培训活动，故涉案律师声明的内容基本属实；2. 艺术学院、某律师事务所共同发布的涉案律师声明仅是对外披露一般信息，并没有涉及被上诉人道德方面的评价，更没有侮辱、诽谤被上诉人人格的内容，不构成名誉侵权；3. 被上诉人并未举证证明涉案律师声明给其造成了名誉贬损。综上，请求二审法院撤销一审判决，依法改判驳回被上诉人的诉讼请求。

被上诉人李某辩称：1. 上诉人艺术学院先后于2003年、2004年两次与被上诉人签订协议，聘用被上诉人为其下属培训中心的副主任，负责美术培训工作，并明确授权被上诉人代表艺术学院培训中心对外开展培训业务。因此，涉案律师声明的基本内容违背事实；2. 被上诉人的亲戚、朋友、业务伙伴看到涉案律师声明后，误以为被上诉人多年来一直在以艺术学院培训中心的名义招摇撞骗，违法从事培训活动骗取钱财，纷纷通过电话责问被上诉人，被上诉人倍感委屈，精神上饱受痛苦、折磨。被上诉人的名誉因涉案律师声明的不实报道而遭受现实的贬损。原审法院认定事实清楚，适用法律正确，判决并无不当，请求二审法院驳回上诉，维持原判。

〔二审查明的事实〕

南京市中级人民法院经二审，确认了一审查明的事实。

〔二审裁判理由与结果〕

南京市中级人民法院二审认为：

名誉，是指社会对自然人或法人的综合评价。名誉权是指公民或法人依赖自己的名誉参与社会生活、社会竞争的权利。良好的名誉是公民或法人参与社会生活、社会竞争的重要条件，对名誉的侵犯必然直接妨害、影响公民或法人参与社会竞争的资格，因此，法律保护公民或法人的名誉权不受他人侵犯。本案中，上诉人艺术学院、某律师事务所共同发表涉案律师声明，在未明确指明起止时间的情况下，模糊、笼统地宣称被上诉人李某“既非艺术学院人员也非培训中心人员”“艺术学院培训中心从未授权李某以培训中心名义对外开展活动”，该声明内容与事实不符。艺术学院、某律师事务所应当预见自己的行为可能发生损害李某名誉的后果，但仍在报刊、网站刊载涉案律师声明，致使李某的社会评价降低。艺术学院、某律师事务所的上述行为不具有抗辩事由或阻却违法的事由，已构成对李某名誉权的侵害，原审法院根据艺术学院、某律师事务所的过错程度、侵权行为的情节、后果和影响，判决二上诉人停止侵害、赔礼道歉并赔偿被上诉人精神损害抚慰金3000元，并无不当。原审判决认定事实清楚，适用法律正确，依法应予维持。二上诉人的上诉理由不能成立，应依法驳回。

据此，南京市中级人民法院依照《中华人民共和国民事诉讼法》第一百五十三条第一款第（一）项的规定，于2007年4月3日判决：

驳回上诉，维持原判。

本判决为终审判决。

第十三章　交通事故责任

规则 23：连环道路交通事故造成不同损害结果的，应根据损害结果查明造成损害的原因，逐个确定当事人的责任

——周某诉王乙、李某道路交通事故损害赔偿纠纷案[①]

【裁判规则】

道路交通事故中既有交通肇事又有紧急避险事故，且分别造成两个损害结果的，应当根据损害结果查明造成损害的原因，根据法律的规定逐个分析每个当事人应负的责任。

【规则理解】

一、道路交通事故的内涵及特征

（一）道路交通事故的内涵

根据《道路交通安全法》第 119 条的规定，道路交通事故是指车辆在道路上因过错或者意外造成的人身伤亡或者财产损失的事件。对比原《道路交通事故处理办法》[②] 第 2 条“本办法所称道路交通事故（以下简称交通事故），是指车辆驾驶人员、行人、乘车人以及其他在道路上进行与交通有关活动的人员，因违反《中华人民共和国道路交通管理条例》和其他道路交通管理法规、规章的行为（以下简称违章行为），过失造成人身伤亡或者财产损失的事故”规定的概念，新法对道路交通事故的规定不但在表述上更加简洁，同时更凸显出道路交通事故的特征。

（二）道路交通事故的特征

1. 道路交通事故的主体只能为车辆。根据《道路交通安全法》第 119 条的规定，车辆包括机动车与非机动车。所谓机动车，是指以动力装置驱动或者牵

---

① 《中华人民共和国最高人民法院公报》2002 年第 5 期。

② 该文件已失效。

引，上道路行驶的供人员乘用或者用于运送物品以及进行工程专项作业的轮式车辆。既包括通常的轿车、客车等日常车辆，也包括如挖掘机、铲车等工程车辆。而非机动车，则是指以人力或者畜力驱动，上道路行驶的交通工具，以及虽有动力装置驱动但设计最高时速、空车质量、外形尺寸符合有关国家标准的残疾人机动轮椅车、电动自行车等交通工具。道路交通事故的主体之中必须有车辆，但不要求均为车辆。只要一方为车辆，即可以认定为构成道路交通事故。如果各方均非车辆，则不构成道路交通事故。实际上，这种情况几乎是不存在的，很难想象两个行人能够造成交通事故。

2. 道路交通事故必须发生在道路上。根据《道路交通安全法》第 119 条的规定，道路是指公路、城市道路和虽在单位管辖范围但允许社会机动车通行的地方，包括广场、公共停车场等用于公众通行的场所。笔者认为，公路、城市道路属于道路自不必说，对于广场、公共停车场则应当作宽泛的理解，即只要是公共室外场所能够依法行车或停车的地方都应当理解为道路。而如果事故是发生在室内或其他典型不属于道路的地方，则不构成道路交通事故。例如，当事人在 4S 店大厅内不顾工作人员劝阻，强行发动用于展示车辆导致人身财产损失，则显然不构成道路交通事故，只能依照一般的侵权行为处理。

3. 道路交通事故不要求当事人有过错。过错固然是构成交通事故的重要因素，但实际中仍然大量存在各方当事人均无过错却发生事故的情形。这正是由于车辆尤其是机动车自身具有的危险性所导致，属于侵权责任法所要解决的重要问题。

4. 道路交通事故必须是造成人身、财产损害的事件。规定道路交通事故在民法上的目的是解决损害赔偿问题，如果没有产生损害则道路交通事故在民法中就没有存在的意义。不仅如此，与刑法的交通肇事罪需要造成重大人身财产损害不同，民法中的道路交通事故对损害的大小及严重程度并无要求，不论是车毁人亡的重大事故，还是一般的轻微碰撞，均构成道路交通事故。

二、道路交通事故侵权责任的归责原则和免责事由

（一）归责原则

关于机动车交通事故侵权责任的归责原则，《民法典》并未作出具体规定，《民法典》第 1208 条规定：“机动车发生交通事故造成损害的，依照道路交通安全法律和本法的有关规定承担赔偿责任。”对于机动车发生交通事故的责任承担，可适用《道路交通安全法》的相关规定。《道路交通安全法》第 76 条规定：“机动车发生交通事故造成人身伤亡、财产损失的，由保险公司在机动车

第三者责任强制保险责任限额范围内予以赔偿；不足的部分，按照下列规定承担赔偿责任：（一）机动车之间发生交通事故的，由有过错的一方承担赔偿责任；双方都有过错的，按照各自过错的比例分担责任。（二）机动车与非机动车驾驶人、行人之间发生交通事故，非机动车驾驶人、行人没有过错的，由机动车一方承担赔偿责任；有证据证明非机动车驾驶人、行人有过错的，根据过错程度适当减轻机动车一方的赔偿责任；机动车一方没有过错的，承担不超过百分之十的赔偿责任。交通事故的损失是由非机动车驾驶人、行人故意碰撞机动车造成的，机动车一方不承担赔偿责任。”根据该条规定，道路交通事故损害赔偿责任依据碰撞主体的不同应分别适用过错原则与无过错责任原则。首先，机动车之间发生碰撞适用过错责任原则。其次，机动车与非机动车、行人发生碰撞适用无过错原则。所谓无过错责任，是指损害发生后，不以行为人的主观过错为责任要件的归责标准，即不问行为人主观上有无过错，只要行为人的行为和所管理的人或物与造成的损害后果之间有因果关系，他就应承担民事责任。[①] 该条中规定非机动车驾驶人、行人没有过错的，由机动车一方承担赔偿责任，但并未要求机动车一方具有过错，在意外事件和不可抗力情况下，双方均无过错，机动车一方也应承担赔偿责任。该条中还进一步对机动车一方没有过错时，承担赔偿责任的比例进行了限定，即承担不超过百分之十的赔偿责任。

机动车与非机动车、行人发生交通事故时，适用无过错归责原则的价值考量在于：第一，机动车主一般均投保交强险和商业保险，机动车主承担的赔偿责任可以转移给保险公司承担，满足非机动车、行人一方获得救济和赔偿的需要，这也符合保险制度分担风险、弥补损失的价值目标。第二，从机动车自身具有的物理特征来看，高速行驶的机动车给非机动车和行人带来较大的危险性，适用无过错责任符合侵权责任理论中从事高危作业一方承担无过错责任的基本原理。第三，机动车一方承担无过错责任，可以加重机动车驾驶员的注意义务，促使驾驶员更加谨慎驾驶机动车，关注道路上同时通行的非机动车和行人的安全，体现了对自然人生命健康的重视和保护。

（二）免责事由

尽管机动车不能以自己无过错为由免除责任，但其仍得就其他事由予以抗辩。

第一，机动车得以通过主张与碰撞事故的发生没有因果关系而免除责任。

---

① 佘俊驹、佘延满：《民法原论》，法律出版社2005年版，第1005页。

因果关系是构成无过错责任的必备要件，如果非机动车、行人受到的人身、财产损害并非因机动车导致，则机动车得以免责。需要注意的是，尽管非机动车、行人无须证明机动车具有过错，但对于行为与损害结果之间的因果关系仍应当承担举证责任，否则应当承担举证不能的不利后果。司法实践中出现的救助者被错判为肇事者的案例，很大程度上是源于审判人员出于同情弱者或其他因素的考虑，而将因果关系的举证责任错误地分配给机动车承担，导致机动车因无法证明自己与事故的发生没有因果关系而承担赔偿责任。

第二，机动车得以通过主张非机动车、行人具有重大过错而减轻责任。根据《道路交通安全法》第 76 条的规定精神，只要非机动车、行人具有过错，机动车的责任就得以减轻。但由于本条系对无过错责任的规定，因此，应当将这里的“过错”作缩小解释，应限定在非机动车、行人为重大过失以上时，才能适当减轻机动车一方的赔偿责任，一般的过失不能减轻机动车一方的赔偿责任。[①] 关于何者属于非机动、行人的重大过失，笔者认为应包括闯红灯、逆行，违反专用车道行驶等严重违反交通管理法规的行为。除此之外，机动车因非机动车、行人存在重大过失而减轻责任还存在最低限制，即最低不得低于百分之十，这体现了无过错责任对行为人注意义务的较高要求，有利于督促机动车在行驶中保持高度注意，避免因抱有“行人违章撞了也白撞”的想法而放任事故的发生。

第三，机动车得以通过主张非机动车、行人的故意免除责任。受害人故意是无过错责任的通用免责条款。这里的故意，不是指行为人故意违反交通规则导致自己身处险境，而是指故意追求危险或损害结果的发生。在实践中，交通事故中的故意一般包括自杀、自残或“碰瓷”等。其中，“碰瓷”的行为人通过故意使自己身处险境的方式讹诈他人财物，应当认定为故意。当处于受害人故意的情形下时，机动车一方面在客观上难以防范，在主观上不具有可非难性；另一方面也无法通过适用无过错责任来提高其注意义务以避免事故的发生，因此不应当承担责任。至于故意的判断标准，应当根据受害人客观事实结合主观心态予以判断。例如，受害人在人行道上毫无征兆地突然跨入机动车道，导致机动车避让不及而发生事故。如果该行为人的目的是节省路途横穿马路，则应当视为重大过错，机动车应当在百分之十以上的范围内承担责任。而如果是为

---

① 参见李明义：《交通事故损害赔偿案件审判实务研究》，载《法律适用》2010 年第 7 期。

了自杀，则机动车应当免除责任。当然，在实际情况中，可能由于种种原因而无法准确判断行为人的意图。此种情况下，除非有充分证据证明行为人系故意，否则就应当从维护受害人利益的角度出发，只能认定为过错。

第四，机动车得以主张构成紧急避险免除责任。所谓紧急避险，是指为使社会公共利益、本人或者他人的合法权益免遭现实的和紧迫的侵害之危险，不得已而采取的致人损害的行为。根据《民法典》第182条的规定，如果危险是由人为原因所引起，则由引起险情的人承担责任，避险人不承担责任。例如，甲酒后高速逆向行车，导致正常驾车行驶的乙为了避免与甲发生碰撞而急打方向盘，以致将路边的骑车人丙撞倒，此时引发险情的人就是甲。[①] 应当由甲对丙的损害承担赔偿责任，乙得以免责。如果危险是由自然原因引起，避险人亦无须承担赔偿责任，可以根据公平责任给予一定补偿。

原《侵权责任法》第29条规定："因不可抗力造成他人损害的，不承担责任。法律另有规定的，依照其规定。"该条将不可抗力作为侵权责任的免责事由之一。《民法典》第180条规定："因不可抗力不能履行民事义务的，不承担民事责任。法律另有规定的，依照其规定。不可抗力是不能预见、不能避免且不能克服的客观情况。"《民法典》该条文规定在总则编第八章"民事责任"中，表明将不可抗力作为免除合同或其他法定民事义务的免责事由，而并非仅限定为侵权责任的免责事由。

在实行过错责任归责原则的情形下，因侵权责任以行为人具有主观过错为构成要件，无过错则无责任。在不可抗力引起损害时，行为人不具有主观过错，也不承担侵权责任。不可抗力造成损害不承担责任，是过错责任原则的应有之义。不可抗力作为免责事由，仅在无过错责任或严格责任形态中，才具有探讨的意义。《民法典》中仍沿袭了原《侵权责任法》以过错责任为原则，以无过错责任和严格责任为例外的基本框架。对于适用无过错责任或严格责任的特殊侵权行为，专门加以规定，并在条文中直接列明免责事由。《民法典》第1239条关于占有或使用高度危险物致害责任规定和第1240条关于从事高空、高压、地下挖掘活动或者使用高速轨道运输工具致害责任的规定中，均将受害人故意和不可抗力均作为免责事由。第1237条关于民用核设施或者核材料致害责任的规定中，将战争、武装冲突、暴乱等情形或者受害人故意作为免责事由，也即在民用核设施和核材料致害情形下，即使因地震、海啸、洪水等不可抗力因素

① 程啸：《侵权行为法总论》，中国人民大学出版社2008年版，第322页。

造成损害，也不能免除民用核设施和核材料的经营管理者的侵权责任。第1238条关于民用航空器致害责任的规定中，仅将受害人故意作为免责事由。根据上述条文可见，不能将不可抗力作为侵权责任一般性的免责事由，对于适用无过错责任和严格责任的特殊侵权行为，不可抗力能否构成免责事由，取决于法律对特殊侵权行为的专门规定。只有当条文中列明因不可抗力造成损害，不承担责任时，才可将不可抗力作为免责事由。

对于机动车交通事故责任，《民法典》和《道路交通安全法》中均未规定不可抗力为免责事由，故不能以交通事故是因不可抗力原因导致为由，主张免除侵权责任。

三、保险公司与社会救助基金的责任承担

（一）保险公司的赔偿责任

机动车交通事故发生后，首先应当由保险公司在机动车第三者责任强制保险责任限额范围内予以赔偿。这种赔偿责任不以当事人是否存在过错为条件，不因当事人的过错大小而导致赔偿责任的加重或减轻。但这种责任也并不属于无过错责任原则。理由在于，保险公司与道路交通事故的发生没有任何因果关系，不符合无过错责任原则的基本构成要件，其赔偿的理由仅仅是保险合同的约定及法律的强制性规定。同时，保险公司的赔偿责任也存在例外情形，根据《机动车交通事故责任强制保险条例》第21条、第22条的规定，保险公司在以下情况下责任得以免除或限制：（1）当受害人故意造成损害的情况下，保险公司不承担赔偿责任。（2）在驾驶人未取得驾驶资格或者醉酒、被保险机动车被盗抢期间肇事、被保险人故意制造道路交通事故的情况下，保险公司仅垫付抢救费用，且有权对致害人予以追偿。而对于造成的财产损失，保险公司不予赔偿。

（二）社会救助基金的补充责任

道路交通社会救助基金制度是在肇事机动车逃逸导致无法查明或肇事机动车未参加强制保险的情况下，为保障受害人的基本利益而设立的补充制度。根据《机动车交通事故责任强制保险条例》第24条规定，救助基金应当在如下情况下先行垫付受害人人身伤亡的丧葬费用及抢救费用：（1）抢救费用超过机动车交通事故责任强制保险责任限额的；（2）肇事机动车未参加机动车交通事故责任强制保险的；（3）机动车肇事后逃逸的。救助基金管理机构有权向事故责任人追偿。需要说明的是，在救助基金是因机动车肇事逃逸而承担相关费用的情况下，如果此后肇事机动车被发现且该机动车已投保强制保险，则救助基

金既可以向机动车追偿，还可以向保险公司追偿。

【拓展适用】

一、机动车所有人与使用人不一致时的责任承担原则

关于机动车事故中机动车所有人与使用人不一致应当如何承担责任的情形，《道路交通安全法》制定过程中曾经尝试作出规定。但在审议的过程中全国人大常委会一些委员提出，处理机动车交通事故时确定由谁承担责任的情况较为复杂，在实践中需要根据民法的有关规定和案件的具体情况来确定，本法可以不作规定，因此法律委员会建议将该条删除。[①] 最终，《道路交通安全法》只保留了“机动车”“有过错的一方”等模糊的表述。原《侵权责任法》以第 49 条、第 50 条和第 52 条三个条文分别对租赁、借用；转让未登记；盗抢机动车三种情形下的责任主体作出规定。《民法典》吸收了原《侵权责任法》分情形规定机动车所有人与使用人不一致时事故责任主体的模式，并加以完善，规定了不同情形下的责任主体。其共性在于，当机动车所有人和使用人不一致时，应当由事实上支配机动车，并对机动车运行享有运行利益的承租人、受让人、抢夺或盗窃人承担责任。“所谓运行支配通常是指，可以在事实上支配管领机动车之运行的地位。而所谓运行利益，一般认为是指因机动车运行而生的利益。换言之，某人是否属于机动车损害赔偿责任的主体，要从其是否对该机动车的运行于事实上位于支配管理的地位和是否从机动车的运行中获得了利益两个方面加以判明。进一步说，某人是否是机动车损害赔偿的责任主体，以该人与机动车之间是否有运行支配和运行利益的关联性加以确定。”[②]

二、机动车所有人与使用人不一致时的责任承担具体情形

（一）机动车租赁、借用、所有权保留买卖

《民法典》第 1209 条规定：“因租赁、借用等情形机动车所有人、管理人与使用人不是同一人时，发生交通事故造成损害，属于该机动车一方责任的，由机动车使用人承担赔偿责任；机动车所有人、管理人对损害的发生有过错的，承担相应的赔偿责任。”《民法典》第 1210 条规定：“当事人之间已经以买卖或者其他方式转让并交付机动车但是未办理登记，发生交通事故造成损害，属于

---

① 郎胜：《中华人民共和国道路交通安全法释义》，法律出版社 2004 年版，第 317 页。

② 参见杨永清：《解读“关于连环购车未办理过户手续原车主是否对机动车交通事故致人损害承担责任的复函”》，载《最高人民法院请示与答复》编选组编：《解读最高人民法院请示与答复》，人民法院出版社 2004 年版，第 119 页。

该机动车一方责任的，由受让人承担赔偿责任。”根据上述规定，结合运行支配、运行利益归属的原则，因机动车租赁、借用、所有权保留买卖等导致的机动车所有人与使用人不一致的情形应当由实际使用人承担因交通事故导致的损害赔偿责任。有观点认为，在出租机动车而承租人造成他人损害时，应当由机动车的所有人承担责任，理由为出租人因出租机动车而收取租金，而该租金属于运行利益。同时，出租人并不因机动车的出租而丧失对该机动车的支配。[①]笔者认为，这一观点对运行支配和运行利益的理解是不够全面准确的。首先，正如前文所言，运行支配并不是指所有人对机动车具有的支配权，而是指机动车在发生事故时行为人对机动车实际控制的状态。其次，租金是所有权权益的体现，并非对于机动车的运行享有的利益。[②] 目前我国汽车租赁市场正在蓬勃发展，已经成为市场经济的重要组成部分。如果以出租人收取租金为由要求其承担责任，不但违反了行为人责任自负的原则，也将使汽车租赁公司不堪重负，影响这一新兴市场的健康发展。

《民法典》第1209条规定：“因租赁、借用等情形机动车所有人、管理人与使用人不是同一人时，发生交通事故造成损害，属于该机动车一方责任的，由机动车使用人承担赔偿责任；机动车所有人、管理人对损害的发生有过错的，承担相应的赔偿责任。”根据这一规定，机动车使用人应承担机动一方的责任，机动车所有人仅在其具有过错的情形下，即机动车所有人因故意或过失而导致交通事故的发生时，承担相应赔偿责任。例如，机动车所有人将质量存在瑕疵的机动车出租给他人驾驶，机动车所有人明知借用人已经饮酒却仍将机动车出借给其使用，汽车销售机构将机动车交给无驾驶执照的人试驾等。对于机动车所有人的过错，受害人应当承担举证责任。

（二）机动车挂靠

《民法典》第1211条规定：“以挂靠形式从事道路运输经营活动的机动车，发生交通事故造成损害，属于该机动车一方责任的，由挂靠人和被挂靠人承担连带责任。”机动车挂靠，一般是指挂靠人为了经营便利，将自己所有的机动车登记在具有营运资质的被挂靠人名下从事营运活动，由被挂靠人进行统一管理、调度及提供年检等服务，并由挂靠人交纳一定管理费用的特殊经营形式。

---

① 参见程啸：《机动车损害赔偿责任主体研究》，载《法学研究》2006年第4期。

② 参见张新宝、解娜娜：《“机动车一方”道路交通事故赔偿义务人解析》，载《法学家》2008年第6期。

实践中，也存在挂靠人借用被挂靠人资质营运，挂靠人不将机动车登记在被挂靠人名下，被挂靠人不提供任何形式的管理或服务，只收取一定管理费的挂靠形式。不论何种形式，在挂靠营运的情况下，机动车的真实所有人与使用人均为挂靠人，被挂靠人提供的仅为资质、管理和服务。笔者认为，《民法典》规定挂靠人与被挂靠人承担连带责任符合公平原则，理由如下：一是从运行支配与运行利益归属的角度分析，挂靠人既是机动车所有人，又是实际驾驶人，具有当然的运行支配和运行利益。而机动车既然是以被挂靠人的名义运营，被挂靠人就有对其进行管理的义务，可以视为具有现实的运行支配。同时，被挂靠人还向挂靠人收取了管理费，也就实际享有了运行利益。挂靠人与被挂靠人共同对机动车享有了运行支配和运行利益，应当承担连带责任。二是挂靠人在从事运输活动的过程中是以被挂靠人的名义营运，受害人很难知晓挂靠关系中挂靠人与被挂靠人之间的内部关系。因此，被挂靠人不承担责任对受害人是不公平的。三是相比被挂靠人而言，挂靠人的经济实力往往较弱，承担赔偿责任的能力略显不足。被挂靠人承担责任，更能够充分保障受害人的权利。四是目前我国机动车挂靠营运非常普遍，大量存在于城市出租车、长途客运中，机动车挂靠经营创造了更多的社会效益，方便了人民群众日常生活，但如果不注重规范管理，极容易导致交通事故的发生。要求被挂靠人承担责任，有利于提醒并约束其尽到充分的注意义务，加强对挂靠机动车的管理和教育，从而减少事故的发生。

对于挂靠情形下，实体权利受害人既可以要求挂靠人承担责任，也可以要求被挂靠人承担责任，诉讼中当事人如何确定？如果受害人（原告）只起诉了挂靠人或被挂靠人为被告的，其中挂靠人或被挂靠人要求追加被挂靠人或挂靠人为共同被告的，人民法院应当准许，并依法予追加。如果挂靠人或被挂靠人均未申请追加的，根据 2022 年修正的《人身损害赔偿司法解释》第 2 条规定："赔偿权利人起诉部分共同侵权人的，人民法院应当追加其他共同侵权人作为共同被告。赔偿权利人在诉讼中放弃对部分共同侵权人的诉讼请求的，其他共同侵权人对被放弃诉讼请求的被告应当承担的赔偿份额不承担连带责任。责任范围难以确定的，推定各共同侵权人承担同等责任。人民法院应当将放弃诉讼请求的法律后果告知赔偿权利人，并将放弃诉讼请求的情况在法律文书中叙明。"人民法院可依职权依法追加另一方（被挂靠人或挂靠人）为共同被告。受害人有权放弃对部分共同侵权人的诉讼请求，但应同时承担赔偿范围限缩的后果。

（三）未经允许驾驶他人机动车

对未经允许驾驶他人机动车的责任主体，曾存在四种不同观点。第一种观点认为，偷开不同于盗抢，没有将机动车窃为己有的故意。此时，需要考虑车主是否尽到妥善保管义务，即有无过错，如果其未尽到保管义务，则应当承担连带责任。[①] 第二种观点认为，偷开者并不以剥夺机动车权利人的支配力为目的，机动车的运行支配与运行利益仍属于其所有人或者其他权利人，故机动车所有人应当承担危险责任。偷开者应当承担过错责任。[②] 第三种观点认为，偷开机动车应当类推适用原《侵权责任法》第 49 条的规定，即由偷开人承担责任，所有人有过错的，承担相应责任。第四种观点认为，区分偷开与盗抢的意义一方面体现在是否构成刑事犯罪方面；另一方面体现在保险公司的赔偿责任方面。但对于机动车使用人和所有人的责任方面，偷开与盗抢则并无实质的区别。偷开与盗抢均是违反所有人意志对机动车的非法占有行为，机动车被偷开发生交通事故并非所有人所能预料。因此，当机动车被偷开发生事故时，应当由偷开人承担责任，所有人不承担责任。

2012 年发布的《道路交通事故损害赔偿案件司法解释》采纳了第三种观点。该解释第 2 条规定："未经允许驾驶他人机动车发生交通事故造成损害，当事人依照侵权责任法第四十九条的规定请求由机动车驾驶人承担赔偿责任的，人民法院应予支持。机动车所有人或者管理人有过错的，承担相应的赔偿责任，但具有侵权责任法第五十二条规定情形的除外。"后《民法典》将该条司法解释内容吸收完善，该解释在 2020 年修正时删除该条。

《民法典》第 1212 条规定："未经允许驾驶他人机动车，发生交通事故造成损害，属于该机动车一方责任的，由机动车使用人承担赔偿责任；机动车所有人、管理人对损害的发生有过错的，承担相应的赔偿责任，但是本章另有规定的除外。"未经机动车主允许，驾驶他人机动车，导致机动车主丧失对车辆的管理和控制。机动车事实上处于私自驾驶他人机动车的行为人的管控下，该行为人应当作为直接责任人，对驾驶机动车造成的交通事故承担赔偿责任。机动车所有人、管理人如具有过错，如机动车所有人未妥善保管机动车，随意离开启动状态中的机动车，导致他人轻易取得对机动车的管控，则机动车所有人和管理人对损害的发生存在主观过失，应承担相应的赔偿责任。

---

① 参见汪平：《偷骑摩托车事主不能免责》，载《人民法院报》2004 年 8 月 27 日。

② 参见程啸：《机动车损害赔偿责任主体研究》，载《法学研究》2006 年第 4 期。

（四）盗窃、抢劫或抢夺机动车

《民法典》第1215条规定："盗窃、抢劫或者抢夺的机动车发生交通事故造成损害的，由盗窃人、抢劫人或者抢夺人承担赔偿责任。盗窃人、抢劫人或者抢夺人与机动车使用人不是同一人，发生交通事故造成损害，属于该机动车一方责任的，由盗窃人、抢劫人或者抢夺人与机动车使用人承担连带责任。保险人在机动车强制保险责任限额范围内垫付抢救费用的，有权向交通事故责任人追偿。"本条规定与租赁、借用等情形的责任形式基本一致。有一问题值得研究，机动车所有人是否应当对损害后果承担过错责任。笔者认为，机动车被盗抢并非出于机动车所有人的本意，机动车所有人无法预见到机动车被盗抢以及可能发生的交通事故等后果。机动车所有人对于损害后果不具有主观过错，不应承担事故责任。该条中也未规定机动车所有人、管理人的责任。

三、道路交通事故损害赔偿的范围

《民法典》未中直接规定交通事故损害赔偿的范围，对此问题可适用《道路交通安全法》《人身损害赔偿司法解释》《道路交通事故损害赔偿司法解释》中的相关规定。

当道路交通事故造成他人财产损害时，理应赔偿受害人的现有直接财产损失。同时，加害人还应当赔偿间接损失或可得利益。这里的可得利益主要是指车辆被撞受损导致的一定时间内难以使用或者难以经营发生的损失。关于这一问题，《最高人民法院关于交通事故中的财产损失是否包括被损车辆停运损失问题的批复》[①] 明确规定，如果受害人以被损车辆正用于货物运输或者旅客运输经营活动，要求赔偿被损车辆修复期间的停运损失的，交通事故责任者应当予以赔偿。从《人身损害赔偿司法解释》第7条"误工费根据受害人的误工时间和收入状况确定"的规定可以推导出上述结果。根据同样的道理，如果是用于营运的非机动车，如景区内的人力车等因交通事故受损导致无法营运的，加害人同样应当就停运损失予以赔偿。

以上规定的是营运车辆受损时的情况。而对于非营运车辆而言，对此是否可以比照营运车辆予以赔偿？笔者认为，对于非营运车辆而言，因车辆受损维修同样有可能造成受害人生产、生活受到影响，产生损害赔偿责任。虽然考虑到举证的难度，受害人主张权利不会像营运车辆那样方便，但如果受害人能提供充分证据证明客观损失，则责任人仍应当承担责任。

---

① 该文件已失效。

很多情况下，道路交通事故会同时造成受害人人身及车辆的损害。其中人身损害可能产生误工损失，而车辆损害可能产生停运损失。此时责任人应当如何赔偿？笔者认为，当误工损失与车辆停运损失发生重叠时，此时对于重叠的部分不应重复计算。例如，以开出租车为业的受害人因被撞伤导致3个月不能驾车，而车辆受损则需要5个月才能修复。根据《人身损害赔偿司法解释》第7条第3款关于“受害人有固定收入的，误工费按照实际减少的收入计算”的规定，责任人仅需赔偿受害人5个月的停运损失即可，而无须另外赔偿误工损失。而对于误工损失与车辆损失不发生重叠的，责任人应当分别予以赔偿。例如，甲公司工作人员乙在运货时被撞伤住院，同时车辆严重受损。此时责任人应当同时赔偿甲公司车辆停运损失及乙的误工损失。在计算甲公司停运损失时，应当相应刨除停运期间内甲公司的营运成本。

【典型案例】

周某诉王乙、李某道路交通事故损害赔偿纠纷案

原告、反诉被告：周某。

被告、反诉原告：王乙。

被告、反诉原告：李某。

〔基本案情〕

原告周某因与被告王乙、李某发生道路交通事故损害赔偿纠纷，向江苏省铜山县人民法院提起诉讼。

原告周某诉称：原告因交通事故受伤，车辆被毁，遭受的损失计有医疗费3439.20元、误工费977.10元、护理费414元、住院伙食补助费540元、交通费200元、修车费26900元、车辆修复期间的营运损失2100元，共34570.30元。对这起交通事故，案外人柳某负主要责任，死者王某负次要责任，原告无责任。二被告在王某死亡后，已经接受了负主要责任一方给王某的赔偿，却对王某应向原告承担的次要责任不予赔偿。请求判令二被告以继承王某的遗产赔偿原告损失的20%。

二被告答辩并反诉称：交警部门认定原告周某对此次事故无责任，是错误的。周某当时超速驾驶，应当负事故的次要责任。况且按国务院颁布的《道路交通事故处理办法》(以下简称处理办法) 第四十四条关于“机动车与非机动车、行人发生交通事故，造成对方人员死亡或者重伤，机动车一方无过错的，应当分担对方10%的经济损失”的规定，周某即使无过错，也应当给被告赔偿10%损失。反诉请求：判令周某赔偿因王某死亡给我们造成的损失，其中应包括王某所骑自行车被毁坏的损失。

周某针对反诉答辩称：处理办法第四十四条是指在机动车与非机动车、行人发生的交通事故中，机动车造成非机动车、行人一方的人员死亡或者重伤，而机动车没有过错，才分担对方10%的经济损失。此次事故中，骑自行车的王某死亡，是由机动车驾驶员柳某的过错造成的，机动车已经对非机动车人员的死亡承担了赔偿责任。我虽然驾驶机动车并且也被牵扯进此次事故，但王某的死亡不是由我直接造成的，因此与我无关。然而我遭受的损失，却是由柳某与王某的违章行为造成的。反诉原告向我这个与王某死亡无关的人主张赔偿，毫无道理，这是对处理办法第四十四条规定的曲解。另外，反诉原告主张赔偿自行车毁坏的损失，也没有举出任何证据。

铜山县人民法院经审理查明：道路交通事故中的死者王某（女，1987年4月出生，铜山县郑集中学学生）是被告王乙、李某的女儿。道路交通事故现场的路面为双向四机动车道，中心以双黄线隔离，总宽23.2米。2001年1月8日13时许，下雪，案外人柳某驾驶案外人卞某所有的苏CB41××号半拖挂汽车，沿苏239线由西向东行驶至80千米+700米处时，发现由南向北横过公路的骑车人王某，立即采取向左打方向并刹车的避让措施。因有雪路滑和车速高，苏CB41××号的车头越过公路中心线，车尾向右甩尾侧滑。苏CB41××号的车头越过公路中心线后，与相向而行由原告周某驾驶的苏CM47××号大货车发生碰撞，致周某受伤，两汽车不同程度损坏；车尾向右侧滑时，又将王某连人带车撞倒，造成王某当场死亡。交通巡警大队的《道路交通事故责任认定书》认定：此次事故中，苏CB41××号汽车驾驶员柳某在雪天路滑的情况下超速行驶，发现险情时采取的避让措施不当，致使车辆侧滑后发生事故，违反了《道路交通管理条例》第六条关于驾驶车辆必须右侧通行、第三十六条第（三）项关于机动车遇有风、雨、雪、雾天能见度在三十米以内时最高时速不准超过二十公里的规定，应负事故主要责任；死者王某在横过公路时对车辆观察避让不够，违反了《道路交通管理条例》第七条第一款关于“车辆、行人必须各行其道。借道通行的车辆或行人，应当让在其本道内行驶的车辆或行人优先通行”的规定，应负事故的次要责任；苏CM47××号汽车驾驶员周某正常驾驶，对事故不负责任。

事发后，经保险公司铜山公司对苏CM47××号货车定损，确认损失数额为26900元。原告周某受伤后，在医院住院救治30天，自行负担医疗费3439.20元。案外人柳某以及苏CB41××号汽车的车主卞某已经向王某的亲属赔偿损失4.3万元，给周某赔偿损失2.8万元。

2001年5月8日，原告周某以自己在此次事故中无责任却损失惨重，王某对此次事故负次要责任，其遗产继承人应按王某分担的责任给予赔偿为由，诉至法院。

以上事实，有《道路交通事故责任认定书》、《道路交通事故赔偿调解终结书》、车辆产权证、户籍证以及双方当事人陈述等证据证实。这些证据经庭审质证、认证，可以作为认定本案事实的根据。反诉原告王乙、李某主张反诉被告周某超速行驶，应负事故的次要责任，为此出示了证人陈某、周甲的证言。周某对陈某、周甲证言的真实性提出异议，因陈某、周甲没有到庭，无法质证，故对这两个证人证言不予采信。

〔一审裁判理由与结果〕

铜山县人民法院认为：在此次道路交通事故中，被告王乙、李某的女儿王某死亡，原告周某身体受伤、车辆损坏，事实清楚。对此次事故，案外人柳某负主要责任，已经由其本人和苏 CB41××号车主卞某赔偿了全部损失的 80%。死者王某负事故的次要责任，但至今没有对在此次事故中无责任却遭受损失的周某给付任何赔偿。公民的合法权益应受法律保护。对周某的损失，应由王某的遗产继承人王乙、李某承担 20%的赔偿责任。王乙、李某反诉主张周某应负事故的次要责任，因证据不足，不予支持。据此，铜山县人民法院于 2001 年 7 月 25 日判决：

一、被告王乙、李某于本判决生效后 10 日内，在其继承王某遗产的范围内给原告周某赔偿总损失 34570. 30 元的 20%计 6914. 06 元。二被告互负连带清偿责任；

二、驳回原告周某的其他诉讼请求；

三、驳回反诉原告王乙、李某的诉讼请求。

〔当事人上诉及答辩意见〕

第一审宣判后，被告王乙、李某不服，向江苏省徐州市中级人民法院提起上诉称：1. 处理办法第四十四条规定，只有非机动车、行人一方故意造成自身伤害的才能免除无过错的机动车应当分担的 10%赔偿责任。目前无证据证明王某是故意自伤，因此，一审判决驳回上诉人让被上诉人承担 10%经济损失的反诉请求，于法无据，是错误的。2. 被上诉人主张的损失中，误工费和车辆修复期间的营运损失是重复计算的。一审判决在此基础上，判令上诉人给被上诉人赔偿 6914. 06 元的经济损失，是错误的。请求撤销原判，重新改判被上诉人给上诉人承担 10%的赔偿责任。

被上诉人周某答辩称：一审判决认定事实清楚，适用法律正确，应当维持原判。

〔二审查明的事实〕

徐州市中级人民法院经审理，确认一审判决认定的事实属实。

〔二审裁判理由与结果〕

徐州市中级人民法院认为：现在双方当事人争议的焦点有两个：1. 上诉人王乙、李某是否应当为死者王某承担 20%的事故赔偿责任？2. 处理办法第四十四条的规定对本案是否适用？被上诉人周某应否分担王乙、李某一方的 10%经济损失？要正确解决这两个问题，必须对本案所涉道路交通事故进行全面分析。

本案所涉道路交通事故，实际是由连环发生的两起事故组成，两起事故分别造成两个损害结果。解决本案纠纷，首先应当根据损害结果查明造成损害的原因，然后才能分析每个当事人应负的责任。

两个损害结果分别为：上诉人王乙、李某的女儿王某死亡、所骑自行车被毁坏和被上诉人周某遭受的车毁人伤。王某死亡、所骑自行车被毁坏，是因王某违规横过公路，案外人柳某在超速行驶的情况下采取的避让措施不当造成的。这是一起交通肇事。对这起交通肇事的责任，道路交通事故处理机关认定由柳某负主要责任，王某负次要责任。而周某遭受的车毁人伤，是因柳某在企图避让横过公路的王某时，不顾有雪路滑和对面来车的现场实际情况，大幅度向左打方向，使超速行驶的机动车越过公路中心线造成的。这是一起紧急避险行为。《中华人民共和国民法通则》第一百二十九条规定："因紧急避险造成损害的，由引起险情发生的人承担民事责任。如果危险是由自然原因引起的，紧急避险人不承担民事责任或者承担适当的民事责任。因紧急避险采取措施不当或者超过必要的限度，造成不应有的损害的，紧急避险人应当承担适当的民事责任。"在这起紧急避险事故中，险情虽然是由违规横过公路的王某引起，但在宽阔的路面上，王某的违规行为，不会迫使柳某只能采取两车相撞的办法去避险。导致两车相撞的根本原因，是柳某超速驾驶和采取的紧急避险措施不当。道路交通事故处理机关认定周某是正常驾驶，对事故不负责任，那么紧急避险事故的责任，自然应当由柳某全部负担，与王某无关。周某起诉请求由王乙、李某为死者王某承担20%的事故赔偿责任，理由不能成立。

另外，王某死亡时不满十四周岁，本人尚需父母抚养，没有任何个人财产可供其承担民事责任，也未留下任何遗产可供其父母继承。案外人柳某以及苏CB41××号汽车车主卞某给付上诉人王乙、李某的4.3万元，是根据处理办法第三十六条的规定给付的丧葬费和死亡补偿费。丧葬费，是依死者亲属实际支出的费用计算的；死亡补偿费，是对死者亲属的经济补偿和精神抚慰。这两项费用，都不是死者的遗产。一审判决王乙、李某在继承王某遗产的范围内给周某赔偿6914.06元，没有事实根据，是错判，应当纠正。

处理办法第四十四条的规定，是指机动车在造成非机动车、行人一方人员死亡或者重伤的交通事故中，机动车没有过错的情况。本案既有机动车与非机动车之间发生的交通肇事，也有机动车与机动车之间的紧急避险事故。造成非机动车人员死亡的，是交通肇事中案外人所有的机动车，且肇事机动车已对自己的过错承担了责任。被上诉人周某是紧急避险事故的受害方，没有参与交通肇事，与交通肇事中非机动车人员的死亡无关，不属于处理办法第四十四条规定所指的情况，因此该条规定对本案并不适用。上诉人王乙、李某上诉主张周某应分担10%的赔偿责任，理由不能成立。据此，徐州市中级人民法院依照《中华人民共和国民事诉讼法》第一百五十三条第一款第（三）项的规定，于2001年12月20日判决：

一、维持一审民事判决的第（二）项、第（三）项；

二、撤销一审民事判决第（一）项；

三、驳回周某要求王乙、李某作为王某的继承人赔偿其损失的诉讼请求。

一审案件受理费842元，财产保全费270元，由被上诉人周某负担；反诉费434元，由上诉人王乙、李某负担；二审案件受理费892元，由周某负担842元，由王乙、李某负担50元。

规则24：出借机动车号牌的所有人或管理人应对套牌机动车交通事故损害赔偿承担连带责任

——赵某明等诉某汽车运输公司、卫某平等机动车交通事故责任纠纷案①

【裁判规则】

机动车所有人或者管理人将机动车号牌出借他人套牌使用，或者明知他人套牌使用其机动车号牌而不予制止，套牌机动车发生交通事故造成他人损害的，机动车所有人或者管理人应当与套牌机动车所有人或者管理人承担连带责任。

【规则理解】

机动车因其速度快、承载量大满足人们对于快速交通和运输的需求，给人们的生产生活带来很大便利，提高了人们的生活水平和生产效率。但也正因为机动车具有行驶速度快、自重大等特点，高速行驶的机动车也会对道路交通的参与人带来潜在的危险。因此各国普遍对机动车实行严格的管理，将机动车的生产、销售、运行和权属纳入监管之下，明确责任主体，确保道路交通安全和道路交通参与人的生命财产安全。

一、套牌机动车概述

（一）机动车登记及牌证发放

《道路交通安全法》第119条第3项规定："'机动车'，是指以动力装置驱动或者牵引，上道路行驶的供人员乘用或者用于运送物品以及进行工程专项作业的轮式车辆。"根据该条规定，机动车包括载人车辆、货车和工程车，上述车辆在公共通行的道路上行驶，均要受《道路交通安全法》的约束和调整，遵守交通规则。《道路交通安全法》第8条规定："国家对机动车实行登记制度。机动车经公安机关交通管理部门登记后，方可上道路行驶。尚未登记的机动车，需要临时上道路行驶的，应当取得临时通行牌证。"国家对机动车实行强制登记制度，机动车上道路行驶必须依法登记并领取号牌和行驶证，只有在机动车符合国家安全技术标准时，才准许登记并发放牌证。

---

① 最高人民法院指导案例19号。

（二）套牌车的内涵

通过伪造、变造或者非法套取其他车辆号牌及行驶证等手续上路行驶的车辆被称为套牌车，套牌车多数为走私、拼装、报废和盗抢来的车辆，这些车辆的使用和销售本身违法，不被允许注册登记和上路行驶，不法分子为使上述车辆能够上路，便使用套牌的方式，使违法车辆获得了合法的外衣。套牌车使得一套号牌同时为两辆车所有，妨害了国家对机动车的登记管理制度，影响对机动车的安全技术检验，使得第三者强制责任保险制度无从落实，扰乱公安机关对公共安全的管控，制造社会不稳定因素。影响了机动车相关税费的正常征收，对正常经营的运输车辆构成了不正当的竞争，扰乱运输市场经营秩序和国家的经济秩序。套牌车因为使用虚假的牌证，所有人和驾驶人往往有恃无恐，不遵守交通规则，甚至有人专门利用套牌车从事违法犯罪活动，给道路交通安全和人民的生命财产安全造成极大的威胁，也损害了被套牌车主的合法权益，为国家法律法规严令禁止。

《道路交通安全法》第 16 条第 4 项规定，任何单位或者个人不得使用其他机动车的登记证书、号牌、行驶证、检验合格标志、保险标志。表明了国家法律对购买、租借其他机动车牌证的套牌车明令禁止的态度。该法第 96 条第 3 款还规定了套牌车的行政处罚，“使用其他车辆的机动车登记证书、号牌、行驶证、检验合格标志、保险标志的，由公安机关交通管理部门予以收缴，扣留该机动车，处二千元以上五千元以下罚款。”造成重大人员伤亡或财产损失的，可能构成刑事犯罪，依法追究其刑事责任。

二、套牌机动车肇事责任的构成要件

套牌机动车发生交通事故造成损害的，属于套牌机动车一方责任的，应当承担交通事故损害赔偿责任，属于侵权责任，应当符合侵权责任的构成要件。《道路交通事故损害赔偿司法解释》第 3 条规定：“套牌机动车发生交通事故造成损害，属于该机动车一方责任，当事人请求由套牌机动车的所有人或者管理人承担赔偿责任的，人民法院应予支持；被套牌机动车所有人或者管理人同意套牌的，应当与套牌机动车的所有人或者管理人承担连带责任。”根据该条规定，套牌车发生交通事故的责任构成需具备以下要件。

（一）侵权行为

套牌机动车肇事责任中的侵权行为是指因套牌机动车一方原因造成交通事故的行为，并非指使用他人机动车牌证的行为。套牌行为本身违反国家对机动车管理的法律法规，应受行政处罚，但套牌机动车未造成交通事故时，并未构成对其他民事主体的侵权行为。套牌机动车与行人、非机动车或其他机动车发生交通事故时，只有当被交通部门认定为套牌机动车一方具有责任时，才构成侵权行为。如果完全因对方原因造成交通事故时，也不能认定套牌机动车构成侵权。

（二）损害后果

套牌机动车肇事责任以造成人员伤亡或财产损失为条件，财产损失既包括私人财产损失，也包括公共财产的损失，如对护栏、隔离带或其他公共设施造成破坏，未造成其他损害仅套牌车本身毁损的，应视为不存在损害后果。

（三）主观过错

侵权行为是否以行为人主观过错为构成要件取决于法律对侵权行为规定的归责原则，对于实行过错原则的侵权行为，以主观过错为构成要件，对于实体无过错责任原则的特殊侵权行为，不以行为人主观具有过错为责任构成要件。交通事故损害赔偿责任的归责原则较为复杂，取决于发生交通事故双方的车辆属性。根据《道路交通安全法》第 76 条的规定，机动车之间发生交通事故的，由有过错的一方承担赔偿责任；双方都有过错的，按照各自过错的比例分担责任。表明机动车之间的交通事故，实行过错责任原则，侵权责任的构成以一方或双方具有主观过错为条件。

该条同时规定机动车与非机动车驾驶人、行人之间发生交通事故，非机动车驾驶人、行人没有过错的，由机动车一方承担赔偿责任；有证据证明非机动车驾驶人、行人有过错的，根据过错程度适当减轻机动车一方的赔偿责任；机动车一方没有过错的，承担不超过百分之十的赔偿责任。表明机动车与行为或非机动车发生交通事故时，机动车一方侵权责任的成立不以其主观有过错为条件，即使机动车一方没有过错，仍要承担不超过百分之十的赔偿责任。该规定是因为驾驶机动车对于非机动车和行人具有较高的危险性，为保护处于弱势的非机动车和行人一方，也为了促使机动车驾驶员尽到谨慎注意义务，给机动车一方分配了更重的责任负担。

主观过错为侵权行为人内心的状态，一般难以准确为外界所知，应受内心支配的外在行为，推断其主观心理状态。发生交通事故时一方是否具有主观过错主要依赖交通管理部门的认定，应结合一方是否存在违反交通规则的驾驶或通行行为，以及对责任分担的认定，来判断交通事故双方的主观过错。

（四）因果关系

套牌机动车肇事行为与损害后果之间具有因果关系，根据《道路交通安全法》第 76 条第 2 款之规定，如果交通事故的损失是由非机动车驾驶人、行人故意碰撞机动车造成的，机动车一方不承担赔偿责任。当非机动车、行人故意碰撞机动车，切断了机动车一方行为与损害后果之间的因果关系，机动车一方不承担侵权责任。

三、套牌机动车肇事的责任主体和责任形式

（一）套牌机动车使用人

《民法典》第1209条规定："因租赁、借用等情形机动车所有人、管理人与使用人不是同一人时，发生交通事故造成损害，属于该机动车一方责任的，由机动车使用人承担赔偿责任；机动车所有人、管理人对损害的发生有过错的，承担相应的赔偿责任。"该条规定表明在机动车发生交通事故且机动车一方具有责任时，机动车实际使用人，也即驾驶员应承担赔偿责任。机动车发生交通事故时，由使用人实际驾驶，机动车在驾驶人的实际掌控之下，驾驶人对于交通事故的发生具有直接的责任，被害人有权要求驾驶人承担赔偿责任。

（二）套牌机动车所有人或管理人

当机动车使用人与所有人、管理人不是同一人时，由于实际使用机动车的驾驶人可能并不具有赔偿能力，有过错的机动车所有人或管理人也应当承担与其过错相应的赔偿责任。一般情况下，该过错可能体现为将车辆租借给并不具有驾驶资格的使用人，或指令使用人疲劳驾驶等。但在套牌机动车所有人、管理人与使用人不一致时，套牌车所有人和管理人应当明知套牌车不得上路行驶，但其仍然使用或允许他人使用套牌车上路，套牌车未经国家安全技术检验，不能确定是否符合国家安全标准，套牌强行上路的行为本身即违法，所有人和管理人对于损害的发生具有不可推卸的主观过错。所以当交通事故被害人向套牌车所有人和管理人直接主观赔偿责任时，所有人和管理人应当对机动车一方的责任全额赔偿。

（三）知情的被套牌机动车所有人或管理人

根据《道路交通事故损害赔偿司法解释》第3条的规定，被套牌机动车所有人或者管理人同意套牌的，应当与套牌机动车的所有人或者管理人承担连带责任。本条中规定的"同意"，即包括明示同意，也表明默示同意。明示同意是指被套牌机动车所有人或管理人明确表示同意他人伪造与自己机动车相同的牌证并上路，甚至将自己的牌证出租、出借给他人。默示同意是指被套牌机动车虽然未明确表示同意套牌行为，但其明知他人套用自己机动车号牌并上路行驶，但未加制止。按照机动车管理的法律法规，机动车牌证与特定的机动车唯一对应，只能使用在依法登记的机动车辆上，机动车所有人或管理人将牌证出

租、出借给他人使用的行为，均违反机动车管理制度，属于违法行为。其出租、出借行为直接导致套牌车在脱离国家监管的状态下上路行驶，给道路交通安全带来极大隐患。同意套牌的行为为套牌车上路创造了条件，当套牌车肇事时，被套牌的所有人和管理人对事故的发生具有重大的过错，套牌双方具有主观上的意思联络，双方的行为紧密结合，共同导致了损害结果的产生，双方构成共同侵权，应当承担连带责任。

虽然未主动同意，但在明知他人套用自己机动车牌证而未加制止的情况下，被套牌机动车所有人和管理人具有明显的过失。套牌行为发生时，被套牌机动车所有人和管理人是最有可能发现并制止套牌行为的一方，但其对于套牌车上路的不法行为主观上持放任的态度，间接为套牌车上路行驶创造了条件，没有尽到对其他交通参与人合法权益的谨慎注意义务，也应当承担责任。

司法解释规定被套牌机动车所有人和管理人承担连带责任，其价值导向是通过增加机动车号牌出借人的违法成本和责任负担，遏止机动车套牌的违法行为，维护道路交通参与人的合法权益和国家对机动车管理的秩序，保障道路交通安全通行。同时由于增加了责任主体范围，也增加了侵权责任人的偿付能力，被害人更有可能获得赔偿和救济。

【拓展适用】

一、运行支配和收益理论

套牌车发生交通事故后，套牌车驾驶员、所有人和管理人应当承担责任，但被套牌车所有人和管理人并不是交通事故的当事人，同意套牌的被套牌机动车所有人和管理人承担连带责任的理论基础是运行支配和收益理论，该理论也可以帮助我们在具体案例中分析被套牌机动车所有人和管理人是否应当承担连带责任。

根据运行支配和收益理论，对车辆引起的交通事故承担责任的主体首先应当是能够对车辆的运行进行支配和控制的主体，因为其能够对车辆进行支配和控制，其在控制车辆引起的危险上处于最有利的地位，根据“危险控制理论”，由能够控制、减少危险的一方承担责任。套牌车的所有人和管理人对套牌车的运行具有支配和控制的能力，也最有可能减少或消除套牌车造成的潜在危险，故应当成为侵权责任主体。其次，套牌车的所有人和管理人可以从套牌车的运行中获得利益，根据“由获益方承担侵权责任”理论，套牌车所有人或管理人承担侵权责任符合公平原则。

《道路交通事故损害赔偿司法解释》第3条规定的被套牌机动车所有人和管理人承担连带赔偿责任的前提是其同意套牌，我们将此处的同意解释为包括明示同意和默示同意，默示同意又可解读为知情但不阻拦。在明示同意的情况下，被套牌车主帮助套牌行为的发生，应视为套牌双方构成共同侵权，被套牌所有人和管理人应当承担连带责任。在默示同意的场合，被套牌车所有人和管理人承担责任的基础仍可以用运行支配和收益理论解读。当被套牌车主对套牌行为知情时，其已经对套牌机动车具有一定的支配控制能力和防范风险的能力，只要被套牌所有人或管理人向交管部门告知套牌行为，以目前交管部门掌握的现代科学技术水平，可以即时发现套牌机动车的运行并予以阻止，进而防范套牌车上路给道路交通造成的隐患。由于被套牌车主具有对套牌车的支配控制能力，但其却采取不作为的方式，放任套牌行为，为套牌机动车上路行驶创造了便利条件，应对套牌机动车造成的交通事故承担连带责任。但如果被套牌机动车所有人或管理人对套牌行为完全不知情，套牌行为完全是套牌机动车所有人或管理人伪造他人机动车牌证引起，被套牌机动车所有人或管理人对套牌车没有任何运行支配的能力，更未从套牌车运行中获益，则被套牌机动车所有人或管理人对于套牌车发生的交通事故不具有任何主观过错，此时不应苛责被套牌机动车所有人或管理人。

二、同意套牌者的举证责任

被套牌机动车所有人和管理人承担连带责任的条件是其同意套牌，交通事故受害人要求赔偿，根据“谁主张，谁举证”原则，应当由受害人举证证明被套牌机动车所有人和管理人同意套牌。由于同意套牌包括知情但不阻拦，且“同意”属于被套牌机动车所有人和管理人的主观心理状态，不易为外界尤其是交通事故受害人所知晓，为减轻受害人一方的举证责任，受害人仅需举证证明被套牌机动车所有人或管理人对套牌行为“知情”即可要求其承担连带责任。应在具体案件中判断被套牌机动车所有人或管理人是否“知情”。交管部门对机动车的扣分和处罚决定可以作为判断被套牌车所有人或管理人是否“知情”的重要依据。被套牌机动车上路行驶中，如有被交管部门扣分或处罚的情形，将计入被套牌车的违章记录，如果被套牌车主在处理违章记录时，应当能够发现由套牌机动车发生的违章行为，并及时提出申诉处理，如果其未提出申诉且一并处理了套牌机动车的违章记录，可以作为被套牌机动车主对套牌知情的初步证据，如果其未给做出合理的说明和解释，可以认定被套牌机动车所有人或管理人对套牌行为知情，进而应当对套牌机动车交通事故承担连带责任。

三、被套牌机动车所有人或管理人的追偿权问题

司法解释中仅规定被套牌机动车所有人或管理人同意套牌时应承担连带责任，但并未规定被套牌机动车所有人或管理人在承担连带责任后，是否享有对套牌机动车所有人或管理人的追偿权。笔者认为虽然司法解释中未作规定，但不能一概否定被套牌机动车所有人或管理人的追偿权。应区分不同情形予以具体分析，当被套牌机动车所有人或管理人明知套牌行为且从中获取利益时，应视为套牌双方主观过错相当，对于受害人应不计份额承担连带责任，内部应各自平均承担损失，被套牌机动车所有人或管理人如已承担全部赔偿份额，可就套牌机动车所有人或管理人应当承担的份额向其追偿。例如，在被套牌机动车所有人或管理人将机动车牌证出租给套牌机动车所有人或管理人，定期获得固定收益，由于被套牌车主从套牌行为中获益，应视为双方主观过错程度相近，内部各自应承担一半的损失数额。如果被套牌机动车所有人或管理人虽对套牌行为知情，但并未从中获取利益，则其主观过错明显低于套牌机动车所有人或管理人，应承担较低的内部责任份额或不承担责任份额。例如，被套牌机动车所有人或管理人将牌证出借给套牌机动车所有人或管理人，但未从中获取利益，当其对受害人全部赔付后，可以就损失的大部分份额甚至全部份额向套牌机动车所有人或管理人追偿。法官可根据案件具体情况和双方所实施的行为及行为所反映出的主观过错程度对责任份额的分配作出裁量。

四、套牌车投保交强险的理赔问题

一般情况下套牌车所有人或管理人不会为套牌车投保交强险，但也不排除少数套牌车主使用虚假的牌证为套牌车投保交强险，保险公司未能审核出投保材料中存在虚假手续，为该套牌车办理了交通强制保险后，当套牌车发生交通事故时，保险公司是否应当予以理赔？

中国保险行业协会公布的《机动车交通事故责任强制保险条款》属于行业规定，各保险公司应予遵照执行。该条款第 12 条规定："投保人投保时，应当如实填写投保单，向保险人如实告知重要事项，并提供被保险机动车的行驶证和驾驶证复印件。重要事项包括机动车的种类、厂牌型号、识别代码、号牌号码、使用性质和机动车所有人或者管理人的姓名（名称）、性别、年龄、住所、身份证或者驾驶证号码（统一社会信用代码）、续保前该机动车发生事故的情况以及银保监会规定的其他事项。投保人未如实告知重要事项，对保险费计算有影响的，保险人按照保单年度重新核定保险费计收。”① 根据该规定可见，投保人使用虚假的牌证为套牌车办理交强险，并不因此导致交强险合同无效，仅在不实事项对保险费有影响时，由保险公司重新核实保险费计收，交强险合同仍然有效。

该条款仅在第 10 条对交强险不负责赔偿和垫付的费用规定了四种情形："下列损失和费用，交强险不负责赔偿和垫付：（一）因受害人故意造成的交通事故的损失；（二）被保险人所有的财产及被保险机动车上的财产遭受的损失；（三）被保险机动车发生交通事故，致使受害人停业、停驶、停电、停水、停气、停产、通讯或者网络中断、数据丢失、电压变化等造成的损失以及受害人财产因市场价格变动造成的贬值、修理后因价值降低造成的损失等其他各种间接损失；（四）因交通事故产生的仲裁或者诉讼费用以及其他相关费用。”车主对套牌车投保交强险交不属于保险公司不予赔偿和垫付的情形。保险公司不得以承保车辆为套牌车为由，主张交强险合同无效或拒绝理赔。但是，当投保人未如实告知重要事项导致实收保险费低于应收保险费时，保险公司可以向套牌车所有人或管理人追加保险费。

如果套牌车所有人或管理人为套牌车投保了交强险，在套牌车发生交通事故时，无论套牌车是否在交通事故中负有责任，保险公司均应按照《机动车交通事故责任强制保险条款》的具体要求在责任限额内予以赔偿。交强险条款内容对于维护道路交通通行者人身财产安全、确保道路安全具有重要的作用，同时能减少法律纠纷、简化处理程序，确保受害人获得及时有效的赔偿，体现对弱势群体的保护和人民群众生命健康权利的尊重。

五、套牌车主承担损失的范围

套牌行为违反国家交通管理法规，由交管部门依法给予查处，但不能因套牌行为而影响其在交通事故中的责任认定和赔偿请求权。保险公司在交强险承保范围内赔付后，剩余的损失由肇事方承担。如果交通事故完全是因为对方行人或车辆原因导致，套牌车一方对于交通事故的发生没有过错的，不承担赔偿责任，对于套牌车一方本身遭受的损失，可以向对方要求赔偿。套牌车和对方行人或车辆对于交通事故的发生均有过错的，套牌车一方按其主观过错对全部损失承担相应比例的赔偿责任。

---

① 2023 年 3 月，中共中央、国务院印发了《党和国家机构改革方案》。在中国银行保险监督管理委员会基础上组建国家金融监督管理总局，不再保留中国银行保险监督管理委员会。

【典型案例】

赵某明等诉某汽车运输公司、卫某平等机动车交通事故责任纠纷案

原告：赵某明。

原告：赵某臣。

原告：冯某章。

原告：侯某云。

被告：卫某平。

被告：林某东。

被告：卫某辉。

被告：周某平。

被告：朱某明。

被告：某汽车运输公司。

被告：甲保险公司。

被告：某建设工程公司。

被告：乙保险公司。

〔基本案情〕

上海市宝山区人民法院一审查明：2008 年 11 月 25 日 5 时 30 分许，被告林某东驾驶套牌鲁 F417××的货车在同三高速公路某段行驶，在与被告周某平驾驶的一辆小客车同向行驶时，货车前部碰触客车左后角，导致两车一起冲下路基，客车发生翻滚，客车内乘客冯某菊当场死亡。经交警部门认定，货车司机林某东负主要责任，客车司机周某平负次要责任，冯某菊不负事故责任。

原告赵某明、赵某臣、冯某章、侯某云分别系死者冯某菊的丈夫、儿子、父母。鲁 F417××车牌登记的货车并非肇事货车，该车牌登记货车车主系被告某汽车运输公司，实际所有人为被告卫某平，卫某平于 2008 年 10 月从案外人赵某坤处购得登记车牌为鲁 F417××的货车。该车系在被告甲保险公司处投保机动车交通事故责任强制险。鲁 F417××车牌套牌的货车（肇事货车）实际所有人为被告卫某辉，林某东系卫某辉雇用的司机。据车辆管理部门登记信息反映，鲁 F417××车牌登记货车自 2004 年 4 月 26 日至 2008 年 7 月 2 日起，先后 15 次以损坏和灭失为由申请补领号牌和行驶证。其中，2004 年 4 月 26 日至 2006 年 9 月 18 日，先后 4 次补领号牌、3 次补领行驶证；2007 年 4 月 23 日至 2008 年 7 月 2 日，先后 8 次补领行驶证及检验合格证，其中最短间隔时间为 5 天。2007 年 8 月 23 日卫某辉申请补领行驶证的申请表和 2007 年 12 月 14 日赵某坤申请补领行驶证的申请表上均有某汽车运输公司的签章。审理中，卫某辉表示，卫某平对套牌事宜知情并收取套牌费；事故发生后，卫某辉还向卫某平借用鲁 F417××车辆的保单去处理事故，保单仍在卫某辉处。

发生事故的小客车的登记所有人系被告朱某明，但该车辆几经转手，现实际所

有人系被告周某平。被告某建设工程公司系周某平的雇主，但事发时周某平并非履行职务。该客车在乙保险公司投保了机动车交通事故责任强制险。

四原告诉请九被告共同就冯某菊的死亡赔偿丧葬费、死亡赔偿金、被扶养人生活费、交通费、住宿费、误工费、尸体停放费、精神损害抚慰金、律师代理费等损失共计人民币727214元。

〔一审裁判要旨〕

一审法院认为：根据本案交通事故责任认定，肇事货车司机林某东负事故主要责任，而卫某辉系肇事货车的实际所有人，又系林某东的雇主，故卫某辉和林某东应就本案事故损失连带承担主要赔偿责任。甲保险公司承保的鲁F417××货车并非实际肇事货车，其也不知道鲁F417××车牌被肇事货车套牌，故甲保险公司对本案事故不承担赔偿责任。

根据事故责任认定，死者冯某菊所乘坐小客车的司机周某平对事故负次要责任，周某平又系该客车的实际所有人，故周某平应对本案事故损失承担次要赔偿责任。朱某明虽系该客车的登记车主，但该客车后几经转手，朱某明既不支配该车，也未从该车运营中获益，故他对本案事故不承担责任。周某平虽受雇于某建设工程公司，但本案事故发生时周某平并非在为某建设工程公司履行职务，故某建设工程公司对本案亦不承担责任。至于承保该小客车的乙保险公司，因冯某菊系本车人员，依法不适用机动车交通事故责任强制保险，故乙保险公司对本案不承担责任。

虽然本案肇事货车一方责任人卫某辉、林某东应对事故损失承担主要责任，客车一方责任人周某平应对事故损失承担次要责任，但根据最高人民法院《关于审理人身损害赔偿案件适用法律若干问题的解释》第三条第一款规定，“二人以上共同故意或者共同过失致人损害，或者虽无共同故意、共同过失，但其侵害行为直接结合发生同一损害后果的，构成共同侵权，应当依照民法通则第一百三十条规定承担连带责任”，故卫某辉、林某东、周某平应对死者冯某菊的家属即四名原告的损失互负连带赔偿责任。

现有证据表明，鲁F417××车牌登记货车的实际所有人卫某平和登记车主某汽车运输公司系明知卫某辉等人套用自己的车牌而不予干预，且提供方便，纵容套牌货车在公路上行驶。该两被告的行为违反有关交通管理法律规定，并与本案事故的发生具有因果关系，故该两被告应就卫某辉一方应承担的赔偿责任份额承担连带责任。

综上，并对损失进行核算，一审法院判决：

一、被告卫某辉、林某东赔偿四原告各类损失396863元；

二、被告周某平赔偿四原告各类损失170084元；

三、被告某汽车运输公司、卫某平对上述判决主文第一项的赔款义务承担连带责任；被告卫某辉、林某东、周某平对上述判决主文第一项、第二项的赔款义务互负连带责任。

第十四章　物件损害责任

规则 25：道路两旁的物件致人损害的，应由对道路两旁物件具有管理及保护责任的单位或个人承担赔偿责任

——王某凤诉某县公路管理段人身损害赔偿案①

【裁判规则】

公路两旁的护路树属公路设施。公路管理单位对该段公路及路旁护路树负有管理及保护的责任。护路树已被虫害蛀朽，直接威胁着公路上车辆行人的安全，应当采伐更新，该公路管理单位不履行自己的职责，导致危害结果发生，不能证明其没有过错的，应当承担民事责任。

【规则理解】

一、物件损害责任的内涵

（一）对物件的理解

所谓物件，从字面理解，可以理解一切有形物品、物体、物，但物件损害责任中的物件显然不能做此宽泛理解，限缩解释为具有一定危险性，可能造成他人损害的物。在比较法上，物件也被表述为建筑物和工作物、土地工作物等。从我国立法发展来看，原《民法通则》第 126 条规定，建筑物或者其他设施以及建筑物上的搁置物、悬挂物发生倒塌、脱落、坠落造成他人损害的，所有人或者管理人应当承担责任。根据这一规定，物件包括建筑物和其他设施以及搁置物、悬挂物。2004 年《人身损害赔偿司法解释》将物件扩展到构筑物、堆放物、树木，原《侵权责任法》则进一步将物件细分为建筑物、构筑物和其他设施、搁置物、悬挂物、堆放物、林木、妨碍通行物。《民法典》侵权责任编第十章以七个条文专章规定了建筑物和物件损害责任，基本沿袭了原《侵权责任法》规定的物件种类，在责任构成要件上加以完善。物件损害责任中的物件不

① 《中华人民共和国最高人民法院公报》1990 年第 2 期。

包括产品、动物及高度危险物。上述物体致人损害所产生的责任在归责事由、归责原则及责任主体上与物件损害责任均存在明显差异。

（二）物件损害责任的理解

所谓物件损害责任，是指物件的所有人、管理人或其他主体对其所管理的物件致人损害承担的侵权责任。[①] 物件损害责任早在古罗马时期就已经存在。罗马法的四种“准私犯”中有两种与此相关。一是建筑物占有人对从该建筑中向公共场合所透支或者是倾倒任何物品所造成的损害承担双倍赔偿责任；二是如果建筑物的占有人将某一物品悬挂在建筑物外，并且该物品掉下会造成损害，当任何人提起诉讼时，该建筑物的主人同样应当承担罚金的责任。[②] 近现代的立法也基本沿袭了罗马法的做法。例如，《法国民法典》第1386条规定了建筑物所有人因维修不善，或者因建筑缺陷、塌损致人损害的责任。《德国民法典》第836条、第837条、第838条分别规定了土地占有人责任、建筑物占有人、建筑物维护义务人的责任。《日本民法典》第717条规定了土地工作物占有人、所有人的责任等。

所有人是指对物件享有所有权的民事主体。管理人一般可以区分为两种情形。一是国家依行政行为将特定财产授权给特定主体占有、使用的。例如，国家机关、国有企业、事业单位。二是基于合同关系对特定财产进行管理的。较为典型情形，如物业管理公司。根据《民法典》第1252条和第1253条的规定，使用人也是物件损害责任的重要主体。所谓使用人，是指因租赁、借用或其他情形使用建筑物等设施的人。[③] 这里的使用人，不仅包括合法的使用，同时也应当包括非法占有在内。比如，某地一处豪宅在被售出后多年空置被他人撬开锁后长期居住，如在此期间发生物件损害的，则该非法占有人应当承担相应赔偿责任。

二、物件损害责任的构成要件

通说认为，构成物件损害责任应当符合如下要件：

（一）物件致人损害的事实

物件损害责任是基于物件致害侵权行为所产生的侵权责任，是物件因其自身的危险性而对受害人权利的侵害，而不是指责任人故意或过失使用物件给受

---

① 张新宝：《侵权责任法》，中国人民大学出版社2010年版，第331页。

② ［英］巴里·尼古拉斯：《罗马法概论》，黄风译，法律出版社2004年版，第240页。

③ 王胜明：《中华人民共和国侵权责任法释义》，法律出版社2010年版，第416页。

害人造成损害。物件损害责任是因物件自身危险性而损害受害人权利所产生的替代责任。所谓替代责任，是指责任人不是就自己的侵权行为，而是为他人的行为承担责任。既包括替代责任人就其他人的行为引起的损害承担的侵权责任，也包括替代责任人就其致害物引起的损害承担侵权责任。[①] 有观点认为，物件致人损害的责任中，损害的方式只能是由于物件的自然脱落、坠落等导致，而不能有人为的因素，否则构成一般侵权行为。例如，甲将花盆搁置在增加窗台上，一日狂风大作将花盆刮落将从楼下经过的乙砸伤，此时成立物件损害责任。假如甲是在浇花时不慎将花盆碰落，则成立一般侵权责任。从理论上来分析，此种观点似无不妥，但从实践来看仍存在以下几个问题：一是不论物件是否因人的意志因素而致人损害，对于受害人而言，损害结果并无二致。二是不论物件是否因人的意志因素而致人损害，对于受害人而言，举证依然存在困难。三是不论物件是否因人的意志因素而致人损害，受害人难以举证，加害人更不可能自证其过错，法院难以查明。即使受害人证明了系加害人人为造成的损害，但对于损害赔偿范围，责任类型仍与物件致人损害相同。因此，实践中这种区分是否有必要是值得研究的。原《侵权责任法》第 87 条将从建筑物中抛掷物品和从建筑物上坠落物品统一规定为一种侵权模式，并未区分此种物件致人损害是否基于人为主观因素。《民法典》第 1254 条仍然将不明抛掷物、坠落物致害责任置于同一条文中进行规范。

（二）需有损害结果的发生

此种损害事实既包括人身的损害也包括财产的损害，但主要是指对该建筑物所有人使用人、管理人以外的人造成的损害。如果是对该建筑物的某一区分所有人对其他所有人的损害，则不属于典型的物件损害责任。其性质如何，尚值得研究。例如，在同一栋住宅楼中，四楼住户的花盆坠落砸断了三楼住户的晾衣架。

（三）物件坠落、脱落与损害结果发生之间具有因果关系且物件所有人、管理人、使用人不能证明自己没有过错

需要说明的是，我们强调物件损害责任是物件自身引起的损害，并不等同于所有人、管理人、使用人没有过错。物件损害责任不是无过错责任，管理人、使用人承担责任的基础仍然是过错。只不过这种过错不是所有人、管理人、使用人积极的加害行为，而是对管理、维护义务的不作为。只有在抛掷物致人损害

---

① 王利明、杨立新：《侵权行为法》，法律出版社 1996 年版，第 232~233 页。

时，属行为人以作为方式实施侵权，而抛掷行为本身即说明行为人具有主观过错。

三、物件损害责任的归责原则

物件损害责任以适用过错责任为原则，以分摊风险为例外。即只有当物件的所有人、管理人、使用人疏于维护、管理，对损害的发生具有过错时，其才应当承担损害赔偿责任。但与一般过错责任的区别在于，物件致人损害中行为人的过错无须由受害人举证，而是由法律直接推定。只有行为人自己证明没有过错，才能免除责任。

在进入现代社会后，随着科技的迅猛发展、专业化分工日趋精密以及人们生活方式的重大改变，受害人碍于专业知识所限很难证明加害人的过错。在此情形下，为充分发挥过错责任原则对受害人权利的保障功能，过错推定应运而生。过错推定在英美法上被称为“事实自证法则”，德国法上被称为“外观证明”，我国则一般被称为“过错推定”。过错推定的基础仍是过错，无过错即无责任。因此，过错推定并非独立的归责原则。有观点认为，过错推定属于证据法上的一种证明规则。尽管这一观点未免过于极端，但仍在一定程度上揭示了过错推定的本质特征。

《民法典》之所以规定物件损害责任中加害人的过错由法律规定，主要是考虑到物件致人损害的情形纷繁复杂，而加害人的过错又体现为消极的不作为。在这种情况下，让受害人来证明加害人的过错显然是很困难的。所以，由对建筑物负有管理、维护义务的加害人来证明自己没有过错有利于维护受害人的权利。但需要注意的是，过错推定仅仅体现在过错这一方面。而受害人若主张侵权责任成立，仍应当就除过错外的侵权责任其余构成要件承担举证责任。在物件损害责任中，受害人仍应当就如下问题进行举证：1. 有符合法律规定的物件发生坠落、脱落或坍塌等。2. 物件直接或间接造成了损害结果的发生。3. 指明建筑物或构筑物具体的管理人或使用人。只有在此基础上，才能推定该管理人或使用人有过错。因此，主张物件损害责任中受害人无须承担举证责任的观点是不正确的。

例外情况是高空抛物损害责任。《民法典》第 1254 条规定：“禁止从建筑物中抛掷物品。从建筑物中抛掷物品或者从建筑物上坠落的物品造成他人损害的，由侵权人依法承担侵权责任；经调查难以确定具体侵权人的，除能够证明自己不是侵权人的外，由可能加害的建筑物使用人给予补偿。可能加害的建筑物使用人补偿后，有权向侵权人追偿。物业服务企业等建筑物管理人应当采取必要的安全保障措施防止前款规定情形的发生；未采取必要的安全保障措施的，应当依法承担未履行安全保障义务的侵权责任。发生本条第一款规定的情形的，公安等机关应当依法及时调查，查清责任人。”该情形主要适用于写字楼、住宅等存在建筑物区分所有权的情况中。即发生高空抛物，但无法确定具体的侵权人的，除能证明自己不是侵权人的外，所有存在嫌疑的建筑物使用人都应当承担补偿责任。在高空抛物中，受害人仅需要对有符合法律规定的物件发生坠落、脱落或坍塌，物件直接或间接造成了损害结果的发生承担举证责任。

四、物件损害责任的承担

（一）物件致人损害责任的赔偿主体一般为所有人、管理人、使用人

物件致人损害责任的所有人、管理人、使用人作为赔偿主体，其责任形式如何？如果所有人、管理人和使用人为同一主体，则这一问题比较简单。如果分属不同主体，则应当按照不同情况分别处理。

1. 如果管理人、使用人属于国家机关、国有企业、事业单位，则应当由管理人、使用人承担责任。

2. 当所有人、管理人、使用人存在共同的过失时，应当承担连带赔偿责任。《民法典》第1252条规定：“建筑物、构筑物或者其他设施倒塌、塌陷造成他人损害的，由建设单位与施工单位承担连带责任，但是建设单位与施工单位能够证明不存在质量缺陷的除外……”比如，建设方、施工方均有保证建设工程质量的注意义务，工程发生倒塌，推定建设方、施工方存在共同的过错，除非建设方、施工方能够证明不存在质量缺陷，否则应承担连带责任。再如，甲房屋外的晾衣架经多年使用已经松动，后甲将该房屋租赁给乙居住。乙在租用期间对于晾衣架的情况未予重视，反而多次在上面晾晒衣物，导致晾衣架坠落砸伤路人。此时甲、乙应当对损害结果承担连带赔偿责任。

3. 当不存在共同过失时，由有过错的一方承担责任。物件损害赔偿责任来源于责任人的管理、维护义务。因此，当损害结果发生时，所有人、管理人往往都是存在过失的。只有使用人可能由于其使用的性质、用途、时间长短等原因而未形成对物件的管理、维护义务，从而可以免除自己的责任。例如，甲在厨房外的空调室外机上摆放了一盆花卉，后因忙于工作疏于管理，逐渐将此事遗忘。不久甲将房屋借给外地出差的亲戚乙短时居住半个月。乙来出差是为了谈项目，每天早出晚归。一日花盆被大风刮落将停在楼下的轿车砸坏。在本事例中，甲具有过失，应当承担责任自无疑义。但乙是否应当承担责任？笔者认为，由于乙居住的时间较短，且对房屋的利用基本仅限于住宿，不能要求乙对此负有注意义务。因此乙不应承担责任。但假如乙携一家三口长期借住，则乙

势必将负担更高的注意义务，而可能对损害结果承担赔偿责任。

（二）所有人、管理人、使用人承担责任后的权利追偿

所有人、管理人、使用人承担责任后，有其他责任人的，有权向其他责任人追偿。这里的“其他责任人”，一般是指设计、施工、监理等方面的责任人。有观点认为，侵权责任法之所以规定让所有人、管理人先承担责任，系出于保护受害人的角度。实际上，损害后果客观上应当让真正的侵权人来承担责任。笔者同意这一观点的部分理由，但同时我们也认为即使是存在这种情况，所有人、管理人、使用人也至少存在一定的过失。如某写字楼在施工过程中玻璃幕墙安装不当，在一段时间使用后脱落致人损害。这里尽管真正的责任人是施工单位，但物业公司也存在维护不当，未及时发现等过错。相反，假如纯粹是因为其他责任人的原因导致的损害，而所有人、管理人、使用人不存在任何过错，要求他们承担责任就相当于适用无过错原则，是没有法理依据的。关于这一点，也可以从《民法典》第1252条的规定中体现出来。该条规定建筑物、构筑物倒塌造成损害的，由建设单位和施工单位承担连带责任。由于建筑物、构筑物倒塌属于严重的质量瑕疵且具有隐蔽性，难以为业主、物业公司等察觉。所以在这种情况下，所有人、管理人、使用人无须就损害后果承担责任，而应当由真正的过错方承担赔偿责任。

进一步分析，由于真正的责任人往往难以查明，所以规定受害人直接向所有人、管理人、使用人主张权利，其保护受害人的目的不言而喻。但这里存在一个前提，就是所有人、管理人、使用人有足够的偿债能力。由此前提出发，当所有人、管理人、使用人无力承担责任的情况下，应当允许其直接起诉真正的责任人。

【拓展适用】

一、高空抛物损害责任的内涵

在物件损害赔偿责任中，高空抛物无疑是最为特殊的一类。传统观点认为，高空抛物损害责任是指物品被人从高空中抛下造成损害成立的侵权责任。而《民法典》第1254条则作出了与此不同的规定。一是限缩了“高空”的范围，即将一切高空抛物限制为从建筑物中抛掷物件。二是扩大了物件损害的方式，将人为抛物扩展为人为抛物和非人为的坠物。笔者认为法律对此所作明确的理由应当主要基于以下两点考虑：（1）尽管存在电影《疯狂的石头》中可乐罐从缆车上抛落等特定的情形，但在大多数情形下建筑物中抛物致人损害可能是最

多发的一种高空抛物情形，具有典型性和代表性。（2）根据上文的分析，是否以存在人为因素作为物件损害责任与一般侵权行为的区分标准在实践中意义不大。“虽然是抛掷物，但实际上都是指从建筑物中坠落的物品，其重点不在于造成损害的物是否有人的支配因素，而是在于该物致人损害后如何确定由物的使用人承担责任。”

二、高空抛物损害责任的主体

《民法典》第1254条规定，不能确定高空抛物侵权行为人时，由可能加害的建筑物使用人承担责任。这主要是指该建筑物存在2名以上的使用人，且不能证明自己不是侵权责任人的情形。在现代建筑中，尤其是高层住宅、写字楼等建筑，往往存在多名业主享有建筑物区分所有权的情形。在此情况下，对于建筑物中抛掷、坠落的物件，受害人很难证明真正的责任人。因此，由可能加害的建筑物使用人承担责任无疑是对受害人权益的维护。此外，结合物件损害责任的一般规定，这里的建筑物使用人还应当包括所有人和管理人。

如何确定“可能加害”的人？笔者认为应当结合生活常识推断。例如，楼房一层的所有人、管理人或使用人一般可以排除。又如，一本书坠落将路人砸成重伤的，可以推断至少是高层的住户等。

三、高空抛物损害责任的归责

（一）高空抛物损害责任的归责原则

根据《民法典》第1254条的规定，高空抛物责任的主体应当承担补偿责任。从表面上看，这似乎属于公平责任。首先，责任主体可能本没有过错，但却要承担责任，符合公平责任适用的前提。其次，责任主体是补偿受害人的损失，也符合公平责任关于由双方分担损失的规定。但在进一步思考后，却不难发现两者之间的区别。一是公平责任适用的前提是当事人双方均没有过错。而在高空抛物损害责任中，责任主体并非因为没有过错而承担责任。恰恰相反，存在过错嫌疑才是责任主体承担责任的基础。二是公平责任中责任主体尽管没有过错，但必然存在某种作为或不作为，且直接或间接导致了损害结果的发生，否则无须承担。而在高空抛物损害责任中，数个承担侵权责任人中往往只有一个人实施了抛物行为，其余的人只是由于不能摆脱嫌疑而“背黑锅”。因此，高空抛物损害责任，实际是将是否实施了行为的举证责任都推给了责任主体。这对责任主体而言，证明难度显然要高出很多。从这一点而言，高空抛物责任既不属于公平责任，也不属于过错责任或无过错责任。也难怪有学者认为，

“那条有关‘高空抛物责任’的规定，尽管局势表明它将极有可能成为‘法律’，但是打死我也无法认识到其中的正义性”。[①] 尽管如此，高空抛物责任的制度设计无疑还是具有一定的积极意义。它不但体现了法律对无辜受害者的同情，对社会风险的分担，还能够督促建筑物的使用人提高注意义务，防止部分人因为“反正不能证明是我丢的”而产生侥幸心理，尽量减少此类事故的发生。

（二）补偿的理解

首先，从表述上补偿不等于赔偿，即不是按照损失的结果足额偿付，而只能是部分给付。其次，根据上文分析，高空抛物损害责任体现的是法律对无辜受害者的同情和对社会风险的分担，而不是基于一般侵权责任中加害人对损害结果发生的过错。从某种程度上说，高空抛物责任主体承担的是一种社会义务。既然如此，我们就不能要求他们对损害结果足额赔偿。具体而言，法官可以依据损害结果的大小、受害人是否有过错、当事人双方经济状况等因素酌定补偿数额的大小。需要补充的是，由于法律没有作出明确规定，故法官不能依据案件的实际情况作出免除责任人给付义务的裁判。

（三）对实际责任人的追偿

根据物件损害责任的一般规定，可能加害的建筑物使用人在承担补偿责任后，有其他责任人的，有权向其追偿。高空抛物损害责任也应当适用该项规定。例如，甲、乙二人房屋窗户相邻。丙在楼下经过时被楼上掉落的烟灰缸砸中受伤，而甲、乙两人均有嫌疑。法院判决甲、乙对丙的治疗、康复费用进行了补偿后，甲发现实际是该日在其家中做客的丁在窗台抽烟时失手将烟灰缸掉落。在此情况下，一方面，甲可向丁另行起诉主张权利。而乙由于摆脱了嫌疑，则可以对原审判决申请再审，免除自己的补偿义务。另一方面，由于丙仅仅是获得了部分补偿，故就其未获补偿的部分损失，仍得以向丁主张权利。而丁作为直接的侵权责任人，应当对其所造成的损失承担全部赔偿责任。

四、高空抛物损害责任与类似侵权责任的区别

（一）高空抛物损害责任与一般物件损害责任的区别

高空抛物损害责任是物件损害责任的一种特殊形式，其区别就在于高空抛物损害责任中往往有多名区分所有的建筑物使用人可能实施了侵权行为，而普通物件损害责任的责任主体则往往具有单一性。但在实践中，两者仍可能发生

---

① 张新宝：《侵权责任法立法研究》，中国人民大学出版社2009年版，第498页。

混淆。例如，甲邀请多名同事到自家别墅中聚餐。觥筹交错之间，一人将喝完了的啤酒瓶随手扔出窗外，将楼下环卫工人乙砸伤。从现场情况看，酒瓶只可能从甲别墅的窗户中飞出。此时应当如何确认责任主体？是否应当成立高空抛物损害责任，由于甲及其同事均不能证明酒瓶不是自己抛掷，故应当共同对乙的损害进行补偿？如果准确把握了高空抛物损害责任的特征，我们就不会被表现的现象迷惑。在本事例中，尽管甲和其同事多人都有抛掷酒瓶的嫌疑，但该建筑物的所有人、管理人仅有甲一人，不存在区分所有的情况。因此，甲的行为成立一般物件损害责任，甲应对乙的损害承担赔偿责任。如果甲能确定抛物者的具体身份，则甲可以再行追偿。但在追偿中应当适用一般侵权责任的归责原则，即甲应当就抛物者的身份举证证明，而不能适用过错推定免除自己的举证责任。

（二）高空抛物损害责任和共同危险行为损害责任的区别

高空抛物损害责任和共同危险行为损害责任尽管有一定的相似之处，但两者仍存在本质上的区别。

首先，两者适用的情况不同。共同危险行为损害责任适用于二人以上共同实施危及他人人身或者财产安全的行为并造成损害后果，不能确定实际侵害行为人的情况。在共同危险行为中所有行为人都实施了行为，但无法辨别究竟是谁的行为造成了受害人的损失，因此，属于因果关系的推定问题。而在高空抛物侵权责任中，一般情况下只有一个人实施了侵权行为，但有多人均有实施该行为的可能性。例如，甲、乙、丙分别居住在住宅楼 7 层的 3 户房屋中。一日，甲向窗外抛掷烟灰缸砸伤路人，乙、丙不能证明自己不是侵权人，此时成立高空抛物损害责任。若甲、乙、丙三人不约而同地向窗外下投掷了烟灰缸砸伤路人，且不能确定谁是侵权人的，此时成立共同危险行为损害责任。

其次，受害人举证责任不同。在共同危险行为损害责任中，受害人必须证明每一个加害人都实施了危险行为。而在高空抛物损害责任中，受害人则只需要证明物件系从该建筑物中掉落或被抛掷。至于具体是谁，则在所不问。

最后，责任形式不同。共同危险行为损害责任属于准共同侵权责任，各加害人应当对损害后果承担连带赔偿责任。而高空抛物损害责任是出于对受害人的同情和对社会风险的分担，故各责任主体承担的是补偿责任。

【典型案例】

王某凤诉某县公路管理段人身损害赔偿案

原告：王某凤。

被告：陕西省某县公路管理段。

〔基本案情〕

原告王某凤诉被告某县公路管理段人身损害赔偿案，千阳县人民法院依法组成合议庭，经公开审理查明：

1988年7月15日下午6时许，原告王某凤之夫马某智下班后骑自行车回家，行至千阳县电力局门前的公路时，突遇大风把公路旁的护路树吹断。马某智躲避不及，被断树砸中头部，当即倒地昏迷，所骑自行车也被砸坏。马某智被同行的雷书学等人送往医院，经抢救无效死亡，临床诊断：马某智因重度脑挫伤并呼吸衰竭，颅底骨折，门诊抢救无效死亡。

另查明：这段公路及路旁树木属某县公路管理段管辖。路旁树木因受黄斑星天牛危害，有虫株率达79%，每株树平均虫口密度达26个以上，部分树木枯死已3年之久。经某县公路管理段逐级向上请示，陕西省公路局批准，由宝鸡公路管理总段给某县公路管理段下达了采伐路旁虫害护路树的文件。由于被告对采伐枯树一事未采取任何积极措施，致使发生上述事故。

〔一审裁判理由与结果〕

千阳县人民法院认为：参照交通部《公路养护管理暂行规定》，公路两旁的护路树属公路设施。某县公路管理段对这段公路及路旁护路树负有管理及保护的责任。护路树被虫害蛀朽已达3年之久，直接威胁着公路上的车辆行人的安全。在上级批文决定采伐更新的1年多时间内，某县公路管理段不履行自己的职责，导致危害结果发生，是有过错的。依照《中华人民共和国民法通则》第一百二十六条关于“建筑物或者其他设施以及建筑物上的搁置物、悬挂物发生倒塌、脱落、坠落造成他人损害的，它的所有人或者管理人应当承担民事责任，但能够证明自己没有过错的除外”的规定，某县公路管理段对马某智的死亡提不出自己没有过错的证明，应当承担民事责任。依照《中华人民共和国民法通则》第一百一十九条规定：“侵害公民身体造成伤害的，应当赔偿医疗费等费用；造成死亡的，并应当支付丧葬费、死者生前抚养的人必要的生活费等费用。”据此，千阳县人民法院于1989年4月21日判决：被告某县公路管理段赔偿原告王某凤生活费7020元，丧葬费500元，自行车修理费50元，死者医药费14.23元。

〔当事人上诉及答辩意见〕

宣判后，被告某县公路管理段不服判决，提出上诉。理由是：1. 因为在收益分配等问题上，与附近村镇意见不统一而无法采伐更新虫害护路树，责任应由有关单位分担，判决让被告一人承担不公；2. 出事当天下午有大风，当地气象部门已有预报，但马某智仍冒风行进被断树砸死，死者也有过错，应承担一定责任。

〔二审裁判理由与结果〕

宝鸡市中级人民法院第二审认为：上诉人某县公路管理段对该段公路护路树负有直接的管理责任。在上级批文决定采伐更新被虫害蛀朽的护路树 1 年有余的时间内，上诉人均未采取积极措施，致使危害结果发生，上诉人主观上的过错不能推脱。有关村镇要求公路管理段补偿其代为栽植、管护护路树所付出的劳动报酬，是另一民事权益争议，不能成为上诉人与他们分担责任的理由。马某智冒风在公路上行进，主观上没有过错，也与其被断树砸死不存在必然的因果关系，不应当承担责任。上诉人的上诉理由不能成立。原审认定事实清楚，适用法律正确。宝鸡市中级人民法院于 1989 年 8 月 14 日判决：驳回上诉，维持原判。

第十五章　财产保全损害赔偿责任

规则 26：申请保全错误，须以申请人主观存在过错为要件，不能仅以申请人的诉讼请求未得到支持为充分条件

——某建筑公司与张甲、张某山申请诉中财产保全损害赔偿责任纠纷案①

【裁判规则】

由于当事人的法律知识、对案件事实的举证证明能力、对法律关系的分析判断能力各不相同，通常达不到司法裁判所要求的专业水平，因此当事人对诉争事实和权利义务的判断未必与人民法院的裁判结果一致。对当事人申请保全所应尽到的注意义务的要求不应过于苛责。侵权行为以过错责任为原则，无过错责任必须要有法律依据，《民法典》所规定的无过错责任中并不包含申请保全错误损害赔偿责任。因此，申请保全错误，须以申请人主观存在过错为要件，不能仅以申请人的诉讼请求未得到支持为充分条件。

【规则理解】

一、诉讼财产保全的内涵及适用条件

（一）保全的类型

民事诉讼法中规定的保全按保全的对象可分为财产保全、行为保全和证据保全；按申请保全的时间可分为诉前保全和诉讼中保全。

财产保全和行为保全规定于《民事诉讼法》第 9 章保全和先予执行中，《民事诉讼法》第 103 条第 1 款规定了诉讼中财产保全和行为保全："人民法院对于可能因当事人一方的行为或者其他原因，使判决难以执行或者造成当事人其他损害的案件，根据对方当事人的申请，可以裁定对其财产进行保全、责令

① 《中华人民共和国最高人民法院公报》2018 年 9 期，最高人民法院（2018）最高法民申 2027 号民事裁定书。

其作出一定行为或者禁止其作出一定行为；当事人没有提出申请的，人民法院在必要时也可以裁定采取保全措施。”根据该条规定，对财产采取强制性措施的为财产保全。责令当事人作出一定行为或者禁止其作出一定行为的强制措施为行为保全。

《民事诉讼法》第104条第1款规定了诉前财产保全和行为保全：“利害关系人因情况紧急，不立即申请保全将会使其合法权益受到难以弥补的损害的，可以在提起诉讼或者申请仲裁前向被保全财产所在地、被申请人住所地或者对案件有管辖权的人民法院申请采取保全措施……”诉前保全同样可以划分为诉前财产保全及诉前行为保全。行为保全在知识产权领域发展规定更为完善，2018年12月，最高人民法院对外发布《关于审查知识产权纠纷行为保全案件适用法律若干问题的规定》，在知识产权和竞争纠纷领域正式确立了诉前行为保全制度（诉前禁令）。

《民事诉讼法》在第6章证据第84条规定了证据保全的内容：“在证据可能灭失或者以后难以取得的情况下，当事人可以在诉讼过程中向人民法院申请保全证据，人民法院也可以主动采取保全措施。因情况紧急，在证据可能灭失或者以后难以取得的情况下，利害关系人可以在提起诉讼或者申请仲裁前向证据所在地、被申请人住所地或者对案件有管辖权的人民法院申请保全证据。证据保全的其他程序，参照适用本法第九章保全的有关规定。”证据保全同样既可以在诉讼中申请，情况紧急的，也可以在起诉前向人民法院申请保全证据。

根据以上规定可见，财产保全、行为保全和证据保全均可发生在起诉前或诉讼中。

（二）财产保全的内涵

财产保全，是指人民法院为了保证将来作出的判决能够得到有效的执行，在起诉前或者诉讼过程中，根据利害关系人或当事人的申请，或者依职权对当事人的财产或行为采取的临时性强制措施。

（三）财产保全的适用条件

1. 财产保全仅适用于给付之诉

财产保全的目的是确保给付之诉判决的执行，其适用对象是财产。在财产保全案件中，必须具有给付内容，即原告的诉讼请求包括要求被告给付财产。根据当事人提出的诉讼请求、保全申请以及法院保全裁定的主文，可以将财产保全区分为“概括性财产保全”和“特定性财产保全”。

2. 具有保全财产的必要

保全财产的必要主要是指出现了一些特殊的、紧急的情况，不采取措施会使判决难以执行，将会给国家、当事人等造成不必要的损失。特殊、紧急情况是法院采取保全措施的前提，即“可能因当事人一方的行为或者其他原因，使判决难以执行或者造成当事人其他损害的案件”。“当事人一方的行为”通常指当事人一方有转移、隐匿、出卖、毁损财产等行为，可能给申请人造成损失，或者不采取措施将可能导致执行财产减损等。

3. 财产保全需依申请或人民法院依职权决定实施

财产保全分为诉前财产保全和诉讼中财产保全。对于诉前财产保全，只能依利害关系人的申请采取保全，由于案件尚未由人民法院立案受理，案件未进入法院诉讼系属，人民法院不能依职权采取诉前财产保全。诉讼中财产保全既可由当事人（一般为原告）申请保全，也可由人民法院依职权决定保全。保全只能在立案前或一审、二审审理期间申请，不能在判决生效后申请。

4. 申请人应当依法院要求提供担保

诉前财产保全是在起诉前就申请的保全，法院决定采取诉前财产保全的条件相较于诉讼中财产保全更为严格，诉前财产保全应一律提供担保，提供担保的数额应相当于请求保全的数额，以便在保全错误时以担保财产赔偿被保全人因财产保全造成的损失。诉讼中财产保全，因决定保全时，案件已由人民法院开始进行审理，法院对于案件事实及判决预判，可由人民法院决定是否要求申请人提供担保。人民法院要求申请人提供担保的，申请人应当提供担保。实践中法院一般都要求保全申请人提供担保或通过保全保险的形式，应对可能产生的保全错误赔偿。

二、诉讼财产保全损害赔偿责任的归责原则

《民法典》中规定了侵权责任以过错责任为一般归责原则，第1165条规定：“行为人因过错侵害他人民事权益造成损害的，应当承担侵权责任。”除过错责任外，《民法典》中也规定了无过错责任，即第1166条规定：“行为人造成他人民事权益损害，不论行为人有无过错，法律规定应当承担侵权责任的，依照其规定。”但无过错责任并非普遍适用的归责原则，而是作为对于过错责任的补充，在例外情形下才能予以适用。根据上述规定，只有当法律明确规定不区分行为人是否存在主观过错，均应当承担侵权责任时，才可适用无过错责任对行为人追责。因此，过错责任为侵权责任的一般归责原则，而无过错责任和严格责任为侵权责任的特殊归责原则。

与归责原则的区分相对应，《民法典》中规定的侵权行为可分为一般侵权行为与特殊侵权行为，侵权责任编中对特殊侵权行为专门予以特殊规定。特殊侵权行为是在侵权行为构成要件上具有特殊性的侵权行为，如在侵权责任主体、侵权行为特征、归责原则和侵权责任形态方面具有特殊性。特殊侵权行为的归责原则不同于一般侵权行为，多适用无过错责任或严格责任，即使适用过错责任原则，也往往采用过错推定等过错原则的特殊表现形式来减轻被侵权人的举证责任。

对于《民法典》中未规定为特殊侵权行为的一般侵权行为，法律没有特殊规定，应认定为采用一般过错责任的归责原则。诉讼财产保全损害赔偿应属此种情况。《民法典》及其他民事单行法、特别法中均未对诉讼财产保全损害赔偿的归责原则作出特别规定，应认定为诉讼财产保全损害赔偿为一般侵权行为，适用过错责任的归责原则，无过错则无责任。

三、诉讼财产保全损害赔偿责任的构成要件

诉讼财产保全损害赔偿责任为一般侵权责任，应符合侵权责任的四个构成要件，即侵权行为、损害后果、主观过错及因果关系。

（一）错误申请保全的行为

《民事诉讼法》第108条规定："申请有错误的，申请人应当赔偿被申请人因保全所遭受的损失。"保全是人民法院为保证未来生效判决的顺利执行，保障胜诉当事人财产权益的实现，而在判决生效前，依申请或依职权对争议的财产采取的临时性强制措施。人民法院采取保全措施属公法行为。

申请财产保全是利害关系人或当事人所享有的民事诉讼权利，因在保全时，人民法院并未完成对案件的实体审理，保全是人民法院在对利害关系人或当事人提出的保全申请进行程序性审查后作出的强制措施。保全措施虽以人民法院的公法行为形式实现，但其本质上仍是基于当事人的申请而实施，体现了利害关系人和当事人的主观意志，故保全损害赔偿责任追责的对象是利害关系人和当事人错误申请保全的私法行为，而非人民法院实施保全行为的责任。

对于人民法院依职权决定实行保全措施，或在实施保全措施过程中违法或存在错误，造成损害的，应依国家赔偿法的相关规定，承担国家赔偿责任。

对于错误申请保全行为的认为，应以《民事诉讼法》规定的申请保全条件判断。不符合申请保全条件的申请保全行为，应属错误申请保全。具体有以下几种表现形式：

1. 利害关系人申请诉前财产保全后未在规定期限内向人民法院提起诉讼

《民事诉讼法》第 104 条第 3 款规定：“申请人在人民法院采取保全措施后三十日内不依法提起诉讼或者申请仲裁的，人民法院应当解除保全。”诉前财产保全是在紧急情况下采取的临时措施，目的是避免利害关系人的合法权益受到难以弥补的损害，但诉前保全将使被申请人的利益处于极大的不确定状态，为了尽快结束这种不确定状态，明确双方真实的权利义务关系，民事诉讼法中规定申请人应当在三十日内提起诉讼或申请仲裁，否则人民法院应当解除保全。如果利害关系人未在法院采取保全措施后三十日内起诉或申请仲裁而导致保全解除，且保全措施未能转化为生效判决的执行，利害关系人申请保全的行为应认定为错误申请保全行为。

2. 超请求范围申请财产保全

《民事诉讼法》第 105 条规定：“保全限于请求的范围，或者与本案有关的财物。”此处的请求应指诉讼请求，当事人提出的诉讼请求界定了人民法院审理和裁判的范围，人民法院不得超诉讼请求作出裁判。生效判决支持原告的财产主张不会超过原告诉讼请求的范围，保全的目的是保障生效判决的执行，保全也应限于诉讼请求的范围，主要体现在申请保全财产的数额不应超出诉讼请求的金额，或不应保全诉讼请求主张的财产之外的财物。如果当事人超诉讼请求范围申请保全，即使当事人的诉讼请求全部得到支持，也将有部分财产的保全不具备保全的必要性特征，给被申请人带来不必要的损失，超请求范围申请保全属于错误申请保全行为。

3. 申请保全案外人财产

当事人申请保全应限于双方当事人争议的财产或者被告的财产，不得要求保全案外人的财产。案外人基于善意取得制度取得的与案件有关的财产，一般也不得申请保全。案外人的财产，既非保全的标的物，也非判决执行的标的物。判决执行过程中执行了案外人的财产，案外人有权提起执行异议之诉，维护自己对被执行财产的合法权益。诉讼过程中申请保全案外人财产，也属错误申请保全行为。

4. 无正当理由拒绝被申请人合理请求解除保全措施或变更保全标的物

《民事诉讼法》第 107 条规定：“财产纠纷案件，被申请人提供担保的，人民法院应当裁定解除保全。”保全保障申请人在胜诉后的利益能够得以实现，消除申请人的利益的不确定状态，如果被申请人能够提供担保，同样可以保障判决的顺利执行，应当解除保全。同样如果被申请人提出应当解除保全措施的合理请求，或者要求变更保全标的物，而被申请人的上述请求并不能导致申请人胜诉后判决的无法执行，申请人应当予以允许，如果申请人拒绝被申请人的合理变更保全措施的请求，属错误申请保全行为。

5. 基于虚构的事实或伪造的证据提出诉讼请求并申请保全

如果利害关系人或当事人起诉依据的基础事实或证据并不真实，则其意图通过伪造事实与证据的形式使对方陷入诉讼从而获得非法利益，其起诉行为不当，如其同时申请财产保全，则属错误申请保全行为。

6. 明知其诉讼请求不能得到支持仍申请保全

依社会一般人的判断标准，申请人应知其诉讼请求和主张明显不能成立，仍坚持起诉并申请保全，其申请保全行为应认定为错误申请保全行为。此处判断应以提出保全申请的时间节点和社会一般人的认知进行判断，不能以具有法律专业知识的人的标准进行判断，也不能以诉讼请求最终未得到法院判决支持来认定。

（二）申请人存在主观过错

根据上文所述，申请保全损害赔偿责任属一般侵权责任，以侵权行为人具有主观过错为责任构成要件。

保全制度是通过临时限制被申请人对财产的使用权和处分权的形式，来保障申请人主张的权利能够得以实现，申请保全是当事人享有的诉讼权利。为防止申请人滥用该项诉讼权利，给被申请人带来不应有的损失，平衡双方的利益，申请人应审慎行使申请保全的诉讼权利。其在申请保全过程中，应尽到合理注意义务，注意避免给被申请人带来不应有的损失。

申请人基于其所掌握的事实和证据提出诉讼请求，并尽到普通人的合理注意义务，即使法院最终并没有支持其全部诉讼请求，也不能据此认定申请人存在主观过错。只有在申请人主观上具有故意或重大过失，其诉讼请求与法院生效判决存在不应有的重大差距，才能认定申请人的主观过错。

申请人的主观过错表现为两种形式，一是明知或应知申请保全不符合民事诉讼法规定的保全条件，仍申请保全；二是在没有任何证据和理由指向被保全人应当承担民事责任的情况下，明知或应知被保全人不应承担民事责任，仍坚持申请保全。对于申请人的主观过错，不能以具有专业法律知识的法官或专业群体的标准要求，也不能仅以被保全人最终是否承担申请人诉称的民事责任，判断申请人的主观意图。而应依日常生活常识和社会一般人的理解和认识来判断申请人的主观意图。

（三）损害后果

保全系针对被保全人的财产或其他权益采取的强制性措施，导致被保全人在一定期限内无法行使对财产的使用权或处分权，对被保全人权利的限制可能被保全的造成一定的经济损失，损失包括实际已发生的现实利益损失和预期可得利益损失，均属损害赔偿的范围。

（四）因果关系

被保全人遭受的损失应与申请人的申请保全行为之间具有因果关系，即损失是申请人申请保全所导致，如果该损失是由正常市场变化等原因引起，则与申请保全行为不具有因果关系，损失不应由申请保全人承担。

【拓展适用】

一、申请保全双方负有减少损失的义务

民事诉讼法赋予利害关系人或当事人申请保全的诉讼权利，是通过暂时限制被保全人对财产的使用权和处分权，以保证生效判决的顺利执行和保全申请人利益的实现。由于保全是对被保全人财产权利的限制，有可能给被保全人带来经济利益损失，为防止损失的过分扩大，采取保全措施时也应遵循比例原则。以给被保全人造成尽可能小的损失的方式，来保证保全申请人胜诉时利益的实现，以平衡保全申请人和被保全人双方的利益。人民法院采取保全措施应兼顾保证生效判决执行和减少被保全人损失的双重价值目标。利害关系人和当事人申请保全时，也应对被保全人的利益给予合理关切，尽到合理注意义务。

在法院采取保全措施后，被保全人认为不符合保全条件或存在错认保全的情况，可以对保全裁定申请复议，以寻求救济。被保全人认为保全标的物不适宜保全或保全将造成较大损失时，被保全人可以申请替换保全标的物、提供反担保以解除现有保全措施或处分保全标的物后保存价款。《民事诉讼法》第107条规定：“财产纠纷案件，被申请人提供担保的，人民法院应当裁定解除保全。”保全申请人不得拒绝被保全人要求更换保全标的物、提供担保而解除保全、变现后保存价款等合理诉求。保全双方均应避免因保全造成不必要的损失。

1. 保全申请人应合理选择保全标的物或确定保全财产数额

《民事诉讼法司法解释》对于不易保存的标的物的保全，作出专门规定。《民事诉讼法司法解释》第153条规定：“人民法院对季节性商品、鲜活、易腐烂变质以及其他不宜长期保存的物品采取保全措施时，可以责令当事人及时处理，由人民法院保存价款；必要时，人民法院可予以变卖，保存价款。”保全申请人在选择保全标的时，应尽量避免选择季节性商品、鲜活、易腐烂变质等不易长期保全的物品，在无其他财产可供保全时，应配合法院对上述物品进行变卖以保存价款。保全申请人申请保全财产数额，也应结合其提出的合理诉讼请求，保全财产数额不应明显超出诉讼请求的范围。

2. 保全财产的保管人负有妥善保管义务

《民事诉讼法司法解释》第154条第1款规定："人民法院在财产保全中采取查封、扣押、冻结财产措施时，应当妥善保管被查封、扣押、冻结的财产。不宜由人民法院保管的，人民法院可以指定被保全人负责保管；不宜由被保全人保管的，可以委托他人或者申请保全人保管。"对于因保管不善导致的保全财产价值减损，应按保管法律关系的相关规定由保管人承担赔偿损失责任，不应一概计入申请保全错误导致的损失数额。保全财产由申请保全人保管的，保管不当导致保全财产价值减损，可一并计入错误保全导致的损失数额。

3. 保全财产物尽其用

《民事诉讼法司法解释》第155条规定："由人民法院指定被保全人保管的财产，如果继续使用对该财产的价值无重大影响，可以允许被保全人继续使用……"人民法院允许被保全人继续使用的保全财产的，被保全人应当合理使用保全财产。被保全人故意不使用保全财产的，不能主张保全期间因不能使用保全财产造成的损失数额。

二、保全与损失之间应具有直接因果关系

民法中的因果关系理论存在事实上的因果关系与法律上的因果关系、直接因果关系与间接因果关系等划分，在因果关系的具体形态上又可分为多因一果、多果一因、多因多果等表现形式，因果关系理论存在相当因果关系说、规范目的说等多种学说。学界对于因果关系理论多数采相当因果关系说，德国学者冯·克里斯于19世纪末提出相当因果关系说，又称"充分原因说"，冯·克里斯认定被告必须对以他的不法行为为"充分原因"的损害负责赔偿，但是对超出这一范围的损害不负责任。在造成损害发生的数个条件中，如果某个条件有效增加了损害的客观可能性时，可视为损害的充分原因。①

《民法典》中未对因果关系的认定作出统一的规定，实践中一般结合具体案件予以分析侵权行为与损害结果之间是否具有因果关系。笔者认为，侵权责任中侵权行为应当具有直接因果关系，即没有其他环节和外来因素的介入，侵

① 王利明：《侵权责任法研究》，中国人民大学出版社2010年版，第382页。

权行为直接导致了损害后果。侵权行为既是导致损害结果的充分原因，又是导致损害结果的必要条件。

在申请保全损害赔偿责任的因果关系认定中，申请保全是导致被保全人遭受损失的充分条件，申请保全行为本身即足以导致被保全人遭受损失的全部后果。虽然在利害关系人或当事人提出保全申请后，还需要由人民法院审查并决定是否采取保全措施，但由于保全决定是在立案受理前或判决生效前作出，人民法院尚未对双方当事人间的实体权利义务关系作出最终认定，人民法院仅对保全申请进行程序性审查，保全决定主要体现着保全申请人的意志，人民法院是否作出保全决定并不切断保全申请与被保全人损失之间的因果关系。当被保全人向保全申请人主张损害赔偿责任时，保全申请人不得以人民法院准许其保全申请为由，主张不具有因果关系或其应当免责。

除此之外，申请保全还应当是导致被保全人损失的必要条件，即没有申请保全行为，则无被保全人遭受损失的后果。在多因一果情形下，当申请保全与其他因素共同作用，同时导致被保全人遭受损失，但其他因素单独作用，也足以导致被保全人的损失，即申请保全并非被保全人损失的唯一原因和必要条件，因果关系不能成立。

被保全人遭受损失体现在不能使用和处分被保全财产，从而无法基于使用和处分财产获得相应收益。如果申请保全并非被保全人不能使用和处分财产的唯一原因，基于保全以外的其他原因，被保全人也不能使用和处分财产，则申请保全不是损失的必要条件。

（一）禁售股票在保全期间内股价下跌与保全的因果关系

申请人申请保全被保全人持有的公司股票，虽然基于保全决定，申请人在保全期间内不能处分该公司股票，公司股价下跌后，被保全人遭受损失。但如果被保全人持有的该公司股票，根据《公司法》、《证券法》或公司章程等规定，同时处于禁售，依法不得转让处分，此种情况下，即使申请人没有申请保全该公司股票，被保全人也不能处分股票，被保全人也必然遭受股价下跌的损失，则保全申请不是损失的必要条件，应视为与损失结果之间不具有直接的因果关系，保全申请人不应承担损害赔偿责任。

（二）被留置财产在保全期间无法使用、处分与保全的因果关系

被保全财产系被他人依法行使留置权的财产，根据民法相关规定，被留置的财产依法不能使用和处分，该财产在留置期间内被采取保全措施，不能使用、处分的损失结果同时基于留置和保全产生，仅有留置权人行使留置权这一项原

因足以产生被保全人诉称的损失结果。保全的行为并未增加被保全人遭受损失的可能性，故保全与损失之间不具有因果关系。

三、损失数额的认定应包括直接损失与间接损失

《民法典》中对于侵权责任损失的赔偿贯彻全部赔偿原则，即受害人因侵权行为遭受的全部损失都应得到赔偿，也称之为“填平原则”，赔偿的结果应达到使受害人恢复到未受侵害时的利益状态。申请保全损害赔偿导致的损失一般为物质损害，赔偿的范围包括直接损失与间接损失。直接损失是指财产现实利益的减少，如财产的毁损、灭失导致财产作为物的价值的消灭或减少。间接损失是指预期可得利益的损失，指通过对财产的使用、处分预期可能获得的收益。

因保全主要限制被保全人对保全财产的使用和处分，一般情况通过查封、扣押、冻结等形式限制转让，不会导致被保全财产本身的灭失或毁损。特殊情况下对于鲜活、易腐败等不易保存的物应采取变价等形式保全价款。对于因保管不善导致的保全财产毁损灭失，应由承担保管义务的一方承担责任。因此申请保全损害赔偿的对象主要为间接损失。

对于可得利益应作限缩解释，该利益应具有可预期性，并非指可能获得，而应指必然获得或一般情况下能够获得的利益。即在没有其他外来因素介入的情况下，若财产没被采取保全措施，被保全人基于对被保全财产的占有、使用和处分，通常情况下可以获得的预期利益。当某种利益的获得具有概率性时，通常不能认定为间接损失。例如，被保全人主张其银行存款被并冻结，导致其无法使用该笔资金进行投资，无法获得投资利润，因投资利润的获得受市场经济环境变化等综合因素影响，具有较大的不确定性，故不能认定为预期可得利益，不属于赔偿的范围。现将几种主要的保全措施造成的损失分析如下。

（一）冻结银行存款的损失

被保全人活期银行存款被冻结，被保全人不能使用银行存款，只能获取活期存款利息。当被保全人需使用该款项从事生产经营时，需要从银行贷款取得资金。因此活期银行存款冻结的损失应以银行同期贷款利率标准计算，损失计算的时间节点为冻结存款时至解除冻结时止，并应扣除存款在保全期间内从银行获得的活期利息。如果被保全人主张因无法从银行获得贷款，为生产所需向其他机构或资金持有方借款所支付的利息损失，如果被保全人能够提供证据证明借款发生的必要性，对于被保全人借款支付的合理利息，也应予以支持。

被保全人定期银行存款被冻结，如果保全期间并未超出定期存款的存款期

限，可以预见被保全人通常情况下在定期存期内并不会提取及使用该笔存款，被保全人并未因保全遭受经济损失，此时不应视为损失实际发生。如果保全期间超出定期存款的存款期限，自动转为活期存款时，应将定期存款到期日至解除冻结日之间的银行贷款利息计入损失数额。

（二）查封房屋等不动产的损失

目前司法实践中法院对于房屋等不动产的查封一般采取“活封”，即只限制不动产的转让过户，并不禁止对不动产的占有、使用和收益，以保证物尽其用，减少因查封造成的损失。查封房屋的损失主要表现为查封出售过程中房屋，导致房屋无法及时交付过户造成的被保全人向购房人赔偿违约金损失。

（三）扣押车辆等动产的损失

车辆被扣押期间产生的损失主要体现为折旧损失和营运损失。车辆价值随着使用年限而逐渐减损，保全期间车辆虽未实际使用，但也影响车辆出售时的售价，产生折旧损失，折旧损失是因车辆被扣押产生的直接损失。车辆被扣押时的市场价值与解除扣押时的市场价值之差额即为折旧损失数额。除直接损失外，车辆正常使用可以产生营运收益，但因保全期间内，无法正常使用车辆进行营运，因此产生预期可得利益损失，即保全造成的间接损失。营运损失可按同地域同时期同类车辆一般营运收益计算。

【典型案例】

某建筑公司与张甲、张某山申请诉中财产保全损害赔偿责任纠纷案

再审申请人（一审原告、二审上诉人）：某建筑公司。

被申请人（一审被告、二审被上诉人）：张甲。

被申请人（一审被告、二审被上诉人）：张某山。

〔基本案情〕

山东省潍坊市中级人民法院一审查明：2011年8月25日，张甲作为原告对翁某刚、某建筑公司提起民间借贷诉讼，一审法院立案受理，案号为（2011）潍民初字第76号。同时，张甲以其名下奔驰轿车及张某山名下房产一套（青房权证黄楼字第××号）作为担保，申请诉讼保全。自2011年9月6日起，根据张甲的申请，一审法院陆续冻结了某建筑公司四个银行账户，其中尾号2119的账户被冻结240424.34元，尾号0037账号被冻结6500000元，尾号1308账号被冻结2694774.25元（2044774.25元+650000元），尾号1221账户被冻结2153673.34元（153673.34元+2000000元），以上共计冻结资金11588871.93元。2013年3月15日，一审法院一审判决：翁某刚返还张甲借款本金8213853元及相应利息（利息按中国人民银行同期贷款利率的四倍计算，其中4071730元自2009年10月10日起计算至判决生效之日，4142123元自2009年11月12

日起计算至判决生效之日）；驳回张甲要求某建筑公司承担还款责任的诉讼请求。张甲对该判决不服，上诉于山东省高级人民法院。因对欠款数额及某建筑公司应否承担还款责任等事实认定不清，2013年11月1日，山东高院作出（2013）鲁民一终字第293号民事裁定书，裁定该案发回重审。一审法院重审后，于2015年1月29日作出了（2013）潍民四重字第1号民事判决书，判决：翁某刚返还张甲借款本金8150345元及利息（按中国人民银行同期同类贷款利率的四倍计算，其中90700元自2009年6月16日起；500000元自2009年6月17日起；288000元自2009年6月18日起；200000元自2009年6月20日起；200000元自2009年6月22日起；196100元自2009年6月25日起；110000元自2009年6月29日起；100000元自2009年7月2日起；52000元自2009年7月7日起；729595元自2009年7月14日起；30000元自2009年7月20日起；260000元自2009年7月24日起；60000元自2009年7月31日起；1920050元自2009年8月5日起；150000元自2009年8月15日起；160000元自2009年8月25日起；1100000元自2009年8月28日起；160000元自2009年9月6日起；170000元自2009年9月9日起；950000元自2009年9月10日起；700000元自2009年9月14日起；均计算至判决生效之日止）；驳回张甲要求某建筑公司承担还款责任的诉讼请求。张甲对该判决不服，再次向山东高院提出上诉，山东高院经审理于2015年10月28日作出了（2015）鲁民一终字第344号民事判决，驳回上诉，维持原判。2015年11月12日，一审法院依法解除对某建筑公司上述4个银行账户的查封。某建筑公司以终审判决未判决其承担还款责任、张甲恶意诉讼给其造成经营损失为由，提起本案诉讼，要求张甲承担银行账户被查封期间，该公司对外借款而支付的高额利息损失。双方当事人对以下事实存在争议：1. 张甲是否存在恶意诉讼保全行为。某建筑公司称张甲与翁某刚合作建设项目，对翁某刚挂靠经营的事实是明知的，且在（2010）青法弥民初字第56号案件（张甲起诉翁某刚、某建筑公司民间借贷案件）的审理过程中，因双方对翁某刚所持某建筑公司公章的真实性存疑，张甲曾向公安机关举报翁某刚涉嫌伪造公司印章，并同时撤回了对某建筑公司的起诉，故张甲在明知翁某刚系挂靠某建筑公司经营的情况下，再次以某建筑公司为被告提起诉讼系明显的恶意诉讼，且现经过两级法院审理，均驳回了张甲要求某建筑公司承担还款责任的请求，故应认定张甲系错误保全，恶意诉讼。对此，张甲辩称，其与翁某刚合作期间，翁某刚一直自称系某建筑公司项目经理，且持有某建筑公司公章，其并未怀疑翁某刚的身份和公章的真实性；之所以向公安机关报案，系因为诉讼中某建筑公司对翁某刚所持公章的真实性提出异议，为查实公章真实性，防止翁某刚伪造公章，损害我方合法权益的防范之举，但这并不妨碍翁某刚系某建筑公司项目经理这一事实，故某建筑公司主张张甲恶意诉讼理由不成立。2. 张甲的保全行为是否给某建筑公司造成实际损失及与申请财产保全之间是否存在因果关系。某建筑公司主张因财产被错误保全，致使其公司资金链断裂，迫不得已公司大量对外高息借贷，造成重大损失，要求张甲赔偿利息损失10500000元。并提交以下授权委托书、借款协议、建设工程施工合同、领款汇款凭证、利息支付收据等为证，其中：（1）2011年9月30日某建筑公司加盖公章的《授权委托书》一份，内容为：因张甲诉本公司借贷案件致使本公司银行账户被冻结，资金周转困难，特委托本公司法定代表人张某义和董事会秘书史某筹集资金，支付金汇熙园工程款（9150000元）和平改坡工程款（2370000元），相应的借款利息由上述人员先行支付，待案件结束后本公司承担还款责任。（2）2011年11月1日借款协议两份，一份出借人为宜兴安某公司，借款人张某义、史某（注明："共同受某建筑公司委托"字样）；另一份出借人江苏文某公司，借款人同样是张某义、史某（注明："共同受某建筑公司委托"字样）。（3）金汇熙园项目建设工程施工合同一份，发包人为江苏安某公司、承包人为某建筑公司，工程造价93219100元；平改坡建设工程施工合同一份，发包人为宜兴城建公司，承包人某建筑公司，工程造价7563400元。（4）宜兴安某公司某银行交易流水一宗，但没有宜兴安某公司直接付款给某建筑公司或张某义、史某等的交易流水。（5）张某义、史某银行卡取款业务回单一宗，据此主张二人支付利息。（6）宜兴安某公司出具的收据一宗，据此主张张某义、史某支付利息。（7）文某公司出具的证明和招商银行转账汇款电子回单一宗，显示张某义、史某向孙某川、丁某军账户转账，某建筑公司主张向二人转账系根据文某公司要求办理。经质证，张甲对某建筑公司提交的上述证据的真实性及举证目的均不予认可，称：某建筑公司授权委托书与本案诉状中加盖的公章并不一致，某建筑公司具备对外借款能力，没必要委托他人借款，此举不合常理，不排除授权委托书系为应付本案而出具；借款协议仅有公章，无法定代表人或经办人签字，不合常理；出借人宜兴安某公司的法定代表人张某峰与某建筑公司法定代表人张某义系父子关系，宜兴安某公司股东之一系江苏安某公司，而涉案建设工程施工合同的发包人即江苏安某公司，江苏安某公司的股东为沈某华、张某峰，其中沈某华同时也是某建筑公司的股东，并提交企业信息公示系统查询回单为证，主张江苏安某公司、宜兴安某公司及某建筑公司系关联公司，某建筑公司提交的上述证据具有串通伪造的可能；其余的证据，如领款凭证、流水等均与某建筑公司借款、支付利息及遭受损失的事实不具有关联性。

某建筑公司向一审法院起诉请求：1. 张甲、张某山支付其利息损失10500000元；2. 诉讼费用由张甲、张某山负担。

〔一审裁判要旨〕

一审法院认为：1. 关于张甲是否存在恶意诉讼保全行为。某建筑公司称张甲一直与翁某刚合作，对翁某刚挂靠经营的事实是明知的，且在（2010）青法弥民初字第56号张甲起诉翁某刚、某建筑公司民间借贷案件的审理中，因双方对翁某刚所持某建筑公司公章的真实性存疑，张甲向公安机关举报翁某刚涉嫌伪造公司印章，并同时撤回了对某建筑公司的起诉，故张甲在明知翁某刚系挂靠其公司经营的情况下，再次以某建筑公司为被告提起诉讼系明显的恶意诉讼，现经过两级法院的审理，均驳回了张甲要求其承担还款责任的请求。对此，一审法院认为，《中华人民共和国民事诉讼法》第一百零五条规定："申请有错误的，申请人应当赔偿被申请人因保全所遭受的损失。"该条规定系为防止当事人滥用诉讼权利，不当损害他人合法权益而作出的规定。司法实践中，财产保全的申请人对自身权利的衡量与人民法院最终认定之间可能存在一定差异，不能以申请败诉这一结果而当然推定申请人保全错误，承担赔偿责任。普通公民对自身权利的判断因基于举证能力、认知水平等主客观因素的影响，与人民法院基于法律事实和法律规定最终认定的事实之间存在或多或少的差异，甚至是审判机构对某一关键事实的认识也可能存在不同意见，故对于因财产保全造成的赔偿纠纷类案件，对保全错误应严格、谨慎审查。"申请有错误"应当理解为不仅包括人民法院的裁判结果与申请人诉讼请求之间存在差异，申请人的诉讼请求未能全部得到人民法院支持的客观方面，亦应包括申请人主观上存在故意或重大过失等过错的主观方面，应适用一般侵权责任过错归则原则，不能仅依据裁判结果来认定责任成立与否。本案中，虽然张甲要求某建筑公司承担共同还款责任的主张未获支持，但不宜认定张甲存在故意或重大过失。理由如下：第一，某建筑公司并未对张甲的财产保全行为向人民法院提出异议。第二，根据某建筑公司的自述，其在（2011）潍民初字第 76 号案件诉讼保全过程中曾要求对超过诉讼请求的部分予以解除查封，即某建筑公司自身并未否认对诉讼请求范围内的不能予以查封。第三，根据某建筑公司的自述和张甲的陈述，张甲向公安机关举报翁某刚伪造宜兴公司印章系在因诉讼中双方对公章真伪存疑的情况下，为依法求助国家权力机关查清事实，保护自身权益之举，不能当然推定张甲明知翁某刚持有的公章系伪造；张甲称为节省诉讼成本，缩短诉讼时间而撤回对某建筑公司起诉的解释亦合乎情理，该事实不能证实张甲恶意诉讼。第四，张甲借款给翁某刚经营的情况属实，某建筑公司自认翁某刚系挂靠本公司经营，故某建筑公司在享受挂靠收益的同时也应承担相应的经营风险，本案纠纷的形成即经营风险的一种表现。综上，根据现有证据尚不足以证实张甲系恶意诉讼，其申请财产保全的行为未超出其行使相应诉权的合理限度范围。

2. 关于张甲的保全行为是否给某建筑公司造成实际损失及损失与申请财产保全之间是否存在因果关系。首先，从双方举证、质证情况看，某建筑公司主张因张甲的错误保全造成其不得不对外举债并支付高额利息，但其提交的授权委托书加盖的公章与本案诉状中公章明显不一致，且两份借款合同亦均非以某建筑公司名义签订，此后的利息支付也均未通过该公司支付，故某建筑公司提交的上述证据无法形成有效证据链证实其主张。其次，企业自身经营过程中本即面临各种各样的经营风险，按某建筑公司自述，该公司作为被执行人的案件上百起，难以认定系张甲的保全行为致其经营困难、迫使其高额借贷经营，警惕经营风险与诉讼保全损害赔偿问题之间的不合理转化。综上，某建筑公司并未提交充分有效的证据证实其损失与张甲保全行为之间存在直接因果关系，亦未证实其实际损失。综上所述，在某建筑公司既未举证证明张甲保全错误，亦未证实其实际损失及损失的发生与张甲的保全行为之间存在直接因果关系的情况下，其要求张甲承担保全错误的赔偿责任，证据不足，理由不当，一审法院不予支持。依照《中华人民共和国民事诉讼法》第一百零五条、第一百四十二条规定，判决：驳回某建筑公司的诉讼请求。案件受理费5000元，由某建筑公司负担。

〔当事人上诉及答辩意见〕

某建筑公司不服一审民事判决，向山东省高级人民法院上诉请求：1. 依法改判；2. 本案一、二审诉讼费由张甲、张某山承担。事实和理由：1. 损失客观存在，且是张甲保全错误所造成。自2011年8月25日开始，某建筑公司四个银行账户中的11588871.93元款项，由于张甲的申请被一审法院冻结。该诉讼历经四年之余而结案，2015年11月12日，被冻结的四个账户方予解除冻结。由于上述款项被长期冻结，造成了某建筑公司资金短缺加剧，经营状况每况愈下，几乎濒临破产。在经营过程中，为了正常运转，某建筑公司向多家银行申请了数额较大的贷款，贷款就必须支付利息。即使按照银行基准利率计算，被冻结的一千多万元在四年多时间内，某建筑公司就需要支付银行利息约250万元之多。由于在银行的信用受到影响，很多时候为缓解资金困难，某建筑公司只能向非金融机构的其他单位及个人拆借，而拆借利息则比银行利息要高出很多倍。因此某建筑公司在一审中主张的利息损失是有依据的，也是符合资金市场法则的，同时也已经证明了上述损失与张甲的保全行为之间存在明显的因果关系。起码在贷款中是需要按照银行基准利率计算利息的，这是常识，证明与否都不影响该损失的存在。而一审法院完全摒弃了客观公正的司法理念，置某建筑公司存在的客观损失于不顾，毫无道理地作出了违背客观事实的判决。2. 现行法律没有对赔偿损失设置附加条件。一审判决除认为某建筑公司必须证明损失与张甲的保全行为存在因果关系外，还以某建筑公司"对保全行为未提出异议、并未否认保全行为，以及也应承担相应的经营风险"等观点为张甲不承担赔偿责任而开脱。《中华人民共和国民事诉讼法》第一百零五条规定："申请有错误的，申请人应当赔偿被申请人因保全所遭受的损失。"即只要申请有错误，无论该错误是主观原因或是客观原因，有错误就要赔偿。虽然民事诉讼法及解释中有关于申请复议的规定，但该规定是赋予被保全人的权利，而非强制性义务，但一审判决却把它视作了某建筑公司的义务。按照一审判决的观点，某建筑公司没有提出保全异议，也没有申请复议，因此就丧失了赔偿的请求权利。综上，一审判决明显违背法律规定，没有理由否认某建筑公司的赔偿请求权。

二审被上诉人张甲、张某山辩称：其主观上没有恶意诉讼，没有任何过错；客观上也没有造成某建筑公司损失，一审判决事实清楚、证据充分，二审法院应依法驳回某建筑公司的上诉请求，维护其合法权益。1. 诉讼财产保全申请有错误需具体判定标准。"申请有错误"作为财产保全损害赔偿成立的条件之一，申请人是否承担责任，错误判定成为责任认定的关键。有学者对实践中财产保全申请错误的类型进行梳理并提出了以下五种类型：（1）申请人不具有保全请求权而申请保全；（2）不存在保全的必要性；（3）采取保全措施的对象错误；（4）采取保全措施的财产价值远高于其请求；（5）所申请采取的保全措施发生错误。从这五种错误类型来看，尽管"申请有错误"成为被申请人遭受财产损失的原因，但不能直接判定申请人承担责任。首先，诉讼保全制度是临时性司法强制措施，以保障诉讼当事人私法上的权利实现为目的。尽管诉讼产生了因申请而导致的损害，而诉讼财产保全申请本身是法律规定的诉讼权利的行使，而且申请人在符合法律规定的条件下做出的，难以判断诉讼保全申请行为的违法性，不能直接认定是申请人的责任；若已确定申请人主观有过错，依据过错责任原则，已说明其行为的违法性，可判定其应承担损害赔偿责任。其次，临时性的强制措施势必会对被申请人财产权利带来一定限制与影响，不能因申请人的认识与审判结果不一致，就认定由申请人承担全部损害赔偿责任。最后，《中华人民共和国民事诉讼法》第一百零五条的规定是立法者为平衡因司法强制性措施对被申请人利益的不利影响，若直接判定申请人承担责任，则不利于当事人之间的利益平衡，违反民法上的公平原则。而在司法实践中，"判断申请人的申请是否存在错误，应当结合具体案情"不宜简单地直接认定"申请有错误"。是否承担责任，仍应该以申请人是否存在主观过错为判定标准，即在申请人对出现财产保全错误存在故意或重大过失的情况下，应当认为申请人的申请有错误。2. 诉讼结果不应当完全作为判定"申请有错误"的参照标准。不利的诉讼结果不应当完全作为法院判断"申请有错误"的依据。第一，向人民法院申请诉讼财产保全是当事人的诉讼权利，不因保护其民事权利的诉讼请求未获支持，而苛责当事人承担诉讼财产保全申请错误产生的损害赔偿责任。第二，诉讼结果可作为判定"申请有错误"的标准之一，除以诉讼结果作为参照标准外，还应当考虑"保全的对象是否属于权属有争议的标的物、被申请人是否存在损失、是否为了保证判决的执行等因素予以考虑"。第三，如果因申请人败诉或未完全胜诉而认定其"申请有错误"会导致当事人在诉讼前或诉讼中不敢申请诉讼财产保全，故以诉讼结果作为"申请有错误"的承担责任的参照标准，不利于民事诉讼权利的行使。第四，从法院的角度讲不利于生效裁判面临执行不能的风险，进而不能实现保障民事权利的立法目的，同时动摇民事诉讼法上诉讼财产保全法律制度的地位。3. 张甲的保全申请没有错误。某建筑公司主张张甲的起诉属于恶意诉讼，理由是张甲在（2010）青法弥民初字第56号、（2013）潍民终字第286号案件中撤回了对某建筑公司的起诉，并于2010年5月27日以翁某刚伪造某建筑公司印章为由向公安机关报案，目的是找一个有财产的主体承担责任，属于主观恶意。根据民事诉讼法规定，张甲在民间借贷案件中有起诉的权利，也有撤诉的权利，根据民事诉讼法第一百四十五条规定，宣判前，张甲申请撤诉的，是否准许，由人民法院裁定。也有撤诉后再起诉的权利，只要不违反法律规定即可。关于张甲以翁某刚伪造印章向公安机关报案，是发现翁某刚后加盖的某建筑公司的印章与之前加盖的印章不一致，有伪造印章的嫌疑，根据《中华人民共和国刑事诉讼法》第一百零八条第一款关于“任何单位和个人发现有犯罪事实或者犯罪嫌疑人，有权利也有义务向公安机关、人民检察院或者人民法院报案或者举报”的规定，张甲有权利也有义务去报案的，这并不排斥翁某刚是某建筑公司项目经理这一事实。某建筑公司的上述理由均不能证明张甲存在主观恶意，张甲的行为不但没有被法律禁止，还有明确法律依据。4. 本案是某建筑公司与案外人宜兴安某公司、文某公司恶意串通制造的虚假诉讼。（1）某建筑公司与文某公司的住所地均是宜兴环科园茶泉路×号，宜兴安某公司股东之一江苏安某公司的住所地也是宜兴环科园茶泉路×号。（2）江苏安某公司的股东是沈某华、张某峰，法定代表人由张某峰变为季甲。宜兴安某公司法定代表人是张某峰，沈某华是董事。某建筑公司的原股东是张某义、季乙、沈某元、蒋某伟、李某、王某生、汪某生、沈某华、孙某川、张某明、万某君。文某公司的股东是张某明、张某卓。沈某华既是江苏安某公司的股东，又是宜兴安某公司的董事，还是某建筑公司的股东。张某明既是某建筑公司的股东，又是文某公司的股东。可以得出某建筑公司与宜兴安某公司、某建筑公司与文某公司具有一定的关联关系。2015 年 2 月 10 日文某公司出具的证明及张某义的招商银行转账汇款电子回单的收款人孙某川是某建筑公司的股东，说明孙某川曾是文某公司的员工。（3）从外网可以搜到，2015 年 4 月 30 日江苏省无锡市中级人民法院（2015）锡仲保字第 0024 号某信托股份有限公司与某建筑公司、宜兴安某公司金融借款合同纠纷仲裁保全民事裁定书可以得知，某建筑公司与宜兴安某公司曾经向某信托股份有限公司借款。2014 年 9 月 11 日徐州市鼓楼区人民法院（2014）鼓民初字第 01130 号徐州昌朋房地产开发有限公司与江苏安某公司、某建筑公司合资、合作开发房地产合同纠纷一审民事判决书，可以得知某建筑公司与江苏安某公司存在合作关系。

〔二审裁判要旨〕

山东省高级人民法院认为，本案的争议焦点问题为：张甲是否存在恶意诉讼的保全行为，张甲的保全行为是否给某建筑公司造成实际损失以及保全行为之间是否存在因果关系。根据《中华人民共和国侵权责任法》第六条、第七条规定，以一般侵权行为和过错责任为原则，以法律另有规定的特殊侵权行为和无过错责任为例外，而在《中华人民共和国侵权责任法》中规定的特殊侵权责任并未包括财产保全损害责任，故对其在认定上应适用过错原则。根据另案查明的事实，翁某刚为张甲出具的部分《收款收据》加盖有某建筑公司青州市城市展览馆项目部的公章，张甲亦提供了某建筑公司出具的《授权委托书》，主张翁某刚系某建筑公司青州项目部经理，负责某建筑公司相关工程的前期筹款、项目规划及施工等工作。本院认为，张甲基于其提交的上述证据，认可翁某刚具有某建筑公司项目经理的身份，从而主张涉案借款系翁某刚履行职务行为，翁某刚与某建筑公司应承担共同还款责任。同时，某建筑公司在本案一审中亦认可翁某刚系挂靠其经营。在诉讼过程中，张甲为保证将来判决生效后能得到顺利执行，在诉争标的范围内对某建筑公司的银行账户存款申请查封，系法律赋予其的诉讼权利，在申请查封的过程中，亦不存在故意或者重大过失的情形。因法院作出生效判决判令某建筑公司是否承担给付义务及其数额，系由当事人之间的诉讼行为、法院认定事实及适用法律等诸多因素决定，并非当事人于申请查封时即可准确预见，故仅以生效判决未支持申请人张甲的诉讼请求，并不足以认定张甲主观上存在过错，客观上存在恶意诉讼保全的行为。同时，某建筑公司亦未提交证据对张甲的保全行为是否给某建筑公司造成实际损失以及保全行为之间是否存在因果关系等事实加以证明。综上，本院对某建筑公司的上述请求不予支持。

综上所述，上诉人某建筑公司的上诉请求不能成立，应予驳回；一审判决认定事实清楚，适用法律正确，应予维持。依照《中华人民共和国民事诉讼法》第一百七十条第一款第（一）项规定，判决如下：

驳回上诉，维持原判。二审案件受理费84800元，由某建筑公司负担。

某建筑公司不服二审判决，向最高人民法院申请再审称，二审判决认定的基本事实缺乏证据证明。1. 对什么是《中华人民共和国民事诉讼法》第一百零五条规定的“错误”没有司法解释，但张甲申请财产保全错误不仅可以从败诉这一结果中推定，也可以从张甲伪造事实的诉讼中予以确认。2. 二审判决认定张甲申请诉讼保全不存在恶意缺乏证据证明。某建筑公司不是涉案《借款合同》的当事人，不应作为被告。证人张新友在庭审中所作的证人证言都是以张甲的说法为准。张甲提交的青州市城市展览馆项目的现金日记账是虚假的，不足以证明某建筑公司的行为。某建筑公司并没有出具过授权委托书，张甲向法院提交的授权委托书是虚假的，不能作为认定某建筑公司承担还款责任的依据。张甲在其他民间借贷纠纷案件中选择只起诉翁某刚、撤回对某建筑公司的起诉，说明其知道证据材料是虚假的。由于张甲伪造账本、提供假证、盗用授权委托书以及在诉讼中明知错误仍申请诉讼保全，应认定其申请诉讼保全存在恶意。3. 二审判决认定张甲申请诉讼保全的行为未对某建筑公司造成实际损失缺乏证据证明。张甲申请冻结某建筑公司银行账户，导致某建筑公司不能正常运营，只能向非金融机构及其他单位和个人拆借，而拆借利率要比银行贷款利率高出好几倍。至账户被解封时，某建筑公司已支付利息高达1069.89万元，该损失应由张甲和担保人张某山承担。故依照《中华人民共和国民事诉讼法》第二百条第（二）项规定申请再审。

张甲、张某山提交书面意见称，申请保全错误应以申请人存在故意或重大过失为前提，诉讼结果不应完全作为申请保全有错误的判断依据。张甲申请诉讼保全没有恶意，不存在过错，客观上没有对某建筑公司造成损失。某建筑公司与案外人宜兴安某公司、文某公司存在关联关系。本案是三家公司恶意串通制造的虚假诉讼。

最高人民法院经审查认为，根据某建筑公司的再审申请理由以及提交的证据，本案的争议焦点问题为：申请保全错误是否仅以申请人诉讼请求未得到支持为充分条件、二审判决认定张甲申请诉讼保全不存在恶意是否缺乏证据证明、二审判决认定张甲申请诉讼保全的行为未对某建筑公司造成实际损失是否缺乏证据证明。

一、关于申请保全错误是否仅以申请人诉讼请求未得到支持为充分条件的问题

《中华人民共和国民事诉讼法》第一百零五条规定："申请有错误的，申请人应当赔偿被申请人因保全所遭受的损失。"由于当事人的法律知识、对案件事实的举证证明能力、对法律关系的分析判断能力各不相同，通常达不到司法裁判所要求的专业水平，因此当事人对诉争事实和权利义务的判断未必与人民法院的裁判结果一致。对当事人申请保全所应尽到的注意义务不应过于苛责。如果仅以保全申请人的诉讼请求是否得到支持作为申请保全是否错误的依据，必然会对善意当事人依法通过诉讼保全程序维护自己权利造成妨碍，影响诉讼保全制度功能的发挥。而且，《中华人民共和国侵权责任法》第六条和第七条规定，侵权行为以过错责任为原则，无过错责任必须要有法律依据，但《中华人民共和国侵权责任法》所规定的无过错责任中并不包含申请保全错误损害赔偿责任。综上，申请保全错误，须以申请人主观存在过错为要件，不能仅以申请人的诉讼请求未得到支持为充分条件。

二、关于二审判决认定张甲申请诉讼保全不存在恶意是否缺乏证据证明的问题

某建筑公司申请再审主张，张甲在另案中存在伪造账本、提供假证、盗用授权委托书的行为，证明其存在主观恶意，但上述主张只是某建筑公司的怀疑，其并未提交充分有效的证据证明该主张，本院不予支持。案外人翁某刚为张甲出具的部分《收款收据》加盖有某建筑公司青州市城市展览馆项目部的公章；张甲提供了某建筑公司出具的授权委托书，主张翁某刚系某建筑公司青州项目部经理，负责某建筑公司相关工程的前期筹款、项目规划及施工等工作；某建筑公司在本案一审中亦认可翁某刚系挂靠其经营，基于上述事实，张甲将某建筑公司作为被告，为保证将来判决生效后能得到顺利执行，在诉争标的范围内对某建筑公司的银行账户存款申请查封，系依法行使法律赋予的诉讼权利。张甲在其他民间借贷纠纷案件中选择只起诉翁某刚、撤回对某建筑公司的起诉，都属于为维护自己的实体权利而依法行使诉讼权利的行为，并不能据此认定其主观上存在通过申请诉讼保全损害某建筑公司权利的恶意。因此，某建筑公司关于二审判决认定张甲申请诉讼保全不存在恶意缺乏证据证明的再审申请理由不能成立。

三、关于二审判决认定张甲申请诉讼保全的行为未对某建筑公司造成实际损失是否缺乏证据证明的问题

某建筑公司在一审中提交了授权委托书、借款协议、建设工程施工合同、领款汇款凭证、利息支付收据等证据以证明张甲申请诉讼保全的行为对其造成了利息损失，但授权委托书加盖的公章与本案诉状中公章明显不一致，且两份借款合同均非以某建筑公司名义签订，此后的利息也均未通过该公司支付。此外，根据某建筑公

司自述，其作为被执行人的案件上百起，是否仅因张甲申请诉讼保全的行为造成其损失并不能确定。某建筑公司未提交充分有效的证据证明其遭受的利息损失，也未能证明其所遭受的损失与张甲申请诉讼保全之间存在因果关系。因此，某建筑公司关于二审判决认定张甲申请诉讼保全的行为未对其造成实际损失缺乏证据证明的再审申请理由亦不能成立。

综上，某建筑公司的再审申请不符合《中华人民共和国民事诉讼法》第二百条第（二）项规定的情形。本院依照《中华人民共和国民事诉讼法》第二百零四条第一款、《最高人民法院关于适用〈中华人民共和国民事诉讼法〉的解释》第三百九十五条第二款规定，裁定如下：

驳回某建筑公司的再审申请。

规则 27：因申请财产保全错误造成损害的，行为人应当承担侵权责任

——青岛中某渝某置业有限公司与青岛中某实业股份有限公司、滨州市中某豪某置业有限责任公司财产保全损害责任纠纷案①

【裁判规则】

申请财产保全错误的赔偿在性质上属于侵权责任。判断申请财产保全是否错误，不仅要看申请保全人的诉讼请求最终是否得到支持，还要看其是否存在故意或重大过失。判断申请保全人是否存在故意或重大过失，要根据其诉讼请求及所依据的事实和理由考察其提起的诉讼是否合理，或者结合申请保全的标的额、对象及方式等考察其申请财产保全是否适当。为财产保全提供担保的第三人，应当在其承诺范围内承担责任。

【规则理解】

《民事诉讼法》第 103 条第 1 款规定，“人民法院对于可能因当事人一方的行为或者其他原因，使判决难以执行或造成当事人其他损害的案件，根据对方当事人的申请，可以裁定对其财产进行保全、责令其作出一定行为或者禁止其作出一定行为；当事人没有提出申请的，人民法院在必要时也可以裁定采取保全措施。”财产保全，是防范由于一方当事人的行为或其他原因，使判决不能执行或难以执行，法院根据当事人的申请或在必要时依职权裁定采取查封、扣

① 《中华人民共和国最高人民法院公报》2018 年第 10 期。

押、冻结等限制当事人处分其财产的临时强制措施的一种制度。财产保全对于维护当事人诉讼利益，保证判决顺利执行，维护司法公信力具有重要意义，在审判实践中发挥着重要作用。当然，财产保全在维护当事人一方利益的同时，必然会对对方当事人的利益产生损害。在多数情况下，这种损害是有其必要的。特别是在对方当事人最终败诉须承担责任的情况下，这种损害具有正当性。但是，申请保全的一方并非必然胜诉，如果申请保全人最终败诉，则对方当事人的受损利益需要弥补。特别是在因滥用保全而造成损失的情况，申请保全一方当事人应当承担赔偿责任。《民事诉讼法》第108条规定："申请有错误的，申请人应当赔偿被申请人因保全所遭受的损失。"《最高人民法院关于当事人申请财产保全错误造成案外人损失应否承担赔偿责任问题的解释》进一步明确了财产保全错误造成案外人损失的赔偿责任，该解释规定："当事人申请财产保全错误造成案外人损失的，应当依法承担赔偿责任。"但是，如何判断申请财产保全错误，法律和司法解释并无明文规定。

在民法理论体系中，请求权可以分为契约上给付请求权、返还请求权、损害赔偿请求权，支出费用偿还请求权、不作为请求权等。[①] 按照请求权分析方法，财产保全错误赔偿当属于侵权行为损害赔偿。因此，财产保全错误应当符合侵权行为的成立要件。

一、财产保全错误侵权责任的基本情形

所谓财产保全错误，一般包括以下几种情形：

1. 诉前保全措施作出后未及时提起的。根据《民事诉讼法》第103条、第104条的规定，财产保全可以在诉前和诉中提起。《民事诉讼法》第104条规定，当事人申请诉前财产保全，人民法院采取保全措施的，当事人应当在30日内提起诉讼。诉前财产保全系在申请人尚未提起诉讼的情况下人民法院作出的保全措施，对被申请人权利影响极大，风险极大。因此，法律规定当事人在诉前保全措施作出后及时提起，申请人未及时提起诉讼的，构成保全错误。但未依照法律规定在30日内提起诉讼的，人民法院无法通过审判活动确定权利义务，造成双方法律关系长期处于不稳定状态，从而构成财产保全错误。

2. 财产保全的对象超出正当范围。《民事诉讼法》第105条规定："保全限于请求的范围，或者与本案有关的财物。"财产保全是为了防止对方当事人转移、隐藏、变卖、毁损财物，保障判决顺利执行。财产保全应当限于与本案有

---

① 王泽鉴：《请求权基础理论体系》，北京大学出版社2009年版，第56页。

关的财物，即当事人争议的财产，或被告的应承担实体责任的财产。对案外人的财产不得采取保全措施，对案外人善意取得的与案件有关的财产，一般也不得采取财产保全措施。与案件无关的财产不是当事人双方争议的焦点，不会成为司法裁判的内容，对该财产的执行更无从谈起，因而没有保全的必要；第三人善意取得了与案件有关的财产后，即成为该财产的合法所有权人，为维护交易的稳定和善意第三人的利益，也不应对相关财产采取保全措施。若申请保全的对象是与案件无关的财产或第三人的财产并由此造成损失，申请人当然要承担相应的赔偿责任。

3. 财产保全金额过度超出诉讼请求金额。保全的目的是保障当事人将来可能在胜诉后实际获得胜诉的利益。如果保全的数额明显超过诉讼金额的，对于超出的部分显然是损害了被申请人的利益。

4. 其他情形。如被申请人在基础法律关系中明确了以某项特定财产代为清偿，申请人对此明知但又申请保全被申请人的其他财产的，应当认定为保全的对象错误，属于错误保全。

二、财产保全错误侵权的归责原则

围绕财产保全错误侵权的归责原则，存在着过错责任与无过错责任两种观点。第一，持过错责任说的学者认为，我国申请保全错误赔偿案件应当适用过错责任原则，理由择其要点如下：一是适用过错原则符合法律规定。《民法典》第1165条规定："行为人因过错侵害他人民事权益造成损害的，应当承担侵权责任。依照法律规定推定行为人有过错，其不能证明自己没有过错的，应当承担侵权责任。"该法第1166条规定："行为人造成他人民事权益损害，不论行为人有无过错，法律规定应当承担侵权责任的，依照其规定。"因此，侵权责任中的无过错责任须由法律明确规定。目前，关于财产保全错误损害赔偿并未被纳入特殊侵权类型的范畴，故应当适用过错责任原则。二是适用无过错原则不公平。当事人申请民事保全的目的就是避免"难以弥补的损害"或者确保将来判决顺利执行。当事人在申请民事保全时，是给予当时掌握的情况并提交相应的证据材料，并不一定与法院在经过详细的调查和严密的逻辑推理后得出的裁判相契合。如果一味地认定申请人的客观错误要求其承担损害赔偿责任，而不考虑申请人的主观过错，是不公平的。三是过错责任有助于兼顾双方利益。当事人申请民事保全，无疑会限制被申请人对自己财产的使用、处分或者约束其某种行为，但无论是法律规定还是实践做法，一般法官在作出保全裁定时都要求申请人提供价值相当的担保，这时双方利益的平衡。以无过错责任作为申请保全错误损害赔偿责任的归责原则，会造成新的不公。

第二，持无过错责任说的学者认为，财产保全错误侵权应当适用无过错责任。首先，申请有错误主要是指事实错误，而不是申请人主观上的过错。即使申请人主观上没有错过，但申请最终没有与法院的生效判决相符的，那么该申请行为就是错误的，申请人应当赔偿损失。其次，适用无过错责任原则有理论依据。其理由在于，申请人在申请财产保全时，其是否享有法律上的权利尚处于一种不确定的状态，此时申请才喊保全实质上属于一种危险行为，若申请人没有法律上的权利，其应当为自己制造的危险承担责任。申请人引起了危险并获得了利益，就应当对由此造成的损失承担责任。

笔者倾向于认为，财产保全错误侵权责任应当适用过错责任原则。一是适用无过错原则不符合体系解释原则。《民事诉讼法》第108规定“申请有错误”是成立侵权的必要条件。而申请人只有在对保全出现错误存在一定主观过错的情况下，才能构成“申请有错误”。因此，“申请有错误”指向的就是过错责任原则。二是从制度功能来看，财产保全就是为了保障将来作出的生效裁判不致落空。如果将之视为一种危险，那么这种危险就是必要的制度成本，不能由申请人一方来承担。因此，将财产保全错误侵权责任确立为过错责任原则，有助于财产保全制度的功能和价值的发挥。三是从实践来看，相对于原告的恶意诉讼和保全，债务人逃避执行显然是更加需要规制的问题。如果对财产保全错误侵权责任适用无过错责任原则，反而可能会纵容债务人的不诚信行为。

三、财产保全错误侵权的违法性分析

违法性是侵权行为的核心要件。在民法理论中，关于违法性存在两种不同认识，一为结果不法；二为行为不法。所谓“结果不法”，即凡侵害他人权利的，如伤害他人身体、毁坏他人财物的，即构成违法。如我国台湾地区“最高法院”1983年台上字第1469号判决所称：“因过失不法侵害他人之权利者，原则上皆成立侵权行为，侵权行为人之行为，除有阻却违法之事由外，概属不法……”“行为不法”则认为，一个行为不能因其肇致他人的权利受损害，即构成违法。其违法性的成立，则须以行为人未尽避免侵害他人的权利的注意义务为必要。如果行为人已尽其社会上必要注意义务时，纵因其行为侵害他人权益，也不具有违法性。[①] 关于结果不法与行为不法的争议，本文不作过多讨论。但在财产保全错误的违法性认识中，采用行为不法的理论更为恰当。这是因为，保全行

---

① 王泽鉴：《侵权行为》（第3版），北京大学出版社2021年版，第270~271页。

为本身就是对对方当事人权益的损害，只不过在正常情况下，这种损害是必要的。如果因此认定行为具有违法性，则违法性的要件将毫无意义。故而财产保全错误的违法性应以违反注意义务为必须。但需要指出的是，对当事人的注意义务应当按照较低的标准确定，否则将可能导致申请保全动辄得咎，损害财产保全功能的发挥。

笔者认为，滥用权利是财产保全错误违法性的重要标准。所谓权利滥用，原意指以损害他人为目的而行使权利，即行使权利而无利益或无正当动机。[①]《德国民法典》《奥地利民法典》《瑞士民法典》《荷兰民法典》以及我国台湾地区“民法”等均对权利滥用进行了规定。其中，《荷兰民法典》第3编第13条第2款对权利滥用的阐释较为详尽的规定，即“行使权利专以损害他人为目的，或者行使权利的人的利益与受到损害的人的利益不成比例，按照诚实信用原则不应允许其行使权利的，属于权利滥用”。我国民事立法关于权利滥用的规定见于《民法典》第132条，“民事主体不得滥用民事权利损害国家利益、社会公共利益和或者他人合法权益”。何种权利可以被滥用？一般认为，禁止权利滥用规范适用于物权、债权、知识产权和人身权等在内的一切私权。[②]无论是请求权、形成权，还是绝对权甚至抗辩权之行使，均可能构成权利滥用。因此，财产保全作为诉讼权利亦有被滥用之可能。强调权利滥用的意义在于，对于仅仅违反前述《民事诉讼法》相关规定的情形，不能一概认定为构成财产保全错误，还应当符合权利滥用的情形。譬如，申请人诉讼过程中提出查封被告房产，而房产价值超出诉讼请求的金额的，不能简单地认定为违反《民事诉讼法》第105条的规定。这是因为，房产价值处于波动之中，不可能与诉讼请求金额完全确定，除非可以认定房产价格明显高于诉讼请求金额，否则不宜随意认定财产保全错误。又如，《民事诉讼法司法解释》第153条规定：“人民法院对季节性商品、鲜活、易腐烂变质以及其他不宜长期保存的物品采取保全措施时，可以责令当事人及时处理，由人民法院保存价款；必要时，人民法院可予以变卖，保存价款。”依照上述规定，被申请人完全可以根据被保全标的物的状况请求法院适当处理以避免不必要的损失。也就是说，被申请人负有止损错误。从这一点来看，保全错误与一般侵权存在重大差别。

---

① ［法］路易·若斯兰：《权利相对论》，王伯琦译，中国法制出版社2006年版，第29页。

② 汪志渊：《论禁止权利滥用原则》，载《法学研究》1995年第5期。

如从过错的角度分析，则申请人具有故意或重大过失是界定过错的主要标准。就过错而言，存在故意与过失两类主观样态，故意自不必说，这里主要讨论过失。就过失的判断标准而言，历来存在主观标准与客观标准两种认识，而客观标准已经逐渐成为通说。客观标准又依注意义务程度的不同分为三个层次，即普通人的注意义务、处理自己事务的同等注意义务、善良管理人的注意义务，违反上述三种注意义务又分别认定存在重大过失、具体轻过失和抽象轻过失。笔者认为，财产保全的过失的标准不宜过于严格，一般应以重大过失为宜，一般或者轻微过失则不宜认定具有过错。某一具体侵权行为是否存在过错的判断标准是一个利益衡量的过程。一方面，申请人对自己权利的衡量可能与法院的判决存在一定的误差，当事人的合理诉请可能与国家司法干预的后果不尽相同，过分苛求申请人对自己的权利进行准确无误的评判是不现实的。另一方面，作为一项重要诉讼权利，如果对于申请人过于苛刻，则难免影响其权利的行使。再者，根据权利义务相一致的原则，对于财产保全错误如果随意认定导致当事人不敢行使权利，那么本应申请保全而因顾忌保全错误而未能保全导致申请人的损害如何来保护呢？因此，对于财产保全错误的过错，应当低于普通侵权的注意义务。

四、财产保全错误侵权损害结果的判断

侵权责任的成立须以发生现实损害为必要。侵权损害赔偿请求权，以受有实际损害为成立要件，若绝无损害亦无赔偿之可言。财产保全申请错误所造成的损害通常均为财产损害，财产损害可以划分为直接财产损害和间接财产损害。对于财产保全错误侵权的损害赔偿应当贯彻全部赔偿原则。全部赔偿是近代侵权责任法的一个基本赔偿原则，其含义是加害人对其给受害人造成的损害，尤其是财产损害应当全面和完全予以赔偿。在财产保全错误申请中，申请人通常申请法院对被申请人的资金、实物、房产、股权等进行冻结、查封或扣押，由此必然限制了被申请人对其所有物的占有、使用、收益、处分，会对其造成一定的直接或间接损害。按照侵权法的理论，侵权造成的损害可以区分为人身财产损害和纯粹经济损失。其中，对于纯粹经济损失造成的损害是否应予赔偿，是较为复杂的问题。所谓纯粹经济损失，是指非因人身或所有权等权利受到侵害而产生的经济或财产损失。例如，因交通堵塞而造成受害人无法上班、签约的经济损失等。在理论上，纯粹经济损失的样态可以区分为直接侵害和间接侵害，前者包括营业竞争、引诱违约、阻塞道路交通等，后者则包括侵害某人身体或财物，造成第三人的经济损失等。从比较法来看，对于纯粹经济损失的赔偿普遍存在限制。即使是在对权益保护最为宽泛的法国法上，对于间接侵害产生的纯粹经济损失亦不予赔偿。例如，在一起案件中，甲的债务人乙被丙驾车撞死，乙无力赔偿，甲向丙请求赔偿时，法国最高法院不予支持。按照德国民法，只有对于违背保护他人法律或故意以悖于善良风俗的方法致加损害时，始得请求纯粹经济损失赔偿。在英国法，对于因纯过失造成的纯粹经济损失明确不予赔偿。按照我国民法理论，对于侵害债权造成的损失，一般不予赔偿。由此可见，对于因错误查封所造成的损失，原则上不应当包括纯粹经济损失。但例外情况下，对于因果关系明确，数额确定的直接纯粹经济损失可以予以支持。例如，在一起案件中，甲因错误查封乙的房屋，致使乙无法按期履行与丙签订的房屋买卖合同。丙向法院提起另案诉讼，法院判决乙赔偿因房屋逾期交付而产生的违约金。此后乙向法院起诉请求甲承担侵权责任，甲辩称其保全行为对乙房产本身的物理属性和价格不会造成影响，在现有房产市场行情中，房产本身的价值不会受到丝毫贬损和降低。法院认为，对于因房屋逾期交付产生的违约金，亦属于财产保全错误所致，且已经由生效裁判确认，并最终予以支持。

财产保全错误侵权的损害赔偿还应受到与有过失原则的限制。一般而言，被申请人的过错主要包括以下几个方面：（1）未及时申请复议。当事人不服保全裁定的，可以向作出裁定的人民法院申请复议。如果被申请人知悉财产保全错误事实而不申请复议，意味着被申请人放弃自己的责问权，被申请人便无权要求申请人赔偿因此而遭受的损失。（2）未及时申请变更保全措施。被保全人提供有利于执行的其他等值担保财产的，法院可以变更保全物。对于被保全人放弃变更保全措施的权利而遭受的损失，申请人无须赔偿。（3）未及时申请解除保全。当出现申请人的起诉或者诉讼请求被生效裁判驳回等情形时，人民法院应当作出解除保全裁定。如果出现上述情形而被申请人没有及时申请解除保全，扩大部分的损失不应受到赔偿。（4）被申请人过错引发的诉讼。除了保全问题上的过错，法院在有些案件中还会考察当事人在基础案件中的过错。譬如，申请人申请保全金额与诉讼请求相当，只是因为对损失举证不足才造成判决金额与保全金额出现明显差异时，不能当然认定申请保全错误。在申请人存在明显错误时，亦应就相关损失承担相应责任。

【拓展适用】

一、法院在财产保全中的法律地位和义务

财产保全经由案件当事人提出申请，由法院作出保全裁定。而对于法院在

财产保全中的法律地位和义务，存在不同的观点。有观点认为，法院在财产保全中没有审查义务，仅是根据申请人的申请进行保全，因而对财产保全错误不承担责任。还有观点认为，法院在财产保全中有实体审查义务，申请人的财产保全申请是经过法院实体审查并审批，并最终由法院作出裁定。没有法院的认可，仅有申请人的申请不可能给被申请人造成损失，因此人民法院对财产保全错误的发生具有过错，应当承担责任。笔者认为，人民法院是财产保全裁定的最终作出者，应当承担相应的审查义务。譬如，审查申请保全财产的价值与其诉讼请求是否相符，依照法院要求申请人提供担保等。如果人民法院在财产保全过程中未尽基本审查义务保全了申请人以外的其他人的财产或超额保全了被申请人的财产，或对法院保全的保全财产未尽审慎管理义务造成了他人的损失，应由法院承担赔偿责任。需要指出的是，人民法院的这种审查义务应当限于对诉讼保全的形式审查，这是因为财产保全并不是为了解决当事人之间的实体权利和义务之争，不应也不可能要求人民法院在案件尚未作出实体判决前对财产保全申请进行实质性审查。此种情形下，这种责任不属于财产保全错误损害赔偿责任，可以通过国家赔偿程序予以救济。

二、保全错误的原因分析

对于保全，法律已经明确规定了申请的方式、保全的内容等事项，因此，人民法院在实施保全措施时，只能采取法律规定的查封、扣押、冻结或法律准许的其他方法。如果违反法律规定所采取的保全就属于保全错误，通常是指人民法院根本不应当作出保全，或作出保全后继续保全的条件已不存在。对于保全错误，有观点认为，造成保全错误的主要原因是当事人申请保全错误，包括诉请错误、申请对象错误和申请金额错误。笔者认为，就保全错误可从两个方面来把握：一是从申请人的角度，申请人根据法律或司法解释的规定，向人民法院提交保全申请、提供保全担保、提供财产线索等，法院对申请人提交的上述内容进行审查。如果程序存在问题或申请人的申请不符合法律规定，人民法院不应作出保全的裁定，也就无所谓保全错误。既然法院已作出保全的裁定，即使保全错误也不应是申请人在申请程序上的错误，只能是法院决定的错误或者非保全程序上的错误。二是从法院的角度，由于法院裁定保全具有非对审性特点，法院只需从形式上审查当事人申请保全是否符合程序法规定的条件，不可能对申请人是否能胜诉予以审查，并以之确定应否准许采取保全措施，只要按照相关法律规定履行了程序上的义务，就不会出现程序上的裁定错误。在这种情况下，如果出现裁定保全错误，从程序上讲只能是申请人的申请错误。如申请人申请保全与本诉无关的案外人的财产，从而侵犯了案外人的合法权利，该保全错误是基于申请人的错误申请而作出的。同时，根据《民事诉讼法》的相关规定，一般情况下，人民法院裁定保全应当依据申请人的申请。只有当诉讼争议的财产有毁损、灭失的风险或有证据表明被告可能隐匿、转移、出卖其财产的，人民法院方可依职权裁定采取保全措施。如果法院的裁定违反了法律强制性规定，就是保全错误。法院的原因造成保全错误的情形主要有：（1）保全了与诉讼无关的，根本不可能承担实体责任的案外人财产，从而侵犯了受害人的合法权利，如根据申请应保全甲的财产，却错误保全了乙的财产；（2）保全财产数额或范围超出了申请保全方诉讼请求的数额或范围；（3）重复保全等。应当注意的是，法院裁定保全后，在执行的过程中，如果所采取的方式、保全的对象等方面超出法律规定的范围，构成保全实施行为不当而不是保全错误。当出现保全错误时，人民法院应当依法解除保全。

【典型案例】

青岛中某渝某置业有限公司与青岛中某实业股份有限公司、滨州市中某豪某置业有限责任公司财产保全损害责任纠纷案

上诉人（一审被告）：青岛中某实业股份有限公司。

上诉人（一审被告）：滨州市中某豪某置业有限责任公司。

被上诉人（一审原告）：青岛中某渝某置业有限公司。

〔基本案情〕

2005年9月22日，青岛渝某公司经青岛市工商行政管理局市南分局注册成立，公司类型为有限责任公司，企业法人，经营范围为房地产开发及销售等。本案所涉“某国际贸易中心”项目由其开发建设。

2008年4月3日，为解决项目资金短缺问题，青岛渝某公司的股东重庆渝某产业有限公司、山东某生态科技有限公司、中某实业公司、某集团公司、青岛渝某公司五方签订了《合作框架协议》。该协议约定，重庆渝某产业有限公司、山东某生态科技有限公司、中某实业公司同意分别将其对青岛渝某公司享有的50%、24.5%、17.5%的股权转让给某集团公司。某集团公司通过外资进入的方式向青岛渝某公司投资，进行项目的开发经营，并享受项目销售带来的收益。

2008年4月13日和5月9日，某集团公司（甲方）、中某实业公司（乙方）、青岛渝某公司（丙方）就项目具体合作事项先后签订了《补充协议》和《投资合作协议》。《投资合作协议》第五条约定：甲方对公司的投资属战略性投资、阶段性持股，甲方在收回投资（股权投资除外）及收益后，同意乙方对甲方所持公司股权进行回购。第七条约定：项目达到预售条件后，公司即行销售，销售回款首先应偿还甲方投资本金及收益。该条还约定投资收益按年计算，每年为该年度公司实际占用甲方投资总额的30%，并于当年12月20日前清算并支付完毕。第八条约定了乙方回购甲方所持公司全部股权的条件。回购对价按照甲方股权投资额加上股权投资额每年溢价30%的金额计算；乙方回购甲方全部股权应在协议签订后5年内进行。第十一条第五款约定：项目开发经营过程中，除资产处置、股权转让、对外担保外的其他经营活动，甲方有权自行决定，但乙方享受知情权。另外，乙方有权对项目的营销策划提供方案，最终方案须经公司董事会通过。第六款约定：为保证本协议约定的各项内容的顺利进行，一方遇有协助义务的，另一方应积极协助与配合。第十二条约定：各方应当按照协议约定全面履行各自的义务，一方违约给其他方造成损失的，应对其他方赔偿相应损失。

上述协议签订后，青岛渝某公司召开股东会，通过了协议约定的股权转让事宜，作出了章程修正案，青岛渝某公司股东变更为某集团公司（出资额9200万元）和中某实业公司（出资额800万元）。在章程修正案中还同时删除了原章程第二十八条关于“公司利润分配按照《公司法》及有关法律、法规，国务院财政主管部门的规定执行”的规定。

之后，某集团公司开始介入青岛渝某公司，陆续投入和筹集资金，推动了项目的开发建设。2010年3月31日，青岛渝某公司与荣某地公司签订了《青岛中心项目销售代理合同》，委托荣某地公司对项目进行销售。2011年1月19日，青岛渝某公司召开董事会会议，对某国际贸易中心项目价格策略方案进行审议。该次会议最终以五名董事中四名同意，一名反对（中某实业公司），通过了该价格策略方案，同时责成公司经理层办理项目预售许可证，并授权其择机确定开盘时间。2011年3月7日，青岛渝某公司取得了某国际贸易中心的预售许可证。在其备案的商品房预售方案中载明，预售部分楼房的价格为：住宅均价41111元/平方米，办公楼均价41637元/平方米，商业楼均价73371元/平方米，公寓式酒店均价36667元/平方米。

2011年1月24日，中某实业公司以某集团公司、青岛渝某公司、荣某地公司为被告提起诉讼称，2008年5月9日，中某实业公司、某集团公司、青岛渝某公司签订《投资合作协议》，根据该协议，在回购条件成就时，中某实业公司有权回购某集团公司对青岛渝某公司所享有的92%股权，同时，在回购条件成就前中某实业公司有权引入战略投资者受让某集团公司一定比例的股权。中某实业公司享有进行股权回购及引进战略投资者的权利。2010年7月9日，中某实业公司向某集团公司及青岛渝某公司发出配合股权回购的函，要求配合启动相应的股权回购程序。某集团公司及青岛渝某公司拒绝配合实现股权回购条件，恶意阻扰条件成就，严重违反了投资合作协议第十一条约定的“积极协助与配合”的义务。而且股权回购条件均需某集团公司和青岛渝某公司的协助与配合方能成就。某集团公司及青岛渝某公司恶意阻扰股权回购条件成就，根据《中华人民共和国合同法》规定，应当视为条件已经成就。而且中某公司2010年7月9日就提出了回购请求，只是因为某集团公司和青岛渝某公司拒不配合未能完成，某集团公司无权再享有7月9日之后的年投资回报率。投资合作协议签订后，某集团公司利用其阶段性股东身份，挪用项目公司资金达12亿元；恶意以低于市场价的内部销售方式造成中某实业公司18亿元的损失；强行对项目进行停工每天造成上百万元的损失；擅自用项目公司1.2亿元的现金提供担保。这些行为严重违反了投资合作协议第十一条的约定，依法应赔偿中某实业公司所遭受的损失。遂请求法院判令：1. 中某实业公司在某集团公司履行合同约定的协助、配合义务的情况下，有权进行股权回购；2. 某集团公司、青岛渝某公司配合中某实业公司即日起（2011年6月29日）实现投资合作协议第八条第二款约定的股权回购条件；3. 某集团公司、青岛渝某公司协助中某实业公司将某集团公司名下92%的股权办理工商变更登记到中某实业公司或中某实业公司指定的第三方战略投资者名下；4. 某集团公司根据投资合作协议享有的年投资回报率30%截止计算至2010年7月9日；5. 被告立即停止对项目任何形式（包括但不限于销售、停止施工、抵押、资金占用等）的恶意处置行为，并承担因此所造成的损失约30亿元人民币，暂主张4.8亿元（经多次变更后），以法院审核为准；6. 诉讼、审计、评估、保全等费用均由某集团公司、青岛渝某公司承担。

2011年1月26日，根据中某实业公司的申请，山东省高级人民法院作出（2011）鲁商初字第2-1号民事裁定，对青岛渝某公司的财产进行了诉讼保全。中某豪某公司以在其名下的山东省滨州市渤海十七路以东、黄河七路以南新都心世贸广场192号的房产提供担保。2011年1月28日，该院对青岛渝某公司所开发建设的某国际贸易中心项目的土地使用权予以实际查封。为了解除该查封，保证项目的正常销售，青岛渝某公司从某集团公司筹措1.2亿元的存款作为担保，申请解除上述查封。2011年2月23日，该院作出（2011）鲁商初字第2-3号民事裁定，解除了对某国际贸易中心项目土地使用权的查封，同时冻结了青岛渝某公司的1.2亿元存款。2011年3月7日，青岛渝某公司取得了商品房预售许可证。2011年2月25日，中某实业公司将诉讼请求标的额增加至2.4亿元，继续申请对青岛渝某公司的财产保全，中某豪某公司继续以其相应价值房产提供担保。2011年3月2日，该院作出（2011）鲁商初字第2-5号民事裁定，裁定对青岛渝某公司的某国际贸易中心项目土地使用权进行查封。2011年3月9日，该院对某国际贸易中心项目土地使用权进行了实际查封。此后，中某实业公司又多次变更诉讼请求，申请增加财产保全的数额。截至2011年6月29日，中某实业公司最终将其主张的经济损失赔偿数额提高到4.8亿元。在中某豪某公司的担保支持下，2011年9月8日，该院作出（2011）鲁商初字第2-8号民事裁定，将青岛渝某公司财产保全的限额提高到3.9亿元。

2011年9月13日，山东省高级人民法院作出（2011）鲁商初字第2号民事判决，以证据不足为由，判决驳回了中某实业公司的诉讼请求。中某实业公司向最高人民法院提起上诉，最高人民法院2012年3月15日（2011）民二终字第108号民事判决驳回了中某实业公司的上诉请求。

2012年4月10日，根据某集团公司和青岛渝某公司的申请，山东省高级人民法院作出（2011）鲁商初字第2-11号民事裁定，解除了对青岛渝某公司某国际贸易中心项目土地使用权的查封，解除了对青岛渝某公司在甲银行山东省分行账户23×××56的冻结。

2010年10月26日，甲银行山东省分行向青岛市房产登记中心出具证明一份，该证明载明，青岛渝某公司开发的某国际贸易中心项目，位于青岛市××××乙，计划总投资418000万元（不含地价款），现工程已投入建设资金85592万元（不含地价款），其中：前期工程费24530万元、建安工程费104853万元，开发间接费56209万元，占总投资额的44%。同日，乙银行青岛市南第二支行出具证明称，青岛渝某公司开发的某国际贸易中心项目，位于青岛市××××乙，土地证号为：青房地权市字第××号，已将使用权抵押给我行，属于土地抵押（抵押范围不包含公共配套设施），我行同意该公司办理预售许可证，对外销售。同日，中国农业银行股份有限公司青岛市南支行也出具了与乙银行青岛市南第二支行相同的证明。2011年3月7日，青岛渝某公司取得了青房注字（2011）第××号青岛市商品房预售许可证。该证载明的项目名称为某国际贸易中心，坐落地点为市南区香港××路××乙××楼、戊、己，地上部位建筑面积为212252.80平方米。2011年3月7日，青岛渝某公司制作的商品房预售方案载明，预售总套数为656套，预售面积为212252.80平方米。在该项目土地使用权被查封期间，商品房预售许可证所许可销售的商品房未能实际销售。

2011年1月28日，青岛市人民政府办公厅发布青政办发［2011］8号《关于进一步做好房地产市场调控工作促进房地产市场平稳健康发展的意见》，决定实行限定购房套数政策，严格限制投机性购房。该政策自该意见发布之日起至2011年12月31日，在青岛市市区（市××区）实行住房限购措施。

某国际贸易中心项目的销售机构为荣某地公司。2012年4月14日，荣某地公司向青岛渝某公司提供的《关于某国际贸易中心项目销售情况预测报告》载明，开盘时间为2011年1月28日前，开盘一周内预计销售进度为22%，开盘一月内预计销售进度为30%，开盘一年内预计销售进度为61%。开盘时点所处背景为市场状况良好，沿海一线无新的竞品项目推出，项目形象健康、定价合理具有标志性，备受客户瞩目与期待。开盘时间为2011年3月，开盘一周内预计销售进度为17%，开盘一月内预计销售进度为19%，开盘一年内预计销售进度为47%。开盘时点所处背景为项目官司缠身，财产被查封，引起社会广泛质疑，客户渐渐流失，新国八条、青岛限购令相继出台，项目处于尴尬局面。开盘时间为2012年3月，开盘一周内预计销售进度为10%，开盘一月内预计销售进度为13%，开盘一年内预计销售进度为30%。开盘时点所处背景为房地产市场调控一年来，青岛高端房产价格回落明显，项目维持原价销售已不现实，建议降低销售价格。

青岛渝某公司主张的损失额为，项目销售迟延半年的利息损失 189553873.10 元，1.2 亿元资金被冻结半年的利息损失 351 万元。其计算方法为，项目全部销售后的总价值 10013411148.72 元，按开盘销售最低 30%计算，该等款项仅一年利息损失为 189553873.10 元；1.2 亿元资金被冻结按半年期贷款利率 5.85%计算（2011 年 2 月 23 日至 8 月 23 日）为利息损失 351 万元（1.2 亿元×5.85%×0.5）。上述两项合计为 193063873.10 元。

2014 年 12 月 18 日，最高人民法院作出（2013）民申字第 161 号民事裁定，驳回了中某实业公司对于（2011）民二终字第 108 号民事判决的再审申请。

另查明，本案申请及实施保全措施时，中国人民银行公布的贷款利率为：半年期利率 5.85%，一年期利率 6.31%。

〔一审裁判理由与结果〕

一审法院认为：本案系因当事人在诉讼过程中申请财产保全错误造成对方当事人财产损失而引起的纠纷，在山东省高级人民法院（2011）鲁商初字第 2 号一审案件和最高人民法院（2011）民二终字第 108 号二审案件中，中某实业公司和中某豪某公司分别是财产保全的申请人与担保人，青岛渝某公司是被申请人。在本案中原告与被告的主体资格均适格。本案的争议焦点问题有三个，一是中某实业公司是否存在申请保全错误的问题；二是青岛渝某公司因申请财产保全错误而造成损失数额的确定问题；三是中某豪某公司是否应承担连带赔偿责任的问题。

关于第一个焦点问题，对于中某实业公司是否存在申请保全错误的问题。该院认为：错误申请财产保全造成被申请人财产损失的行为，属于《中华人民共和国民法通则》和《中华人民共和国侵权责任法》所规定的行为人由于过错侵害他人的财产，依法应当承担民事责任的行为。《中华人民共和国民事诉讼法》第一百零五条规定，申请有错误的，申请人应当赔偿被申请人因保全所遭受的损失。根据审理查明的事实，2011 年 1 月 28 日，根据中某实业公司的申请，在另案中该院对青岛渝某公司的销售账户、土地使用权采取了冻结、查封的保全措施。但案件审理结果是中某实业公司的诉讼请求被该院和最高人民法院驳回，其诉讼请求未获支持。另外，在保全措施实施中，为了保证项目销售的正常进行，青岛渝某公司提供了 1.2 亿元存款作为担保，于 2011 年 2 月 25 日置换并解除了对项目土地使用权的保全措施。2011 年 3 月 7 日，在青岛渝某公司取得商品房预售许可证后，中某实业公司又申请增加了 1.2 亿元的保全申请，将对青岛渝某公司财产保全数额提升到 2.4 亿元。青岛渝某公司已经取得预售许可证的项目再次因土地使用权被查封而无法销售。为了对抗青岛渝某公司解封申请，中某实业公司只能不断增加诉讼请求标的额，并申请追加查封限额，至 2011 年 9 月 8 日，其申请保全的数额提高到 3.9 亿元，导致青岛渝某公司的项目土地使用权长达一年多时间处于被查封状态，严重影响了项目销售。因此，中某实业公司财产保全申请尤其是屡次增加保全申请数额的行为，不但主观上存在过错，客观上也给青岛渝某公司造成了经济损失。该损害结果与中某实业公司的行为之间具有直接的因果关系，中某实业公司应当承担赔偿责任。

关于第二个焦点问题：青岛渝某公司因申请财产保全错误而造成损失数额的确定问题。青岛渝某公司主张的损失包括以下两个部分：

一是关于1.2亿元资金被冻结的利息损失问题，因青岛渝某公司1.2亿元资金被冻结半年（2011年2月23日至8月23日），影响其资金周转，造成了相应的损失。对于中某豪某公司提出的借款系违法借贷及应为存款利息等抗辩事由，既无事实和法律依据，又缺乏资金被冻结造成损失的关联性，该院不予采纳。现青岛渝某公司按中国人民银行同期贷款利息主张此项损失，应当予以支持。根据2011年4月6日中国人民银行公布的半年期贷款利率5.85%计算，青岛渝某公司1.2亿元存款被冻结半年的利息损失为351万元（1.2亿元×5.85%×0.5）。

二是关于迟延销售楼房的利息损失。青岛渝某公司主张按预计全部销售额的30%计算一年的利息，作为其损失的赔偿数额。因该预计销售额系备案的商品房预售方案中载明的价格，且中某实业公司提起诉讼申请保全的原因也包括售价过低的问题，以该销售额作为计算损失的依据，既可以反映当时的市场交易价格，也不会侵害中某实业公司的权益，可以作为计算损失数额的依据。对于计算损失的比例问题，根据中某实业公司的申请，该院于2011年1月28日裁定查封、冻结青岛渝某公司相关财产。由于青岛市政府于2011年1月20日就发布了商品住宅限购的相关政策。本案所涉住宅、办公、商业、酒店式公寓的销售，即使不被诉讼保全亦必然受到影响。因房地产的价格波动及销售进度受政策、市场等各方面影响较大，且尽管中某实业公司对申请查封存在过错，但提起诉讼存在一定的合同及事实依据，并非为阻止房产销售虚构的诉讼。综合考量各种因素后酌情确定为：按其全部销售额的10%为基数计算一年的利息损失。按照中国人民银行公布的同期银行贷款利率6.31%计算，中某实业公司应赔偿青岛渝某公司项目销售迟延一年的销售款利息损失为63184624.35元（1639314102.72元×10%×6.31%=63184624.35元）。

综上，中某实业公司应向青岛渝某公司赔偿因申请财产保全错误而造成的损失66694624.35元。

关于第三个焦点问题，中某豪某公司是否应当承担连带赔偿责任的问题。中某豪某公司抗辩其提供担保，未经过股东会或者股东大会决议，违反了公司法第十六条第二款、第三款关于公司提供担保的规定，且在提供担保过程中，中某实业公司存在欺诈行为，担保应为无效，中某豪某公司不应承担担保责任。对此，该院认为：根据《中华人民共和国民事诉讼法》第一百条、第一百零五条规定，人民法院采取保全措施，可以责令申请人提供担保，申请有错误的，申请人和担保人应当赔偿被申请人因保全所受的损失。

中某实业公司在青岛渝某公司提供担保财产要求解封的情况下，屡屡提高保全数额，中某豪某公司自愿不断增加提供担保财产，为中某实业公司的保全申请提供担保。根据《中华人民共和国民事诉讼法》关于保全及担保的规定，中某豪某公司对于其提供担保可能造成申请错误而带来的赔偿，应当是明知的。中某豪某公司提供担保的行为，造成青岛渝某公司的资金被冻结、项目土地使用权被查封，根据《中华人民共和国侵权责任法》第八条规定，依法应当承担连带赔偿责任。中某豪某公司关于提供担保违反了公司法的规定及中某实业公司存在欺诈行为的抗辩，属于公司内部管理及股东权利行使的问题，中某豪某公司为保全提供担保，已被人民法院审查接受，其担保是合法有效的。对于中某豪某公司与中某实业公司之间的纠纷，可另行解决。故对于中某豪某公司的这一答辩理由，该院不予采信。中某豪某公司应当对中某实业公司申请保全错误造成的损失承担连带赔偿责任。

综上所述，依照《中华人民共和国侵权责任法》第六条、第八条，《中华人民共和国民事诉讼法》第一百条、第一百零五条、第一百五十二条之规定，判决如下：

一、中某实业公司于本判决生效之日起十日内赔偿青岛渝某公司因申请财产保全错误造成的损失 66694624.35 元；

二、中某豪某公司对本判决第一项承担连带赔偿责任；

三、驳回青岛渝某公司的其他诉讼请求。案件受理费 1007119 元，由青岛渝某公司负担 671413 元，中某实业公司和中某豪某公司共同负担 335706 元；财产保全费 5000 元，由青岛渝某公司负担 2500 元，中某实业公司和中某豪某公司共同负担 2500 元。

〔二审查明的事实〕

本院经审理，对一审法院查明的事实予以确认。

〔当事人上诉及答辩意见〕

二审中，各方当事人均提交了新证据。中某实业公司提交山东省高级人民法院（2015）鲁民一初字第 39 号民事判决、最高人民法院（2016）最高法民终 584 号民事裁定、山东省高级人民法院开庭传票及青岛渝某公司在最高人民法院（2016）最高法民终 584 号案件审理过程中出具的调解意见等四份新证据，拟证明其对青岛渝某公司股权有回购权，在山东省高级人民法院（2011）鲁商初字第 2 号案件中采取诉讼保全是否错误应等待山东省高级人民法院（2015）鲁民一初字第 39 号案件的重审结果，本案应中止审理。青岛渝某公司质证认为，虽然前述证据真实，但判断本案诉争诉讼保全是否错误应以山东省高级人民法院（2011）鲁商初字第 2 号案判决结果为准，与山东省高级人民法院（2015）鲁民一初字第 39 号案最终是否支持中某实业公司股权回购无关，本案不应中止审理。

中某豪某公司提交了四份新证据，证据一、证据二为《目前关于鲁商首府和万丽海景项目销售情况的公证书》《目前青岛渝某开发的项目的销售情况公证书》，拟证明一审法院酌定的销售数量及价格与事实明显不符；证据三为《青岛市新建商品房预售资金监管暂行办法》，拟证明青岛渝某公司未向法院提出查封复议申请存在过错，即使存在查封损失也应自行承担。证据四为中某豪某公司为中某实业公司财产保全出具的担保书及山东省高级人民法院（2011）鲁商初字第2号、第2-7号民事裁定书，拟证明其系以相应价值的财产提供的担保，而非连带责任担保。青岛渝某公司质证认为对前述证据真实性认可，但对关联性及证明目的不认可。证据一中某豪某公司以其他项目的剩余尾盘或回迁安置房的价格和销售来类比案涉项目的销售不具有可比性；证据二恰恰证明因诉争诉讼保全行为导致案涉项目错过最佳销售时机造成项目销售情况不理想；证据三不能证明青岛渝某公司没有采取其他措施来减损；证据四的三份担保书中中某豪某公司均陈述如因财产保全不当造成损失愿承担相应责任，中某豪某公司以此主张不承担连带责任与事实不符。

青岛渝某公司提交了两份新证据，证据一为《复议申请书》，拟证明中某豪某公司指责青岛渝某公司没有及时提出复议或申请解封措施与事实不符；证据二为《青岛"海景豪宅"版回迁房问世，燕儿岛路片区居民回迁选房（组图）》，拟证明中某豪某公司提供的所谓鲁商首府的销售价格与本案项目不具有可比性。中某实业公司质证认为，证据一为复印件，真实性暂不发表意见；证据二未进行公证和核对，对真实性不认可。中某豪某公司质证认为，证据一其并不知情，即使是真实也与怠于申请权利无关；证据二是网上自行打印，对真实性无法确认，即使真实也因该信息显示的是回迁房而与中某豪某公司提交的商品房销售价格不对应。

〔二审裁判理由与结果〕

对各方当事人在二审中提交前述新证据是否采信作为本案认定事实的依据问题，本院在后一并评述。

本院认为，根据双方当事人的上诉请求和答辩意见，本案的争议焦点是：1. 本案是否应当中止审理；2. 中某实业公司是否应因申请财产保全而赔偿青岛渝某公司的损失；3. 中某实业公司赔偿的数额如何确定；4. 中某豪某公司是否应当承担连带赔偿责任。根据本案审理查明的事实和相关法律规定，分析评判如下：

一、关于本案是否应当中止审理的问题

中某实业公司上诉主张应当中止审理本案的理由有两方面，一是认为如果山东省高级人民法院（2015）鲁民一初字第39号案重审后最终判定其对青岛渝某公司股权有回购权，则中某实业公司在山东省高级人民法院（2011）鲁商初字第2号案中申请财产保全就不存在错误；二是中某实业公司回购青岛渝某公司股权后，其与青岛渝某公司系母公司与子公司的关系，本案诉争将因双方利益一致而没有实质意义。本院认为，《中华人民共和国民事诉讼法》第一百五十条第一款第（五）项规定，本案必须以另一案的审理结果为依据，而另一案尚未审结的，中止诉讼。本案中，首先，判断本案中某实业公司在山东省高级人民法院（2011）鲁商初字第2号案中申请财产保全是否错误是要看其当时在该案中的诉讼行为是否存在过错，而非该案之后其是否还享有回购权，不管山东省高级人民法院（2015）鲁民一初字第39号案最终判决结果确定其是否回购青岛渝某公司股权，均不影响本案的裁判。其次，本案判决结果确定的损失赔偿属于青岛渝某公司独立的财产，不仅与其股东利益相关，还涉及青岛渝某公司债权人的利益，即使中某实业公司回购股权后与青岛渝某公司系母公司与子公司的关系，对本案诉争也应作出判决。因此，中某实业公司关于本案应当中止审理的上诉主张不能成立。

二、关于中某实业公司是否应因申请财产保全而赔偿青岛渝某公司损失的问题

中某实业公司上诉主张其财产保全行为没有过错，主观亦无恶意；中某豪某公司上诉主张中某实业公司不具有错误申请财产保全以损害青岛渝某公司合法权益的主观故意和重大过失，一审法院仅以中某实业公司的诉求没有得到支持就认定申请保全错误，没有事实和法律依据。本院认为，《中华人民共和国民事诉讼法》第一百条规定，“人民法院对于可能因当事人一方的行为或者其他原因，使判决难以执行或者造成当事人其他损害的案件，根据对方当事人的申请，可以裁定对其财产进行保全、责令其作出一定行为或者禁止其作出一定行为”；第一百零五条规定：“申请有错误的，申请人应当赔偿被申请人因保全所遭受的损失。”财产保全制度的目的在于保障将来生效裁判文书的执行，申请财产保全是当事人重要的诉讼权利。依当事人申请裁定的财产保全，虽系人民法院对申请进行形式审查后作出的司法措施，但其前提和基础是当事人的财产保全申请。如因申请保全人权利行使不当造成他人财产损失的，应由申请保全人承担侵权赔偿责任。侵权责任的认定，应当适用《中华人民共和国侵权责任法》第六条“行为人因过错侵害他人民事权益，应当承担侵权责任”的规定。申请保全人是否有过错，不仅要看其诉讼请求最终是否得到支持，还要看其是否存在故意或重大过失。申请保全人是否存在故意或重大损失，要根据其诉讼请求及所依据的事实和理由考察其提起的诉讼是否合理，或者结合申请保全的标的额、对象及方式等考察其申请财产保全是否适当；申请保全人提起的诉讼合理且申请财产保全适当的，不属于故意或重大过失，否则系存在过错。本案中，首先，中某实业公司提起山东省高级人民法院（2011）鲁商初字第2号案的诉讼缺乏合理性。按照《合作框架协议》《补充协议》《投资合作协议》的约定，某集团公司投资青岛渝某公司是为获得项目销售带来的收益，股权回购的前提也是某集团公司要以按约定比例获得正常经营期间的投资收益。根据最高人民法院（2011）民二终字第2号生效民事判决的认定，案涉项目尚未进行销售，某集团公司在项目中的投资风险并未释放完毕，在案涉项目的建设、销售完成之前，中某实业公司不享有请求某集团公司立即实现约定股权回购条件的权利，并最终驳回了中某实业公司的全部诉讼请求。在某集团公司投资入股青岛渝某公司推动项目开发经营后尚未通过项目销售获得收益的情况下，中某实业公司以行使股权回购权为由，对某集团公司提起山东

省高级人民法院（2011）鲁商初字第2号案的诉讼，并要求巨额赔偿，明显不符合双方在合同中关于股权回购的约定；中某实业公司在没有相应证据证明青岛渝某公司的经营行为明显损害公司利益的情况下，将青岛渝某公司列为共同被告，并要求青岛渝某公司停止项目任何形式的处置行为，缺乏事实基础。其次，中某实业公司的诉讼保全行为缺乏适当性。一方面，中某实业公司在可以通过冻结青岛渝某公司房屋销售账户以保护其实现股权回购后的利益的情况下，采取保全措施查封青岛渝某公司土地使用权，阻止了案涉项目的正常销售，其申请保全的对象和方式不适当。另一方面，在青岛渝某公司提供1.2亿元存款作为担保置换解封了项目土地使用权的情况下，中某实业公司为对抗青岛渝某公司的解封不断增加诉讼请求标的额及查封限额，导致项目土地使用权长达一年多时间处于被查封状态，该保全行为也明显不适当。因此，在山东省高级人民法院（2011）鲁商初字第2号案件中，不仅是中某实业公司的诉讼请求被全部驳回，而且其提起该案诉讼缺乏合理性、申请财产保全措施缺乏适当性，主观上明显存在过错，客观上也给青岛渝某公司造成损失，按照《中华人民共和国民事诉讼法》第一百零五条的规定，中某实业公司应因其申请财产保全错误而赔偿青岛渝某公司所遭受的损失。

三、关于中某实业公司赔偿数额如何确定的问题

青岛渝某公司在本案中诉讼主张的损失为两个方面，一是其提供1.2亿元换封资金被冻结半年的利息损失；二是项目因诉讼财产保全而迟延销售一年对应的房款利息损失。

1. 关于青岛渝某公司1.2亿元被冻结的利息损失。中某实业公司、中某豪某公司上诉主张青岛渝某公司未及时申请解除冻结存在过错，该损失不存在，即使存在也应为存款利息，并因系违法借贷而应予收缴。本院认为，申请财产保全冻结被保全人的资金，影响了被保全人对资金的使用收益，必然造成相应的利息损失，申请保全人应当赔偿。被保全人提供证据证明该资金系向他人借贷或被冻结之前已签订合同借贷他人的，该利息损失为实际损失，但该利息损失加上被冻结资金的银行利息之和不应超过《最高人民法院关于审理民间借贷案件适用法律若干问题的规定》规定的年利率24%上限；否则，被保全人的资金利息损失，可参照中国人民银行同期贷款基准利率，或者《最高人民法院关于审理民间借贷案件适用法律若干问题的规定》关于未约定期内及逾期利率的情况下资金占用利息为年利率6%的标准确定。本案中，首先，青岛渝某公司提供1.2亿元换封案涉项目土地使用权后，中某实业公司却提高诉讼标的额及保全限额，青岛渝某公司申请解除资金冻结及人民法院审查作出裁定均需要相应的时间，中某实业公司、中某豪某公司关于青岛渝某公司未及时申请解除冻结存在过错的主张不能成立。其次，青岛渝某公司为解除案涉项目土地使用权的查封而从其股东某集团公司处借款1.2亿元，并不违反有关民间借贷的法律法规及司法解释的规定，中某实业公司、中某豪某公司主张因违法借贷而应予

收缴缺乏法律依据。最后，青岛渝某公司作为房地产开发的企业，其巨额资金被冻结必然要产生相应的资金损失，在案涉合同中亦约定某集团公司每年要按青岛渝某公司实际占用投资总额的30%计算投资收益，中某实业公司、中某豪某公司关于没有损失及损失应为存款利息的上诉主张与事实不符。因此，一审判决根据青岛渝某公司的诉讼主张，按照中国人民银行同期贷款利率判处中某实业公司赔偿青岛渝某公司1.2亿元被冻结半年的资金利息损失351万元，并无不当。

2. 关于项目迟延销售的损失。青岛渝某公司诉讼主张按预计全部销售额的30%计算一年的利息，一审法院酌情按其全部销售额的10%为基数计算一年的利息损失。中某实业公司上诉主张即使其不保全查封，房屋销售款也不能完全由青岛渝某公司掌握，存在账户中也只是存款利率而非贷款利率。中某豪某公司上诉主张，青岛渝某公司房屋销售受地方政策等多种因素影响，其损失与中某实业公司的财产保全没有因果关系；按照青岛市自2011年以来持续上涨的房产价格，青岛渝某公司房产推迟销售不但没有损失而且还因此盈利，一审判决酌情确定的房屋销售款利息损失，缺乏事实依据。本院认为，《最高人民法院关于人民法院办理财产保全案件若干问题的规定》第二十条规定，“财产保全期间，被保全人可以请求对被保全财产自行处分，人民法院经审查，认为不损害申请保全人和其他执行债权人合法权益的，可以准许，但应当监督被保全人按照合理价格在指定期限内处分，并控制相应价款。被保全人请求对作为争议标的的被保全财产自行处分的，须经申请保全人同意。人民法院准许被保全人自行处分被保全财产的，应当通知申请保全人；申请保全人不同意的，可以依照民事诉讼法第二百二十五条规定提出异议。”错误财产保全赔偿的是被保全人的实际损失，且该损失的发生与申请保全人的行为有直接的因果关系。被保全人依据前述司法解释规定有权选择对被保全财产是否处分，被保全人未请求或者其请求不当而未获人民法院准许的，被保全财产因市场变化而产生的价值贬损，系被保全人应自行承担的风险，与申请财产保全行为没有直接的因果关系。但申请保全人不同意被保全人自行处分的，则被保全人因不能行使处置权而发生的财产损失与申请保全人的行为有直接的因果关系，在财产保全错误时应由申请保全人承担相应的赔偿责任；被保全人的实际损失，应为被保全财产在保全开始与保全结束两个时点的价差，以及开始时的价款对应的资金利息损失。本案中，首先，青岛渝某公司筹措1.2亿元换封了案涉项目的土地使用权欲进行房屋销售，但中某实业公司不断增加诉讼请求标的额及查封限额，其错误财产保全行为阻却了青岛渝某公司的房屋销售，应赔偿青岛渝某公司在此期间遭受的实际损失，中某实业公司、中某豪某公司关于保全查封与房屋销售损失没有因果关系及青岛渝某公司怠于行使保全复议、未采取换封措施减少损失存在重大过错等上诉理由，均不能成立。其次，一审判决以青岛渝某公司全部销售额的10%为基数，并按同期银行贷款利率计算的利息，酌定为中某实业公司应赔偿的项目迟延销售损失，有相应的事实和法律依据。中某实业公司、中某豪某公司虽主张青岛市房产价格自2011年以来持续上涨，但并未提供证据证明10%的项目房屋在查封结束时实际销售价款或市场价值与在查封开始时预计销售的价款之差，减去青岛渝某公司10%的项目房屋查封开始时预计销售的价款在错误保全查封期间的融资损失，大于一审判决酌定的房款利息损失，故中某实业公司、中某豪某公司关于青岛渝某公司房产推迟销售没有损失而不用赔偿的上诉主张亦不能成立。一审判决酌定中某实业公司赔偿青岛渝某公司项目迟延销售的利息损失63184624.35元并无不当，本院予以维持。

四、关于中某豪某公司是否应当承担连带赔偿责任的问题

中某豪某公司上诉主张其担保因未经股东会决议而无效，即使承担责任也应仅就其提供的担保财产承担责任，而非连带保证责任。本院认为，为财产保全提供的担保系向人民法院出具的司法担保，而非平等民事主体之间的担保。财产保全措施系因申请而采取，财产保全错误的，申请保全人是侵权行为人。第三人提供担保的，对被保全人的损失，应当按照承诺承担相应的担保责任。本案中，首先，中某豪某公司在山东省高级人民法院（2011）鲁商初字第2号案中提供的担保，经该院审查接受后合法有效，中某豪某公司关于其担保因未经股东会决议而无效的上诉主张，缺乏法律依据。其次，山东省高级人民法院（2011）鲁商初字第2号案中错误财产保全的行为主体是中某实业公司，而非中某豪某公司，中某豪某公司为中某实业公司提供保全担保，并不属于共同侵权行为。一审判决依据《中华人民共和国侵权责任法》第八条的规定认定中某豪某公司与中某实业公司构成共同侵权并承担连带赔偿责任，属于适用法律不当，本院予以纠正。最后，中某豪某公司出具的三份《财产保全担保书》中明确表示以其名下滨州市渤海十七路以东、黄河七路以南都心世贸广场192号房产为中某实业公司的保全提供财产担保，如因财产保全不当给被保全人造成损失的，愿承担相应责任，故应在担保财产的价值范围内承担担保责任。中某豪某公司出具的担保书中没有承担无限连带责任的意思表示，青岛渝某公司关于中某豪某公司应按照担保书承诺而承担连带责任的主张与事实不符。

此外，根据本案的诉争焦点及查明的事实，某集团公司、荣某地公司是否参加诉讼，并不影响本案的审理，本案的审理结果亦与某集团公司、荣某地公司没有关系，中某实业公司在二审中申请追加某集团公司、荣某地公司为本案被告或者第三人参加诉讼，缺乏事实和法律依据，本院不予支持。另，根据本院前述分析，除中某豪某公司出具的担保书外，各方当事人在二审中提交的其他新证据与本案事实及争议焦点的认定没有关联性，在本案中均不予采信。

综上，中某实业公司的上诉请求不能成立，予以驳回；中某豪某公司的上诉请求部分成立。本院依照《中华人民共和国民事诉讼法》第一百七十条第一款第（二）项之规定，判决如下：

一、维持山东省高级人民法院（2014）鲁民一重初字第1号民事判决第一项、

第三项；

二、变更山东省高级人民法院（2014）鲁民一重初字第1号民事判决第二项为青岛中某渝某置业有限公司有权就本判决第一项确定的债权对滨州市中某豪某置业有限责任公司名下滨州市渤海十七路以东、黄河七路以南都心世贸广场192号房产折价或者拍卖、变卖价款优先受偿。

一审案件受理费1007119元，由青岛中某渝某置业有限公司负担671413元，青岛中某实业股份有限公司和滨州市中某豪某置业有限责任公司共同负担335706元；财产保全费5000元，由青岛中某渝某置业有限公司负担2500元，青岛中某实业股份有限公司和滨州市中某豪某置业有限责任公司共同负担2500元。二审案件受理费1007119元，由青岛中某实业股份有限公司和滨州市中某豪某置业有限责任公司共同负担。

第十六章 食品安全责任

规则 28：不影响食品安全的标签瑕疵，不属于不符合食品安全标准，消费者无权要求惩罚性赔偿

——程某诉某超市江宁店等产品生产者、销售者责任案①

【裁判规则】

食品标签欠缺成分含量标注的可认定为标签瑕疵食品，但标签瑕疵食品不等于不安全食品。消费者以食品标签存在瑕疵为由，依据《食品安全法》第148条第2款规定索赔十倍价款或三倍损失赔偿的，应由消费者继续就标签瑕疵食品存在其他不符合食品安全标准的情形或该标签瑕疵对食品安全造成影响或对消费者造成误导进行举证证明。

【规则理解】

食品安全与消费者的身体健康和生命财产安全息息相关，历来为消费者权益保护和市场监管的重点关注领域。为保证食品安全，保障公众身体健康和生命安全，国家于2009年制定《食品安全法》，后经数次修正，目前施行的《食品安全法》于2021年修订，该法从食品安全标准、检验、经营、监管、责任承担等多方面，系统规范了食品安全的各个领域、环节，是保障食品安全、维护消费者权益的主要法律依据。

根据《食品安全法》第150条第1款的规定，食品是指各种供人食用或者饮用的成品和原料以及按照传统既是食品又是中药材的物品，但是不包括以治疗为目的的物品。食品应满足食用安全的要求，符合食品安全的标准。根据《食品安全法》第150条第2款的规定，食品安全是指食品无毒、无害，符合应当有的营养要求，对人体健康不造成任何急性、亚急性或者慢性危害。食品的生产者、销售者应保证食品在生产、运输和销售环节的均符合相关规范与安

---

① 《中华人民共和国最高人民法院公报》2018年第9期。

全标准。但食品标签上存在的不影响食用安全的瑕疵，不属于不符合安全标准，实践中应注意正确界定不符合安全标准的食品。

一、食品安全标准的内涵与类型

（一）食品安全标准的内涵

所谓食品安全标准，是以保障公众身体健康为宗旨，政府管理部门为保证食品安全、防止疾病的发生，对食品生产经营过程中影响食品安全的各种要素以及各关键环节所规定的统一的技术要求。根据《食品安全法》第 24 条规定："制定食品安全标准，应当以保障公众身体健康为宗旨，做到科学合理、安全可靠。"第 25 条规定："食品安全标准是强制执行的标准。除食品安全标准外，不得制定其他食品强制性标准。"生产、销售不符合安全标准的食品，给消费者造成损害的，应当承担惩罚性赔偿责任。《食品安全法》第 148 条第 2 款规定："生产不符合食品安全标准的食品或者经营明知是不符合食品安全标准的食品，消费者除要求赔偿损失外，还可以向生产者或者经营者要求支付价款十倍或者损失三倍的赔偿金；增加赔偿的金额不足一千元的，为一千元。但是，食品的标签、说明书存在不影响食品安全且不会对消费者造成误导的瑕疵的除外。"判断消费者是否有权向生产者或经营者要求惩罚性赔偿，取决于生产者、经营者生产、加工和经营的食品是否符合食品安全标准。

（二）食品安全标准的类型

食品安全标准是维护公众身体健康、保障食品安全的重要措施，是实现食品安全科学管理、强化各环节监管的重要基础。食品安全标准分为 4 类，即国家标准（GB）、行业标准、地方标准和企业标准。食品安全国家标准由国务院卫生行政部门会同国务院食品安全监督管理部门制定、公布，国务院标准化行政部门提供国家标准编号。根据食品安全标准与监测评估司网站显示，截至 2022 年 11 月，国家发布食品安全国家标准目录共 1478 项。①

根据《食品安全法》第 26 条规定："食品安全标准应当包括下列内容：（一）食品、食品添加剂、食品相关产品中的致病性微生物，农药残留、兽药残留、生物毒素、重金属等污染物质以及其他危害人体健康物质的限量规定；（二）食品添加剂的品种、使用范围、用量；（三）专供婴幼儿和其他特定人群

① 《食品安全国家标准目录（截至 2022 年 11 月共 1478 项）》，载国家卫生健康委员会网站，http://www.nhc.gov.cn/sps/s3594/202301/ff4b683101d1443bb479a1853b0a80bf.shtml，最后访问时间：2023 年 7 月 31 日。

的主辅食品的营养成分要求；（四）对与卫生、营养等食品安全要求有关的标签、标志、说明书的要求；（五）食品生产经营过程的卫生要求；（六）与食品安全有关的质量要求；（七）与食品安全有关的食品检验方法与规程；（八）其他需要制定为食品安全标准的内容。”

二、食品标签瑕疵

《食品安全法》中对预包装食品和散装食品分别规定了标签和说明要求，其中对预包装食品的标签内容规定得更为严格。根据该法第150条第3款规定：“预包装食品，指预先定量包装或者制作在包装材料、容器中的食品。”第67条规定：“预包装食品的包装上应当有标签。标签应当标明下列事项：（一）名称、规格、净含量、生产日期；（二）成分或者配料表；（三）生产者的名称、地址、联系方式；（四）保质期；（五）产品标准代号；（六）贮存条件；（七）所使用的食品添加剂在国家标准中的通用名称；（八）生产许可证编号；（九）法律、法规或者食品安全标准规定应当标明的其他事项。专供婴幼儿和其他特定人群的主辅食品，其标签还应当标明主要营养成分及其含量。食品安全国家标准对标签标注事项另有规定的，从其规定。”根据该条规定，预包装食品标签应标明成分或者配料表，但并未一概要求标明成分或配料的添加量。

除上述规定外，我国还专门制定了《预包装食品标签通则》（GB7718—2011）、《预包装食品营养标签通则》（GB28050—2011）、《预包装特殊膳食用食品标签》（GB13432—2013）等。预包装食品的标签应符合上述规则。标签内容不齐全或不符合规则要求的，属标签瑕疵食品。

《预包装食品标签通则》（GB7718—2011）中规定：“4.1.4.1 如果在食品标签或食品说明书上特别强调添加了或含有一种或多种有价值、有特性的配料或成分，应标示所强调配料或成分的添加量或在成品中的含量。”案例中产品名称为“桃花姬”阿胶糕，阿胶为一般公众认知中具有一定药用价值的较为珍贵的配料，该产品利用阿胶价值较高的属性，将产品命名为阿胶糕，应属特别强调了该产品中含有阿胶成分，故根据上述标签通则的要求，应当在食品标签中标明阿胶含量。但生产企业未在标签中标明阿胶含量，不符合《预包装食品标签通则》要求，属于食品标签瑕疵。

但标签瑕疵不等同于不符合食品安全标准。根据《食品安全法》的规定，食品安全标准包括“对与卫生、营养等食品安全要求有关的标签、标志、说明书的要求”，并非所有的标签瑕疵都违反食品安全标准，标签瑕疵是否违反食品安全标准，取决于标签是否违反了与卫生、营养等食品安全要求有关的标签要求。案例中食品标签未注明阿胶添加量的并未影响到食品安全性，不足以对消费者的身体健康产生危害，故该标签瑕疵不构成违反食品安全标准。

三、食品安全责任的构成要件

食品安全责任是指食品生产者、经营者对消费者因不符合食品安全标准的食品受到损害应当承担的侵权责任。《产品质量法》第 2 条第 2 款规定："本法所称产品是指经过加工、制作，用于销售的产品。"加工食品也属于产品的一种，适用《产品质量法》和《民法典》中关于产品责任的相关规定。产品责任属于《民法典》侵权责任编中规定的一种特殊侵权行为，其构成要件不同于一般侵权行为。《民法典》第 1202 条规定："因产品存在缺陷造成他人损害的，生产者应当承担侵权责任。"根据该条规定，并未要求缺陷产品的生产者具有主观过错。产品责任的归责原则为无过错责任。产品责任的构成要件包括：(1) 生产缺陷产品的事实；(2) 消费者遭受损害；(3) 缺陷产品与消费者遭受的损害结果之间具有因果关系。食品安全责任也应适用该条规定，即责任的构成并不要求生产者、经营者对食品不符合安全标准具有过错。即使生产者、经营者无过错，也要对消费者先行赔偿，在赔偿之后，可以向相关的责任主体追偿。

四、食品安全责任的惩罚性赔偿

侵权责任的赔偿遵循"填平原则"，即使社会关系恢复到侵权行为未发生时的状态，要求任何人不得因侵权行为而获利。但惩罚性赔偿为例外。惩罚性赔偿，是指法院作出决定的赔偿数额超出实际损害数额的赔偿。[①] 惩罚性赔偿的目的不限于补偿被侵权人的损失，而是在损失数额基础上，侵权人基于法律的规定，向被侵权人承担的损害之外的赔偿。惩罚性赔偿的目的在于惩罚和威慑，主要适用于消费者权益保护和产品责任领域，体现法律对消费者权益保护的重视，对产品生产者、经营者课以更重的责任，督促生产者、经营者遵守生产经营相关法律和行业规范，谨慎保护消费者人身和财产权益，营造良好的市场环境和经济秩序。

《民法典》第 1207 条规定："明知产品存在缺陷仍然生产、销售，或者没有依据前条规定采取有效补救措施，造成他人死亡或者健康严重损害的，被侵权人有权请求相应的惩罚性赔偿。"根据该条规定可见，产品责任虽然为无过错责任，但消费者要求惩罚性赔偿，仍需以生产者、消费者明知产品存在缺陷或者没有采取有效补救措施为前提，即当消费者主张惩罚性赔偿时，以生产者、

---

① 参见王利明：《侵权责任法研究》，中国人民大学出版社 2016 年版，第 276 页。

消费者具有主观过错为要件。

食品安全责任与之不同，《食品安全法》第148条第2款规定："生产不符合食品安全标准的食品或者经营明知是不符合食品安全标准的食品，消费者除要求赔偿损失外，还可以向生产者或者经营者要求支付价款十倍或者损失三倍的赔偿金……"根据该条规定，食品生产者承担惩罚性赔偿责任不以其具有主观过错为要件，而食品经营者承担惩罚性赔偿以其明知食品不符合安全标准为要件。

《民法典》中未规定产品责任惩罚性赔偿的具体数额，除了《食品安全法》中规定的惩罚性赔偿数额为损失之外，食品价款的十倍或损失数额的三倍赔偿金，消费者可根据最有利于自身利益的角度，选择赔偿标准。

【拓展适用】

一、知假买假者是否有权主张惩罚性赔偿

《消费者权益保护法》和《食品安全法》中规定了惩罚性赔偿制度，为购买假冒、不合格产品的消费者在损失之外获得额外赔偿提供了法律依据。随着社会经济形势的发展和法治意识的增强，各地均涌现出向市场监管部门投诉或向法院起诉，主张惩罚性赔偿的案例。但在这些案例中发现，有些主张惩罚性赔偿的买家，在购买产品之前，已经明知产品存在质量问题或食品不符合安全标准，其购买产品并非为生活消费所用，其目的即获得法律规定的惩罚性赔偿。甚至出现职业打假人群体，将打假发展为一种职业活动，通过购买或消费假冒、不合格产品或服务后依据法律获得惩罚性赔偿，并以赔偿收入为主要营业收入来源。

对于明知食品不符合安全标准，仍购买食品以期获得惩罚性赔偿的行为，是否影响买家作为消费者的身份？是否影响买家主张获得惩罚性赔偿的权利？现行全国性法律尚未对职业打假行为作出统一的明确规定。职业打假行为像一把双刃剑，一方面，有利于制约、遏制商家制假、售假的行为，对市场上的各类商品进行甄别，提高商家的违法成本，帮助消费者维权；另一方面，由于对打假行为缺乏完善的规范，可能发生破坏正常市场秩序的情况。

《市场监督管理投诉举报处理暂行办法》第15条规定："投诉有下列情形之一的，市场监督管理部门不予受理：……（三）不是为生活消费需要购买、使用商品或者接受服务，或者不能证明与被投诉人之间存在消费者权益争议的……"按照该条规定反映的意旨，职业打假人购买商品或接受服务，并不是出于生活消费需要，市场监督管理部门不予受理其提出的投诉举报。

对于职业打假人向法院起诉生产、销售不符合食品安全标准的生产经营者，是否有权获得惩罚性赔偿。各地做法不尽一致，有些法院以现行法律并未立法排除职业打假人获得惩罚性赔偿的权利为由，判决支持职业打假人要求惩罚性赔偿的诉讼请求。有些法院以职业打假人购买食品的目的不是消费，职业打假人不能定性为消费者，不应享有消费者的惩罚性赔偿请求权为由，不予支持职业打假人要求惩罚性赔偿的权利。对此问题，最高人民法院在司法解释中予以明确。2021 年修正的《审理食品药品纠纷案件若干问题规定》第 3 条规定："因食品、药品质量问题发生纠纷，购买者向生产者、销售者主张权利，生产者、销售者以购买者明知食品、药品存在质量问题而仍然购买为由进行抗辩的，人民法院不予支持。"根据该条规定，食品质量纠纷案件的审理，并不区分购买者的主观心理状态，即使购买者明知食品、药品存在质量问题而购买，并不改变其作为消费者的身份，也不影响其作为消费者主张惩罚性赔偿的权利。

笔者认为，打假成为一种职业有其形成的特定历史背景，职业打假人的存在对于打击无良商家、维护消费者权益、净化食品药品市场环境具有重要意义。法律并没有对消费者的主观购买动机作出限制性规定，其合法权益就应当受《消费者权益保护法》《食品安全法》的保护，两部法律并未对知假买假者排除适用，知假买假者有权依据两部法律的规定，要求不合格食品的生产经营者支付惩罚性赔偿。同时打假人必须严格在法律框架内活动，坚决避免打假人"造假""弄虚作假"，编造事实对商家进行敲诈勒索，实现不法目的。现实中，已经有打假人被公安机关以敲诈勒索罪为由追究刑事责任的情形。

二、食品安全责任的归责原则

《食品安全法》第 148 条规定的食品安全损害赔偿责任分为两个条款，第 1 款规定了消费者因不符合食品安全标准的食品受到损失的一般损害赔偿；第 2 款规定了因不符合食品安全标准的食品受到损失的惩罚性赔偿。

一般损害赔偿和惩罚性损害赔偿的侵权责任构成要件中主观归责原则有所不同。对于消费者就其实际遭受的损失向食品生产者或经营者要求赔偿时，实行首负责任制。是消费者在合法权益受到损害，向生产者或者经营者要求赔偿时，由首先接到赔偿要求的生产者或者经营者负责先行赔付，再由先行赔付的生产者或者经营者依法向相关责任人追偿。首负责任制表明，消费者主张一般性损害赔偿责任时，不合格食品的生产者或经营者承担责任不以其具有主观过错为构成要件，承担无过错责任。即使生产者或经营者一方对于食品不符合安全标准不具有主观过错，只要其首先接到赔偿要求，就应当先行承担赔偿责任。

在承担赔偿责任之后，再根据生产者或经营者对于食品不符合安全标准的过错，在进行内部追偿，由过错方负担最终的损害赔偿责任。

《民法典》第1207条规定了产品责任惩罚性赔偿："明知产品存在缺陷仍然生产、销售，或者没有依据前条规定采取有效补救措施，造成他人死亡或者健康严重损害的，被侵权人有权请求相应的惩罚性赔偿。"根据该条规定，产品责任惩罚性赔偿的归责原则为过错责任，生产者或经营者明知产品存在缺陷仍然生产、销售或没有采取有效补救措施，造成他人重大损失的，承担惩罚性赔偿责任。《食品安全法》第148条第2款规定了食品安全责任的惩罚性赔偿，对食品生产者和经营者的主观过错状态要求不同，不合格食品的生产者承担无过错的赔偿责任，即使其对于食品不符合安全标准没有主观过错，也应当承担惩罚性赔偿责任。此处体现我国食品安全领域的惩罚性赔偿制度，与一般产品侵权的惩罚性赔偿制度还是存在细微差别，由于食品安全与公众的生命健康具有更加直接的关系，故对于食品生产者的要求相较于一般产品生产者更高，赋予食品生产者更重大的责任，以此督促食品生产者更加重视食品的安全问题，从源头上防止有毒、有害食品流入市场。

不合格食品的经营者仍然承担过错责任，此规定与《民法典》中产品责任惩罚性赔偿的规定一致，要求经营者明知食品不符合安全标准。食品经营者在不知情和无过错的情况下，销售不符合食品安全标准的食品，给消费者造成损失，消费者向经营者要求赔偿损失的，只能要求赔偿实际损失，而不能要求经营者承担惩罚性赔偿责任，并且经营者承担责任后，可以向有过错的生产者或其他经营者追偿。

三、销售者"明知"的认定及举证责任负担

食品是否符合食品安全标准是食品的内在属性，销售者并不直接生产食品，一般情况下对于食品的生产原料、工艺和过程并不能清楚地了解掌握，需要借助食品生产者提供的关于食品品质的检验、检疫、许可等各种证明文件。销售者是否"明知"食品不符合食品安全标准，属于其主观心理状态，外界一般难以知晓。因此，判断销售者是否"明知"食品安全性，需要借助食品生产、运输和销售过程中各项指标和检验情况。

《食品安全法》中从食品的生产、出厂、检验、原料、添加剂、存储、经营等方面，详细规定了食品生产及销售需符合的各项条件，食品销售者作为从事食品行业的专业人士，对于《食品安全法》规定的食品生产、销售的各种要求应当视为"明知"，如食品未按《食品安全法》规定的相应条件进行检验、记录、存储，且不符合食品安全标准，应视为销售者“明知”食品不符合安全标准。例如，食品没有经过出厂检验，未记录食品的名称、规格、数量、生产日期或者生产批号、保质期、检验合格证号、销售日期以及购货者名称、地址、联系方式等内容，食品生产者未取得食品生产许可和检验合格证明等文件。食品销售者发现食品存在上述瑕疵和问题，不应再继续销售该食品，否则存在上述问题的食品经检验为不符合安全标准的食品时，食品销售者应当承担惩罚性赔偿责任。

一般民事纠纷中，实行“谁主张，谁举证”原则，原告承担举证责任。但在食品经营领域，食品生产者、销售者相对于消费者而言，其专业性、技术、资金和实力都处于优势地位，消费者能够掌握和获知的信息严重不对等，往往很难充分举证证明食品生产经营者对不安全食品的主观过错。故在实践中一般认为对于销售者是否“明知”的证明应实行举证责任倒置，即由销售者证明其对于食品不符合安全标准主观上不知情，否则推定其为明知并且应当承担惩罚性赔偿责任。消费者仅需对销售者出售不符合食品安全标准的食品承担举证责任即可。销售者应当从食品生产、销售、经营的各个环节，证明食品经过相应检验，取得合格证明，获得相应生产经营许可，符合《食品安全法》及其他相关法律对食品生产经营的具体要求。如果销售者能够举证证明上述事实，食品不符合安全标准确实是销售者无法预见和无法避免的原因，一般可认为销售者对于食品不符合安全标准不知情，消费者不能只能要求销售者承担一般实际损失的赔偿，而不能要求销售者承担惩罚性赔偿责任。消费者可以向生产者主张惩罚性赔偿责任，因为食品生产者承担惩罚性赔偿责任不能其主观上“明知”食品不符合安全标准为构成要件。

四、惩罚性赔偿责任是否以损害后果为构成要件

消费者主张惩罚性赔偿，是否需以消费者遭受实际损害后果为构成要件，对此问题有两种不同观点，一种观点认为消费者主张惩罚性赔偿，属于侵权责任的一种，应符合侵权责任的构成要件，侵权责任以遭受损失为要件之一，故食品安全责任也在被侵权人遭受实际损失时才构成，无损失则无责任，消费者尚未食用不符合安全标准的食品时，损失尚未发生，消费者无权主张惩罚性赔偿。另一种观点认为，《食品安全法》第148条第2款规定的惩罚性赔偿的构成要件仅为“生产不符合食品安全标准的食品或者经营明知是不符合食品安全标准的食品”，并未要求消费者因不安全食品遭受实际损失，因此惩罚性赔偿不以消费者遭受实际为构成要件。即使消费者尚未食用不安全食品，只要其证明了食品不符合安全标准，仍可向生产者或知情的销售者主张惩罚性赔偿。

本款规定的惩罚性赔偿，不一定是在消费者有实际损失的情况下才可以主张，即使消费者购买后尚未食用不符合食品安全标准的食品，仍可要求生产经营者支付价款十倍的赔偿金。该款表明即使消费者尚未食品不安全食品，也可以主张惩罚性赔偿，并未以消费者的实际损失为构成要件。

对此，笔者认为，消费者向法院起诉主张惩罚性赔偿责任，以消费者购买了某种不符合食品安全标准的食品为前提，消费者诉到法院时，其已购得该食品，一般情况下消费者已经支付了食品的对价。当消费者发现该食品不符合安全标准时，为了自身的健康安全，无法再食用该食品，消费者支付了对价，却未能取得符合安全标准的食品，其购买食品的价款本身就是消费者遭受的实际损失。此种损失不应仅限于消费者因食用不符合安全标准的食品遭受的身体疾病或损伤，还应当包括消费者为购买该食品支付的对价。从这一角度分析，消费者主张惩罚性赔偿时，均已遭受了实际的损失。这一分析也可以解释侵权责任均以损害后果为构成要件的基本原理问题。

五、侵权责任与违约责任竞合时的处理规则

消费者购买食品，其与食品销售者之间形成买卖合同关系，当食品不符合安全标准，给消费者造成损失时，消费者与销售者形成侵权法律关系。消费者与销售者之间因购买食品的同一事实，形成两种法律关系，属于法律关系竞合状态。在法律关系竞合时，消费者可以择其一主张权利。消费者可根据最有利于自身利益实现的角度，选择提起合同违约之诉，或者提起侵权赔偿之诉。而消费者一旦选择依据合同或侵权起诉，并经法院判决，消费者不得再行起诉。其原理在于同一事实引起两项法律关系时，如果允许当事人依据两项法律关系分别起诉，有可能产生重复受偿问题。根据诉讼标的理论目前接受度较高的“新二分支”说的观点，诉的声明（诉讼请求）和事实理由这两项要素均为复数时，诉讼标的才为复数，诉的声明和事实理由任何一个要素为同一时，诉讼标的为同一。法律关系竞合是因同一事实而产生，故两项法律关系引起的诉讼标的是同一，如果当事人分别起诉，属于重复起诉，人民法院对当事人提起的第二项诉讼，应当不予受理。

消费者如提起合同违约之诉，根据合同相对性原因，消费者只能起诉食品的销售者，而不能起诉食品生产者。因合同相关法律中未规定惩罚性赔偿制度，故消费者只能要求销售者赔偿实际损失。消费者如提起侵权赔偿之诉，则可以根据《食品安全法》和《消费者权益保护法》中的规定，既可以起诉食品生产者，也可以起诉食品销售者，并且无须承担对生产者或销售者主观过错的举证责任，还可以要求惩罚性赔偿。因此一般情况下，食品安全责任中消费者主张侵权赔偿，对维护自身权益更为有利。

【典型案例】

程某诉某超市江宁店等产品生产者、销售者责任案

原告：程某。

被告：某超市。

被告：某食品公司。

〔基本案情〕

南京市江宁区人民法院一审查明：原告程某于2016年10月2日在被告某超市处购买了14盒由被告某食品公司生产的“桃花姬”阿胶糕食品，总价款3906元。

该食品外包装上多处标注“桃花姬阿胶糕”字样，其中“阿胶糕”字样系红色字体。产品外包装的配料表中载明：“核桃仁、黑芝麻、黄酒、高麦芽糖浆、阿胶、冰糖、麦芽糊精”，但均未标注上述各成分含量；执行标准为Q/DEB0002S，食品生产许可证号为QS371528011299。2015年10月20日，某食品公司发布了编号为Q/DEB0002S—2015的阿胶糕企业标准，并向相关政府主管部门进行备案。2015年11月9日某食品公司取得编号为SC13137152407522的食品生产许可证，载明的类别名称为“其他食品”，品种明细含有“阿胶糕（Q/DEB0002S）”。该食品生产许可证中载明“原生产许可证证号：QS371528011299”。2014年6月13日，山东省食品药品监督管理局发布了《山东省食品药品监督管理局关于进一步加强阿胶糕类食品生产许可工作有关问题的通知》，其中载明“如果食品标签、食品说明书上特别强调添加了含有阿胶、黑芝麻等一种或多种有价值、有特性的配料或成分，应标示阿胶及其他原料的添加量或在成品中的含量”。

此案一审审理过程中，针对双方有争议的证据和事实，南京市江宁区人民法院认定如下：（1）关于原告程某主体是否适格的问题。程某提交结婚证、银行卡、刷卡单证明用于付款的银行卡系其配偶薛某春所有。被告某超市、某食品公司对上述证据的真实性没有异议，但是认为由于该卡非原告所有，因此无法证明是原告支付了购货款，原告并非买卖合同的买受方。但两被告都认可系原告本人刷卡消费并在刷卡单上签字的。（2）关于涉案桃花姬阿胶糕是否系不安全食品的问题。某食品公司提交2016年3月15日及2016年9月18日的聊城市食品药品检验检测中心出具的检验报告各一份证明涉案产品符合食品安全要求。两份检验报告均显示某食品公司送检的桃花姬阿胶糕样品按Q/DEB0002S—2015标准检验，所检项目符合标准要求。程某对检验报告的真实性无异议，但认为该检验报告不能证明其购买的14盒桃花姬阿胶糕符合标准要求。程某也未提供其他证据证明涉案阿胶糕不符合食品安全标准或存在安全隐患，程某亦认可其并未食用涉案阿胶糕，尚未对其造成损害。（3）关于涉案阿胶糕的标签是否符合相关法律法规的规定的问题。某食品公司提交2011年4月20日国务院卫生行政部门制定发布的GB7718—2011《预包装食品标签通则》，证明涉案阿胶糕产品标签并未对阿胶成分进行特别强调，按照上述国家标准，无须标注阿胶含量，因此涉案产品标签符合法律法规的规定。

程某向一审法院起诉请求：要求退货并由某超市退还购物款3906元，同时按照购物款的十倍赔偿损失39060元。某食品公司承担连带清偿责任。

〔一审裁判要旨〕

一审法院认为：当事人对自己的主张有责任提供证据证明。原告程某提交的阿胶糕实物、购物小票（发票）、银行刷卡单据等证据足以证明其自被告某超市处购买了被告某食品公司生产的涉案阿胶糕，其有权向两被告主张涉案诉请。程某与某超市间建立的关于涉案阿胶糕的买卖合同系双方的真实意思表示，合法有效，并不以程某使用何种方式付款而改变。两被告仅以程某并非以自身所有的银行卡付款为由，主张程某不是本案适格原告显然没有事实和法律依据。生产不符合食品安全标准的食品或者经营明知是不符合食品安全标准的食品，消费者除要求赔偿损失外，还可以向生产者或者经营者要求支付价款十倍或者损失三倍的赔偿金。但食品的标签、说明书存在不影响食品安全且不会对消费者造成误导的瑕疵的除外。涉案阿胶糕产品在外包装多处以醒目文字标注“阿胶糕”字样，被告某超市、某食品公司辩称并未在产品中对“阿胶”进行特别强调的意见明显与事实不符。阿胶具有药用价值，属于有特定价值的添加物，按照规定应当在食品标签中标注含量。涉案阿胶糕的标签中缺乏阿胶含量标注，属于标签存在瑕疵的食品。原告程某有权要求某超市退货并退还购物款，故对程某要求退货、某超市退还购物款3906元的诉讼请求，法院予以支持。但涉案阿胶糕已经取得食品生产许可证，相关检测报告亦显示该产品符合生产标准。程某认为涉案阿胶糕的标签未标注“阿胶”含量对食品安全构成威胁，对消费者构成潜在风险。但标签瑕疵食品与不安全食品并非同一概念，程某并未举证进一步证明涉案阿胶糕不符合食品安全标准，也不能证明案涉阿胶糕的标签瑕疵影响食品安全或会对消费者造成误导。故程某基于标签瑕疵要求某超市予以价款的十倍赔偿并不符合法律规定，故对程某要求某超市赔偿39060元的诉讼请求，法院不予支持。由于涉案阿胶糕属于标签存在瑕疵食品，不符合法律规定的可以要求十倍赔偿的要件，故生产者某食品公司也不存在对程某进行赔偿。某食品公司亦非程某购买涉案阿胶糕的买卖合同的相对方，因此程某也无权要求某食品公司退货及退款。因此，对程某要求某食品公司对某超市的债务承担连带清偿责任的诉讼请求，法院不予支持。

据此，江苏省南京市江宁区人民法院根据《中华人民共和国合同法》第六十条，

《中华人民共和国食品安全法》第二十六条、第六十七条、第一百四十八条第二款，《中华人民共和国民事诉讼法》第六十四条第一款之规定，于2016年12月14日作出判决：

一、被告某超市江宁店于本判决发生法律效力之日起10日内归还原告程某购物款3906元，同时，原告程某向被告某超市江宁店返还案涉14盒“桃花姬”阿胶糕。

二、驳回原告程某的其他诉讼请求。

〔当事人上诉及答辩意见〕

程某不服一审判决，向江苏省南京市中级人民法院提起上诉称：一审中其提供的证据足以证明涉案阿胶糕违反现行《食品安全法》中有关食品安全标准的强制性规定，理应视为不安全食品。一审法院对本案事实认定不清，法律适用不当。程某请求：依法改判被上诉人某超市、某食品公司按照十倍价款连带赔偿上诉人39060元。

〔二审裁判要旨〕

江苏省南京市中级人民法院经二审，确认了一审查明的事实。二审中，上诉人程某由于不同意原审法院关于涉案商品未标注阿胶含量属于标签瑕疵的认定，就涉案商品标签标识是否符合GB7718—2011规范要求提出鉴定申请。南京市中级人民法院经审理认为，涉案商品标签标识不符合GB7718—2011的规范要求，该事实可以确认，无须鉴定。但商品标签不符合食品安全标准，并不意味着必然会影响食品安全或者会对消费者造成误导，对此法院应依法进行审查认定。故对程某提出的鉴定申请，南京市中级人民法院不予准许。

江苏省南京市中级人民法院二审认为：本案二审的争议焦点为：涉案阿胶糕的标签不符合食品安全标准是否会影响食品安全或者会对消费者造成误导。（1）关于是否会影响食品安全的问题。根据查明的事实，涉案食品的生产厂家被上诉人某食品公司取得了国家核发的生产许可证，涉案食品的送检样品亦经聊城市食品药品检验检测中心检验合格。现上诉人程某除提出涉案阿胶糕的标签未标注阿胶含量以外，亦无相反证据证明案涉食品标签影响了食品安全，或案涉食品对其人身造成了损害。（2）关于是否对消费者造成误导的问题。案涉“桃花姬”阿胶糕系普通食品，产品配料表中阿胶位于核桃仁、黑芝麻、黄酒、高麦芽糖浆等成分之后，某食品公司亦未在产品标签或说明书中着重强调或者夸大阿胶的成分。故某食品公司虽未在标签中标明阿胶的具体含量，但此瑕疵不足以对消费者的购买产生误导。因此，案涉产品虽存在标签上的瑕疵，但该瑕疵并不会对食品的安全性造成影响，亦不会对消费者造成误导，一审法院对程某要求十倍赔偿的诉讼请求未予支持并无不当。

综上，江苏省南京市中级人民法院依照《中华人民共和国民事诉讼法》第一百七十条第一款第（一）项规定，于2017年3月13日判决如下：驳回上诉，维持原判。本判决为终审判决。

图书在版编目（CIP）数据

最高人民法院指导性案例裁判规则理解与适用．侵权赔偿卷．一／江必新等著．—北京：中国法制出版社，2024.1

ISBN 978-7-5216-3816-5

Ⅰ.①最… Ⅱ.①江… Ⅲ.①最高法院-审判-案例-中国②最高法院-侵权行为-赔偿-审判-案例-中国 Ⅳ.①D925.05②D923.85

中国国家版本馆 CIP 数据核字（2023）第 151900 号

策划编辑：李小草　韩璐玮
责任编辑：韩璐玮（hanluwei666@163.cm）　　封面设计：蒋怡

最高人民法院指导性案例裁判规则理解与适用．侵权赔偿卷．一

ZUIGAO RENMIN FAYUAN ZHIDAOXING ANLI CAIPAN GUIZE LIJIE YU SHIYONG. QINQUAN PEICHANGJUAN. YI

著者／江必新　何东宁等
经销／新华书店
印刷／保定市中画美凯印刷有限公司
开本／730×1030 毫米　16 开　　印张／29.75　字数／469 千
版次／2024 年 1 月第 1 版　　2024 年 1 月第 1 次印刷

中国法制出版社出版
书号 ISBN 978-7-5216-3816-5　　定价：108.00 元

北京市西城区西便门西里甲 16 号西便门办公区
邮政编码：100053　　传真：010-63141600
网址：http：//www.zgfzs.com　　**编辑部电话：010-63141784**
市场营销部电话：010-63141612　　**印务部电话：010-63141606**

（如有印装质量问题，请与本社印务部联系。）